董小宛入清宫与顺治出家考

邓小军　著

华东师范大学出版社

图书在版编目(CIP)数据

董小宛入清宫与顺治出家考 / 邓小军著. — 上海：华东师范大学
出版社, 2018
（学术文库）
ISBN 978-7-5675-7691-9

Ⅰ.①董… Ⅱ.①邓… Ⅲ.①董小宛（1624-1651）-人物研究 ②顺
治帝(1638-1661)-人物研究 ③中国历史-研究-清代 Ⅳ.①K828.5
②K827=49 ③K249

中国版本图书馆CIP数据核字(2018)第094681号

董小宛入清宫与顺治出家考
邓小军 著

策　　划　黄曙辉
责任编辑　庞　坚　时润民
特约校对　张德恒
装帧设计　卢晓红

出版发行　华东师范大学出版社
社　　址　上海市中山北路3663号　邮编 200062
网　　址　www.ecnupress.com.cn
电　　话　021-60821666　行政传真　021-62572105
客服电话　021-62865537
门市（邮购）电话　021-62869887
地　　址　上海市中山北路3663号华东师范大学校内先锋路口
网　　店　http://hdsdcbs.tmall.com/

印　　刷　浙江临安曙光印务有限公司
开　　本　787×1092　16开
印　　张　30.5
字　　数　576千字
版　　次　2018年10月第1版
印　　次　2018年10月第1次
书　　号　ISBN 978-7-5675-7691-9 / K · 506
定　　价　98.00元

出 版 人　王　焰

（如发现本版图书有印订质量问题，请寄回本社客服中心调换或电话021-62865537联系）

前言

《董小宛入清宫与顺治出家考》，三十六万多字，多数相关原始文献为首次披露、首次使用，或首次提出新解释；图版九十幅照片，大多数为相关珍稀善本书影、相关珍贵原始石刻文献照片、拓片，多数为首次正式发表或首次使用于本题目研究。

《董小宛入清宫考》之增订

本书上部《董小宛入清宫考》，所考史事时段长达十年，自清世祖顺治七年庚寅，至顺治十七年庚子（1650－1660）。

此部分原来发表于《中国文化》2015 年秋季号，七万字，现增订为十三万多字，共八章。主要增订如下：

第四章第 4 节，调整分为第 4、5 两节，增加使用了一些原来没有使用的文献材料。

《爱新觉罗宗谱》甲册“太宗文皇帝位下子孙·第五子和硕承泽裕亲王硕塞”谱文，述硕塞嫡、继、侧、庶福晋四人，例皆备述其籍贯、姓氏以及其父官爵、名字，唯独述及硕塞“又庶福晋一人”，违例隐去其籍贯、姓氏以及其父官爵、名字，讳莫如深。硕塞第二庶福晋，应当即是董小宛。

《爱新觉罗宗谱》甲册“太宗文皇帝位下子孙·（硕塞）第三子辅国温僖将军鞥额布”谱文，述鞥额布“生母庶福晋”，亦违例不书其母姓氏；鞥额布出生于顺治九年六月十六日，其时间亦与顺治七年十二月九日多尔衮死后至顺治十一年十二月五日硕塞暴死之前，董小宛归和硕承泽亲王硕塞，适相符合；故鞥额布有可能是董小宛所生。

顺治《御制（孝献庄和至德宣仁温惠端敬皇后）行状》：“后尝育承泽王女二人、安王女一人于宫中，朝夕鞠抚，慈爱不啻所生。兹三公主，擗踊哀毁，人皆不忍闻见。”董小宛在顺治杀硕塞之后，养育硕塞女二人于宫中，朝夕鞠抚，慈爱如亲生，原因当不仅在于小宛之仁慈，亦在于她曾为硕塞庶福晋，并有可能曾为硕塞生子。

上述《爱新觉罗宗谱》第一条相关材料、顺治《御制（端敬皇后）行状》相关材料，笔者在社会科学文献出版社 2016 年 12 月出版的《古宫词一百二十首集唐笺证》中，已经使用。

笔者本来想不述及鞥额布情况，经过很长时间，决定还是忠于历史，予以披露。

第四章还新增加了三节：

6. 吴梅村《七夕即事》其四：硕塞非死于自杀，而是被顺治所杀，并被顺治夺妻

7. 康熙时翰林官李天馥《古宫词》、查慎行咏《长生殿》、李孚青《忆洪昉思》：顺治夺和硕承泽亲王硕塞妻董小宛，硕塞是被其兄弟顺治所杀

8. 关于顺治十一年四月五日谕"命妇"是否包括亲王福金（晋）

第四章第6节所述吴梅村诗《七夕即事》其四，虽然是微言诗，并非直接证据；但是证据提供人吴梅村顺治十一年任秘书院侍讲，侍从内廷，能知悉清廷内幕情况，故所述顺治十一年和硕承泽亲王硕塞非死于自杀，而是被顺治所杀，并被顺治夺妻，叙述精准；因此仍然具有不容忽视的重要证据价值。第7节情况相似，李天馥、查慎行、李孚青三位证据提供人均为康熙时翰林官，入值内廷，知悉清廷内幕情况。

第四章第8节使用传统文献和清代官方文献，证明顺治时清廷文献所述"命妇"，包括亲王福金（晋）。

第二章、第五章之《古宫词》一节，第六章第一部分《勅赐圆照茚溪森禅师语录》①，均增补了《古宫词》和《茚溪森禅师语录》中以前尚未被使用过的若干相关材料。

第六章新增加了一部分：

三、龚鼎孳绝笔《贺新郎》：董小宛落入顺治手中，冒辟疆不得破镜重圆

其中提出，庚戌康熙九年（1670）龚鼎孳绝笔《贺新郎·影梅庵忆语》："羡烟霄、破镜犹堪典。双凤带，再生鹢"，词言冒辟疆羡慕徐德言与陈氏夫妻元宵节破镜重圆，并能效法之——此暗指冒辟疆进京向清廷索还董小宛。但是，董小宛双凤钗头带——御书符，是入了清宫，落入了顺治皇帝手中，终不得归还；如崔英与王氏夫妻愿结再生缘、竟得今生破镜重圆的愿望，是被剪断了——此暗指冒辟疆曾进京向清廷索还董小宛被拒绝。

增加了第八章：

顺治时称"董家女"、"董贵妃"、"后董氏"、"皇后姓董氏"、"董皇后"，是汉族姓氏的称呼

洪昇《长生殿》传奇及李天馥、查慎行、赵执信、李孚青述《长生殿》诗，

---

① 本书结构单元包括部、篇、章、部分（只标中文序数）、节（只标阿拉伯序数），根据内容设置单元，如无必要，即省去篇、部分两种单元。

皆以微言述及董小宛入清宫与顺治出家，因不便分开讨论，故全部放在本书下部《顺治出家考》集中讨论，仅有少数部分在上部略为述及。洪昇诸好友李天馥、查慎行、赵执信、李孚青，均为康熙时翰林官，知悉清廷情况，非等闲人也。

陈垣、邓之诚、陈寅恪、高阳诸先生，在董小宛入清宫史事研究中作出了重要贡献，邓之诚先生、高阳先生的贡献尤为重大。笔者仅仅是在诸先生之后，做了一点继续的工作。

《顺治出家考》：包括九种相关原始石刻文献，其中康熙御制石匾五块，已见铭文八面

本书下部《顺治出家考》，所考史事时段长达五十年，自顺治十八辛丑，至康熙四十九年庚寅（1661 – 1710）。分为顺治出家山西五台山、锡止河南睢州白云寺（今属河南民权）、圆寂于并安葬于白云寺三篇。

此部分二十万字，十七章，除《长生殿》一章已发表于《安徽师范大学学报》2018 年第 2 期外，全部是在本书第一次与读者见面。

此十七章，包含十七宗（件或组）原始文献证据。

笔者喜欢傅斯年先生的话："上穷碧落下黄泉，动手动脚找东西。"

此本是司马迁、顾炎武的传统。

《太史公自序》："迁生龙门，耕牧河山之阳。二十而南游江淮，上会稽，探禹穴，窥九疑，浮于沅湘；北涉汶泗，讲业齐鲁之都，观孔子之遗风，乡射邹峄；厄困鄱薛彭城，过梁楚以归。"苏辙《上枢密韩太尉书》："太史公行天下，周览四海名山大川，与燕赵间豪俊交游，故其文疏荡，颇有奇气。"

全祖望《亭林先生神道表》："凡先生之游，以二马二骡，载书自随。所至阨塞，即呼老兵退卒，询其曲折。或与平日所闻不合，则即坊肆中发书而对勘之。"

在笔者看来，此中有无穷之意味。虽不能至，心向往之。这些年来，笔者所做史学田野调查，脚踏实地，上至东北，下至华南，西至山西，东至华东，中原迤东，尤为焦点。关于顺治出家，笔者所做实地考察包括：

2015 年 6 月 13 至 15 日，赴山西五台山实地考察。

2015 年 6 月 25 至 26 日、2016 年 3 月 30 日、2017 年 8 月 7 日、2017 年 8 月 20 日、2017 年 9 月 16 至 19 日，五次赴河南民权白云寺实地考察。

2015 年 6 月 26 日、2016 年 3 月 31 日、2017 年 8 月 8 日、2017 年 9 月 9 日，四次赴山东鄄城郭水坑村郭氏祠堂实地考察。

以及北京故宫、京西天太山慈善寺、香山北法海寺等地的实地考察。

史学田野调查的目标，是搜集现地相关资料与文献，有时主要是原始石刻

文献。《顺治出家考》所使用的九种相关原始石刻文献（八种康熙时期石刻碑匾，其中康熙御制石匾五块，三块御匾已脱离原来建筑，均为两面铭文，已见铭文六面，两块御匾仍旧镶嵌贴墙，已见铭文两面；一种民国重刻清代碑），以及一种相关民国宗祠文献，分别来自于河南民权白云寺、山东鄄城郭水坑村郭氏祠堂的实地考察：

康熙三十七年（1698）《白云寺公输地租碑记》，翰林院庶吉士郡人袁锺麟撰文、翰林院庶吉士盐山赵尔孙篆额、内阁中书郡人吴学颢书丹、归德府睢州正堂胡范立石，原碑四周浮雕行龙图案，今存河南民权白云寺；

康熙四十九年（1710）四月十九日兰阳（今河南兰考）彭宅统为顺治圆寂所建睢州白云寺（今属河南民权）尊胜陀罗尼心经幢；

河南睢州白云寺康熙四十九年九月十九日御制石匾①集群，共计包括五块御匾，已见八面铭文，包括题词、上下款、配联，其共同主题是纪念安葬于此的父皇顺治：

康熙御制"（先）王宝｜当堂常赏"匾残匾；

康熙御制"一切恭敬"匾；

康熙御制"寘杋"匾；

康熙御制"照泉｜朕睍"匾；

康熙御制"然永｜时旼"匾；

河南睢州白云寺康熙六十一年河南布政使牟钦元《白云寺佛定大和尚塔铭》；

山东鄄城县郭水坑村郭氏祠堂民国八年《玉明族祖碑》，碑文系照抄清代睢州白云寺玉明和尚碑文；

山东鄄城县郭水坑村郭氏祠堂民国二十年《玉明族祖像赞并序》

在史事考证中，最宝贵的证据文献，是具有原始性、确实性、充足证明力的文献。康熙四十九年九月十九日御制睢州白云寺"（先）王宝｜当堂常赏"匾，北面铭文大字题词"当堂常赏"上下题款楷书小字："康熙四十九年岢，钦赐奉"，"御制命，九月十九日敬心建立"，系康熙皇帝颁发给白云寺之圣旨（敕谕）。意为：皇帝钦赐（白云寺），奉献于"当堂常赏"即皇帝顺治（灵前），皇帝御制匾额，敕命白云寺敬心建立。康熙四十九年，时九月十九日。此是以康熙圣旨形式所颁发之御制匾额。该匾南面铭文大字题词"（先）王宝"，表示先帝神主、章皇神主之意，其作用相当于河北遵化清世祖孝陵隆

---

① 御制石匾，指皇帝亲笔题写匾文，上石镌刻而成之匾额。石匾正面铭文、背面铭文之区分，本文用｜号标示。

恩殿神主；北面铭文大字题词"当堂常赏"，隐文表示"皇帝顺治"（李林忠说）墓阙之意，相当于孝陵崇楼庙号碑。建立于白云寺山门殿后门门额。

在古今汉语中，"宝"字训为神主或藏神主之神龛，此外绝无二义。"（先）王宝｜当堂常赏"匾铭文，表示康熙四十九年九月十九日顺治父皇安葬于白云寺。

在清代，皇帝的圣旨（制敕）即是法令，圣旨勒石，其法律效力等同于圣旨原件。就史料的原始性而言，康熙四十九年九月十九日御制白云寺"（先）王宝｜当堂常赏"匾铭文的史料价值高于记录性的起居注，更别谈第二手性质的实录，是一宗具备原始性、确实性、高度证明力的最宝贵的证据文献。

河南睢州白云寺（今属河南民权）康熙四十九年九月十九日御制石匾集群铭文，标志顺治父皇安葬于此，表示对顺治父皇之恭敬、宗教评价、政治评价和政治报告。这是证明顺治出家为僧的一组最宝贵的证据文献。

白云寺康熙四十九年四月十九日尊胜陀罗尼心经幢，下起第六层东北面铭文建幢题记末两枚印章铭文为"桶通"、"行派卌"。"桶通"，是用雪峰义存禅师之彻悟"如桶底脱"之古典，暗指顺治皇帝出家之彻悟，可比雪峰义存禅师之彻悟。第二印章铭文"行派卌"，是用顺治十七年顺治皇帝御书北京香山法海寺《敬佛》碑《西天东土历代佛祖之图》"三十九世雪峰义存禅师"之今典，暗指顺治可以直接继承《西天东土历代佛祖之图》第三十九世雪峰义存禅师，得为《西天东土历代佛祖之图》第四十世。"桶通"、"行派卌"，乃是确指顺治、标志经幢是为顺治圆寂所建，并对顺治舍弃皇位出家为僧作出崇高评价。

这些珍贵原始石刻文献材料，以及大量传世文献材料，证实了顺治出家是真实的史事。并呈现出了顺治出家以后长达半个世纪的基本经过。顺治十八年（1661）正月世祖假死之日，就是其真出家之时，出家为僧于山西五台山。顺治出家之后半时期，与佛定和尚有不解之缘。现有文献没有表明顺治、佛定是否为师弟子关系。如果顺治、佛定是师弟子关系，康熙二十一年（1682）佛定锡至睢州白云寺为住持之日，应即是佛定尊奉顺治锡至睢州白云寺安住之时。如果顺治、佛定本来不是师弟子关系，则可能是在康熙二十一年前后，顺治云游至白云寺安单，而与佛定相逢，佛定实际尊顺治如师。康熙二十一年，顺治四十五岁。康熙四十九年（1710）正月，顺治圆寂于白云寺，九月十九日入塔，并建立康熙御制石匾集群于白云寺。

顺治皇帝爱新觉罗·福临，生于崇德三年戊寅（明崇祯十一年，1638），卒于康熙四十九年庚寅（1710），僧俗腊（享年）七十三岁。

康熙曾经六次上五台山。前四次上五台山的时间是：康熙二十二年二月十二日至三月初六日，康熙二十二年九月十一日到十月初九日，康熙三十七年正月二十七日至二月二十二日，康熙四十一年正月二十八日至二月二十八日。康熙前四次上五台山皆是为了寻父。康熙四十一年第四次上五台山，作有寻父不见诗《菩萨顶》，因为诗中表明了顺治皇帝出家，真相太明显了，因此康熙没有收进《御制诗》集、《御制文》集。或许是百密一疏，在雍正《山西通志》、乾隆《钦定四库全书》雍正《山西通志》、乾隆《直隶代州志》中，还是给保存了下来。

据《玉明族祖碑》，康熙四十二年以后，河南睢州白云寺住持、佛定之弟子玉明和尚进京取经于康熙皇帝，呈上书扇一把（应该是顺治所书字之扇），康熙始知道父皇顺治下落，康熙采取了重大行动，厚赐白云寺，其中有一项是赐"满朝銮驾"。这"满朝銮驾"，其实只有身在白云寺的顺治皇帝当得起。清朝皇帝三种卤簿仪仗，其中之銮驾卤簿，是用于巡幸皇城内之卤簿仪仗，康熙御赐白云寺皇帝巡幸于皇城内所用卤簿仪仗之銮驾卤簿，当是对在白云寺之父皇顺治表示：父皇虽然出家，但是在儿子心中仍然是皇帝，父皇虽然身在远方寺庙，但是无异巡幸皇城之内。言外之意当为，父皇无论何时回宫，即何时回归皇位。

康熙四十九年二月初二日至三月初四日，第五次上五台山，则是为了哀悼父皇顺治去世，作有哭父诗《五台有怀》。

回答几个问题，略谈文献考察方法

不止一次听到朋友说：董小宛入清宫，顺治出家，是孟森（1868 – 1937）、陈垣（1880 – 1971）写过的，难道你能超过孟森、陈垣？

本书所使用的众多的珍贵的原始文献、原始石刻文献，是在笔者这个时代才第一次出现于世的。孟森、陈垣一代学者，没有见到过这众多的珍贵的原始文献、原始石刻文献。

例如：

朝鲜王朝孝宗七年（清顺治十三年，1656）丙申八月陈奏正使麟坪大君李濬《燕途纪行》；

朝鲜王朝孝宗七年（清顺治十三年，1656）丙申十月冬至正使尹绛、副使李哲、书状官郭齐华《燕中闻见》等

这些珍贵原始文献，是有关多尔衮死后董小宛归和硕承泽亲王硕塞，董小宛以硕塞庶福晋入侍孝庄太后，与顺治相遇，为顺治所爱，顺治杀硕塞，册立董小宛为贤妃、皇贵妃的重要文献。《燕途纪行》在韩国影印出版，是在二十世纪六十年代、八十年代和二十一世纪①；传入台湾、新加坡而得到学术论著

---

① ［朝鲜王朝］麟坪大君李濬：《燕途纪行》，《国译燕行录选集》，第三辑，韩国民族文化促进会，1967 年，1989 年再版；［韩国］林基中编《燕行录全集》第 22 册影印原刻本，韩国东国大学校出版部，2001 年。

引用，是在二十世纪七十年代前后；传入中国大陆，则是在二十一世纪。《燕中闻见》在韩国影印出版，是在二十一世纪①，传入中国大陆，亦是在二十一世纪。

又如：

> 民国河南省通志馆及1949年以后河南省文史馆递藏康熙四十九年九月十九日御制河南睢州白云寺"当堂常赏"石匾原始拓片；
>
> 河南睢州白云寺（今属河南民权）康熙四十九年九月十九日御制石匾集群；
>
> 河南睢州白云寺康熙六十一年河南布政使牟钦元《白云寺佛定大和尚塔铭》；
>
> 山东鄄城县郭水坑村郭氏祠堂民国八年《玉明族祖碑》、民国二十年《玉明族祖像赞并序》等

上述石刻文献等，证明顺治出家以后，康熙二十一年（1682）佛定锡至睢州白云寺为住持之日，应即是佛定尊奉顺治锡至睢州白云寺安住之时。或是在此前后，顺治云游至白云寺安单，而与佛定相逢，佛定尊顺治如师。康熙四十二年以后，白云寺住持玉明和尚进京取经于康熙皇帝，康熙始知道父皇下落；康熙四十九年正月，顺治圆寂于白云寺，同年九月十九日安葬于白云寺。

这些珍贵原始石刻文献，是在二十世纪八十年代以后，尤其是在二十一世纪，才逐渐披露出来、追寻出来的。其中，河南睢州白云寺（今属河南民权）康熙四十九年九月十九日御制"当堂常赏"石匾，以前几乎不为学界所知。当地文史工作者陆续发表相关简略著录和介绍②，是在二十世纪八十年代以后。《翰墨石影 河南省文史研究馆馆藏拓片精选》出版，其中影印康熙御匾"当堂常赏"一面铭文康熙时完整原始拓片，是在2003年③，首次被完整解释，是在本书。康熙御制石匾"（先）王宝｜当堂常赏"南面铭文"（先）王宝"一面铭文的首次发表，以及白云寺康熙御制石匾集群其它众多铭文的第一次完整发表，是在本书。白云寺康熙四十九年四月十九日尊胜陀罗尼心经幢题记包括题记末两枚印章铭文"桶通"、"行派册"的首次发表，亦是在本书。

不必备举。

---

① ［朝鲜王朝］丁酉十月冬至正使尹绛、副使李哲、书状官郭齐华：《燕中闻见》，［韩国］林基中编《燕行录全集》第95册影印原抄本，韩国东国大学校出版部，2001年。

② 民权县文化馆：《民权白云寺》，《河南省文物志选稿》第7辑，河南省文化厅文物志编辑室，1983年；冯先铭：《民权白云寺》，《中州今古》，1984年第5期。

③ 李源河主编：《翰墨石影 河南省文史研究馆馆藏拓片精选》，广陵书社，2003年。

事，其中包括改变古典情节，以确指现实时事等多种多样之手法。优秀的微言时事诗，来自至深之兴发感动，触发自精湛之诗性智慧，能够达到指事精微（指事精确而又深藏不露）的艺术境界，由于内容比较隐蔽，因此对作者比较安全，对读者则有耐人寻味、探骊得珠之美。

冒辟疆文《影梅庵忆语》、《董氏小宛哀辞序》，陈维崧《杂诗寓水绘庵作》、《白秋海棠赋》，钱谦益诗《病榻消寒杂咏》，吴梅村《清凉山赞佛诗》，《同人集》杜濬、张文峙、杜绍凯、徐泰时、吴绮、周士章、谭篆、王士禄等人诗，丘石常诗《有感》，李天馥诗《古宫词一百二十首集唐并引》、《行路难》、《月》，龚鼎孳词《贺新郎·影梅庵忆语》，皆以微言述及董小宛被劫及入清宫事。吴梅村诗《七夕即事》、李天馥《古宫词》、查慎行咏《长生殿》、李孚青《忆洪昉思》诗，皆以微言述及顺治夺和硕承泽亲王硕塞妻董小宛，硕塞是被其兄弟顺治帝所杀。吴梅村《清凉山赞佛诗》，洪昇《长生殿》戏曲，查慎行、赵执信咏《长生殿》诗，则皆以微言述及顺治出家。

中国微言诗的主流是揭露黑暗政治的微言时事诗，但是也可能包含并非属于揭露黑暗政治，而是由于尊重当事人而难以明言的微言诗，例如王熙《世祖皇帝哀诗》，述顺治假死真出家；甚至可能包含统治者自己表达难以明言的事情的微言诗，例如康熙御制《菩萨顶》诗，表达父皇顺治出家五台山之事情，康熙御制《五台有怀》诗，悲悼父皇之死。由此可见，微言诗作为一种文学艺术形式，虽然主流是揭露黑暗政治，但是也可以为表达各种内容而灵活使用①。当然，这并不改变中国微言诗的主流，还是揭露黑暗政治的微言时事诗。

由上所述可见，微言时事诗是了解被政治谎言所掩盖的历史真相的重要文献。

曹慕樊迟庵师，述所闻熊十力先生言："经、论一字不能放过。"读书一字不能放过，虽然是就儒、释之学而言，实际是治中国儒、释、文、史之学之通义。在此，在史学，在文史之学，阅读时的一字不能放过之后，仍大有事

---

① 微言作品形式不仅包含诗。白云寺尊胜陀罗尼心经幢建幢题记末两枚印章铭文"桶通"、"行派卌"，"桶通"用雪峰义存禅师之彻悟"如桶底脱"之古典，暗指顺治皇帝出家之彻悟，可比雪峰义存禅师之彻悟；"行派卌"用顺治御书北京香山法海寺《敬佛》碑《西天东土历代佛祖之图》"三十九世雪峰义存禅师"之今典，暗指顺治可以直接继承《西天东土历代佛祖之图》第三十九世雪峰义存禅师，得为《西天东土历代佛祖之图》第四十世。"桶通"、"行派卌"，虽是印文，并非是诗，但亦是微言。康熙御制白云寺"（先）王宝｜当堂常赏"石匾之南面大字题词"当堂常赏"铭文，隐文表达皇帝顺治之意，虽是匾文题词，并非是诗，但亦是微言。可见微言作品形式之变化灵活。

在，包括文献考察（包括文献的逐项版本考察、关键材料的逐字训诂、逐项古典、逐项时事之考察）、实地考察（包括访问、记录）、实地石刻文献考察（包括摄影、拓印、记录），乃至石刻文献的训诂、古典、时事之考察等等，需要探赜索隐不止，直至洞烛渊微，水落石出。

又例如，《四部备要》刊古姚杭氏钞本查慎行《敬业堂文集》附《敬业堂别集·河南睢州白云寺佛定和尚语录序》，系查慎行任翰林官时所作，证明《玉明族祖碑》所载白云寺住持玉明赴京取经于康熙，御赐白云寺满朝銮驾，是信史，在顺治出家史事研究中具有重大意义，亦从来未曾被引用过。

笔者敬佩孟森先生、陈垣先生。没有他们的研究开路，不会有笔者的研究上路。

还听到朋友说，你是不是还要研究清初三大案的太后下嫁？对此一问题，可以明确告诉读者，笔者不会作此项研究，对此毫无兴趣。

笔者服膺史学家梁敬錞先生所提出的治史心诀："从头断认"。

关于以诗文证史

董小宛入清宫与顺治出家史事的相关程度不同的原始文献，除官修史书、宗谱、年谱、方志、禅宗文献、朝鲜文献、石刻文献等之外，还包括顺康间人的诗文，甚至戏剧①，其中包括顺治、康熙御制诗文。石刻文献中的睢州白云寺康熙四十九年四月十九日尊胜陀罗尼心经幢题记，康熙四十九年九月十九日御制匾额集群，文体包括题记、题词、题款、联语，也都属于传统目录学分类的集部，今日应该归于文学作品。尊胜陀罗尼心经幢题记末具有关键意义的两枚印章铭文，属于传统目录学分类的子部艺术类篆刻之属，而作为闲章，印文之造语，则仍当归于集部、文学。此皆是宝贵史料。

康熙四十一年二月御制诗《菩萨顶》，是康熙帝第四次上五台山寻父史事的组成部分。

康熙四十九年九月十九日御制"（先）王宝｜当堂常赏"石匾，南面铭文"（先）王宝"，相当于清世祖孝陵隆恩殿神主；北面铭文"当堂常赏"，隐文表示"皇帝顺治"墓阙之意，相当于清世祖孝陵崇楼庙号碑；建立于睢州白

---

① 所谓甚至包含戏剧，是指洪昇《长生殿》。根据毛奇龄《长生殿院本序》所述，"洪君昉思，相传应庄亲王世子之请，作《长生殿》院本"。所谓"相传"，故意闪烁其词尔。所谓"庄亲王世子"，当是指硕塞子博果铎。不称承泽亲王而从其后改封之号称庄亲王，忌讳之也。《长生殿》微旨之一，在暗以唐明皇夺取寿王妃，指斥顺治帝夺取硕塞妻。洪昇友好李天馥、查慎行、赵执信、李孚青诗文，均述及《长生殿》此一微旨。其中赵执信、洪昇、查慎行，并因康熙二十八年观演《长生殿》案，赵执信被革职赞善，洪昇、查慎行被革去国子监生逐回原籍。并非任何一部戏剧，皆可以作为史料使用。

云寺山门殿后门门额，标志父皇顺治安葬于白云寺。康熙皇帝此一行为，相当于《清圣祖实录》卷九康熙二年六月壬寅初六日所载"恭奉世祖章皇帝、孝康皇后、端敬皇后宝宫，送至（孝陵）地宫。至戌时，安奉石床毕，掩地宫石门"，本应载入《清圣祖实录》康熙四十九年九月十九日或前后，只是因为忌讳和保密，没有记载。不过，康熙御匾集群，包括"（先）王宝｜当堂常赏"石匾原物半截，和"当堂常赏"一面铭文康熙时完整原始拓片，则是幸存至今。

康熙四十一年二月御制《菩萨顶》诗、康熙四十九年九月十九日御制"（先）王宝｜当堂常赏"石匾铭文、白云寺康熙四十九年四月十九日尊胜陀罗尼心经幢题记，既是诗文、集部作品，亦是最宝贵史料。

因此，在写实性的诗文、集部作品是历史人物社会生活、政治生活的反映和记录，甚至是历史人物社会生活、政治生活本身的不可分割的一部分的情况下，尤其是在狭义史料有所不足的情况下，以诗文证史不仅是合理的，而且是必须的、宝贵的。

在这样的情况下，把这样的诗文、集部作品排除在史料之外，也许是历史研究的画地自限。

优秀前辈史家不会如此。现代学科条块分割模式下的人，也许才会如此行事。

陈垣先生、陈寅恪先生，是以诗文证史的史家典范。陈垣《明季滇黔佛教考》，是宗教史，亦是政治史。陈寅恪《柳如是别传》，揭示地下复明运动，是明末清初之政治史。《明季滇黔佛教考》在相当大的程度上，是以诗文为史料。《柳如是别传》在根本上，是以诗文为史料。陈寅恪以诗文为史料建构历史，超越了以诗文证史，更上一层楼矣①。

以诗文证史、文史互证、诗史互证，有严格的程序，需要艰苦的工作，但也有乐趣和欢欣。只举一例。

吴梅村《清凉山赞佛诗》：

> 惜哉善财洞，未得夸迎銮。

清凉山，即山西五台山。"善财洞"，五台山寺庙，位于今五台山中心台怀镇黛螺顶南峰，清水河东畔，山清水秀，风光旖旎。寺分上下两院，上善财洞寺在峰顶，下善财洞寺在山麓，金碧辉煌。

今存清凉山传志通行本如唐慧祥《古清凉传》二卷、宋延一《广清凉传》

---

① 参阅邓小军：《中国诗歌解释史上的学术革命典范——汤汉注陶、〈钱注杜诗〉、〈李白集校注〉、〈柳如是别传〉》，《中国诗学研究》第 13 辑，安徽师范大学出版社，2017 年。

三卷、张商英《续清凉传》二卷，明镇澄《清凉山志》八卷明万历刻本、清顺治时增修本、乾隆时史震林增补刻本，康熙时老藏丹巴《清凉山新志》十卷，皆未述及善财洞。乾隆《钦定清凉山志》二十二卷本卷十一《寺院下·护国寺》条始述及："寺侧曰善财洞，山门一楹，佛座三楹，配庑僧房十三楹。"嘉庆时三世章嘉门人《圣地清凉山志》第二卷《一、地域灵迹》亦云："善财洞……原寺已毁，后为三世众生怙主金刚持章嘉乳必多吉所修复。"① 虽述及善财洞，但均不说建于何时。侯文正主编《五台山志》卷三《景观》第一节《台怀景区·善财洞》则明白表示："上善财洞始建于清康熙年间，下善财洞始建于清乾隆年间。"②

钱仲联《吴梅村清凉山赞佛诗笺》："按：《清凉山志》无善财洞名。"③

吴梅村《清凉山赞佛诗》诗作于顺治十八年正月世祖假死真出家之后，诗中明明写出了善财洞，而且写的就是顺治十八年正月世祖出家五台山，可是"《清凉山志》无善财洞名"，"上善财洞始建于清康熙年间"，难道说，吴梅村是无中生有？或者说，吴梅村是未来先知？

山穷水尽疑无路，柳暗花明又一村。

古建筑史家刘叙杰《脚印履痕足音·中央文物局山西古建考察纪行》二《山西古建筑考察日记》1973 年 8 月 26 日《五台山佛寺中之黄庙文物》：

（4）广仁寺：亦在塔院寺东北里许营坊村。现寺为清代建筑。……

（5）善财洞：在塔院寺东里许营坊村。寺中全部为明、清建筑。

①正殿：面阔三间。内供奉弥勒、文殊铜像（由弥勒殿迁来）。

②善财洞：为一石洞，在正殿南侧。外部砌以砖券。其前部原为弥勒殿，已毁。④

刘叙杰实地考察认定，广仁寺"现寺为清代建筑"，善财洞"寺中全部为明、清建筑"，区分清楚。可知善财洞寺至迟始建于明代，清顺治时五台山早已有善财洞寺。

原来，吴梅村诗写出了善财洞，并非无中生有，更非未来先知，而是的的

---

① 《圣地清凉山志》，《五台山研究》1990 年第 2 期，第 11 页。

② 侯文正主编，山西旅游景区志丛书编委会编：《五台山志》，山西人民出版社，2003 年，第 72 页。

③ 钱仲联：《当代学者自选文库 钱仲联卷》，安徽教育出版社，1999 年，第 269 页。

④ 刘叙杰：《脚印履痕足音》（1973 年 8 月 15 日 –1973 年 9 月 2 日），天津大学出版社，2009 年，第 94 页。刘叙杰（1932 –），著名建筑史学家刘敦桢之子，东南大学古建筑研究所教授，著名建筑史学家、古建园林专家、建筑学家。

确确的写实。在此，吴梅村诗、二十世纪七十年代之古建考察、今日之现地实物景观，三点成一线，完全一致。

按曹植《赠白马王彪》：

> 奈何念同生，一往形不归。孤魂翔故域，灵枢寄京师。存者忽复过，亡殁身自衰。

诗言任城王暴死有隐情，是指向真相的微言。其中"亡殁身自衰"，即是用反语修辞法的微言，字面谓任城王之死是身自衰亡；实际是反语：任城王不是自然死亡。①

吴梅村诗"惜哉善财洞，未得夸迎銮"，与曹植"亡没身自衰"修辞法相同，亦是反语，是微言。诗言：善哉善财洞，终得夸迎銮——迎来顺治出家为僧。

围绕董小宛入清宫（1650－1660）与顺治出家（1661－1710）史案，汇聚了清顺康时众多杰出的、优秀的文学家的诗词文赋戏剧，作者包括钱谦益、吴梅村、冒辟疆、龚鼎孳、陈维崧、李天馥、洪昇、查慎行、赵执信、李孚青，《同人集》诗人徐泰时、周士章、吴绮、杜濬、张文峙、杜绍凯、周士章、谭篆、王士禄，以及丘石常等。还汇聚了一系列特殊的文献，包括朝鲜文献《燕途纪行》、《燕中闻见》等，禅宗文献《勅赐圆照茚溪森禅师语录》，石刻文献"桶通"、"行派册"、"当堂常赏"等。这些诗词文赋戏剧、朝鲜文献、禅宗文献、石刻文献，往往具有优秀的甚至顶尖的文学成就，同时具有宝贵的史料价值。

钱谦益、吴梅村皆精于史学。钱谦益著有《明史稿》（毁于火）、《国初群雄事略》、《太祖实录辨证》、《列朝诗集小传》，吴梅村著有《春秋氏族志》（佚）、《春秋地理志》、《绥寇纪略》、《复社纪闻》。钱谦益、吴梅村、陈维崧、李天馥、查慎行、赵执信、李孚青等人，皆曾历任翰林院官，翰林院官职责所在，包括入直侍班、记注起居注、纂修实录书史，亦即是受到重要的史学训练。

《毛诗正义·大序》："国史明乎得失之迹，伤人伦之废，哀刑政之苛，吟咏情性，以风其上。"唐孔颖达《正义》："国史者，周官大史、小史、外史、御史之等皆是也"；"得失之迹者，人君既往之所行也。明晓得失之迹，哀伤而咏情性者，诗人也"，"不必要其国史所为"；"苟能制作文章，亦可谓之为史"。诗存史迹，可谓之史，明确见于儒家经训。文史不分家的深刻意义，即

---

① 参阅邓小军：《魏晋宋微言政治抒情诗之演进——以曹植、阮籍、陶渊明为中心》，《中国文化》2010 年第 2 期。

在于此。

中国写实性的诗文、集部作品，是历史人物社会生活、政治生活的反映和记录，甚至是历史人物社会生活、政治生活本身的组成部分。中国传统既有"诗亡然后《春秋》作"（《孟子·离娄下》）之言，亦有"王道缺而诗作"（《淮南子·泛论训》）之语。中国正史之中，尤其前四史之中，往往录有不少诗文。唐代李白、杜甫、元结诗，均有揭示被正史之谎言所掩盖的玄宗、肃宗之际的政治变局之重大历史真相①。黄宗羲《南雷文定》卷一《万履安先生诗序》："注杜者但见以史证诗，未闻以诗补史之阙，虽曰诗史，史固无藉乎诗也。"是未读《钱注杜诗》之言，或虽读过而偶忘。

《毛诗正义》之《序》、《传》、《笺》、《疏》，是诗史互证的中国诗学原始典范。例如《毛诗·邶风·燕燕》，《小序》："《燕燕》，卫庄姜送归妾也。"用了九个字解释春秋时期卫国发生的政治事件，即此诗本事。《郑笺》："庄姜无子，陈女戴妫生子名完，庄姜以为己子。庄公薨，完立，而州吁杀之。戴妫于是大归，庄姜远送之于野，作诗见己志。"用了46个字解释这一史事。《孔疏》更进一步用了445个字，依据《燕燕》经文，采用《左传》隐公三年、《春秋》隐公四年、《史记·卫康叔世家》等直接相关史料，以及《春秋》文公十八年、《左传》文公十八年、成公八年、《公羊传》庄公十九年等间接相关史料，引出同一史事记述有所不同之史料原文，辨析史文异同，得出是非判断，对《序》、《笺》所述这一史事作出了翔实解释，从而证实了《燕燕》经文的历史背景和历史内容。

南朝宋裴松之注《三国志》，是中国史学考证方法之开山祖师，其中颇以诗文证史。例如《三国志·魏书·陈思王植传》"四年，徙封雍丘王"一节，裴注引《魏氏春秋》"植发愤告离而作诗曰"，援引曹植《赠白马王彪》全诗，长达390字，对于了解魏文帝曹丕迫害曹彰、曹植兄弟之史事，具有非常重要的意义。

中国近代史学，注重以史料考证史事、注重最广泛地搜集史料、注重有几分材料说几分话，其中就包括以诗文证史。胡适《中国哲学史大纲》第一篇

---

① 参阅邓小军：《永王璘案真相——并释李白〈永王东巡歌十一首〉》，《文学遗产》2010年第5期；《李白与永王璘"谋主"李台卿——李白〈赠别舍人弟台卿之江南〉诗笺证》，《北京大学学报》2014年第2期；《李白从璘之前前后后》，《北京大学学报》2015年第5期；清钱谦益：《钱注杜诗》卷二《洗兵马》，注释与笺；邓小军：《杜甫〈北征〉补笺》，《北京大学学报》2007年第3期；《杜甫疏救房琯墨制放归鄜州考-兼论唐代的制敕与墨制》，《诗史释证》，中华书局，2004年；《杜甫与李泌》（上、下），《杜甫研究学刊》2012年第2期、第4期；《元结撰、颜真卿书〈大唐中兴颂〉考释》，《晋阳学刊》2012年第2期。

《导言》："古代的书，只有一部《诗经》可算得是中国最古的史料"，"《诗经》中所说的国政、民情、风俗、思想，一一都有史料的价值"。[①] 卓有见地。如上所述，陈垣，尤其陈寅恪，以诗文证史，褴褛筚路，遂成大邦。

---

① 胡适：《中国哲学史大纲》，东方出版社，2012 年，第 17 - 18 页。

目　录

图版简目

上部　董小宛入清宮考

绪　论

世传董小宛（董白，字小宛，一字青莲，1624－1660）入清宫，迄今并无定论。近百年来参与讨论的学者，主要包括孟森、陈垣、邓之诚、陈寅恪、高阳等，其中孟森持否定态度，陈垣、邓之诚、陈寅恪实际持肯定态度，高阳持肯定态度。笔者今使用相关原始文献证据材料，以期解决此一问题。这些相关文献材料，均出自顺治十三年至十七年世传董小宛入清宫时入值内廷之文武职官、入住皇城内西苑之传法僧人，董小宛本夫冒辟疆及其至交好友之撰述和口述，略述如下：

1. 顺治十三年（1656）朝鲜王朝丙申八月陈奏正使麟坪大君李㴭《燕途纪行》①、顺治十三年朝鲜王朝丁酉（丙申）冬至正使尹绛等《燕中闻见》②等。麟坪大君李㴭《燕途纪行》记载清主亲兵哨官朝鲜人金汝辉述顺治董皇贵妃"曾是军官之妻也，其夫则构罪杀之，年将三十"，出自目睹，与董小宛年龄相符，证明清廷所称董皇贵妃为鄂硕女"年十八"，是谎言。③ 尹绛等

---

① ［朝鲜王朝］麟坪大君李㴭：《燕途纪行》，《松溪集》卷五至卷七，四周双边，半页十行，行二十字，宋体字，［韩国］林基中编《燕行录全集》第22册影印原刻本，韩国东国大学校出版部，2001年。

② ［朝鲜王朝］丁酉十月冬至正使尹绛、副使李哲、书状官郭齐华：《燕中闻见》，抄本，无边栏，半页九行，行二十一至二十五字不等，行楷字；［韩国］林基中编《燕行录全集》第95册影印原抄本，韩国东国大学校出版部，2001年。案：卷端题为："丁酉十月冬至正使尹绛副使李哲书状官郭齐华"，根据文中所述史事，"丁酉"显然为钞写之误，改正为：丙申。《燕行录全集》此册《燕中闻见》，系历次燕行使节记录之抄录汇编。

③ 以下著述引用了麟坪大君李㴭《燕途纪行》记金汝辉语：柳存仁《宝玉和顺治皇帝——清初的政治、宗教和文学》（《道家与道术——和风堂文集续编》，上海古籍出版社，1999年，第221页）；杜世杰《红楼梦考释》第六篇第四章《小宛入宫辨疑》（中国文学出版社，1995年，第285页）；刘广铭《〈燕途纪行〉中的顺治形象》（延边大学亚洲研究中心编《朝鲜－韩国文学与东亚》，延边大学出版社，2009年，第251页）；徐东日《朝鲜朝使臣眼中的中国形象 以〈燕行录〉〈朝天录〉为中心》第三章第三节《顺治帝：具有争议的清帝形象》，中华书局，2010年，第83页）。

《燕中闻见》记载会同馆馆夫言"董家女册封贵妃，初为皇帝虾①之妻，而皇帝闻其绝美，杀其夫，夺入宫中，今乃封为贵妃"，明确述及顺治董皇贵妃姓董；述及顺治杀其夫，夺入宫中封为贵妃，则与清主亲兵哨官金汝辉所述，以及来华耶稣会传教士汤若望所述"顺治皇帝对一位满籍军人之夫人起了一种火热爱恋"，军人于是乃因怨愤或自杀而死，"皇帝遂即将这位军人的未亡人收入宫中封为贵妃"一致。

2. 顺治十一年至十三年秘书院侍讲、国子监祭酒吴伟业（1609－1672）《清凉山赞佛诗》四首、《题冒辟疆名姬董白小像（八首）并引》②。前诗隐藏地、确切地、完整地表示顺治董皇贵妃即董小宛：姓董、名白、小字青莲。本文第一次提出此关键的解释。吴梅村诗《七夕即事四首》其四，以微言精准叙述和硕承泽亲王硕塞非死于自杀，而是被同父异母弟顺治所杀，并被顺治夺妻。本文第一次提出此解释。

3. 顺治十五年至十八年翰林院庶吉士、检讨李天馥（1635－1699）《古宫

---

① 虾，满语，侍卫。清刘献廷《广阳杂记》卷四："（王辅臣）勇冠三军，所向不可当，号曰马鹞子……姜瓖降，八王子以辅臣为虾，随入都。"清陈其元《庸闲斋笔记·用兵以气为主》："盖满洲中称侍卫曰虾。"商鸿奎、刘景宪、季永海、徐凯《清史满语辞典》"辖"条："亦作虾、下、恰。……汉语名侍卫。清初，皇帝自将镶黄、正黄、正白三旗（即所谓'上三旗'），挑选其子弟武技出众者，担任随侍宿卫。"（上海古籍出版社，1990年，第209－210页。）

② 清吴伟业：《梅村集》四十卷，文渊阁《四库全书》录康熙七年吴氏原刻本。卷三《清凉山赞佛诗》四首，卷十八《题冒辟疆名姬董白小像（八首）并引》。

词一百二十首集唐》并引①。邓之诚曾举其序数语及两首诗，讨论甚精而甚略。高阳认为《古宫词》为"细考此案最珍贵的材料"，虽"馨香祷祝"以求之，但其生前始终未能寓目。《古宫词》表示顺治董皇后与本夫生离，家在远方；顺治董皇后曾经被迫入富贵家；《古宫词》隐藏地、确切地、完整地表示顺治董皇后即董小宛：姓董、名白、小字青莲。皆本文第一次揭示出。

---

① 清李天馥：《古宫词一百二十首集唐》并引一卷，四周单边，白口，单鱼尾，半页八行，行十八字，宋体字，康熙四年原刻本。天馥后因避忌，未收入其别集《容斋千首诗》。邓之诚藏本，后捐献中国科学院图书馆，今藏中国科学院文献情报中心，编号242536。中国古籍总目编纂委员会编《中国古籍总目》集部3《清前期》："《古宫词》一卷 清李天馥撰 清康熙间刻本 中科院（邓之诚题记）"。（中华书局、上海古籍出版社，2013年，第1170页。）著录藏本仅此一部。当为海内外孤本。此本藏书印：1. 卷首小引题下钤："蕉林梁氏书画之印"。阳文。此为清初梁清标藏书印，南唐赵干《江行初雪图》、宋沈子蕃《缂丝梅鹊图》轴、金宫素然《明妃出塞图》卷，皆钤有此印。梁清标（1620－1691），河北正定人，字棠村，号玉立，别号蕉林居士。明崇祯十六年进士，顺治初降清，授编修，累擢户部尚书，官至保和殿大学士。著有《棠村随笔》等。收藏古书画有"甲天下"之称。所用印章、印泥十分精良，不易仿制，故仿者甚少。2. 第二十三页卷末钤："棠邨后人"。阴文。王翚《唐人诗意图》钤有"棠邨后人"印，著录在"野石鉴定"、"野石居士"、"乾隆御览之宝"、"乾隆鉴赏"诸印之前。按梁清标字棠村，存世作品所知的鉴藏印记有"棠村"、"河北棠村"等，"棠邨后人"当是梁清标后人之印。3. 卷末钤："梁佑偓"。阴文。4. 卷末钤："臣有书画癖"。阴文。5. 卷首小引天头钤："张"。阳文。6. 正文页一《古宫词一百二十首（集唐）》题下钤："邓之诚文如印"。阴文。7. 小引题下钤"中国科学院图书馆善本"阳文。封面邓之诚有题记，大字题署："古宫词一卷"，题下双行小字："李天馥撰五石斋藏本"。题记云："天馥字湘北，河南永城籍，家合肥。顺治戊戌进士，入翰林，官至武英殿大学士。康熙三十八年卒，谥文定。著有《容斋千首诗》。此《宫词百二十首》，刻于康熙四年，正官检讨时也。同时人多有宫词之咏，盖皆为董鄂妃作。天馥特别白之曰'古'，以'集唐'为名，终不能掩其寄托也。词久失传，从未为人称道，顷无意中得之。天馥喜荐引，一时人才所依归。其诗春容有法度，以视新城、泽州，自当无愧。然则《容斋千首诗》足贵，此《宫词》尤有足贵者矣。己丑四月朔，文如居士识于成府村居。"下钤"邓之诚"印，阳文。其后又记："其自序：'况昭阳殿里，八百无双；长信宫中，三千第一。'非董鄂妃而何？又：'愁地茫茫，情天漠漠，泪珠事业，梦蝶生涯。在昔同伤，于今共悼者'，语意尤显。词中'桃花满地春牢落，万片香魂不可招'，明言悼亡，非宫怨也。越日又识。"有《四库未收书辑刊》八辑十六册影中国科学院文献情报中心藏康熙刻本，北京出版社，2000年。

4. 《勅赐圆照茚溪森禅师语录》①。顺治十六年七月至顺治十七年十月二十八日，茚溪行森禅师（1614－1677）奉诏进京居皇城内西苑万善殿传法，深受顺治信任，为顺治净发，奉顺治之命游五台山（实为顺治出家打前站），顺治十八年为清廷所称的世祖火化举火。茚溪森曾目睹"上郊祀天坛，皇太后、皇后皆同往"，是今存文献所见顺治董皇后的第二位目睹者。顺治十七年（1660）八、九月间，茚溪森奉旨为董皇后丧仪在内廷承乾宫上堂、小参、起棺，在景山寿椿殿举火、收灵骨及迎神主回宫等所说偈语，表示董皇后一生历尽艰难曲折，曾遭强人侵犯，后为顺治所保护，完全符合董小宛，而完全不符清廷所称死于二十二岁的一生一帆风顺的满洲贵族鄂硕之女。茚溪森偈颂理论，主张"以切为贵"，贴切说偈对象。茚溪森为董皇后丧仪所说一系列之偈语，陈垣已列举之，但是并未加以解释。本文系第一次作出解释。

5. 《同人集》②。《同人集》为冒辟疆与明末清初全国友人四百六十人唱和诗文总集，董小宛入清宫及小宛之死，是其中隐藏的最重要主题。《同人集》中的诗文，隐藏地、确切地表示董小宛被劫入京归皇父摄政王多尔衮，最终入清宫，顺治董皇后即董小宛；作者均为当事人冒辟疆至交好友，多作于顺治十七年董小宛之死及十八年顺治之"死"以后。语云："冤有头，债有主。"冒辟疆曾经进京向清廷索还董小宛；冒辟疆挚友吴梅村、方孝标等在世传董小宛入清宫时任翰林院官入值内廷，当知悉清廷内幕情况；《同人集》相关作者吴梅村、陈维崧、吴绮、王士禄等皆曾为清朝官员，若非知之确实，不可能皆写作和保存此等对清朝不利之诗文；因此，《同人集》与上述文献具有同等重要的证据力。其中，除吴梅村、陈维崧诗前人已有所讨论外，吴绮、徐泰时、周士章、张文峙、杜濬、杜绍凯、谭篆、王士禄等诗文及陈维崧文，系本文第一次使用和解释。

6. 陈维崧《白秋海棠赋》。《白秋海棠赋》："白者……南朝妙伎，西曲名

---

① 清释胜德编：《勅赐圆照茚溪森禅师语录》，六卷，四周双边，白口，半叶十行，行二十字，宋体字，半框23.2×15.7cm，2册1函，康熙刻本，首都图书馆藏，索书号：（丙三）/694。案：此本稀见，《中国古籍总目》（中国古籍总目编纂委员会编《中国古籍总目 子部》，中华书局、上海古籍出版社，2010年；《中国古籍总目 索引》，中华书局、上海古籍出版社，2013年）未著录此书，当为海内外孤本。数十年来学术论著引用此书，皆转引自陈垣《语录与顺治宫廷》。茚溪森语录通行本《乾隆大藏经》雍正十一年《御选明道正觉茚溪森禅师语录》一卷、《明道正觉森禅师语录》三卷，已将茚溪森为董皇后一系列丧仪说偈等文字，全部删除。

② 清冒襄辑：《同人集》十二卷，左右双边，上下单边，白口，半页十一行，行二十三字，宋体字，康熙冒氏水绘园刻本；《四库全书存目丛书》集部第385册影印，齐鲁书社，1997年。

倡，颜如虢国，色配何郎"，直指董白小宛本为秦淮名妓，嫁与冒襄。"蔡琰无家，王嫱作客，永诀京华，长依蛮貊。寄血泪于琵琶，写哀情于筚拍"，言如蔡琰在家中被南匈奴掳走，没于南匈奴左贤王，董小宛在家中被满洲掳走，没于睿亲王多尔衮；如王嫱嫁与匈奴呼韩邪单于，为单于阏氏即皇后，董小宛后来为顺治皇贵妃、追封为皇后。《白秋海棠赋》是用显性语言揭示史事真相，因此具有不容忽视的重大作用。

7. 《清世祖实录》①。《清世祖实录》所载多尔衮死后，诸亲王"分取其人口"、"分取睿王家人"，系第一次使用于本题研究；本文并第一次依据《清世祖实录》所载，发现顺治十一年十二月五日辛酉和硕承泽亲王硕塞薨，年二十七，而《实录》、《爱新觉罗宗谱》均不载其死因——可见硕塞系暴死；顺治未依礼制辍朝、未遣官致祭、未赐谥号、未御制碑文——可见顺治对清朝开国元勋硕塞之敌视；顺治十二年四月十九日癸酉"遣官祭和硕承泽亲王硕塞侧福金（侧福晋）"②，四月二十九日癸未始"遣户部尚书觉罗巴哈纳，祭和硕承泽亲王硕塞"——可见侧福晋之死系表示抗议硕塞之暴死，因此之故，当硕塞之死四个多月之后、侧福晋之死十天之后，顺治始不得不遣官祭硕塞；由上可见，顺治亲兵哨官金汝辉、会同馆馆夫、汤若望所述被顺治所杀，其妻被顺治夺为贵妃（董贵妃）之满籍高级军官，应即是硕塞。再参证顺治时秘书院侍讲吴梅村《七夕即事四首》其四、康熙时翰林院编修李孚青《偶忆洪昉思己巳被斥事即题其集后》三首之一，均指和硕承泽亲王硕塞非死于自杀，而是被同父异母弟顺治所杀，并被顺治夺妻，顺治时翰林院检讨李天馥《古宫词一百二十首集唐》之一百一，指和硕承泽亲王硕塞被顺治夺妻，就完全可以确定被顺治所杀并被夺妻之满籍高级军官，即是硕塞。御制硕塞碑文，是康熙十一年补撰。康熙御制硕塞碑文，并没有收进康熙御制文集。康熙、雍正、乾隆御制诗文集，也只字不提和硕承泽亲王或硕塞，讳莫如深。一系列重要证据表明，自顺治七年十二月多尔衮死后，至顺治十一年十二月硕塞死之

---

① 《清实录》第 3 册，《世祖章皇帝实录》一百四十四卷，影印原藏皇史宬现藏中国第一历史档案馆大红绫本，中华书局，1985 年。本文省称《清世祖实录》。

② 福金，一作福晋，满语，妻，专指亲王、世子、郡王妻。文渊阁《四库全书》本《钦定大清会典》卷一《宗人府》："亲王、世子、郡王妻，封亲王福晋、世子福晋、郡王福晋。……亲王侧福晋四人"。商鸿奎等《清史满语辞典》"福晋"条："亦作福金，夫金。……福晋一词系汉语夫人一词的音译。后金初，后宫主位称大福晋……皇太极以后，始仿明制，皇帝的配偶改称为皇后、贵妃、妃、嫔等名。规定：亲王正室封亲王福晋，世子正室封世子福晋，郡王正封郡王福晋；亲王侧室封侧福晋四人，世子、郡王侧室福晋三人；长子、贝勒以下至辅国将军正室封夫人。"（上海古籍出版社，1990 年，第 84 页。）

前，董小宛归硕塞。

8.《爱新觉罗宗谱》。《爱新觉罗宗谱》甲册"太宗文皇帝位下子孙·第五子和硕承泽裕亲王硕塞"谱文，述硕塞嫡、继、侧、庶福晋四人，例皆备述其籍贯、姓氏以及其父官爵、名字，唯独述及硕塞"又庶福晋一人"，违例隐去其籍贯、姓氏、父名，讳莫如深，应即是金汝辉、会同馆夫、汤若望所述被顺治夺为贵妃（董贵妃）之满籍高级军官之妻，亦即是吴梅村《清凉山赞佛诗》、李天馥《古宫词》所述顺治董皇后董白董小宛。

《爱新觉罗宗谱》甲册"太宗文皇帝位下子孙·（硕塞）第三子辅国温僖将军鞬额布"谱文，述鞬额布"生母庶福晋"，亦违例不书其母姓氏；鞬额布出生于顺治九年六月十六日，其时间亦与顺治七年十二月九日多尔衮死后至顺治十一年十二月五日硕塞暴死之前，董小宛归和硕承泽亲王硕塞，适相符合；故鞬额布可能是董小宛所生。

9. 顺治《御制（孝献庄和至德宣仁温惠端敬皇后）行状》。《行状》述及："后尝育承泽王女二人于宫中，朝夕鞠抚，慈爱不啻所生。"董小宛在顺治杀硕塞之后，养育硕塞女二人于宫中，朝夕鞠抚，慈爱如亲生，原因当不仅在于在小宛之仁慈，亦在于她曾为硕塞庶福晋，并有可能曾为硕塞生子。

以上《清世祖实录》、《爱新觉罗宗谱》、顺治《御制（端敬皇后）行状》之相关材料，均系本书第一次使用。

10. 冒辟疆《影梅庵忆语》、《亡姬秦淮董氏小宛哀辞有序跋》①，表示董小宛是被人强入民宅劫走；自己与小宛相爱绝不可能断绝，而今竟然断绝，是由于满洲入主中国，一片黑暗。此解释为本文第一次提出。

11. 康熙九年（1670）龚鼎孳绝笔《贺新郎·影梅庵忆语》"羡烟霄、破镜犹堪典。双凤带，再生蚕"，词言董小宛双凤钗头带——御书符，是入了清宫，落入了顺治皇帝手中，如崔英与王氏夫妻愿结再生缘、竟得今生破镜重圆的愿望，是被剪断了。本文第一次提出此解释。

本文对董小宛的称呼，随所使用文献之称呼而采用之，亦即随其生活年代之身份而称呼之。对清世祖之称呼，为明白易晓起见，例称顺治，述及顺治某年时，则称世祖。

---

① 明冒襄撰，明张明弼、杜濬评辑：《朴巢诗选》不分卷《朴巢文选》五卷附《影梅庵忆语》、《亡姬秦淮董氏小宛哀辞》，四周单边，白口，无鱼尾，半叶八行，行二十字，楷体字，清初刻本，原件收藏北京图书馆，全国图书馆文献缩微中心北京图书馆摄制，国家图书馆古籍馆善本阅览室藏，索取号：SB01788。

第一章 顺治七年三月末董小宛
在如皋家中被清军掳走

1. 冒辟疆《影梅庵忆语》：顺治七年三月末董小宛在如皋家中"夜梦数人强余去"是真

冒襄（1611－1693），字辟疆，号巢民，明末清初江南省扬州府泰州如皋县（今江苏如皋）人，明遗民，著名文学家。《清史列传》卷七十《冒襄传》："少游董其昌门，其昌序其十四岁时诗，方之王勃。性至孝，时流寇纵横，父起宗以吏部郎出历官副使，犯权贵忌，抑陷襄阳监军，置必死地。襄走京师，泣血上书，乃得调宝庆，于是孝子之名闻天下。所与游皆当时雄俊，与桐城方以智、宜兴陈贞慧、归德侯朝宗，矜名节，持正论，品覈朝政，裁量公卿，并称'四公子'。襄负盛气，高才飙涌，尤能倾动人。尝置酒桃叶渡，会东林六君子诸孤，酒酣，辄狂以悲，诃詈奄党。因与诸孤结诸社金陵相抗，马、阮当国，憾之。党狱兴，捕得贞慧，几死，襄仅免。……国变后，遂无意用世。性喜客，家故有水绘园，擅池沼亭馆之胜，四方名士招致无虚日。"① 《清史稿》卷五百一《冒襄传》："（国变后）襄既隐居不出，名益盛。督抚以监军荐，御史以人才荐，皆以亲老辞。康熙中，复以山林隐逸及博学鸿词荐，亦不就。……康熙三十二年，卒，年八十有三。私谥潜孝先生。"可见冒辟疆一生的性格，具备反抗精神和遗民品格。

国图藏缩微清初刻本冒辟疆《朴巢文选》，附《影梅庵忆语》、《亡姬秦淮董氏小宛哀辞》，是今日所知此二种文献之最早版本。据此先后编次，《忆语》当作于《哀辞》之前。

关于董小宛前半生及与冒辟疆关系，冒辟疆《影梅庵忆语·序》（原题：亡姬纪略序）曰："亡姬董氏，原名白，字小宛，复字青莲。籍秦淮，徙吴门。在风尘虽有艳名，非其本色。倾盖矢从余，入吾门，智慧才识，种种始露。凡九年，上下内外大小，无忤无间。其佐余著书肥遁，佐余妇精女红，亲操井臼，以及蒙难遘疾，莫不履险如夷，茹苦若饴，合为一人。今忽死，余不知姬死而余死也。"② 可以知其大略。

《影梅庵忆语·纪谶》最后部分亦即全文最后部分关于董小宛之"死"，曰：

---

① 王锺翰点校：《清史列传》，第18册，中华书局，1987年，第5683页。

② 明冒襄撰，明张明弼、杜濬评辑：《朴巢文选》附《影梅庵忆语》，叶1A－B，清初刻本，国家图书馆古籍馆善本阅览室藏，索取号：SB01788。

客岁新春二日，即为余钞选全唐五七言绝句，上下二卷。是日偶读七岁女子"所嗟人异雁，不作一行归"之句，为之凄然下泪。至夜和成八绝，哀声怨响，不堪卒读。余挑灯一见，大为不怿，即夺之焚去。遂失其稿，伤哉异哉！今岁恰以是日长逝也。

客春三月，欲重去盐官，访患难相恤诸友，至邗上，为同社所淹。时余正四十，诸名流咸为赋诗。……三月之杪，余复移寓友沂友云轩。久客卧雨，怀家正剧。晚霁，龚奉常偕于皇、园次过慰，留饮，听小吴管弦度曲时，余归思更切。因限韵各作诗四首，不知何故，诗中咸有商音。三鼓别去。余甫着枕，便梦还家，举室皆见，独不见姬。急询荆人，不答。复遍觅之，但见荆人背余下泪。余梦中大呼曰："岂死耶？"一恸而醒。姬每春必抱病，余深疑虑。旋归，则姬固无恙。因间述此相告，姬曰："甚异，前亦于是夜梦数人强余去，匿之幸脱，其人狺狺不休也。"讵知梦真，而诗谶咸来先告哉？①

案：第一，关于所述董小宛去世之日。《影梅庵忆语》所述"客岁新春二日"、"客春三月"，紧接着又曰"时余正四十"，按《同人集》卷首韩菼《潜孝先生冒征君墓志铭》："其殁也，年八十有三，康熙癸酉十二月也。"② 逆推冒辟疆生年为明熹宗三十九年辛亥（1611），至顺治七年（1650），年"正四十"，可知"客岁"（去年）、"客春"为顺治七年；据冒辟疆《影梅庵忆语》所述"今岁恰以是日长逝也"，是说董小宛死于顺治八年正月初二日。冒辟疆《亡妾秦淮董氏小宛哀辞序》："小宛自壬午归副室，余与子形影交俪者九年，今辛卯（顺治八年，1651）献岁二日长逝。"亦表示董小宛死于顺治八年正月初二日。但此皆仅是饰语。

第二，《影梅庵忆语》分目标题历历叙述董小宛归冒家九年之生活情景，却并无"纪长逝"之目。尤其是对于董小宛之死之情形，甚至绝无只言片语。如《同人集》卷三张明弼公亮《董小宛传》所言："其致病之由，与久病之状，并隐微难悉。"已不能使人无疑。正因为此，《亡姬董小宛哀辞》颇述董小宛死前情形，以杜绝怀疑。可见《亡姬董小宛哀辞》当作于《影梅庵忆语》之后。

第三，《影梅庵忆语》实际以《纪谶》代替"纪长逝"，全文结束于顺治七年"三月之杪"冒辟疆自邗上即扬州"旋归"如皋，董小宛告诉冒辟疆

① 明冒襄撰，明张明弼、杜濬评辑：《朴巢文选》附《影梅庵忆语》，叶35A－37A，清初刻本，国家图书馆古籍馆善本阅览室藏，索取号：SB01788。

② 清冒襄辑：《同人集》卷三，《四库全书存目丛书》集部第385册影印康熙冒氏水绘园刻本，齐鲁书社，1997年，第16页。

"夜梦数人强余去"之梦，和最后冒辟疆所言"讵知梦真"四字，系明白表示董小宛在家被"人强去"是真。

冒辟疆言"讵知梦真"，双管齐下，既是指自己在扬州所梦"还家，举室皆见，独不见姬"是真，亦是指"旋归，则姬固无恙"，"姬曰：甚异，前亦于是夜梦数人强余去"是真。所谓"旋归，则姬固无恙"，烟幕弹耳。

董小宛是在清顺治七年（1650）三月末，从江南省扬州府泰州如皋县（今江苏如皋）家中被清朝军队入室掳走。关于"清朝军队"一点，考详下文。

2. 吴绮《悼董宛君》序："夜梦数人强余去"之梦其实是真，董小宛在如皋家中被人掳走，是落到了满洲人手里

清冒襄辑《同人集》卷六《影梅庵悼亡题咏》广陵吴绮（园次）《悼董婉君》八首序（文渊阁《四库全书》本《林蕙堂全集》卷五作《董少君挽词序》，卷十七作《挽董少君》八首序）：

> 少君名白，字小宛，桃叶名媛也。……吾友辟疆，闻声晋渡，觌面苏台。……玉台重下，温郎信是可人；金屋偕归，沔国遂为佳妇。……而云彩易销，月华空老。惊鹦鹉之梦，果有不祥；葬鸾凤之身，于焉速化。死而可忍，弥留椒蕊之辰；去必有归，恍惚莲花之国。余偶游射雉，恰值骑鸾。见奉倩之神伤，为安仁而气尽。云高巫岭，不遮伤逝之愁；雨入巴山，尽是悼亡之泪。展银钩之遗墨，旧日钞诗；省瑶佩于生绡，春风出画。闻其语矣，为之泫然。愧乏八叉之才，聊代七哀之赋。青牛帐里，想入梦以氤氲；紫玉坟边，或闻歌而宛转。其词曰。①

按清郑方坤《本朝名家诗钞小传》卷二《种字林诗钞小传》：

> 吴绮，字园次，其先由歙徙扬之江都，遂为江都人。少颖悟，为诸生，有声艺林。滦州石学士视学江南，拔冠多士，以明经贡入太学。会世祖章皇帝求异才备顾问，用朝臣荐，授秘书院中书舍人。奉诏谱《杨椒山乐府》，大加称赏，迁武选司员外郎，盖即以椒山原官官之，宠异至矣。已由工部郎出知湖州府，多惠政，不畏强御，湖人德之，号为三风太守，谓多风力、尚风节、饶风雅也。②

---

① 清冒襄辑：《同人集》卷六，《四库全书存目丛书》集部第 385 册影印康熙冒氏水绘园刻本，齐鲁书社，1997 年，第 249 页。

② 清郑方坤：《本朝名家诗钞小传》，《丛书集成新编》第 101 册影印《龙威秘书》本，台北新文丰出版有限股份公司，1985 年，第 321 页。《清史列传》卷七十一《文苑传二·吴绮传》，所述略同。

可知吴绮不畏强御，口碑"三风太守"，可见为人正直，立言靠得住；与冒辟疆为深交，自了解董小宛情况。

"少君"："少君"，尊称他人之妻。宋释惠洪《冷斋夜话》卷八："予尝过之，少君方炊，稚子宗野汲水，而无逸（谢逸）诵书扫除。"

"名白，字小宛"：《同人集》卷六《悼董婉君》八首序、文渊阁《四库全书》本《林蕙堂全集》卷五《董少君挽词序》无"名白"二字，据《林蕙堂全集》卷十七《挽董少君》八首序补。

"惊鹦鹉之梦，果有不祥"：典出唐张鷟《朝野佥载》卷三："则天后梦一鹦鹉，羽毛甚伟，两翅俱折，以问宰臣，群公默然，内史狄仁杰曰：'鹉者，陛下姓也；两翅折，陛下二子庐陵、相王也。'"指《影梅庵忆语·纪谶》所述庚寅顺治七年"三月之杪"冒辟疆"梦还家，不见姬。急询荆人，不答。复遍觅之，但见荆人背余下泪。余梦中大呼曰：岂死耶"之不祥之梦，及回家后董小宛告诉冒辟疆"夜梦数人强余去"之不祥之梦，以及文末所述"讵知梦真"。

"葬鸾凤之身，于焉速化"：言冒辟疆所称顺治八年闰二月十五日"葬"董小宛，小宛"死"得突然。《亡姬秦淮董氏小宛哀辞序》："今幽房告成，素旐将引，谨卜闰二月之望日，妥香灵于南阡矣。"

"死而可忍，弥留椒蕊之辰"：言冒辟疆所称顺治八年正月初二日董小宛之"死"，小宛怎愿此"死"。《亡姬秦淮董氏小宛哀辞序》："小宛自壬午归副室，余与子形影交俪者九年，今辛卯（顺治八年，1651）献岁二日长逝。""忍死"，语出《三国志》卷三《魏明帝纪》景初三年裴松之注引《魏氏春秋》曰："帝执宣王手，目太子曰：'死乃复可忍，朕忍死待君。'""椒蕊之辰"即春节，典出《晋书》卷九十六《列女列传·刘臻妻陈氏传》："刘臻妻陈氏者，亦聪辩能属文，尝正旦献《椒花颂》。"明申时行《赐闲堂集》卷三《和兆嘉元日过小园韵》："闲来看竹处，喜及献椒辰。""辰"字，从《同人集》卷六《悼董婉君》八首序，文渊阁《四库全书》本《林蕙堂全集》卷五《董少君挽词序》、卷十七《挽董少君》八首序作"莛"，作"辰"贴切。

"去必有归，恍惚莲花之国"："去"，字面指董小宛之"仙去"，暗指董小宛从如皋家中被掳去。"莲花之国"本指佛国。《文苑英华》卷九百二十六唐陈子昂《梓州司马杨君神道碑》："莲花之国，金池玉雷。崇此香缘，生彼荷秀。"《文苑英华》卷二百三十六卢纶《宝泉寺送李益端公归邠宁幕》："莲花国何限，贝叶字无穷。"《文苑英华》卷二百二十释法照《访云母山僧》："莲花国土异，贝叶梵书能。"清钱谦益《牧斋有学集》卷十《题荷花画扇五首》之四："漫说莲花国，莲花国在西。"此借指满洲。盖当时西藏进丹书，称满洲君主为曼殊师利大皇帝、文殊师利大皇帝、文殊菩萨圣主、文殊室利大皇帝。清阿桂《满洲源流考》卷一《部族》："我朝光启东土，每岁西藏献丹书，皆称曼珠师利大皇帝。《翻译名义》曰：'曼珠，华言妙吉祥也。又作曼殊室利。'"①顺治十年三月二十八日《达赖喇嘛请安奏书》称："达赖喇嘛致金光四射、银光普照、旋乾转坤、人世之天、至上文殊大皇帝明鉴。"② 顺治十年五月《五世达赖喇嘛奏谢顺治皇帝颁赐金册、金印及封号的表文》称："谨奏于统驭天下文殊菩萨圣主陛下。"③ 康熙元年《达赖喇嘛为顺治帝升遐、康熙帝登极事表文》称："在三域自在文殊室利大皇帝尊前，啊！满朝最高的臣子们，一齐叩首把安请。"④

"去必有归，恍惚莲花之国"，字面言小宛"仙去"，归于佛国，暗指小宛从如皋家中被掳去，是落到了满洲人手里。

"省瑶佩于生绡，春风出画"：典出杜甫《咏怀古迹五首》之三咏王昭君"画图省识春风面，环佩空归月夜魂"，言图画中画出董小宛春风面，暗示董小宛作了王昭君，如王昭君入了匈奴，董小宛（最终是）入了清宫。

---

① 对此，乾隆已自我解嘲。乾隆《御制诗》四集卷三十九《殊像寺》："丹书过情颂（自注：西藏每于新岁献丹书，称曼殊师利大皇帝云云，盖以曼殊音近满珠也），笑岂是真吾。"

② 顺治十年（1653 年）三月二十八日《达赖喇嘛请安奏书》，中国第一历史档案馆、中国藏学研究中心编《清初五世达赖喇嘛档案史料选编》，中国藏学出版社，2000 年，第 34 页。

③ 顺治十年五月《五世达赖喇嘛奏谢顺治皇帝颁赐金册、金印及封号的表文》，西藏自治区文物局、西藏人民出版社编《见证》，西藏人民出版社，2008 年，第 111 页。

④ 康熙元年《达赖喇嘛为顺治帝升遐、康熙帝登极事派遣二位近侍进京祝贺表文》，扎西旺都编，王玉平译《西藏历史档案公文选·水晶明鉴》，中国藏学出版社，2006 年，第 319 页。

第二章　顺治七年三月末董小宛被清军劫持入京，归皇父摄政王多尔衮

1. 陈维崧《杂诗寓水绘庵作》：董小宛入清宫作了顺治皇后，之前被清军掳走归皇父摄政王多尔衮

董小宛被清军掳去之时间，为顺治七年（1650）"三月之杪"。据吴绮《悼董婉君》、陈维崧《杂诗寓水绘庵作》、周士章《悼董婉君》、丘石常《有感》等诗，尤其陈维崧《白秋海棠赋》，董小宛是被清朝军队劫持入京归皇父摄政王多尔衮。

多尔衮（1612－1650），清太祖努尔哈赤第十四子，封睿亲王，顺治元年，率清军覆明，令官民皆薙发，封叔父摄政王。二年五月，尊为皇叔父摄政王（《清史稿》卷四《世祖本纪一》）。五年十一月，加为皇父摄政王（《东华录》卷六）。七年十二月薨，年三十九。《清史列传》卷二、《清史稿》卷二百十八有传。

《清初内国史院满文档案译编》顺治元年六月初一日："是日。俄罗塞臣、巴都理获黑龙江出众女子三十名、女俘十一名……沙尔虎达获东省出众女人四十三……合以上两处出众女人，其俊雅者被皇帝选取六名，又发给六家各两名……"①

《清初内国史院满文档案译编》顺治二年十一月十五日："是日。和硕德豫亲王（多铎）出兵江南，破流贼，获上等金九万三百四十两……是日。和硕德豫亲王获才貌超群汉女人一百零三，将此呈送皇上十，呈皇叔父摄政王三，呈辅政叔父王三，呈和硕肃亲王、多罗承泽郡王、多罗贝勒尼堪、多罗贝勒博罗等各二，呈多罗巴图鲁郡王、多罗饶馀郡王、多罗衍禧郡王、多罗贝勒勒克德浑、恭顺王、怀顺王、贝子和托、贝子屯齐、贝子尚山、公特尔虎、公杜尔虎、公杜努恩等各一，呈囊章京公图赖、固山额真宗室拜音图各二，呈固山额真公阿山一，呈胡图灵阿福晋之父、墨尔根福晋之父各二，其馀女人分赏带兵出征之梅勒章京、护军先锋大臣等。"②

《清世祖实录》卷十五顺治二年三月癸亥："谕户部：'前许民人投旗，原

---

① 中国第一历史档案馆编：《清初内国史院满文档案译编》中册（顺治朝），光明日报出版社，1989年，第21－22页。

② 中国第一历史档案馆编：《清初内国史院满文档案译编》中册（顺治朝），光明日报出版社，1989年，第197页。以上二条档案材料，承如皋钱祖荣先生提示，谨此志谢。

非逼勒为奴……近闻或被满洲恐吓逼投者有之。'"①

《清世祖实录》卷十七顺治二年六月己卯："诏曰：'……一、河南、江北、江南等处，明季旧官及军民人等，近因大军经行仓皇逃避，父母妻子一旦生离，如有求聚来归者、并无罪责，仍令完聚。'"②

《清世祖实录》卷二十九顺治三年十一月己丑："革随征甲喇章京史应庚职逮问，以其钤束无术，纵兵劫掠故也。"③

《清世祖实录》卷三十一顺治四年三月丁酉："谕户兵二部：'……近闻满洲有抢夺良民财物者。复有汉人投充满洲、借势横行，害我良民者。'"④

《清世祖实录》卷八十四顺治十一年六月庚辰："诏曰：'一、设兵原以卫民，近来各省兵丁肆害无穷……甚至城市劫掠，公为大盗。'"⑤

清林时对《荷牐丛谈》卷三《鼎甲不足贵》：

> 吴伟业……鼎革后……复入词林。未有子，多携姬妾以往。满人诇知，以拜谒为名，直造内室，恣意宣淫，受辱不堪，告假而归。⑥

朝鲜王朝肃宗十六年庚午（清康熙二十九年，1690）六月谢恩兼进贺陈奏使全城君濬、副使权愈、书状金源燮《燕中闻见》庚午七月二十三日：

> 衣冠之地，换就毡毳之区；礼乐之乡，变为悖乱之场。可骇之俗，可怪之事，已不可暇数。……以言一人之尊，则荒亡无道，纵欲无厌。以其出猎之时，率侍卫一人，突入民家，恣行淫亵。……朝臣之有美少妻者，辄以事遣去于外，即躬就而淫之。此皆彼人所传说者也。⑦

案：由《清初内国史院满文档案译编》（残缺不全）、《清世祖实录》可知，自顺治元年至十一年，清军在各省包括江南劫掠妇女、满洲最高统治集团集体瓜分被劫掠妇女之事，在清廷满文档案、汉文诏书中多有反映。由林时对《荷牐丛谈》、朝鲜使节全城君濬等《燕中闻见》可知，顺康间，满洲君主贵族入臣、民家强奸妇女之事，时有所闻。

---

① 《清实录》第3册，《世祖章皇帝实录》，中华书局，1985年，第135页

② 《清实录》第3册，《世祖章皇帝实录》，中华书局，1985年，第155页。

③ 《清实录》第3册，《世祖章皇帝实录》，中华书局，1985年，第243页。

④ 《清实录》第3册，《世祖章皇帝实录》，中华书局，1985年，第260页。

⑤ 《清实录》第3册，《世祖章皇帝实录》，中华书局，1985年，第665页。

⑥ 《台湾文献史料丛刊》第8辑，第153种，台湾大通书局，1987年，第98页。

⑦ ［朝鲜王朝］肃宗十六年庚午（清康熙二十九年，1690）六月谢恩兼进贺陈奏使全城君濬、副使权愈、书状金源燮：《燕中闻见》，［韩国］林基中编《燕行录全集》第95册影印原抄本，韩国东国大学校出版部，2001年，第99－100页。

《清世祖实录》卷四十二顺治六年二月癸卯："命摄政王多尔衮，总统内外官兵、征剿大同。"①

《清世祖实录》卷四十三顺治六年三月己巳："吏部启心郎宁古里以辅政德豫亲王多铎出痘，往启摄政王王，即日旋师。"②

《清世祖实录》卷四十四顺治六年五月丁巳："摄政王多尔衮率师征大同叛将姜瓖。"③

《清世祖实录》卷四十五顺治六年七月癸巳："摄政王多尔衮还京。"④

《清世祖实录》卷四十六顺治六年九月戊午："平西大将军和硕英亲王阿济格、敬谨亲王尼堪等遣学士苏纳海等奏报：'八月……二十九日，大军入大同城。'"⑤

《清世祖实录》卷四十七顺治七年正月："己卯……摄政王……纳和硕肃亲王豪格福金博尔济锦氏。……壬午，摄政王遣官选女子于朝鲜国。"⑥

《清世祖实录》卷四十九顺治七年五月癸酉："摄政王率诸王大臣、亲迎朝鲜国送来福金于连山，是日成婚。"⑦

《清世祖实录》卷九十顺治十二年三月庚子："初，吏科副理事官彭长庚、一等精奇尼哈番许尔安各上疏，称颂睿王元功，请复爵号、修陵墓，下议政王、贝勒、大臣会同斟酌密议具奏。至是，王等议长庚疏，言：'……查睿王将肃王（豪格）无因戕害，收其一妃，又将一妃私与伊兄英王（阿济格）。此罪尚云轻小，何罪为大？……又擅娶朝鲜国王族女，一女不足其欲，又娶一女，未至而身亡。……又毁坏太祖太宗定例，于八旗遴选美女，取入伊家。又败乱国体，遣使于新服喀尔喀处，求取有夫之妇。又滥费公帑，将织造江南苏杭缎疋，不入公家，匿为己有，充赏比倖。种种不法情状，众目共见。其馀琐细败检之事，不可胜计。'"⑧

《清史稿》卷二百十八《睿忠亲王多尔衮传》："六年二月，自将讨大同叛将姜瓖，拔浑源。闻豫亲王病痘，先归。……七月，复征大同，瓖将杨振威斩瓖降。十月，移师讨喀尔喀二楚呼尔……十二月，王妃博尔济吉特氏薨，以册

---

① 《清实录》第3册，《世祖章皇帝实录》，中华书局，1985年，第340页。
② 《清实录》第3册，《世祖章皇帝实录》，中华书局，1985年，第344页。
③ 《清实录》第3册，《世祖章皇帝实录》，中华书局，1985年，第357页。
④ 《清实录》第3册，《世祖章皇帝实录》，中华书局，1985年，第360页。
⑤ 《清实录》第3册，《世祖章皇帝实录》，中华书局，1985年，第365页。
⑥ 《清实录》第3册，《世祖章皇帝实录》，中华书局，1985年，第378页。
⑦ 《清实录》第3册，《世祖章皇帝实录》，中华书局，1985年，第391页。
⑧ 《清实录》第3册，《世祖章皇帝实录》，中华书局，1985年，第708－710页。

宝追封为敬孝忠恭正宫元妃。七年正月，王纳肃王福金，福金，妃女弟也。复征女朝鲜。令部事不须题奏者，付巽亲王满达海、端重亲王博洛、敬谨亲王尼堪料理。五月，率诸王、贝勒猎于山海关，朝鲜送女至，王迎于连山，成婚。”

朝鲜李朝《孝宗实录》卷五孝宗元年庚寅（清顺治七年，1650）八月戊申（二十七日）：“护行使元斗杓等自北京还，上召见之……斗杓曰：……九王初见公主，颇有喜色，待臣等亦厚。及至北京，以公主之不美，侍女之丑陋，诘责万端，此甚可虑矣。九王云：‘……而尔国不肯精择，公主既不满意，侍女亦多丑陋。尔国之不诚，于此益可见矣。’”①

案：由《清世祖实录》等所载顺治七年正月及前后多尔衮纳肃王福金、擅娶朝鲜国王族女、毁例遴选八旗美女取入伊家、遣使于新服喀尔喀处求取有夫之妇，以及当面诘责朝鲜使节“公主既不满意，侍女亦多丑陋”，足见皇父摄政王多尔衮搜夺美女之无远弗届、无法无天，何止僭越逾制②，然则顺治七年（1650）三月之杪多尔衮派人掳走江南之有夫之妇董小宛，亦是完全可能之事。

陈寅恪《柳如是别传》（1964 年）：“今读此歌，别有一可注意之事，即顺治七年末、八年初，清人似有点取强夺秦淮当时及旧日乐籍名姝之举。此举或与世祖之喜爱戏剧有关。（可参顾师轼梅村先生年谱顺治九年壬辰附徐釚词苑丛谈玖纪事肆‘吴祭酒作秣陵春’条及前第叁章论河东君嘉定之游节引嘉定县志李宜之传）。……更细绎‘听女道士卞玉京弹琴歌’结语云‘坐客闻言起叹嗟，江山萧瑟隐悲笳。莫将蔡女边头曲，落尽吴王苑里花’，则用蔡文姬胡笳十八拍之典，以匈奴比建州。梅村遣辞必非泛指，特拈出此重公案，愿与世之读吴诗者共参究之也。”③ 可资参考。

《同人集》卷六《水绘园题咏》陈维崧《杂诗寓水绘庵作》十首（陈维崧《湖海楼诗稿》卷三《五古》题为《杂诗》）其一：

> 南国有佳人，容华若飞燕。绮态何婹娟，令颜工婉娈。红罗为床帷，白玉为钗钿。出驾六萌车，入障九华扇。倾城畴不知，秉礼人所羡。如何盛年时，君子隔江甸？金炉不复熏，红妆一朝变。客从远方来，长城罢征

① 《孝宗实录》，《李朝实录》第 36 册，东京学习院东洋文化研究所昭和三十八年（1963）影印，第 86 页。

② 参阅熊克：《清初〈皇父摄政王起居注〉原本题记》，《四川师院学报》1981 年第 1 期。

③ 陈寅恪：《柳如是别传》，中册，生活·读书·新知三联书店，2001 年，第 503－504 页。

战。君子有还期，贱妾无娇面。妾年三十馀，恩爱何由擅？①

《清史列传》卷七十一《陈维崧传》："字其年，江苏宜兴人。明左都御史于廷孙，父贞慧，以节慨称……维崧资禀颖异，十岁，代祖作《杨忠烈像赞》。比长，侍父聆听诸名士议论，耳濡目染，学日进。或宴会，援笔为序记，顷刻千言，瑰玮无比，皆惊叹，折行辈与交。嗣偕王士禄、士禛、宋实颖、计东等倡和……时有'江左三凤凰'之目，维崧其一也。补诸生，久之不遇。因出游，所在争客之。性落拓，馈遗随手尽。独嗜书，无不渔猎，虽舟车危骇，咿唔如故。尝由河南入都，与秀水朱彝尊合刻一稿，名《朱陈村词》，流传至禁中，蒙赐问，人以为荣。年过五十，会开博学鸿儒科，以大学士宋德宜荐，召试列一等，授翰林院检讨，与修《明史》。在馆四年，勤于篡辑。尝怀江南山水，以史局需人，不果归。疾笃，吟断句云'山鸟山花是故人'，犹振手作推敲势，遂卒，年五十八，时康熙二十七［一］年也。维崧……生平无疾言遽色，于诸弟笃友爱。其游公卿间，谨慎不泄，遇事匡正，以故人乐近之……所著《两晋南北史集珍》六卷、《湖海楼诗》八卷、《迦陵文集》十六卷、《词》三十卷。集中文有散有骈，骈体自喜特甚。长洲汪琬谓：'唐以前不敢知，自开宝后七百年，无此等作矣。'琬固少许可者。维崧与琬论六朝之文，钩入深微，多出诸贤寻赏之外。……诗始为雄丽跌宕，一变而入杜甫沉郁之调，横绝一世。词至千百八首，尤凌厉光怪，变化若神，前此未有也。"②

陈维崧（1625－1682）笃实正直，天才绝伦，勤奋好学，造诣精深，诗与骈体，皆具有第一流成就。陈维崧述董小宛入清宫事之《杂诗寓水绘庵作》、《白秋海棠赋》，正是其诗与骈体之经典之作。其年任翰林院检讨，是在康熙十八年（1679）。

按陈维崧《湖海楼诗集》卷一《将发如皋留别冒巢民先生》："忆我过如皋，太母正悬悦。是为戊戌冬，层冰莽寒厉。"《水绘园修禊诗序》："余之居如皋，盖七八年于兹矣。"冒襄《午日席上怀其年》："八载芳辰文酒同，两年惆怅隔天中。"可知自顺治十五年戊戌（1658）至康熙四年（1665），陈维崧居如皋（今江苏如皋）冒辟疆水绘园前后七八年，与冒辟疆感情至深，实为至亲好友，自熟知董小宛事。

按《杂诗寓水绘庵作》编次于《同人集》卷六《水绘园题咏》吴国对

① 清冒襄辑：《同人集》卷六，《四库全书存目丛书》集部第 385 册影印康熙冒氏水绘园刻本，齐鲁书社，1997 年，第 240 页。

② 王锺翰点校：《清史列传》，第 18 册，中华书局，1987 年，第 5774－5775 页。

《壬寅秋过访冒辟疆先生年兄于水绘庵呈正》之前，壬寅为康熙元年（1662）；复按《陈检讨其年著湖海楼诗稿》卷首《谨识》："先大人检讨公诗，自顺治十八年辛丑……以前十馀年诗，向刻于如皋冒巢民先生家，……履端……依原本翻刻，一如旧观。……康熙六十年岁次辛丑立秋后一日闰六月十七日男履端百拜谨识于山阳学署之文会斋"①；以及陈维崧《湖海楼诗稿》收诗至于顺治十八年辛丑（1661），《杂诗》编次于卷三五古之末；可以判断《杂诗寓水绘庵作》作于顺治十八年，正当顺治十七年八月董小宛死后、顺治十八年正月世祖"死"后不久。

陈维崧《杂诗寓水绘庵作》之一，言董小宛入清宫作了皇后，之前是被强盗清军劫归多尔衮，冒辟疆进京索还小宛几乎被杀头。全诗相关部分，释证如下。

"南国有佳人，容华若飞燕。"

"南国佳人"：诗题"水绘庵"，则诗所言"南国佳人"，是指如皋冒辟疆家水绘庵之董小宛。

此二句，暗示如赵飞燕作了汉成帝皇后，董小宛作了顺治帝皇后。

"出驾六萌车，入障九华扇。"

"九华扇"：皇后仪仗，典出葛洪《西京杂记》卷二："赵飞燕为皇后，其女弟昭仪在昭阳殿，遗飞燕书曰：'今日嘉辰，贵姊懋膺洪册，谨上襚三十五条，以陈踊跃之心：……九华扇。'"

此二句，明说董小宛作了皇后，出入皇宫，皇后车驾、仪仗具备。

"如何盛年时，君子隔江甸。"

"江甸"：江边，常用指长江下游江边，《宋书》卷七十八《萧思话传》："仗顺治流，席卷江甸。"《文苑英华》卷二百二十六李延陵《自紫阳观至华阳洞宿侯尊师草堂简同游》："石林媚烟景，句曲盘江甸。"此指长江下游北岸之如皋。

此二句，诗言为何小宛盛年之时，竟与江甸之夫君辟疆隔离？

从此二句到"贱妾无娇面"八句，是倒叙董小宛作皇后之前的经历。

"金炉不复熏，红妆一朝变。"

"金炉熏"：金炉熏香，喻夫妻恩爱。典出《文选》卷十六江淹《别赋》：

---

① 清陈维崧：《湖海楼诗稿》，《丛书集成续编》第 173 册，台北新文丰出版公司，1988 年，第 477 页。

"同琼佩之晨照，共金炉之夕香。"

此二句，诗言小宛、辟疆此隔离非比寻常，乃是恩爱夫妇不能再恩爱之生离，是佳人横遭一朝突如其来之变故。

"客从远方来，长城罢征战。"

此二句是倒装，上下句叙事前后次序颠倒成文，是为了押韵。

"客"：此指暴客、强盗。《康熙字典》寅集上《宀部》"客"："外寇亦曰客。《易·系辞》：'重门击柝，以待暴客。'"唐杨炯《遂州长江县先圣孔子庙堂碑》："先是殊方暴客，常严巨野之兵。"清和邦额《夜谭随录》卷三《陆水部》："昨遇一人，哭于道周，询之，自称山西赵姓，有一驼一马，为暴客劫去。"

"长城"：此指大同。《四部丛刊续编》景旧钞本嘉庆《大清一统志》卷一百四十六《大同府·古迹》："长城，在大同县北一百四十里。"

此二句，诗言顺治六年二月、五月睿亲王多尔衮征讨长城大同，九月大同平；顺治七年正月多尔衮纳肃王福金、征女朝鲜后，三月远来征女南国，小宛因此是在"江甸"如皋家中被"暴客"强盗亦即清朝军队劫归多尔衮。

此表示，董小宛是被清朝皇父摄政王多尔衮派遣军队入室掳走。

"君子有还期，贱妾无娇面。"

上句言辟疆进京索还小宛是触犯清朝，几乎要杀头没有还乡之期，幸而终有回家之日；下句言小宛无面回家，其实是婉言不许回家。

"妾年三十馀，恩爱何由擅。"

诗言小宛年三十有馀，渐近色衰，虽然入宫，作了皇后，何能固宠？

2. 陈维崧《白秋海棠赋》：董小宛在家中被满洲掳走，没于睿亲王多尔衮，后来为顺治皇贵妃

康熙天藜阁刻本陈维崧《陈检讨四六》卷二《白秋海棠赋》：

巢民先生斋中，有白秋海棠花，余爱其姿制娟静而神理柔楚，乃为兹赋。赋曰：

有逍遥客卿者……一日者，过幽忧公子之庐而欸焉。……公子门无车骑，室有琴书。凤喜野卉，杂莳芳蔬。树名贞女，木号隐夫。……爰有一种，布于阶砌，靡曼绵芊，柔明清丽，姣如好女，姿首异制，施粉太白，倚秋而缀。客卿见而问曰："此非所谓秋海棠乎？厥名断肠，思妇所变。叶如其衣，花如其面。一云怨女，泪染所成。生于墙下，海棠为名。洵哀离之微物，而闺襜之幽情也。……"公子膝席而起，揖客而语曰："客何见之晚也！且夫仆本恨人，……矧夫白者，迥出寻常。亭亭别馆，泛泛廻廊。南朝妙伎，西曲名倡。蕙心纬繡，纨质飘扬。轻红初退，晕碧相当。无心约翠，息意安黄。颜如虢国，色配何郎。……至于蔡琰无家，王嫱作客，永诀京华，长依蛮貊。寄血泪于琵琶，写哀情于笳拍。紫台则山河俱缟，青海则关城尽白。流玉筋之纵横，恐白头之弃掷。倘作望夫之石，月是形容；如过妬妇之津，雪为魂魄。若斯之类，赋不及夸。莫不怀贞抱悫，绝类离瑕。怨良人之不见，愿廓处以长嗟。"客卿曰："善。"湘吴既酌，朱颜半酡。攀枝折条，相和而歌，歌曰："秋既晏兮夜已沉，白露下兮青枫林。憺佳期兮怅难寻，玩幽姿兮思惜惜。物犹如此兮，人何以任！"①

"巢民先生斋中，有白秋海棠花"：喻董白董小宛。白秋海棠花与董小宛，系同时写出，合为一体。其中述"矧夫白者"、"南朝妙伎"，直指董小宛名白，曾为秦淮名妓。述白秋海棠花"施粉太白"，"月是形容，雪为魂魄"，以及"山河俱缟"、"关城尽白"，皆射董小宛名白。

"逍遥客卿"：为陈其年自称。

"幽忧公子"：指巢民先生冒辟疆。

"矧夫白者，迥出寻常。亭亭别馆，泛泛廻廊。南朝妙伎，西曲名倡。蕙心纬繡，纨质飘扬。轻红初退，晕碧相当。无心约翠，息意安黄。颜如虢国，色配何郎"：直指董白小宛本为秦淮名妓，嫁与冒襄。典出冒辟疆《影梅庵忆语·序》："亡妾董氏，原名白，字小宛，复字青莲。籍秦淮，徙吴门。在风尘虽有艳名，非其本色。倾盖矢从余，入吾门，智慧才识，种种始露。凡九年，上下内外大小，无忤无间。其佐余著书肥遁，佐余妇精女红，亲操井臼，以及蒙难遘疾，莫不履险如夷，茹苦若饴，合为一人。今忽死，余不知姬死而余死也。"②

"蔡琰无家"：言蔡琰在家中被南匈奴掳走。典出东汉末蔡琰《悲愤诗》："平土人脆弱，来兵皆胡羌。猎野围城邑，所向悉破亡。斩截无孑遗，尸骸相撑拒。马边悬男头，马后载妇女。"以及《后汉书》卷八十四《列女传·陈留董祀妻蔡琰传》："陈留董祀妻者，同郡蔡邕之女也，名琰，字文姬。博学有才辩，又妙于音律。适河东卫仲道。夫亡无子，归宁于家。兴平中，天下丧

---

① 清陈维崧：《陈检讨文集》卷二，叶22A－23B，《中华再造善本》影印康熙天藜阁刻本，国家图书馆出版社，2014年。

② 明冒襄撰，明张明弼、杜濬评辑：《朴巢文选》附《影梅庵忆语》，叶1A－B，清初刻本，国家图书馆古籍馆善本阅览室藏，索取号：SB01788。

乱，文姬为胡骑所获，没于南匈奴左贤王。"

"王嫱作客"：言王昭君被迫嫁与匈奴呼韩邪单于，为单于阏氏即皇后。典出《汉书》卷九十四下《匈奴传下》："元帝以后宫良家子王嫱字昭君赐单于，……王昭君号宁胡阏氏。"《史记》卷一百十《匈奴列传》："单于有太子名冒顿，后有所爱阏氏。"唐司马贞《索隐》："阏氏，旧音曷氏，匈奴皇后号也。"

"寄血泪于琵琶"：言王昭君入匈奴，琵琶声中，寄托血泪。典出《文选》卷二十七晋石崇《王明君辞·序》："昔公主嫁乌孙，令琵琶马上作乐，以慰其道路之思。其送明君，亦必尔也。"杜甫《咏怀古迹五首》之三："千载琵琶作胡语，分明怨恨曲中论。"

"写哀情于笳拍"：言蔡琰在家中被南匈奴掳走，作《胡笳十八拍》，都是哀怨。宋郭茂倩《乐府诗集》卷五十九蔡琰《胡笳十八拍》解题："唐刘商《胡笳曲序》曰：'蔡文姬善琴，能为《离鸾别鹤》之操。胡虏犯中原，为胡人所掠，入番为王后，王甚重之。武帝与邕有旧，敕大将军赎以归汉。胡人思慕文姬，乃卷芦叶为吹笳，奏哀怨之音。后董生以琴写胡笳声为十八拍，今之《胡笳弄》是也。'《琴集》曰：'大胡笳十八拍，小胡笳十九拍，并蔡琰作。'"

"紫台"：典出《文选》卷十六江淹《恨赋》："若夫明妃去时，仰天太息。紫台稍远，关山无极。"李善注："紫台，犹紫宫也。"杜甫《咏怀古迹五首》之三："一去紫台连朔漠，独留青冢向黄昏。"紫台，此即指北京清宫紫禁城。

"青海"：化用杜甫《兵车行》："君不见青海头，古来白骨无人收。新鬼烦冤旧鬼哭，天阴雨湿声啾啾。"青海，此借指满洲统治下之中国。

"山河俱缟"、"关城尽白"：言山河、长城一片白雪，如披缟素，披麻戴孝。典出明卓人月辑《古今词统》卷一金德淑《望江南》："春睡起，积雪满燕山。万里长城横缟带，六街灯火已阑珊。人立玉楼间。"金德淑，宋宫女，宋亡后入元都作此词。"积雪满燕山，万里长城横缟带"，悼宋亡也。陈维崧，大词家也，乃能熔铸金德淑词。

"至于蔡琰无家，王嫱作客，永诀京华，长依蛮貊。寄血泪于琵琶，写哀情于笳拍。紫台则山河俱缟，青海则关城尽白"，言如蔡琰在家中被南匈奴掳走，没于南匈奴左贤王，董小宛在家中被满洲掳走，没于睿亲王多尔衮；如王嫱被迫嫁与匈奴呼韩邪单于，为单于阏氏即皇后，董小宛后来被迫为顺治皇贵妃、死后追封为皇后。是长陷于满洲，永诀于京华，血泪无尽。董小宛死于紫禁城之后，天地为之悲痛，山河、长城一片白雪，如披缟素，披麻戴孝。

"怨良人之不见，愿廓处以长嗟"，"憺佳期兮怅难寻，玩幽姿兮思惝惝。

物犹如此兮，人何以任"：言自从董小宛在家中被满洲掳走，至董小宛死于异族之地之后，冒辟疆对董小宛的思念，不可磨灭。

由此可见，《白秋海棠赋》当作于顺治十七年董小宛死后。

陈维崧《杂诗寓水绘庵作》、《白秋海棠赋》完整地叙述了董小宛被劫归多尔衮，后来入清宫作了皇后，以及冒辟疆进京索还小宛几乎被杀头。由于陈维崧是冒辟疆的至亲好友，尤其《白秋海棠赋》是用显性语言揭示史事真相，因此具有不容忽视的重大作用。

3. 徐泰时、周士章、丘石常诗：董小宛被劫入京、归多尔衮

《同人集》卷六《影梅庵悼亡题咏》宛上徐泰时《春日题跋辟疆年盟兄哀董少君十纪》之十：

> 半钗何减玉搔头，跳脱霞如天上流。一自朝云先瘗夜，并无春梦独悲秋。洪都谁复传长恨，桃叶胡能唱莫愁？为语黄姑休乞巧，空馀残线在针楼。（原注：跋《纪谶》。）①

徐泰时《哀董少君》"洪都谁复传长恨"，原注："跋《纪谶》"，此表示：谁能继续写出董小宛被掳入京之长恨？《影梅庵忆语·纪谶》已写出董小宛在家被掳入京。

《同人集》卷六《影梅庵悼亡题咏》石城周士章（吴昉）《悼董婉君》八首之七：

> 梦销画槛正茫茫，磁枕修然白玉床。银烛光寒珠泪涌，芳筵影落舞腰长。章台弱柳攀妆镜，湘渚残蓉冷嫁裳。咫尺郊南同绝塞，至今青冢不悲王。②

清丘石常《楚村文集》卷三《有感》诗：

> 银河只隔水盈盈，诏下文姬不许行。才貌如卿值一死，风流无主奈多情。嫌笼娇鸟开何日，抱柱迂生哭有声。闻道南宫皆赐配，梦中呓语望成名。③

---

① 清冒襄辑：《同人集》卷六，《四库全书存目丛书》集部第 385 册影印康熙冒氏水绘园刻本，齐鲁书社，1997 年，第 248 页。

② 清冒襄辑：《同人集》卷六，《四库全书存目丛书》集部第 385 册影印康熙冒氏水绘园刻本，齐鲁书社，1997 年，第 250 页。

③ 清丘石常：《楚村文集》四卷，四周单边，白口，半叶十行，行二十二字，宋体字，康熙五年诸城丘元武刻本，《山东文献集成》第二辑第 30 册影印山东大学图书馆藏本，山东大学出版社，2007 年，第 36 页。

周士章《悼董婉君》"咫尺郊南同绝塞，至今青冢不悲王"之"郊南"，丘石常《有感》"闻道南宫皆赐配"之"南宫"，皆指多尔衮王府即明朝东苑南宫（今北京南池子东）。《钦定日下旧闻考》卷四十《皇城》："明英宗北还，居崇质宫，谓之小南城。"① 清昭梿《啸亭续录》卷四《京师王公府第》："睿忠亲王旧府在明南宫，今为缎匹库。"

"咫尺郊南同绝塞"，言董小宛一入多尔衮王府南宫，如同王昭君出塞入匈奴，一去不复回。"闻道南宫皆赐配"，言多尔衮死后，多尔衮王府南宫中之被掳女子皆赐配民间，唯独不许董小宛还家（"诏下文姬不许行"）。

4. 翰林院检讨李天馥《古宫词》：顺治董皇后名白字青莲，即董小宛，入清宫前曾被迫入富贵家

顺治十五年至十八年翰林院庶吉士、检讨李天馥《古宫词一百二十首集唐》并引（序），采取集句之传统文体，集唐诗诗句成宫词体诗，缕述顺治董皇后之来历、命运和内心世界。根据李天馥《古宫词》所述，顺治董后只能是董小宛，清廷所称是鄂硕之女满洲董鄂氏，只能是谎言。

李天馥字湘北，河南永城人，家合肥，顺治十五年进士，选庶吉士，十八年散馆授检讨。康熙十一年晋翰林院侍讲，三十一年拜武英殿大学士，人称"合肥相国"。三十八年卒，谥文定。详《碑传集》卷十三《康熙朝宰辅·下》韩菼《光禄大夫武英殿学士兼吏部尚书李文定公天馥墓志铭》、《清史列传》卷九、《清史稿》卷二百六十七本传。王士祯称其诗"鸿博绝丽"，"卓然为本朝一大宗"②。

李天馥《古宫词》作于康熙四年任翰林院检讨时。按《清圣祖实录》卷二十四康熙六年九月丙午："纂修《世祖章皇帝实录》，命……检讨李天馥……为汉纂修官。"③ 可知康熙四年天馥作《古宫词》时，犹任翰林院检讨。时天馥在翰林院履历，计其间丁忧在内，已有七年时间。按乾隆《钦定大清会典则例》卷三《吏部·文选清吏司·官制·翰林院》："（顺治）二年，裁并内三院。十五年，复设翰林院……十八年，裁并内三院。"④ 清鄂尔泰、张廷玉等奉敕撰《词林典故》卷三《职掌·入直侍班》："世祖顺治十七年六月谕：翰林院翰林各官，原系文学侍从之臣，今欲于景运门内建造直房，令翰林官直宿，朕不时召见顾问，兼以观其学术才品。应分几班，每班酌用几员，即列名

---

① 清于敏中等编纂：《日下旧闻考》，北京古籍出版社，1985 年，第 627 页。

② 清王士祯：《带经堂诗话》卷五，上册，人民文学出版社，1963 年，第 126 页。

③ 《清实录》第 4 册，《圣祖仁皇帝实录（一）》，中华书局，1985 年，第 328 页。

④ 《景印文渊阁四库全书》第 620 册，台湾商务印书馆股份有限公司，1986 年，第 85 页。

具奏。寻掌院学士折库讷、王熙请分翰林官为三班，每班用讲读学士二员、讲读二员、编检四员，依次入直，周而复始。"《钦定大清会典则例》卷一百五十三《翰林院·纂修书史》："恭纂实录、圣训。掌院学士充副总裁官，侍读学士、侍讲学士、侍读、侍讲、修撰、编修、检讨，充纂修官。……恭修玉牒。以满洲、蒙古、汉军修撰、编修、检讨职名，移送宗人府，充纂修官，亦间以庶吉士拟送。纂修书史。掌院学士充正副总裁官，侍读学士以下、编检以上，充纂修官，亦充提调官。庶吉士亦间充纂修官。"① 清鄂尔泰、张廷玉等奉敕撰《词林典故》卷三《职掌》："记注册籍。书明月日，及该直官姓名，每月满汉文各一册，至次年按月排纂。凡记注官侍班所纪，一一备载卷末，汇为总跋，册中用翰林院印钤缝，贮以铁匦，扃鐍封识。岁十二月，题明记注，官防同，内阁学士藏之内阁大库。"由上可知，当李天馥顺治十八年授翰林院检讨直至康熙四年时，依翰林院检讨之职责，一是入直侍班，于景运门内直房直宿；二是纂修书史，充纂实录、圣训、玉牒、书史纂修官。由于入直禁中，以及得阅读内廷档案，从而可能知闻宫中秘事。

邓之诚《清诗纪事初编》卷五李天馥条："别有《古宫词》百首，盖为董鄂妃作。……后来因有避忌，宫词遂未入集。"② 邓之诚原藏并题记批注之《古宫词》，后捐献中国科学院图书馆，今藏中国科学院文献情报中心，当为海内外孤本。李天馥《古宫词》，高阳曾"馨香祷祝"以求之，认为是"细考此案最珍贵的材料"③，其生前始终未能寓目。

清李天馥《古宫词一百二十首集唐·小引》：

> 粤稽三百篇之旨，多载宫吟；十九首之辞，半题闺怨。下至八代，爰迄三唐，世尚香评，人耽艳咏。盖以寓忱寄慨，调近风骚；故尔绘宠编愁，词传禁掖耳。况昭阳殿里，八百无双；长信宫中，三千第一。……是以羿后黄著，飞来月里；晋嫔红叶，流出人间。愁地茫茫，情天漠漠，泪珠事业，梦蝶生涯。此固在昔同伤，于今共悼者也。……乙巳冬日自识。④

---

① 《景印文渊阁四库全书》第 625 册，台湾商务印书馆股份有限公司，1986 年，第47 页。

② 邓之诚：《清诗纪事初编》，下册，上海古籍出版社，1965 年第 1 版，2012 年第 2版，第 555 页。

③ 高阳：《清朝的皇帝》第 1 册，上海文艺出版社，2013 年，第 181 页。

④ 清李天馥：《古宫词一百二十首集唐》并引一卷，《小引》叶 1A－2B，中国科学院文献情报中心藏，编号 242536。

"世尚香评，人耽艳咏"：暗用董小宛之今典，指本书主人公即董小宛。

《同人集》卷三张明弼公亮《董小宛传》："姬入门后，智慧络绎，上下内外大小，罔不妥悦。与辟疆日坐画苑书圃中，抚桐瑟，赏茗香，评品人物山水，鉴别金石鼎彝。闲吟得句，与采辑诗史，必捧砚席为书之。意所欲得，与意所未及，必控弦追箭以赴之。即家所素无，人所莫办，仓猝之间，靡不立就。相得之乐，两人恒云'天壤间未之有也'。"①

冒辟疆《影梅庵忆语·纪茗·香·花·月》："姬每与余静坐香阁，细品名香。……我俩人如在蕊珠众香深处。"②

冒辟疆《影梅庵忆语·纪诗·史·书·画》："姬终日佐余稽查抄写，细心商订，永日终夜，相对忘言。阅诗无所不解，而又出慧解以解之。尤好熟读楚词、少陵、义山，王建、花蕊夫人、王珪三家宫词。等身之书，周回左右。午夜衾枕间，犹拥数十家唐诗而卧。"③

又云："乙酉客盐官，尝向诸友借书读之，凡有奇僻，命姬手抄。姬于事涉闺阁者，则别录一帙。归来，与姬遍搜诸书，续成之，名曰《奁艳》。其书之瑰异精秘，凡古人女子，自顶至踵，以及服食器具，亭台歌舞，针神才藻，下及禽鱼鸟兽，即草木之无情者，稍涉有情，皆归香丽。今细字红笺，类分条析，具在奁中。"④

冒辟疆《亡妾秦淮董氏小宛哀辞》："精理茗香，佐抄诗史。咸通微义，时苗芳旨。"⑤

案：李天馥《古宫词·小引》"世尚香评，人耽艳咏"，"香评"二字，直接今典（字面）出自张明弼《董小宛传》"赏茗香，评品人物山水"（古书无标点符号，"香评"二字连属），原始今典（本事）出自冒辟疆《影梅庵忆语·纪茗·香·花·月》记董小宛"细品名香"，《影梅庵忆语·纪诗·史·书·画》记董小宛"阅诗无所不解，而又出慧解以解之。尤好读……王建、花蕊夫人、王珪三家宫词"，尤其冒辟疆《小宛哀辞》"精理茗香，佐抄诗史。

---

① 清冒襄辑：《同人集》卷三，《四库全书存目丛书》集部第385册影印康熙冒氏水绘园刻本，齐鲁书社，1997年，第105页。

② 明冒襄撰，明张明弼、杜濬评辑：《朴巢文选》附《影梅庵忆语》，叶19B－21A，清初刻本，国家图书馆古籍馆善本阅览室藏，索取号：SB01788。

③ 明冒襄撰，明张明弼、杜濬评辑：《朴巢文选》附《影梅庵忆语》，叶16B－17A，清初刻本，国家图书馆古籍馆善本阅览室藏，索取号：SB01788。

④ 明冒襄撰，明张明弼、杜濬评辑：《朴巢文选》附《影梅庵忆语》，叶17A－B，清初刻本，国家图书馆古籍馆善本阅览室藏，索取号：SB01788。

⑤ 明冒襄撰，明张明弼、杜濬评辑：《朴巢文选》附《亡妾秦淮董氏小宛哀辞》，叶3B，清初刻本，国家图书馆古籍馆善本阅览室藏，索取号：SB01788。

咸通微义，时出芳旨"。《古宫词·小引》"艳咏"二字，典出《影梅庵忆语·纪诗·史·书·画》"姬于事涉闺阁者，则别录一帙……成之，名曰《奁艳》"。均暗指本书主人公即董小宛。

冒辟疆《影梅庵忆语》、《亡姬秦淮董氏小宛哀辞》作于顺治八年（1651），并于此年刊行于世，张明弼《董小宛传》当作于其后不久，李天馥《古宫词》作于康熙四年（1665）。十四年前之《影梅庵忆语》、《亡姬秦淮董氏小宛哀辞》、《董小宛传》，李天馥早已得而熟读之，进而用其典矣。

"故尔绘宠编愁"："宠"，指《古宫词一百二十首集唐》女主人公所受恩爱尊荣。《康熙字典》寅集上《宀部》"宠"："爱也，恩也。又《增韵》：尊荣也。""愁"，指此女主人公虽承恩宠，并不能改变其哀愁。

"词传禁掖"：典出唐范摅《云溪友议》卷下《琅琊忤》："王建校书为渭南尉，作《宫词》。……渭南先与内官王枢密（守澄）尽宗人之分。然彼我不均，后怀轻谤之色，忽因过饮，语及桓、灵信任中官，多遭党锢之罪，而起兴废之事。枢密深憾其讥，诘曰：'吾弟所有《宫词》，天下皆诵于口，禁掖深邃，何以知之？'"元辛文房《唐才子传》卷四《王建》："建性耽酒，放浪无拘，《宫词》特妙前古。建初与枢密使王守澄有宗人之分，守澄以弟呼之，谈间故多知禁掖事，作《宫词》百篇。""禁掖"，宫中旁舍，指宫廷。

案："故尔绘宠编愁，词传禁掖耳"，表示《古宫词》叙述宫中女主人公之恩宠与哀愁，是传写禁掖之事；已暗示出董小宛入清宫。

"昭阳殿"：

古典

《汉书》卷九十七下《外戚传下》："孝成赵皇后，本长安宫人……学歌舞，号曰飞燕。成帝……见飞燕而说之，召入宫，大幸。有女弟复召入，俱为婕妤，贵倾后宫。许后之废也，上欲立赵婕妤。皇太后嫌其所出微甚，难之。太后姊子淳于长为侍中，数往来传语，得太后指，上立封赵婕妤父临为成阳侯。后月馀，乃立婕妤为皇后。"

汉佚名《三辅黄图》卷三："成帝赵皇后居昭阳殿（号飞燕，以其体轻也）。"

今典

顺治《御制（孝献庄和至德宣仁温惠端敬皇后）行状》："后董氏，满洲人也。父，内大臣鄂硕，以积勋封至伯，殁赠侯爵，谥刚毅。后幼颖慧过人，及长，娴女工，修谨自饬，进止有序，有母仪之度，姻党称之。年十八，以德选入掖廷，娴静循礼，声誉日闻，为圣母皇太后所嘉与。于顺治十三年八月，朕恭承懿命，立为贤妃。九月，复进秩，册为皇贵妃。"①

金之俊《奉敕撰孝献庄和至德宣仁温惠端敬皇后传》："孝献庄和至德宣仁温惠端敬皇后姓董氏，满洲人也。父内大臣鄂硕。"②

《清世祖实录》卷一百三十九顺治十七年庚子八月甲辰（二十一日）"谕礼部"："皇贵妃董鄂氏于八月十九日薨逝，奉圣母皇太后谕旨：'皇贵妃佐理内政有年，淑德彰闻，宫闱式化，倏尔薨逝，予心深为痛悼。宜追封为皇后，以示褒崇。'朕仰承慈谕，特用追封，加之谥号，谥曰：孝献庄和至德宣仁温惠端敬皇后。"③

《勅赐圆照茚溪森禅师语录》卷一《上堂》第一则："庚子八月廿三日，近侍李国柱传旨，召师进承乾宫上堂。"④

《勅赐圆照茚溪森禅师语录》卷一《小参》："近侍李国柱传旨，召师进承乾宫，为董皇后对灵小参。"⑤

《勅赐圆照茚溪森禅师语录》卷一《上堂》第二则："近侍李国柱传旨，召师进承乾宫，再为董皇后对灵小参。"⑥

《勅赐圆照茚溪森禅师语录》卷六《佛事门》："近侍李国柱传旨，召师进承乾宫，为董皇后起棺。"⑦

---

①　顺治：《御制（孝献庄和至德宣仁温惠端敬皇后）行状》，吴昌绶辑《松邻丛书甲编》，仁和吴氏双照楼丁巳（1917 年）刻本，叶 1A – B，首都师范大学图书馆藏，索书号：PG/083/437。按《御制行状》卷端有顺治十七年九月十三日《行状序》，序末作者署名："少傅兼太子太傅兵部尚书武英殿大学士臣胡世安、少傅兼太子太傅刑部尚书文渊阁大学士臣卫周祚、太子太保工部尚书东阁大学士臣李霨、经筵日讲官太子太保礼部右侍郎文渊阁学士教习庶吉士臣胡兆龙、礼部右侍郎东阁学士教习庶吉士臣艾元征、经筵日讲官礼部右侍郎翰林院掌院学士教习庶吉士臣王熙稽首谨奏"。

②　清金之俊：《奉敕撰孝献庄和至德宣仁温惠端敬皇后传》，吴昌绶辑《松邻丛书甲编》，仁和吴氏双照楼丁巳（1917 年）刻本，叶 3B，首都师范大学图书馆藏，索书号：PG/083/437；清金之俊《金文通公集》卷八，《四库全书存目丛书补编》第五六册影康熙刻本，齐鲁书社，2001 年，第 166 页。

③　《清实录》第 3 册，《世祖章皇帝实录》，中华书局，1985 年，第 1076 – 1077 页。

④　清释胜德编：《勅赐圆照茚溪森禅师语录》，卷一，叶 1A，康熙刻本，首都图书馆藏，索书号：（丙三）/694。

⑤　清释胜德编：《勅赐圆照茚溪森禅师语录》，卷一，叶 21A，康熙刻本，首都图书馆藏，索书号：（丙三）/694。

⑥　清释胜德编：《勅赐圆照茚溪森禅师语录》，卷三，叶 21B，康熙刻本，首都图书馆藏，索书号：（丙三）/694。

⑦　清释胜德编：《勅赐圆照茚溪森禅师语录》，卷六，叶 28A，康熙刻本，首都图书馆藏，索书号：（丙三）/694。

清鄂尔泰等《国朝宫史》卷十二《宫殿二·内廷一》："日精门之东为东一长街。南即内左门，中为近光左门，北为长康左门，稍北而西即琼苑东门也。由近光左门而北，向西之门凡三，曰：咸和左门、广生左门、大成左门。咸和左门之东相对为景曜门，中间南向者曰景仁门，门内为景仁宫……广生左门之东相对为履和门，中间南向者曰承乾门，门内为承乾宫前殿。……大成左门之东相对为凝瑞门，中间南向者曰锺粹门，门内为锺粹宫。……以上三宫，俱顺治十二年重建。"①

陈垣《语录与顺治宫廷》二《芇溪语录二部》甲《董后住处》："董后生前住处，宫史无考，……此皆董后生前住承乾宫之证，承乾为东六宫之一，贵妃住此，犹明制也。"②

案：由上可知，第一，昭阳殿为汉成帝皇后赵飞燕所居之宫殿。

第二，顺治董皇贵妃"佐理内政有年"，实贵同皇后；顺治十七年八月十九日崩，二十一日追封为皇后。《御制行状》、金之俊《奉敕撰孝献庄和至德宣仁温惠端敬皇后传》，虽称之为"内大臣鄂硕"之女，但是皆称之为"后董氏"、"姓董氏"，《勅赐圆照芇溪森禅师语录》述当时宫中包括顺治皆称之为"董皇后"。

第三，顺治董皇后居北京紫禁城后廷东六宫之承乾宫。

第四，"昭阳殿"，暗指顺治董皇后所居之承乾宫，即暗指董皇后。

"长信宫"：

古典

《三辅黄图》卷三："长信宫，汉太后常居之。按《通灵记》：'太后，成帝母也。后宫在西，秋之象也。秋主信，故殿皆以长信、长秋为名。'……（原注：成帝母王太后，居长信宫。）"③

今典

《清世祖实录》卷七十六顺治十年癸巳六月庚申："慈宁宫成。"④

《清世祖实录》卷七十六顺治十年癸巳闰六月乙亥："皇太后移居慈宁宫。"⑤

《清史稿》卷二百十四《后妃传一》："孝庄文皇后，博尔济吉特氏，科尔

---

① 清鄂尔泰等：《国朝宫史》，北京古籍出版社，1994年，第219页。

② 陈垣：《语录与顺治宫廷》，《陈垣史学论著选》，上海人民出版社，1981年，第476页。

③ 陈直校证：《三辅黄图校证》，陕西人民出版社，1980年，第53页。

④ 《清实录》第3册，《世祖章皇帝实录》，中华书局，1985年，第600页。

⑤ 《清实录》第3册，《世祖章皇帝实录》，中华书局，1985年，第603页。

沁贝勒寨桑女，孝端皇后侄也。天命十年二月，来归。崇德元年，封永福宫庄妃。三年正月甲午，世祖生。世祖即位，尊为皇太后。……（康熙二十六年）崩，年七十五。"

案：由上可知，第一，长信宫为汉元帝孝元王皇后即成帝之母所居宫殿。

第二，慈宁宫为清太宗孝庄文皇后即顺治之母所居宫殿。

第三，"长信宫"，暗指顺治之母孝庄太后所居之慈宁宫，即暗指孝庄太后。

"昭阳殿里，八百无双；长信宫中，三千第一"：指本诗主人公如汉昭阳殿里之成帝皇后赵飞燕，乃是顺治董皇后；如汉元帝孝元王皇后即成帝之母居长信宫，清太宗孝庄文皇后即世祖之母孝庄太后居慈宁宫。这暗示顺治董皇后原来以入慈宁宫侍孝庄太后，而与顺治相遇，为顺治所爱，成为顺治皇贵妃，贵同皇后。

"羿后黄著，飞来月里"：典出《淮南鸿烈》卷下《览冥训》："羿请不死之药于西王母，姮娥窃以奔月，怅然有丧，无以续之。"汉高诱注："姮娥，羿妻。"

"羿后"：1. 指后羿。唐张说《玄武门侍射》："羿后神幽赞，灵王法暗传。"2. 指后羿之妻姮娥。文渊阁《四库全书》本明胡奎《斗南老人集》卷三《兔曰》："羿后何年奔入月。"文渊阁《四库全书》本明胡俨《颐庵文选》卷上《续月中桂赋并序》："天上悠悠，人间寂寂。玉宇琼楼，今夕何夕。乃有羿后靓妆，素娥妙舞。霓裳初奏，羽衣乍举。"此指后羿之妻姮娥。

"晋嫔红叶，流出人间"："晋"，指唐，唐起于晋，杜甫《诸将五首》其二："龙起犹闻晋水清。"典出唐范摅《云溪友议》卷下《题红怨》："明皇代，以杨妃、虢国宠盛，宫娥皆颇衰悴，不备掖庭。常书落叶，随御水而流云：'旧宠悲秋扇，新恩寄早春。聊题一片叶，将寄接流人。'顾况著作，闻而和之。既达宸聪，遣出禁内者不少。或有五使之号焉。和曰：'愁见莺啼柳絮飞，上阳宫女断肠时。君恩不禁东流水，叶上题诗寄与谁。'卢渥舍人应举之岁，偶临御沟，见一红叶，命仆拿来。叶上乃有一绝句，置于巾箱，或呈于同志。及宣宗既省宫人，初下诏，许从百官司吏，独不许贡举人。渥后亦一任范阳，获其退宫人，睹红叶而吁怨久之，曰：'当时偶题随流，不谓郎君收藏巾箧。'验其书，无不讶焉。诗曰：'水流何太急，深宫尽日闲。殷勤谢红叶，好去到人间。'"

"羿后黄著，飞来月里；晋嫔红叶，流出人间"：承上文，指如同人妻羿后姮娥从人间飞来月宫，顺治董皇后是以人妻从人间来到宫中，其事迹又从宫中传到人间。

"愁地茫茫，情天漠漠，泪珠事业，梦蝶生涯"：指顺治董皇后之死，及其抱恨终身。《古宫词》之四十九："桃花满地春牢落，万片香魂不可招。"①邓之诚《清诗纪事初编》李天馥条："'桃花满地春牢落，万片香魂不可招'，明言悼亡。"② 可以参证。

"此固在昔同伤，于今共悼者也"：指顺治董皇后两度之死。

"在昔同伤"：实是指冒辟疆所称顺治八年正月初二日董小宛之死，乃其假死，当时人所同伤。

冒辟疆《亡妾秦淮董氏小宛哀辞序》："小宛自壬午归副室，余与子形影交俪者九年，今辛卯献岁二日长逝。"③

"于今共悼"：实是指清廷所发表顺治十七年八月十九日端敬皇后董氏之死，即董小宛之死，于今人所共悼。

顺治《御制（孝献庄和至德宣仁温惠端敬皇后）行状》："顺治十有七年八月壬寅（十九日），孝献庄和至德宣仁温惠端敬皇后崩。……后董氏，满洲人也，父内大臣鄂硕。"④

《清世祖实录》卷一百三十九顺治十七年庚子八月："壬寅（十九日）。皇贵妃董鄂氏薨。是日，传谕亲王以下、满汉四品官员以上、并公主、王妃以下命妇等，俱于景运门内外齐集哭临辍朝五日。甲辰。谕礼部：皇贵妃董鄂氏于八月十九日薨逝，奉圣母皇太后谕旨：'皇贵妃佐理内政有年，淑德彰闻，宫闱式化，倏尔薨逝，予心深为痛悼。宜追封为皇后，以示褒崇。'朕仰承慈谕，特用追封，加之谥号，谥曰：孝献庄和至德宣仁温惠端敬皇后。"⑤

钱谦益《牧斋有学集》卷十三《东涧集》下《病榻消寒杂咏》四十六首序："癸卯冬。"⑥《病榻消寒杂咏》之三十七："夜静钟残换夕灰，冬缸秋幔替君哀。汉宫玉釜香犹在，吴殿金钗葬几回。旧曲风凄邀笛步，新愁月冷拂云

---

① 清李天馥：《古宫词一百二十首集唐》并引一卷，叶10A，中国科学院文献情报中心藏，编号242536。

② 邓之诚：《清诗纪事初编》，下册，上海古籍出版社，2012年第2版，第555页。

③ 明冒襄撰，明张明弼、杜濬评辑：《朴巢文选》附《亡妾秦淮董氏小宛哀辞》，叶1A，清初刻本，国家图书馆古籍馆善本阅览室藏，索取号：SB01788。

④ 顺治：《御制（孝献庄和至德宣仁温惠端敬皇后）行状》，吴昌绶辑《松邻丛书甲编》，仁和吴氏双照楼丁巳（1917年）刻本，叶1A，首都师范大学图书馆藏，索书号：PG/083/437。

⑤ 《清实录》第3册，《世祖章皇帝实录》，中华书局，1985年，第1076－1077页。

⑥ 周法高编：《足本钱曾牧斋诗注》第五册，台北三民书局，1973年，第2639页。

堆。梦魂约略归巫峡，不奈瑟琶马上催。"自注："和老杜生长明妃一首。"①

陈寅恪《柳如是别传》第四章《河东君过访半野堂及其前后之关系》："观牧斋'吴殿金钗葬几回'之语，其意亦谓冒氏所记述顺治八年正月初二日小宛之死（见影梅庵忆语及文艺月刊第陆卷第壹期圣旦编董小宛系年要录等），乃其假死。清廷所发表顺治十七年八月十九日董鄂妃之死，即小宛之死。故云'葬几回'。否则钱诗辞旨不可通矣。"②

"乙巳冬日"：乙巳，康熙四年乙巳（1665）。

案：《古宫词·小引》"昭阳殿里，八百无双；长信宫中，三千第一"，"愁地茫茫，情天漠漠，泪珠事业，梦蝶生涯。此固在昔同伤，于今共悼者也"，及《古宫词》诗之四十九"桃花满地春牢落，万片香魂不可招"，表示《古宫词》女主人公当今之皇后已故；复按《古宫词·小引》末署"乙巳冬日自识"，乙巳为康熙四年（1665）；康熙四年之前不久去世之皇后，只有顺治十七年（1660）八月十九日去世之顺治端敬皇后董氏，和康熙二年二月庚戌去世之顺治孝康章皇后佟氏③。

按《清圣祖实录》卷一："圣祖……仁皇帝讳玄烨，世祖……章皇帝第三子也，母孝康……章皇后佟氏，……年十五，诞上于景仁宫，乃顺治十一年甲午三月十八日巳时也。先是，孝康章皇后诣慈宁宫问安，将出，衣裾若有龙绕，太皇太后见而异之，问知有娠，顾谓近侍曰：'朕曩孕皇帝时，左右尝见朕裾褶间有龙盘旋，……今妃亦有此祥徵。'"④

《爱新觉罗宗谱》之《星源集庆》册"世祖章皇帝孝康慈和庄懿恭惠温穆端靖崇天育圣章皇后佟佳氏"："都统承恩公图赉之女，崇德五年庚辰生。初入宫，册为妃。康熙元年十月，恭上徽号曰：慈和皇太后。康熙二年癸卯二月二十一日崩，廿四岁。五月恭上尊谥曰：孝康慈和庄懿恭惠崇天育圣皇后。……（康熙）九年庚戌五月，追上尊谥曰：孝康章皇后。"⑤

可知孝康章皇后佟氏（1640－1663）顺治十年（1653）十四岁初入宫，

① 周法高编：《足本钱曾牧斋诗注》第五册，台北三民书局，1973年，第2683页。

② 陈寅恪：《柳如是别传》，中册，生活·读书·新知三联书店，2001年，第792－793页。

③ 拙著《古宫词一百二十首集唐笺证》说："康熙四年之前之已故皇后，只有顺治十七年（1660）八月十九日去世之顺治董皇后"，承蒙上海归藏文化传播有限公司许倩小友指误："康熙四年前去世的皇后还有一个，就是康熙的生母，佟妃，也是死后追为皇后"，使笔者今能改正此误，谨此志谢。

④ 《清实录》第4册，《圣祖仁皇帝实录（一）》，中华书局，1985年，第39页。

⑤ 《爱新觉罗宗谱》修谱处：《星源集庆》，沈阳，1938年，第36页。

册为妃，终顺治时期只是妃，与李天馥《古宫词·小引》"昭阳殿里，八百无双；长信宫中，三千第一"，指本诗女主人公先以入慈宁宫侍孝庄太后，与顺治相遇、为顺治所爱，后来册为皇贵妃、贵同皇后，不相合；与《古宫词·小引》"羿后黄蓍，飞来月里；晋嫔红叶，流出人间"，指如同人妻羿后姮娥从人间飞来月宫，本诗女主人公是以人妻从人间来到宫中，更不相合；与《古宫词·小引》"愁地茫茫，情天漠漠，泪珠事业，梦蝶生涯。此固在昔同伤，于今共悼者也"，指本诗女主人公两度之死，"在昔同伤"，实是指冒辟疆所述顺治八年（1651）正月初二日董小宛之"死"，乃其假死，当时人所同伤，"于今共悼"，则是指清廷所发表顺治十七年（1660）八月十九日董皇贵妃之死，即董小宛之死，于今人所共悼，尤为不相合。

由《古宫词·小引》已可确知，《古宫词》只能是为顺治董皇后而作。

至于《古宫词》全书众多关键诗句皆确指顺治董皇后，详见下文。

清李天馥《古宫词》之五：

> 云尽遥天霁色空，笼烟紫气日瞳瞳。宫门深锁无人觉，满地梨花昨夜风。①

《古宫词》之十四：

> 九重楼阁半山霞，坐到三更见月华。清禁漏闲烟树寂，东风满地是梨花。②

《古宫词》之十七：

> 一辞同辇闭昭阳，门掩梨花日影长。惆怅近来消瘦尽，不将清瑟理霓裳。③

《古宫词》之四十一：

> 风飘碧瓦雨摧垣，闲夜分明结梦魂。苑路暗迷香辇绝，梨花满地不开门。④

---

① 清李天馥：《古宫词一百二十首集唐》并引一卷，叶1B－2A，中国科学院文献情报中心藏，编号242536。

② 清李天馥：《古宫词一百二十首集唐》并引一卷，叶3A，中国科学院文献情报中心藏，编号242536。

③ 清李天馥：《古宫词一百二十首集唐》并引一卷，叶4A，中国科学院文献情报中心藏，编号242536。

④ 清李天馥：《古宫词一百二十首集唐》并引一卷，叶8B，中国科学院文献情报中心藏，编号242536。

《古宫词》之七十：

芙蓉塘外有轻雷，雨里梨花寂寞开。半夜水禽栖不定，长门灯暗数声来。①

冒辟疆《影梅庵忆语·序》：

董氏，原名白，字小宛，复字青莲。②

案：梨花色白。南朝陈阴铿名句曰："柳色黄金嫩，梨花白雪香。"③ 李白《宫中行乐词八首（奉诏作五言）》之二全用之。冒辟疆《影梅庵忆语·序》："董氏，原名白。"由是可知，《古宫词》"满地梨花昨夜风"，"东风满地是梨花"，"门掩梨花日影长"，"梨花满地不开门"，"雨里梨花寂寞开"，五次咏梨花，皆是借梨花色白，暗指顺治董皇后之名白，董皇后即董白董小宛。

唐五代宫词"梨花"，更具有女主人公思念故人、故国之寄托。如温庭筠《菩萨蛮》："满宫明月梨花白。故人万里关山隔。金雁一只飞，泪痕沾绣衣。"冯延巳《清平乐》："春愁南陌，故国音书隔。细雨霏霏梨花白。"《古宫词》"梨花"，微旨在此。

《古宫词》之三：

佳期宿昔愿相从，玉女窗扉报曙钟。帐里炉香春梦晓，麝熏微度绣芙蓉。④

《古宫词》之三十：

紫云香驾御微风，似隔芙蓉无路通。火照西宫知夜饮，万条银烛碧纱笼。⑤

《古宫词》之三十八：

---

① 清李天馥：《古宫词一百二十首集唐》并引一卷，叶14A，中国科学院文献情报中心藏，编号242536。

② 明冒襄撰，明张明弼、杜濬评辑：《朴巢文选》附《影梅庵忆语》，叶1A，清初刻本，国家图书馆古籍馆善本阅览室藏，索取号：SB01788。

③ 宋姚宽《西溪丛语》卷下："如'柳色黄金嫩，梨花白雪香'，乃阴铿诗也。"宋王明清《挥麈馀话》卷一："'柳色黄金嫩，梨花白雪香'，阴铿诗也，李太白取用之。"

④ 清李天馥：《古宫词一百二十首集唐》并引一卷，叶1B，中国科学院文献情报中心藏，编号242536。

⑤ 清李天馥：《古宫词一百二十首集唐》并引一卷，叶6B，中国科学院文献情报中心藏，编号242536。

白云斜掩碧芙蓉，宫殿参差列九重。翠羽帐中人梦觉，百花春隔景阳钟。①

《古宫词》之四十四：

欲明天色白漫漫，日影初涵露气干。惊起芙蓉睡新足，一眸春水照人寒。②

案：《楚辞》卷一《离骚》："纕芙蓉以为裳。"汉王逸注："芙蓉，莲华也。"冒辟疆《影梅庵忆语·序》："董氏，原名白，字小宛，复字青莲。"由是可知，《古宫词》"麝熏微度绣芙蓉"，"似隔芙蓉无路通"，"白云斜掩碧芙蓉"，"惊起芙蓉睡新足"，"芙蓉塘外有轻雷"，五次咏芙蓉亦即莲花，皆暗指顺治董皇后小字青莲。

综上所述，《古宫词》多达五次明确无误地、完整地暗示出顺治董皇后之名白，一字青莲，乃是确指顺治董皇后即董白董小宛。

陈寅恪《柳如是别传》第二章《河东君最初姓氏名字之推测及附带问题》："明末人作诗词，往往喜用本人或对方或有关之他人姓氏，明着或暗藏于字句之中。斯殆当时之风气如此，后来不甚多见者也。"③ 可以进一步说，当清初诗人写董小宛入清宫之事时，完整地暗示出主人公董小宛的姓名小字，不仅是当时风气使然，而且是为了指事确切和隐藏避祸。

《古宫词》之二十一：

深掩妆窗卧碧纱，又因蝴蝶梦生涯。日高睡足犹慵起，薄命曾嫌富贵家。④

"薄命曾嫌富贵家"，集句典出唐韦庄撰《浣花集》补遗《伤灼灼》："尝闻灼灼丽于花，云髻盘时未破瓜。桃脸曼长横绿水，玉肌香腻透红纱。多情不住神仙界，薄命曾嫌富贵家。流落锦江无处问，断魂飞作碧天霞。"原注："灼灼，蜀之丽人也。近闻贫且老，殂落于成都酒市中，因以四韵吊之。"以及宋皇都风月主人《绿窗新话》卷上《灼灼染泪寄裴质》："灼灼，锦城官妓

---

① 清李天馥：《古宫词一百二十首集唐》并引一卷，叶8A，中国科学院文献情报中心藏，编号242536。
② 清李天馥：《古宫词一百二十首集唐》并引一卷，叶9A，中国科学院文献情报中心藏，编号242536。
③ 陈寅恪：《柳如是别传》，上册，生活·读书·新知三联书店，2001年，第16页。
④ 清李天馥：《古宫词一百二十首集唐》并引一卷，叶4B–5A，中国科学院文献情报中心藏，编号242536。

也，善舞《柘枝》，能歌《水调》，为幽抑幽怼之音。相府筵中，与河东御史裴质座接，神通目授，如故相识。相因夜饮，忽速召之，自此不复面矣。灼灼以软绡多聚红泪，密寄河东人。"①

邓之诚《清诗纪事初编》李天馥条："'日高睡足犹慵起，薄命曾嫌富贵家'，明言董鄂先入庄邸。"②

案："嫌"，怀恨。《说文解字·女部》："嫌，不平于心也。"唐释慧琳《一切经音义》卷八"嫌恨"："《韵诠》：'嫌，恨也。'《考声》：'心恶也。'"《古宫词》之二十一"薄命曾嫌富贵家"，是用韦庄《伤灼灼》原句，及《绿窗新话》"灼灼，锦城官妓也。相府忽速召之，自此不复面矣"故事，表示本诗主人公皇后董小宛曾被迫入富贵家。如灼灼曾被迫入相府，董小宛曾被迫入皇父摄政王多尔衮王府。"富贵家"，在此实是复数，并非单数，邓之诚以为"富贵家"是指和硕承泽亲王硕塞王府即后来之庄亲王府（详下），其实是兼指在前之多尔衮王府、在后之硕塞王府。

显然，"薄命曾嫌富贵家"，指顺治董皇后即董白董小宛曾被迫嫁入权贵家，而且是两度被迫嫁入权贵家，与所谓的十八岁的鄂硕之女不相干。

---

① 宋皇都风月主人编，周楞伽笺注：《绿窗新话》，上海古籍出版社，1991年，第112页。

② 邓之诚：《清诗纪事初编》，下册，上海古籍出版社，2012年第2版，第555页。

第三章　顺治七年十二月九日多尔衮之死前后，冒辟疆进京向孝庄太后索还董小宛未果

1.《清实录》曲折透露：顺治七年十二月九日睿王多尔衮死后，诸亲王分取其家人；董小宛当时命运实与此有关

《清世祖实录》卷五十一顺治七年十一月壬戌（十三日）："摄政王以有疾不乐，率诸王、贝勒、贝子、公等及八旗固山额真官兵，猎于边外。"①

《清世祖实录》卷五十一顺治七年十二月戊子（九日）："摄政睿亲王多尔衮薨于喀喇城，年三十九。"②

《清世祖实录》卷五十二顺治八年春正月庚申（十二日）："上亲政。"③

《东华录》卷六顺治八年二月初十日："苏克萨哈、詹岱、穆济伦首告睿王……谋篡大位……讯实，籍所属家产、人口，其养子多尔博、女东莪给信王。"④

《清世祖实录》卷五十三顺治八年二月己亥（二十一日）："追论睿王多尔衮罪状，昭示中外。诏曰：'……多尔衮逆谋果真，神人共愤，谨告天地、太庙、社稷，将伊母子、并妻所得封典，悉行追夺。布告天下，咸使闻知。'"⑤

《清世祖实录》卷一百二十九顺治十六年冬十月乙卯（二十八日）："先是，上谕议政王大臣等：'巽王满达海⑥、端重王博洛⑦、敬谨王尼堪⑧，诏媚抗朕之睿王；及睿王死，分取其人口、财货诸物。……议政王大臣、六部尚书、侍郎其会议以闻。'至是，王等遵旨会议：'巽王、敬谨王、端重王、此三王，从前诏媚睿王。及睿王死，分取其人口、财货诸物。……伊等所犯情罪重大。应将此三王之子所袭亲王爵，俱行削除，降为庶人。……其分取睿王家人、牲畜、财货诸物，及投充汉人，俱籍入官。'奏入。得旨：'王与诸臣议，良是。……至分取睿王家人、牲畜、财货诸物，俱籍入官。'"⑨

---

① 《清实录》第3册，《世祖章皇帝实录》，中华书局，1985年，第403页。

② 《清实录》第3册，《世祖章皇帝实录》，中华书局，1985年，第405页。

③ 《清实录》第3册，《世祖章皇帝实录》，中华书局，1985年，第410页。

④ 清蒋良骐：《东华录》，中华书局，1980年，第102页。

⑤ 《清实录》第3册，《世祖章皇帝实录》，中华书局，1985年，第422-423页。

⑥ 满达海（1622-1652），努尔哈赤之孙，礼烈亲王代善第七子，顺治六年承袭礼亲王。

⑦ 博洛（1613-1652），努尔哈赤之孙，饶馀郡王阿巴泰第三子，顺治六年封端重亲王。

⑧ 尼堪（1610-1653），努尔哈赤之孙，广略贝勒褚英第三子，顺治六年封敬谨亲王。

⑨ 《清实录》第3册，《世祖章皇帝实录》，中华书局，1985年，第1001-1002页。

案：第一，顺治七年（1650）十二月九日多尔衮死之后，多尔衮家人及投充汉人被巽王、端重王、敬谨王等所分取一事，并没有按照实录史体正常地、以事系日地记载于《清世祖实录》顺治七年十二月九日以后时段，而是在九年以后的《清世祖实录》顺治十六年（1659）十月乙卯所录上谕里才曲折地透露出来，实与董皇后即董小宛当时命运有关，故讳莫如深。

第二，从顺治七年十二月九日多尔衮死之后，多尔衮家人及投充汉人被巽王、端重王、敬谨王等所分取，董小宛当在此时落入某亲王府（详下）。

2. 丘石常《有感》：冒辟疆进京向清廷索还董小宛未果

清丘石常《楚村文集》卷三《有感》：

> 银河只隔水盈盈，诏下文姬不许行。才貌如卿值一死，风流无主奈多情。嫌笼娇鸟开何日，抱柱迂生哭有声。闻道南宫皆赐配，梦中呓语望成名。①

按清李来泰《楚村集序》：

> 东海丘海石先生，生济南之乡，而不安于看书如显处视月之习，当其挟策著述，箕冠修剑，盖有鲁仲连、辛幼安之风焉。往来江淮、吴越间，所交悉天下经奇男子。马角不生，鸿翎既远，举一切思往念来同床并世之感，时复于诗著之。……康熙（四年）乙巳夏日②

清施闰章《楚村集序》：

> 予知海石最旧也。……海石外无崖特之行，中怀磊落之姿，其发之诗歌，艰倔廉厉，使人隐然不可测者，何哉？诗为性情之物。……海石少壮崛立有盛名，使及其年驰骤当时，其才美必有所著见。……会台使推荐擢为高要令，其邑予所旧游，山水清妙，为作诗壮其行。而海石叹曰：'吾老矣，安事踽踽岭峤为！'遂引疾不就。是其负气岸然，岂复有尺组斗粟之营营哉！③

邓之诚《清诗纪事初编》卷六丘石常条：

> 丘石常，字子廪，筑海石山房于九仙山，因号海石，诸城人，副贡

---

① 清丘石常：《楚村诗集》，《山东文献集成》第二辑第三十册影印康熙五年诸城丘元武刻本，山东大学出版社，2008年，第36页。

② 清李来泰：《楚村集序》，丘石常《楚村诗集》卷首，《山东文献集成》第二辑第三十册影印康熙五年诸城丘元武刻本，山东大学出版社，2008年，第2-3页。

③ 清施闰章：《楚村集序》，丘石常《楚村诗集》卷首，《山东文献集成》第二辑第三十册影印康熙五年诸城丘元武刻本，山东大学出版社，2008年，第4-6页。

生。入清选利津训导，升高要知县，不赴官。卒于顺治十八年，年五十六。①

由丘石常《楚村诗集》李来泰、施闰章两序可知，丘石常是顺治时优秀诗人，其为人磊落有奇气，弃官职如弊屣，其诗多思往念来之感，使人隐然不可测，如此之人、如此之诗，是靠得住的。

高阳《董小宛入清宫始末诗证》（1982 年）指出："这首诗中包含着冒辟疆北上……请求孝庄太后遣回小宛这一大段情节在内……'银河'指宫墙，一墙之隔，天上人间；首言小宛已准发还，冒辟疆在神武门外等候，而事忽中变。拟小宛为'文姬'，在此处颇为精切；但不准文姬归汉之'诏'，当为太后的懿旨……第七句为小宛曾入睿亲王府的确证……'南宫'，明指睿亲王府。'闻道南宫皆赐配'，谓由睿亲王府没入掖庭的女子，蒙恩遣出婚配。……小宛则在多尔衮殁后，即被选入慈宁宫。第八句责冒辟疆，俨如斧钺。明明人在宫中，谓其已葬于影梅庵畔，岂非等于梦中呓语……乃造作《影梅庵忆语》以沽名钓誉。"②

"诏下文姬不许行"，典出《后汉书》卷八十四《蔡琰传》："字文姬……归宁于家。兴平中，天下丧乱，文姬为胡骑所获，没于南匈奴左贤王。……曹操……乃遣使者以金璧赎之。"以蔡文姬比董小宛，南匈奴左贤王比睿亲王多尔衮，所以高阳称之为用典"精切"。

高阳指出丘石常《有感》诗述冒辟疆进京请求孝庄太后遣回董小宛，小宛已准发还，冒辟疆在神武门外等候，而事忽中变，最终遭到孝庄太后之拒绝，极有见地。但亦有两点误解，第一，小宛在多尔衮殁后归某亲王（详下），似尚未入慈宁宫。第二，"梦中呓语望成名"，"成名"，指死后所加谥号，引申即指死亡，"望成名"，是借用《逸周书》卷六《谥法》"不勤成名曰灵"，及陶渊明《述酒》诗"山阳归下国，成名犹不勤"之古典，指《影梅庵忆语》"余不知姬死而余死也"之今典，言冒辟疆进京向清廷索还小宛不成，而作《影梅庵忆语》，称小宛已死，希望自己犹如已死。诗是同情而非谴责冒辟疆。

3. 陈维崧《杂诗寓水绘庵作》：冒辟疆进京索还小宛几乎被杀头；冒襄《董氏小宛哀辞》：满洲统治下之中国暗无天日

《同人集》卷六《影梅庵悼亡题咏》陈维崧《杂诗寓水绘庵作》之一：

---

① 邓之诚：《清诗纪事初编》，下册，上海古籍出版社，2012 年第 2 版，第 686 页。

② 高阳：《董小宛入清宫始末诗证》，《高阳说诗》，辽宁教育出版社，1998 年，第175 – 176 页。《楚村诗集》原刻本"闻道南宫皆赐配"之"皆"字，高阳误引作"俱"。

南国有佳人，容华若飞燕。……如何盛年时，君子隔江甸？金炉不复熏，红妆一朝变。客从远方来，长城罢征战。君子有还期，贱妾无娇面。①

陈维崧《杂诗寓水绘庵作》之一"君子有还期，贱妾无娇面"，上句言辟疆进京索还小宛是触犯清朝，几乎要杀头没有还乡之期，幸而终有回家之日，与丘石常《有感》"银河只隔水盈盈，诏下文姬不许行"，可以互证。

冒襄《亡妾秦淮董氏小宛哀辞有序跋·序》：

嗟乎小宛，自壬午归副室，余与子形影交俪者九年。今辛卯（顺治八年）献岁二日长逝，永别者已逾六十又五日。青天沉，碧海竭。阳翔晦，蕊渊缺。梅魂葬，幽兰啼。鹦鹉梦，杜鹃凄。此六十五日中，如中千日酒，如行万里云雾，如五官百骸散失，又荒荒然如痕蛊之难吐，与调饥之莫得。慕叫撆摽，怛若创痏，不知从古今世上人果有同阅此境景者？……今子幽房告成，素旐将引，谨卜闰二月之望日，妥香灵于南阡矣。②

"青天沉，碧海竭"：化用汉乐府《上邪》："上邪！我欲与君相知，长命无绝衰……江水为竭……天地合，乃敢与君绝。"言自己与小宛相爱绝不可能断绝，而今竟然断绝，正如青天绝不可能塌而竟然塌，碧海绝不可能枯而竟然枯；同时隐喻满洲统治下之中国，暗无天日。

"阳翔晦，蕊渊缺"："阳翔"，太阳之飞翔，指日。语见明王世贞《弇州山人四部续稿》卷六十五《万玉山房记》："暑而就之，骄阳翔舞而不敢下。"谈迁《包氏澹永斋对竹》："骄阳翔不下，深藉尔苍筤。""蕊渊"，月中池水，指月。典出梁陶弘景《真诰》卷三《方诸宫东华上房灵妃歌曲》："月宫生蘂渊，日中有琼池。""阳翔晦，蕊渊缺"，是以日月射明字，言日隐月缺，喻明朝灭亡，满洲入主中国，一片黑暗。

由此可见，冒辟疆董小宛两人断绝之原因，并非如《哀辞》辞文所述小宛病死，而是如《影梅庵忆语》文末、陈维崧《杂诗寓水绘庵作》之一、《白秋海棠赋》等所暗示，小宛是被多尔衮清军入室掳走。若小宛真是病死，何须再三痛斥满洲入主中国，一片黑暗，暗无天日？

"如中千日酒，如行万里云雾"：化用庾信陷西魏所作诗《拟咏怀》之二十四："无闷无不闷，有待何可待。昏昏如坐雾，漫漫疑行海。"

---

① 清冒襄辑：《同人集》卷六，《四库全书存目丛书》集部第 385 册影印康熙冒氏水绘园刻本，齐鲁书社，1997 年，第 240 页。

② 明冒襄撰，明张明弼、杜濬评辑：《朴巢文选》附《亡妾秦淮董氏小宛哀辞》，叶 1A－B，清初刻本，国家图书馆古籍馆善本阅览室藏，索取号：SB01788。

"如五官百骸散失"：化用《庄子·齐物论》："百骸、九窍、六藏，赅而存焉。"指失去亲人小宛，如失去五官百骸。

"又荒荒然如瘕蛊之难吐"："荒荒然"，悲凉貌。典出宋遗民郑思肖《无弦处士说》："上而皇天苍苍然，下而后土茫茫然，中而四顾荒荒然。""瘕"，腹中疾病之结块。《康熙字典》午集中《疒字部》"瘕"："《正字通》：症瘕，腹中积块坚者曰症，有物形曰瘕。"《说文解字》卷十三《虫部》"蛊"："腹中虫也。"

"如调饥之莫得"：典出《诗经·周南·汝坟》："未见君子，惄如调饥。"毛传："调，朝也。"郑笺："惄，思也。未见君子之时，如朝饥之思食。"

"此六十五日中，如中千日酒，如行万里云雾，如五官百骸散失，又荒荒然如瘕蛊之难吐，与调饥之莫得"：言失去亲人小宛，六十五日中，如病酒千日，如行万里云雾，天昏地暗无边；如失去五官百骸，痛彻肺腑；如腹中瘕蛊之难吐，悲凉无边；又如饥饿，不得解救。承上文，失去祖国明朝和失去亲人小宛之无边痛苦，实为一体。暗用庾信、郑思肖亡国之典故，正寓此意。

"慕叫擗摽"：典出《文选》卷五十七晋潘岳《哀永逝文》："中慕叫兮擗摽，之子降兮宅兆。"原始古典出自《诗经·邶风·柏舟》："覯闵既多，受侮不少。静言思之，寤辟有摽。"毛传："辟，拊心也。摽，拊心貌。"

"怛若创痏"：典出《文选》卷二十三魏嵇康《幽愤诗》："怛若创痏。"唐李善注："（东汉张衡）《西京赋》曰：'所恶成创痏。'《苍颉篇》曰：'痏，殴伤也。'《方言》曰：'怛，痛也。'《说文》曰：'痏，瘢也。'《汉书音义》曰：'以杖殴击人，剥其皮肤起青黑无创者，谓疻痏。'"

"慕叫擗摽，怛若创痏，不知从古今世上人果有同阅此境景者"：言拍心慕叫小宛，痛若被人创伤，此痛苦情境为从古至今所未有。如果小宛是病死，则不得曰从古至今所未有，因为病死毕竟是常有之事。光天化日下入民家掳走妇女，则可以说为是从古至今所未有，因为中国历代刑法有明文规定，侵犯民家及家人，以及掳掠人妻者，均为死刑罪（详《全书结论·馀论》）。

由上所述可知，在冒辟疆，董小宛被满洲入室掳走，与满洲占领中国，是联系在一起的；作为丈夫对小宛被满洲入室掳走之恨，与作为明遗民对满洲占领中国之恨，是一体的。

由此可见，《哀辞》辞文所述董小宛去世情状，本是子虚乌有，是在满洲暴政之下，为了小宛和自己之性命，假装屈服之"烟幕弹"①；《哀辞》序文

---

① 借用陈寅恪《柳如是别传》语，见陈寅恪《柳如是别传》，下册，生活·读书·新知三联书店，2001年，第1074页。《柳如是别传》曾三次使用"烟幕弹"一词。

微言所述作为丈夫对小宛被满洲掳走之恨，与作为明遗民对满洲占领中国之恨，才是《哀辞》的真意所在。

由此可以进一步讨论《哀辞》之背景。

第一，冒辟疆所称顺治八年正月初二董小宛长逝之日，似为清廷拒绝放还小宛之时。按《清圣祖实录》卷一百十六康熙二十三年九月辛卯（二十九日）南巡："启行。是日驻跸永清县南哥驿。"① 卷一百十七康熙二十三年十月甲寅（二十八日）："御舟过扬州……泊仪真江干。"② 卷一百十七康熙二十三年十一月："乙丑（四日）。上自江宁回銮。丙寅（五日）。……御舟泊仪真……己丑（二十八日）。上回驻南苑。"③ 可知此时期自北京至扬州行程，需时约一个月，自扬州至北京行程，需时约二十四天。复按民国二十二年《如皋县志》卷一《四境》："西抵扬州府二百九十里。"冒辟疆《朴巢文选》卷三《南岳省亲日记》："崇祯辛巳春正六日，自吾皋发舟……初九日，扬帆九十里，午馀达邗关。"④ 可知扬州如皋间行程，需时四日。冒辟疆自如皋赴京，当在顺治八年正月初二之前约一个月，即顺治七年十二月初，此时多尔衮尚未死，但已于十一月十三日抱疾猎于边外。冒辟疆自京返回如皋，当在顺治八年正月初二之后约一个月又四日，即顺治八年二月上旬。

第二，顺治七年十一月冒辟疆进京向清廷索还董小宛，乃是冒险犯难之事。陈维崧《杂诗寓水绘庵作》之一："君子有还期，贱妾无娇面。"上句言辟疆进京因索还小宛而触犯清朝，几乎被杀头没有还乡之期，幸而终有回家之日。清廷放过冒辟疆不杀，此或与顺治七年十二月九日多尔衮之死、顺治八年正月十二日世祖亲政之际之朝局变化有关。

第三，《哀辞》作于顺治八年闰二月十五日，当是因为自元月二日索还小宛被拒绝，经过六十五日之悲愤痛苦，不得不死了索还小宛之心，以小宛为已死。冒辟疆之所以死了索还小宛之心，原因当为清廷以董小宛、冒辟疆双方之性命相威胁。陈维崧《杂诗寓水绘庵作》之一"君子有还期，贱妾无娇面"，诗言辟疆进京索还小宛是触犯清朝，几乎要杀头没有还乡之期，幸而终有回家之日，丘石常《有感》"银河只隔水盈盈，诏下文姬不许行"，可以参证。"妥香灵"于闰二月十五日，则如高阳所说，"则有心丧自葬之意；辟疆生日为三

---

① 《清实录》第5册，《圣祖仁皇帝实录（二）》，中华书局，1985年，第218页。

② 《清实录》第5册，《圣祖仁皇帝实录（二）》，中华书局，1985年，第223页。

③ 《清实录》第5册，《圣祖仁皇帝实录（二）》，中华书局，1985年，第228－235页。

④ 明冒襄撰，明张明弼、杜濬评辑：《朴巢文选》卷三，叶1A－2A，清初刻本，国家图书馆古籍馆善本阅览室藏，索取号：SB01788。

月十五，实际上就是'闰二月之望日'。"①

关于冒辟疆所称董小宛葬处。

按《亡妾秦淮董氏小宛哀辞序》："今幽房告成，素旐将引，谨卜闰二月之望日，妥香灵于南阡矣。"

清抄本金榜辑著、冯锦式参订《海曲拾遗》卷一《古迹类·寺观》："影梅庵在如邑南门外。其西南'太平'、东北'祇园'二庵，僧普德、寂善明万历年间建。至明园等所建'妙光'、'长寿'、'贞净'、'永清'诸庵，皆尼庵。"②

陈维崧《湖海楼诗集》卷十一《春日巢民先生挈舟约同务游诸子过朴巢问影梅庵》："艇子艒艒摇出城去，青春白浪争颠狂。"题下自注："庵为董姬葬处。"

《海山仙馆丛书》本陈维崧《妇人集》"秦淮董姬字小宛"条："姬后夭，葬影梅庵旁。"

冒怀苏《冒鹤亭先生年谱》"一九二零年（民国九年）"："十二月，先生作《影梅庵忆语跋》文云：'影梅庵在征君南郭别业。夫人（即指董小宛）以顺治八年辛卯正月二日殁，其年闰二月十五日葬庵侧。'"③

可知冒辟疆所称董小宛葬处，是在如皋城南门外影梅庵旁。《同人集》卷六《影梅庵悼亡题咏》缋山张文峙《影梅庵词为辟疆先生悼小宛少君》四首之四："群花悲月堕，百鸟瘗鸾讹。"④ "瘗鸾"，喻埋葬董小宛。"讹"，误也。诗言如皋影梅庵董小宛墓是假墓，即衣冠冢。

4. 李天馥《行路难》、《月》：方孝标为辟疆向孝庄太后索还小宛未果

清李天馥《容斋千首诗》七言古《行路难八首存三》第二首"其五"：

> 桃李花，东风飘泊徒咨嗟。忆昔新婚时，婀娜盛年华。尔时自分鲜更事，不谓举动皆言嘉。夫何一旦成遐弃，今日之真昔日伪。辞接颇不殊，眉宇之间不相似。还我幼时明月珠，毋令后人增嫌忌。

> 毛奇龄评语：今真昔伪等语，写尽今古人情物态。而古气排宕，尤非唐人所能。⑤

---

① 高阳：《董小宛入清宫始末诗证》，《高阳说诗》，辽宁教育出版社，1998年，第177页。

② 清金榜辑著：《海曲拾遗》，清抄本，国家图书馆藏，索书号：地220.129/934。

③ 冒怀苏：《冒鹤亭先生年谱》，学林出版社，1998年，第222页。

④ 清冒襄辑：《同人集》卷六，《四库全书存目丛书》集部第385册影印康熙冒氏水绘园刻本，齐鲁书社，1997年，第246页。

⑤ 清李天馥撰，毛奇龄选评：《容斋千首诗》不分卷（以诗体编次），七言古，叶40b，康熙刊本，国家图书馆藏，索书号：文282.479。

高阳《董小宛入清宫始末诗证》："'夫何一旦成遐弃？今日之真昔日伪'，译成语体便是：'怎么一下子死了呢？这一次是真死；上一次就是假死。'此除'吴殿金钗葬几回'的董小宛以外，任何人都不曾有过如此奇异的遭遇；因而这两句诗亦就移用不到任何人身上。其次，'辞接颇不殊，眉宇之间不相似'，明明是描写会面的光景；问题是，如果一方是董小宛，另一方是谁？应该不会是冒辟疆；九载恩情，刻骨相思，不可能产生这种声音语气跟从前无异，神情不大相像的感觉。这样，就令人自然而然会想到方孝标；当乙酉年间，两家一起逃难，谈不到内外之别，但方孝标跟董小宛虽曾相处过一段日子，只因朋友的姬妾，见面不便作刘桢之平视，所以方孝标熟悉小宛的声音，并不熟悉小宛的容貌。而况当时是汉家装束，此时是所谓'内家装'，男子式的旗袍以外；发型的改变，更加强了'不相似'。……在方孝标此时与宫眷相见，只能匆匆偷觑一两眼，而无法细加辨认的情况下，发生'不相似'的怀疑，是一件完全合理的事。最后两句：'还我幼时明月珠，毋令后人增嫌忌。'应是方孝标为冒辟疆乞请归还董小宛，向孝庄太后陈奏之语。'明月珠'见乐府《陌上桑》，征罗敷之典，更可确证请以小宛归故夫。"①

方孝标（1618－1696）自顺治六年至顺治十四年，历官庶吉士、编修、内弘文院侍读学士。方孝标《讲章集录序》："楼冈，臣别号也，而先帝尝辱呼之。"② 足见方孝标本来深受顺治器重、喜爱。

李天馥《容斋千首诗》七言古《月》：

> 蕊珠仙子宵行部，七宝流辉闲玉斧。蟾蜍自蚀兔自杵，影散清虚大千普。无端人间桥自举，直犯纤阿御顿阻。叶家小儿甚鲁莽，为怜三郎行良苦。少示周旋启玉宇，晕华深处召佚女。桂道香开来妩妩，太阴别自有律吕。不事箜篌与羯鼓，广陵散阕霓裳舞。

> "叶家小儿"两句及最后三句，毛奇龄密密加圈，评语：使旧事如创获，笔端另有炉锤。

> 诗末总评：奇材秘料，奔赴毫端；思入云霄，如坐蕊珠深处。③

高阳《清朝的皇帝》之《世祖——顺治皇帝》："'三郎'本指玄宗，在

① 高阳：《董小宛入清宫始末诗证》，《高阳说诗》，辽宁教育出版社，1998 年，第180 页。

② 清方孝标：《光启堂文集》卷一，石锺扬等校点《方孝标文集》，黄山书社，2007 年，第30 页。

③ 清李天馥撰，毛奇龄选评：《容斋千首诗》不分卷（以诗体编次），七言古，叶35b－36a，康熙刊本，国家图书馆藏，索书号：文282.479。

此则指冒辟疆；'叶家小儿'必为方孝标。而由'佚女'句，可知'蕊珠仙子'指孝庄太后。既得人名，可解本事，大致是董小宛为孝庄女侍时，随驾至离宫；而方孝标扈从世祖，亦在此处，乘间请见太后陈情，贸然为冒辟疆请命，乞归小宛。……佚女即美女，见《离骚》注，自是指董小宛。"①

高阳《董小宛入清宫始末诗证》："'桂道香开来妩妩'以上十一句，已是为《行路难八首存三之其五》中，'辞接颇不殊，眉宇之间不相似'及'还我幼时明月珠，毋令后人增嫌忌'等句作注解了。……叶法善曾携唐玄宗游月宫，今以'使旧事如创获'这一句评语来参详，方孝标亦可能'鲁莽'到径自领着冒辟疆去见孝庄太后；果然如此，则'为怜三郎行良苦'，孝庄少示周旋，乃令小宛出见，实亦情理中事。末三语亦可索解，谓宫中有宫中的规矩，旗人有旗人的习惯，破镜虽在，重圆不可；'广陵散阙'者已'埋骨'于影梅庵，'霓裳舞'者小宛已是大罗天上的人物。……无端桥举，仙御顿阻，此有叩阍之意；按：外臣见太后，在后世为绝无之举；顺治年间则不然。"②

案：高阳所论，极有见地。今补充几点，以支持高阳。

第一，李天馥《月》"叶家小儿甚鲁莽"以下，典出唐郑嵎《津阳门诗并序》："上皇夜半月中去"一段原注："叶法善引上入月宫，时秋已深，上苦凄冷，不能久留，归于天半，尚闻仙乐。及上归，且记忆其半，遂于笛中写之。……而名《霓裳羽衣法曲》。"③ 诗以唐玄宗入月宫归作《霓裳羽衣法曲》，比冒辟疆入京归作《影梅庵忆语》、《亡姬董小宛哀辞》。

第二，顺治年间外臣见太后，其事有之，例如吕宫。

《清史列传》卷五《吕宫传》：

> 江南武进人。顺治四年一甲一名进士，授秘书院修撰。……十年……授弘文院大学士。……十一年三月，给事中王士祯、御史王秉乾交章劾宫素倚罪相陈名夏声势，……宫引咎乞罪，……九月，疏言："臣乞假调理，已经三月，惟冀早瘳入值，奈禀体怯弱，人道俱绝，精神日减，仅能僵卧兀坐。伏乞垂怜笃疾，容臣宽期调治。"得旨，着用心调理……十月，御史姜图南劾宫养病疏语亵嫚，……十二年……宫再疏请回籍，诏加太子太保，驰驿回籍调理，病瘥日召用，赐貂裘、蟒缎、鞍马。十三年六月，赐敕存问，……宫……自后不复具疏。左都御史魏裔介因劾宫乍病时

---

① 高阳：《清朝的皇帝》第1册，上海文艺出版社，2013年，第76－177页。
② 高阳：《董小宛入清宫始末诗证》，《高阳说诗》，辽宁教育出版社，1998年，第181－182页。
③ 参阅《太平广记》卷二六《叶法善传》。

上疏入告，而曰"人道俱绝，贻笑天下。一病六年，闻问杳然，忘主负恩"。上……谕斋介不必苛求。①

吕思勉《中国史籍读法》四《史权为统治阶级所篡》（1954 年）：

> 我清初的祖宗吕宫，乃是明朝一个变节的士子。他入清朝便考中了状元，官做到大学士。其时年事尚轻，正可一帆风顺，大做其清朝的伪官，却忽然告病回家了。而其时实在并没有什么病。这是何缘故呢？我们族中相传有一句话，说是由于当时的皇太后要和他通奸，他知道嫪毐是做不得的，将来必遭奇祸，所以赶快托病回乡了。虽有此说，也不过将信将疑的传述着，没一个人敢据为信史的。然一读清朝的《国史列传》（中华书局所印行之《清史列传》）却得到一个证据了。传中明载着：当他告病而未获允许时，王士禛曾参他一本，说他病得太厉害了，"人道俱绝"。……"人道"的绝不绝，和做官有什么关系？这便使我们族中的传说，得到一个坚强的证据了。这便是当时作史，后来修史的人，苦心留给我们的真实史料。因他只是据官书材料叙述，所以连最善于伪造和消灭史实的清朝，也给他瞒过了。②

可见顺治年间外臣见太后，其事有之。

第三，体会李天馥两诗诗意，方孝标见孝庄太后为冒辟疆索还董小宛，孝庄太后让董小宛出来见面，似有两次。《行路难八首存三》之五所写，似为方孝标见董小宛；《月》所写，似为方孝标引冒辟疆见董小宛。此点文献不足征考，存疑。

第四，顺治十六年，方孝标以江南科场案牵连，流放宁古塔。康熙三十五年方孝标死后，又于康熙五十二年以《南山集》案牵连，遭清廷剖棺锉骨。后人颇为方孝标辨冤。今天看来，方孝标之被迫害，可能与见孝庄太后为冒辟疆索还董小宛一事有关。

5. 吴绮《悼董宛君》：冒辟疆董小宛之生离乃是外来强加的，冒辟疆曾经入京向孝庄太后索还小宛

《同人集》卷六《影梅庵悼亡题咏》广陵吴绮（园次）《悼董宛君》八首之五：

> 折得寒梅向庾林，无人能办惜芳心。等金身上花终始，埋玉山中树古

---

① 王锺翰点校：《清史列传》，第 2 册，中华书局，1987 年，第 319 – 321 页。

② 吕思勉：《史学四种》，上海人民出版社，1981 年，第 61 页。昔年曾蒙新加坡南洋理工大学教授严寿澂兄提示吕思勉所述此言，谨此志谢。

今。转妒白头能薄幸，不关红粉失知音。此生倘遇鸿都客，阆苑还须自
一寻。①

吴绮诗题《悼董少君》，是为董小宛之"死"而作，其中述及小宛被掳入
京、入清宫。

"转妒白头能薄幸，不关红粉失知音"：上句典出梁徐陵编《玉台新咏》
卷一《皑如山上雪》（一作《白头吟》）："皑如山上雪，皎若云间月。闻君有
两意，故来相决绝。……愿得一心人，白头不相离。"反其意用之，言冒辟疆
董小宛之相离，乃是恩爱夫妇生离，反而羡慕薄幸之人能白头到老。下句借用
杜甫《哭李常侍峄》："斯人不重见，将老失知音。"言冒辟疆董小宛之生离，
完全是与红粉（小宛）失去丈夫（辟疆）恩爱无关；暗示此生离乃是外来强
加的。

"此生倘遇鸿都客，阆苑还须自一寻"："鸿都客"，指到京城作客，典出
唐白居易《长恨歌》："临邛道士鸿都客，能以精诚致魂魄。""阆苑"，此指王
母所居皇宫园林，典出《太平御览》卷六百六十一引《集仙录》："王母者
……所居宫阙，在春山昆仑之圃，阆风之苑。"唐李商隐《九成宫》："十二层
城阆苑西，平时避暑拂虹霓。云随夏后双龙尾，风逐周王八骏蹄。"《钦定大
清会典则例》卷一百《乐部·和声署·丹陛清乐·喜春光》："是瑶池来，阆
苑荐，世间物，如何并。嗛雪甜，王母远相将，笑留核，冰桃还胜。"②诗言
冒辟疆此生倘遇能寻找到董小宛的临邛道士（当指方孝标），辟疆还是要自己
到京城、到王母所居皇宫园林阆苑，才能寻到董小宛。此亦暗指冒辟疆曾经入
京向孝庄太后索还小宛。

---

① 清冒襄辑：《同人集》卷六，《四库全书存目丛书》集部第 385 册影印康熙冒氏水
绘园刻本，齐鲁书社，1997 年，第 249－250 页。"阆苑还须自一寻"，文渊阁《四库全
书》本吴绮《林蕙堂全集》卷十七《挽董少君》作"阆苑应知次第寻"，《同人集》本于
义较洽，故从之。

② 《景印文渊阁四库全书》第 623 册，台湾商务印书馆股份有限公司，1986 年，第
44 页。

第四章　多尔衮死后，诸亲王分取其家人，董小宛归和硕承泽亲王硕塞，因入侍孝庄太后而为顺治所爱；顺治十一年十二月五日硕塞之死

1. 前秘书院侍讲、国子监祭酒吴梅村《清凉山赞佛诗》：董白董小宛入侍孝庄太后而与顺治相遇，为顺治所爱，封为皇贵妃

顺治七年十二月九日多尔衮死后，诸亲王分取多尔衮家人，董小宛归和硕承泽亲王硕塞，因入侍孝庄太后而为顺治所爱。顺治十一年（1654）十二月五日硕塞暴死，董小宛入侍孝庄太后。顺治十三年八月，立为顺治贤妃。考察此五六年间董小宛的经历，先从了解吴梅村《清凉山赞佛诗》开始。

《清史列传》卷七十九《贰臣传乙·吴伟业传》：

> 吴伟业，江南太仓人。明崇祯四年一甲二名进士，授编修……充东宫讲读官，又迁南京国子监司业，转左庶子。福王时，授少詹事，与大学士马士英、尚书阮大铖不合，请假归。本朝顺治九年，两江总督马国柱遵旨举地方品行著闻及才学优长者，疏荐伟业来京。十年，吏部侍郎孙承泽荐伟业学问渊深，器宇凝弘，东南人才，无出其右，堪备顾问之选。十一年，大学士冯铨复荐其才品足资启沃。俱下部知之。寻授秘书、[院]侍讲。十二年，恭纂《太祖》、《太宗圣训》，以伟业充纂修官。十三年，迁国子监祭酒。寻丁母忧，归。康熙十年，卒。①

清谈迁《北游录·纪邮上》甲午（顺治十一年）十月：

> 癸酉，过吴太史（梅村）所，时除侍读。②

《清世祖实录》卷九十八顺治十三年二月：

> 乙卯。升侍讲吴伟业为国子监祭酒。③

清光绪三年太仓吴氏重刻本顾师轼《梅村先生年谱》卷四：

> （顺治）十年癸巳四十五岁：九月应召入都。授秘书院侍讲，奉敕纂修《孝经演义》，寻升国子监祭酒。
>
> 十一年甲午四十六岁：官京师。

---

① 王锺翰点校：《清史列传》，第20册，中华书局，1987年，第6552页。
② 清谈迁撰，汪北平点校：《北游录》，中华书局，1997年，第83页。
③ 《清实录》第3册，《世祖章皇帝实录》，中华书局，1985年，第759页。

十三年丙申四十八岁：春，上驻跸南苑，阅武，行蒐礼，召廷臣恭视，赐宴行宫，先生赋五七言律诗、五七言绝句每体一首应制。圣驾幸南海子，遇雪，大猎，先生恭纪七律一首。午日，赐宴瀛台龙舟。……嗣母之丧南还，上亲赐丸药，抚慰甚至。

十四年丁酉四十九岁：二月归里。

十七年庚子五十二岁　有……《清凉山赞佛诗》、《七夕感事》、《七夕即事》。

案：第一，据《清史列传·吴伟业传》顺治十一年"授秘书、［院］侍讲"，及谈迁《北游录·纪邮上》甲午顺治十一年十月"癸酉，过吴太史所，时除侍读"，可知吴梅村任秘书院侍讲，是在顺治十一年（1654）十月。

第二，据《清世祖实录》顺治十三年二月乙卯"升侍讲吴伟业为国子监祭酒"，可知吴梅村自秘书院侍讲为国子监祭酒，是在顺治十三年（1656）二月。

第三，按《钦定大清会典则例》卷三《吏部·文选清吏司·官制·翰林院》："顺治元年，定汉掌院学士一人，侍读学士一人，侍讲学士一人，侍读二人，侍讲二人。……二年，裁并内三院。"① 侍读位在侍讲之先，吴梅村为国子监祭酒之前，不当先为侍读，后为侍讲，则谈迁所记侍读，当为侍讲之误。《清史列传》亦可为证。

第四，从顺治十一年十二月硕塞暴死，其后董小宛入侍孝庄太后，至十三年八月立为顺治贤妃、十二月初六册为皇贵妃；在此期间，吴梅村任秘书院侍讲、国子监祭酒，常入侍内廷（参阅顾师轼《梅村先生年谱》据吴诗所述），故能知悉清廷内幕。

吴梅村为清初第一等大诗人，可以与钱牧斋并列第一名，而各有千秋。梅村诗独到之巅峰造诣，端在长篇古体叙事诗，及叙述时事之近体诗，皆明末清初当时事之诗史，多出之以微言，实珍贵之信史也。

孟森《世祖出家事考实》（1935 年）：

重释吴诗，首以学者共疑之《清凉山赞佛诗》为急。此诗程编于庚子、辛丑间，是也。但必其在辛丑，即顺治十八年，世祖遗诏已颁之后。②

---

① 《景印文渊阁四库全书》第 620 册，台湾商务印书馆股份有限公司，1986 年，第 85 页。

② 孟森：《世祖出家事考实》，《明清史论著集刊正续编》，河北教育出版社，2000 年，第 245 页。

案：孟森认为吴梅村《清凉山赞佛诗》四首作于顺治十八年世祖遗诏已颁之后，是符合诗与史的判断，因为此诗写到了顺治之"死"与出家。

文渊阁《四库全书》本吴伟业《梅村集》卷三《清凉山赞佛诗》四首之一：

> 王母携双成，绿盖云中来。汉王坐法官，一见光徘徊。结以同心合，授以九子钗。①

《清史稿》卷二百十四《后妃传一·太宗孝庄文皇后传》：

> 孝庄文皇后，博尔济吉特氏，科尔沁贝勒寨桑女，孝端皇后侄也。天命十年二月，来归。崇德元年，封永福宫庄妃。三年正月甲午，世祖生。世祖即位，尊为皇太后。顺治十一年，赠太后父寨桑和硕忠亲王，母贤妃。十三年二月，太后万寿，上制诗三十首以献。上承太后训，撰《内则衍义》，并为序以进。圣祖即位，尊为太皇太后。……（康熙二十六年）崩，年七十五。

"王母携双成，绿盖云中来。"

"王母"：西王母，指孝庄太后。

"双成"：暗指孝庄太后侍女姓董，典出《汉武帝内传》："（西王母）又命侍女董双成吹云和之笙。"

"绿盖"：绿色车盖，汉代匈奴车盖。汉贾谊《新书》卷四《匈奴》："匈奴之来者，家长已上固必衣绣，家少者必衣文锦，将为银车五乘，大雕画之，驾四马，载绿盖，从数骑，御骖乘。且虽单于之出入也，不轻都此矣。"绿盖，又为神话中仙女车盖。唐李贺《神弦别曲》："巫山小女隔云别，春风松花山上发。绿盖独穿香径归，白马花竿前孑孑。"清王琦《李长吉歌诗汇解》卷四："绿盖，神之盖也。"并引《楚辞·九歌·少司命》："孔盖兮翠旍，登九天兮抚彗星。"王逸注："言司命以孔雀之翅为车盖。"

此二句，诗言孝庄太后携董姓侍女而来，与顺治相遇。"绿盖云中来"，用贾谊《新书》"匈奴之来者，驾四马，载绿盖"，指孝庄太后为满族，并用李贺《神弦别曲》"绿盖独穿香径归"，指董姓侍女美若天仙。

"汉王坐法官，一见光徘徊。"

"汉王"：指顺治皇帝。

---

① 《景印文渊阁四库全书》第1312册，台湾商务印书馆股份有限公司，1986年，第22页。

"法宫"：正殿。《汉书》卷四十九《晁错传》："臣闻五帝神圣，其臣莫能及，故自亲事，处于法宫之中，明堂之上。"唐颜师古注引如淳曰："法宫，路寝正殿也。"《汉书》卷六十七《梅福传》："当户牖之法坐。"颜师古注："法坐，正坐也，听朝之处，犹言法宫、法驾也。"唐李商隐《韩碑》："元和天子神武姿"，"坐法宫中朝四夷"。

"一见光徘徊"：典出《后汉书》卷八十九《南匈奴传》："昭君丰容靓饰，光明汉宫，顾景裴回，竦动左右，帝见大惊。"

此二句，诗言顺治一见，董女一举一动，光亦为之徘徊。言外之意，即是顺治一见钟情，爱上董女。真是神韵之笔。同时，"一见光徘徊"句乃是用王昭君典，暗示出董女是汉族女子被迫嫁给满洲，如同王昭君是汉族女子被迫嫁给匈奴。

"结以同心合，授以九子钗。"

"同心合"：典出汉伶玄《赵飞燕外传》："始加大号，婕妤奏书于后曰：'天地交畅，贵人姊及此令吉，光登正位，为先人休，不堪喜豫。谨奏上二十六物以贺：金屑组文茵一铺、沉水香莲心碗一面、五色同心大结一盘。（下略）'"

"九子钗"：典出汉伶玄《赵飞燕外传》："后立泣，持昭仪手，抽紫玉九雏钗，为昭仪簪髻。"

此二句，诗言如汉成帝立赵飞燕为皇后，顺治册封董女为皇贵妃，贵同皇后。

案：由上所述可知，董女因入侍孝庄太后，而与顺治相遇，为顺治所爱，封为皇贵妃，贵同皇后。

《清凉山赞佛诗》四首之二：

> 伤怀惊凉风，深宫鸣蟋蟀。严霜被琼树，芙蓉凋素质。可怜千里草，萎落无颜色。"伤怀惊凉风，深宫鸣蟋蟀。"

典出《诗经·唐风·蟋蟀》："蟋蟀在堂，岁聿其莫"，"蟋蟀在堂，岁聿其逝"。阮籍《咏怀诗》之十四："开秋兆凉气，蟋蟀鸣床帷。感物怀殷忧，悄悄令心悲。"

此二句，诗言秋风令人心惊伤怀，蟋蟀鸣于深宫，喻指顺治董皇贵妃生命垂危。

"严霜被琼树，芙蓉凋素质。"

冒辟疆《影梅庵忆语·序》：

亡妾董氏，原名白，字小宛，复字青莲。

"严霜"：浓霜，白色，一射顺治董皇贵妃名白。汉蔡邕《蔡中郎集》卷九《童幼胡根碑铭》："惜繁华之方晔分，严霜而凋零。"陶渊明《杂诗》其三："严霜结野草，枯悴未遽央。"

"琼树"：玉树，白色，二射顺治董皇贵妃名白。《文选》卷三十一江文通《古离别》"不异琼树枝"，唐李周翰注："琼树，玉树也。"《文选》卷四十二曹丕《与锺大理书》："玉白如截肪。"

"芙蓉"：莲花，射顺治董皇贵妃一字青莲。《楚辞》卷一《离骚》："集芙蓉以为裳。"

汉王逸注："芙蓉，莲华也。"

"素质"：白也，三射顺治董皇贵妃名白。《文选》卷十五汉班固《幽通赋》："皓尔太素，曷渝色分。"唐李善注："曹大家曰：皓，白也，素质也。"

"可怜千里草，萎落无颜色。"

"千里草"：射"董"，再次指出顺治董皇贵妃姓董。典出《后汉书》卷一百三《五行志》："献帝践祚之初，京都童谣曰：'千里草，何青青。十日卜，不得生。'案千里草为董。十日卜为卓。"

《清凉山赞佛诗》"严霜被琼树，芙蓉凋素质。可怜千里草，萎落无颜色"四句，诗言洁白之浓霜披满洁白之琼树，洁白的莲花凋谢，青青千里草枯萎，比喻顺治董皇贵妃去世，并隐藏地、再三再四地、完整地交代出董皇贵妃的姓、名、字：姓董、名白、字青莲，确指顺治董皇贵妃即董白董小宛。

完整地交代出顺治董皇贵妃姓董、名白、字青莲，确指董皇贵妃即董白董小宛，《清凉山赞佛诗》与李天馥《古宫词》不谋而合，异曲同工。

清文廷式《纯常子枝语》卷五："梅村诗当以《清凉山赞佛诗》四首为压卷，凄沁心脾，哀感顽艳，古人《哀蝉落叶》之遗音也，非白香山《长恨歌》所及。"[1] 甚有见地。

2. 李天馥《古宫词》：董白董小宛入侍孝庄太后而与顺治相遇，为顺治所爱，封为皇贵妃

清李天馥《古宫词·小引》：

况昭阳殿里，八百无双；长信宫中，三千第一。……此固在昔同伤，于今共悼者也。

---

① 清文廷式：《纯常子枝语》，《续修四库全书》第1165册影民国刻本，上海古籍出版社，2003年，第79页。

《汉书》卷九十七下《外戚传下》：

> 孝成赵皇后，本长安宫人……学歌舞，号曰飞燕。成帝……见飞燕而说之，召入宫，大幸。有女弟复召入，俱为婕妤，贵倾后宫。许后之废也，上欲立赵婕妤。皇太后嫌其所出微甚，难之。太后姊子淳于长为侍中，数往来传语，得太后指，上立封赵婕妤父临为成阳侯。后月馀，乃立婕妤为皇后。

汉佚名《三辅黄图》卷三：

> 长信宫，汉太后常居之。按《通灵记》："太后，成帝母也。后宫在西，秋之象也。秋主信，故殿皆以长信、长秋为名。"……（原注：成帝母王太后，居长信宫。）①

《古宫词》之二十一：

> 深掩妆窗卧碧纱，又因蝴蝶梦生涯。日高睡足犹慵起，薄命曾嫌富贵家。②

邓之诚《清诗纪事初编》李天馥条：

> 别有《古宫词》百首，盖为董鄂妃作。……词中"日高睡足犹慵起，薄命曾嫌富贵家"，明言董鄂先入庄邸。③

案：第一，如上所述，李天馥《古宫词》反复暗示出顺治董皇后名白，字青莲，乃是确指顺治董皇后即是董白董小宛。

第二，李天馥《古宫词·小引》"况昭阳殿里，八百无双；长信宫中，三千第一"，以居昭阳殿之汉成帝皇后赵飞燕，指居承乾宫之顺治董皇后，以居长信宫之汉元帝孝元王皇后即成帝之母，指居慈宁宫清太宗孝庄文皇后即世祖之母。暗指董小宛是以入侍孝庄太后，而与顺治相遇，为顺治所爱，封为皇贵妃，贵同皇后。

第三，《古宫词》之二十一"薄命曾嫌富贵家"，表示顺治董皇后入宫前曾为贵胄家配偶。此"富贵家"，实际是兼指多尔衮、硕塞。

顺治与董小宛见面并爱上董小宛之时间，是在顺治十一年（详见下文）。

从顺治十一年硕塞之死，顺治十三年董小宛入清宫立为贤妃、皇贵妃，至

---

① 陈直校证：《三辅黄图校证》，陕西人民出版社，1980年，第53页。

② 清李天馥：《古宫词一百二十首集唐》并引一卷，叶4B－5A，中国科学院文献情报中心藏，编号242536。

③ 邓之诚：《清诗纪事初编》，下册，上海古籍出版社，2012年第2版，第555页。

顺治十七年董小宛之死、追封为皇后；在此期间，顺治十一年至十四年吴梅村任秘书院侍讲、国子监祭酒；顺治十五年至十八年李天馥任翰林院庶吉士、检讨；皆入值内廷。吴梅村《清凉山赞佛诗》与李天馥《古宫词》，皆反复暗示出顺治董皇贵妃即董皇后名白字青莲，确指董皇贵妃即董皇后即是董白董小宛，这表明，吴梅村、李天馥皆是董小宛入清宫之知情人。

3. **朝鲜使节李渲《燕途纪行》：宫中贵妃曾是军官之妻，因庆吊出入禁闼，帝频私之，其夫则构罪杀之，勒令入宫，年将三十；朝鲜使节尹绎《燕中闻见》：董贵妃初为皇帝虾之妻，杀其夫，夺入宫中；汤若望：顺治皇帝对一位满籍军人之夫人火热爱恋，军人怨愤致死，皇帝将这未亡人封为贵妃**

现在可以考察多尔衮死后董小宛之下落。

《清世祖实录》卷一百二十九顺治十六年冬十月乙卯（二十八日）：

> 先是，上谕议政王大臣等："巽王满达海、端重王博洛、敬谨王尼堪，谄媚抗朕之睿王；及睿王死，分取其人口、财货诸物。……议政王大臣、六部尚书、侍郎其会议以闻。"至是，王等遵旨会议："巽王、敬谨王、端重王、此三王，从前谄媚睿王。及睿王死，分取其人口、财货诸物。……伊等所犯情罪重大。应将此三王之子所袭亲王爵，俱行削除，降为庶人。……其分取睿王家人、牲畜、财货诸物，及投充汉人，俱籍入官。"奏入，得旨："王与诸臣议，良是。……至分取睿王家人、牲畜、财货诸物，俱籍入官。"①

案：顺治八年十二月多尔衮死后，多尔衮家人、牲畜、财货诸物，及投充汉人，被巽王、端重王、敬谨王等所分取，由此可见，董小宛当在此时落入某亲王家。

朝鲜王朝孝宗七年丙申（清顺治十三年，1656）八月陈奏正使麟坪大君李渲②《燕途纪行下》丙申十月：

> 初五日己卯，晴，留。金汝辉来谒。汝辉是龙湾右族，丁卯之兵，合家被掳，今为清主亲兵哨官，为人良善，频频来谒。③

《燕途纪行》所述"龙湾"，即今朝鲜新义州。所述"右族"，即名门大族，典出《晋书》卷三十三《欧阳建传》："字坚石，世为冀方右族。雅有理

---

① 《清实录》第3册，《世祖章皇帝实录》，中华书局，1985年，第1001–1002页。

② 麟坪大君李渲（1622–1658），朝鲜王朝仁祖李倧之子、孝宗李淏之弟。

③ ［朝鲜王朝］麟坪大君李渲：《松溪集》卷七，［韩国］林基中编《燕行录全集》第22册影印原刻本，韩国东国大学校出版部，2001年，第154页。

思，才藻美赡，擅名北州。时人为之语曰：'渤海赫赫，欧阳坚石。'"即由此"右族"一语，亦可见朝鲜王朝接受中国文化之深，故视后金、清朝为夷狄也。

所述"丁卯之兵"，指朝鲜李朝仁祖五年、明熹宗天启七年丁卯（1627），后金皇太极为消灭明朝东江镇（治今朝鲜平安北道铁山半岛南之椵岛，位于鸭绿江口东之黄海西朝鲜湾中）毛文龙部，入侵朝鲜，朝鲜被迫与后金议和，朝鲜史称"丁卯之乱"。丁卯之兵，距顺治十三年已二十九年，当时金汝辉或在幼年，合家被后金所掳；或尚未出生，父母被后金所掳后出生。

朝鲜王朝肃宗元年乙卯（清康熙十四年，1675）六月谢恩使昌城君㮒、副使李之翼、书状官闵黯《燕中闻见》乙卯七月二十四日：

> 抵三河县留宿。海州卫人崔光远本是我国平壤府人，……是夜来言：自顺治时，选我国被掳人五百名，教以火炮，常令侍卫。每朔给三两银，或值行幸时，则赏赐优厚。今皇则巡游不撤，赏给不行。①

朝鲜王朝孝宗七年丙申（清顺治十三年，1656）八月陈奏正使麟坪大君李㴭《燕途纪行》所述朝鲜人金汝辉为顺治皇帝亲兵哨官，由朝鲜王朝肃宗元年乙卯（清康熙十四年，1675）六月谢恩使昌城君㮒等《燕中闻见》记崔光远所述顺治时有选朝鲜被掳人五百名为皇帝侍卫之事，获得证实。由此二种朝鲜文献可知，顺治时颇用朝鲜人为顺治侍卫亲军，史有其事。此当为弥补八旗人员之不足，《大清会典》等清朝官方文献不会记载之。

《钦定大清会典》卷九十四《领侍卫府》：

> 国初以八旗将士平定海内，镶黄、正黄、正白三旗皆天子所自将，爰选其子弟，命曰侍卫，用备随侍宿卫，统以勋戚大臣。……领侍卫内大臣六人……掌统领侍卫亲军，以先后宸御，左右翊卫。侍卫一等六十人，二等百五十人，三等、四等二百七十人。蓝翎侍卫九十人。三旗宗室侍卫一等九人，二等十有八人，三等六十三人。每十人各设什长一人。……凡宿卫，更番轮直凡六班，班分两翼，各设侍卫班领一人，署班领一人，侍卫三十人。宿卫乾清门（为内班），散秩大臣一人，侍卫亲军十人。宿卫中和殿，侍卫什长三人，侍卫亲军三十人。宿卫太和门（为外班）。领侍卫内大臣一人总统之。内大臣、散秩大臣二人，随班入直。行幸驻宿卫跸，

---

① ［朝鲜王朝］乙卯六月谢恩使昌城君㮒、副使李之翼、书状官闵黯：《燕中闻见》，［韩国］林基中编《燕行录全集》第95册影印原抄本，韩国东国大学校出版部，2001年，第135－136页。

一如宫禁之制。①

按《内阁藏本满文老档 太宗朝 汉文译文》第十二函《太宗皇帝崇德元年四月至五月》第十二册《崇德元年五月》十四日："奉圣汗谕旨，制定诸臣顶戴品级。……牛录章京，镌铁花镀金圆带板腰带；侍卫、什长、蓝翎，镌铁花镀金两带板腰带。"②《清史稿》一百三十《兵志一·八旗》："天聪八年，定八旗官名，总兵为昂邦章京，副将为梅勒章京，参将为甲喇章京，各分三等。备御为牛录章京。什长为专达。"可知乾隆《钦定大清会典》所述侍卫亲军"每十人各设什长一人"之"什长"，早在清太宗皇太极天聪（1627 - 1636）、崇德（1636 - 1643）时期八旗官名即已有之，顺治时期来自八旗子弟的侍卫亲军自亦有之。

麟坪大君述金汝辉为"清主亲兵哨官"，当指金汝辉为顺治侍卫亲军什长，职司宿卫宫禁扈从行跸，故能得知禁中情形，甚至目睹顺治董皇贵妃。

朝鲜王朝孝宗七年丙申（清顺治十三年，1656）八月陈奏正使麟坪大君李渲《燕途纪行下》丙申十月：

> 初七日辛巳，阴，留。……金汝辉来谒，赠礼物，详问阙中事情。渠云：儿皇力学中华文字，稍解文理，听政之际，语多惊人，气象桀骜，专厌胡俗，慕效华制，暗造法服，时或着御，而畏群下不从，不敢发说。清人惑巫，原来习性而痛禁，宫中不复崇尚。然气侠性暴，拒谏太甚，间或手刃，作威专事，荒淫骄侈自恣，罕接臣邻，不恤蒙古，识者颇忧云。③

案：朝鲜王朝丙申八月陈奏正使麟坪大君《燕途纪行》丙申顺治十三年十月初七日记清主亲兵哨官朝鲜人金汝辉所述顺治情况，特别值得注意的是"然气侠性暴，拒谏太甚，间或手刃，作威专事"，其中"间或手刃"四字，与本文主题或有关系。

朝鲜王朝孝宗七年丙申（清顺治十三年，1656）八月陈奏正使麟坪大君李渲《燕途纪行下》丙申十月：

> 初十日甲申，晴。留。金汝辉来谒，细问燕京事情，答以帝御新构天清宫，太后御慈宁宫，正宫皇后御翠华宫。椒闱寂寞，方拣东西两宫皇

----

① 《景印文渊阁四库全书》第 619 册，台湾商务印书馆股份有限公司，1986 年，第 911 页。

② 中国第一历史档案馆整理编译：《内阁藏本满文老档 太宗朝 汉文译文》，辽宁民族出版社，2009 年，第 706 页。"侍卫、什长、蓝翎"，似应标作"侍卫什长，蓝翎"。

③ ［朝鲜王朝］麟坪大君李渲：《松溪集》卷七，［韩国］林基中编《燕行录全集》第 22 册影印原刻本，韩国东国大学校出版部，2001 年，第 155 - 156 页。

后。宫中贵妃一人，曾是军官之妻也，因庆吊出入禁闼，帝频私之，其夫则构罪杀之，勒令入宫，年将三十，色亦不美，而宠遇为最，其父兄赏赐累巨万，仍册封东宫正后，定日乃今月二十日也。西宫正后，拣孔王有德女四贞，册封当在岁翻，而容色绝美云。正宫则无皇子，侧室有二男二女，总三、四岁也。明朝禁园为獐子苑，在城南二十里，周回一百六十里。一号海子里宫殿壮丽，麋鹿濯濯，是其游玩处。今月念后，帝令禁卫各赍四十日粮出园囿，仍猎近地云。（按：此下尚有大幅叙述清朝当前内政外事与对永历及郑成功之战争，足见金汝辉对清朝政事了如指掌，因越出本题范围，从略。）①

朝鲜王朝孝宗七年丁酉（丙申）（清顺治十三年，1656）十月冬至正使尹绛、副使李哲、书状官郭齐华《燕中闻见》丙申十二月二十五日：

> 留馆。译官卞忠一闻诸馆夫言：……董家女册封贵妃，在于十二月初六日。皇太后新加尊号，在今日。而董氏即内大臣鄂硕之女，初为皇帝虾之妻，而皇帝闻其绝美，杀其夫，夺入宫中，今乃封为贵妃，年今二十三云。②

［德］魏特《汤若望传》第九章《"尚父"和他的皇帝学子》：

> 顺治皇帝对于一位满籍军人之夫人，起了一种火热爱恋。当这一位军人因此申斥他的夫人时，他竟被对于他这申斥有所闻知的"天子"，亲手打了一个极怪异的耳掴。这位军人于是乃因怨愤致死，或许竟是自杀而死。皇帝遂即将这位军人的未亡人收入宫中，封为贵妃。这位贵妃于1660年（顺治十七年）产生一子，是皇帝要规定他为将来的皇太子的。

---

① ［朝鲜王朝］麟坪大君李㴭：《松溪集》卷七，［韩国］林基中编《燕行录全集》第22册影印原刻本，韩国东国大学校出版部，2001年，第157－158页。

② ［朝鲜王朝］丁酉（丙申）十月冬至正使尹绛、副使李哲、书状官郭齐华：《燕中闻见》，［韩国］林基中编《燕行录全集》第95册影印原抄本，韩国东国大学校出版部，2001年，第147－148页。

按乾隆《大清会典则例》卷九十五《礼部·主客清吏司·宾馆·馆舍》："顺治初，设会同馆以待外国贡使，主客司满汉主事各一人，提督馆事。……御河桥、及干鱼胡同官房二所，作为会同馆。按从前会同馆设立内城，原以便监督稽察，周其日用，官兵看守，严其出入。今在正阳门外，与设立内城之例不符。但见在朝鲜、安南、琉球等国使臣不日来京，不得不豫为安顿，将旧馆额设馆夫十八名内，酌拨此馆居住看守。"朝鲜使节所住会同馆之馆夫，是清制定额之吏员，负责居住看守外国使节。可是也成为向朝鲜使团成员传播顺治董皇贵妃事的来源。可见顺治时董贵妃事，传播范围相当广泛。

但是数星期后，这位皇子竟而去世，而其母于其后不久亦薨逝。皇帝陛为哀痛所攻，竟致寻死觅活，不顾一切。①

案：第一，朝鲜王朝陈奏正使麟坪大君《燕途纪行》丙申顺治十三年十月初十日记清主亲兵哨官朝鲜人金汝辉所述"宫中贵妃一人，曾是军官之妻也，因庆吊出入禁闼，帝频私之，其夫则构罪杀之，勒令入宫，年将三十，色亦不美"，"而宠遇为最"，朝鲜王朝冬至正使尹绛、副使李晢、书状官郭齐华《燕中闻见》丙申顺治十三年十二月二十五日记译官卞忠一闻诸会同馆馆夫言"董氏即内大臣鄂硕之女，初为皇帝虾（满语侍卫）之妻，而皇帝闻其绝美，杀其夫夺入宫中，今乃封为贵妃，年今二十三云"，来华耶稣会传教士汤若望所述"顺治皇帝对于一位满籍军人之夫人，起了一种火热爱恋。当这一位军人因此申斥他的夫人时，他竟被对于他这申斥有所闻知的'天子'，亲手打了一个极怪异的耳掴。这位军人于是乃因怨愤致死，或许竟是自杀而死。皇帝遂即将这位军人的未亡人收入宫中，封为贵妃"，皆是指顺治董皇贵妃。实即吴梅村《清凉山赞佛诗》、李天馥《古宫词》所述顺治董皇贵妃董白董小宛。

其中，顺治热恋一位满籍军官之夫人、满籍军官因此而死、夫人随后入宫、封为贵妃诸点，诸家记载完全一致，是信史。

金汝辉所述"宫中贵妃一人，曾是军官之妻也"，虽未明言此军官为满籍，但是说明了"因庆吊出入禁闼"，即已经表明了此军官为满籍，而且是高级军官，否则不可能"因庆吊出入禁闼"。

第二，顺治十三年董小宛三十二岁，顺治亲兵哨官金汝辉所述董皇贵妃"年将三十"，乃是目睹，即是信史，与董小宛当时之年龄三十二岁相符，证明清廷所称董皇贵妃为鄂硕女、年十八，是谎言。

会同馆馆夫言"年今二十三"，则是不确之传闻。至于金汝辉所述"色亦不美"，则是审美观不同，见仁见智，无关紧要。

---

① ［德］魏特（Alfons Väth S. J.）著，杨丙辰译：《汤若望传》（Johann Adam Schall Von Bell S. J.），商务印书馆，1949 年，第 323 页。汤若望（1592 – 1666），明末清初来华天主教耶稣会传教士，对中国科学技术卓有贡献，并深受顺治和孝庄太后的信任。1592 年生于德国科隆，1611 年加入耶稣会，明天启三年（1623）到北京，清康熙五年卒于北京。《清史稿》卷二百七十二《汤若望》："初名约翰亚当沙耳，姓方白耳氏，日耳曼国人……崇祯初，日食失验……汤若望被徵入局掌推算……送与台官测日食，候节气，并考定置闰先后，汤若望术辄验。庄烈帝知西法果密，欲据以改《大统术》，未行而明亡……世祖定鼎京师，十一月，以汤若望掌钦天监事……加太仆寺卿，寻改太常寺卿。十年三月，赐号通玄教师，敕曰：'……天生贤人，佐佑定历，补数千年之阙略，非偶然也。'旋复加通政使，进秩正一品。"

现在当问，满籍军官是谁？死于何时？陈垣《汤若望与木陈忞》第二章《世俗传说之解答》一《董妃来历问题》（1938年）："然所谓满籍军人者，究为何人，其夫人能接近皇帝，则非疏逖之臣可知，故有人疑此为顺治之弟，名博穆博果尔，顺治十二年十二月封襄亲王者，太宗之第十一子也。治栖之俗，当时本不以为异，太祖第五子莽古尔泰死，其妻分给从子豪格及岳托，第十子德格类死，其妻给其弟阿济格，顺治五年豪格死，多尔衮又与阿济格各纳其福晋一人，此皆著之国史。博穆博果尔顺治十三年七月初三日卒，年十六，二十七日服满，即为八月，故董妃以八月册贤妃，其时日适符也。"① 其实此满籍军官并非博穆博果尔。

4. 《清实录》：顺治十一年四月五日孝庄太后命停止命妇入侍皇太后、皇后，以杜绝嫌疑；十二月五日和硕承泽亲王硕塞暴死，未依礼制辍朝、遣官致祭、赐谥号、御制碑文；十二年四月十九日遣官祭硕塞侧福晋，二十九日遣官祭硕塞；被顺治所杀并被夺妻之满籍军人应即是硕塞

《清世祖实录》卷八十三顺治十一年四月甲子（五日）：

> 谕礼部：历代以来，无命妇更番入侍后妃之例，所以严上下之体，杜绝嫌疑也。今蒙天眷，奄有洪基，内外伦常，首当隆重。朕曾奏请圣母皇太后，将随侍皇后，及王、贝勒等福金（之）命妇，酌行停止。奉皇太后懿旨："此言甚是。随我命妇，我自裁定。其皇后及王、贝勒福金，贝子、公夫人，随侍命妇，俱着停止。其随侍王、贝勒、贝子、公等母之命妇，各该王、贝勒列名具奏，候旨入侍。大朝日期，大臣命妇，照例上朝。"朕钦遵懿旨，特谕尔部，明白传谕施行。②

《清史稿》卷二百十四《后妃传一·太宗孝庄文皇后传》：

> 国初故事，后妃，王、贝勒福晋，贝子、公夫人，皆令命妇更番入侍，至太后始命罢之。

《清世祖实录》卷八十七顺治十一年十二月辛酉（五日）：

> 和硕承泽亲王硕塞薨。年二十七。③

《清世祖实录》卷九十一顺治十二年夏四月癸酉（十九日）：

---

① 《陈垣史学论著选》，上海人民出版社，1981年，第440页。
② 《清实录》第3册，《世祖章皇帝实录》，中华书局，1985年，第649页。
③ 《清实录》第3册，《世祖章皇帝实录》，中华书局，1985年，第686页。

遣官祭和硕承泽亲王硕塞侧福金。①

《清世祖实录》卷九十一顺治十二年夏四月癸未（二十九日）：

遣户部尚书觉罗巴哈纳，祭和硕承泽亲王硕塞。②

《爱新觉罗宗谱》甲册"太宗文皇帝位下子孙"：

（太宗文皇帝）第五子和硕承泽裕亲王硕塞……顺治十一年甲午十二月初五日寅时薨，年廿七岁。③

案：第一，《清世祖实录》卷八十七顺治十一年十二月五日辛酉载和硕承泽亲王硕塞之死，年仅二十七岁，不书死因，《爱新觉罗宗谱》甲册"太宗文皇帝位下子孙·第五子和硕承泽裕亲王硕塞"条书出"十二月初五日寅时薨"，但亦不书死因，应系暴死。依照顺治九年九月更定祭葬礼，和硕亲王薨，上辍朝三日，内院以皇帝名义撰给碑文；尽管和硕承泽亲王硕塞为清朝打天下劳苦功高，据《清世祖实录》，和硕承泽亲王硕塞暴死，未依礼制辍朝、未遣官致祭、未赐谥号、未御制碑文④，足见顺治对硕塞之敌视。

第二，《清世祖实录》卷九十一顺治十二年四月十九日癸酉载"遣官祭和硕承泽亲王硕塞侧福金（侧福晋）"，四月二十九日癸未载"遣户部尚书觉罗巴哈纳，祭和硕承泽亲王硕塞"，此侧福晋即科尔沁博尔济吉特氏（见下文引《爱新觉罗宗谱》甲册"太宗文皇帝位下子孙·第五子和硕承泽裕亲王硕塞"条）——侧福晋之死，系表示抗议硕塞之暴死，因此之故，当硕塞之死四个多月之后、侧福晋之死十天之后，顺治始不得不遣官祭硕塞，对硕塞之死以及未遣官致祭表示追补抚慰之意。此时遣官祭硕塞，离硕塞之死已五个月，按正

① 《清实录》第 3 册，《世祖章皇帝实录》，中华书局，1985 年，第 715 页。
② 《清实录》第 3 册，《世祖章皇帝实录》，中华书局，1985 年，第 717 页。
③ 《爱新觉罗宗谱》修谱处：《爱新觉罗宗谱》甲册，沈阳，1938 年，学苑出版社，2008 年影印本，第 1942－1943 页。
④ 《清世祖实录》卷六十八顺治九年九月辛巳："更定祭葬礼：和硕亲王薨，上辍朝三日。……命工部立碑坟前并建碑亭，内院撰给碑文。"其实例如《清世祖实录》卷七十顺治九年十一月辛卯："定远大将军和硕敬谨亲王尼堪殁于阵，年四十三。追封和硕（敬谨）庄亲王。"《清世祖实录》卷七十八顺治十年冬十月丙子："遣内大臣巴图鲁公鳌拜等至和硕敬谨亲王第，报王讣，辍朝三日。"《清世祖实录》七十八顺治十年冬十月丁丑："遣内大臣达尔汉诺颜、俄尔及侍卫，赍酪酒往迎和硕敬谨亲王之丧。"《清世祖实录》卷七十九顺治十年十一月丁酉："遣内大臣公额尔克戴青，致祭定亥远大将军和硕敬谨亲王尼堪。"《清世祖实录》卷七十九顺治十年十二月癸未："命和硕敬谨亲王尼堪子尼思哈袭爵。"顺治御制《和硕敬谨亲王尼堪碑文》全文，见本章第 10 节。

常情况，时间毋乃太晚。按《清世祖实录》卷四十顺治五年十月壬寅（十一日）："和硕礼亲王代善薨"，甲辰（十三日）："遣官祭和硕礼亲王"。从礼亲王代善薨到遣官致祭，时间不过三天。可见亲王之死，本应三天之内遣官致祭。时隔四个多月之后始不得不遣官祭硕塞，只能是侧福晋以死抗争，震撼了顺治和清廷的结果。由此可见，顺治亲兵哨官金汝辉、会同馆馆夫、汤若望所述被顺治所杀并被夺妻之满籍高级军官，应即是硕塞。

硕塞（1628－1654），清太宗皇太极第五子，母侧妃叶赫纳喇氏，顺治同父异母兄。顺治元年，封多罗承泽郡王，清军入关，屡建大功。六年，进亲王。七年，改郡王。八年，晋封和硕承泽亲王，掌兵部事，参预议政。十一年十一月，掌宗人府事，十二月，薨，年二十七。康熙十年六月，追谥曰裕。见《清史列传》卷二、《清史稿》卷二百十九本传等。

第三，硕塞死于被杀还是自杀？金汝辉所述为"构罪杀之"，译官卞忠一闻诸馆夫言为"杀其夫夺入宫中"，汤若望所述为"因怨愤致死，或许竟是自杀而死"，顺治亲兵哨官金汝辉、会同馆馆夫皆言此军官是被顺治所杀，且金汝辉身在禁中，耳闻目睹，所述当为事实。

顺治十三年十月初七日金汝辉述顺治"气侠性暴，拒谏太甚，间或手刃"，是在十月初十日述顺治对硕塞"构罪杀之"之前三天，"间或手刃"者，可能即指或包括指"构罪杀之（硕塞）"。

5.《爱新觉罗宗谱》载硕塞第二庶福晋，违例隐去籍贯、姓氏与其父官爵、名字，应即是董小宛

《爱新觉罗宗谱》甲册"太宗文皇帝位下子孙"：

> （太宗文皇帝）第五子和硕承泽裕亲王硕塞。（四子。）天聪二年戊辰十二月二十四日亥时生，母侧妃叶赫纳喇氏阿纳布贝勒之女。顺治元年十月，封多罗承泽郡王。三年五月，参赞军务。八年闰二月，以军功懋著晋封和硕承泽亲王。本年三月，管理兵部事。十一月，擢任议政。十年十一月，掌宗人府事。顺治十一年甲午十二月初五日寅时薨，年廿七岁。谥曰裕。嫡福晋纳喇氏，议政大臣、轻车都尉费扬古之女。继福晋科尔沁博尔济吉特氏，和硕达尔汉巴图鲁亲王满珠锡礼之女。侧福晋科尔沁博尔济吉特氏，达赉台吉之女。庶福晋鄂尔铎苏氏，欢齐之女。又庶福晋一人。①

《清世祖实录》卷一百二十九顺治十六年冬十月乙卯（二十八日）：

---

① 《爱新觉罗宗谱》修谱处：《爱新觉罗宗谱》甲册，沈阳，1938 年，学苑出版社，2008 年影印本，第 1942－1943 页。

先是，上谕议政王大臣等："巽王满达海、端重王博洛、敬谨王尼堪，谄媚抗朕之睿王；及睿王死，分取其人口、财货诸物。……议政王大臣、六部尚书、侍郎其会议以闻。"至是，王等遵旨会议："巽王、敬谨王、端重王、此三王，从前谄媚睿王。及睿王死，分取其人口、财货诸物。……伊等所犯情罪重大。应将此三王之子所袭亲王爵，俱行削除，降为庶人。……其分取睿王家人、牲畜、财货诸物，及投充汉人，俱籍入官。"奏入，得旨："王与诸臣议，良是。……至分取睿王家人、牲畜、财货诸物，俱籍入官。"①

《爱新觉罗宗谱》甲册"太宗文皇帝位下子孙"：

（硕塞）第三子辅国温僖将军斡额布。（六子。）顺治九年壬辰六月十六日午时生，母庶福晋。康熙五年正月，封三等辅国将军。康熙二十年辛酉二月十五日未时卒，年三十岁。谥曰温僖。嫡妻萨尔图氏，二品官品级巴格之女；妾刘氏，刘达之女；妾晋氏，晋德之女。②

顺治《御制（孝献庄和至德宣仁温惠端敬皇后）行状》：

后尝育承泽王女二人、安王女一人于宫中，朝夕鞠抚，慈爱不啻所生。兹三公主，擗踊哀毁，人皆不忍闻见。③

《清世祖实录》卷一百三十六顺治十七年六月乙未：

先是，上以和硕承泽亲王硕塞女，抚育宫中。至是封为和硕公主。下嫁平南王尚可喜子之隆。④

案：第一，《爱新觉罗宗谱》甲册"太宗文皇帝位下子孙第五子·和硕承泽裕亲王硕塞"谱文，述硕塞嫡、继、侧、庶福晋四人，例皆备述其姓氏与其父官爵、名字（满族），或其籍贯、姓氏与其父官爵、名字（蒙古族），唯独述及此"又庶福晋一人"，违例全部隐去其籍贯、姓氏与其父官爵、名字，讳莫如深。《爱新觉罗宗谱》所述硕塞第二庶福晋，应即是顺治亲兵哨官金汝辉、会同馆馆夫、汤若望所述被顺治夺为皇贵妃（"董贵妃"）之硕塞妻，亦

---

① 《清实录》第3册，《世祖章皇帝实录》，中华书局，1985年，第1001－1002页。

② 《爱新觉罗宗谱》修谱处：《爱新觉罗宗谱》甲册，沈阳，1938年，学苑出版社，2008年影印本，第2009－2010页。

③ 顺治：《御制（孝献庄和至德宣仁温惠端敬皇后）行状》，吴昌绥辑《松邻丛书甲编》，仁和吴氏双照楼丁巳（1917年）刻本，叶8B，首都师范大学图书馆藏，索书号：PG/083/437。

④ 《清实录》第3册，《世祖章皇帝实录》，中华书局，1985年，第1054页。

即是吴梅村《清凉山赞佛诗》、李天馥《古宫词》所述顺治董皇后董白董小宛，由此当可以确定。

第二，由《清世祖实录》可知，顺治七年十二月九日多尔衮死后，其家人被巽王满达海、端重王博洛、敬谨王尼堪等分取；董小宛是在顺治七年十二月九日多尔衮死后，诸亲王分取多尔衮家人时，归和硕承泽裕亲王硕塞。

《清世祖实录》不在顺治七年十二月九日多尔衮死后之时段记载诸亲王分取多尔衮家人，而是顺治十六年十月二十八日之前上谕清算此事时始泄露出来，是忌讳言之。

和硕承泽亲王硕塞亦参与了分取多尔衮家人，唯顺治上谕讳其人，故不及之。

第三，董小宛自顺治七年十二月九日多尔衮死后落入和硕承泽亲王硕塞府，直至顺治十一年十二月五日硕塞之死，在硕塞府中之时间约有四年。

清吴长元《宸垣识略》卷八《内城四》："庄亲王府在西四牌楼北毛家湾。"

清昭梿《啸亭续录》卷四《京师王公府第》："承泽亲王府在太平仓。"

第四，《爱新觉罗宗谱》甲册"太宗文皇帝位下子孙·（硕塞）第三子辅国温僖将军韩额布"谱文，述韩额布"生母庶福晋"，亦违例不书其生母庶福晋姓氏；韩额布出生于顺治九年六月十六日，其时间亦与顺治七年十二月九日多尔衮死后至顺治十一年十二月五日硕塞暴死之前，董小宛归和硕承泽亲王硕塞，适相符合；故韩额布有可能是董小宛所生。

第五，由顺治《御制（端敬皇后）行状》所述"后尝育承泽王女二人于宫中，朝夕鞠抚，慈爱不啻所生"，及《清世祖实录》卷一百三十六顺治十七年六月乙未所述"先是，上以和硕承泽亲王硕塞女，抚育宫中"，可知董小宛在顺治杀硕塞之后，说服顺治，养育硕塞女二人于宫中，朝夕鞠抚，慈爱如亲生，原因当不仅在于小宛之仁慈，亦在于她曾为硕塞庶福晋，并有可能曾为硕塞生子。

第六，顺治十一年四月五日孝庄太后命顺治谕礼部入侍皇太后、皇后之命妇停止（皇太后懿旨"随我命妇，我自裁定"，实际亦含停止更番入侍之旧例之意），以"杜绝嫌疑"，实与硕塞怨愤董小宛入侍孝庄太后与顺治遇合有关。由此可知，董小宛以硕塞庶福晋入侍孝庄太后，与顺治相遇，为顺治所爱，时间是在顺治十一年（1655）四月五日之前。

第七，顺治十一年四月五日孝庄太后命顺治谕礼部入侍皇太后、皇后之命妇停止，以"杜绝嫌疑"，此举并未能阻止顺治十一年十二月五日硕塞之暴死。

第八，并非如汤若望所述，满籍高级军官（硕塞）死后，其妻（董小宛）"遂即"被收入宫中成为贵妃，中间实际相隔一两年的时间。金汝辉、会同馆馆夫所述，则并未表示"遂即"之意。

6. 吴梅村《七夕即事》其四：硕塞非死于自杀，而是被顺治所杀，并被顺治夺妻

清乾隆四十年凌云亭刻本靳荣藩注《吴诗集览》卷十上《七夕即事四首》其四：

> 花萼高楼迥，岐王共辇游。淮南丹未熟，缑岭树先秋。诏罢骊山宴，恩深汉渚愁。伤心长枕被，无意候牵牛。①

清光绪三年太仓吴氏重刻本顾师轼《吴梅村先生年谱》卷四顺治十七年庚子五十二岁："有……《清凉山赞佛诗》、《七夕感事》、《七夕即事》。"《七夕即事》与《清凉山赞佛诗》，当同为顺治十八年（1661）正月初七日世祖"驾崩"之后所作，主题皆与顺治有密切关系。

孟森《世祖出家事考实》（1935）："（《七夕即事》其四）余以为此十三年七夕梅村在京之诗也。董妃以十三年八月册为贤妃，十二月晋皇贵妃，盖本拟七月七日行册礼，以世祖弟襄亲王博穆博果尔之丧，暂停，梅村正咏其事。后仍于八月册立。梅村以宫中恩宠，盛指七夕为期，而会有弟丧，无复待牵牛者，谓不行册礼也。《东华录》：顺治十三年七月己酉，'和硕襄亲王博穆博果尔薨，年十六。'按襄亲王为太宗第十一子，世祖则第九子也。董妃拟以七夕册为贤妃，此虽想当然语，但按其他时日，颇相合。"②

高阳《董小宛入清宫始末诗证》（1982）："（《七夕即事》其四）起两句……言世祖对博果尔友爱。'淮南丹未熟'，刘安白日飞升；'缑岭树先秋'，子晋骑鹤而降，皆言仙去，谓博果尔之死。……'恩深汉渚愁'是极紧要的句子，写小宛的心境，反映出博果尔的死因。'汉渚'二字极费解，既解方知其曲折奥妙；此用'汉皋解佩'的故事……'伤心长枕被'是另一种受骗的感觉，说甚么花萼楼中，友于之情；无非是打算夺爱的假仁假义；'无意候牵牛'者，不打算等到七夕，目睹册妃之典。"③

孟森、高阳认为《七夕即事》其四是述顺治十三年世祖与和硕襄亲王博

---

① 《续修四库全书》第 1396 册影乾隆刻本，上海古籍出版社，2003 年，第 7 页。
② 孟森：《明清史论著集刊正续编》，河北教育出版社，2000 年，第 253－254 页。
③ 高阳：《高阳说诗》，辽宁教育出版社，1998 年，第 191－193 页。

穆博果尔事，均误①。此诗乃是以微言述顺治十一年（1654）世祖杀和硕承泽亲王硕塞事。

吴梅村《七夕即事四首》其四，全诗逐句笺证如下。

"花萼高楼迥。"

典出《旧唐书》卷九十五《睿宗诸子列传·让皇帝宪传》："初，明皇兄弟圣历初出阁，列第于东都积善坊，五人分院同居，号'五王宅'。大足元年，从幸西京，赐宅于兴庆坊，亦号'五王宅'。及先天之后，兴庆是龙潜旧邸，因以为宫。宪于胜业东南角赐宅，申王㧑、岐王范于安兴坊东南赐宅，薛王业于胜业西北角赐宅，邸第相望，环于宫侧。明皇于兴庆宫西南置楼，西面题曰花萼相辉之楼，南面题曰勤政务本之楼。明皇时登楼，闻诸王音乐之声，咸召登楼同榻宴谑，或便幸其第，赐金分帛，厚其欢赏。诸王每日于侧门朝见，归宅之后，即奏乐纵饮，击球斗鸡，或近郊从禽，或别墅追赏，不绝于岁月矣。游践之所，中使相望，以为天子友悌，近古无比，故人无间然。"

"岐王共辇游。"

古典

《旧唐书》卷八《玄宗本纪上》："玄宗至道大圣大明孝皇帝讳隆基，睿宗第三子也，母曰昭成顺圣皇后窦氏。"

《旧唐书》卷九十五《睿宗诸子列传》："睿宗六子：昭成顺圣皇后窦氏生明皇，肃明顺圣皇后刘氏生让皇帝，宫人柳氏生惠庄太子，崔孺人生惠文太子。"

《旧唐书》卷九十五《睿宗诸子列传·惠文太子范传》："睿宗第四子也

---

① 孟森《世祖出家事考实》（1935）："董妃以十三年八月册为贤妃"，"盖本拟七月七日行册礼，以世祖弟襄亲王博穆博果尔之丧，暂停"，并云此是"虽想当然语"。但并没有认为顺治董妃来自博穆博果尔。陈垣《汤若望与木陈忞》（1938）："然所谓满籍军人者，究为何人，其夫人能接近皇帝，则非疏逖之臣可知，故有人疑此为顺治之弟，名博穆博果尔。"（《陈垣史学论著选》，上海人民出版社，1981 年，第 440 页。）始提出董妃来自博穆博果尔。邓之诚《骨董三记》卷六《长生殿》条（1941；1955）："近人据汤若望纪事，谓董鄂妃夺自满州军人，因附会为襄亲王，不如谓承泽为当，因襄从未领军，且与庄邸嘱撰《长生殿》一事为有关合耳。"（邓之诚《骨董琐记全编》，生活·读书·新知三联书店，1955 年，第 624－625 页。该书卷首《出版者说明》："《骨董三记》则在一九四一年脱稿付排，但未出版。"）始提出董妃来自和硕承泽亲王硕塞，但注意者极少，连高阳亦未注意及此。杨珍《董鄂妃的来历及董鄂妃之死》："博穆博果尔实际年龄仅十四岁又七个月。他长于深宫，又过早殇逝，《清圣祖实录》及其他清代史料中，均无他曾率军出征的记载。"（《故宫博物院院刊》1994 年第 1 期）实际上亦驳否了陈垣董妃来自博穆博果尔之说。

……睿宗践阼，进封岐王。……范好学工书，雅爱文章之士，士无贵贱，皆尽礼接待。与阎朝隐、刘庭琦、张谔、郑繇篇题唱和，又多聚书画古迹，为时所称。时上禁约王公，不令与外人交结。驸马都尉裴虚己坐与范游宴，兼私挟谶纬之书，配徙岭外。万年尉刘庭琦、太祝张谔皆坐与范饮酒赋诗，黜庭琦为雅州司户，谔为山茌丞。然上未尝间范，恩情如初，谓左右曰：'我兄弟友爱天至，必无异意，只是趋竞之辈，强相托附耳。我终不以纤芥之故责及兄弟也。'……十四年，病薨。上哭之甚恸，辍朝三日，为之追福，手写《老子经》，彻膳累旬，百僚上表劝喻，然后复常。"

"共辇游"：指皇帝与兄弟亲王同车出游，喻皇帝与兄弟亲王特别友爱。《汉书》卷四十四《淮南王传》："淮南厉王长，高帝少子也……从上入苑猎，与上同辇。"《汉书》卷四十七《文三王·梁孝王武传》："孝文皇帝四男：窦皇后生孝景帝、梁孝王武……入则侍帝同辇，出则同车游猎上林中。"

今典

《清史稿》卷二百十九《太宗诸子列传》："太宗十一子：孝庄文皇后生世祖，敏惠恭和元妃科尔沁博尔济吉特氏生第八子，懿靖大贵妃阿巴海博尔济吉特氏生襄亲王博穆博果尔，元妃钮祜禄氏生洛博会，继妃乌喇纳喇氏生肃亲王豪格、洛格，侧妃叶赫纳喇氏生承泽亲王硕塞，庶妃颜扎氏生辅国公叶布舒，庶妃纳喇氏生镇国公高塞，庶妃伊尔根觉罗氏生辅国公品级常舒，庶妃生辅国公韬塞。洛格、洛博会及第八子，皆殇，无封。"

《清世祖实录》卷一："（世祖章皇帝）太宗……文皇帝第九子也，母孝庄……文皇后。"[1]

《清世祖实录》卷五十三顺治八年二月己亥（二十一日）："追论睿王多尔衮罪状，昭示中外。诏曰：'郑亲王、巽亲王、端重亲王、敬谨亲王同内大臣等合词奏言："太宗文皇帝龙驭上宾时，诸王、贝勒、大臣等同心翊戴，共矢忠诚扶立皇上。彼时臣等并无欲立摄政王多尔衮之议，惟伊弟豫郡王多铎唆调劝进。皇上因在冲年，曾将朝政付伊与郑亲王共理。逮后，睿王多尔衮，独专威权，不令郑亲王预政。遂以伊亲弟豫郡王多铎，为辅政叔王。背誓肆行，妄自尊大，以皇上之继位，尽为己功……其所用仪仗、音乐及卫从之人，俱僭拟至尊。盖造府第，亦与宫阙无异……又将皇上侍臣伊尔登、陈泰一族，及所属牛录人丁刚林、巴尔达齐二族，尽收入自己旗下。又擅自诳称太宗文皇帝之即位原系夺立，以挟制中外。又构陷威逼，使肃亲王（豪格）不得其死，遂纳其妃……又欲皇上侍臣额尔克戴青归己……诱皇上侍臣席讷布库，冀其党附。

---

① 《清实录》第 3 册，《世祖章皇帝实录》，中华书局，1985 年，第 27 页。

凡一切政事，及批票、本章，不奉上命，概称诏旨。擅作威福，任意黜陟……以至僭妄悖理之处，不可枚举。又不令诸王、贝勒、贝子、公等入朝办事，竟以朝廷自居，令其日候府前。昨伊之近侍额克亲吴拜、苏拜、罗什、博尔惠，口称亡主遗言，欲乱国政……多尔衮显有悖逆之心……伏愿皇上速加乾断，列其罪状，宣示中外……"等语。朕随命在朝大臣详细会议，众论佥同，谓宜追治多尔衮罪……多尔衮逆谋果真，神人共愤，谨告天地、太庙、社稷，将伊母子并妻所得封典，悉行追夺。布告天下，咸使闻知。'"①

[意大利] 传教士卫匡国《鞑靼战纪》（1665）："他（阿玛王，多尔衮）的侄子顺治在他死后掌握了朝政……他发现他叔父暗中玩弄阴谋诡计，觉察到他罪行的蛛丝马迹，从而对他的劣行十分愤怒；他下诏挖出他的尸体，平毁他的雄伟陵墓。中国人认为这是最重的惩罚，按中国风俗，陵墓是表示死者身份的。尸体被挖出后，先用棍子打，再鞭尸，最后割掉脑袋，昭示阿玛王罪行。这样，他的壮丽陵墓被平毁。他在世时欠下的孽债，死后却要偿还。顺治同时惩治了涉及他阴谋的廷臣和官员，有的处死，有的罢官。"②

《爱新觉罗宗谱》甲册"太宗文皇帝位下子孙"："（太宗文皇帝）第五子和硕承泽裕亲王硕塞，……母侧妃叶赫纳喇氏。"③

《清史列传》卷二《和硕承泽亲王硕塞传》："硕塞，太宗文皇帝第五子。顺治元年十月，封多罗承泽郡王。时流贼李自成奔潼关，河南仍为贼守。十二月，随豫亲王多铎出征有功。事具《豫通亲王传》。二年二月，还师河南，寻随豫亲王征福王朱由崧于南京。赐团龙纱衣一袭。五月，克南京，福王就俘。凯旋，赐金二千两、银二万两。三年五月，苏尼特部叛奔喀尔喀，随豫亲王往剿，亦有功。七月，败喀尔喀土谢图汗、硕雷汗兵。五年八月，同英亲王阿济格等剿天津土寇。十一月，喀尔喀行猎近边，同英亲王戍大同。会总兵姜瓖叛，王坚守汛地，贼至，麾兵掩杀之。六年正月，援代州，走贼党刘迁，贼又于祖马、德胜路立两营以拒，王亲督战败之。三月，睿亲王多尔衮赴大同招抚瓖，承制晋硕塞为亲王。七年八月，以和硕亲王以下、多罗郡王以上，无止称亲王例，仍为多罗郡王。八年闰二月，晋封和硕承泽亲王。三月，掌兵部事，十月，预议政。十一年十一月，掌宗人府事。十二月，薨，年二十七。康熙十

① 《清实录》第 3 册，《世祖章皇帝实录》，中华书局，1985 年，第 422 – 423 页。

② [西] 帕莱福等著，何高济译：《鞑靼征服中国史 鞑靼中国史 鞑靼战纪》，中华书局，2008 年，第 396 页。

③ 《爱新觉罗宗谱》修谱处：《爱新觉罗宗谱》甲册，沈阳，1938 年，学苑出版社，2008 年影印本，第 1942 页。

年六月，追谥曰裕。"①

《清世祖实录》卷四十三顺治六年三月辛未："进封多罗承泽郡王硕塞、多罗端重郡王博洛、多罗敬谨郡王尼堪，俱为亲王。谕之曰：'尔等向不在宠贵之列，以同系太祖孙加锡王爵，至于位次、俸禄，则不得与大藩等。'"②

《爱新觉罗宗谱》甲册"太宗文皇帝位下子孙"："（太宗文皇帝）第十一子和硕襄亲王博穆博果尔。（无嗣。）崇德六年辛巳十二月二十日（1642年1月20日）申时生，母懿靖大贵妃阿鲁阿巴海，博尔济吉特氏额奇克诺颜之女。顺治十二年二月，封和硕襄亲王。顺治十三年丙申（1656）七月初三日巳时薨，年十六岁，谥曰昭。嫡福晋，科尔沁博尔济吉特氏，和硕达尔汉巴图鲁亲王满珠锡礼之女。"③

案：由上可知，第一，清太宗十一子，除顺治外；肃亲王豪格已于顺治五年（1648）被多尔衮迫害致死；辅国公叶布舒、镇国公高塞、辅国公品级常舒、辅国公韬塞，皆非亲王；襄亲王博穆博果尔顺治十二年（1655）封，顺治十三年卒，年才虚岁十六，实际未满十五周岁；洛格、洛博会及第八子，皆殇，无封；当顺治执政时（1651－1661），受到顺治特别友爱、信任和重用的兄弟亲王，只剩下了和硕承泽亲王硕塞这一项可能性。事实亦正是如此。

第二，顺治七岁（1644）即位之后，曾遭到叔父皇父摄政王多尔衮多方面伤害，对多尔衮恨之入骨。顺治七年十二月初九日多尔衮死，顺治八年正月十二日皇帝亲政，二月二十一日即清算多尔衮，布告天下，咸使闻知，甚至鞭尸毁陵，以解心头之恨。

第三，顺治同父异母兄硕塞（1628－1654），亦曾屡遭多尔衮打压。硕塞在清朝开国战争中屡建战功，顺治五、六年，大同姜瓖反清起义震撼清朝统治，硕塞对抗和镇压姜瓖起义有功，顺治六年三月，多罗承泽郡王硕塞进封为亲王，却遭到多尔衮的打压，矫诏宣布硕塞位次、俸禄不得与大藩等。顺治七年八月，硕塞遭到多尔衮更严重的打压，借口和硕亲王以下、多罗郡王以上，无止称亲王例，被降为多罗郡王。正是由于共同屡遭多尔衮的伤害，和对多尔衮共同的憎恨，顺治对硕塞特别友爱，体现为非同寻常的信任与重用。当顺治七年十二月多尔衮死、顺治八年正月十二日皇帝亲政、清算多尔衮以后，短短三年内，顺治不断拔擢升迁硕塞，晋封和硕承泽亲王、掌兵部事、参预议政、掌宗人府事，皆寄以股肱重任、心腹重任。

① 王锺翰点校：《清史列传》，第1册，中华书局，1987年，第57页。
② 《清实录》第3册，《世祖章皇帝实录》，中华书局，1985年，第344－345页。
③ 《爱新觉罗宗谱》修谱处：《爱新觉罗宗谱》甲册，沈阳，1938年，学苑出版社，2008年影印本，2229－2230页。

第四，吴梅村诗"花萼高楼迥，岐王共辇游"，点出唐明皇特别友爱其（兄）弟岐王，正是暗指清世祖特别友爱其兄（弟）和硕承泽亲王硕塞，并表示，和硕承泽亲王硕塞乃是本诗之主人公。

"花萼高楼迥，岐王共辇游"，诗言花萼相辉之楼高出人间，明皇与兄弟诸王同乐于此；明皇与岐王兄弟俩，同车共游，更是特别友爱。暗指顺治皇帝与和硕承泽亲王硕塞，兄弟特别友爱。

以下六句诗，皆续述和硕承泽亲王硕塞之事。

"淮南丹未熟。"

古典

《汉书》卷四十四《淮南王安传》："淮南厉王长，高帝少子也……子安为阜陵侯……上（文帝）怜淮南王废法不轨，自使失国早夭……（立）阜陵侯安为淮南王。……赵王彭祖、列侯让等四十三人皆曰：'淮南王安大逆无道，谋反明白，当伏诛。'……上（武帝）使宗正以符节治王。未至，安自刑杀。"

文渊阁《四库全书》本晋葛洪《神仙传》卷六《淮南王》："淮南王安好神仙之道……时王之小臣伍被曾有过，恐王诛之，心不自安，诣阙告变，证安必反。武帝疑之，诏大宗正持节淮南，以案其事。宗正未至，八公谓王曰：'伍被人臣，而诬其主，天必诛之。王可去矣，此亦天遣王耳！君无此事，日复一日人间，岂可舍哉！'乃取鼎煮药，使王服之，骨肉近三百馀人，同日升天。"参阅明万历刻本卢翰《掌中宇宙》卷十二《旁通篇下·三丹》："黄帝丹成曰金华。淮南丹成曰秋石。"文渊阁《四库全书》本明于慎行《穀城山馆诗集》卷一《淮南王》："淮南王，慕灵仙，服食丹药求大年。"清康熙刻本叶奕苞《经锄堂诗稿》卷一《送杜公彧武移居浦口》："淮南丹既成，鸡犬皆飞舞。"

今典

［德］魏特《汤若望传》第九章《"尚父"和他的皇帝学子》："顺治皇帝对于一位满籍军人之夫人，起了一种火热爱恋。当这一位军人因此申斥他的夫人时，他竟被对于他这申斥有所闻知的'天子'，亲手打了一个极怪异的耳掴。这位军人于是乃因怨愤致死，或许竟是自杀而死。皇帝遂即将这位军人的未亡人收入宫中，封为贵妃。"[①]

"缑岭树先秋。"

---

① ［德］魏特（Alfons Väth S. J.）著，杨丙辰译：《汤若望传》（Johann Adam Schall Von Bell S. J.），商务印书馆，1949 年，第 323 页。

古典

明正统道藏本汉刘向《列仙传》卷上《王子乔》："王子乔者，周灵王太子晋也，好吹笙，作凤凰鸣。游伊洛之间，道士浮身公接以上嵩高山。三十馀年后，求之于山上，见柏良曰：'告我家，七月七日，待我于缑氏山巅。'至时，果乘白鹤，驻山头，望之不得到。举手谢时人，数日而去。"

汉王符《潜夫论》卷九："周灵王之太子晋，幼有成德，聪明博达，温恭敦敏……其后三年而太子死。孔子闻之曰：'惜夫，杀吾君也！'"

"先秋"：早亡。《四部丛刊》景宋本汉扬雄《扬子法言》卷九《先知》："或曰：为政先杀后教。曰：天先秋而后春乎？"《汉书》卷八十七上《扬雄传上》录扬雄《反离骚》："遭季夏之凝霜兮，庆夭顿而丧荣。"唐颜师古注："晋灼曰：'雄愍屈原光香，奄先秋遇凋，生亦不辰也。'张晏曰：'庆，辞也。'"

今典

《清世祖实录》卷八十三顺治十一年四月甲子（五日）："谕礼部：历代以来，无命妇更番入侍后妃之例，所以严上下之体，杜绝嫌疑也。今蒙天眷，奄有洪基，内外伦常，首当隆重。朕曾奏请圣母皇太后，将随侍皇后，及王、贝勒等福金（之）命妇，酌行停止。奉皇太后懿旨：'此言甚是。随我命妇，我自裁定。其皇后及王、贝勒福金，贝子、公夫人，随侍命妇，俱着停止。'"①

《清世祖实录》卷八十七顺治十一年十二月辛酉（五日）："和硕承泽亲王硕塞薨。年二十七。"②

《清世祖实录》卷九十一顺治十二年夏四月癸酉（十九日）："遣官祭和硕承泽亲王硕塞侧福金。"③

《清世祖实录》卷九十一顺治十二年夏四月癸未（二十九日）："遣户部尚书觉罗巴哈纳，祭和硕承泽亲王硕塞。"④

朝鲜王朝孝宗七年丙申（清顺治十三年，1656）八月陈奏正使麟坪大君李㴭《燕途纪行下》丙申十月初十日甲申："（清主亲兵哨官）金汝辉来谒，细问燕京事情，答以……宫中贵妃一人，曾是军官之妻也，因庆吊出入禁闼，帝频私之，其夫则构罪杀之，勒令入宫，年将三十，色亦不美，而宠遇为最。"⑤

---

① 《清实录》第 3 册，《世祖章皇帝实录》，中华书局，1985 年，第 649 页。

② 《清实录》第 3 册，《世祖章皇帝实录》，中华书局，1985 年，第 686 页。

③ 《清实录》第 3 册，《世祖章皇帝实录》，中华书局，1985 年，第 715 页。

④ 《清实录》第 3 册，《世祖章皇帝实录》，中华书局，1985 年，第 717 页。

⑤ ［朝鲜王朝］麟坪大君李㴭：《松溪集》卷七，［韩国］林基中编《燕行录全集》第 22 册影印原刻本，韩国东国大学校出版部，2001 年，第 157 – 158 页。

朝鲜王朝孝宗七年丁酉（丙申）（清顺治十三年，1656）十月冬至正使尹绛、副使李晢、书状官郭齐华《燕中闻见》丙申十二月二十五日："译官卞忠一闻诸（会同馆）馆夫言：……董家女册封贵妃，在于十二月初六日。……董氏即内大臣鄂硕之女，初为皇帝虾之妻，而皇帝闻其绝美，杀其夫，夺入宫中，今乃封为贵妃，年今二十三云。"①

案：第一，据《清世祖实录》，顺治十一年十二月五日和硕承泽亲王硕塞暴死，未依礼制辍朝、未遣官致祭、未赐谥号、未御制碑文——足见顺治此时对硕塞之敌视；顺治十二年四月十九日"遣官祭和硕承泽亲王硕塞侧福金"，四月二十九日"遣户部尚书觉罗巴哈纳，祭和硕承泽亲王硕塞"——侧福晋之死系表示抗议硕塞之暴死，因此之故，当硕塞之死四个多月之后、侧福晋之死十天之后，顺治始不得不遣官祭硕塞，对硕塞之死及未遣官致祭表示追补抚慰之意。由此可见，顺治亲兵哨官金汝辉、会同馆馆夫、汤若望所述被顺治所杀并被夺妻之满籍高级军官，应即是硕塞。

第二，硕塞与顺治之冲突，起于顺治十一年四月五日之前硕塞妻（庶福晋）入侍皇太后，而被顺治所爱。顺治十一年四月五日谕停止命妇更番入侍皇太后、皇后，即因此事或此类事而颁布，但是此谕并没有阻止硕塞与顺治之冲突持续发展，终至于顺治十一年十二月五日世祖杀硕塞。

顺治所杀兄弟亲王，只有和硕承泽亲王硕塞。

"淮南丹未熟，缑岭树先秋"，诗言汉淮南王安炼丹未成——并非死于服丹药自杀；周灵王太子晋升仙于缑氏山，英年早亡，孔子言太子晋是被杀。暗指清太宗第五子和硕承泽亲王硕塞并非死于自杀（如汤若望言"或许竟是自杀而死"），而是被顺治所杀（如清主亲兵哨官金汝辉言"帝""构罪杀之"、会同馆馆夫言"皇帝""杀其夫"），英年早亡。

就诗艺说，"淮南丹未熟"乃是改变淮南王安服丹药自杀之古典，以确指和硕承泽亲王硕塞非死于自杀之今典。

就史事说，吴梅村诗"淮南丹未熟，缑岭树先秋"，不仅印证了金汝辉及会同馆馆夫所述顺治杀"军官"（并夺其妻封为贵妃），而且提供了金汝辉及会同馆馆夫所没有提供的关键细节：第一，被顺治所杀之"军官"，并非一般"军官"，而是如同淮南王安那样的亲王，如同周灵王太子晋被那样的王子（皇子），即诗上文已确指之本诗主人公和硕承泽亲王硕塞。第二，被顺治所杀之亲王，系英年早亡（"先秋"）——顺治十一年十二月硕塞死时，年才二

① ［朝鲜王朝］丁酉（丙申）十月冬至正使尹绛、副使李晢、书状官郭齐华：《燕中闻见》，［韩国］林基中编《燕行录全集》第95册影印原抄本，韩国东国大学校出版部，2001年，第147-148页。

十七岁。

由汤若望、金汝辉、会同馆馆夫所述可知，顺治时，关于硕塞之死，有自杀、被杀两种传言。吴梅村诗精准提出，自杀非是，被杀为是。可见其知之确实。按顺治十一年硕塞被杀时，吴梅村正任秘书院侍讲，侍从内廷，故能知悉清廷内幕情况。

此下四句，追述硕塞被杀之前之情况，亦即是追述硕塞之死之缘由。

　　"诏罢骊山宴。"

典出《宋本杜工部集》卷一《自京赴奉先县咏怀五百字》："凌晨过骊山，御榻在嵽嵲……瑶池气郁律，羽林相摩戛。君臣留欢娱，乐动殷汤嶻。赐浴皆长缨，与宴非短褐。"及李商隐《龙池》："龙池赐酒敞云屏，羯鼓声高众乐停。夜半宴归宫漏永，薛王沉醉寿王醒。"而融为一体。

　　"恩深汉渚愁。"

靳荣藩《吴诗集览》注："梁简文帝诗：汉渚水初绿。"此注一针见血，唯因避祸，点到为止。

《四部丛刊》景明活字本南朝梁徐陵《玉台新咏》卷七梁简文帝《从顿暂还城》："汉渚水初绿，江南草复黄。日照蒲心发，风吹梅蕊香。征舻舣汤堨，归骑息金隍。舞观衣常襞，歌台弦未张。持此横行去，谁念守空床。"

梁简文帝《从顿暂还城》结句"持此横行去，谁念守空床"，诗言持此军队可以横行天下，可是谁念思妇独守空床。

"横行"：1. 纵横驰骋，指在征战中所向无敌。《史记·季布栾布列传》："上将军樊哙曰：'臣愿得十万众，横行匈奴中。'"2. 横行霸道、胡作非为。《史记·伯夷列传》："盗跖日杀不辜，肝人之肉，暴戾恣睢，聚党数千人横行天下，竟以寿终。是遵何德哉？"

吴梅村诗"诏罢骊山宴"，是用唐明皇深爱寿王之妻之古典，暗指顺治皇帝深爱和硕承泽亲王硕塞之妻之今典；下句"恩深汉渚愁"，则是用梁简文帝《从顿暂还城》"汉渚水初绿"，歇后式地化用其下文"持此横行去，谁念守空床"，暗指本诗主人公和硕承泽亲王硕塞之妻，被皇帝顺治横行霸道持去，谁念硕塞独守空床。

"诏罢骊山宴，恩深汉渚愁"，诗言唐明皇骊山宴，因"薛王沉醉寿王醒"，遂不欢而散；寿王父唐明皇深爱寿王妻，竟夺其妻，借"汉渚"诗而言——是"持此横行去，谁念守空床"，寿王不能不愁。暗指顺治、硕塞失和；硕塞弟顺治皇帝深爱硕塞妻，竟夺其妻，借"汉渚"诗而言——是"持此横行去，谁念守空床"，硕塞不能不恨。

由清主亲兵哨官金汝辉所述"宫中贵妃一人，曾是军官之妻也，因庆吊出入禁闼，帝频私之"，可知吴梅村诗"恩深汉渚愁"是信史。

由会同馆馆夫所述"董家女册封贵妃"，"董氏""初为皇帝虾之妻，而皇帝闻其绝美，杀其夫，夺入宫中，今乃封为贵妃"，可知吴梅村诗"恩深汉渚愁"所述被顺治夺去之硕塞之妻（庶福晋），姓董氏。即顺治董皇贵妃、董皇后。

吴梅村同时所作《清凉山赞佛诗》已表明，董白董小宛入侍孝庄太后而与顺治相遇，为顺治所爱，封为皇贵妃。

"伤心长枕被。"

典出《旧唐书》卷九十五《睿宗诸子·皇帝宪初传》："明皇尝制一大被长枕，将与成器等共申友悌之好，睿宗知而大悦，累加赏叹。"

"无意候牵牛。"

靳荣藩《吴诗集览》注："张如哉曰：杜《牵牛织女》诗：'神光竟难候'，'候'字本此。"此注卓有见地。

《宋本杜工部集》卷六杜甫《牵牛织女》："牵牛出河西，织女处其东。万古永相望，七夕谁见同。神光竟难候，此事终朦胧。飒然精灵合，何必秋遂通。亭亭新妆立，龙驾具层空。世人亦为尔，祈请走儿童。称家随丰俭，白屋达公宫。膳夫翊堂殿，鸣玉凄房栊。曝衣遍天下，曳月扬微风。蛛丝小人态，曲缀瓜果中。初筵褭重露，日出甘所终。嗟汝未嫁女，秉心郁冲冲。防身动如律，竭力机杼中。虽无舅姑事，敢昧织作功。明明君臣契，咫尺或未容。义无弃礼法，恩始夫妇恭。小大有佳期，戒之在至公。方圆苟龃龉，丈夫多英雄。"

"杜甫《牵牛织女》诗，是以夫妇关系喻说君臣关系，其重点，是说君有恩然后臣有义，君臣方能契合，达成佳期。否则，君不君则臣不臣，君无恩则臣无义，君主失掉至公则有英雄造反。"[1]

"无意候牵牛"，是用杜甫《牵牛织女》"神光竟难候"，歇后式地暗用其下文"明明君臣契，咫尺或未容。义无弃礼法"，"方圆苟龃龉，丈夫多英雄"。

"伤心长枕被，无意候牵牛"，诗言过去硕塞、顺治兄弟友爱，犹如唐明皇兄弟长枕大被同眠，如今则只令人伤心；作臣子的兄硕塞，对于作君主而毁灭伦理的弟顺治，岂止是无意侍候——就连英雄造反的心都有了。

---

① 邓小军：《唐代文学的文化精神》第六章《杜甫诗歌：仁的境界》，台北文津出版社，1993年，第250页。

结语

第一，吴梅村诗"花萼高楼迥，岐王共辇游"，所述顺治特别友爱其兄弟和硕承泽亲王硕塞，与顺治、硕塞兄共同遭到多尔衮的伤害，共同憎恨多尔衮，因此特别友爱，顺治八年正月十二日皇帝亲政清算多尔衮以后，硕塞受到顺治特别重用之史实，完全符合。

第二，吴梅村诗"淮南丹未熟，緱岭树先秋"，所述顺治杀和硕承泽亲王硕塞，与金汝辉所述"宫中贵妃一人，曾是军官之妻也"，"其夫则构罪杀之"；会同馆馆夫所述"董家女册封贵妃"，"董氏""初为皇帝虾之妻，而皇帝闻其绝美，杀其夫"；《清世祖实录》所述顺治十一年十二月五日硕塞暴死，顺治十二年四月十九日"遣官祭和硕承泽亲王硕塞侧福金"，四月二十九日"遣户部尚书觉罗巴哈纳，祭和硕承泽亲王硕塞"，表明侧福晋之死系表示抗议硕塞之暴死；皆足资互证。

第三，吴梅村诗"诏罢骊山宴，恩深汉渚愁"，所述顺治深爱和硕承泽亲王硕塞之妻，与《清世祖实录》所载顺治十一年四月五日谕停止命妇更番入侍皇太后、皇后，汤若望所述"顺治皇帝对于一位满籍军人之夫人，起了一种火热爱恋"，金汝辉所述"宫中贵妃一人，曾是军官之妻也，因庆吊出入禁闼，帝频私之"，皆足资互证。

第四，吴梅村诗《七夕即事四首》其四，以微言述和硕承泽亲王硕塞非死于自杀，而是被同父异母弟顺治所杀，并被顺治夺妻。如果说，根据顺治亲兵哨官金汝辉、会同馆馆夫、汤若望所述，参证《清世祖实录》、《爱新觉罗宗谱》等一系列文献相关重要记载，已可以基本确定被顺治所杀并被夺妻之满籍高级军官，应即是硕塞，那么，再参证顺治时秘书院侍讲吴梅村《七夕即事四首》其四、康熙时翰林院编修李孚青《偶忆洪昉思己巳被斥事即题其集后》三首之一"六朝乐府平生熟，不记元嘉读曲歌"，均指和硕承泽亲王硕塞非死于自杀，而是被同父异母弟顺治所杀，并被顺治夺妻，顺治时翰林院检讨李天馥《古宫词一百二十首集唐》之一百一"夜半雁归宫漏永"（歇后"薛王沉醉寿王醒"），指和硕承泽亲王硕塞被顺治夺妻，就完全可以确定被顺治所杀并被夺妻之满籍高级军官，即是硕塞。

清人微言诗言顺治杀硕塞案，以吴梅村此诗为最锋利。

7. 康熙时翰林官李天馥《古宫词》、查慎行咏《长生殿》、李孚青《忆洪昉思》：顺治夺和硕承泽亲王硕塞妻董小宛，硕塞是被其兄弟顺治所杀

李天馥《古宫词一百二十首集唐》之一百一：

阴虫切切不堪闻，往事闲征梦欲分。夜半雁归宫漏永，玉楼迢递锁浮云。①

"夜半雁归宫漏永"：用李商隐《龙池》"夜半宴归宫漏永，薛王沉醉寿王醒"之上句（仅易一字"宴"为"雁"），乃是用歇后式修辞法，暗用其下句"薛王沉醉寿王醒"，借唐玄宗夺寿王妃杨玉环，指清世祖夺和硕承泽亲王硕塞妻董小宛。

查慎行《敬业堂诗集》卷三十八《槐簃集下》康熙四十九年庚寅（1710）《燕九日郭于宫范密居招诸子社集演洪稗畦〈长生殿〉传奇余不及赴口占二绝句答之》其二：

上客红筵兴自酣，风光重说后三三。老夫别有烧香曲，凭向声闻断处参。②

按清陈廷璋《查他山（慎行）先生年谱》：

（康熙）四十一年壬午（一七〇二）先生年五十三　冬十月二十八日，召试南书房，遂奉旨：每日进南书房办事。

四十三年甲申（一七〇四）先生年五十五　冬十一月，奉旨特授编修。

五十二年癸巳（一七一三）先生年六十四　在翰林院。秋七月，乞休归里。③

可知康熙四十九年查慎行作此诗时，任翰林院编修、入值南书房。

"风光重说后三三"："三三"，古典指营妓董九，典出苏轼诗《立春日小集戏李端叔》："须烦李居士，重说后三三。"李之仪，字端叔，自号姑溪居士，宋元祐初为枢密院编修官，从苏轼于定州幕府，恋营妓董九。《施注苏诗》卷三十四："延一《广清凉传》：'无著禅师游五台山，问一僧云：此处众有几何？答曰：前三三，后三三。'此诗方叙燕游而遽用'后三三'语，读者往往不知所谓，盖端叔在定武幕中，特悦营妓董九者，故用九数以为戏尔。闻其说于强行父云。"查慎行补注《补注东坡编年诗》卷一"后三三"条全引施注后曰："按题云'戏端叔'，与结处正合，特采录之。"可知查慎行熟知"后三三"指营妓董九。

---

① 清李天馥：《古宫词一百二十首集唐》并引一卷，叶29B－30A，中国科学院文献情报中心藏，编号242536。

② 清查慎行：《敬业堂诗集》下册，上海古籍出版社，1986年，第1050页。

③ 清陈敬璋撰，汪茂和点校：《查慎行年谱》，中华书局，1992年，第24－31页。

"三三"，今典指董皇贵妃即董小宛，董小宛原为秦淮歌妓①。冒辟疆《影梅庵忆语·序》："亡妾董氏，原名白，字小宛，复字青莲。籍秦淮，徙吴门。在风尘虽有艳名，非其本色。"

"上客红筵兴自酣，风光重说后三三"，诗言重演《长生殿》，嘉宾酒筵一片沉醉，重新诉说起董九的往日光景。言外之意，《长生殿》杨贵妃乃是暗指董皇贵妃董小宛。

李孚青《道旁散人集》卷五康熙五十四年乙未（1715）《偶忆洪昉思己巳被斥事即题其集后》三首之一：

奉敕填词岁月多，飘零何处睹黄河。六朝乐府平生熟，不记元嘉■〔原文作墨丁，应作：读〕曲歌。②

按《道旁散人集》卷五卷端第三行低一格题：负瓢集，其下双行小字：起甲午正月迄乙未五月，《偶忆洪昉思己巳被斥事即题其集后》诗后第三题为《五月二十七日同人饮集白菱水阁》，即本卷最后一首诗，可知《偶忆洪昉思己巳被斥事即题其集后》当作于康熙五十四年乙未（1715）。

按《碑传集》卷十三《康熙朝宰辅·下》韩菼《光禄大夫武英殿学士兼吏部尚书李文定公天馥墓志铭》：

康熙三十八年十月，大学士合肥李公薨于位。……公之丧将行，编修孚青以状泣请于其长门下士韩菼，为辞以纳诸墓。

《清史列传》卷九《李天馥传》附《李孚青传》：

子孚青，康熙十八年进士，官编修。③

《清史稿》卷二百六十七《李天馥传》附《李孚青传》：

子孚青，进士，官编修。父丧归，不复出。

可知康熙朝前期，李孚青曾任翰林院编修，康熙三十八年父丧归，康熙五十四年作此诗时，早已还乡不复出。

---

① 周法高早已指出查慎行此诗之意蕴。周法高《读钱牧斋〈烧香曲〉》："然则初白此诗句之含意，表面上指燕九，实则影射董妃。以营妓董九影射董妃，可谓谑而虐矣。"（邝健行、吴淑钿编选《香港中国古典文学研究论文选粹 1950－2000 诗词曲篇》，江苏古籍出版社，2002 年，第 241 页。）解释为是。周法高文又说："当时有董妃原为庄亲王妃之传说，亦非事实。"（第 247 页）则误。

② 李孚青：《道旁散人集》卷五，《清代诗文集汇编》第 212 册《野香亭集 道旁散人集》影光绪甲辰集虚草堂刊本，上海古籍出版社，2010 年，第 454 页。

③ 王锺翰点校：《清史列传》，第 3 册，中华书局，1987 年，第 644 页。

"六朝乐府平生熟，不记元嘉读曲歌。"

古典

《宋书》卷六十《武三王传》："武帝七男：……胡婕妤生文皇帝，王修容生彭城王义康。"

《宋书》卷六八《彭城王义康传》："收付建康狱，赐死。"

《宋书》卷六九《刘湛传》："湛代为领军将军……时义康擅势专朝，威倾内外，湛愈推崇之……于狱伏诛。"

《宋书》卷十九《乐志一》："《读曲歌》者，民间为彭城王义康所作也。其歌云：'死罪刘领军，误杀刘第四'是也。"

今典

《爱新觉罗宗谱》甲册"太宗文皇帝位下子孙"："（太宗文皇帝）第五子和硕承泽裕亲王硕塞，……母侧妃叶赫纳喇氏。"①

《清世祖实录》卷一："（世祖章皇帝）太宗……文皇帝第九子也，母孝庄……文皇后。"②

邓之诚《清诗纪事初编》卷五李孚青《偶忆洪昉思己巳被斥事即题其集后》诗后注："阙字当是读字，盖用彭城王义康读曲歌事。歌云：'死罪刘领军，误杀刘第四。'此而须讳，则毛奇龄《长生殿序》所谓应庄亲王世子之请而作，为有旁证。董鄂本庄王之妃也。"③

案："六朝乐府平生熟，不记元嘉读曲歌"，言洪昉思平时熟悉六朝乐府，可是竟然忘记了宋文帝元嘉时的《读曲歌》，说的是彭城王义康被其兄弟宋文帝所杀。言外之意，如彭城王义康是被其兄（弟）宋文帝所杀，硕塞是被其（兄）弟顺治帝所杀。

李天馥《古宫词》、查慎行咏《长生殿》诗、李孚青《忆洪昉思》，表示如唐玄宗夺寿王妃杨玉环，清世祖夺和硕承泽亲王硕塞妻董小宛；《长生殿》以杨贵妃暗指董皇贵妃；如彭城王义康是被其兄弟宋文帝所杀，硕塞是被其兄弟顺治帝所杀。

李天馥、查慎行、李孚青，均为康熙时翰林官，熟知清廷情况，非等闲人也。

8. 关于顺治十一年四月五日谕"命妇"是否包括亲王福金（晋）

---

① 《爱新觉罗宗谱》修谱处：《爱新觉罗宗谱》甲册，沈阳，1938 年，学苑出版社，2008 年影印本，第 1942 页。

② 《清实录》第 3 册，《世祖章皇帝实录》，中华书局，1985 年，第 27 页。

③ 邓之诚：《清诗纪事初编》下册，上海古籍出版社，2012 年第 2 版，第 556 页。

《清世祖实录》卷八十三顺治十一年四月甲子（五日）：

> 谕礼部：历代以来，无命妇更番入侍后妃之例，所以严上下之体，杜绝嫌疑也。今蒙天眷，奄有洪基，内外伦常，首当隆重。朕曾奏请圣母皇太后，将随侍皇后，及王、贝勒等福金（之）命妇，酌行停止。奉皇太后懿旨："此言甚是。随我命妇，我自裁定。其皇后及王、贝勒福金，贝子、公夫人，随侍命妇，俱着停止。其随侍王、贝勒、贝子、公等母之命妇，各该王、贝勒列名具奏，候旨入侍。大朝日期，大臣命妇，照例上朝。"朕钦遵懿旨，特谕尔部，明白传谕施行。①

或可能以为清朝"命妇"仅指品官命妇，不包括亲王福金（晋），今考释如下。

《周礼·天官·内宰》："凡丧事，佐后，使治外内命妇正其服位。"汉郑玄注："内命妇谓九嫔、世妇、女御。郑司农云：外命妇，卿大夫之妻。"《诗经·召南·小星》唐孔颖达疏："天子九嫔。"

《通典》卷三十四《职官十六·内官》："大唐外命妇之制：皇帝妃嫔及太子良娣以下为内命妇，公主及王妃以下为外命妇。今内命妇具《职员令》中，其制大约皆出于汉魏，不复重叙。"

唐王泾《大唐郊祀录》卷三《内外命妇服》："内命妇，三夫人九嫔以下也。外命妇，群官五品以上之妻。"

《明史》卷四十九《礼志三·先蚕》："蚕母受蚕种，浴饲以待。命妇文四品、武三品以上俱陪祀……公主、内外命妇各就拜位。祭先蚕……凡拜跪兴，公主、内外命妇皆同。……皇后采桑三条，还至坛南仪门坐，观命妇采桑……蚕母受桑，缕切之，以授内命妇。内命妇食蚕，洒一箔讫，还。尚仪奏礼毕……赐宴命妇，并赐蚕母酒食。公主及内命妇于殿内，外命妇文武二品以上于台上，三品以下于丹墀，尚食进膳。"

《明史》卷五十四《礼志八·册皇后仪》："内外命妇各翟衣集中宫内门外。""皇后宴内外命妇于中宫。"

案： 由上可知，自《周礼》至明朝，中国传统称宫廷中天子妃嫔为内命妇，宫廷外王妃以下以及大臣之妻为外命妇。

《钦定大清会典则例》卷六十一《礼部·仪制清吏司·亲蚕》："（乾隆七年）又议准皇后躬桑，从采桑者九人：妃、嫔二位，公主、福晋以下、辅国公夫人以上三人，文……武官……二品官以上命妇共四人。……又定

---

① 《清实录》第3册，《世祖章皇帝实录》，中华书局，1985年，第649页。

设蚕母二人，于内外命妇中择年高迪吉娴于礼仪者为之，总理礼仪之事。"①

案：第一，由清乾隆七年议准从皇后采桑者九人，包括"妃、嫔二位，公主、福晋以下、辅国公夫人以上三人，文……武官……二品官以上命妇共四人"，然后"于内外命妇中择"蚕母二人，可知内命妇是指天子妃、嫔，外命妇包括（已下嫁之）公主、福晋、下至辅国公夫人，以及文武二品官以上命妇。

天子妃、嫔尚且称为内命妇，王妃亦即亲王福金（晋）有何不可以称为（外）命妇？

第二，顺治十一年四月甲子谕停止"随侍皇后，及王、贝勒等福金（之）命妇"，随侍皇后之命妇当包括王福金（晋）。

第三，随侍皇太后之命妇包括王福金（晋），当无疑义。

《清世祖实录》卷一崇德八年癸未八月丁亥："上即皇帝位，…和硕郑亲王济尔哈朗、和硕睿亲王多尔衮率内外诸王、贝勒、贝子、公文武群臣行三跪九叩头礼毕。…宣诏毕，内外诸王、贝勒及文武百官行三跪九叩头礼毕。上起立，固让和硕礼亲王先行，始升辇入宫，诸王、贝勒及文武各官跪送。"②

《清世祖实录》卷三顺治元年正月庚寅朔："（上）御殿受诸王、贝勒、贝子、公、文武群臣……朝贺，……令和硕礼亲王代善勿拜。"③

《清世祖实录》卷三十五顺治四年十二月丙申："皇叔父王体有风疾，不胜跪拜。"④

和硕礼亲王代善（1583－1648），清太祖努尔哈赤次子。大顺治55岁。

皇父摄政王多尔衮（1612－1650），清太祖努尔哈赤第十四子。大顺治26岁。

和硕承泽亲王硕塞（1628－1654），清太宗皇太极第五子。大顺治10岁。

顺治皇帝福临（1638－1661），清太宗皇太极第九子，皇太极为清太祖努尔哈赤第八子。

案：第一，连前辈伯父和硕礼亲王代善、叔父睿亲王多尔衮，都要给顺治皇帝行跪拜礼；那么，同父异母兄和硕承泽亲王硕塞之福晋，入侍皇太后、皇

① 《景印文渊阁四库全书》第622册，台湾商务印书馆股份有限公司，1986年，第91页。
② 《清实录》第3册，《世祖章皇帝实录》，中华书局，1985年，第32－33页。
③ 《清实录》第3册，《世祖章皇帝实录》，中华书局，1985年，第41页。
④ 《清实录》第3册，《世祖章皇帝实录》，中华书局，1985年，第290页。

后，有何不可能？

第二，和硕承泽亲王硕塞之福晋入侍皇太后，当无疑义。

9. 关于顺治热恋董小宛的年龄问题

《明史》卷一百十三《后妃列传·宪宗万贵妃传》："恭肃贵妃万氏，诸城人。四岁选入掖廷，为孙太后宫女。及长，侍宪宗于东宫。宪宗年十六即位（1465 年），妃已三十有五，机警，善迎帝意，遂谮废皇后吴氏，六宫希得进御。帝每游幸，妃戎服前驱。成化二年正月生皇第一子，帝大喜，遣中使祀诸山川，遂封贵妃。……二十三年春，暴疾薨，帝辍朝七日，谥曰恭肃端慎荣靖皇贵妃。"

《清史稿》卷六《圣祖本纪一》："圣祖……仁皇帝，讳玄烨，世祖第三子也。母孝康章皇后佟佳氏，顺治十一年（1654）三月戊申诞上于景仁宫。"

高阳《清朝的皇帝·世祖——顺治皇帝》："（董小宛）顺治十三年始立为妃，其时世祖为十九岁，他生于正月，亦不妨视作二十岁。清初开国诸君，无论生理心理皆早熟，世祖亲政五年，已有三子，热恋三十三岁成熟的妇人，就蔼理斯的学说来看，是极正常的事。如此年长十馀岁为嫌，而有此念头长且于胸中，反倒显得世祖幼稚了。而况世间畸恋之事，所在多有，如以为董小宛之'邀宠'于世祖为决不可能，则明朝万贵妃之于宪宗，复又何说？"①

案：成化元年（1465），万贵妃三十五岁，明宪宗十六岁，热恋大十九岁的万贵妃，生死不渝。顺治十一年（1654），董小宛三十一岁，清世祖十七岁，已有三子，热恋大十四岁的董小宛，有何不可能。

在男方已经成年，女方尚为年轻而出众的情况下，男子有可能热恋年龄较大的女子。脱离此一定的年龄段，讨论便毫无意义。

10. 顺治十二年六月改封硕塞之子为庄亲王；康熙十一年补撰御制硕塞碑文；康熙十八年硕塞之子请洪昇作《长生殿》院本，以唐明皇夺寿王妃暗指顺治夺硕塞妻

《清世祖实录》卷九十二顺治十二年六月己卯（二十六日）：

> 宗人府题奏，和硕承泽亲王硕塞子博果铎请袭封和硕承泽亲王。得旨：博果铎着封和硕庄亲王。②

案：顺治十二年六月宗人府题奏和硕承泽亲王硕塞子博果铎请袭封和硕承泽亲王，顺治着封和硕庄亲王，当是对情敌硕塞死于非命之一种补偿，改名号封为和硕庄亲王，则是意在抹去和硕承泽亲王硕塞之痕迹。

---

① 高阳：《清朝的皇帝》第 1 册，上海文艺出版社，2013 年，第 162 – 163 页。
② 《清实录》第 3 册，《世祖章皇帝实录》，中华书局，1985 年，第 724 页。

顺治《和硕敬谨亲王尼堪碑文》：

朕惟国家膺图受箓，不吝爵赏，以锡有功，昭示来世，用垂不朽，典至巨也。尔和硕敬谨亲王尼堪，系太祖武皇帝之孙，太宗文皇帝之侄，原爵固山贝子。当入山海、灭流贼二十万兵时，尔率兵信地击杀，复穷追败贼于庆都。以尔此功，于顺治元年十月十七日，升为多罗贝勒。及歼流寇、灭福王、平定河南江南时，尔在潼关三败流贼，在芜湖江中生擒福王，降其兵卒，用红衣炮攻取江阴。又往征四川时，败贺珍兵三次，平定汉中地方，故封为多罗谨郡王。率兵征山西时，败贼兵八次。又围困大同时，使贼势穷迫，遂拔其城，以多罗郡王，封为敬谨亲王。后以湖南贼寇窃发，命尔为定远大将军统兵前往，陨身行间。尔虽鲜善行，功未足称，念系宗支，爰赐祭葬，勒之贞珉，永垂后世，昭朕睦族酬庸之意云。顺治十二年六月十六日立①

康熙《和硕承泽亲王谥裕硕塞碑文》：

自古帝王创业垂统，必懋建宗支，以作藩屏，故生隆显爵，殁锡丰碑，亲亲贤贤，典甚重也。和硕承泽亲王硕塞，尔系太祖高皇帝之孙，太宗文皇帝之子。世祖章皇帝时，尔忠效股肱，情同手足。入关而歼逐巨寇，既平定乎中原，戮力北征，更多显绩。秉性端良，待下有礼，处事居心，罔非为国。后以疾薨逝，特赐祭葬，敕建丰碑。朕今追念前徽，加谥曰裕，重勒贞珉，用传不朽，以示敦睦懿亲之意云尔。康熙十一年八月初一日②

---

① 顺治《和硕敬谨亲王尼堪碑文》释文，见宋大川，夏连保主编《清代园寝志》，下册，文物出版社，2012年，第553—554页。北京石刻艺术博物馆《新日下访碑录 房山卷》之《清和硕敬谨亲王尼堪碑》解题："螭首龟趺，下承海墁。碑身高316厘米，宽141厘米，厚57厘米；龟趺高170厘米，宽157厘米，长350厘米。满汉合璧，额篆'敕建'，首题'和硕敬谨亲王尼堪碑文'，清世祖爱新觉罗·福临撰文。今在房山区长沟镇南甘池村东南果园内。"（北京燕山出版社，2013年，第282页。）

② 康熙《和硕承泽亲王谥裕硕塞碑文》拓片，见北京图书馆金石组编《北京图书馆中国历代石刻拓本汇编》第六三册《清·三》，中州古籍出版社，1990年，第14页。《汇编》著录："碑在北京房山区磁家务。拓片高240厘米，宽78厘米。正书，满汉文合璧。碑断为两截。"释文见宋大川、夏连保主编《清代园寝志》，下册，文物出版社，2012年，第563页。

按康熙四年《房山县志》卷三《陵墓》、康熙三十七年《续修房山县志·陵墓》（国家图书馆善本阅览室藏两书缩微制品，索书号：A04195），均无硕塞陵墓记载。民国十七年高书官等《重修房山县志》卷三《地理·陵墓》："清庄亲王陵，磁家务。其陵有五：一，硕塞。康熙十一年立。"（台北成文出版社，1968年影印本，第240页。）由此可见，第一，硕塞陵墓敕建规格、"敕建丰碑"，始于康熙十一年。第二，康熙十一年以前，并无硕塞陵墓敕建规格、"敕建丰碑"。第三，康熙碑文云顺治"敕建丰碑"，"朕今""重勒贞珉"，是掩饰之词。

《清圣祖实录》卷三十六康熙十年六月甲午：

> 追谥和硕礼亲王代善曰烈，和硕饶馀亲王阿巴泰曰敏，和硕承泽亲王硕色曰裕。①

文渊阁《四库全书》本乾隆《清通志》卷五十《谥略三·追封》：

> 和硕承泽亲王硕色，谥裕，康熙十年六月追谥。

案：第一，顺治没有御制硕塞碑文，御制硕塞碑文，是康熙十一年（1672）八月初一补撰，而且叙述功绩简略，也远不如顺治所撰尼堪碑文充实，只是个类似平反性质的官样文章。顺便说到，康熙御制硕塞碑文，并没有收进康熙御制文集。康熙、雍正、乾隆御制诗文集，也只字不提和硕承泽亲王或硕塞，讳莫如深。

第二，顺治没有赐硕塞谥号，谥裕，是康熙十年六月追谥。

清毛奇龄《西河合集·序》卷二十四《长生殿院本序》（康熙三十四年，1695）：

> 洪君昉思好为词，以四门弟子邀游京师，初为《西蜀吟》，既而为《大晟乐府》，又既为金元间人曲子。自散套杂剧，以至院本，每用之作长安往来歌咏酬赠之具。尝以不得事父母，作《天涯泪》剧，以寓其思亲之旨，予方哀其志而为之序之。暨予出国门，相传应庄亲王世子之请，取唐人《长恨歌》事，作《长生殿》院本，一时勾栏多演之。越一年，有言日下新闻者，谓长安邸第，每以演《长生殿》曲，为见者所恶。会国恤止乐，其在京朝官大红小红已浃日，而纤练未除，言官谓遏密读曲大不敬，赖圣明宽之，第褫其四门之员，而不予以罪。然而京朝诸官则从此有罢去者。或曰：牛生《周秦行》，其自取也；或曰：沧浪无过，恶子美，意不在子美也。今其事又六、七年矣。康熙乙亥（康熙三十四年，1695），予医痹杭州，遇昉思于钱湖之滨，道无恙外，即出其院本，固请予序。曰："予敢序哉！虽然，在圣明固宥之矣。"②

《清史稿》卷四百八十一《儒林列传二·毛奇龄传》：

> 毛奇龄，字大可，又名甡，萧山人……总角，陈子龙为推官，奇爱之，遂补诸生。明亡，哭于学官三日……顺治三年，明保定伯毛有伦以宁

---

① 《清实录》第4册，《圣祖仁皇帝实录（一）》，中华书局，1985年，第485页。

② 清毛奇龄：《西河合集·序》卷二十四，《清代诗文集汇编》第87册影康熙刻本，上海古籍出版社，2010年，第372页。

波兵至西陵，奇龄入其军中。是时马士英、方国安与有伦犄角，奇龄曰："方、马国贼也，明公为东南建义旗，何可与二贼共事？"国安闻之大恨，欲杀之，奇龄遂脱去。后怨家屡陷之，乃变姓名为王士方，亡命浪游。及事解，以原名入国学。康熙十八年（1679），荐举博学鸿儒科，试列二等，授翰林院检讨，充明史纂修官。二十四年，充会试同考官，寻假归，得痹疾，遂不复出……归田后，僦居杭州……门人蒋枢编辑遗集，分经集、文集二部，经集自《仲氏易》以下凡五十种，文集合诗、赋、序、记及他杂著凡二百三十四卷。《四库全书》收奇龄所著书目多至四十馀部。奇龄辨正《图》、《书》，排击异学，尤有功于经义。

毛奇龄《西河合集·五言律诗》卷三《送洪昇归里觐省》（康熙二十五年，1686）：

> 十载留京国，三春返故扉。兴随青草发，梦逐白云飞。宿旅寻题壁，前途数换衣。城乌翻埤堄，相顾转依依。
>
> 孝友乡人信，才名国士闻。揭来依上舍，此去浣中裙。柳记当门长，星从过野分。天涯原有泪，不用洒离群。（原注：昇有曲名《天涯泪》，为思亲也。）①

毛奇龄《西河合集》七言排律《戊午九月，予谬以入荐赴都，奉谒李学士，蒙赐晋接，兼屡有请召，陪侍宴集，谨赋长律一十六韵志谢》（康熙十七年，1678）：

> 东堂学士爱才贤，蟠木何曾有物先。时接竖儒鳌禁外，晚开高阁帝城边。买臣无复将车兴，曼倩刚逢待诏年。失学偶膺三府辟，空群竟遇九方歅。虚疑白璧终投楚，不道黄金尚在燕。……感深嘉意增留恋，剩有微情荷采甄。几度谬陪瑶海晏，平时况诵《柏梁》篇。②

清李天馥撰、毛奇龄选评《容斋千首诗》卷首毛奇龄序（康熙三十一年，1692）：

> 岁壬申（康熙三十一年，1692），公奉太夫人讳归里，门营宅兆，手植松楸，筑室墓上。公行年六十，于礼有饮酒食肉处于内之文，而乃三年丙舍，不入城府。负土攀条，擗踊号怴，致白燕来巢之应。奇龄省公于墓

---

① 清毛奇龄：《西河合集·五言律诗》卷三，《清代诗文集汇编》第89册影康熙刻本，上海古籍出版社，2010年，第472页。

② 清毛奇龄：《西河合集·七言排律》，《清代诗文集汇编》第89册影康熙刻本，上海古籍出版社，2010年，第570－571页。

次，见其言发泪随，杖而后起，为感泣不止……奇龄日侍墓上，因得尽发公前后诗三四千篇，伏读讽诵。公即命奇龄删乙汇为一册。……受业门人萧山毛奇龄①

洪昇《稗畦集》五言古诗《旅次述怀呈学士李容斋先生》（康熙十三年，1674）：

　　茫茫六合间，睊顾谁知己。朝有贤公卿，合肥李夫子。殷然吐握怀，愿尽天下士。升也入长安，栖遑靡所依。投公一编诗，览罢辗然喜。揄扬多过情，光价顿增美。……情专爱无倦，高馆延我住。出则后车载，食则四簋具。往往坐宵分，篝灯论词赋。恩遇日以深，漂蓬忘流寓。只缘脱略性，苦被时俗妒。赖公砥中流，直道屡周护。……回思谒公时，数语真绸缪。谓子富诗卷，令名足千秋。何须博世荣，区区为身谋。誓当佩明训，努力励前修。三复长叹息，感激涕泗流。②

李天馥《容斋千首诗》七言古《送洪昉思归里》（康熙三十三年，1694）：

　　武陵洪生文太奇，穷年著书人不知。久工长句徒自负，持出每为悠悠嗤。一朝携之游上国，寂寞无异居乡时。我得把读亟叫绝，以示新城相惊疑。此子竟作尔馨态，得未曾有开宝遗。立格动辄讲复古，无怪不合今时宜。杜门风雅恣扬扢，昔之市隐非君谁。无端忽思谱艳异，远过百首唐宫词。斯编那可衮里巷，慎毋浪传君传之。揶揄顿遭白眼斥，狼狈仍走西湖湄。别后消息顿阻隔，兹欣展谒庐隈祠。意致落落殊不恶，我意独怜狂非痴。治具移吾床近客，数日欤饫荪与葵。新句益复异常贯，求之古贤堪肩随。居无何忽决计去，荒山行李难为资。跨卫匆匆留不得，目送竚立悲路歧。

　　毛奇龄评语：清空曲折，一气舒卷，势若游龙。○昉思传奇，自堪不朽，一经元公品题，倍增声价。③

_____

　　① 清李天馥撰，毛奇龄选评：《容斋千首诗》卷首毛序，叶 2b–4b，康熙刊本，国家图书馆藏，索书号：文 282.479。

　　② 清洪昇著，刘辉校笺：《洪昇集》，浙江古籍出版社，1992 年，第 198 页。据章培恒所考，洪昇此诗作于康熙十三年（1674），见章培恒《洪昇年谱》，上海古籍出版社，1979 年，第 137 页、第 139–140 页。

　　③ 清李天馥撰，毛奇龄选评：《容斋千首诗》不分卷（以诗体编次），七言古，叶 47a–b，康熙刊本，国家图书馆藏，索书号：文 282.479。据章培恒所考，李天馥此诗作于康熙三十三年（1694）秋冬间，时李天馥丁忧回籍，洪昇往合肥访李天馥，见章培恒《洪昇年谱》，上海古籍出版社，1979 年，第 319 页、第 322–323 页。

邓之诚《骨董琐记全编·骨董三记》卷六《长生殿》条：

> 之诚按，《清史稿·皇子世表》：硕塞，太宗第五子，顺治元年封承
> 泽郡王，八年以功晋亲王，十一年薨，谥曰裕。博果铎，硕塞第一子，顺
> 治十二年袭亲王，改号曰庄，雍正元年薨，谥曰靖，以圣祖十六子允禄为
> 后。博翁果诺，硕塞第二子，康熙四年封惠郡王，二十三年缘事革爵。西
> 河所谓庄王世子，不知何指，博果铎无子，故以允禄继袭，不得有世子，
> 岂本有世子而先卒欤？抑误博翁果诺为世子，或世子即指博果铎而言，俱
> 不可知。唯昉思《长生殿》出于庄邸之嘱，固可无疑。近人据汤若望纪
> 事，谓董鄂妃夺自满州军人，因附会为襄亲王，不如谓承泽为当，因襄从
> 未领军，且与庄邸嘱撰《长生殿》一事为有关合耳。前人每谓《长生殿》
> 为写董鄂影事，此何关于朱邸，而为之装点？今传本《长生殿传奇》无
> 西河此序，或不及刊，或因有应庄亲王世子之请一语而删削之，二者必居
> 一于此。①

案：第一，由毛奇龄《戊午九月，予谬以入荐赴都，奉谒李学士，蒙赐
晋接，兼屡有请召，陪侍宴集，谨赋长律一十六韵志谢》（1678）、毛奇龄选
评李天馥《容斋千首诗》奇龄序（1692）、洪昇《旅次述怀呈学士李容斋先
生》（1692）、李天馥《送洪昉思归里》（1694），可知毛奇龄（1623－1716）
与洪昇（1645－1704），同为李天馥（1635－1699）极信任之门人；由《清史
稿》本传，可知毛奇龄学问渊博，康熙十八年（1679）授翰林院检讨，充明
史纂修官，历时六年，自熟悉清廷之事；由康熙二十五年（1686）毛奇龄
《送洪昇归里觐省》"十载留京国，三春返故扉"，其二"天涯原有泪，不用洒
离群（原注：昇有曲名《天涯泪》，为思亲也）"，可知毛奇龄对洪昇情况之熟
悉，和对洪昇之友爱；由毛奇龄《长生殿院本序》"康熙乙亥，予医疗杭州，
遇昉思于钱湖之滨，道无恙外，即出其院本，固请予序"，可知《长生殿院本
序》是康熙三十四年（1695）洪昇在杭州当面请毛奇龄所作；由是可知，毛
奇龄《长生殿院本序》所述"洪君昉思相传应庄亲王世子之请，取唐人《长
恨歌》事，作《长生殿》院本"，乃是信史。所谓"相传"，故意闪烁其词耳，
如此大事，岂当有既闻相传而不当面求证之理；所谓"庄亲王"，自然是从和硕
承泽亲王硕塞后人改封和硕庄亲王之名称，不称承泽亲王而称庄亲王，忌讳之
也。《长生殿》与硕塞之关系，遂几乎不着痕迹。

第二，硕塞后人为何要请洪昇作《长生殿》院本？硕塞后人之意，乃是

---

① 邓之诚：《骨董琐记全编》，生活·读书·新知三联书店，1955年，第624－625
页。该书卷首《出版者说明》："《骨董三记》则在一九四一年脱稿付排，但未出版。"

以唐明皇夺取寿王妃杨玉环，暗指顺治夺取和硕承泽亲王硕塞妻董小宛。

洪昇作《长生殿》院本之意，并不仅在于此。洪昇《长生殿》及其诸多友人咏《长生殿》诗，微言叙述董小宛入清宫与顺治出家，不便于分开述论，本书下部《顺治出家考》第九章《洪昇〈长生殿〉：董小宛入清宫与顺治出家——参证李天馥、查慎行、赵执信、李孚青诗》，将集中讨论之。

洪昇作《长生殿》院本，时为康熙十八年（1679），亦见本书下部第九章。

第三，李天馥《送洪昉思归里》："无端忽思谱艳异，远过百首唐宫词。斯编那可亵里巷，慎毋浪传君传之。揶揄顿遭白眼斥，狼狈仍走西湖湄。""谱艳异"，指洪昇《长生殿》。"百首唐宫词"，指李天馥《古宫词一百二十首集唐》。诗言洪昇《长生殿》与李天馥《古宫词》，皆为触犯清廷忌讳之作，唯《古宫词》单本之书，可以不引人注目，不录入诗集，从而销声匿迹；而《长生殿》搬演于里巷，浪传于天下，怎能不遭到清廷忌恨排斥？湘北此诗明确显示，洪昇《长生殿》与李天馥《古宫词一百二十首集唐》，皆是为顺治董皇后而作。

康熙三十一年（1692），李天馥拜武英殿大学士，人称"合肥相国"。康熙三十三年（1694），李天馥作《送洪昉思归里》，岂能随意下笔？

第四，邓之诚所指出，"近人据汤若望纪事，谓董鄂妃夺自满州军人，因附会为襄亲王，不如谓承泽为当，与庄邸嘱撰《长生殿》一事为有关合耳"，符合顺治敌视硕塞之史实，是卓见。本文之研究，得益于邓之诚先生导夫先路。

第五章　顺治十一年十二月硕塞死后董小宛
入慈宁宫侍太后，十三年八月二十五日立
为顺治贤妃，十二月六日册为皇贵妃

清世祖爱新觉罗·福临，崇德三年（1638）正月三十日生于盛京（今沈阳），清太宗皇太极第九子，母孝庄文皇后。顺治元年（1644），清军入关，占领北京，睿亲王多尔衮率诸王及满、汉官上表劝进，十月初一，即皇帝位。顺治七年十二月，皇父摄政王多尔衮薨，顺治八年（1651）正月，世祖亲政，时年十四岁。顺治十三年（1656）八月二十五日，董氏立为贤妃，十二月六日，册为皇贵妃，世祖时年十九岁。顺治十七年八月十九日，董皇贵妃崩，二十一日追封为皇后，顺治十八年（1661）初七日，清廷宣布世祖"崩于养心殿"，时年二十四岁。

顺治《御制（孝献庄和至德宣仁温惠端敬皇后）行状》：

> 后董氏，满洲人也，父内大臣鄂硕……年十八，以德选入掖庭。……于顺治十三年八月，朕恭承懿命，立为贤妃。九月，复进秩，册为皇贵妃。①

金之俊《奉敕撰孝献庄和至德宣仁温惠端敬皇后传有序并附论》：

> 孝献庄和至德宣仁温惠端敬皇后姓董氏，满洲人也，父内大臣鄂硕……年十八，以德选入掖庭。……于顺治十三年八月内，恭承懿命，立为贤妃。……寻于是年九月，册为皇贵妃。②

《清世祖实录》卷一百三顺治十三年丙申八月庚子：

> 谕礼部："本月二十二日，奉圣母皇太后谕：'内大臣鄂硕之女董鄂氏，性资敏慧，轨度端和，克佐壼仪，立为贤妃。'尔部查照典礼，择吉具奏。"③

《清世祖实录》卷一百三顺治十三年丙申九月甲戌（三十日）：

---

① 吴昌绶辑：《松邻丛书甲编》，仁和吴氏双照楼丁巳（1917年）刻本，叶 1A－B，首都师范大学图书馆藏，索号：PG/083/437。

② 清金之俊：《金文通公集》卷八，《四库全书存目丛书补编》第五六册影康熙刻本，齐鲁书社，2001年，第168页。

③ 《清实录》第3册，《世祖章皇帝实录》，中华书局，1985年，第802页。

谕礼部："朕前奉圣母皇太后谕：'内大臣鄂硕之女董鄂氏、立为贤妃。'本月二十八日，又奉圣母皇太后谕：'式稽古制，中宫之次，有皇贵妃，首襄内治。因慎加简择，敏慧端良，未有出董鄂氏之上者，应立为皇贵妃。'尔部即查照典礼，于十二月初六日吉期行册封礼。"①

《清世祖实录》卷一百五顺治十三年十二月戊寅（五日）：

以册封内大臣鄂硕女董鄂氏为皇贵妃，遣内大臣公爱星阿告祭太庙。②

《清世祖实录》卷一百五顺治十三年十二月己卯（六日）：

册内大臣鄂硕女董鄂氏为皇贵妃赐之册宝册文曰：……宝文曰："皇贵妃宝。"……次日黎明……随将诏书刊示天下。诏曰："……朕遵圣母皇太后谕旨，思佐宫闱之化，爰慎贤淑之求。于本月初六日，册封内大臣鄂硕之女董鄂氏为皇贵妃。赞理得人，群情悦豫。逢兹庆典，恩赦特颁。所有事宜，条列如左：……布告天下，咸使闻知。"③

《清史稿》卷二百十四《后妃传一·世祖孝献皇后传》：

孝献皇后，栋鄂氏，内大臣鄂硕女。年十八入侍，上眷之特厚，宠冠后宫。顺治十三年八月，立为贤妃。十二月，进皇贵妃，行册立礼，颁赦。上皇太后徽号，鄂硕本以军功授一等精奇尼哈番，进三等伯。

朝鲜王朝丙申八月陈奏正使麟坪大君李㴭《燕途纪行下》丙申（清顺治十三年）十月初十日甲申：

金汝辉来谒，细问燕京事情，答以……宫中贵妃一人，曾是军官之妻也，年将三十……仍册封东宫正后，定日乃今月二十日也。④

麟坪大君李㴭《燕途纪行下》丙申十月十九日癸巳：

金汝辉来谒，又问阙中事，答以东宫皇后，明日定以寡妇贵妃册封。⑤

---

① 《清实录》第3册，《世祖章皇帝实录》，中华书局，1985年，第806－807页。

② 《清实录》第3册，《世祖章皇帝实录》，中华书局，1985年，第815页。

③ 《清实录》第3册，《世祖章皇帝实录》，中华书局，1985年，第816－817页。

④ ［朝鲜王朝］麟坪大君李㴭：《松溪集》卷七，［韩国］林基中编《燕行录全集》第22册影印原刻本，韩国东国大学校出版部，2001年，第157页。

⑤ ［朝鲜王朝］麟坪大君李㴭：《松溪集》卷七，［韩国］林基中编《燕行录全集》第22册影印原刻本，韩国东国大学校出版部，2001年，第166页。

朝鲜王朝冬至正使尹绛、副使李哲、书状官郭齐华《燕中闻见》丙申（顺治十三年）十二月二十五日：

> 译官卞忠一闻诸馆夫言：……董家女册封贵妃，在于十二月初六日。①

《明史》卷五十四《礼志八·嘉礼二·册妃之仪》：

> 自洪武三年册孙氏为贵妃……但授册，无宝……至宣宗立孙贵妃，始授宝，宪宗封万贵妃，始称皇。

《清史稿》卷二百十四《后妃传一》：

> 太祖初起，草创阔略，宫闱未有位号，但循国俗称"福晋"。……世祖定鼎，循前代旧典。……康熙以后，典制大备。皇后居中宫；皇贵妃一，贵妃二，妃四，嫔六。

冒襄《亡姬秦淮董氏小宛哀辞》：

> 缅昔己卯，应制白下。一时名流，歌翻子夜。双成十六，竞誉芳姿。

案：第一，根据上文考察，可知顺治董皇贵妃即董小宛，清廷官方文献称董鄂妃乃满洲族内大臣鄂硕之女，是掩人耳目之谎言。

第二，董小宛自顺治十一年十二月五日硕塞死后，至顺治十三年八月二十五日立为贤妃之前，当以孝庄太后侍女身份，入慈宁宫。

第三，董小宛自顺治十一年十二月硕塞死之后，至顺治十三年八月始立为贤妃，时隔硕塞之死近一年九个月，此当是顺治尊重了董小宛的意志。

第四，由《清世祖实录》顺治十三年九月三十日谕礼部奉圣母皇太后谕"式稽古制，中宫之次，有皇贵妃，首襄内治"，及《明史·礼志八·嘉礼二·册妃之仪》"自洪武三年册孙氏为贵妃……宪宗封万贵妃，始称皇"，可知清代皇贵妃之制度，实参照明制，始于顺治董皇贵妃，皇贵妃地位仅次于中宫皇后，高于贵妃。

第五，朝鲜麟坪大君《燕途纪行》丙申顺治十三年十月初十日记清主亲兵哨官朝鲜人金汝辉所述"宫中贵妃一人，曾是军官之妻也，年将三十，色亦不美，而宠遇为最，仍册封东宫正后"，十月十九日记金汝辉所述"东宫皇后，明日［甲午］定以寡妇贵妃册封"，所谓"宫中贵妃一人"，实际是指贤

---

① ［朝鲜王朝］丁酉（丙申）十月冬至正使尹绛、副使李哲、书状官郭齐华：《燕中闻见》，［韩国］林基中编《燕行录全集》第 95 册影印原抄本，韩国东国大学校出版部，2001 年，第 147－148 页。

妃，"东宫正后"、"东宫皇后"实际是指"中宫之次，有皇贵妃，首襄内治"之皇贵妃。称"东宫"，是因为皇贵妃居东六宫之承乾宫。朝鲜王朝冬至正使尹绛等《燕中闻见》丙申十二月二十五日述馆夫言"董家女册封贵妃"，实际是指皇贵妃。

第六，《御制行状》、《端敬皇后传》所述顺治十三年九月董贤妃册为皇贵妃，《实录》所述九月三十日董鄂妃预定为皇贵妃，十二月六日册为皇贵妃，《燕途纪行》记金汝辉所述定十月二十日册封东宫皇后（皇贵妃），《燕中闻见》所述十二月初六日册封（皇）贵妃，时间颇有异同。[①] 实际情况当为：九月预定董贤妃册为皇贵妃；原定十月二十日册立，或因考虑到八月立为贤妃、十月册为皇贵妃，时间毋乃太急，因而稍微延迟，于十二月初六册为皇贵妃。顺治十七年董皇贵妃死后，撰写《御制行状》、《端敬皇后传》时，顺治出于对董皇后之感情，遂记述为九月册为皇贵妃。

第七，金汝辉所述顺治十三年董皇贵妃"年将三十"，与清廷官方文献所述顺治十三年董鄂妃十八岁，差距甚远，但是与董小宛年龄基本相合。按冒襄《亡姬秦淮董氏小宛哀辞》"缅昔己卯，双成十六"，可知董小宛生于明天启四年甲子（1624），崇祯十二年己卯（1639）十六岁，顺治十三年（1656）正好三十三岁。

1.《侍香纪略》述茚溪森目睹董皇后，雍正斥之为梦呓、欺诳、冒昧，讳莫如深

今日所见目睹董皇后的两种原始文献记载，一为朝鲜使节麟坪大君《燕途纪行》述清主亲兵哨官朝鲜人金汝辉目睹董皇后，一为《侍香纪略》述茚溪森目睹董皇后。

故宫博物院编《文献丛编》第三辑《清世宗关于佛学之谕旨（一）》：

> 惟有骨岩行峰者，玉琳琇之弟子也，曾随本师入京，因作《侍香纪略》一册，以纪恩遇。其中荒唐诞妄之处，不可枚举。如云："端敬皇后崩，茚溪森于宫中奉旨开堂，且劝朝廷免殉葬多人之死"等语，我朝并无以人殉葬之事，不知此语从何而来。又云："上郊祀天坛，皇太后、皇

----

① 陈垣《汤若望与木陈忞》第二章《世俗传说之解答》一《董妃来历问题》："顺治御制行状作董氏，满洲人，内大臣鄂硕女，年十八入宫，顺治十三年八月立为贤妃，九月晋皇贵妃，十二月初六日为册皇贵妃颁恩赦。实录略去九月一节，以册贵妃与颁恩赦并书于十二月，今据御制行状及金之俊撰传，以见其承宠之骤也。"（《陈垣史学论著选》，上海人民出版社，1981年，第439页。）尚未见相关朝鲜使节文献。

后皆同往。"此等皆如梦中吃语，不知为何人所欺诳，而冒昧笔之于书也。①

此"皇后"，自是指董皇后。陈垣《语录与顺治宫廷》（1940 年）："此自是行峰所亲见，雍正乃斥为梦呓，不知《魏书·礼志》载后魏郊天之礼，后率六宫以从，女巫升坛摇鼓，帝拜，后肃拜。古有其俗，吾人宁信行峰所纪为得实也。"②陈垣驳斥雍正为是，惟此似非行峰所亲见，而是茚溪森所亲见。

清得度小师嗣法孙超琦辑录《大觉普济能仁（玉林）国师年谱》卷下顺治十六年己亥："（师）于三月十五日面圣，即以方外之礼接见，供养西苑之万善殿。……师于四月十六日辞阙出京。……按骨岩峰公著《虞山演公塔铭》云：师初召归山，峰公趋迎于吴门，获面慈颜。……师临行时，世祖谓师曰：'和尚《录》中，付门人茚溪之偈最好，送和尚回山之舟，即载入京一面。'"③

《大觉普济能仁国师年谱》卷下顺治十七年庚子："秋七月，世祖马上有省，……请师入京证道。……十月十五日，到皇城内西苑万善殿，世祖就见丈室，相视而笑。……二十八日，茚公奉旨南还。"④

清释胜德编《勅赐圆照茚溪森禅师语录》卷五《机缘》："大清顺治己亥六月朔日，钦差司吏院正堂张嘉谟传旨召师，至景山（西苑）万善殿，叙语不录。……师庚子六月八日奉旨游五台。"

《清世祖实录》顺治十六年，无祈谷于上帝（在北京天坛祈谷坛）、祀天于圜丘（北京天坛圜丘坛）、上亲诣行礼之记载。

《清世祖实录》卷一百三十一顺治十七年庚子春正月辛酉："祈谷于上帝，上亲诣行礼。"⑤

《清世祖实录》卷一百三十一顺治十七年春正月丙子："告祭于圜丘，上

①　故宫博物院编：《文献丛编》第三辑，民国十九年，第二页，江苏广陵古籍刻印社，1991 年影印本。

②　陈垣：《语录与顺治宫廷》三《玉林语录三部》，《陈垣史学论著选》，上海人民出版社，1981 年，第 475 页。

③　清超琦辑录：《大觉普济能仁国师年谱》，《大觉普济玉林禅师语录》卷十二，蓝吉富主编《大藏经补编》，台湾华宇出版公司，1986 年，第 27 册影印康熙刊本，第 665－667 页。

④　清超琦辑录：《大觉普济能仁国师年谱》，《大觉普济玉林禅师语录》卷十二，蓝吉富主编《大藏经补编》，台湾华宇出版公司，1986 年，第 27 册影印康熙刊本，第 667－668 页。

⑤　《清实录》第 3 册，《世祖章皇帝实录》，中华书局，1985 年，第 1011 页。

亲诣行礼。"①

《清世祖实录》卷一百三十七顺治十七年六月:"丙申。上以祷雨,率诸王文武群臣,素服步至南郊斋宿。是日早,四际无云,顷之阴云密布,甘霖大霈。戊戌。上以祷雨,祀天于圜丘。"②

案:由上可见,第一,顺治十六年玉林琇第一次入京,茚岩行峰没有随行,顺治十七年十月玉林琇第二次入京,董皇后已故,因此茚岩行峰不是"上郊祀天坛,皇太后、皇后皆同往"之目睹者。

第二,自顺治十六年七月至顺治十七年十月二十八日,茚溪森在京居皇城内西苑万善殿,曾为顺治净发,奉旨进承乾宫、景山等地为董皇后丧仪上堂、小参、举火;当顺治十七年春正月辛酉祈谷于上帝、上亲诣行礼,同月丙子告祭于圜丘、上亲诣行礼时,茚溪森在宫中,目睹"上郊祀天坛,皇太后、皇后皆同往",当在此时。目睹董皇后者,当为茚溪森。

雍正诏引茚岩行峰《侍香纪略》两引文皆述有关董皇后事,后一引文当如前一引文,亦指茚溪森有关董皇后事而言。

第三,茚岩行峰《侍香纪略》特别记载茚溪森目睹董皇后,并非闲笔,表明茚溪森对于董皇后印象甚深。顺治十七年八、九月间,茚溪森奉旨为董皇后丧仪在承乾宫上堂、小参、起棺,在景山寿椿殿举火、收灵骨及迎神主回宫等所说偈语,表示董皇后生前所遭遇种种曲折劫难,贴切董小宛,可见茚溪森知道董皇后其人其事。此实际来自顺治所告诉。

《燕途纪行》丙申顺治十三年十月初十日记清主亲兵哨官朝鲜人金汝辉目睹"宫中贵妃一人,曾是军官之妻也,年将三十",决非所谓"年十八"的鄂硕女,而是实际三十三岁的董小宛。《侍香纪略》述茚溪森目睹"上郊祀天坛,皇太后、皇后皆同往",当在顺治十七年春正月辛酉,此皇后亦决非所谓时年二十二岁的鄂硕女,而是时年三十七岁的董小宛。雍正斥之为"梦呓"、"欺诳"、"冒昧",是对目睹董皇后讳莫如深。

陈垣《语录与顺治宫廷》:"今龙藏本两家语录(《玉林语录》、《茚溪森语录》)关涉董后事迹,只字不留,然则非讳其事,直讳其人耳。据御制《董后行状》,董后不失为贤妃,吾不解雍正时对于董后何忌讳若是。"③ 可谓一针见血。

2. 陈维崧《杂诗寓水绘庵作》之二:董小宛入清宫

《同人集》卷六《水绘园题咏》陈维崧《杂诗寓水绘庵作》十首(陈维

---

① 《清实录》第3册,《世祖章皇帝实录》,中华书局,1985年,第1013页。

② 《清实录》第3册,《世祖章皇帝实录》,中华书局,1985年,第1055页。

③ 陈垣:《语录与顺治宫廷》三《玉林语录三部》,《陈垣史学论著选》,上海人民出版社,1981年,第476页。《侍香纪略》已被禁毁,不知天壤间尚有存本否。

崧《湖海楼诗稿》卷三《五古》题为《杂诗》）其二：

> 东南有高楼，中有三女居。雕甍概青云，阿阁横交衢。韶颜各自媚，袨服相欢娱。结以金爵钗，约以绣罗襦。一女入汉宫，二女送路隅。何以助君妆，一双大秦珠。何以充君帏，霍纳红茱萸。不惜微躯退，自是君恩殊。擢擢逞纤腰，盈盈过椒涂。谁知青蝇飞，顿令白璧污。可怜倾城人，皓齿没穹庐。二女心自悲，揄袂为踟蹰。①

冒辟疆《影梅庵忆语·纪游》：

> 秦淮中秋日，四方同社诸友，感姬为余不辞盗贼风波之险，间关相从，因置酒桃叶水阁。时在座为眉楼顾夫人、寒秀斋李夫人，皆与姬为至戚。②

清康熙刻《说铃》本余怀《板桥杂记》卷中《丽品》：

> 李十娘，名湘真，字雪衣。……生而娉婷娟好，肌肤玉雪，既含睇兮又宜笑，殆《闲情赋》所云"独旷世而秀群"者也。性嗜洁，能鼓琴清歌，略涉文墨，爱文人才上。……后归新安吴天行。
>
> 顾媚，字眉生，又名眉，庄妍靓雅，风度超群，鬓发如云，桃花满面，弓弯纤小，腰肢轻亚，通文史，善画兰，追步马守真，而姿容胜之，时人推为南曲第一。……归合肥龚尚书芝麓。

陈维崧《杂诗寓水绘庵作》之二，言董小宛入清宫。

"东南有高楼，中有三女居。韶颜各自媚，袨服相欢娱"："三女"，指南京秦淮董小宛、顾媚、李湘真。诗意如《影梅庵忆语》所述，三女皆为至戚。

"一女入汉宫，二女送路隅"：诗婉言董小宛入清宫。董小宛是被清人掳去，当不会有二女送路隅之事，诗如此写，委婉成文耳。

"可怜倾城人，皓齿没穹庐"："穹庐"为匈奴所居帐篷，典出《汉书》卷九十四上《匈奴传上》："匈奴父子同穹庐卧。"唐颜师古注："穹庐，旃帐也。"点明董小宛所入之"汉宫"，实是满洲清宫。诗言小宛最终死于满洲清宫。与《白秋海棠赋》意同。

3. 杜茶村《吊宛君》：董小宛如王昭君被迫入匈奴；董小宛在清宫

《同人集》卷六《影梅庵悼亡题咏》黄冈杜濬（茶村）《和梅村夫子吊宛

---

① 清冒襄辑：《同人集》卷六，《四库全书存目丛书》集部第 385 册影印康熙冒氏水绘园刻本，齐鲁书社，1997 年，第 240－241 页。

② 明冒襄撰，明张明弼、杜濬评辑：《朴巢文选》附《影梅庵忆语》，叶 11B，清初刻本，国家图书馆古籍馆善本阅览室藏，索取号：SB01788。

君十绝》之七：

> 朝烟暮霭锁空楼，沟水何曾怨白头。若使琵琶传此恨，青山泪不湿江州。①

按《清史稿》卷五百一《遗逸传二·杜濬传》：

> 杜濬，字于皇，号茶村，黄冈人。明季为诸生，避乱居金陵。少倜傥，尝欲著奇节，既不得试，遂刻意为诗，然不欲以诗人自名也。……金陵冠盖辐辏，诸公贵人求诗者踵至，多谢绝。钱谦益尝造访，至闭门不与通……吴伟业尝云："吾五言律得茶村焦山诗而始进。"阎若璩于时贤多所訾謷，独许濬五律，称为"诗圣"。

杜茶村（1611－1687）是有气节的明遗民、顺康间杰出诗人，也是冒辟疆的至交知己，冒辟疆《朴巢诗选》、《朴巢文选》的选定者、评点者。杜茶村诗述董小宛事，是信史。

题为《吊宛君》，诗是写董小宛。

"朝烟暮霭锁空楼"：诗言朝朝暮暮水绘园，小宛人去楼空。

"沟水何曾怨白头"：典出徐陵《玉台新咏》卷一《皑如山上雪》："皑如山上雪，皎若云间月。闻君有两意，故来相决绝。今日斗酒会，明旦沟水头。躞蹀御沟上，沟水东西流。凄凄复凄凄，嫁娶不须啼。愿得一心人，白头不相离。"反其意用之，诗言冒辟疆董小宛之相离，乃是被迫生离，并非夫妇相怨生离，更无小宛之死那回事。

"若使琵琶传此恨，青山泪不湿江州"：上句典出杜甫《咏怀古迹五首》之三"群山万壑赴荆门"咏王昭君"千载琵琶作胡语，分明怨恨曲中论"，下句典出白居易《琵琶行》"江州司马青衫湿"，诗言董小宛如王昭君被迫入匈奴，琵琶传恨，使人泪下如雨，岂止湿透江州司马之青衫，会湿透群山万壑之青山。

《同人集》卷六《影梅庵悼亡题咏》黄冈杜濬（茶村）《和梅村夫子吊宛君十绝》之九：

> 楚江巫峡绘成诗，触目销魂过去思。总有白头王建在，难摹扶病起来时。②

---

① 清冒襄辑：《同人集》卷六，《四库全书存目丛书》集部第 385 册影印康熙冒氏水绘园刻本，齐鲁书社，1997 年，第 254 页。
② 清冒襄辑：《同人集》卷六，《四库全书存目丛书》集部第 385 册影印康熙冒氏水绘园刻本，齐鲁书社，1997 年，第 254 页。

"总有白头王建在，难摹扶病起来时"，用唐王建作《宫词一百首》，"言唐宫禁中事"（宋欧阳修《六一诗话》），特别善于描写宫女形象、心理之典，言今日纵然有如王建善于作《宫词》的诗人，也难于描摹宫中董小宛扶病起来时的神态。此表示，董小宛在清宫。

4. 李天馥《古宫词》：顺治董皇后与本夫生离，家在远方

李天馥《古宫词一百二十首集唐》写顺治董皇后，确指为董小宛入清宫，上文引用已多而未尽。

《古宫词·小引》：

> 择数百人之警句，故声调易工；积十徐日之精研，遂掂摭特切。阅者以词会旨，宜百首作一首观；亦以要该繁，更一句作一首读可尔。①

此表示，《古宫词》借古言今，指事切情，尤在于关键之一首、关键之一句。此正是微言诗与微言著作之基本手法。

《古宫词》之二十六：

> 晓莺啼送满宫愁，春色先归十二楼。一曲艳歌留婉转，海棠花下合梁州。②

"海棠花下合梁州"，原注："（出）花蕊夫人"，宋陈师道《后山诗话》："费氏，蜀之青城人，以才色入蜀宫，后主嬖之，号花蕊夫人，效王建作《宫词》百首。国亡，入备后宫，太祖闻之，召使陈诗，诵其国亡诗云：'君王城上竖降旗，妾在深宫那得知。十四万人齐解甲，更无一个是男儿。'太祖悦，盖蜀兵十四万而王师数万尔。"清吴任臣《十国春秋》卷五十《后蜀三·慧妃徐氏传》："慧妃徐氏，青城人，幼有才色，父国璋纳于后主，嬖之，拜贵妃，别号花蕊夫人，又升号慧妃。……后主与避暑摩诃池上，为作小词以美之，辞曰：'冰肌玉骨清无汗，水殿风来暗香满'云云。国中争为流传。徐氏长于诗咏，居恒仿王建作宫辞百首，时人多称许之。国亡入宋，……徐氏心未忘蜀，每悬后主像以祀，诡言宜子之神。"（此花蕊夫人，当为后蜀花蕊夫人徐氏。③）

《古宫词》之二十六注明引花蕊夫人之句，是以花蕊夫人国亡被迫入宋宫，而不忘故国故君，暗示顺治董皇后与花蕊夫人相似之命运与心情。

---

① 清李天馥：《古宫词一百二十首集唐》并引一卷，《小引》叶 2A – B，中国科学院文献情报中心藏，编号 242536。

② 清李天馥：《古宫词一百二十首集唐》并引一卷，叶 5B，中国科学院文献情报中心藏，编号 242536。

③ 浦江清：《花蕊夫人宫词考证》，《浦江清文录》，人民文学出版社，1958 年，第 82 页。

《古宫词》之三十七：

> 映日轻花出上林，莺啼绣户晓云深。东风一夜吹乡梦，知隔春山不可寻。①

文渊阁《四库全书》本《八旗通志》卷一百五十七《人物志三十七·鄂硕》："鄂硕，满洲正白旗人，先世居栋鄂，以地为氏。祖榆布，太祖高皇帝时率四百人来归，赐名鲁克素。授其次子锡尔泰为佐领，长子锡罕，予骑都尉世职，即鄂硕父也。……世祖章皇帝顺治元年四月，从大兵入山海关。……八年，授前锋统领。十三年，擢内大臣。"

《清世祖实录》卷九十九顺治十三年三月乙酉："命护军统领希尔艮、苏克萨哈、达苏、前锋统领努山、鄂硕、梅勒章京苏拜俱为内大臣。"②

《御制（孝献庄和至德宣仁温惠端敬皇后）行状》："顺治十有七年八月壬寅，孝献庄和至德宣仁温惠端敬皇后崩。……后董氏，满洲人也，父内大臣鄂硕。……年十八，以德选入掖庭。……于顺治十三年八月，朕恭承懿命，立为贤妃。九月，复进秩，册为皇贵妃。"③

案：由《八旗通志》可知，鄂硕先世居栋鄂地方，祖榆布归努尔哈赤（1559－1626）时，其家族即已脱离栋鄂地方。顺治元年（1644），鄂硕从清兵入关，顺治八年授前锋统领，顺治十三年擢内大臣。顺治元年以后，鄂硕家当已定居北京。

由《清世祖实录》可知，鄂硕擢内大臣是在顺治十三年三月乙酉。内大臣必定家居北京，故至迟顺治十三年（1656）三月，鄂硕家已定居北京。当顺治十三年八月二十五日董氏立为顺治贤妃、十二月六日册为皇贵妃之时，所谓鄂硕女之家早已定居北京。

《古宫词》之三十七"东风一夜吹乡梦，知隔春山不可寻"，表示顺治董皇后家在远方，远隔春山，不可寻觅，明示董皇后决非栋鄂氏家人。鄂硕家在北京，所谓鄂硕女何得曰"东风一夜吹乡梦，知隔春山不可寻"。

《古宫词》之三十九：

---

① 清李天馥：《古宫词一百二十首集唐》并引一卷，叶 7B－8A，中国科学院文献情报中心藏，编号 242536。

② 《清实录》第 3 册，《世祖章皇帝实录》，中华书局，1985 年，第 768 页。

③ 吴昌绶辑：《松邻丛书甲编》，仁和吴氏双照楼丁巳（1917 年）刻本，叶 1A－B，首都师范大学图书馆藏，索书号：PG/083/437。

帏幌萧条日又斜，更将何事送年华。新愁旧恨知无奈，闲闭春风看落花。①

《古宫词》之三十九"新愁旧恨知无奈"，韩偓于唐亡后避地南方，作《三月》诗曰"新愁旧恨知无奈"，表达故国之思。《古宫词》用韩偓此句，是因为董皇后即董小宛生于明朝，如韩偓经历亡国，无明朝亡国，即无董小宛被清军掳入北京清宫之新愁旧恨。此与冒辟疆《亡姬秦淮董氏小宛哀辞》，不谋而合。

《古宫词》之六十七：

霓旌摇曳日边回，别馆春还淑气催。抛掷红尘应有恨，香车争路进宫来。②

"香车争路进宫来"，薛逢原句作"香车争路进名来"。

《古宫词》之六十七"抛掷红尘应有恨，香车争路进宫来"，改变原句"进名来"为"进宫来"，以确指董皇后即董小宛被迫离开人间，抱恨进入清宫。此是《古宫词》改变集句原字以确指今典之一例。

《古宫词》之八十五：

小院秋归枕簟凉，冷纹疑是卧潇湘。不知何处消兹恨，梦蝶萧条玉漏长。③

戎昱《江城秋霁》："万事无成空过日，十年多难未还乡。不知何处消兹恨，转觉愁随夜夜长。"

《古宫词》之八十五"不知何处消兹恨"，用歇后式修辞法，暗用戎昱原诗上句"十年多难未还乡"，确指董皇后即董小宛自从顺治七年被掳离乡，多灾多难，至今十年，"梦蝶萧条玉漏长"，诗言回顾抱恨生涯，夜长不能成寐。

《古宫词》之九十六：

真成薄命久寻思，有恨空吟团扇诗。半夜灯前十年事，君王看戴玉冠时。④

---

① 清李天馥：《古宫词一百二十首集唐》并引一卷，叶8A，中国科学院文献情报中心藏，编号242536。
② 清李天馥：《古宫词一百二十首集唐》并引一卷，叶13B，中国科学院文献情报中心藏，编号242536。
③ 清李天馥：《古宫词一百二十首集唐》并引一卷，叶16B－17A，中国科学院文献情报中心藏，编号242536。
④ 清李天馥：《古宫词一百二十首集唐》并引一卷，叶18B－19A，中国科学院文献情报中心藏，编号242536。

《古宫词》之八十五"不知何处消兹恨",犹是歇后式暗用戎昱原诗上句"十年多难未还乡",确指董皇后即董小宛被掳离乡背井,至今已十年。《古宫词》之九十六"半夜灯前十年事",则是直接借用韦应物"半夜灯前十年事,一时和雨到心头",直述董小宛自顺治七年被掳离乡背井,至今顺治十七年已是十年。一明一暗,反复言之,以确指今典。

《古宫词》之九十四:

> 北斗横天夜欲阑,月和珠箔水精寒。空中几处闻清响,路隔星河欲往难。①

五代佚名撰《灯下闲谈》卷上《神仙雪冤》:"吕用之在维扬日,佐渤海王专权擅政,害物伤人,具载于《妖乱志》中,此不繁述。中和四年秋,有商人刘损挈家乘巨船自江夏至扬州。用之凡遇公私往来,悉令侦觇行止。刘妻裴氏有国色,用之以阴事构置,取其裴氏。刘下狱,献金百两,免罪。虽即脱于非横,然亦愤惋。因成诗三首,曰:'宝钗分股合无缘,鱼在深渊日在天。得意紫鸾休舞镜,断踪青鸟罢衔笺。金杯倒覆难收水,玉轸倾欹懒续弦。从此蘼芜山下过,只应将泪比流泉。'其二:'鸾辞旧伴知何止,凤得新梧想称心。红粉尚残香幂幂,白云将散信沉沉。已休磨琢投欢玉,懒更经营买笑金。愿作山头似人石,丈夫衣上泪痕深。'其三:'旧尝游处遍寻看,睹物伤情死一般。买笑楼前花已谢,画眉窗下月空残。云归巫峡音容断,路隔星河去住难。莫道诗成无泪下,泪如泉涌亦须干。'诗成,吟咏不辍。一日晚,凭水窗,见河街上一虬须老叟,行步迅疾,骨貌昂藏,眸光射人,彩色晶莹,如曳冰雪,跳上船,揖损曰:'子中心有何不平之事,抱郁塞之气?'损具对之。叟曰:'只今便为取贤阁并宝货回,即发,不可更停于此也。'损察其意,必侠士也。再拜而启曰:'长者能报人间不平,何不去蔓除根,岂更容奸党?'叟曰:'吕用之屠割生民,夺君爱室。若今诛殛,固不为难。实则愆过已盈,抑亦神人共怒。只候冥灵聚录,方合身首支离,不唯戮及一身,亦须殃连七祖。且为君取其妻室,未敢逾越神明。'乃入吕用之家,化形于斗拱之上,叱曰:'吕用之违背君亲,时行妖孽,以苛虐为志,以惑乱律身,仍于喘息之间,更慕神仙之事。冥官方录其过,上帝即议行刑。吾今戮尔形骸,但先罪以所取。刘氏之妻并其宝货,速便还其前人。傥更吝色顾盼,必见头随刃落。'言毕,铿然不见所适。用之惊惧惶惑,遽起,秉简焚香再拜。夜遣干事赍金并裴氏还刘损。损不

---

① 清李天馥:《古宫词一百二十首集唐》并引一卷,叶18B,中国科学院文献情报中心藏,编号242536。

待明，促舟子解维。虬须亦无踪迹耳。"①

"星河"，银河，代指宫墙。唐李商隐《代应》诗："本来银汉是红墙。"可知银汉代指红墙。清洪昇《长生殿》第十四出《偷曲》："闻那朝元阁，在禁苑西首，我且绕着红墙，迤逦行去。（行介）【前腔】罩花阴下，御路平，紧傍红墙款款行。"可知红墙可指宫墙。清丘石常《楚村文集》卷三《有感》诗："银河只隔水盈盈，诏下文姬不许行。"可知银河即代指宫墙。丘石常此诗，亦正是言董小宛入清宫事。

案：李天馥《古宫词》之九十四"路隔星河欲往难"，采用刘损《愤惋诗》"路隔星河去住难"，改变表达刘损心情之"去住"二字，而为表达董皇后即董小宛心情之"欲往"二字，以确指董皇后即董小宛与本夫生离（《古宫词》之一百十九"一世生离恨有馀"），欲往见本夫而被"星河"亦即宫墙隔断无自由，如同织女与牛郎生离，欲往见牛郎而被星河隔断无路；并暗指如刘损妻裴氏被藩镇嬖将吕用之所夺走，冒辟疆姬董小宛被多尔衮、硕塞、顺治所先后夺走。

《古宫词》之一百十一：

> 碧落香消兰露秋，未应清浅隔牵牛。广寒宫树知多少，郁郁葱葱佳气浮。②

《古宫词》之一百十一"未应清浅隔牵牛"，用温庭筠《七夕》诗句，指董皇后即董小宛本来不应与本夫为银河亦即宫墙所隔绝，并歇后式地暗用原诗此句之上文："世间离恨水东流"，指董皇后与本夫生离已久。

《古宫词》之一百十九：

> 一世生离恨有馀，晨妆独捧紫泥书。岂知为雨为云意，玉案傍边立起居。③

---

① 李时人编校，何满子审定：《全唐五代小说》，第 4 册，陕西人民出版社，1998 年，第 2362－2364 页。吕用之，唐末淮南藩镇高骈之嬖将，以左道方术媚骈，为骈所信任，为害甚烈。事见《旧唐书》卷一百八十二《高骈传》、《新唐书》卷二百二十四《叛臣下·高骈传》以及《灯下闲谈》所述《妖乱志》。《新唐书》卷五十八《艺文志二》乙部杂史类："郭廷诲《广陵妖乱志》三卷。高骈事。"《宋史》卷二百六《艺文志六》子部小说类："《灯下闲谈》二卷。不知作者。"明杨慎《升庵集》卷六十《吕用之》录述刘损事，常为人所引用。

② 清李天馥：《古宫词一百二十首集唐》并引一卷，叶 21B，中国科学院文献情报中心藏，编号 242536。

③ 清李天馥：《古宫词一百二十首集唐》并引一卷，叶 23A，中国科学院文献情报中心藏，编号 242536。

《古宫词》之一百十九"一世生离恨有馀",明言本诗女主人公即董皇后虽然贵为皇贵妃、皇后,却是与本夫一世生离死别之抱恨无尽之人。与《古宫词》之七"还到春时别恨生",意同。如果端敬皇后为鄂硕女,绝不可能有"一世生离恨有馀"之本夫。至于皇后之父母,则不得曰"一世生离恨有馀",清鄂尔泰等《国朝宫史》卷八《典礼四·宫规》:"内廷等位父母年老,奉特旨许入宫会者,或一年,或数月,许本生父母入宫。"① 何况宫词核心之主题,本是宫中女性之爱情。

"岂知为雨为云意,玉案傍边立起居",言清宫房事之尴尬。按《国朝宫史》卷二十一《官制二·懋勤殿兼本房》:"首领二名……太监十名……专司伺候……登载内起居注、御前坐更等事。"② 参阅梁溪坐观老人《清代野记》卷上《敬事房太监之职务》:"敬事房太监者,专司皇帝交媾之事者也。帝与后交,敬事房则第记其年月日时于册,以便受孕之证而已。若幸妃之例则不然,每日晚膳时,凡妃子之备幸者皆有一绿头牌,书姓名于牌面,式与京外官引见之牌同。或十馀牌,或数十牌,敬事房太监举而置之大银盘中,备晚膳时呈进,亦谓之膳牌。帝食毕,太监举盘跪帝前,若无所幸则曰:'去。'若有属意,则取牌翻转之,以背向上。太监下,则摘取此牌又交一太监,乃专以驼妃子入帝榻者。届时,帝先卧,被不覆脚。驼妇者脱妃上下衣皆净,以大氅裹之,背至帝榻前,去氅,妃子赤身由被脚逆爬而上,与帝交焉。敬事房总管与驼妃之太监皆立候于窗外。如时过久,则总管必高唱曰:'是时候了。'帝不应,则再唱,如是者三。帝命之入,则妃子从帝脚后拖而出,驼妃者仍以氅裹之,驼而去。去后,总管必跪而请命曰:'留不留?'帝曰:'不留。'则总管至妃子后股穴道微按之,则龙精皆流出矣。曰:'留。'则笔之于册曰:'某月某日某时,皇帝幸某妃。'亦所以备受孕之证也。此宫禁中祖宗之定制也。"③ 复按《明史》卷七《职官志三女官·六局·尚宫局·彤史》:"彤史二人,正六品,掌宴见进御之事,凡后妃、群妾御于君所,彤史谨书其月日。"明朝掌进御之事,乃女官,非太监。

---

① 清鄂尔泰等:《国朝宫史》,北京古籍出版社,1994 年,第 139 页。

② 清鄂尔泰等:《国朝宫史》,北京古籍出版社,1994 年,第 449 页。

③ 坐观老人:《清代野记》,巴蜀书社,1988 年,第 8 – 9 页。

第六章　顺治十七年八月十九日董小宛之死

金之俊《奉敕撰孝献庄和至德宣仁温惠端敬皇后传有序并附论》序：

> 顺治十有七年，岁次庚子，秋八月十九日壬寅，孝献庄和至德宣仁温惠端敬皇后，以疾崩于寝殿。①

依清廷官方文献，顺治十七年董皇后即皇贵妃董鄂氏去世时，年二十二岁。实则董小宛生于明天启四年甲子（1624），顺治十七年（1660）董小宛去世时，年三十七岁。

金之俊《奉敕撰孝献庄和至德宣仁温惠端敬皇后传有序并附论》序：

> 阖宫嚎咷，率土惊摧。皇衷之衔痛殊深，皇太后之茹悲更至。②

《清世祖实录》卷一百三十九顺治十七年庚子八月甲辰（二十一日）：

> 谕礼部："皇贵妃董鄂氏于八月十九日薨逝，奉圣母皇太后谕旨：'皇贵妃佐理内政有年，淑德彰闻，宫闱式化，倏尔薨逝，予心深为痛悼。宜追封为皇后，以示褒崇。'朕仰承慈谕，特用追封，加之谥号，谥曰：孝献庄和至德宣仁温惠端敬皇后。"③

清张宸《平圃遗稿》卷二《拟祭孝献皇后册封礼成文》：

> 渺兹五夜之箴，永巷之闻何日；去我十臣之佐，邑姜之后谁人。④

康熙《上海县志》卷十《人物·文苑》：

> 张宸，字青琱，博学工诗文，由诸生入太学，选中书舍人。时端敬皇后宾天，上命词臣拟撰祭文，三奏草而上不怿，最后属宸。有云："渺兹五夜之箴，永巷之闻何日；去我十臣之佐，邑姜之后谁人。"上读之，泫然称善。

《清世祖实录》卷一百四十三顺治十七年十二月甲午：

① 清金之俊：《金文通公集》卷八，《四库全书存目丛书补编》第五六册影康熙刻本，齐鲁书社，2001年，第166页。
② 清金之俊：《金文通公集》卷八，《四库全书存目丛书补编》第五六册影康熙刻本，齐鲁书社，2001年，第168页。
③ 《清实录》第3册，《世祖章皇帝实录》，中华书局，1985年，第1076－1077页。
④ 清张宸：《平圃遗稿》卷二，《四库未收书辑刊》五辑二十九册影五石斋钞本，北京出版社，1997年，第566页。

谕礼部："端敬皇后在日，奉事皇太后，克尽孝道；赞助朕躬，裨益良多。爰遵懿命，追封加谥。一切丧祭典礼，悉从优厚。凡以仰纾皇太后眷悼慈衷，展朕倦切之怀，并申诸王臣民悲伤感慕之诚。数月以来，办理丧仪，诸凡吉典，皆暂停止。朕念诸王臣民哀思未已，是以驻跸南苑，间幸郊原，聊自宽解，以慰臣民。今已数月，尚守服制，吉事概未举行。臣民咸有惨然未舒之色，朕心反未慊然。今朕在宫中仍行期年之礼外，其郊、庙、视朝、庆贺、诸大典礼，俱着照旧举行。诸王以下、至军民人等，凡吉庆等事，亦照常行。尔部即行传谕。"①

由上可见，端敬皇后死后，顺治对于端敬皇后之深情，及当时之举国震惊。

一、《勅赐圆照茚溪森禅师语录》茚溪森奉旨为董皇后丧仪说偈：贴切一生历尽劫难的董小宛

茚溪行森禅师（1614－1677），清初禅宗临济宗传人，名行森，字慈翁，号茚溪②。生广东惠州博罗黎氏，二十七岁出家，参学于雪峤圆信，信许入室，呼为岭南长子。信寂，赴浙江湖州报恩寺参玉林通琇，即日命居首座。茚溪森天机高，学养深厚，深受顺治喜爱。其生平事迹，见清释胜德编《勅赐圆照茚溪森禅师语录》卷三罗人琮撰《茚溪森禅师塔铭并序》、《卍续藏经》本僧超永编辑《五灯全书》卷八十一《临济宗·南岳下三十五世随录·圆照慈翁茚溪森禅师》。

《大觉普济能仁（玉林）国师年谱》卷下顺治十六年己亥（1659）：

> 师于四月十六日辞阙出京。……临行时，世祖谓师曰："和尚《录》中，付门人茚溪之偈最好，送和尚回山之舟，即载入京一面。"师因命茚

---

① 《清实录》第3册，《世祖章皇帝实录》，中华书局，1985年，第1101页。

② 关于禅宗僧人名号称呼。陈垣《清初僧诤记·小引》："（钱大昕）《潜研堂金石》跋尾八，《杨歧山禅师广公碑跋》云：'广公者，乘广也。古称僧曰某公，皆以名下一字，故支道林曰林公，佛图澄曰澄公。宋元人称僧，或名字兼举，若洪觉范、妙高峰之类，亦取名下一字，今世知之者鲜矣。'……宗门掌故，注意者鲜，钱先生之言，非无因而发也。"（陈垣《明季滇黔佛教考》，下册，河北教育出版社，2002年，第484页。标点有改正。）《清初僧诤记·清初济宗世系表》："僧名上应称号，然或称寺，如密云称天童，汉月称三峰，费隐称福严，玉林称报恩，继起称灵岩之类，今此表概称号。"（第487页）陈垣《释氏疑年录凡例》："僧人同名者多，故名上悉冠地名、寺名，此僧传例也。宋元而后，僧辄有号，或以号缀名上，如觉范洪，或以号缀名下，如洪觉范，今悉以号缀名上。"（陈垣《励耘书屋丛刻》，下册，北京师范大学出版社，1982年，第1739页。）僧人名号四字，通常前两字为号，后两字为名，名中第一个字是派辈用字，可以省略，故有时称呼为三字。

公即随舟同天使入京。①

释胜德编《勅赐圆照茚溪森禅师语录》卷五《机缘》：

> 大清顺治己亥六月朔日，钦差司吏院正堂张嘉谟传旨召师，至景山（西苑）万善殿，叙语不录。
>
> 师庚子六月八日奉旨游五台。

《大觉普济能仁（玉林）国师年谱》卷下顺治十七年庚子（1660）：

> 秋七月，世祖马上有省，钦差大人张嘉谟、刘之武、近侍李国柱，诏召络绎，请师入京证道。……十月十五日，到皇城内西苑万善殿，世祖就见丈室，相视而笑。……二十八日，茚公奉旨南还。②

清聂先编撰《续指月录》卷十九《六祖下三十五世·临济宗·湖州报恩玉林通琇禅师》：

> 顺治庚子，师奉诏入都，说法内廷。有《客问》一册，世祖章皇帝敕大学士金之俊评注刊行（机缘另见《奏对集》）。未几回山。再诏入都……师到京，闻森首座为上净发，即命众集薪烧森，上闻，遽许蓄发，乃止。③

《大觉普济能仁（玉林）国师年谱》卷下顺治十八年辛丑（1661）：

> 正月初二日早刻，佟大人奉旨往杭，请茚公为上保母秉炬。④

《勅赐圆照茚溪森禅师语录》卷六《佛事门》：

> 辛丑（顺治十八年）二月三日，钦差内总督满洲大人通议歌銮仪正堂董定邦奉世祖遗诏到圆照，召师进京举火，即日设世祖升退位。⑤

---

① 清超琦辑录：《大觉普济能仁国师年谱》，《大觉普济玉林禅师语录》卷十二，蓝吉富主编《大藏经补编》第 27 册影印康熙刊本，台湾华宇出版公司，1986 年，第 667 页。

② 清超琦辑录：《大觉普济能仁国师年谱》，《大觉普济玉林禅师语录》卷十二，蓝吉富主编《大藏经补编》第 27 册影印康熙刊本，台湾华宇出版公司，1986 年，第 667 - 668 页。

③ 清聂先编撰，心善整理：《续指月录》，巴蜀书社，2005 年，第 437 页。断句错误已订正。

④ 清超琦辑录：《大觉普济能仁国师年谱》，《大觉普济玉林禅师语录》卷十二，蓝吉富主编《大藏经补编》第 27 册影印康熙刊本，台湾华宇出版公司，1986 年，第 669 页。

⑤ 清释胜德编：《勅赐圆照茚溪森禅师语录》，卷六，叶 26A - B，康熙刻本，首都图书馆藏，索书号：（丙三）/694。

案：由上可知，自顺治十六年己亥（1659）七月至顺治十七年庚子十月二十八日，茚溪森奉旨进京居皇城内西苑万善殿。顺治十七年八、九月间，茚溪森奉旨进承乾宫为董皇后灵堂上堂、小参、起棺，至景山为董皇后道场上堂、小参、举火、收灵骨上堂、迎神主回宫小参等，共计为董皇后上堂、小参、起棺、举火说偈十七次①。顺治十七年六月奉旨赴五台山（当是为顺治出家打前站），十月十五日前为顺治净发，顺治十八年四月为世祖举火。此等史事，记载于《勅赐圆照茚溪森禅师语录》等语录文献。如陈垣《语录与顺治宫廷》所说："似此史料，皆非康熙以后所能有。"② 茚溪森可以说是最受顺治器重之僧人，也是对顺治最了解之僧人。雍正时，茚溪森著述遭到删削、封杀。

茚溪森奉旨为董皇后一系列丧仪所说之偈，从未有人加以解释。陈垣《语录与顺治宫廷》称之为"皆稀有史料"③，并引录其大量原文，但是未作任何解释。陈垣又称茚溪森奉旨为顺治丧仪所说之偈，"语句在可解不可解之间"④。此皆值得留意。

1. 和尚为端敬皇后丧仪说偈，需要经过皇帝下旨、和尚接旨、撰稿进呈、皇帝及翰林院审阅、皇帝批准之程序

顺治十六年九月廿二日至十七年五月十五日，木陈道忞禅师（1596–1674）奉旨进京居西苑万善殿传法。期间，顺治命木陈忞撰玄灵宫碑文，由此一事，可见皇帝命和尚撰文所需经过之程序。

清聂先编撰《续指月录》卷十九《六祖下三十五世·临济宗·宁波天童山翁木陈道忞禅师》：

> 宁波天童山翁木陈道忞禅师，粤之潮州茶阳林氏子。幼有宿慧。因读《大慧杲录》，忽忆前身云水参方，历历如见。即日走匡庐开先，投明法师剃染……后参悟和尚于金粟……凡居侍司，掌记室，亲炙悟者一十四

① 陈垣《语录与顺治宫廷》二《茚溪语录二部》："（康熙间杭州圆照寺刊本《勅赐圆照茚溪森禅师语录》）卷一为董后薨逝上堂凡八次，十二页，为董后小参七次，二页，……卷六……佛事门有为董后起棺，及为董后世祖举火偈，皆稀有史料，龙藏本全删去。"见《陈垣史学论著选》，上海人民出版社，1981年，第469页。

② 陈垣：《语录与顺治宫廷》二《茚溪语录二部》，《陈垣史学论著选》，上海人民出版社，1981年，第473页。

③ 陈垣：《语录与顺治宫廷》二《茚溪语录二部》，《陈垣史学论著选》，上海人民出版社，1981年，第469页。

④ 陈垣：《语录与顺治宫廷》二《茚溪语录二部》，《陈垣史学论著选》，上海人民出版社，1981年，第474页。

秋，日臻玄奥。继席天童……顺治己亥，师奉诏赐号弘觉禅师，驰驿至京，万善、愍忠、广济三处结冬……师晚号梦隐道人，乞归金粟，投老于会稽化鹿山之阳明洞天……康熙甲寅六月二十七日示寂。①

门人真朴编次《弘觉忞禅师北游集》卷四《奏对别记下》：

> 上复至，语师曰："南苑有玄灵宫，亦朕创建。左右碑文，系阁臣金之俊与刘正宗所撰，今新寺碑，要老和尚撰文，不命臣工也。"师曰："道忞山林野逸，那里晓作朝廷文字。以皇上高深，使忞揣度，得无井窥天、蠡酌海哉？"上曰："老和尚不要如此谦虚，待请随喜了，便可属笔。"……至明日……至次晚……越三日，上至（万善殿）……上曰："斋不粗率么？"师曰："《鱼丽》所谓多而嘉，旨而偕，有而时，固赞叹莫能及也。第奉旨撰文，愧不雅驯，尚祈圣裁鉴定，毋俾辱国。"乃出以进，上为展阅一过，命侍臣收入宫内。次日，上复携王学士至方丈，谓师曰："朕昨回宫，细看老和尚者篇文字，极得大体，风雅典则，不待言矣。"师曰："勉遵慈命，如蚊负山，幸不罪责，乃蒙皇上褒嘉过甚也。"上曰："朕固不通文字，曾与王熙看过，试问他如何。"王学士曰："此千秋不朽之文也。"师曰："忞实惭愧。"……上乃敕良工刘光阳摹勒上石焉。②

案：由顺治命木陈忞撰玄灵宫碑文，可见皇帝命和尚撰文，需要经过皇帝下旨、和尚接旨、多日撰稿、和尚进呈、皇帝审阅（当场展阅一过、回宫仔细审阅）、翰林院掌院学士助审、皇帝次日批准之严格程序。由此可知，皇帝下旨和尚为端敬皇后丧仪说偈，同样需要预先经过接旨、撰稿、审阅、批准之严格程序。如果以为和尚为端敬皇后丧仪说偈，可以临时随口说偈，是不了解宫中制度。

《大觉普济能仁国师年谱》卷下顺治十六年己亥四月十六日：

> 师临行时，世祖谓师曰："和尚《录》中，付门人苇溪之偈最好。"③

---

① 清聂先编撰，心善整理：《续指月录》，巴蜀书社，2005年，第417-419页。按民国三十三年《大埔县志》卷三十《人物志·方外列传》据《旧志》："宏觉禅师讳道忞，字木陈，俗姓林氏……顺治十六年，召见万善殿……次年五月还山，仍住天童……乙卯年归寂。"乙卯年为康熙十四年（1675），与《续指月录》所述康熙十三年甲寅有所不同，录以备考。

② 门人真朴编次：《弘觉忞禅师北游集》卷四，明复法师主编《禅门逸书》续编第10册影民国罗香林藏钞本，台北汉声出版社，1987年，第92-94页。

③ 清超琦辑录：《大觉普济能仁国师年谱》，《大觉普济玉林禅师语录》卷十二，蓝吉富主编《大藏经补编》第27册影印康熙刊本，台湾华宇出版公司，1986年，第665-667页。

案：由此可见，顺治完全清楚和尚之偈可以编入语录成书传世。因此，顺治可能有意让茚溪森为董皇后丧仪所说之偈传于天下后世。

雍正可以删去茚溪森语录为董皇后丧仪说偈，但是并不敢指斥之为"梦呓"、"欺诳"、"冒昧"。

2. 禅宗和尚为人丧仪所说之偈，往往贴切其人生平事迹与品格

禅宗和尚为人丧仪所说之偈，往往贴切其人生平事迹与品格。

清娄东行悦集《列祖提纲录》卷三十《秉炬》："雪轩成禅师为太子少师广孝姚公火：'君臣际遇少人知，风虎云龙共一时。道德实能扶圣运，秉忠挟术未为奇。恭惟示寂太子少师封荣国恭靖公姚公尊灵，博儒通释，迈古腾今。'"① 雪轩成禅师为姚广孝秉炬，偈语贴切姚广孝协谋靖难之役之生平事迹，与作为明成祖帝师之品格。

《列祖提纲录》卷三十五《住持为亡僧秉炬》："石雨方禅师海火头火：'一向你烧火，今日火烧你。但得火性空，你性亦复尔。海火头，会也未。一阵无风波浪生，智海虽深终见底。'弘觉忞禅师为达本火头火：'冷灶着把火，热灶着把火。如尔所作因，还尔所得果。知因达本体无生，笑杀嵩山破灶堕。'"② 石雨方禅师为海火头秉炬、弘觉忞禅师为达本火头秉炬，偈语皆贴切其为火头之生平事迹与僧人品格。

茚溪森禅师语录、偈颂，作品造诣甚深，理论主张旗帜鲜明。

《勅赐圆照茚溪森禅师语录》卷三：

> 示众。凡看语录，须深探其义味，……句能发意，以切为贵。眼能抉择，以捷为奇。……句贵洁，意贵切，始称宗门大匠。③

> 示众。公案妙于机缘，机而不活，则何妙之有？眼目在乎照用之旨，绝不着一套语，而意句迥别，方可验后贤眼目。④

> 示众。每闻学者曰茚溪和尚不喜人做诗文拈颂，是何言欤？点铁成金，转凡为圣，无过此道。致妙扬芬，振藻宣词，吐臆述事陈理，抑扬今古，则斯道最胜。……是知此道为贵。上重侯王，下至士庶，通天达人，

---

① 清武林十八涧理安禅寺住持娄东行悦集：《列祖提纲录》，蓝吉富主编《禅宗全书》第91册，台北文殊出版社，1988年，第471页。

② 清武林十八涧理安禅寺住持娄东行悦集：《列祖提纲录》，蓝吉富主编《禅宗全书》第91册，台北文殊出版社，1988年，第522页。

③ 清释胜德编：《勅赐圆照茚溪森禅师语录》，卷三，叶2A－B，康熙刻本，首都图书馆藏，索书号：（丙三）/694。

④ 清释胜德编：《勅赐圆照茚溪森禅师语录》，卷三，叶2B，康熙刻本，首都图书馆藏，索书号：（丙三）/694。

际明彻幽，用广机神，胡可废也。昔我济祖，高提心印，指后学于顶门开眼，法道大阐，源远流长。德肩诸佛，功施旷劫。而诸祖承之，酝酿鸿化。故宾主语脉，磅礴宣厚，河岳英灵，会为法器，跨越季世，笼罩前古，递代杰出。法语非周汉子史所能比，缀偈颂，非晋魏盛唐得拟。①

可知茚溪森心目中理想的语录、偈颂，其作用是抒情、述事、陈理，"通天达人，际明彻幽"，其艺术标准是"句贵洁，意贵切"、"以切为贵"，其艺术价值是超越周汉子史、魏晋唐诗。其中，"句贵洁，意贵切"、"以切为贵"，包括为人丧仪所说之偈，必须贴切其人生平事迹与品格。

3. 茚溪森进承乾宫为董皇后起棺说偈：举步涉千岐，孤坐又成迷

《勅赐圆照茚溪森禅师语录》卷六《佛事门》：

> 近侍李国柱传旨，召师进承乾宫，为董皇后起棺，师以杖指棺云："举步涉千岐，孤坐又成迷。且作么生，得恰好去。"遂以杖引云："起。"上云："谢和尚提拔。"师云："圣驾珍重。"②

《清世祖实录》卷一百三十九顺治十七年庚子八月庚戌（二十七日）：

> 恭移端敬皇后梓宫于景山观德殿。致祭如前。③

由《实录》，可知茚溪森奉旨进承乾宫为董皇后起棺，是在顺治十七年八月二十七日。

茚溪森进承乾宫为董皇后起棺所说偈语"举步涉千岐，孤坐又成迷"，解释如下。

"千岐"：许多的歧路，常语，禅宗常用语。《朱子语类》卷十二《持守》："才出门便千岐万辙。"明瞿汝稷编撰《指月录》卷二十三《六祖下第十世·并州三交智嵩禅师》："动念隔千岐，瞬目他方去，早已着灰泥。"清释道忞《布水台集》卷三十一："瞬息之间，梦幻千岐。"

"孤坐"：有举目无亲之意，禅宗常用语。唐释贯休《禅月集》卷十四《秋末长兴寺作》："行行行未得，孤坐更谁亲。"宋释惠洪《石门文字禅》

---

① 清释胜德编：《勅赐圆照茚溪森禅师语录》，卷三，叶3A–4A，康熙刻本，首都图书馆藏，索书号：（丙三）/694。

② 清释胜德编：《勅赐圆照茚溪森禅师语录》，卷六，叶28A–B，康熙刻本，首都图书馆藏，索书号：（丙三）/694。

③ 《清实录》第3册，《世祖章皇帝实录》，中华书局，1985年，第1078页。

可参阅张宸《平圃遗稿·杂记》："端敬皇后丧……举殡，命八旗官二三品者轮次舁柩，与舁者皆言其重。"见《平圃遗稿》卷十四，《杂记》，《四库未收书辑刊》五辑二十九册，北京出版社，1997年，第756页。

卷八《了翁有书与谢无逸云觉范真是比丘》："一饭不愿馀，孤坐阅岁月。"宋释普济《五灯会元》卷八《福州大章山契如庵主》："孤坐垂五十二载而卒。"

"成迷"：不觉悟，禅宗常用语。五代释延寿《宗镜录》卷十五："背性成迷。"宋释道原《景德传灯录》卷二十《前江西逍遥山怀忠禅师法嗣》："示偈曰：南山路仄东山低，新到莫辞三转泥。嗟汝在途经日久，明明不晓却成迷。"

"作么生"：做什么。唐裴休集《黄檗禅师传心法要》卷下："分明向你道尔焰识，你作么生拟断他？"宋欧阳修《六一诗话》："李白《戏杜甫》云：'借问别来太瘦生，总为从前作诗苦。''太瘦生'，唐人语也。至今犹以'生'为语助，如作么生、何似生之类是也。"

"且作么生，得恰好去"：禅宗话头。《五灯会元》卷十二《安吉州西馀山拱辰禅师》："千山万水作么生，得恰好去。良久曰，且莫剜肉成疮。"《五灯会元》卷十八《福州鼓山别峰祖珍禅师》："到这里作么生，得恰好去。良久云，且归岩下宿，同看月明时。"

茚溪森进承乾宫为董皇后起棺所说偈"举步涉千岐，孤坐又成迷"，言董皇后曾经举步踏上许多的歧路，且又曾孤单举目无亲。"举步涉千岐"，实际是指董皇后即董小宛自顺治七年三月末被掳，归多尔衮，十二月多尔衮死，又归硕塞；"孤坐又成迷"，是指董小宛自顺治十一年十二月硕塞死后，至顺治十三年八月立为顺治贤妃之前，又成为孤单、举目无亲之人（时小宛虽依孝庄，但孝庄并非夫君）。

从顺治十一年十二月硕塞死后，至顺治十三年八月立为顺治贤妃之前，此段时间近一年九个月，在董小宛从顺治七年被掳至顺治十七年逝世的十年岁月中，并非一个短暂的时间。茚溪森为亡者说偈，没有忽略此一段时间，可见其作偈之细心与贴切。

"且作么生，得恰好去"，指立为顺治贤妃。

如果董皇后生前未曾"举步涉千岐，孤坐又成迷"，茚溪森说"举步涉千岐，孤坐又成迷"作什么？

4. 为董皇后设灵景山寿椿殿小参：念念观自在，处处是家山

《勅赐圆照茚溪森禅师语录》卷一《小参》：

> 上命近侍李国柱为董皇后设灵景山寿椿殿，请小参。师曰："念念观自在，处处是家山。梦幻空花常省觉，弥勒门开竟日闲。"[①]

---

① 清释胜德编：《勅赐圆照茚溪森禅师语录》，卷一，叶21B-22A，康熙刻本，首都图书馆藏，索书号：（丙三）/694。

"念念"：念兹在兹、念念相续。

"观自在"：即大慈大悲救苦救难灵感观世音菩萨，鸠摩罗什旧译观世音，玄奘新译观自在，省称观音菩萨。《妙法莲华经》卷七《观世音菩萨普门品第二十五》："若有无量百千万亿众生受诸苦恼，闻是观世音菩萨，一心称名，观世音菩萨实时观其音声，皆得解脱。……观世音菩萨，有如是自在神力。……念念勿生疑，观世音净圣。于苦恼死厄，能为作依怙。"

"观自在"，亦指观照本来自在无烦恼之本性。禅宗北宗创始人神秀偈："身是菩提树，心如明镜台。时时勤拂拭，勿使惹尘埃。"禅宗南宗创始人慧能偈："菩提本无树，明镜亦非台。本来无一物，何处惹尘埃。""心如明镜台"、"本来无一物，何处惹尘埃"，皆指人人本来具有的自在无烦恼之本性、佛性、清净心。

"家山"：家乡，喻永断烦恼之佛地，禅宗常用语。宋圆悟克勤《碧岩录》卷七："且道，而今作么生会？归到家山即便休。什么处是家山，他若不会，必不恁么道，他既会，且道家山在什么处，便打。"《五灯会元》卷十六《东京慧林慧海月印禅师》："上堂：'黄金地上，具眼者未肯安居，荆棘林中，本分底留伊不得。祇如去此二途，作么生是衲僧行履处？'良久曰：'举头烟霭里，依约见家山。'"

"家山"，在中国古代诗歌中，是指家乡。唐韩愈《酬振武胡十二丈大夫》："横飞玉盏家山晓，远蹀金珂塞草春。"李贺《崇义里滞雨》："家山远千里，云脚天东头。"宋楼钥《攻媿集》卷十《玉堂早起》："素餐终有愧，只忆旧家山。"《唐宋诸贤绝妙词选》卷十《宋词·闺秀》孙道绚《滴滴金·梅》："梦绕夷门旧家山，恨惊回难续。"

"家山"，在中国禅宗诗歌中，亦往往是指家乡。唐释贯休《禅月集》卷十五《避地寄高蟾》："旅梦遭鸿唤，家山被贼围。"唐释齐己《白莲集》卷八《渚宫春日因怀有作》："旧业树连湘树远，家山云与岳云平。"

茚溪森为董皇后设灵景山寿椿殿小参所说偈"念念观自在，处处是家山"，言董皇后虔念观音菩萨，就会得到菩萨之救护（或：念念观照本来自在无烦恼之本性）；便处处都是家山（佛地），不必再以家山（故乡）为念。此曲折流露出董皇后生前远离家山，念念不忘旧家山（故乡）。

如果董皇后生前没有远离家山，茚溪森说"处处是家山"作什么？

5. 为董皇后设灵景山寿椿殿小参：逢人不得错举

《勅赐圆照茚溪森禅师语录》卷一《小参》：

国舅至，上命宣徽院正堂雷先声请师小参。师拂一拂曰："歌以尽言，舞以尽意。至简至易，九月初一。咄，逢人不得错举。"便下座。①

此条紧接上一条，故知亦是为董皇后设灵景山寿椿殿小参。

"逢人不得错举"：语见宋惟白辑《建中靖国续灯录》卷三《对机门·庐陵清原山行思禅师第十世·蕲州五祖戒禅师法嗣·苏州定慧道海禅师》："问：'诸佛出世，已涉繁辞，作么生是的旨？'师云：'逢人不得错举。'僧曰：'不因一事，不长一智。'师云：'怪之不及。'"

茚溪森为董皇后设灵景山寿椿殿小参所说偈"逢人不得错举"，出自苏州定慧道海禅师所说"逢人不得错举"，并歇后语式地暗用其下文僧曰"不因一事，不长一智"，师云"怪之不及"，实暗指董皇后曾经遭逢错了人，虽然是悔之不及，可也是因一事，长一智。

6. 为董皇后举火说偈：出门须审细，不比在家时

《勅赐圆照茚溪森禅师语录》卷六《佛事》：

> 上命文书馆正堂李世昌等请为董皇后举火，师秉苣（炬）云："出门须审细，不比在家时。火里翻身转，诸佛不能知。"便投火苣。②

茚溪森为董皇后举火所说偈"出门须审细，不比在家时，诸佛不能知"，实曲折流露出董皇后过去曾经遭劫出门。

7. 为董皇后收灵骨上堂：左金乌，右玉兔，皇后光明深且固。铁眼铜睛不敢窥，百万人天常守护

《勅赐圆照茚溪森禅师语录》卷一《上堂》：

> 圣驾临寿椿殿，命司吏院正堂张嘉谟等，为董皇后收灵骨，请上堂。隆安和尚白槌③，僧问："上来也请师接？"师曰："莫莽卤。"曰："皇后光明在甚处？"师曰："无踪迹处不藏身。"曰："有问有答，古今圈套，不问不答时如何？"僧喝，师便打，僧曰："天子面前，何得干戈相待？"师笑曰："将谓你知痛痒。"僧礼拜。……师蓦竖如意云："左金乌，右玉兔，皇后光明深且固。铁眼铜睛不敢窥，百万人天常守护。"掷如意曰：

---

① 清释胜德编：《勅赐圆照茚溪森禅师语录》，卷一，叶22A，康熙刻本，首都图书馆藏，索书号：（丙三）/694。

② 清释胜德编：《勅赐圆照茚溪森禅师语录》，卷六，叶28B，康熙刻本，首都图书馆藏，索书号：（丙三）/694。

③ 白槌，佛教禅宗仪式之主持人或司仪。宋睦庵善卿《祖庭事苑》八《杂志白槌》："白槌，世尊律仪，欲辨佛事，必先秉白，为穆众之法也。今宗门白槌，必命知法尊宿以当其任。"（佛光大藏经编修委员会主编，星云大师监修《佛光大藏经·禅藏·杂集部·祖庭事苑》第二册，高雄佛光出版社，1994年，第837页。）

"山前松柏枝，一任行人数。"下座。①

为董皇后收灵骨，时为顺治十七年九月十日。陈垣云："此火化后收灵骨也，计其时当在三七，即重阳之后一日。隆安，山晓皙，木陈弟子。"②

"左金乌，右玉兔"：金乌、玉兔，指日月，来自中国古代神话。《淮南子·精神训》："日中有踆乌。"东汉高诱注："踆，犹蹲也。谓三足乌。"唐欧阳询《艺文类聚》卷一晋傅咸《拟天问》："月中何有？玉兔捣药。"

金乌、玉兔指日月，亦成为中国佛教常用语。《大正新修大藏经》第40册唐义净述《略明般若末后一颂赞述》："遂令教流印度，若金乌之焰赫扶桑；义阐神州，等玉兔之光浮雪岭。"《大正藏》第45册宋本嵩述《华严经题法界观门颂》："金乌旸谷生，玉兔咸池没。"琮湛注："金乌急，玉兔速。"《五灯会元》卷五《澧州夹山善会禅师》："上堂：金乌玉兔，交互争辉。"

但是，"左金乌，右玉兔"，在此与中国古代神话及中国佛教常用语指日月皆毫无关系，乃是指皇帝旌旗仪仗。典出五代王定保《唐摭言》卷十二"薛保逊"条："（薛）昭纬朗吟曰：左金乌而右玉兔，天子旌旗。"

"铁眼铜睛不敢窥"：典出《卍新纂续藏经》第70册南宋临济宗第十八世祖师《高峰原妙禅师语录》卷下《颂古》："逆风吹又顺风吹，铁眼铜睛争敢窥。万古碧潭空界月，再三捞捷始应知。""铁眼铜睛"，比喻目光犀利的眼睛，禅宗常语；在此借指强人。

茚溪森为董皇后收灵骨上堂所说偈："左金乌，右玉兔，皇后光明深且固。铁眼铜睛不敢窥，百万人天常守护"，言董皇后左金乌而右玉兔，天子旌旗仪仗护，皇后安全深且固，强人再不敢窥视，皇帝百万兵守护。此暗示出董皇后作皇后以前曾经遭到强人窥视、侵犯。

如果董皇后生前没有经历过强人侵犯的恐怖，茚溪森说"铁眼铜睛不敢窥，百万人天常守护"这些话作什么？

在茚溪森的说法中，顺治是以董小宛的保护者之姿态出现的。

8. 为董皇后断七上堂：三千里外逢人不得错举；怎么即不去也

《勅赐圆照茚溪森禅师语录》卷一《上堂》：

> 圣驾临寿椿殿，为董皇后断七，命文书馆正堂李世昌等请上堂。拈香问答毕，师云："一口气不来，向什么处安身立命？咄，有佛处不得住，

---

① 清释胜德编：《勅赐圆照茚溪森禅师语录》，卷一，叶4A－6A，康熙刻本，首都图书馆藏，索号号：（丙三）/694。

② 陈垣：《语录与顺治宫廷》二《茚溪语录二部》，《陈垣史学论著选》，上海人民出版社，1981年，第472页。

无佛处急走过，三千里外逢人不得错举。"①

"三千里外逢人不得错举"：典出宋释道元《景德传灯录》卷二十七《诸方杂举征拈代别语》："僧辞赵州和尚。赵州谓曰：'有佛处不得住，无佛处急走过。三千里外逢人莫举（法眼代云：怎么即不去也）。"

苘溪森为董皇后断七所说偈"三千里外逢人不得错举"，用赵州和尚所说"三千里外逢人莫举"，并歇后语式用法眼和尚代语"怎么即不去也"，意即：这么说来就不要离去了，表示董皇后今后路上逢人需要小心提防，这么说来就不要离去了，暗指董皇后曾经受人伤害，今后不要离开顺治皇帝。

9. 迎董皇后神主回宫小参：因一事，长一智；乾清宫上好消息，圣明天子是知音

《勅赐圆照苘溪森禅师语录》卷一《小参》：

> 上命司吏院张嘉谟迎董皇后神主回宫，请小参，师卓拄杖曰："因一事，长一智。去今住今，无固无必。太平世界，得路便行。觅火和烟得，担泉带月归。且道归家后作么生？"良久，曰："乾清宫上好消息，圣明天子是知音。"拽杖便行。②

"因一事，长一智"：谓经一次挫折，长一份见识，常语，禅宗话头。五代云门文偃《云门匡真禅师广录》卷中："因一事，长一智。"宋参学小师圆应编《明觉禅师瀑泉集》卷四："因一事，长一智。"宋《张载集》卷六《经学理窟·气质》："大率因一事，长一智。"明王阳明《与薛尚谦书》："经一蹶者，长一智。今日之失，未必不为后日之得。"

"无固无必"：指不执着，典出《论语·子罕》："子绝四：毋意，毋必，毋固，毋我。"杜甫《寄题江外草堂》："事迹无固必，幽贞愧双全。"宋晁迥《法藏碎金录》卷六："儒书中所云子绝四，吾能和会裁决，入于二教之理。无意无我，合于道书中所云不宰宗旨。无固无必，合于佛书中所云无碍法门。"

"觅火和烟得，担泉带月归"：指随缘，禅宗话头。《五灯会元》卷二十《灵隐远禅师法嗣·庆元府东山全庵齐己禅师》："荐得是，移华兼蝶至；荐得非，担泉带月归。"明瞿汝稷编撰《指月录》卷二十四《六祖下第十一世·浮山法远禅师》："古德著语云：觅火和烟得，担泉带月归。"

"作么生"：参见前起棺说偈注释。

---

① 清释胜德编：《勅赐圆照苘溪森禅师语录》，卷一，叶12A，康熙刻本，首都图书馆藏，索书号：（丙三）/694。

② 清释胜德编：《勅赐圆照苘溪森禅师语录》，卷一，叶22A–B，康熙刻本，首都图书馆藏，索书号：（丙三）/694。

茚溪森为迎董皇后神主回宫小参所说偈"因一事，长一智，去兮住兮，无固无必，太平世界，得路便行，觅火和烟得，担泉带月归"，言董皇后经一次挫折，长一份见识，何去何从，不必执着，应该随缘。

茚溪森为迎董皇后神主回宫小参所说偈"且道归家后作么生"，字面言归家后作什么，实际表示归往哪里家；"良久，曰：'乾清宫上好消息，圣明天子是知音'"，只因董皇后过去的家，不止一处，故茚溪森禅师沉吟良久，方曰：乾清宫顺治皇帝是你的知音，言外之意，过去的家，就不必再念了。

如果董皇后生前没有经历艰难曲折，茚溪森说"因一事，长一智"作什么？

10. 为董皇后镇灵骨说偈：不见其始，孰知其终

《勅赐圆照茚溪森禅师语录》卷六《赞偈》：

> 上命近侍李国柱请师说偈，为董皇后镇灵骨，偈云："西溪之西，东山之东。不见其始，孰知其终。"①

茚溪森为董皇后镇灵骨说偈"不见其始"，言不知道董皇后之来历，有讳言之之意。

11. 小结

第一，茚溪森为董皇后丧仪在承乾宫、寿椿殿等处所说一系列之偈语，有两个主要意思。

一是指陈和同情董皇后生前所遭遇之种种曲折劫难（"出门须审细，不比在家时"；"举步涉千岐，孤坐又成迷"；"念念观自在，处处是家山"；"左金乌，右玉兔，皇后光明深且固。铁眼铜睛不敢窥，百万人天常守护"；"因一事，长一智"）。

二是指出顺治皇帝乃是董皇后的知音和保护者，希望董皇后死后选择道路时，以顺治为知音，不必再顾念旧家。（"去兮住兮，无固无必"，"且道归家后作么生，良久曰：'乾清宫上好消息，圣明天子是知音。'"）

第二，茚溪森为董皇后丧仪所说一系列之偈语，皆不可能属于所谓死于二十二岁的一生一帆风顺的满洲贵族鄂硕之女，而完全切合于死于三十七岁的一生历尽劫难的董小宛。

第三，茚溪森为董皇后丧仪所说一系列之偈语，乃是奉顺治之旨意所说。如非顺治告诉茚溪森董皇后之情况，并有明确旨意，茚溪森如何可能如此撰稿？如何可能通过顺治及翰林院之审稿？又如何敢于多次在顺治面前为董皇后

---

① 清释胜德编：《勅赐圆照茚溪森禅师语录》，卷六，叶 14B，康熙刻本，首都图书馆藏，索书号：（丙三）/694。

丧仪说偈时，陈指董皇后一生历尽劫难？

第四，顺治将董皇后一生之经历已告诉了苕溪森。

第五，苕溪森为董皇后丧仪所说之偈，是在顺治眼前所说，苕溪森顺治十七年八、九月奉旨为董皇后丧仪多次说偈之每一次；顺治十八年正月奉旨为世祖保姆举火，奉旨为世祖举火；皆是苕溪森为董皇后丧仪说偈获得顺治充分肯定之证明。

二、钱谦益、吴梅村、《同人集》悼董小宛诗：悼顺治董皇后就是悼董小宛

庚子顺治十七年（1660）八月十九日董皇贵妃之死（二十一日追封为皇后），癸卯康熙二年（1663）六月六日董皇后宝宫送入遵化顺治陵墓孝陵地宫，均对江南士人产生强烈的刺激。钱谦益、吴梅村、《同人集》众多诗人哀悼董皇后即董小宛之诗，多产生于此数年间。

1. 吴梅村《清凉山赞佛诗》述顺治董皇后丧仪：董皇后并非鄂硕女

文渊阁《四库全书》本吴伟业《梅村集》卷三《清凉山赞佛诗》之二：

孔雀蒲桃锦，亲自红女织。殊方初云献，知破万家室。瑟瑟大秦珠，珊瑚高八尺。割之施精蓝，千佛庄严饰。持来付一炬，泉路谁能识。红颜尚焦土，百万无容惜。小臣助长号，赐衣或一袭。只愁许史辈，急泪难时得。①

如上所述，《清凉山赞佛诗》之二述顺治董皇贵妃之死，曰"严霜被琼树，芙蓉凋素质。可怜千里草，萎落无颜色"，隐藏地、完整地交代董皇贵妃的姓、名、字，为姓董、名白、小字青莲，即董小宛。其下文述董皇后丧仪，诗曰"只愁许史辈，急泪难时得"，其中"许史"，典出《汉书》卷七十七《盖宽饶传》"上无许史之属，下无金张之托"，应劭曰："许伯，宣帝皇后父。史高，宣帝外家也"，借指鄂硕。诗言董皇后并非鄂硕之女，乃是清廷假托董皇后为鄂硕之女，故董皇贵妃死后，隆重的丧仪上鄂硕等哭不出眼泪。

吴梅村《清凉山赞佛诗》写出了顺治之"死"，可知作于顺治十八年正月清廷宣布顺治驾崩以后。

2. 前管秘书院事钱谦益诗：顺治八年董小宛之死乃其假死，十七年董皇贵妃之死即小宛之死；吴梅村诗：顺治皇帝霸占冒辟疆姬董小宛，帝惭遂"死"

钱谦益《牧斋有学集》卷十三《东涧集》下《病榻消寒杂咏》四十六首序："癸卯冬。"②

① 《景印文渊阁四库全书》第1312册，台湾商务印书馆股份有限公司，1986年，第23页。

② 周法高编：《足本钱曾牧斋诗注》第五册，台北三民书局，1973年，第2639页。

《病榻消寒杂咏》之三十七：

> 夜静钟残换夕灰，冬缸秋幔替君哀。汉宫玉釜香犹在，吴殿金钗葬几
> 回。旧曲风凄邀笛步，新愁月冷拂云堆。梦魂约略归巫峡，不奈瑟琶马
> 上催。
>
> 自注："和老杜生长明妃一首。"①

金鹤冲《钱牧斋先生年谱》丙戌隆武二年鲁监国元年（顺治三年）：

> 正月，清廷以先生为礼部右侍郎管秘书院事。……六月，先生即引
> 疾归。②

《续修四库全书》影清宣统武进董氏本吴伟业《梅村家藏稿》附《梅村文
补遗·与冒辟疆书·又（甲辰）》：

> 江南江北，隔绝相思，逸老遗民，晤言不易。水绘园倡和大集，盈缃
> 溢缥，沾被海内。……题董如嫂遗像短章，自谓不负尊委。③

文渊阁《四库全书》本吴伟业《梅村集》卷十八《题冒辟疆名姬董白小
像（八首）并引》（《同人集》卷六《影梅庵悼亡题咏》作娄东吴伟业骏公
《题董姬婉君小像八绝句有引》）序：

> 夫笛步丽人，出卖珠之女弟；雄皋公子，类侧帽之参军。名士倾城，
> 相逢未嫁；人谐嬿婉，时遇漂摇。则有白下权家，芜城乱帅，阮佃夫刊章
> 置狱，高无赖争地称兵，奔进流离，缠绵疾苦。支持药裹，慰劳羁愁。苟
> 君家免乎，勿复相顾；宁吾身死耳，遑恤其劳。已矣凤心，终焉薄命。名
> 留琬琰，迹寄丹青。呜呼针神绣罢，写春蚓于乌丝；茶癖香来，滴秋花之
> 红露。在轶事之流传若此，奈馀哀之恻怆如何。镜掩鸾空，弦摧雁冷。因
> 君长恨，发我短歌。诒以八章，聊当一嘅尔。④

吴伟业《题冒辟疆名姬董白小像（八首）并引》之八：

> 江城细雨碧桃村，寒食东风杜宇魂。欲吊薛涛怜梦断，墓门深更阻

---

① 周法高编：《足本钱曾牧斋诗注》第五册，台北三民书局，1973 年，第 2683 页。
② 金鹤冲：《钱牧斋先生年谱》，民国三十年钱氏排印本，第 6 页。
③ 《续修四库全书》第 1396 册，上海古籍出版社，2003 年，第 314 页。
④ 《景印文渊阁四库全书》第 1312 册，台湾商务印书馆股份有限公司，1986 年，第 189 页。

侯门。①

关于吴梅村《题冒辟疆名姬董白小像八首》序"名留琬琰"之今典。《清世祖实录》卷一百三十九顺治十七年八月己酉（二十六日）：

> 是日追封皇贵妃董鄂氏为孝献庄和至德宣仁温惠端敬皇后，锡之册宝。册文曰："……不褒琬琰之章，曷著珩璜之度。"②

金之俊《奉敕撰孝献庄和至德宣仁温惠端敬皇后传有序并附论》序：

> 钦蒙天语，宣谕……恭撰皇后本传一篇，缮呈御览，伏望皇上舒哀洒藻，特赐睿裁，宣付史馆，用垂琰琬。③

关于吴梅村《题冒辟疆名姬董白小像八首》"寒食东风杜宇魂"之古典。《太平御览》卷一百六十六引扬雄《蜀王本纪》：

> 后有王曰杜宇……乃自立为蜀王，号曰望帝。

又引《十三州志》：

> 望帝使鳖灵治水而淫其妻，灵还，帝惭，遂化为子规。

关于吴梅村《题冒辟疆名姬董白小像八首》"寒食东风杜宇魂"之今典。《清世祖实录》卷一百四十四顺治十八年辛丑春正月：

> 丁巳（初七日），夜子刻，上崩于养心殿。……上在位十有八年，寿二十四。④

关于吴梅村《题冒辟疆名姬董白小像八首》"墓门深更阻侯门"之今典。《钦定大清会典》卷四十二《礼部·祠祭清吏司·陵寝》：

> 世祖章皇帝陵曰孝陵，在顺天府之遵化州昌瑞山，距京师二百四十里，孝康章皇后合葬，孝献皇后祔葬。⑤

《清圣祖实录》卷八康熙二年癸卯二月丙寅清明节（二十七日）：

---

① 《景印文渊阁四库全书》第1312册，台湾商务印书馆股份有限公司，1986年，第190页。

② 《清实录》第3册，《世祖章皇帝实录》，中华书局，1985年，第1077－1078页。

③ 清金之俊：《金文通公集》卷八，《四库全书存目丛书补编》第五六册影康熙刻本，齐鲁社，2001年，第168页。

④ 《清实录》第3册，《世祖章皇帝实录》，中华书局，1985年，第1105－1106页。

⑤ 《景印文渊阁四库全书》第619册，台湾商务印书馆股份有限公司，1986年，第338页。

端敬皇后梓宫发引，暂安奉黄花山。①

《清圣祖实录》卷九康熙二年癸卯六月壬寅（初六日）：

> 恭奉世祖章皇帝、孝康皇后、端敬皇后宝宫，送至（孝陵）地宫。至戌时，安奉石床毕，掩地宫石门。②

按前管秘书院事钱谦益《病榻消寒杂咏》四十六首序云"癸卯冬"，可知诗作于癸卯康熙二年（1663）；吴梅村甲辰《与冒辟疆书》"题董如嫂遗像短章，自谓不负尊委"，是指《题冒辟疆名姬董白小像八首》绝句，可知诗作于甲辰康熙三年（1664）；正当顺治十七年（1660）八月董小宛之死、顺治十八年正月顺治之"死"、康熙二年（1663）六月六日端敬皇后宝宫送入孝陵地宫之后不久。

陈寅恪《柳如是别传》第四章《河东君过访半野堂及其前后之关系》解释钱谦益、吴梅村此二诗云：

> （牧斋病榻消寒杂咏之三十七）和杜一首为董白作。……（梅村题冒辟疆名姬董白小像八首之八）此绝后半十四字，深可玩味。盖"侯门"一辞，出云溪友议上"襄阳杰"条，崔郊诗"侯门一入深如海，从此萧郎是路人。"然则小宛虽非董鄂妃，但亦是被北兵劫去。冒氏之称其病死，乃讳饰之言欤？此事数十年来考辨纷纭，于此不必多论，但就影梅庵忆语略云：
>
> 〔顺治七年〕三月之杪，久客卧雨，怀家正剧，晚霁龚〔孝升〕奉常，〔杜〕于皇，〔吴〕园次过慰，留饮。因限韵各作诗四首，不知何故，诗中咸有商音。三鼓别去，余甫着枕，便梦还家，举室皆见，独不见姬。急询荆人，不答。复遍觅之，但见荆人背余下泪。余梦中大呼曰，岂死耶？一恸而醒。姬每春必抱病，余深疑虑。旋归，则姬固无恙。因闲述此相告，姬曰，甚异，前于是夜梦数人强余去，匿之幸脱。其人猖猖不休也。讵知梦真而诗谶咸来相告哉！
>
> 可知辟疆亦暗示小宛非真死，实被劫去也。观牧斋"吴殿金钗葬几回"之语，其意亦谓冒氏所记述顺治八年正月初二日小宛之死，（见影梅庵忆语及文艺月刊第陆卷第壹期圣旦编董小宛系年要录等。）乃其假死。清廷所发表顺治十七年八月十九日董鄂妃之死，即小宛之死。故云"葬

---

① 《清实录》第4册，《圣祖仁皇帝实录（一）》，中华书局，1985年，第139页。
② 《清实录》第4册，《圣祖仁皇帝实录（一）》，中华书局，1985年，第149页。

几回"。否则钱诗辞旨不可通矣。①

陈寅恪对钱牧斋《病榻消寒杂咏》之三十七、吴梅村《题冒辟疆名姬董白小像（八首）》之八，所论精辟。笔者在此试补充几点：

第一，吴梅村《题冒辟疆名姬董白小像》序"名留琬琰"，是用顺治十七年八月己酉追封皇贵妃董鄂氏为端敬皇后册文"不襃琬琰之章，曷著珩璜之度"，以及金之俊《奉敕撰端敬皇后传》"宣付史馆，用垂琬琰"之今典。

按《清世祖实录》卷一百五顺治十三年十二月己卯（初六日）："诏曰：'……于本月初六日、册封内大臣鄂硕之女董鄂氏为皇贵妃，赞理得人，群情悦豫。逢兹庆典，恩赦特颁。……布告天下，咸使闻知。"可知顺治十七年八月己酉（二十六日）追封皇端敬皇后册文："不襃琬琰之章，曷著珩璜之度"，当时亦已布告天下，咸使闻知，得成为吴梅村《题冒辟疆名姬董白小像》序"名留琬琰"、杜绍凯《影梅庵词为辟疆先生悼小宛少君》"琬琰勒穹碑"之今典矣。"琬琰"，美玉，碑之美称，习指名臣之碑。

第二，"寒食东风杜宇魂"之"杜宇"，喻指顺治，"魂"，指其已"死"。诗言如望帝杜宇淫鳖灵之妻，"帝惭，遂化为子规"，顺治皇帝霸占冒辟疆姬董小宛，帝惭，遂"死"。

第三，"江城细雨碧桃村，寒食东风杜宇魂。欲吊薛涛怜梦断，墓门深更阻侯门"，诗言顺治十七年八月董小宛死后，顺治十八年正月顺治"死"后，当清明寒食祭奠亡人之时节，身在江城如皋水绘园之冒辟疆，帝惭遂"死"魂化杜宇之顺治帝，都在凭吊如名姬薛涛身世之亡人董小宛，可是冒辟疆与董小宛，生前已被侯门（多尔衮、硕塞之王府大门，顺治之皇宫大门）所阻绝，小宛死后，更被清世祖孝陵大门所阻绝，何从吊墓耶？诗言顺治董皇后本来就是冒辟疆名姬董小宛。

康熙二年六月六日壬寅"恭奉世祖章皇帝、孝康皇后、端敬皇后宝宫，送至（孝陵）地宫，安奉石床毕，掩地宫石门"，《同人集》众多诗人是在此严重刺激之下，纷纷作出悼董小宛诗，其中包括吴梅村《题冒辟疆名姬董白小像》。此时离冒辟疆假称董小宛死于顺治八年，已经十三四年。

3. 张文峙悼董小宛诗：董小宛是借葬于昌瑞山孝陵，那里并非董小宛本夫之墓

《同人集》卷六《影梅庵悼亡题咏》缴山张文峙《影梅庵词为辟疆先生悼小宛少君》四首之四：

① 陈寅恪：《柳如是别传》，中册，生活·读书·新知三联书店，2001 年，第 791 – 793 页。

铁网谁能举，珊瑚烂几柯。群花悲月堕，百鸟瘗鸾讹。落叶哀蝉曲，秋风团扇歌。人间真局促，埋玉借山阿。①

按清王士禛《池北偶谈》卷十一《张文峙》：

> 张可仕字文寺，更名文峙，字紫淀，楚人，家金陵，能诗。与归安茅元仪善，茅死，有姬杨宛，以才色称，戚畹田弘遇欲得之，以千金寿文寺，求喻意，文寺绝弗与通。范文贞公礼为上客，公殉国，文寺设位雨花台，为文哭之。崇祯末，集子史成句为四言诗一卷，讽切时事，号《击磬集》。弟可度，字厱筏，好佞佛，一食清斋，迥然终日。②

杨锺羲《雪桥诗话续集》卷一：

> 南雷尝称金若水渊，能于忙迫世界称闲人，其寄诸弟句云："别后池塘犹有梦，到来乡井恐无家。"孝感张文峙《无枝可栖》篇云："黄金即天命，赤地总危途。"风雨飘摇，同一凄惋。③

赵宏恩《（乾隆）江南通志》卷一百六十五《人物志》：

> 张文峙，字紫淀，家钟山之阳。贯穿经史，辨核掌故，务为根底有用之学。撰《南枢志》一百七十卷，纂《明布衣诗》一百卷。

由上可知，张文峙人品正直，学有本原，是具有民族气节之明遗民。其诗当允称信实。

"百鸟瘗鸾讹"："瘗鸾"，比喻埋葬董小宛。"讹"，误也。诗言如皋影梅庵董小宛墓是假墓。换言之，冒辟疆所称顺治八年董小宛之死，乃其假死。

"落叶哀蝉曲"：典出晋王嘉《拾遗记》卷五《前汉上》："汉武帝思怀往者李夫人，不可复得。……因赋《落叶哀蝉》之曲曰：'罗袂兮无声，玉墀兮尘生。虚房冷而寂寞，落叶依于重扃。望彼美之女兮安得，感余心之未宁。'"

"秋风团扇歌"：典出《玉台新咏》卷一班婕妤《怨诗一首并序》："昔汉成帝班婕妤，失宠，供养于长信宫，乃作赋自伤，并为怨诗。新制齐纨素，鲜洁如霜雪，裁为合欢扇，团圆似明月。出入君怀袖，动摇微风发，常恐秋节至，凉飙夺炎热，弃捐箧笥中，恩情中道绝。"

① 清冒襄辑：《同人集》卷六，《四库全书存目丛书》集部第 385 册影印康熙冒氏水绘园刻本，齐鲁书社，1997 年，第 246 页。
② 清王士禛撰，勒斯仁点校：《池北偶谈》，中华书局，1982 年，第 259 页。
③ 杨锺羲撰集，刘承乾参校：《雪桥诗话续集》，北京古籍出版社，1991 年，第 22 页。

"落叶哀蝉曲，秋风团扇歌"，借汉武帝之李夫人、汉成帝之班婕妤，指顺治帝之董皇后。诗题为"为辟疆先生悼小宛"，诗句曰"落叶哀蝉曲"、指顺治帝哀董皇后之死，诗言董皇后之死才是董小宛之真死。

"埋玉"：埋葬洁白的玉树，指埋葬董白，典出《世说新语·伤逝》："庾文康亡，何扬州临葬云：'埋玉树着土中，使人情何能已？'"

"借"：暂时使用别人之物也。

"山阿"：犹言山中，典出陶渊明《挽歌》："死去何所道，托体同山阿。"按民国《如皋县志》卷首《形胜》："南齐郡志：东届海隅，地旷土平。"如皋无山。此指清世祖孝陵。复按《清史稿》卷二百十四《世祖孝献皇后传》："康熙二年，合葬孝陵，主不祔庙，岁时配食飨殿。"《钦定大清会典》卷四十二《礼部·祠祭清吏司·陵寝》："世祖章皇帝陵曰孝陵，在顺天府之遵化州昌瑞山，距京师二百四十里，孝康章皇后合葬，孝献皇后祔葬。"① "合葬"、"祔葬"分别言之，可见意义有所区别，祔葬实有附葬之意。顺治假死真出家之后，清廷对于已故董皇后之礼遇，显然降格②。其原因，当在于顺治出家，孝庄有所迁怒于董皇后。

"埋玉借山阿"：诗有三个意思，第一，董小宛是埋葬在山中，如皋平原董小宛墓，非其真墓。第二，董小宛已祔葬于昌瑞山孝陵。第三，董小宛是借葬于昌瑞山孝陵——那里并非董小宛本夫之墓。

张文峙《影梅庵词为辟疆先生悼小宛少君》，作于康熙二年（1663）六月六日端敬皇后宝宫送入孝陵地宫之后。

4. 杜绍凯悼董小宛诗：吾人对于清朝皇帝视如寇雠

《同人集》卷六《影梅庵悼亡题咏》楚黄杜绍凯（苍略）《影梅庵词为辟疆先生悼小宛少君》三首之三：

> 沉香镌小像，琬琰勒穹碑。自洒蘼芜血，如闻落叶词。哀蝉留静处，杜宇在高枝。若及君臣际，还须用此痴。③

按清乾隆十七年刻本王士禛《感旧集》卷十二"杜绍凯一首"条：

> 绍凯字苍略，湖广黄冈人，濬之弟。《有学集》题苍略自评诗文：

---

① 《景印文渊阁四库全书》第619册，台湾商务印书馆股份有限公司，1986年，第338页。

② 参阅徐广源、韩金环：《董鄂妃死后遭到的冷遇及其原因》，李万贵主编《清东陵文粹》，中国铁道出版社，1998年。

③ 清冒襄辑：《同人集》卷六，《四库全书存目丛书》集部第385册影印康熙冒氏水绘园刻本，齐鲁书社，1997年，第246页。

"不见苍略于今五年，遇陑而气益昌，家贫而学益富。才老心易，趾高视下。宜其所著撰宏肆纍兀，富有日新也。少陵之诗曰：'文章千古事，得失存心知。'苍略诗既已自评定，则所谓千古寸心，苍略盖自知之矣。若其灵心濬发，神者告之，苍略固不能自知也，而余顾能知之也耶！"

康熙刻本卓尔堪《遗民诗》卷十"杜绍凯"条：

> 苍略，娄山，湖广黄冈人。

可知杜绍凯与兄杜濬乃是遗民兄弟诗人，人品、诗品俱属卓尔不凡。

"琬琰勒穹碑"：用顺治十七年八月己酉追封皇贵妃董鄂氏为端敬皇后册文"不褒琬琰之章，曷著珩璜之度"，以及金之俊《奉敕撰端敬皇后传》"宣付史馆，用垂琬琰"之今典。诗题"悼小宛少君"，诗句"琬琰勒穹碑"用董皇后册文"褒琬琰之章"，以及《端敬皇后传》"用垂琬琰"，是表示董小宛即董皇后。

"自洒蘼芜血"：典出《玉台新咏》卷一《古诗八首》之一："上山采蘼芜，下山逢故夫。"诗言身在清宫之董小宛，为思念故夫冒辟疆而洒下血泪。

"如闻落叶词"：典出王嘉《拾遗记》："汉武帝思怀往者李夫人，不可复得……因赋《落叶哀蝉》之曲。"以及《汉书》卷九十七上《外戚传上》："孝武李夫人，本以倡进。初，夫人兄延年性知音，善歌舞，武帝爱之。每为新声变曲，闻者莫不感动。延年侍上起舞，歌曰：'北方有佳人，绝世而独立，一顾倾人城，再顾倾人国。宁不知倾城与倾国，佳人难再得！'上叹息曰：'善！世岂有此人乎？'平阳主因言延年有女弟，上乃召见之，实妙丽善舞。由是得幸，生一男，是为昌邑哀王。李夫人少而蚤卒，上怜闵焉，图画其形于甘泉宫。及卫思后废后四年，武帝崩，大将军霍光缘上雅意，以李夫人配食，追上尊号曰孝武皇后。"诗言身在人间之冒辟疆，听闻到了清廷宣布董皇后实即董小宛之死。

"哀蝉留静处"：诗言小宛无声无息地死于清宫深处。

"杜宇在高枝"：典出扬雄《蜀王本纪》："后有王曰杜宇……号曰望帝"，《十三州志》："望帝使鳖灵治水而淫其妻，灵还，帝惭，遂化为子规"。诗言杜宇鸟在高枝上，喻说如望帝杜宇淫鳖灵之妻，霸占冒辟疆姬董小宛者，乃是高高在上之顺治皇帝。

"若及君臣际"：直接古典，出自杜甫《吾宗》："语及君臣际，经书满腹中。"原始古典，出自《孟子·离娄下》："君之视臣如手足，则臣视君如腹心。君之视臣如犬马，则臣视君如国人。君之视臣如土芥，则臣视君如寇雠。……寇雠，何服之有？"

"此痴":指孟子。典出宋王暐《道山清话》"李觏"条:"素不喜佛,不喜孟子。……一士人知其富,有酒,然无计得饮,乃作诗数首骂孟子,其一云:'完廪捐阶未可知,孟轲深信亦还痴。'"

"若及君臣际,还须用此痴":诗言如果要说到君臣关系,吾人对于清朝皇帝,须采取孟子大义:君之视臣如土芥,则臣视君如寇雠,寇雠,何服之有?是不承认其为中国之君主。

杜绍凯《影梅庵词为辟疆先生悼小宛少君》,最早作于顺治十七年(1660)八月董小宛死后。

5. 吴绮悼董小宛诗:董小宛入清宫后音尘断绝,在清宫中被夺去了性命

《同人集》卷六《影梅庵悼亡题咏》广陵吴绮(园次)《悼董宛君》八首之八:

> 响屟难闻下玉除,茂陵琴倚马相如。长怜病起能看月,最忆妆成好读书。淡菊似人徒有影,幽兰无语竟先锄。年来欲谱多情恨,先为红颜赋子虚。①

"响屟难闻下玉除":"响屟",相传吴王筑响屟廊,令足底木空声彻,西施着木屟行经廊上,辄生妙响。北宋朱长文元丰《吴郡图经续记》卷中《砚石山》:"在吴县西二十一里。《越绝书》云:吴人于砚石置馆娃宫。……山上旧传有琴台,又有响屟廊或曰鸣屟廊,以楩梓藉其地,西子行则有声,故以名。"南宋范成大绍定《吴郡志》卷八《古迹》:"响屟廊,灵岩山寺。传吴王令西施辈步屟,廊虚而响,故名。今寺中以圆照塔前小斜廊为之。白乐天亦名鸣屟廊。""玉除",宫中玉阶。

"茂陵琴倚马相如":典出《史记·司马相如列传》:"是时卓王孙有女文君新寡,好音,故相如缪与令相重,而以琴心挑之。……相如既病免,家居茂陵。"

"响屟难闻下玉除,茂陵琴倚马相如",以入吴宫之越国西施,指入清宫之汉族董小宛。以病居茂陵之司马相如,比冒辟疆。诗言董小宛入清宫后,音尘断绝,冒辟疆怀念知音,忧伤成病。

"幽兰无语竟先锄":典出《三国志》卷四十二《蜀书》十二《张裕传》:"先主常衔其不逊,加忿其漏言,乃显裕谏争汉中不验,下狱,将诛之。诸葛亮表请其罪,先主答曰:'芳兰生门,不得不鉏。'裕遂弃市。"

"淡菊似人徒有影,幽兰无语竟先锄",诗言董小宛人影仿佛还在如皋水

---

① 清冒襄辑:《同人集》卷六,《四库全书存目丛书》集部第385册影印康熙冒氏水绘园刻本,齐鲁书社,1997年,第250页。

绘园，却无声无息地在清宫中被夺去了性命。

吴绮《悼董婉君》，最早作于顺治十七年（1660）八月董小宛死后。

6. 周士章悼董小宛诗：悼顺治董皇后就是悼董小宛

《同人集》卷六《影梅庵悼亡题咏》石城周士章（吴昉）《悼董婉君》八首之八：

> 捐佩凌空化彩云，璈音缥缈半天闻。芳踪永谢吴娃屧，玉质难留赵婕裙。水竹图书畴作伴，朴巢烟雨许平分。幽魂千载骚人笔，赓韵将来杂典坟。①

"芳踪永谢吴娃屧"：典出前揭西施鸣屧廊故事。

"赵婕（好）"：赵飞燕。《汉书》卷九十七下《外戚传下》："孝成赵皇后，本长安宫人……学歌舞，号曰飞燕。成帝……见飞燕而说之，召入宫，大幸。有女弟复召入，俱为婕妤，贵倾后宫。许后之废也，上欲立赵婕妤。皇太后嫌其所出微甚，难之。太后姊子淳于长为侍中，数往来传语，得太后指，上立封赵婕妤父临为成阳侯。后月馀，乃立婕妤为皇后。"

"赵婕裙"：典出汉伶玄《赵飞燕外传》："后（赵飞燕）衣南越所贡云英紫裙，碧琼轻绡。广榭上，后歌舞《归风送远》之曲，帝以文犀簪击玉瓯。令后所爱侍郎冯无方吹笙，以倚后歌。中流歌酣，风大起，后顺风扬音，无方长嘘细袅，与相属。后裙髀曰：'顾我，顾我。'后扬袖曰：'仙乎仙乎，去故而就新，宁忘怀乎。'帝曰：'无方为我持后。'无方舍吹持后履，久之，风霁。后泣曰：'帝恩我，使我仙去不得。'怅然曼啸，泣数行下，帝益愧爱后。……他日宫姝幸者，或襞裙为襞，号曰留仙裙。"

诗题为"悼董婉君"，诗句曰"芳踪永谢吴娃屧，玉质难留赵婕裙"，言西施、赵飞燕已经仙去，指顺治董皇后已经仙逝，表示董小宛即顺治董皇后。

周士章《悼董婉君》，最早作于顺治十七年（1660）八月董小宛死后。

7. 谭篆悼董小宛诗：不能原谅霸占董小宛的清朝皇帝顺治

《同人集》卷六《影梅庵悼亡题咏》竟陵谭篆（灌湘）《悼董婉君》五首之二：

> 绿珠亦已碎，空断高楼魂。抱泪送明月，莫过杜宇村。②

---

① 清冒襄辑：《同人集》卷六，《四库全书存目丛书》集部第385册影印康熙冒氏水绘园刻本，齐鲁书社，1997年，第250页。

② 清冒襄辑：《同人集》卷六，《四库全书存目丛书》集部第385册影印康熙冒氏水绘园刻本，齐鲁书社，1997年，第251页。

"抱泪送明月，莫过杜宇村"："明月"色白，指董白，董小宛名白。"杜宇"，如前所述，用望帝杜宇淫鳖灵妻，"帝惭，遂化为子规"，指顺治皇帝霸占冒辟疆姬董小宛，帝惭，遂"死"。

诗言抱泪为董小宛之仙逝送行，也不要经过霸占董小宛的杜宇村、帝王家。此表示，不能原谅霸占董小宛的清朝皇帝顺治。

吴梅村《题冒辟疆名姬董白小像》"江城细雨碧桃村，寒食东风杜宇魂"，杜绍凯《为辟疆先生悼小宛》"哀蝉留静处，杜宇在高枝"，谭篆《悼董婉君》"抱泪送明月，莫过杜宇村"等诗表明，《同人集》诗人们不仅认定顺治董皇后就是董小宛，而且认为，顺治之"死"，是与顺治霸占人妻董小宛因而心怀惭愧有关。

谭篆《悼董婉君》，最早作于顺治十八年世祖"死"后。

8. 王士禄悼董小宛诗：顺治董皇后就是董小宛，董小宛比王昭君还要悲惨

《同人集》卷六《影梅庵悼亡题咏》新城王士禄（西樵）《巢民先生示吴梅村祭酒吊董少君十绝索和勉成应教殊惭牵率也》之七：

> 月来香俪剩空楼，潘岳何能不白头。一曲哀蝉兼落叶，顿教花月黯扬州。①

按《清史列传》卷七十《王士禄传》：

> 字子底，济南新城人。刑部尚书士祯之兄。顺治九年进士。清介有守，笃于友爱。自少能文章，工吟咏。以诗法授诸弟，咸有成就。而士祯遂以风雅为海内宗仰。始举礼部，投牒改官，选莱州府教授，寻迁国子监助教，擢吏部主事。康熙二年，充河南乡试正考官，以磨勘罣吏议，逮下狱，久之得雪，免官。时士祯方任扬州推官，两亲皆就养，士禄因南游往省。②

复按王士祯《王考功（士禄）年谱》康熙三年甲辰先生年三十九岁条："十一月至扬州。"③ 又康熙四年乙巳先生年四十岁条："二月，先生自广陵渡江往京口。"④ 可知王士禄康熙三年（1664）十一月至扬州，康熙四年二月离

---

① 清冒襄辑：《同人集》卷六，《四库全书存目丛书》集部第385册影印康熙冒氏水绘园刻本，齐鲁书社，1997年，第255页。

② 王锺翰点校：《清史列传》，第18册，中华书局，1987年，第5722页。

③ 清王士祯撰，孙言诚点校：《王士祯年谱》附《王士禄年谱》，中华书局，1992年，第78页。

④ 清王士祯撰，孙言诚点校：《王士祯年谱》附《王士禄年谱》，中华书局，1992年，第79页。

开扬州。冒辟疆以吴梅村吊董小宛十绝句示士禄，士禄和吴梅村吊董小宛，当在此时。

"月来香俪剩空楼，潘岳何能不白头"：诗言顺治七年水绘园董小宛人去楼空，冒辟疆悲愤白头。

"一曲哀蝉兼落叶，顿教花月黯扬州"：上句是用汉武帝思怀往者李夫人不可复得，因赋《落叶哀蝉》之曲故事，诗言北京清宫顺治董皇后逝世，顿时让扬州花月黯然失色，暗示顺治董皇后就是如皋冒辟疆姬董小宛。

王士禄《巢民先生示吴梅村祭酒吊董少君十绝索和勉成应教殊惭牵率也》之八：

> 漫道明妃尚有村，芳堤难觅窈娘魂。凄凉何许伤心路，杨柳春风白下门。

"漫道明妃尚有村，芳堤难觅窈娘魂"，上句典出杜甫《咏怀古迹五首》之三咏王昭君"群山万壑赴荆门，生长明妃尚有村"，以入匈奴之王昭君，指入清宫之董小宛。下句典出杜甫《咏怀古迹五首》之三咏王昭君"画图省识春风面，环佩空归月夜魂"。诗言休道王昭君还可以魂返明妃村，小宛的芳魂却回不了水绘园。意指董小宛比王昭君命运还要悲惨。

王士禄《巢民先生示吴梅村祭酒吊董少君十绝索和勉成应教殊惭牵率也》之九：

> 遗扇新题祭酒诗，兰香竹泪足人思。十年箧笥非关弃，忍忆帘边记拍时。

"遗扇新题祭酒诗"，言董小宛刚死。"十年箧笥非关弃"，诗言小宛遗扇并非是被弃置于箧笥中十年，而是不忍心睹物思人，表示十年以来小宛并非是被冒辟疆遗弃，而是活着——被掳走。

从顺治七年（1650）三月之杪董小宛在家被"人强去"，到顺治十七年（1660）八月十九日清廷宣布顺治董皇后即董小宛之死，正好为时十年。

《影梅庵悼亡题咏》悼董小宛二十五家诗[1]，除开头少数篇章如第二家诗白门王溓《辛卯冬为辟疆兄伤董姬》是作于顺治八年辛卯（1651）之外，至

---

[1] 《同人集》卷六《影梅庵悼亡题咏》悼董小宛二十五家诗，诗人为：颜光祚、王溓、俞绶、张文峙、陈允衡、杜绍凯、张恂、梅磊、徐泰时、纪映锺、周蓼恤、张二严、张遗、吴绮、周士章、宋之绳、谭篆、刘肇国、韩诗、黄虞稷、史惇、赵而忭、吴伟业、杜濬、王士禄。《同人集》述及董小宛被掳等诗，并不限于《影梅庵悼亡题咏》。例如陈维崧《杂诗寓水绘庵作》十首，即并不在其中，而是在之前，接近卷端。

迟从第四家诗张文峙《影梅庵词为辟疆先生悼小宛少君》起大多数篇章，是作于顺治十七年（1660）八月董小宛之死、顺治十八年正月顺治之"死"、康熙二年（1663）端敬皇后宝宫送入孝陵地宫之后数年间。张文峙《悼小宛少君》"落叶哀蝉曲，秋风团扇歌"，言董皇后之死才是董小宛之真死，"埋玉借山阿"，言康熙二年董小宛宝宫是借葬于昌瑞山孝陵，那里并非董小宛本夫之墓；吴梅村《题董姬婉君小像八绝句有引》（《题冒辟疆名姬董白小像八首并引》）作于甲辰康熙三年（1664），王士禄《巢民先生示吴梅村祭酒吊董少君十绝索和》作于康熙三年至康熙四年之间，皆是明证。

孟森《世祖出家事考实》言："小宛死于顺治（八年）辛卯，辟疆《同人集》中，海内名流以诗词相吊者无数。时世祖尚只十四岁耳，小宛则二十八岁，所谓年长以倍者也。"①

孟森先生此言似误：

第一，误将《同人集》众多诗人悼董小宛诗之年代，从顺治十七年至康熙四年（1660－1665），提前到顺治八年（1651），提前了九年至十四年。

第二，误将顺治遇见董小宛之年代，从顺治十一年（1654）提前到顺治八年，提前了三年。此三年，正是顺治从少年成长为青年的关键之三年。

三、龚鼎孳绝笔《贺新郎》：董小宛落入顺治手中，冒辟疆不得破镜重圆

龚鼎孳（1616－1673），字孝升，号芝麓，合肥人。明末清初诗人，与吴伟业、钱谦益并称"江左三大家"。明崇祯七年进士，授兵科给事中。清顺治时，迁左都御史。康熙时，迁刑部尚书。卒，谥端毅。乾隆三十四年，诏削其谥。顺治在禁中见其文，叹曰："真才子也！"明遗民傅山、阎尔梅陷狱，皆赖其力得免。为冒辟疆（1611－1693）之至交。《清史列传》卷七十九、《清史稿》卷四百八十九有传。

龚鼎孳《贺新郎·影梅庵忆语》，述董小宛入清宫事。此词作于康熙九年庚戌（1670），未收入《同人集》卷六《影梅庵悼亡题咏》。《题咏》多作于顺治十七年至康熙二年，编集当在康熙二年之后不久。

罗惇曧（1872－1924）《宾退随笔·董妃董小宛》："龚芝麓题《影梅庵忆语》，《贺新郎》词下阕云：'碧海青天何限事，难倩附书黄犬。藉棋日酒年宽免，搔首凉宵风露下，羡烟霄破镜犹堪展。双凤带，再生翦。'所云'碧海青

---

① 孟森：《世祖出家事考实》，《明清史论著集刊正续编》，河北教育出版社，2000年，第 245 页。

天'、'附书黄犬'、'破镜堪展'，皆生别语，非慰悼亡语也。"①"皆生别语"，是诗家内行之灼见，指出了龚词言冒辟疆、董小宛是生离，实际是表示，顺治八年董小宛病"死"并非事实的真相。

高阳《董小宛入清宫始末诗证》（1982 年）：

"扁"字韵《贺新凉》后半阕云：

碧海青天何限事，难借附书黄犬，藉棋日酒年宽免。搔首凉宵风露下，羡烟霄破镜犹堪典；双凤带，再生翦。

小宛未死，高高在上，如月里嫦娥，望影依稀。黄犬即"黄耳"，用陆机入洛，遣快犬黄耳赍家书归吴的故事；明知小宛在何处，而不得一诉相思，故"难遣"。"破镜"一典更为露骨，"烟霄"即元宵；冒辟疆不如徐德言，藉元宵"卖半照"犹得与乐昌公主重圆破镜②。

高阳对龚词关键的"碧海青天"五句，进一步提出符合词意的具体解释，使词意豁然开朗。

今讨论高阳所未涉及的龚鼎孳知道董小宛入清宫事之时间，和龚词更为关键的结尾二句"双凤带，再生翦"——迄今无人解释过。高阳讨论过于简略之处，亦加以必要的补充。

龚鼎孳《与冒辟疆书》（顺治八年辛卯夏秋间）：

张君老至，得手示。情至之言，快如披面，数千里契阔，欣慰可知。……弟一入此间，颓唐潦倒，无复向时意致。长淮滔滔，梦时飞渡。在山远志，何日忘之。纵令浮湛金马门，无所短长，不堪为知己道也。……董社嫂清恙计已平好，红窗拥炉，寒香初放，令人飘然有藐姑射之思，弟妇之怀想企仰，又可知矣。③

案：据董迁《龚芝麓年谱》，龚鼎孳顺治三年至七年从北京回到合肥丁忧，期间并活动于南京、扬州等地，顺治八年辛卯（1651）夏返回北京④。龚鼎孳与冒辟疆"张君老至，得手示"书，龚本无年月日，《同人集》卷四《尺

①　《近代中国史料丛刊三编》第 26 辑《清外史 宾退随笔》，台北文海出版社，1987 年，第 270 页。

②　高阳：《董小宛入清宫始末诗证》，《高阳说诗》，辽宁教育出版社，1998 年，第 169－170 页。

③　孙克强、裴喆编辑校点：《龚鼎孳全集》之《定山堂文集》卷二十六《书·冒辟疆》（据国家图书馆藏抄本《龚端毅公文集》）第三书，原题："又"，人民文学出版社，2014 年，第 2067 页。

④　《龚鼎孳全集》附录三，人民文学出版社，2014 年，第 2586－2588 页。

牍·淝水龚鼎孳芝麓书》第二书题为“又”，文与龚本同，题下注：“辛卯”，末署：“嘉平十九日”①。此书云“张君老至，得手示，数千里契阔，欣慰可知”，“弟一入此间，颓唐潦倒”，可知龚鼎孳此书当作于顺治八年辛卯夏秋间从南方返回北京以后不久；观龚鼎孳《与冒辟疆书》下一书，可知顺治八年辛卯“重阳后十日”即九月十九日，龚鼎孳始知董小宛之死；则此书当作于顺治八年辛卯夏秋间入都以后不久，九月十九日之前。《同人集》此书末署“嘉平（腊月）十九日”，当有误。

顺治八年辛卯（1651）闰二月十五日，冒辟疆作《亡妾秦淮董氏小宛哀辞序》，称董小宛“今辛卯（顺治八年）献岁二日长逝”。由龚鼎孳顺治八年辛卯夏秋间《与冒辟疆书》问候“董社嫂清恙计已平好”，可知此时龚鼎孳并不知道董小宛之“死”，而是听说董小宛有“恙”。换言之，当顺治八年辛卯夏秋间冒辟疆托张君老带书与龚鼎孳时，并未告诉龚鼎孳本年正月二日董小宛之“死”，而是告诉龚鼎孳董小宛有“恙”。由此似可见出，冒辟疆虽然已称董小宛已“死”，却仍然是心有不甘。

龚鼎孳《与冒辟疆书》（顺治八年辛卯九月十九日）：

> 洞老至都，袖示大札，一时风雨飒然，玉碎珠销，断魂千古。弟于宛君盟嫂，虽缺郁金堂下一拜之缘，……阮公怜女之戚，情至不堪，况于我辈骨肉关情，尤宜分痛。……老盟翁其姑念缺陷世界，能少解黄尘碧海之郁陶乎！《忆语》大刻，钟情特至，展之不禁雪涕，沉香亲刻，管夫人不是过也。诔词二千馀言，宛转凄迷，玉笛九回，玄猿三下矣。欲附数言于芳华之末，为沅澧招魂，弟妇尤写恨沾巾，追平生于想像。劈笺探韵，絮语神伤，而悉率哀音，转多幽咽，属思未竟，惆怅无端，徐之必有以祝桂旗而酹翠羽，未敢忘也。新政云雷，万方凫藻。卧龙峻誉，岂能久伏隆中，肝膈深披，敢不仰体。……重阳后十日②

案：龚鼎孳与冒辟疆“洞老至都，袖示大札”书，龚本无年月日，《同人集》卷四龚鼎孳与冒辟疆第三书，题为“又”，年代上承“辛卯”，文与龚本

---

① 清冒襄辑：《同人集》卷四，《四库全书存目丛书》集部第385册影印康熙冒氏水绘园刻本，齐鲁书社，1997年，第165页。

② 孙克强、裴喆编辑校点：《龚鼎孳全集》之《定山堂文集》卷二十六《书·冒辟疆》（据国家图书馆藏抄本《龚端毅公文集》）第三书，原题：“又”，人民文学出版社，2014年，第2068－2069页。

同，末署"重阳后十日"①，是作于顺治八年辛卯九月十九日。

由龚鼎孳顺治八年辛卯九月十九日《与冒辟疆书》"一时风雨飒然，玉碎珠销，断魂千古，弟于宛君盟嫂"，"尤宜分痛"，以及"《忆语》大刻，钟情特至，展之不禁雪涕，沉香亲刻管夫人，不是过也。《诔》词二千馀言，宛转凄迷，玉笛九回，玄猿三下矣"，可知顺治八年辛卯九月十九日或之前龚鼎孳接到冒辟疆书，以及《影梅庵忆语》、《亡姜秦淮董氏小宛哀辞》刻本，始知董小宛之"死"。由龚鼎孳复书中"新政云雷，万方凫藻。卧龙峻誉，岂能久伏隆中"，殷勤相劝冒辟疆仕清，可见冒辟疆与龚鼎孳书虽报董小宛之"死"，但似并未述及董小宛被清军掳走之真相，否则龚鼎孳怎能劝冒辟疆仕清。

冒辟疆《影梅庵忆语》、《亡姜秦淮董氏小宛哀辞》作于顺治八年（1651），并于此年刊行于世，亦由此可知。康熙四年（1665）李天馥作《古宫词》时，早已熟读《影梅庵忆语》、《亡姜秦淮董氏小宛哀辞》，得以使用其中典故，为有依据矣。

龚鼎孳《与冒辟疆书》（顺治十八年辛丑）：

> 向少双成盟嫂悼亡诗，真是生平一债。②

案：由龚鼎孳顺治十八年辛丑（1661）《与冒辟疆书》自述"向少双成盟嫂悼亡诗，真是生平一债"，可见顺治八年以后、顺治十八年之前，龚鼎孳当已知道董小宛被清军掳走及之后情况之真相，及其久久难于下笔之为难。此时，距顺治十七年董小宛之死于清宫，正好一年。

冒辟疆《巢民文集》卷三《书·答龚芝麓先生》（庚戌康熙九年）：

> 昨忽承大命，重索悼亡小刻，岂廿年黄土朱颜，先生仍记忆不忘乎？昨遍觅寻此本寄上。展之如风蒲猎猎中，畴昔痴肠重为轮转。知必有生泉下之光，不肯令梅村先生香艳十诗独擅影梅也。庚戌菊月二十日拜手具复③

冒辟疆《巢民诗集》《光禄大夫礼部尚书谥端毅合肥龚公有引》（庚戌康熙九年）：

---

① 清冒襄辑：《同人集》卷四，《四库全书存目丛书》集部第385册影印康熙冒氏水绘园刻本，齐鲁书社，1997年，第165－166页。

② 孙克强、裴喆编辑校点：《龚鼎孳全集》之《定山堂文集》卷二十六《书·冒辟疆》（据国家图书馆藏抄本《龚端毅公文集》）第三书，原题："又"，人民文学出版社，2014年，第2072页。

③ 万久富、丁富生主编：《冒辟疆全集》上册，凤凰出版社，2014年，《巢民文集》第387页。

庚戌冬，送儿移寓张螺浮黄门，断句十二首。又远索亡姬《影梅庵忆语》，调扁字韵《贺新凉》，重践廿馀年之约。护月太常，夜成腹稿，为余序《岁寒》，皆为绝笔。①

案：龚鼎孳卒于庚戌康熙九年（1670），本年死前向冒辟疆重索十九年前所刊《影梅庵忆语》，为董小宛之死作悼亡词《贺新郎》，终于是还了此生平之债。冒辟疆称之为绝笔。此时，距顺治七年庚寅（1650）董小宛自如皋家中被清兵劫至北京，已二十年；距顺治八年辛卯（1651）冒辟疆作《亡妾秦淮董氏小宛哀辞序》，称董小宛"长逝"，已十九年；距顺治十七年庚子（1660）董小宛之死，已是十年。

龚鼎孳《定山堂诗馀》卷四《贺新郎》（康熙九年庚戌）：

《影梅庵忆语》久置案头，不省谁何持去，辟疆再为寄示，开卷泫然，怀人感旧，同病之情，略见乎词矣。

雁字横秋卷。乍凭栏、玉梅影到，同心遥遣。束素亭亭人宛在，红雨一巾重泫。理不出、乱愁成茧。骑省十年蓬鬓改，叹香熏、遗挂痕犹浅。肠断谱，对花展。　　帐中约略芳魂显。记当时、轻绡腕弱，睡鬟云扁。碧海青天何限事，难倩附书黄犬。藉棋日、酒年宽免。搔首凉宵风露下，羡烟霄、破镜犹堪典。双凤带，再生茧。②

"碧海青天"：以羿妻姮娥飞来月宫思念羿，喻董小宛入清宫思念冒辟疆。典出李商隐《常娥》："常娥应悔偷灵药，碧海青天夜夜心。"原始古典出自《淮南鸿烈》卷下《览冥训》："羿请不死之药于西王母，姮娥窃以奔月，怅然有丧，无以续之。"汉高诱注："姮娥，羿妻。"李天馥《古宫词·小引》："羿后黄著，飞来月里。"指如同人妻羿后姮娥从人间飞来月宫，顺治董皇后是以人妻从人间来到宫中，意同。

"何限事"：包括董小宛被掳先后归多尔衮、硕塞，董小宛入清宫，以及冒辟疆入京向清廷索还董小宛而不得等何限之事。

"破镜"：破镜重圆，指夫妇离散后重圆。陈隋之际之乱，徐德言、陈氏夫妻生离，陈氏归隋朝权贵杨素，为杨素所爱，经德言、陈氏努力，杨素乃将陈氏归还德言。典出唐孟棨《本事诗·情感第一》："陈太子舍人徐德言之妻，后主叔宝之妹，封乐昌公主，才色冠绝。时陈政方乱，德言知不相保，谓其妻

① 万久富、丁富生主编：《冒辟疆全集》上册，凤凰出版社，2014年，《巢民诗集》第146页。断句有改正。
② 孙克强、裴喆编辑校点：《龚鼎孳全集》之《定山堂诗馀》卷四，人民文学出版社，2014年，第1522页。

曰：'以君之才容，国亡，必入权豪之家，斯永绝矣。倘情缘未断，犹冀相见，宜有以信之。'乃破一照，人执其半，约曰：'他日必以正月望日，卖于都市。我当在，即以是日访之。'及陈亡，其妻果入越公杨素之家，宠嬖殊厚。德言流离辛苦，仅能至京，遂以正月望日，访于都市。有苍头卖半照者，大高其价，人皆笑之。德言直引至其居，设餐，具言其故，出半照以合之。仍题诗曰：'照与人俱去，照归人不归。无复嫦娥影，空留明月辉。'陈氏得诗，涕泣不食，素知之，怆然改容，即召德言，还其妻，仍厚遗之，闻者无不感叹。仍与德言、陈氏偕饮，令陈氏为诗，曰：'今日何迁次，新官对旧官。笑啼俱不敢，方验作人难。'遂与德言归江南，竟以终老。"《太平御览》卷七一七引汉东方朔《神异经》："昔有夫妇将别，破镜，人执半以为信。"可见此故事早有渊源。

"典"：法、效法。《康熙字典》子集下《八部》"典"："《广韵》：法也。"

"双凤"：指双凤钗，古代妇女的一种首饰，由两股簪子合成，钗头上有双凤。五代马缟《中华古今注》卷中《钗子》："盖古笄之遗象也，至秦穆公以象牙为之，敬王以玳瑁为之，始皇又金银作凤头，以玳瑁为脚，号曰凤钗。"宋陈起辑《江湖后集》卷三周端臣《古断肠曲三十首》其二十三："压髻慵簪双凤钗，伤心羞觑合欢鞋。"明查应光《丽崎轩诗》卷一《宫词》其二："金屋逶迤列馆娃，靓妆掩袂斗春华。君王蝶幸无偏向，双凤钗头未戴花。"

"双凤带"：歇后语，谓宫中女子双凤钗头带有——御书符。旧时剪彩色缯帛为图形，称小符，是端午节女子避邪的一种头饰；御书符，即皇帝御笔所书之符。典出宋陈元靓《岁时广记》卷二十一："《岁时杂记》：端五剪缯彩作小符儿，争逞精巧，掺于鬟髻之上，都城亦多扑卖，名钗头符。东坡词云：'小符斜挂绿云鬟。'吴敏德同云：'御符争带，更有天师神咒。'又古词云：'双凤钗头，争带御书符。'"龚词"双凤带"，以歇后式修辞法，用《岁时广记》古词"双凤钗头，争带御书符"之典，谓女子双凤钗头带有——御书符，是指女子已入宫中，已归属于皇帝。

"再生翦"：犹言剪断再生缘，再生缘此指夫妻今生破镜重圆。元代县尉崔英赴任，误上贼船，崔英被沉江遇救，妻王氏王被劫，夜逃为尼，法号慧圆。一日在庵主处，见船上被劫之芙蓉画，题词其上，有"今生缘已断，愿结再生缘"之句，画转献给高御史，崔英见画诉冤，从而盗贼被捕。高御史举杯告众："老夫今日为崔县尉了今生缘"，使夫妻团圆。典出明李昌祺《剪灯馀话》卷四《芙蓉屏记》："至正辛卯，真州有崔生名英者，……补浙江温州永嘉尉，携妻王氏赴任，道经苏州之圖山……舟人见其饮器皆金银，遽起恶念。是夜，沉英水中，并婢仆杀之，谓王氏曰：'尔知所以不死者乎？我次子尚未有室，今与人撑船往杭州，一两月归来，与汝成亲，汝即吾家人，第安心无恐。'……王氏佯应之。……将月余，值中秋节，舟人盛设酒肴，雄饮痛醉。王氏伺其睡沉，轻身上岸，……遥望林中有屋宇，急往投之……乃一尼院，……遂落发于佛前。……岁馀，忽有人至院随喜，留斋而去。明日，持画芙蓉一轴来施，老尼张于素屏。王过见之，识为英笔，……乃援笔题于扉上曰：'少日风流张敞笔，写生不数今黄筌。芙蓉画出最鲜妍。岂知娇艳色，翻抱死生冤。　粉绘凄凉疑幻质，只今流落有谁怜。素屏寂寞伴枯禅。今生缘已断，愿结再生缘。'其词盖《临江仙》也。……一日，忽在城有郭庆春者，以他事至院，见画与题，悦其精致，买归为清玩。适御史大夫高公纳麟退居姑苏，多慕书画，庆春以屏献之，公置于内馆，而未暇问其详。偶外间忽有人卖草书四幅，公取观之，字格类怀素而清劲不俗。公问：'谁写？'其人对：'是某学书。'公视其貌，非庸碌者，即询其乡里姓名，则蹙额对曰：'英姓崔，字俊臣，世居真州。以父荫补永嘉尉，挈累赴官，不自慎重，为舟人所图，沉英水中，家财妻妾，不复顾矣。幸幼时习水，潜泅波间，度既远，遂登岸投民家，……陈告于平江路，今听候一年，杳无音耗，惟卖字以度日，非敢谓善书也。不意恶札，上彻钧览。'公闻其语，深悯之，曰：'子既如斯，付之无奈！且留我西塾，训诸孙写字，不亦可乎？'英幸甚。公延入内馆，与饮。英忽见屏间芙蓉，泫然垂泪。公怪问之。曰：'此舟中失物之一，英手笔也。何得在此？'又诵其词，复曰：'英妻所作。'公曰：'何以辨识？'曰：'识其字画。且其词意有在，真拙妇所作无疑。'公曰：'若然，当为子任捕盗之责。子姑秘之。'乃馆英于门下。明日，密召庆春问之。庆春云：'买自尼院。'公即使宛转诘尼：'得于何人？谁所题咏？'数日报云：'同县顾阿秀舍；院尼慧圆题。'公遣人说院主曰：'夫人喜诵佛经，无人作伴，闻慧圆了悟，今礼为师，愿勿却也。'院主不许。而慧圆闻之，深愿一出，或者可以借此复仇。尼不能拒。公命舁至，使夫人与之同寝处，暇日，问其家世之详。王饮泣，以实告，且白题芙蓉事，曰：'盗不远矣，惟夫人转以告公，脱得罪人，洗刷前耻，以下报夫君，则公之赐大矣！'而未知其夫之故在也。夫人以语公，且云：'其读书贞淑，决非小家女。'公知为英妻无疑，属夫人善视之，略不与英言。公廉得顾居址出没之迹，然未敢轻动。惟使夫人阴劝王蓄发，返初服。又半年，进士薛理溥化为监察御史，按郡。溥化，高公旧日属吏，知其敏手也，具语溥化，掩捕之，赃牒及家财尚在，……溥化遂置之于极典，而以原赃给英。英将辞公赴任，公曰：'待与足下作媒，娶而后去，非晚也。'英谢曰：'糟糠之妻，同贫贱久矣。今不幸流落他方，存亡未卜。且单身到彼，迟以岁月，万一天地垂怜，若其尚在，或冀伉俪之重谐耳。感公恩德，乃死不忘，别娶之言，非所愿也。'公凄然曰：'足下高谊如此，天必有以相佑，吾安敢苦逼。但容奉饯，然后起程。'翌日开宴，路官及郡中名士毕集。公举杯告众曰：'老夫今日为崔县尉了今生缘。'客莫喻。公使呼慧圆出，则英故妻也。夫妇相持大恸，不意复得相见于此。公备道其始末，且出芙蓉屏示客，方知公所云'了今生缘'，乃英妻词中句，而慧圆则英妻改字也。满座为之掩泣，叹公之盛德为不可及。"（《剪灯馀话》明正德六年杨氏清江堂刻本。凌濛初译为白话，见《初刻拍案惊奇》卷二十七及《今古奇观》。）

"羡烟霄、破镜犹堪典。双凤带，再生蕑"：词言冒辟疆羡慕徐德言、陈氏夫妻元宵节破镜重圆，并能效法之——此暗指冒辟疆进京向清廷索还董小宛。但是，董小宛双凤钗头带——御书符，是入了清宫，落入了顺治皇帝手中，终不得归还；如崔英、王氏夫妻愿结再生缘、竟得今生破镜重圆的愿望，是被剪断了——此暗指冒辟疆曾进京向清廷索还董小宛被拒绝。

董小宛、冒辟疆时的皇帝，是顺治皇帝。

龚词精湛绝伦，可以称为天才。

冒辟疆《巢民文集》卷一《后芜城赋》（甲辰康熙三年）：

> 试望南州云拱，神京周绵。江海骏骎，丘陵四会……邑屋烂熳，工贾纷集……鱼盐富金，锡繁修世……趴趴帝宇，煌煌绮栊。玉塡金壁，铁凤苍龙。殊形异制，渥彩流虹……至于紫幌通河，翠帘引月。银缸烁曜，金络蝉联。青娥皓齿，兰仪令颜……岂越历朝而下，值丧乱之屡经。何当六百馀载，更烽烟之未宁……狼烟日炽，天堑罗殃。怒雨惨烈，迅风飘扬。虎臣棱威而熏灼，孤忠硕画以怆惶……兵戈震荡，甲士流亡。青磷荧荧，白骨如霜……楼台既倾圮，城郭复凄凉……乃遗音莫按，夜月春花。陈娥隋艳，尽委泥沙……我心孔棘，曷为可已。①

案：甲辰康熙三年（1664），冒辟疆作《后芜城赋》，哀明末清初扬州十日之悲剧，亦即是哀明朝中国亡于清朝之悲剧。

冒辟疆《后芜城赋》"陈娥隋艳，尽委泥沙"，"我心孔棘，曷为可已"，当包含了董小宛之悲剧，以及自己永远的悲愤。

此时，距顺治七年庚寅（1650）董小宛自如皋家中被清兵劫至北京，已十四年；距顺治八年辛卯（1651）冒辟疆作《亡妾秦淮董氏小宛哀辞序》，称董小宛病死，已十三年；距顺治十七年庚子（1660）董小宛之死，亦已四年。

---

① 万久富、丁富生主编：《冒辟疆全集》上册，凤凰出版社，2014年，《巢民文集》第387页。

第七章　顺康间宫内事外传之可能之渠道及董皇贵妃事传播之范围

兹依据相关原始文献材料，举例说明顺康间宫内事外传之渠道（翰林官阅读内廷档案获知信息之可能性未列入），以及董皇贵妃事传播之范围。

一、顺康间宫内事外传之可能之渠道

1. 宫中太监交往内外官员，或可能将宫内事告诉内外官员

清鄂尔泰等《国朝宫史》卷一《训谕一》："顺治十五年三月，上谕吏部曰：内监吴良辅等，交通内外官员，作弊纳贿，罪状显著，研审情真。"①

2. 宫监认识入值内廷官员，或可能将宫内事告诉入值内廷官员

《清史列传》卷七十一《查慎行传》："查慎行，字初白，浙江海宁人……（圣祖）诏随入都，直南书房。四十二年，特赐进士出身，改翰林院庶吉士，散馆授编修。时慎行族子升，以谕德侍直内廷且久，宫监辄呼慎行为'老查'以别之。上幸海子捕鱼，赐群臣，命赋诗。慎行有云：'笠檐蓑袂平生梦，臣本烟波一钓徒。'俄宫监传：'烟波钓徒查翰林'。时以比'春城寒食韩翃'，传为佳话。"②

3. 宫中太监或可能将宫内事告诉入住皇城内、京城内之传法僧人

《汤若望与木陈忞》第一章《雍正谕旨之驳正》四《结交内侍问题》："至（雍正）谓木陈忞结交内侍，事无凭证，偶向内臣探问皇上消息，人情之常，汤若望亦不能免。惟《北游集》有《赠御用监承之杨居士》……《憨璞聪语录》有赠太监诗十首……兹录其目如下。一示内监澄寰何居士。二寿司礼监弗二曹居士。三赠太监总理振宇陈公。四示太监明山李居士。五示太监君弼谢居士。六赠太监瑞云马居士。七示太监珍宇程居士。八示太监海藏李居士。九示太监竹书王居士，十示太监义山许居士。"③

4. 宫内服役行走女人或可能将宫内事往外传说

《国朝宫史》卷二《训谕二》："康熙十六年八月初一日上谕：着内务府总管传与二十家内管领：宫内一应服役行走女人，凡有事进宫，公事毕即应出外，不许久停闲坐，将外间事入内传说，并窃听宫内事往外传说，种种情弊，

---

① 清鄂尔泰等：《国朝宫史》，北京古籍出版社，1994 年，第 4 页。
② 王锺翰点校：《清史列传》，第 18 册，中华书局，1987 年，第 5810 – 5811 页。
③ 《陈垣史学论著选》，上海人民出版社，1981 年，第 437 页。

皆所不免。除已往不究外，嗣后如有此等，一经察出，必重处不赦。"①

5. 侍卫亲军朝鲜籍军官将宫内事包括顺治董皇后事告诉朝鲜使节

朝鲜王朝孝宗七年（清顺治十三年，1656）谢恩使麟坪大君李㴭②《燕途纪行下》丙申十月："初五日己卯，晴，留。金汝辉来谒。汝辉是龙湾右族，丁卯之兵，合家被掳，今为清主亲兵哨官，为人良善，频频来谒。"③《燕途纪行下》丙申十月："初十日甲申，晴，留。金汝辉来谒，细问燕京事情，答以帝御新构天清宫，太后御慈宁宫，正宫皇后御翠华宫。椒闱寂寞，方拣东西两宫皇后。宫中贵妃一人，曾是军官之妻也，因庆吊出入禁闼，帝频私之，其夫则构罪杀之，勒令入宫，年将三十，色亦不美。"④

6. 顺治皇帝告诉传法僧人董皇后事

顺治十六年七月至顺治十七年十月二十八日，茚溪行森禅师奉诏居皇城内西苑万善殿传法，深受顺治信任，为顺治净发，奉顺治之命游五台山，曾目睹"上郊祀天坛，皇太后、皇后皆同往"，顺治十八年为清廷所称的世祖火化举火。顺治十七年八、九月间，茚溪森奉旨为董皇后丧仪在承乾宫上堂、小参、起棺，在景山寿椿殿举火、收灵骨及迎神主回宫等所说偈语，暗示董皇后一生历尽艰难曲折，曾遭强人侵犯，后为顺治所保护。如非顺治告诉茚溪森董皇后之情况，并有明确旨意，茚溪森如何敢于多次在顺治面前为董皇后丧仪说偈时，指董皇后一生历尽劫难？顺治对于茚溪森并不讳言董皇后一生之经历也。

二、董皇贵妃事传播之范围

1. 汤若望闻知顺治董皇贵妃事

[德] 魏特《汤若望传》第九章《"尚父"和他的皇帝学子》："顺治皇帝对于一位满籍军人之夫人，起了一种火热爱恋。当这一位军人因此申斥他的夫人时，他竟被对于他这申斥有所闻知的'天子'，亲手打了一个极怪异的耳掴。这位军人于是乃因怨愤致死，或许竟是自杀而死。皇帝遂即将这位军人的未亡人收入宫中，封为贵妃。这位贵妃于1660年（顺治十七年）产生一子，是皇帝要规定他为将来的皇太子的。但是数星期后，这位皇子竟而去世，而其

---

① 清鄂尔泰等：《国朝宫史》，北京古籍出版社，1994年，第6页。

② 麟坪大君李㴭（1622－1658），朝鲜王朝仁祖李倧之子、孝宗李淏之弟。

③ [朝鲜王朝] 麟坪大君李㴭：《松溪集》卷七，[韩国] 林基中编《燕行录全集》第22册影印原刻本，韩国东国大学校出版部，2001年，第154页。

④ [朝鲜王朝] 麟坪大君李㴭：《松溪集》卷七，[韩国] 林基中编《燕行录全集》第22册影印原刻本，韩国东国大学校出版部，2001年，第157页。

母于其后不久亦薨逝。皇帝陛下为哀痛所攻，竟致寻死觅活，不顾一切。"① 汤若望所闻知顺治董皇贵妃事，基本属实，可能来自上述来源，但也可能有其它来源。

汤若望所能闻知者，吴梅村、李天馥等入值内廷之朝官，当亦能闻知矣。

2. 馆夫告诉朝鲜使团译官顺治董皇贵妃事

朝鲜王朝冬至正使尹绛、副使李晢、书状官郭齐华《燕中闻见》丙申 (顺治十三年) 十二月二十五日："留馆。译官卞忠一闻诸馆夫言：……董家女册封贵妃，在于十二月初六日。……而董氏即内大臣鄂硕之女，初为皇帝虾之妻，而皇帝闻其绝美，杀其夫夺入宫中，今乃封为贵妃，年今二十三云。所谓鄂硕，乃真鞑云耳。"② 会同馆馆夫所言顺治董皇贵妃事，基本属实，其闻知之来源不详，但已表明顺治董皇贵妃事传播范围甚广。

馆夫所能闻知者，朝鲜使团所能闻知者，天下人当亦能闻知矣。

① ［德］魏特（Alfons Väth S. J.）著，杨丙辰译：《汤若望传》（Johann Adam Schall Von Bell S. J.），商务印书馆，1949 年，第 323 页。汤若望所知宫中事更多情况，请参阅《汤若望传》第九章《"尚父"和他的皇帝学子》，第 259－328 页。

② ［朝鲜王朝］丁酉（丙申）十月冬至正使尹绛、副使李晢、书状官郭齐华：《燕中闻见》，［韩国］林基中编《燕行录全集》第 95 册影印原抄本，韩国东国大学校出版部，2001 年，第 147－148 页。

第八章 顺治时称"董家女"、"董贵妃"、"后董氏"、"皇后姓董氏"、"董皇后",是汉族姓氏的称呼

朝鲜王朝冬至正使尹绛、副使李哲、书状官郭齐华《燕中闻见》丙申（顺治十三年）十二月二十五日：

> 译官卞忠一闻诸馆夫言："……董家女册封贵妃，在于十二月初六日。……董氏即
> 内大臣鄂硕之女。"①

顺治《御制（孝献庄和至德宣仁温惠端敬皇后）行状》：

> 顺治十有七年八月壬寅，孝献庄和至德宣仁温惠端敬皇后崩。……后董氏，满洲人也，父内大臣鄂硕。……年十八，以德选入掖庭。……于顺治十三年八月，朕恭承懿命，立为贤妃。九月，复进秩，册为皇贵妃。②

秘书院大学士金之俊《奉敕撰孝献庄和至德宣仁温惠端敬皇后传》：

> 孝献庄和至德宣仁温惠端敬皇后姓董氏，满洲人也。父内大臣鄂硕。③

《勅赐圆照苉溪森禅师语录》卷一《上堂》：

> 圣驾临景山建水陆道场，命司吏院正堂张嘉谟等请上堂，荐董皇后。④
> 圣驾临寿椿殿，命司吏院正堂张嘉谟等，为董皇后收灵骨，上堂。⑤

---

① ［朝鲜王朝］丁酉（丙申）十月冬至正使尹绛、副使李哲、书状官郭齐华：《燕中闻见》，［韩国］林基中编《燕行录全集》第95册影印原抄本，韩国东国大学校出版部，2001年，第147 – 148页。

② 吴昌绶辑《松邻丛书甲编》，仁和吴氏双照楼丁巳（1917年）刻本，叶1A – B，首都师范大学图书馆藏，索书号：PG/083/437。

③ 清金之俊：《金文通公集》卷八，《四库全书存目丛书补编》第五六册影康熙刻本，齐鲁书社。2001年，第168页。

④ 清释胜德编：《勅赐圆照苉溪森禅师语录》，卷一，叶2B，康熙刻本，首都图书馆藏，索书号：（丙三）/694。

⑤ 清释胜德编：《勅赐圆照苉溪森禅师语录》，卷一，叶4A，康熙刻本，首都图书馆藏，索书号：（丙三）/694。

圣驾临观德殿，为董皇后五七，命宣徽院正堂雷先声等请上堂。①

圣驾临观德殿，为董皇后六七，命文书馆正堂李世昌等请上堂。②

圣驾临寿椿殿，为董皇后断七，命文书馆正堂李世昌等请上堂。③

《勅赐圆照茚溪森禅师语录》卷一《小参》：

近侍李国柱传旨，召师进承乾宫，为董皇后对灵小参。④

近侍李国柱传旨，召师进承乾宫，再为董皇后对灵小参。⑤

上命上膳监正堂金把哈等，为董皇后上供，请小参。⑥

上命近侍李国柱，为董皇后设灵景山临寿椿殿，请小参。⑦

上命司吏院张嘉谟，迎董皇后神主回宫，请小参。⑧

《勅赐圆照茚溪森禅师语录》卷六《赞偈》：

上命近侍李国柱请师说偈，为董皇后镇灵骨。⑨

《勅赐圆照茚溪森禅师语录》卷六《佛事》：

近侍李国柱传旨，召师进承乾宫，为董皇后起棺。⑩

---

① 清释胜德编：《勅赐圆照茚溪森禅师语录》，卷一，叶8A，康熙刻本，首都图书馆藏，索书号：（丙三）/694。

② 清释胜德编：《勅赐圆照茚溪森禅师语录》，卷一，叶9B，康熙刻本，首都图书馆藏，索书号：（丙三）/694。

③ 清释胜德编：《勅赐圆照茚溪森禅师语录》，卷一，叶12A，康熙刻本，首都图书馆藏，索书号：（丙三）/694。

④ 清释胜德编：《勅赐圆照茚溪森禅师语录》，卷一，叶21A，康熙刻本，首都图书馆藏，索书号：（丙三）/694。

⑤ 清释胜德编：《勅赐圆照茚溪森禅师语录》，卷一，叶21B，康熙刻本，首都图书馆藏，索书号：（丙三）/694。

⑥ 清释胜德编：《勅赐圆照茚溪森禅师语录》，卷一，叶22A，康熙刻本，首都图书馆藏，索书号：（丙三）/694。

⑦ 清释胜德编：《勅赐圆照茚溪森禅师语录》，卷一，叶21B，康熙刻本，首都图书馆藏，索书号：（丙三）/694。

⑧ 清释胜德编：《勅赐圆照茚溪森禅师语录》，卷一，叶22A–B，康熙刻本，首都图书馆藏，索书号：（丙三）/694。

⑨ 清释胜德编：《勅赐圆照茚溪森禅师语录》，卷六，叶14B，康熙刻本，首都图书馆藏，索书号：（丙三）/694。

⑩ 清释胜德编：《勅赐圆照茚溪森禅师语录》，卷六，叶28A，康熙刻本，首都图书馆藏，索书号：（丙三）/694。

上命文书馆正堂李世昌等，请为董皇后举火。①

《勅赐圆照茚溪森禅师语录》卷一《上堂》

顺治庚子年八月廿三日，近侍李国柱传旨，召师进承乾宫上堂。……（善果和尚白槌）曰："今日和尚奉旨开堂，有何祥瑞？"师曰："哞。"曰："请问董皇后即今在哪里？"②

不备举。

清歙西徐士业建勋氏校刊本宋佚名撰《百家姓》：

项、祝、董、梁。（明王相注：董，角音。陇西郡。系出有熊氏。黄帝孙飂叔安子董父之后。晋有董狐，汉有董仲舒。）

案：第一，朝鲜使节尹绛等《燕中闻见》撰于顺治十三年（1656），顺治《御制（端敬皇后）行状》、金之俊《端敬皇后传》撰于顺治十七年（1660），《茚溪森禅师语录》六卷康熙原刻本（其中记载为董皇后丧仪做法事，系顺治时纪录），均为原始文献。

第二，原始文献朝鲜使节尹绛等《燕中闻见》记会同馆馆夫称"董家女册封贵妃"、"董氏"；顺治《御制行状》、金之俊《端敬皇后传》称"后董氏"、"皇后姓董氏"；康熙本《茚溪森禅师语录》记顺治十七年世祖至少十四次命宦官李国柱、李世昌、张嘉谟等传旨，请茚溪森禅师为董皇后一系列丧仪做法事，均称"董皇后"，此乃是顺治皇帝亲口说出的称呼。《茚溪森禅师语录》记宦官李国柱、李世昌、张嘉谟等至少十四次传旨，和尚至少十四次做法事上堂、小参等，亦均称"董皇后"，此亦是明白无误的事。此四种顺治时期原始文献均无称"董鄂氏"之记载。可知顺治时虽宣称董皇贵妃是鄂硕女，但是在宫中生活中和正式文书中则是习称"董家女"、"董（皇）贵妃"、"后董氏"、"皇后姓董氏"、"董皇后"。

第三，顺治御制文集、以及金之俊《金文通公集》均为世间罕见，均未收进乾隆《四库全书》，顺治《御制（端敬皇后）行状》、金之俊《端敬皇后传》民初始出现于世。朝鲜文献《燕中闻见》，清代中国未曾得见，二十一世纪韩国《燕行录全集》影印本出版，始传入中国。《勅赐圆照茚溪森禅师语录》六卷康熙原刻本早已几乎失传，今仅存孤本，茚溪森语录通行本《乾隆

---

① 清释胜德编：《勅赐圆照茚溪森禅师语录》，卷六，叶28B，康熙刻本，首都图书馆藏，索书号：（丙三）/694。

② 清释胜德编：《勅赐圆照茚溪森禅师语录》，卷一，叶1A－2A，康熙刻本，首都图书馆藏，索书号：（丙三）/694。

大藏经》第 1667 部雍正十一年（1733）《御选明道正觉茚溪森禅师语录》一卷本、第 1642 部《明道正觉森禅师语录》三卷本，早已将茚溪森为董皇后一系列丧仪说偈等文字全部删除。顺治时在宫中生活中和正式文书中习称"董家女"、"董（皇）贵妃"、"后董氏"、"后姓董氏"、"董皇后"之真相，遂不为人知。

第四，"董"，是汉族姓氏。"董鄂氏"，是满族姓氏。顺治皇帝至少十四次下旨均口称"董皇后"三字、金之俊奉敕撰《端敬皇后传》亦称"姓董"二字，均是地地道道的汉族称姓的习惯说法。若非事实如此，知之确切，称呼怎能如此地地道道？

董小宛入清宫年表

清世祖顺治七年庚寅（1650）

董小宛二十七岁。为江南省扬州府泰州如皋县（今江苏如皋）冒辟疆侧室。

皇父摄政王多尔衮三十一岁，清太祖努尔哈赤第十四子。

和硕承泽亲王硕塞二十三岁，母侧妃叶赫纳喇氏，顺治皇帝同父异母兄。

三月末，董小宛自如皋家中被清兵入室劫至北京，归皇父摄政王多尔衮。

> 冒辟疆《影梅庵忆语》："姬曰：'甚异，前亦于是夜梦数人强余去，匿之幸脱，其人狺狺不休也。'讵知梦真。"

> 吴绮《悼董婉君》八首序："惊鹦鹉之梦，果有不祥"，"去必有归，恍惚莲花之国"，"省瑶佩于生绡，春风出画"。

> 陈维崧《杂诗寓水绘庵作》："南国有佳人，容华若飞燕。绮态何嬛娟，令颜工婉娈。红罗为床帷，白玉为钗钿。出驾六萌车，入障九华扇。倾城畴不知，秉礼人所羡。如何盛年时，君子隔江甸？金炉不复熏，红妆一朝变。客从远方来，长城罢征战。君子有还期，贱妾无娇面。妾年三十馀，恩爱何由擅。"

> 陈维崧《白秋海棠赋》："白者……南朝妙伎，西曲名倡，颜如虢国，色配何郎"；"蔡琰无家，王嫱作客，永诀京华，长依蛮貊。寄血泪于琵琶，写哀情于笳拍"。

> 徐泰时《春日题跋辟疆年盟兄哀董少君十纪》之十："洪都谁复传长恨。"

> 周士章《悼董婉君》："咫尺郊南同绝塞，至今青冢不悲王。"

> 李天馥《古宫词一百二十首集唐·小引》："况昭阳殿里，八百无双；长信宫中，三千第一。"《古宫词一百二十首集唐》之二十一："薄命曾嫌富贵家。"

辟疆进京索还董小宛未果，几乎被杀头不能还乡，当在顺治七年十二月初。此时多尔衮尚未死，但已于十一月十三日抱疾猎于边外。冒辟疆自京返回如皋，当在顺治八年正月初二之后约一个月又四日，即顺治八年二月上旬。

> 陈维崧《杂诗寓水绘庵作》之一："君子有还期，贱妾无娇面。"

> 吴绮《悼董宛君》八首之五："此生倘遇鸿都客，阆苑还须自

一寻。"

丘石常《有感》："银河只隔水盈盈，诏下文姬不许行。才貌如卿值一死，风流无主奈多情。嫌笼娇鸟开何日，抱柱迁生哭有声。闻道南宫皆赐配，梦中呓语望成名。"

李天馥《行路难》："夫何一旦成遐弃，今日之真昔日伪。辞接颜不殊，眉宇之间不相似。"

《月》："无端人间桥自举，直犯纤阿御顿阻。叶家小儿甚鲁莽，为怜三郎行良苦。少示周旋启玉宇，晕华深处召佚女。桂道香开来姽婳，太阴别自有律吕。"

十二月九日多尔衮死，诸亲王分取多尔衮家人。

《清世祖实录》卷一百二十九顺治十六年冬十月乙卯。

董小宛归和硕承泽亲王硕塞。

主要文献依据见顺治十二年表。

李天馥《古宫词一百二十首集唐》之二十一："薄命曾嫌富贵家。"

顺治八年辛卯 （1651）

董小宛二十八岁。

闰二月十五日，冒辟疆作《亡妾秦淮董氏小宛哀辞序》，称董小宛病死于正月二日，安葬于闰二月十五日；同时多有微言。

冒辟疆《董氏小宛哀辞序》："嗟乎小宛，自壬午归副室，余与子形影交俪者九年。今辛卯献岁二日长逝，永别者已逾六十又五日。青天沉，碧海竭。阳翔晦，蕊渊缺。梅魂葬，幽兰啼。鹦鹉梦，杜鹃凄。此六十五日中，如中千日酒，如行万里云雾，如五官百骸散失，又荒荒然如痕蛊之难吐，与调饥之莫得。慕叫擗摽，怛若创痏，不知从古今世上人果有同阅此境景者？……今子幽房告成，素旐将引，谨卜闰二月之望日，妥香灵于南阡矣。"《哀辞》作于顺治八年闰二月十五日，当是因为自元月二日索还小宛被拒绝，经过六十五日之悲愤痛苦，不得不死了索还小宛之心，以小宛为已死。冒辟疆之所以死了索还小宛之心，原因当为清廷以董小宛、冒辟疆双方之性命相威胁。"妥香灵"于闰二月十五日，则如高阳所说，"辟疆生日为三月十五日，实际上就是闰二月之望日，则有心丧自葬之意。"

李天馥《古宫词一百二十首集唐·小引》："况昭阳殿里，八百无双；长信宫中，三千第一。……此固在昔同伤"。

顺治九年壬辰（1652）

和硕承泽亲王硕塞第二庶福晋（似为董小宛）生子鞥额布。

《爱新觉罗宗谱》甲册"太宗文皇帝位下子孙·（硕塞）第三子辅国温僖将军鞥额布"条。

顺治十一年甲午（1654）

董小宛三十一岁。

硕塞二十七岁。

顺治皇帝福临十七岁。清太宗皇太极第九子，母孝庄文皇后。

董白董小宛因入侍孝庄太后，而与顺治相遇，为顺治所爱。

吴梅村《清凉山赞佛诗》四首之一："王母携双成，绿盖云中来。汉王坐法宫，一见光徘徊。结以同心合，授以九子钗。"之二："伤怀惊凉风，深宫鸣蟋蟀。严霜被琼树，芙蓉凋素质。可怜千里草，萎落无颜色。"

李天馥《古宫词一百二十首集唐·小引》："况昭阳殿里，八百无双；长信宫中，三千第一。"《古宫词》之五："满地梨花昨夜风。"之十四："东风满地是梨花。"之十七："门掩梨花日影长。"之四十一："梨花满地不开门。"之七十："芙蓉塘外有轻雷，雨里梨花寂寞开。"《古宫词》之三："麝熏微度绣芙蓉。"之三十："似隔芙蓉无路通。"之三十八："白云斜掩碧芙蓉。"之四十四："惊起芙蓉睡新足。"

冒辟疆《影梅庵忆语·序》："董氏，原名白，字小宛，复字青莲。"

四月五日甲子，孝庄太后命停止入命妇侍皇太后、皇后，以杜绝嫌疑。

《清世祖实录》卷八十三顺治十一年四月甲子。

十二月五日辛酉，和硕承泽亲王硕塞暴死，年二十七。《实录》、《宗谱》均不载死因。

《清世祖实录》卷八十七顺治十一年十二月辛酉。

《爱新觉罗宗谱》甲册"太宗文皇帝位下子孙·第五子和硕承泽裕亲王硕塞"条。

自硕塞之死以后四个多月，顺治未依礼制辍朝、未遣官致祭、未赐谥号、未御制碑文。足见顺治之敌视硕塞。

《清世祖实录》卷八十七顺治十一年十二月辛酉以后。

顺治十二年乙未（1655）

四月十九日癸酉，遣官祭硕塞侧福金，四月二十九日癸未，遣官祭硕塞。硕塞之死四个多月之后、侧福晋之死十天之后，顺治始不得不遣官祭硕塞，对硕塞之死及未遣官致祭表示追补抚慰之意，可知侧福晋之死系表示抗议硕塞之暴死。

《清世祖实录》卷九十一顺治十二年夏四月癸酉、卷九十一顺治十二年夏四月癸未。

顺治亲兵哨官金汝辉、会同馆馆夫、汤若望述，满籍高级军官被顺治所杀，其妻被夺为顺治董贵妃。可知此满籍高级军官应即是硕塞，董小宛入宫前为硕塞第二庶福晋。

顺治十三年朝鲜王朝丙申八月陈奏正使麟坪大君李㴭《燕途纪行》十月初十日记清主亲兵哨官朝鲜人金汝辉述："贵妃曾是军官之妻，因庆吊出入禁闼，帝频私之，其夫则构罪杀之，勒令入宫，年将三十……而宠遇为最。"

顺治十三年朝鲜王朝丙申十月冬至正使尹绛、副使李哲、书状官郭齐华《燕中闻见》十二月二十五日记译官卞忠一闻诸馆夫言："董家女册封贵妃……初为皇帝虾之妻，而皇帝闻其绝美，杀其夫，夺入宫中，今乃封为贵妃。"

《汤若望传》："顺治皇帝对于一位满籍军人之夫人，起了一种火热爱恋……这位军人于是乃因怨愤致死，或许竟是自杀而死。皇帝遂即将这位军人的未亡人收入宫中，封为贵妃。"

《爱新觉罗宗谱》甲册"太宗文皇帝位下子孙（太宗文皇帝）·第五子和硕承泽裕亲王硕塞"谱载"又一庶福晋"，违例隐去其籍贯、姓氏、父名。此第二庶福晋，应即是金汝辉、会同馆夫、汤若望所述被顺治夺为贵妃（"董贵妃"）之满籍高级军官之妻，亦即是吴梅村《清凉山赞佛诗》、李天馥《古宫词》所述顺治董皇后董白董小宛；董小宛是在顺治七年十二月九日多尔衮死后，诸亲王分取多尔衮家人时，归和硕承泽裕亲王硕塞；董小宛以硕塞庶福晋入侍孝庄太后，与顺治相遇，为顺治所爱，是在顺治十一年四月五日孝庄太后命入侍皇太后、皇后之命妇停止，以杜绝嫌疑之前。

顺治时秘书院侍讲吴梅村《七夕即事四首》其四、康熙时翰林院编修李孚青《偶忆洪昉思己巳被斥事即题其集后》三首之一，均指和硕承泽亲王硕塞非死于自杀，而是被同父异母弟顺治所杀，并被顺治夺妻。顺治时翰林院检讨李天馥《古宫词一百二十首集唐》之一百一，指和硕承泽亲王硕塞被顺治夺妻。

> 吴梅村《七夕即事四首》其四："花蕚高楼迥，岐王共輦游。淮南丹未熟，缑岭树先秋。诏罢骊山宴，恩深汉渚愁。伤心长枕被，无意候牵牛。"
>
> 李天馥《古宫词一百二十首集唐》之一百一："阴虫切切不堪闻，往事闲征梦欲分。夜半雁归宫漏永，玉楼迢递锁浮云。"
>
> 李孚青《偶忆洪昉思己巳被斥事即题其集后》三首之一："奉敕填词岁月多，飘零何处睹黄河。六朝乐府平生熟，不记元嘉读曲歌。"

顺治杀硕塞以后，董小宛当入侍孝庄太后。

六月己卯，硕塞后人改名号封为和硕庄亲王。

> 《清世祖实录》卷九十二顺治十二年六月己卯。

康熙十年六月甲午，追谥硕塞曰裕。

> 《清圣祖实录》卷三十六康熙十年六月甲午。

康熙十一年，补撰御制《和硕承泽亲王谥裕硕塞碑文》。

> 原碑拓片，见《北京图书馆中国历代石刻拓本汇编》第六三册《清·三》。

康熙十八年，硕塞之子博果铎请洪昇作《长生殿》。借唐玄宗夺寿王妃杨玉环，暗指清世祖夺和硕承泽亲王硕塞妻董小宛。

> 毛奇龄《长生殿院本序》："洪君昉思……相传应庄亲王世子之请，取唐人《长恨歌》事，作《长生殿》院本，一时勾栏多演之。"

顺治十三年丙申（1656）

董小宛三十三岁。

顺治十九岁。

八月二十五日，董小宛立为顺治贤妃。

十二月六日，董小宛册为皇贵妃。

> 《侍香纪略》：茚溪森目睹董皇后。
>
> 李天馥《古宫词一百二十首集唐·小引》："况昭阳殿里，八百

无双；长信宫中，三千第一。"《古宫词一百二十首集唐》之一百十九："一世生离恨有馀。"

杜濬《和梅村夫子吊宛君十绝》之七："若使琵琶传此恨，青山泪不湿江州。"之九："总有白头王建在，难摹扶病起来时。"

顺治十四年丁酉（1657）

十月丙子，董皇贵妃生皇第四子。

《清世祖实录》卷一百十二顺治十四年（1657）十月："丙子。皇第四子生。"

顺治十五年戊戌（1658）

正月辛酉，皇第四子卒，追封为和硕荣亲王。

《清世祖实录》卷一百十四顺治十五年（1658）正月辛酉："是日，皇子薨，生甫四月，未命名，行第四。"

《清世祖实录》卷一百十五顺治十五年三月："甲子。上以皇子生甫四月而薨，悼之，追封为和硕荣亲王。"

顺治《御制（孝献庄和至德宣仁温惠端敬皇后）行状》："先是，后于丁酉冬，生荣亲王。未几，王薨。朕虑后怆悼，后绝无戚容，恬然对曰：'妾产是子时，遂惧不育，致夭折以忧陛下，今幸陛下自重弗过哀，妾敢为此一块肉劳陛下念耶？'因更勉慰朕，不复悼惜。当后生王时，免身甚艰。朕因念夫妻之谊即同老友，何必接夕乃称好合，且朕夙耽清静，每喜独处小室。自兹遂异床席，即后意岂必己生者为天子始慊心乎？是以亦绝不萦念。噫，后可谓明大义不顾私戚，以礼自持，能深体朕心者矣。"

顺治十七年庚子（1660）

董小宛三十七岁。

顺治二十三岁。

八月十九日，顺治董皇后薨。

八、九月间，茚溪森奉旨为董皇后一系列丧仪在内廷承乾宫上堂、小参、起棺，在景山寿椿殿举火、收灵骨及迎神主回宫等所说偈语，表示董皇后一生历尽艰难曲折，曾遭强人侵犯，后为顺治所保护，完全符合董小宛，而完全不符清廷所称死于二十二岁的一生一帆风顺的满洲贵族鄂硕之女。

《勅赐圆照茚溪森禅师语录》茚溪森奉旨为董皇后一系列丧仪说偈："举步涉千岐，孤坐又成迷"；"念念观自在，处处是家山"；"逢人不得错举";"出门须审细,不比在家时";"左金乌,右玉兔,皇后光明深且固。铁眼铜睛不敢窥,百万人天常守护";"三千里外逢人不得错举";"因一事,长一智";"乾清宫上好消息,圣明天子是知音"。

众多朝野人士认定董皇后即董小宛,哀悼董皇后即哀悼董小宛。

以下诗文词戏曲,除注明作年者外,均作于顺治末康熙初。

钱谦益《病榻消寒杂咏》之三十七:"吴殿金钗葬几回。"

李天馥《古宫词一百二十首集唐·小引》:"况昭阳殿里,八百无双;长信宫中,三千第一。……此固在昔同伤,于今共悼者也。"

吴梅村《清凉山赞佛诗》之二:"可怜千里草,萎落无颜色","只愁许史辈,急泪难时得"。

吴梅村《题冒辟疆名姬董白小像八首》之八:"江城细雨碧桃村,寒食东风杜宇魂。欲吊薛涛怜梦断,墓门深更阻侯门。"

吴绮《悼董婉君》:董小宛入清宫后音尘断绝,在清宫中无声无息地被夺去了性命;

周士章《悼董婉君》:悼顺治董皇后即是悼董小宛;

张文峙《影梅庵词为辟疆先生悼小宛少君》:董小宛是借葬于昌瑞山孝陵,那里并非小宛本夫之墓;

谭篆《悼董婉君》:吾人不能原谅霸占董小宛的清朝皇帝;

杜绍凯《影梅庵词为辟疆先生悼小宛少君》:吾人对于清朝皇帝视如寇雠;

王士禄《巢民先生示吴梅村祭酒吊董少君十绝索和勉成应教殊渐牵率也》:顺治董皇后就是董小宛,董小宛比王昭君还要悲惨;

龚鼎孳《贺新郎·影梅庵忆语》(康熙九年,1670):"羡烟霄、破镜犹堪典。双凤带,再生蒻。"

康熙二十七年(1688),洪昇《长生殿》改定稿,以唐明皇杨贵妃暗指顺治董皇后,以唐明皇之出宫,暗示顺治之出家为僧。董小宛入清宫案反响再起,微波荡漾,直至康熙六十一年。李天馥《送洪昉思归里》诗、查慎行《演洪稗畦〈长生殿〉传奇》,均表示《长生殿》以杨贵妃暗指董皇贵妃即董小宛;李孚青《偶忆洪昉思己巳被斥事即题其集后》,表示《长生殿》潜在地以寿王妃被唐明皇所夺取,暗指硕塞妻被顺治所夺取,而且事关硕塞被顺治所杀,触犯了康熙皇帝的大忌;赵执信《上元观演〈长生殿〉剧十绝句》,表示《长生殿》以杨贵妃暗指董皇贵妃。李天馥,康熙三十一年拜武英殿大学士，人称"合肥相国"，查慎行、李孚青、赵执信，均为康熙时翰林官。

李天馥《送洪昉思归里》（康熙三十三年，1694）："无端忽思谱艳异，远过百首唐宫词。斯编那可亵里巷，慎毋浪传君传之。揶揄顿遭白眼斥，狼狈仍走西湖湄。"

查慎行《燕九日郭于宫范密居招诸子社集演洪稗畦〈长生殿〉传奇余不及赴口占二绝句答之》之二（康熙四十九年，1710）："上客红筵兴自酣，风光重说后三三。"

李孚青《偶忆洪昉思己巳被斥事即题其集后》三首之一（康熙五十四年，1715）："六朝乐府平生熟，不记元嘉读曲歌。"

赵执信《上元观演〈长生殿〉剧十绝句》之二（康熙六十一年，1722）："遥指仙山唤太真，华清一浴斩然新。"

顺治十八年辛丑（1661）

正月初七日，清廷称帝崩于养心殿，顺治实假死真出家。

下部　顺治出家考

绪 论

世传清世祖顺治皇帝爱新觉罗·福临（1638－1710）出家，在顺治末康熙时士人所作诗文戏剧中，本不甚讳言。在近代史学上，曾经成为一问题，相关研究者主要为孟森、陈垣两先生。孟森《世祖出家事实考》（1935年）："世祖崩于大内，无行遁之说，诸证已明。"① 陈垣《汤若望与木陈忞》（1938年）、《语录及顺治宫廷》（1939年）、《顺治皇帝出家》（1940年）等论文，认为："顺治曾有意出家，只是出家未遂耳。"② 皆认为顺治出家，史无其事。迄今学界主流，以此作为定论。亦有怀疑顺治出家有其事者，可是证据不足，缺乏确证③。

主要文献

本文依据以下主要原始文献包括传世文献与石刻文献等，讨论顺治出家之真实性问题。这些文献材料多为本文首次披露，或首次采用，或首次提出解释。

1. 康熙四十九年（1710）九月十九日御制"（先）王宝｜当堂常赏"石制横匾④，两面铭文，建立于河南睢州（今河南睢县）白云寺（今属河南民权县白云寺镇）山门殿外墙北立面砖墙后门门额，山门殿拆毁于"文革"，原匾半截今存白云寺。"当堂常赏"一面铭文康熙时完整原始拓片，递藏于民国河南通志馆、今河南省文史研究馆。2015年6月，2016年3月，2017年8月、9月，笔者五次赴白云寺考察，目验康熙残匾"（先）王宝｜当堂常赏"两面铭文，并拍摄照片。本文首次公布康熙残匾"（先王）宝"一面铭文，并提出："（先）王宝｜当堂常赏"石匾北面铭文大字题词"当堂常赏"上下题款楷书小字："康熙四十九年　旹，钦赐奉"，"御制命，九月十九日敬心建立"，系康熙皇帝颁发给白云寺之圣旨（制敕），意为：皇帝钦赐（白云寺），奉献于

---

① 孟森：《世祖出家事考实》，《明清史论著集刊正续编》，河北教育出版社，2000年，第243页。

② 陈垣：《顺治皇帝出家》，《陈垣史学论著选》，上海人民出版社，1981年，第484页。

③ 邓之诚《骨董三记》卷四《顺治出家》条，引用了三种文献材料，未加判断，具有一定的启发性（《骨董琐记全编》，生活·读书·新知三联书店，1955年，第530－531页）。文史工作者、民间文史爱好者的相关论述，不备举。

④ 御制石匾，指皇帝亲笔题写匾文（包括大字题词、小字题款、联语），上石镌刻而成之匾额。石匾正面（南面）铭文、背面（北面）铭文之区分，本文用｜号加以标示。

"当堂常赏"即皇帝顺治（灵前），皇帝御制匾额，敕命白云寺敬心建立。康熙四十九年，时九月十九日。此是以康熙圣旨形式所颁发之御制匾额。康熙御制石匾南面铭文大字题词"（先）王宝"，表示先帝神主、章皇神主之意，其作用相当于河北遵化清世祖孝陵隆恩殿神主；北面铭文大字题词"当堂常赏"，隐文表示"皇帝顺治"墓阙之意，其作用相当于清世祖孝陵崇楼庙号碑。"当堂常赏"四字隐文"皇帝顺治"四字，系由李林忠先生所提出。

在清代，皇帝的圣旨（制敕）即是法令，圣旨勒石，其法律效力等同于圣旨原件。就史料的原始性而言，康熙四十九年九月十九日御制白云寺"（先）王宝｜当堂常赏"石匾铭文的史料价值高于记录性的起居注，更别谈第二手性质的实录，是一宗具备原始性、确实性、高度证明力的最宝贵的证据文献。

康熙四十九年九月十九日御制"（先）王宝｜当堂常赏"石匾，是顺治出家为僧以及圆寂于并安葬于河南睢州白云寺之确证。

2. 康熙四十九年白云寺御匾集群，包括匾额五块，已见铭文八面，均系石制横匾。原建立于白云寺中轴线五座主建筑外墙北立面砖墙后门门额。除山门殿"（先）王宝｜当堂常赏"匾标志先帝神主、皇帝顺治墓阙外；观音殿"一切恭敬"匾，表示恭敬顺治皇帝；大雄宝殿"真朴"隐文真人匾，表示顺治是"代佛出世"之真人阿罗汉，是对顺治皇帝的宗教评价；千佛阁"照泉｜朕朕"匾铭文，包括两面大字题词及南面小字联语"天雨川流，因沿留世界；地生卉稼，果业架乾坤"，题词表示正大光明照亮人间泉下，太平时代，月明如昼，是对顺治皇帝的政治评价；藏经楼"然永｜时旼"匾铭文，包括两面大字题词及南面小字联语"日月亮通，丙丁谅旺神；明光长久，星炎常兴代"，联语表示即使国家遭遇丙丁厄运，谅能渡过难关，是对父皇顺治关于大清国运的政治报告。白云寺康熙御匾集群全部匾文（题词、题款、联语）铭文，主题均为纪念安葬于此的父皇顺治，是顺治皇帝出家为僧以及圆寂于并安葬于白云寺的确证证据群。以上解释系本文第一次提出。"一切恭敬"匾、"真朴"匾，今仍建立在白云寺清构（清代木结构建筑）观音殿、清构大雄宝殿后门门额（二匾朝南贴墙一面有无铭文未知），千佛阁、藏经楼毁于咸丰捻军兵燹，"照泉｜朕朕"、"然永｜时旼"二匾幸存下来，今藏白云寺。

根据顺治四年颁行、雍正三年重颁《大清律集解附例》卷二十四《刑律·诈伪·诈为制书》"凡诈为（原无）制书，及增减（原有）者（已施行，不分首从），皆斩"①之刑法，根据自康熙四十九年至宣统三年（1710－1911）

① 《四库未收书辑刊》壹辑贰拾陆册影清雍正三年内府刻本，北京出版社，2000年，第393页。

二百年间白云寺康熙御匾集群赫然存在，而白云寺、睢州、归德府、河南省俱能安然无事，并无被问罪诈为御匾之事，亦可知白云寺康熙御匾集群之真实性，绝无可疑。

白云寺康熙御制石匾五块已见铭文八面，除"当堂常赏"一面铭文早已披露并有所讨论外，尚未被任何文献完整著录及讨论过。

3. 康熙刻本《勅赐圆照茚溪森禅师语录》等禅宗文献，表明顺治十七年（1660）十月十五日之前世祖净发并受沙弥戒；顺治十八年（1661）正月初三日世祖"之死"，是早已预备之假死。本文首次作出此解释。

4. 浙江图书馆藏清钞本顺治曾孙弘旺《松月堂目下旧见》所录顺治御制出家诗。

5. 康熙刻本《王文靖公集》翰林院掌院学士王熙自撰《年谱》顺治十八年（1661）谱文，表明世祖"患痘"而"崩"是谎言。本文首次作出此解释。

6. 康熙刻本《王文靖公集》顺治十八年春王熙《世祖皇帝哀诗》"帝乡何处白云翔"，表示世祖未死，正游于中国；"崆峒鹤驾苦难攀"、"梵宫春掩草霏霏"，表示世祖已出家五台山佛寺。本文首次采用之并作出此解释。

7. 顺治十八年吴梅村《清凉山赞佛诗》："曰往清凉山"，"收拾宗风里"，表示顺治出家五台山禅寺。本文首次作出此解释。

8. 康熙二年（1663）顾炎武《五台山》诗，表示顺治出家在五台。吴宓已作出此解释。

9. 康熙二十七年（1688）洪昇《长生殿》，以唐明皇杨贵妃暗指顺治董皇后，以唐明皇之出宫，暗示顺治之出家为僧；康熙三十三年李天馥《送洪昉思归里》诗，表示演《长生殿》案的祸因，是触犯了康熙皇帝不能明言的大忌；康熙四十九年查慎行《演洪稗畦〈长生殿〉传奇》诗，表示《长生殿》以杨贵妃暗指董皇贵妃即董小宛；康熙五十四年李孚青《偶忆洪昉思己巳被斥事即题其集后》诗，表示演《长生殿》获罪案之真相，不仅在于《长生殿》潜在地以寿王妃被唐明皇所夺取，暗指硕塞妻被顺治所夺取，而且事关硕塞被顺治所杀，触犯了康熙皇帝的大忌；康熙六十一年赵执信《上元观演〈长生殿〉剧十绝句》，表示《长生殿》以杨贵妃暗指董皇贵妃，《长生殿》所写上皇出宫系暗示上皇出家。这些解释，多为本文首次提出。

10. 民国时中华书局据古姚杭氏钞本校刊查慎行《敬业堂别集》康熙四十二年至四十九年间（1703－1710）《河南睢州白云寺佛定和尚语录序》。本文首次采用之并作出解释。

11. 康熙六十一年（1722）河南布政使牟钦元《白云寺佛定大和尚塔铭》，碑石今存民权白云寺。

12. 山东省鄄城县郭水坑村郭氏祠堂民国八年（1919）《玉明族祖碑》（碑文系照抄清白云禅寺碑文），原碑今犹建立于郭水坑村郭氏祠堂。本文有新材料新解释。笔者曾四次赴郭氏祠堂考察。

以上第10、11、12计3种文献与石刻文献表明，康熙二十一年（1682）佛定锡至睢州白云寺之日，应即是佛定尊奉顺治锡至睢州白云寺安住之时（即顺治是佛定之师父）。或顺治本来不是佛定之师父，康熙二十一年前后，顺治云游至白云寺安单，而与佛定相逢，佛定实尊顺治如师。

13. 康熙三十七年（1698）《白云寺公输地租碑记》，表明翰林官、知州异乎寻常地关心白云寺收租，维护白云寺经济利益。原碑今存民权白云寺。

14. 康熙四十一年（1702）御制《菩萨顶》诗，表示父皇顺治出家五台山已四十馀年，和自己寻父不能见面之焦灼心情。本文首次确证此诗史源并作出此解释。诗见于雍正《山西通志》卷一百八十二《艺文·御制·圣祖仁皇帝御制诗》、乾隆《四库全书》雍正《山西通志》、乾隆《直隶代州志》卷五《艺文志·宸翰·圣祖仁皇帝御制诗》，未录入康熙《御制诗》集、《御制文》集、《圣祖仁皇帝御制文集》）。

15. 山东鄄城郭水坑村郭氏祠堂民国八年《玉明族祖碑》、民国二十年《玉明族祖像赞并序》，今存郭水坑村郭氏祠堂。《玉明族祖碑》碑文，系照录清代白云寺玉明和尚碑文。《玉明族祖碑》所载康熙御赐白云寺满朝銮驾，是顺治就在白云寺之确证。康熙御赐白云寺满朝銮驾，其意是向顺治表示父皇仍然是皇帝。本文首次提出此解释。

16. 康熙四十九年二月御制《五台有怀》诗，悼念父皇顺治之死。本文首次提出此解释。

17. 康熙四十九年四月十九日兰阳彭宅统为顺治圆寂所建白云寺尊胜陀罗尼心经幢，建幢时间正当康熙四十九年正月顺治圆寂于白云寺之后、康熙四十九年九月十九日入塔及康熙建立御匾集群建立于白云寺之前；经幢题记末第一印章铭文"桶通"，是用雪峰义存禅师之彻悟"如桶底脱"之古典，暗指顺治皇帝出家之彻悟，可比雪峰义存禅师之彻悟；第二印章铭文"行派卅"，是用顺治十七年顺治皇帝御书北京香山法海寺《敬佛》碑《西天东土历代佛祖之图》"三十九世雪峰义存禅师"之今典，暗指顺治可以直接继承《西天东土历代佛祖之图》第三十九世雪峰义存禅师，得为《西天东土历代佛祖之图》第四十世；可知经幢是为顺治圆寂所建。"桶通"、"行派卅"，乃是确指顺治、标志经幢是为顺治圆寂所建，并对顺治出家作出崇高评价。本文首次公布两印章释文，并提出此解释。经幢今建立于白云寺大雄宝殿北。

笔者获知白云寺"当堂常赏"御匾和郭水坑村《玉明族祖碑》，来自中央电视台陈敏编导《走遍中国 古刹迷踪》纪录片，详相关各章。

顺治出家前主要相关史事

清世祖承受中国文化和佛教之影响，当始于顺治八年（1651）正月亲政之后随前明太监曹化淳发奋读书，曹化淳学养深厚①；世祖与佛教徒之交往，当始于同年十一月出狩蓟东，登景忠山，召对居住山洞已经九载的别山性在和尚②。时世祖十四岁。次年召请别山性在入住皇城内西苑万善殿，供其修行。从顺治八年至顺治十八年正月世祖称死、出家，此十年间，天主教和佛教同时对顺治发生重大影响，大约如陈垣所指出，"由顺治八年至十四年秋，七年之间，为汤若望势力。由顺治十四年冬至十七年，四年之间，为木陈等势力。"③世祖归心佛教，当始于顺治十四年召对性聪憨璞和尚④，时世祖二十岁。世祖佛学精进，始于顺治十六年二月、七月、九月召对玉林通琇、茆溪行森、木陈道忞和尚之前后，时世祖二十二岁。由于接受中国文化和佛教的影响，顺治的性格特征，经历了从骑马民族的彪悍凶猛与年轻人的血气方刚，逐渐朝着向往中国文化、信仰皈依佛教的转变，此是一个勇猛精进的过程。

世祖热恋董小宛，始于顺治十一年（1654）。时世祖十七岁。顺治十三年八月二十五日，立董小宛为贤妃，十二月六日，册为皇贵妃。时世祖十九岁。顺治十四年十月，董皇贵妃生皇四子。时世祖二十岁。顺治十五年正月，皇四子卒，三月，追封皇四子为和硕荣亲王。时世祖二十一岁。

世祖归心佛教与热恋董小宛，系齐头并进之事，直至顺治十七年（1660）八月董小宛之死，世祖从茆溪森净发受沙弥戒，时世祖二十三岁。顺治十八年正月，世祖称死、出家，时年二十四岁。

顺治出家之前与禅宗和尚交往之情况，请参阅《明觉聪禅师语录》、《弘觉忞禅师北游集》、《大觉普济能仁（玉林）国师年谱》、《勅赐圆照茆溪森禅师语录》等原始文献；以及陈垣《汤若望与木陈忞》、《语录及顺治宫廷》、《顺治皇帝出家》，晏子友《福临何时开始接触禅宗》，谢正光《新君旧主与遗臣——读木陈道忞〈北游集〉》，定明《性聪憨朴与清初北京禅学》等研究论文。并请参阅本书《顺治出家年表》。

---

① 参阅谢正光：《新君旧主与遗臣——读木陈道忞〈北游集〉》，《中国社会科学》2009 年第 3 期。

② 参阅晏子友：《福临何时开始接触禅宗》，王树卿主编《清代宫史丛谈》，紫禁城出版社，1996 年。

③ 陈垣：《汤若望与木陈忞》，《陈垣史学论著选》，上海人民出版社，1981 年，第 456 页。

④ 参阅定明：《性聪憨朴与清初北京禅学》，《佛学研究》2016 第 1 期。

本文对清世祖之称呼，为明白易晓起见，随所引用文献之语境，例称顺治或顺治皇帝、顺治帝，述及顺治某年时，则称世祖。顺治出家之后，必要时称已出家之顺治。按《大觉普济能仁（玉林）国师年谱》顺治十六年己亥："世祖请师起名，师辞让，固谓师曰：'要用丑些字眼。'师书十馀字进览，世祖自择'痴'字，上则用龙池祖法派中'行'字，后凡请师说戒等御札，悉称弟子某某，玺章也有'痴道人'之称。然师珍重世祖之深信，未尝形之口吻楮墨。凡师弟子，俱以法兄师兄为称。"[1] 清董含《三冈识略》卷四《崇奉释教》："辛丑正月初七日，世祖章皇帝聪明天纵，登极十八年，恩威并用，身致太平，至是上宾。予时待诏公车，不胜槁山弓剑之感。上崇信竺乾，每于西苑接诸鹏耆，登座说法，一时缁流云集。迎武康玉林通琇禅师入都供养，复召天童道忞。上从玉林乞名，因以'慧囊'为名，'山臆'为字，'幻庵'为号，刻玉章，凡书画皆用之。'"[2] 则似顺治法号不止一种，且读者不易明白，故行文未采用之。

本文对顺治之子清圣祖康熙皇帝之称呼，为明白易晓起见，随所引用文献之语境，例称康熙或康熙皇帝、康熙帝，述及康熙某年时，则称圣祖。

河南睢州白云禅寺（今属民权县），文献或称之为白云寺，实际并无区别，本文随所引用文献之称呼而称呼之。

---

[1]　清超琦辑录：《大觉普济能仁国师年谱》，《大觉普济玉林禅师语录》卷十二，蓝吉富主编《大藏经补编》第 27 册影印康熙刊本，台湾华宇出版公司，1986 年，第 665 页。印光法师《复王寿彭居士书二》（民国二十年）："清顺治皇帝拜玉林禅师为师，法名行痴。与玉林法徒行森书，署名尚写法弟行痴和南。和南，乃磕头礼也。皇帝与同门尚如此，况与其师乎？"（《印光法师文钞》卷三，宗教文化出版社，2008 年，第 196 页。）可以参考。

[2]　清董含撰，致之校点：《三冈识略》，辽宁教育出版社，2000 年，第 97 页。

上篇　顺治十八年世祖之假死 与出家山西五台山

第一章　顺治十七年八月董皇后卒后世祖"净发"： 受沙弥戒

1. 顺治"净发"的时间、地点

清得度小师嗣法孙超琦辑录《大觉普济能仁（玉林）国师年谱》卷下顺治十六年己亥（1659）：

> 师于四月十六日辞阙出京。……临行时，世祖谓师曰："和尚《录》中，付门人茆溪之偈最好，送和尚回山之舟，即载入京一面。"师因命茆公即随舟同天使入京。①

清释胜德编《勅赐圆照茆溪森禅师语录》卷五《机缘》：

> 大清顺治己亥六月朔日，钦差司吏院正堂张嘉谟传旨召师，至景山万善殿，叙语不录。②
> 师庚子六月八日奉旨游五台。③

清金之俊《奉敕撰孝献庄和至德宣仁温惠端敬皇后传有序并附论》序：

> 顺治十有七年岁次庚子，秋八月十九日壬寅，孝献庄和至德宣仁温惠端敬皇后，以疾崩于寝殿。④

《大觉普济能仁（玉林）国师年谱》卷下顺治十七年庚子（1660）：

> 秋七月，世祖马上有省，钦差大臣张嘉谟、刘之武、近侍李国柱，诏

---

① 清超琦辑录：《大觉普济能仁国师年谱》，《大觉普济玉林禅师语录》卷十二，蓝吉富主编《大藏经补编》第 27 册影印康熙刊本，台湾华宇出版公司，1986 年，第 667 页。

② 清释胜德编：《勅赐圆照茆溪森禅师语录》，卷五，叶 1A，康熙刻本，首都图书馆藏，索书号：（丙三）/694。

③ 清释胜德编：《勅赐圆照茆溪森禅师语录》，卷五，叶 7A，康熙刻本，首都图书馆藏，索书号：（丙三）/694。

④ 清金之俊：《金文通公集》卷八，《四库全书存目丛书补编》第五六册影康熙刻本，齐鲁书社，2001 年，第 166 页。

召络绎，请师入京证道。……十月十五日，到皇城内西苑万善殿，世祖就见丈室，相视而笑。①

清聂先编撰《续指月录》卷十九《六祖下三十五世·临济宗·湖州报恩玉林通琇禅师》：

> 顺治庚子，师奉诏入都，说法内廷。有《客问》一册，世祖章皇帝敕大学士金之俊评注刊行（机缘另见《奏对集》）。未几回山。再诏入都……师到京，闻森首座为上净发，即命众集薪烧森，上闻，遽许蓄发，乃止。②

《勅赐圆照茚溪森禅师语录》卷三罗人琮撰《茚溪森禅师塔铭并序》录临终偈：

> 慈翁老，六十四年，倔强遭瘟，七颠八倒，开口便骂人，无事寻烦恼。今朝收拾去了，妙妙。人人道你大清国里度天子，金銮殿上说禅道。呵呵，总是一场好笑。③

［德］魏特《汤若望传》第九章《"尚父"和他的皇帝学子》：

> 这位贵妃于1660年产生一子，是皇帝要规定他为将来的皇太子的。但是数星期后，这位皇子竟而去世，而其母于其后不久亦薨逝。皇帝陡为哀痛所攻，竟致寻死觅活，不顾一切。人们不得不昼夜看守着他，使他不得自杀。……此后皇帝便把自己完全委托于僧徒之手。他亲手把他的头发削去，如果没有他的理性深厚的母后和汤若望加以阻止，他一定会充当了僧徒的，但是他仍还由杭州召了些最有名的僧徒来。④

案：第一，根据《大觉普济能仁（玉林）国师年谱》、《续指月录》、《茚

---

① 清超琦辑录：《大觉普济能仁国师年谱》，《大觉普济玉林禅师语录》卷十二，蓝吉富主编《大藏经补编》第27册影印康熙刊本，台湾华宇出版公司，1986年，第667－668页。

② 清聂先编撰，心善整理：《续指月录》，巴蜀书社，2005年，第437页。断句错误已订正。

③ 清释胜德编：《勅赐圆照茚溪森禅师语录》，卷三，叶21A，康熙刻本，首都图书馆藏，索书号：（丙三）/694。

④ ［德］魏特（Alfons Väth S. J.）著，杨丙辰译：《汤若望传》（Johann Adam Schall Von Bell S. J.），商务印书馆，1949年，第323页。按汤若望述"这位贵妃于1660年（顺治十七年）产生一子"，微误，据《御制（孝献庄和至德宣仁温惠端敬皇后）行状》："后于丁酉冬，生荣亲王"，董皇贵妃生子荣亲王是在顺治十四年（1657）。

溪森禅师塔铭并序》三种禅宗文献，并参考汤若望所述，可知茆溪森为顺治净发、授沙弥戒。

《（玉林）国师年谱》顺治十七年"十月十五日，到皇城内西苑万善殿，世祖就见丈室，相视而笑"，如陈垣所说，"此文最可注意者，为相视而笑四字，盖是时上首已秃也。"①

《续指月录》"师到京，闻森首座为上净发"，是指茆溪森为顺治净发、授沙弥戒。

《茆溪森禅师塔铭并序》录临终偈"人人道你大清国里度天子"，如陈垣所说，"度字显与剃度有关，实是出家问题之一大证据。"②

第二，茆溪森为顺治净发的时间，是在顺治十七年（1660）八月十九日董皇后薨逝之后，十月十五日玉林琇面帝之前。《汤若望传》述董皇后"薨逝，皇帝陛为哀痛所攻，竟致寻死觅活，不顾一切"，"此后皇帝便把自己完全委托于僧徒之手"，"把他的头发削去"，事属信实。参证《续指月录》"师到京，闻森首座为上净发，即命众集薪烧森，上闻，遽许蓄发，乃止"，可知顺治净发非同小可，震动皇宫，孝庄太后要阻止、改变此事，实迫在眉睫；如果事情发生在八月十九日董皇后薨逝前，直至十月十五日玉林琇面帝尚未能阻止、改变此事，则为时太久，且不合情理；发生在八月十九日董皇后薨逝后，十月十五日玉林琇面帝之前，玉林琇到京立即阻止、改变了此事，则合情合理。（至于孝庄太后最终接受了顺治出家，是后来的事。）由此可见，董皇后之死，顺治因此痛不欲生，几乎自杀，是顺治净发受沙弥戒、准备出家的直接原因。

汤若望所述"他亲手把他的头发削去"，系传闻不确，实际是由"森首座为上净发"。由剃度本师为沙弥净发，此是禅宗制度之规定。

第三，由《（玉林）国师年谱》所述顺治十七年十一月初八日"奉旨万善殿结冬"，十二月十五日"于万善殿散戒牒一千五百楮"，顺治十八年元旦"即万善殿上堂"，即可知西苑万善殿当时为皇城内之佛寺，顺治净发的地点是在西苑万善殿。

2. 顺治"净发"的意义：受沙弥戒

"净发"，是指佛教关于出家人受戒为僧的一种仪轨制度。

元僧德辉奉敕重编《敕修百丈清规》卷五《大众章第七·沙弥得度》略云：

---

① 陈垣：《汤若望与木陈忞》第二章《世俗传说之解答》三《世祖出家问题》，《陈垣史学论著选》，上海人民出版社，1981年，第444页。

② 陈垣：《顺治皇帝出家》，《陈垣史学论著选》，上海人民出版社，1981年，第484页。

本师执刀云："最后一结谓之周罗，唯师一人乃能断之。我今为汝除去，汝今许否？"答云："可尔。"有垂示法语，仍举落发偈云："毁形守志节，割爱辞所亲。出家弘圣道，誓度一切人。"三举，大众同声和，沙弥就礼三拜，仍胡跪合掌。本师持袈裟，亦有垂示法语，付袈裟置沙弥顶上，复举偈云："大哉解脱服，无相福田衣。披奉如来戒，广度诸众生。"三举，众亦同声和。毕，沙弥披袈裟，礼本师三拜，礼圣僧三拜，礼戒师三拜，胡跪合掌。

戒师云："善男子，法如大海，渐入渐深。汝既出家，当先受三皈五戒，方得近事大僧。次受沙弥十戒，乃可同僧利养。事在专诚，不得慢易。我今为汝召请三宝，证明佛事。"秉炉云："一心奉请无边佛宝、海藏经文、十地三贤、五果四向，同垂感降，共作证明。"三请讫。乃云："善男子，欲求皈戒，先当忏涤愆瑕，如人浣衣，然后加色。汝今至诚，随我忏悔。"举云："我昔所造诸恶业，皆由无始贪、嗔、痴，从身、口、意之所生，一切我今皆忏悔。"三举，众三和，沙弥三拜，胡跪合掌。

戒师云："善男子，法既净治身、口、意业，今当皈依佛、法、僧宝。"……

戒师云："善男子，汝既舍邪归正，戒已周圆。若欲识相护持，应受五戒：不杀生，不偷盗，尽形寿、不淫欲，不妄语，不饮酒，是五戒相。汝能持不？"答云："能持。""上来五支净戒，一一不得犯。汝能持不？"答云："能持。""是事如是持。"沙弥三拜，胡跪合掌。

戒师云："善男子，五戒为入道之初因，出三途之元首。次受沙弥十戒，形备法仪，此称勤策，依师而住，受利同僧，是为应法沙弥。应当顶受：不杀生，不偷盗，不淫欲，不妄语，尽形寿不饮酒，不坐卧高广大床，不花鬘璎珞香油涂身，不歌舞作倡、故往观听，不捉金银钱宝，不非时食，是沙弥戒相。汝能持不？"答云："能持。""上来十支净戒，一一不得犯。汝能持不？"答云："能持。""是事如是持。"沙弥三拜，胡跪合掌。①

明法藏辑《弘戒法仪》卷下《授戒辨第二十四》：

盖沙弥乃大僧之种。……既成沙弥，俨然似比丘矣。故以给侍比丘，尽己躬之行履，且得观光大人道行，行既久如，则小学成就，年满二十，审为丈夫，方选比丘之本。比丘之本者，选其根器人材，真正大丈夫，品

---

① 元僧德辉奉敕重编，僧大诉奉敕校正：《敕修百丈清规》，《卍续藏经》，第111册，台北新文丰出版公司，1994年影印京都藏经书院版，第531-532页。

无诸遮难，是堪任正法之人也。①

清仪润《百丈清规证义记》卷七上《大众章第七·付戒·预习佛事》：

> 五种阇黎者，一，剃度阿阇黎，即剃度本师，及说剃度戒者。二，羯磨阿阇黎，即受戒坛上得作羯磨者。三，教授阿阇黎，凡受戒中教授威仪等事者。四，授经阿阇黎，教诵经律，讲明义理，即引礼之类也。五，依止阿阇黎，即诸方住持，吾曾在彼座下，受其法益，或受食益，乃至依住一宿者。②

沙弥，梵语音译，息恶行慈之义；一译勤策男，大僧勤加策励之义；又译求寂，欲求涅槃圆寂之义。男子出家受十戒者，成为佛弟子沙弥，即初级僧人。沙弥受比丘戒即具足戒者，成为比丘尼，即正式僧人。

案：由上可知，第一，茚溪森顺治十七年（1660）十月十五日前为顺治净发时，顺治已经受沙弥戒，成为佛弟子沙弥，时年二十三岁。

第二，茚溪森为顺治之戒师，即剃度本师。

第三，沙弥戒仪轨庄严，意义深远。受沙弥戒是人生根本性之转折点。顺治受沙弥戒，对其人生有决定性之影响。

顺治受戒后，能践行戒律。沙弥戒五支净戒、十支净戒，第三条皆为不淫欲。按翰林院掌院学士、礼部尚书王熙顺治十八年春所作《世祖皇帝哀诗十首》其二："只有图书陈左右，更无嫔御侍帷房。"原秘书院侍讲、国子监祭酒吴梅村顺治十八年之后所作《清凉山赞佛诗》其四："羊车稀复幸。"皆指顺治十八年正月世祖"死"前，已不复亲近女色。可见顺治受沙弥戒以后，勤策精进，能持戒护戒。

清嘉庆《天童寺志》卷四《盛典考·御书御画》：

> 世祖章皇帝赐天童应召僧道忞御书唐诗一幅，曰："洞房昨夜春风起，遥忆美人湘江水。枕上片时春梦中，行尽江南数千里。"后识："庚子冬日书。"③

陈垣《汤若望与木陈忞》：

---

① 明法藏辑：《弘戒法仪》，《明版嘉兴大藏经》，第 29 册，台北新文丰出版公司，1981 年影印版，第 874 页。

② 清仪润：《百丈清规证义记》，《卍续藏经》，第 111 册，台北新文丰出版公司，1994 年影印京都藏经书院版，第 775 页。

③ 清闻性道、释德介纂：《天童寺志》，杜洁祥主编《中国佛寺史志汇刊》第 1 辑第 13 册影嘉庆刊本，台北明文书局，1980 年，第 309 页。

此岑参《春梦》诗也。唐诗多矣，何独书此以赐僧人，盖是时董妃已卒，多情天子，念念不忘美人枕上，不觉遂于老和尚发之。①

案：《天童寺志》所著录顺治十七年庚子冬日世祖章皇帝赐天童应召僧道木陈忞御书唐诗一幅，即岑参《春梦》"洞房昨夜春风起"，是在顺治十七年八月董皇后卒、十月十五日前世祖受沙弥戒净发之后，顺治十八年正月世祖之"死"之前不久。顺治御书"遥忆美人湘江水"之意，可以理解为双管齐下地寄托了对董皇后，以及对木陈忞和尚之思念。此透露出顺治出家之原因，当包括对董皇后之钟情，和对佛教之皈依。

---

① 陈垣：《汤若望与木陈忞》，《陈垣史学论著选》，上海人民出版社，1981年，第433页。

第二章　顺治曾孙弘旺《松月堂目下旧见》
所录世祖御制出家诗

浙江图书馆藏清钞本弘旺《松月堂目下旧见》顺治朝卷卷端第一行顶格书：

> 世祖皇帝御书乾清宫额曰

第二行低二格书：

> 正大光明（小字注：原明崇祯皇帝御书额曰敬天法祖四字）

第十行顶格书：

> 可唶当年一念差，因何流落帝王家。我本西方一衲子，黄袍换却紫袈纱。①

均为工楷。

按《爱新觉罗宗谱》甲册"圣祖仁皇帝位下子孙"：

> （圣祖仁皇帝）第八子胤禩，康熙二十年辛酉二月初十日未时生，母良妃卫氏，内管领阿布鼐之女。卅七年三月封授多罗贝勒，六十一年十一月晋封亲王，总理事务。雍正元年二月管理工部事务，三年三月退总理事务，四年三月因罪革退亲王，将伊本身并子孙黜宗室，本年丙午九月卒，年四十六岁。乾隆四十三年正月，特旨复入宗室。②

《爱新觉罗宗谱》甲册"圣祖仁皇帝位下子孙"：

> （胤禩）第一子弘旺，康熙四十七年戊子正月初五日寅时生，庶母张氏，张之碧之女。乾隆二十七年壬午十一月初二日亥时卒，年五十五岁。③

---

① 清弘旺《松月堂目下旧见》不分卷，清钞本，四周双边，白口，版心上方单鱼尾，下方页数，半叶十一行，行二十八字左右不等。封面书签，长方形，四周双边，中书：松月堂目下旧见，其下钤印：松月堂，小篆阳文。制版、书字，精美至极，真皇家气象，或系弘旺亲笔稿本。浙江图书馆藏，书号1332。北京全国图书馆文献缩微中心，馆藏号S1410＼，国图古籍馆普通古籍阅览室缩微制品。

② 《爱新觉罗宗谱》修谱处：《爱新觉罗宗谱》甲册，沈阳，1938年，学苑出版社，2008年影印本，第770页。

③ 《爱新觉罗宗谱》修谱处：《爱新觉罗宗谱》甲册，沈阳，1938年，学苑出版社，2008年影印本，第770页。

《清世宗实录》卷四十二雍正四年三月甲辰："诸王大臣等遵旨，将允禩改名之处询问允禩，允禩自改名为阿其那，改伊子弘旺名为菩萨保。奏入，报闻。"①

《清史稿》卷三十二《诸王六·圣祖诸子·允禩传》："（雍正）四年二月，授允禩为民王，不留所属佐领人员，凡朝会，视民公、侯、伯例，称亲王允禩。诸王大臣请诛允禩，上不许。寻命削王爵，交宗人府圈禁高墙。宗人府请更名编入佐领，允禩改名阿其那，子弘旺改菩萨保。"

案：由上可知，弘旺（1708－1762）乃顺治之曾孙，康熙第八子胤禩之第一子。

清吴庆坻《蕉廊脞录》卷五《松月堂目下旧见》：

> 顺德李仲约侍郎藏《松月堂目下旧见》六册，钞本，不著编辑人。侍郎据书中"康熙三十五年二月三十日随上亲征"及"先考皇八子"云云，定为廉亲王允禩之子。允禩，于雍正四年命圈禁高墙，改名阿其那者也。书中纪载，首国初创业主帅，次天聪年主帅，次顺治年主帅以及议政大臣、参赞大臣、随征明大臣。次康熙年议政大臣、参赞大臣，雍正年议政大臣、参赞大臣、军机大臣，乾隆年议政大臣、参赞大臣、军机大臣。次宗人府，次领侍卫内大臣，次散秩内大臣，次内阁，次翰林院。皆详著爵秩、姓名，及任事年月。议政、参赞以下，并详其升、授、署、调、降、革、薨、卒，汉人或注其籍贯。天潢贵胄能秉笔纪述，至为难能，而其书不传，可叹也！

又曰：

> 《目下旧见》首叶载诗一首，云："可唱当年一念差，因何流落帝王家。我本西方一衲子，黄袍换却紫袈裟。"盖世祖之作。旧时传世祖弃臣民，实遁迹为僧，疑为齐东野人语。吴梅村《清凉山赞佛诗》，相传咏世祖端敬皇后董鄂氏事，有指《目下旧见》所载诗为证者。细绎词意，疑是世祖未升遐之前所作语，若禅悟，不可臆断也。

邓之诚《五石斋文史札记》民国三十三年一月二十八日：

> 苏寄帆来，以印泥见惠，并示弘旺《元功名臣录》稿本，分宗室八旗，略序其人，与《皇清通志纲要》体例不同，内容无甚差别。凡分五卷，其四卷以下，曰佐领根源，曰八旗各省军兵、马匹，曰直省里数、银米、土产。五卷曰蒙古部落及国朝部落，与'元功名臣'毫无关系，不

---

① 《清实录》第7册，《世宗宪皇帝实录（一）》，中华书局，1985年，第621页。

知何以列入。其目录上部六卷，而所列细目至五卷止。又有下部目录六卷，一卷为顺治年诏诗匾额、国朝统兵主帅、国朝议政参赞、军机大臣、管宗人府五堂王公、领侍卫内大臣、散秩内大臣、内阁满汉大学士、翰林院满汉掌院学士。二卷为康熙年御制诏诗匾额、国朝元功辅政王贝勒大臣，雍正年御制诏诗匾额、国朝大将军、国朝将军、国初大学士管部务王贝勒、配享王大臣、各庙享祀王大臣、各庙享祀圣贤、春秋享祀祠宇、国朝纂修大臣。三卷为二十四旗都统、前锋统领、护军统领、步军统领。四卷为六部二院尚书、变仪衔内大臣、内务府大臣、六部一院汉尚书。五卷为直省驻防将军都统、直省总督、直省巡抚；六卷为各省巡抚、直省提督。此下部六卷俱佚，唯观子目，极与予旧藏《松月堂目下旧见》相同，惜《旧见》前年燕京被封门时失去，无从比对，不知是二书抑是一书，或就《旧见》略有增省之书也。《元功名臣录》序作于乾隆十四年，度必彼时誊清之稿，书中有二十五年事，则弘旺随时增益者。其书足贵，盖属草在《八旗通志》、《八旗氏族通谱》及《皇朝三通》之前，与官书颇有出入。①

熊英洁《弘旺及其著述研究》二《〈皇清通志纲要元功名臣录〉研究》（一）《版本及内容》：

> 弘旺一生事迹鲜见史籍，但却奋笔撰写了一部近百万字的史著——《皇清通志纲要元功名臣录》。然而，此书在传抄、流传过程中，渐被肢解为《皇清通志纲要》、《元功名臣录》、《松月堂目下旧见》三部著述（详见下文），现今分别庋藏于国家图书馆、北京大学图书馆、浙江图书馆等处。②

案：综上可知，弘旺有学问，为清前期史专家，其所著《元功名臣录》、《皇清通志纲要》、《松月堂目下旧见》，当为《皇清通志纲要元功名臣录》一书，系清前期太祖至高宗六朝史事传志体史，近百万字，内容信实可贵。其中浙江图书馆藏弘旺《松月堂目下旧见》顺治朝卷卷端世祖皇帝御制诏诗匾额所录诗"可喟当年一念差，因何流落帝王家，我本西方一衲子，黄袍换却紫袈纱（裟）"，为顺治御制诗，无可置疑。此诗著录于乾隆前期弘旺之书，当传自顺康间皇室本支。

---

① 邓之诚著，邓瑞整理：《邓之诚文史札记》，凤凰出版社，2012 年，第 245 – 246 页。

② 熊英洁：《弘旺及其著述研究》，中国社会科学院研究生院硕士学位论文，导师：杨珍教授，2009 年，第 12 页。来自读秀网·学位论文。

"可喟当年一念差，因何流落帝王家。我本西方一衲子，黄袍换却紫袈裟。"顺治此诗，明确表示了对佛教极深的虔诚信仰，和舍弃皇位出家为僧的愿念。可称之为顺治御制出家诗。

顺治曾孙弘旺在《松月堂目下旧见》顺治朝卷卷端世祖皇帝御制诏诗匾额，所录顺治御制出家诗，表明顺治直系后人极为重视此诗。是否仅因为顺治有出家之心而出家未遂，而著录此诗？兹姑且存而不论，本书最后再来回答此一问题。

《翁同龢日记》光绪十二年（1886）十月十一日：

（京西天太山慈善寺）佛殿内，有人书一诗于板，姑记之：

天下丛林饭似山，钵盂到处任君餐。黄金白玉非为贵，惟有袈裟披最难。朕乃山河大地主，忧国忧民事转繁。百年三万六千日，不及僧家半日闲。来时胡涂去时迷，来去昏迷总不知。不如不来亦不去，亦无欢喜亦无悲。未曾生我谁是我，生我之时我是谁。长大成人方知我，合眼朦胧又是谁。但愿不来也不去，来时欢喜去时悲。每日清闲谁多识，空在人间走一回。口中吃得清和味，身上常穿补衲衣。五湖四海为商客，逍遥佛殿任僧栖。莫道僧家容易得，皆因前世种菩提。虽然不是真罗汉，亦搭如来三顶衣。兔走乌飞东又西，为人切莫用心机。世事如同三更梦，万里乾坤一局棋。禹开九州汤伐夏，秦吞六国汉登基。古来多少英雄辈，南北山头卧土泥。恼恨当年一念差，龙袍换去紫袈裟。我本西方一衲子，因何流落帝王家。十八年来不自由，江山坐到我时休。我今撒手归山去，管他千秋与万秋。①

按《清史列传》卷六十三《翁同龢传》："字叔平，江苏常熟人，大学士心存子。咸丰六年一甲一名进士，授翰林院修撰。……同治元年……命在弘德殿行走，五年，升翰林院侍讲。……光绪元年……充经筵讲官。……八年，命在军机大臣上行走。"②《清史稿》卷四百三十六本传："著有《瓶庐诗稿》八卷、《文稿》二十卷。其书法自成一家，尤为世所宗云。"翁同龢乃同治、光绪两代之帝师，学养深厚，光绪十二年在京西天太山慈善寺佛殿内从诗板上笔录此帝王出家诗，当非无故。

翁同龢所录京西天太山慈善寺佛殿诗板之诗，始言"天下丛林饭似山"，"朕乃山河大地主"，终言"我今撒手归山去"，是帝王出家诗，自述业已出家。

---

① 清翁同龢著，翁万戈编，翁以钧校订：《翁同龢日记》第5卷，中西书局，2012年，第2096－2097页。

② 王锺翰点校：《清史列传》，第16册，中华书局，1987年，第5049页。

翁同龢所录帝王出家诗中"恼恨当年一念差，龙袍换去紫袈裟。我本西方一衲子，因何流落帝王家"四句，与弘旺所录顺治出家诗"可喑当年一念差，因何流落帝王家。我本西方一衲子，黄袍换却紫袈裟"四句，文字大同小异，基本相同。异文仅在于，翁同龢所录诗此四句第二句，为弘旺所录诗第四句，翁同龢所录诗此四句第四句，为弘旺所录诗第二句；翁同龢所录诗"恼恨"、"龙袍换去"，弘旺所录诗作"可喑"、"黄袍换却"，实际只差四字，意思完全一致。

翁同龢所录诗系古体长诗，其中包含弘旺所录顺治出家诗四句，弘旺所录诗按平仄并非四句之近体绝句，而是古体，当为古体长诗之一部分。至于两诗长短之不同，或系传写时有所取舍。两诗有可能是同一首诗。

翁同龢所录诗"恼恨当年一念差，龙袍换去紫袈裟。我本西方一衲子，因何流落帝王家"，与顺治皇帝身份相符；"十八年来不自由，江山坐到我时休。我今撒手归山去，管他千秋与万秋"，与顺治在位年代相符；此诗有可能是顺治御制出家诗全诗。

弘旺所录本顺治御制出家诗，笺释如下。

> 可喑当年一念差，因何流落帝王家。我本西方一衲子，黄袍换却紫袈裟。

"一念差"：佛家常语。宋张商英《续清凉传》卷下："一念差殊，四生流浪。出没于三千刹土，缠绵于十二根尘。"

"流落"：佛家常语。明释如惺《大明高僧传》卷三《广西横州寿佛寺沙门释应能传十二》："释应能，伪姓杨氏，实建文君也……讳允炆……乃赋诗云：'流落江湖四十秋，归来不觉雪盈头。'"

"我本西方一衲子"："我本"，犹言前生。宋释道原《景德传灯录》卷二十三《陈州石镜和尚》："前生是因，今生是果。""衲子"，僧人。

"黄袍"：皇帝之衣。宋王楙《野客丛书》卷八《禁用黄》："唐高祖武德初，用隋制，天子常服黄袍，遂禁士庶不得服，而服黄有禁自此始。"

"我本西方一衲子"，木陈道忞《弘觉忞禅师北游集》卷四《奏对别记下》："上一日语师：'朕再与人同睡不得，凡临睡时，一切诸人，俱命他出去了，方睡得着。若闻有一些气息，则通夕为之不寐矣。'师曰：'皇上夙世为僧，盖习气不忘耳。'上曰：'朕想前身的确是僧。今每常到寺，见僧家明窗净几，辄低回不能去。'"[1] 顺治诗与对话，足资印证。

---

[1] 门人真朴编次：《北游集》卷四，明复法师主编《禅门逸书续编》第10册影民国罗香林藏抄本，台北汉声出版社，1987年，第85页。

第三章　翰林院掌院学士王熙自撰《年谱》
顺治十八年：世祖"患痘"而"崩"是谎言

讨论清代官书所述顺治之死，须考察当事人翰林院掌院学士兼礼部侍郎①、时称"内相"、顺治遗诏草诏人王熙之自撰《年谱》（前人有讨论，但有所不足），与《世祖皇帝哀诗十首》（前人无讨论）。考察当事人王熙之记述，先须了解顺治与王熙之关系及王熙之为人。

《王文靖公集》卷二十四宛平王熙慕斋氏著《（自撰）年谱》②：

> 癸巳（顺治十年，1653年）　二十六岁　（以内翰林国史院检讨）御试满书于内院，取列二等五名，奉谕留任学习。翌日，召见于弘文院，询问家世履历，命以满语奏对，荷仰褒纶，谕大学士范文程等曰："汉官读满书，学习满语，须不畏难，方有进益。朕见王熙奏对明爽，虽未尽合，将来必速通晓。"③

> 甲午（顺治十一年，1654年）　二十七岁　秋，升……内翰林弘文院修撰。冬十月，奉召入南苑，译《劝善书》及《大学衍义》。上时幸内院直所，一日，余在直幄译书，驾至，不及收取，蒙亲阅所译书，仍召至前，命如前译，甫写数行，上大悦，谕大学士等曰："朕向有谕，王熙必能速通满文，今观此，果能晓畅贯通，可嘉。"④

> 丙申（顺治十三年，1656年）　二十九岁　（二月）奉谕开日讲，命选择翰林中品行端方、文学淹博满汉官具题钦点，余不在开列中，蒙恩以原衔充日讲官。三月，御试满书，钦取第一……秋……升左春坊左庶子

---

① 清文渊阁《四库全书》本乾隆《钦定历代职官表》卷二十三《翰林院表·翰林院·国朝官制》："翰林院掌院学士兼礼部侍郎，满洲汉人各一人，初制正五品，以兼礼部侍郎衔为正三品。后与内阁学士俱升为从二品。"

② 清王熙：《王文靖公集》二十四卷附录一卷，《四库全书存目丛书》集部第214册影印康熙四十六年王克昌刻本，齐鲁书社，1997年。清永瑢《四库全书总目》卷一百八十一《集部》三十四《别集类·存目八》"王文靖集二十四卷附录一卷（直隶总督采进本"条："国朝王熙撰。熙字子撰，一字胥廷，宛平人。顺治丁亥进士，官至大学士，谥文靖。是编……以自作《年谱》及行状志铭碑传附录于末。"按《年谱》终于癸未（康熙四十二年）七十六岁，可以以此年为《年谱》最后修定之年。

③ 清王熙：《王文靖公集》卷二十四，《四库全书存目丛书》集部第214册影印康熙四十六年王克昌刻本，齐鲁书社，1997年，第746页。

④ 清王熙：《王文靖公集》卷二十四，《四库全书存目丛书》集部第214册影印康熙四十六年王克昌刻本，齐鲁书社，1997年，第747页。

兼内秘书院侍读。上幸景山臻禄阁，召日讲官五人，各讲经书一篇，余进讲《书经·尧典》。毕，赐坐，赐膳。翌日，奉谕："王熙、曹本荣每日进讲，馀员候旨。"自是每早赴乾清门候旨，宣入弘德殿进讲。又奉旨："尔等既充讲官，不必立讲，俱赐坐进讲，以为常。"冬，随驾南苑，进讲行围，俱不拘于早晚。①

　　丁酉（顺治十四年，1657 年）　　三十岁　奉谕："出驾即随，不必请旨。"……三月，升内翰林弘文院侍讲学士，奉命充经筵讲官。……七月十二日，奉谕："侍讲学士王熙，奉职勤慎，满汉学问优通，着升内弘文院学士。"先是，（王熙父）文贞公于十二年升任内国史院学士……入直后，蒙谕："父子同官，古今所少，以尔诚恪，特加此恩。"②

　　戊戌（顺治十五年，1658 年）　　三十一岁　十一月，奉谕授为翰林院掌院学士兼礼部侍郎。③

　　庚子（顺治十七年，1660 年）　　三十三岁　十一月……奉旨加礼部尚书。④

清文渊阁《四库全书》本《钦定历代职官表》卷九《礼部·国朝官制》：

　　礼部尚书，满汉各一人，从一品。

清文渊阁《四库全书》本《钦定大清会典》卷三《吏部·文选清吏司·官制一·京官》：

　　吏部、户部、礼部、兵部、刑部、工部尚书，满汉各一人，从一品。⑤

　　案：由上可知，顺治（1638 - ）与王熙（1628 - 1703）二人，年相近，皆好学，王熙比顺治大十岁，顺治能以皇帝之尊识拔王熙。王熙自顺治十年任内翰林国史院检讨，以满语奏对深受顺治嘉许、奖掖，历官内翰林国史院修

　　①　清王熙：《王文靖公集》卷二十四，《四库全书存目丛书》集部第 214 册影印康熙四十六年王克昌刻本，齐鲁书社，1997 年，第 747 - 748 页。
　　②　清王熙：《王文靖公集》卷二十四，《四库全书存目丛书》集部第 214 册影印康熙四十六年王克昌刻本，齐鲁书社，1997 年，第 748 - 749 页。
　　③　清王熙：《王文靖公集》卷二十四，《四库全书存目丛书》集部第 214 册影印康熙四十六年王克昌刻本，齐鲁书社，1997 年，第 750 页。
　　④　清王熙：《王文靖公集》卷二十四，《四库全书存目丛书》集部第 214 册影印康熙四十六年王克昌刻本，齐鲁书社，1997 年，第 751 - 752 页。
　　⑤　《景印文渊阁四库全书》第 619 册，台湾商务印书馆股份有限公司，1986 年，第 44 页。

撰、内秘书院侍读、内翰林弘文院侍讲学士充经筵讲官、内弘文院学士,至顺治十八年官至翰林院掌院学士兼礼部尚书、从一品大臣,其满语知识和职官履历,是在顺治一手栽培下成长起来。可见王熙为人,忠实、勤奋。顺治与王熙之间,不仅有君臣知遇之恩,而且有近似朋友之缘分和友情。故顺治十八年正月"驾崩"之前七天,王熙实为顺治朝夕相处之真正之顾命大臣,亦为顺治"驾崩"真相之极少数知情人之一。因此,王熙相关记述,自撰《年谱》与诗,为顺治"驾崩"真相最宝贵之原始文献。其中,王熙之诗,是顺治之"崩"真相之直接文献,亦是自撰《年谱》之必要补充;自撰《年谱》,则是诗必不可少之解释;诗与自撰《年谱》,实为不可分割之一整体。

关于顺治之"崩",今存原始文献,一为官方之《清世祖实录》及《清圣祖实录》,一为王熙自撰《年谱》。相关文献,亦援引如下,以资对照。

《清世祖实录》卷一百四十四顺治十八年辛丑春正月:

> 辛亥朔(初一日),上不视朝,免诸王文武群臣行庆贺礼。……壬子(初二日),上不豫。……丙辰(初六日),……上大渐。……丁巳(初七日),夜子刻,上崩于养心殿。……上在位十有八年,寿二十四。是岁三月癸酉,上尊谥曰体天隆运英睿钦文大德弘功至仁纯孝章皇帝,庙号世祖。康熙二年六月壬寅,葬孝陵。①

王熙《王文靖公集》卷二十四《(自撰)年谱》"辛丑(顺治十八年,1661 年)三十四岁":

> 元旦,因不行庆贺礼,黎明入内,恭请圣安。召入养心殿,赐座赐茶而退。

> 翌日,入内请安,晚始出。

> 初三日,召入养心殿,上坐御榻,命至榻前讲论移时。是日,奉天语面谕者关系重大;并前此屡有面奏;及奉谕询问,密封奏折;俱不敢载。惟自念身系汉官,一介庸愚,荷蒙高厚,任以腹心,虽举家生生世世,竭尽犬马,何以仰答万一?岂敢顾惜身家,不力持正论,以抒诚悃也。吾子吾孙,其世世铭心镂骨,以图报效也。

> 初六日三鼓,奉召入养心殿,谕:"朕患痘,势将不起,尔可详听朕言,速撰诏书,即就榻前书写。"恭聆天语,五内崩摧,泪不能止,奏对不成语。蒙谕:"朕平日待尔如何优渥,训尔如何详切,今事已至此,皆有定数,君臣遇合,缘尽则离,尔不必如此悲痛。此何时,尚可迁延从

---

① 《清实录》第 3 册,《世祖章皇帝实录》,中华书局,1985 年,第 1105 – 1106 页。

事，致误大事！”随勉强拭泪吞声，就御榻前书就诏书首段。随奏明，恐过劳圣体，容臣将奉过面谕，详细拟就进呈，遂出至乾清门下西围屏内撰拟。凡三次进览，三蒙钦定，日入时始完。至夜，圣驾宾天，血泣哀恸。

初八日，同内阁拟上世祖章皇帝尊谥，又同内阁拟今上皇帝即位年号，又为辅政大臣撰誓文。①

康熙《上海县志》卷十《文苑·张宸》：

张宸，字青琱，博学工诗文，由诸生入太学，选中书舍人。时敬皇后宾天，上命词臣拟撰祭文，三奏草而上不怿，最后属宸。有云：“渺兹五夜之箴，永巷之闻何日；去我十臣之佐，邑姜之后谁人？”上读之，泫然称善。②

清张宸《平圃遗稿》卷十四《杂记》：

辛丑正月，世祖皇帝宾天。予守制禁中，凡二十七日。先是正月初二日，上幸悯忠寺，观内珰吴良辅祝发。初四日，九卿大臣问安，始知上不豫。初五日，又问安，见宫殿各门所悬门神对联尽去。一中贵向各大臣耳语，甚怆惶。初七晚，释刑狱诸囚一空，止马逢知、张缙彦二人不释。传谕民间毋炒豆、毋燃灯、毋泼水，始知上疾为出痘。初八日，各衙门开印，予黎明盥漱毕，具朝服将入署，长班遽止之曰：‘门启复闭，止传中丞暨礼部三堂入，入即摘帽缨，百官今散矣。’予错愕久之。盖本朝制度，有大丧则去缨。讵上春秋富，有此变也？早膳后出门问讯，则人复讯予，无确音。时外城门俱闭，列卒戒严，九衢寂寂，惶骇甚。日晡时，召百官携朝服入，入即令赴户部领帛。领讫，至太和殿西阁门，遇同寅魏思齐，讯主器，曰：‘吾君之子也。’心乃安。二鼓馀，宣遗诏。”③

晋葛洪《肘后备急方》卷二《治伤寒时气瘟病方第十三》述天花症状：

发疮头面及身，须臾周匝，状如火疮，皆戴白浆，随决随生，不即治，剧者多死。……呼为虏疮。

宋闻人规《痘疹论》卷三《既出而狂叫喘呼者何第五十七》：

---

① 清王熙：《王文靖公集》卷二十四，《四库全书存目丛书》集部第 214 册影印康熙四十六年王克昌刻本，齐鲁书社，1997 年，第 752 – 753 页。

② 清史彩纂修：康熙《上海县志》十二卷缺四卷，康熙二十二刻本，国家图书馆藏，索取号：地 210. 11/32。

③ 清张宸：《平圃遗稿》卷十四，《四库未收书辑刊》第五辑二十九册，北京出版社，1997 年，第 757 页。

疮痘已出，热毒自里而达表，狂叫喘呼。

清康熙宝翰楼刻本张璐《张氏医通》卷十二《婴儿门下·昏沈》述天花症状：

痘疮成浆之时，精神倦怠，神思昏沉，不省人事，呼之不应，自语呢喃，如邪祟状。

［美］凯特·凯利《医学史话 中世纪 500－1450》第七章《中世纪时期的可怕疾病》：

天花通常会置人于死地。……天花的症状出现得很突然，包括高烧、发冷、头痛、背痛、恶心、呕吐等。在高烧后的 2 到 4 天，非常显著的红色脓疱（皮肤上小块的突起，其中含脓，底部有炎症）会生发在脸上和身上；有些甚至还出在眼睛里，影响到患者的视力。[1]

卫生部卫生防疫司《除害灭病爱国卫生运动手册》第四章《消灭疾病》第十二节《天花》三《天花的症状》：

天花是一种烈性传染病。……本病初起时（或叫前驱期）发高热、头痛、如重感冒，但吃退热药无效。有时出疹子，数小时即退（前驱疹）。第三、四天就出现本病的特有皮疹。[2]

上海第一医学院医学卫生普及全书编辑委员会《医学卫生普及全书》第四篇《各种疾病的防治》第二章《儿科疾病·天花·症状和诊断》：

发病很急，开始时有高热（39～40°C），伴有寒颤，头痛，四肢酸痛，呕吐等。小儿可出现惊厥。精神委靡衰竭，有明显的中毒状态。……第 3 天开始出疹。初现于额部，腕部，以后波及面部、躯干、四肢。皮疹先是暗红色斑疹，数小时后变成丘疹。……面部和前臂最多，……面部皮疹密集，并侵犯到口、鼻、眼粘膜。[3]

孟凡人《明代宫廷建筑史》第七章《明北京紫禁城内廷中路和内东西路

---

① ［美］凯特·凯利：《医学史话 中世纪 500－1450》，徐雯菲译，上海科学技术文献出版社，2015 年，第 93－94 页。

② 中央爱国卫生运动委员会办公室、卫生部卫生防疫司主编：《除害灭病爱国卫生运动手册》第四章《消灭疾病》第十二节《天花》三《天花的症状》，人民卫生出版社，1959 年，第 322－323 页。

③ 上海第一医学院医学卫生普及全书编辑委员会：《医学卫生普及全书》，上海科学技术出版社，1959 年，第 956－957 页。

的配置与形制》第四节《奉先殿与养心殿和乾东西五所的形制》二《养心殿建筑群的形制》"养心殿自雍正为寝宫后，为适应新的需要，经过不断的改造、添建"一段注文：

> 养心殿为工字形殿，前后殿间以穿堂连接。前殿是处理政务之所，前殿面阔三间，通面阔三十六米，进深三间，通进深十二米。①

王熙《王文靖公集》卷二十一《玉林禅师塔铭》：

> 师讳通琇，号玉林，常州江阴人，族姓杨氏。……顺治戊戌，世祖皇帝闻师名，遣使召师。己亥春，师应诏赴阙，见上于外朝，慰劳优渥。即命近侍送居万善殿，不时临访道要。……恨相见之晚。赐号"大觉禅师"。……寻以母未葬，恳乞还山，诏许之……庚子秋，复召至京师，礼遇尤渥，进号"大觉普济能仁国师"。……次年，世祖皇帝升遐，师领大弟子作佛事七昼夜，毕，辞还山。钦命遣官护送，其宠荣稠叠，近代无与同者。……余昔侍从内廷间，立法席之后，亲睹师据师子座，举明正法，发轰掣电之机。②

清得度小师嗣法孙超琦辑录《大觉普济能仁（玉林）国师年谱》卷下顺治十八年辛丑正月：

> 初三，中使马公二次奉旨至万善殿云："圣躬少安。"师集众，展礼御赐金字《楞严经》，绕持大士名一千，为上保安。初四，李近侍言："圣躬不安之甚。"初七亥刻，驾崩。初八日，皇太后慈旨，请师率众即刻入宫，大行皇帝前说法。初九寅刻，新天子登位矣。二月初二日，奉旨到景山，为世祖安位。二月初六重扫世祖塔，欲南还，礼辞祖翁耳。二月十五日，得旨南还。③

案：第一，根据《清世祖实录》所述，顺治十八年（1661）正月初一日

---

① 孟凡人：《明代宫廷建筑史》，紫禁城出版社，2010年，第311页。

② 清王熙：《王文靖公集》卷二十四，《四库全书存目丛书》集部第214册影印康熙四十六年王克昌刻本，齐鲁书社，1997年，第699－701页。释际界增修《西天目祖山志》卷八，题：《大觉普济能仁国师塔铭》，落款："康熙乙丑仲夏，赐进士出身、光禄大夫、礼部尚书、保和殿大学士加三级，宛平王熙薰沐拜撰"，（杜洁祥主编《中国佛寺史志汇刊》第1辑第33册影印嘉庆刻本，台北明文书局，1980年，第592－598页。）

③ 得度小师嗣法孙超琦辑录：《大觉普济能仁（玉林）国师年谱》，《大觉普济玉林禅师语录》卷十二，蓝吉富主编《大藏经补编》第27册影印康熙刊本，台湾华宇出版公司，1986年，第669页。

世祖身体不适（"上不视朝，免诸王文武群臣行庆贺礼"），初二日出病（"不豫"），初六日病危（"上大渐"），初七日夜子刻（23时至1时）"上崩于养心殿"。此是清廷官方说法。

第二，根据王熙自撰《年谱》所述"初六日三鼓，奉召入养心殿，谕：'朕患痘，势将不起'"，张宸《杂记》所述"初七晚，始知上疾为出痘"，似乎顺治"患痘"而"崩"。

第三，根据上述中西医文献，患痘即天花的症状，是初起时高烧、寒颤、疼痛、呕吐，病人精神衰竭，有明显中毒状态，第2到4天头面身体遍布脓疱，面部脓疱密集，并侵犯到口、鼻、眼粘膜，病人狂叫喘呼，不省人事。

第四，根据王熙自撰《年谱》所述，初一至初三日连续三天奉召入养心殿。其中，初二日至"晚始出"，初三日君臣二人反复讨论顺治"关系重大"之决定，王熙认为此非"正论"，冒死反对，讨论激烈。初六日"三鼓"（23时至1时）奉召入养心殿起草遗诏，"就御榻前书就诏书首段"，然后"出至乾清门下西围屏内撰拟，凡三次进览，三蒙钦定"，直到初七日"日入"（17时至19时）完工，连续工作十八个小时。可知顺治自初一日至初七日黄昏，即正当所谓初二日"患痘""不豫"，初六日"大渐"病危期间，却能连日甚至通宵达旦工作，足见身体健康，精力饱满，绝无"患痘"初起时高烧、寒颤、疼痛、呕吐，精神衰竭，明显中毒状态，第2到4天头面身体遍布脓疱，面部脓疱密集，并侵犯到口、鼻、眼粘膜，病人狂叫喘呼，不省人事之症状。同时，养心殿为小殿，雍正改造之后南北通进深仅十二米，雍正改造之前进深不会更大，王熙近距离接触顺治，竟无一字述及顺治"患痘"病容，更无一字问疾之言。由此可见，王熙自撰《年谱》是用叙述事实来表示，所谓顺治"患痘"，是谎言；顺治"患痘"而"崩"，自然亦是谎言。

王熙《王文靖公集》卷六《世祖皇帝哀诗》其二"御榻尚瞻天表近，帝乡何处白云翔"，"御榻"句言，就在初七入夜世祖"驾崩"之前一天一夜，我还在皇帝榻前起草诏书，近距离亲眼瞻仰皇帝容颜——并无病容，足资参证。

第五，王熙自撰《年谱》详述初一至初七日奉召入养心殿情况，其中自初六日三鼓到初七日日入十八个小时，自乾清门下西围屏连续"三次进览，三蒙钦定"，朝夕相处，顺治身边无侍疾之御医、太监、王公大臣，亦无侍疾之妃嫔、宫女，亦无视疾之太后，则可旁证顺治"患痘"而"崩"是谎言。

王熙《世祖皇帝哀诗十首》其二"铜龙夜静漏声长，遗诏亲裁罪己章。只有图书陈左右，更无嫔御侍帷房"，言养心殿中，"临终"之皇帝，连一个侍疾之妃嫔、宫女也没有，足资参证。

第六，关于顺治之"死"时间，《清世祖实录》述为顺治十八年正月初七日"夜子刻，上崩于养心殿"，即初七日夜半二十三时至一时之间；翰林院掌院学士兼礼部侍郎、顺治遗诏草诏人王熙则述为顺治十八年正月初七日"至夜，圣驾宾天"，即初七日十七至十九时"日入"之后不久；内阁中书舍人张宸所述顺治之"崩"日期，更是含糊无明白交代；住紫禁城西苑说法大觉普济能仁国师玉林琇则述为"初七亥刻，驾崩"，即初七日二十一时至二十三时之间。顺治之"死"之时间，出现当事人四种不同说法。一个谎言，千百个漏洞，此之谓也。

第七，根据王熙所述初二日"入内请安，晚始出，初三日，召入养心殿，上坐御榻，命至榻前讲论移时。是日，奉天语面谕者关系重大，并前此屡有面奏，及奉谕询问密封奏折，俱不敢载。惟自念身系汉官，一介庸愚，荷蒙高厚，任以腹心，虽举家生生世世，竭尽犬马，何以仰答万一？岂敢顾惜身家，不力持正论，以抒诚悃也"，可知初三日之前顺治已将"关系重大"之决定当面告诉王熙，并"询问"相关事宜，王熙则不"顾惜身家"，反复地"力持正论"反对之，包括至迟初二日"屡有面奏，及奉谕询问密封奏折"，和初三日"至榻前讲论移时"，而"俱不敢载"。顺治"死"前所作出的此一决定，"关系重大"而并非"正论"，以致于王熙多次冒死"面奏"及"密封奏折"反对，但最终不得不顺从旨意，并且永远保密。在当时顺治"患痘"而"崩"是谎言的情况下，符合这些条件的顺治之决定，只能是其假死真出家。

王熙《世祖皇帝哀诗》其九"尚忆当年侍讲闱，亲聆天语辨危微。鹅湖鹿洞无同异，白社黄冠有是非。书殿昼闲云漠漠，梵宫春掩草霏霏"，诗言犹记得当年侍讲，亲耳聆听到世祖皇帝对"人心惟危，道心惟微"，说出了清晰的辨别；儒家内部理学、心学，在在世间、入世间这一点上，并无不同；然而，"白社、黄冠"即佛教（重心）、道教（陪衬）主张出世间，就有根本的不同了，甚至会有"是非"、有争端。言外之意，在争端中，我作为侍讲官，对于所讲之反对出家之儒学，未能战胜主张出家之佛教——听讲人世祖皇帝要出家，岂不"痛"哉！怎能不"五内崩摧，泪不能止"！如今，当年讲殿乾清宫西配殿弘德殿，闲云漠漠，人去殿空；而远方的"梵宫"佛寺，春草霏霏，世祖皇帝今在何处？在远方春草霏霏所掩没的"梵宫"佛寺之中也。

由此可知，顺治十八年至迟正月初二日顺治所告诉王熙之"关系重大"之决定，是顺治假死出家。

顺治假死出家，王熙当为朝臣中的唯一知情者。

《清圣祖实录》卷一顺治十八年辛丑春正月：

> 辛亥朔。越七日丁巳，夜子刻，世祖章皇帝宾天。先五日壬子，世祖

章皇帝不豫。丙辰，遂大渐，召原任学士麻勒吉、学士王熙至养心殿，降旨一一自责；定皇上御名，命立为皇太子；并谕以辅政大臣索尼、苏克萨哈、遏必隆、鳌拜姓名；令草遗诏。麻勒吉、王熙遵旨于乾清门撰拟，付侍卫贾卜嘉进奏。谕曰："诏书着麻勒吉怀收。俟朕更衣毕，麻勒吉、贾卜嘉，尔二人捧诏奏知皇太后，宣示王、贝勒、大臣。"①

蒋良骐《东华录》卷八：

顺治十八年正月……初七日丁巳夜子刻，上崩于养心殿。……先五日壬子，不豫，丙辰，遂大渐。召学士麻勒吉、王熙至养心殿，定上御名，立为皇太子，令草遗诏。②

《清世祖实录》卷一百三十八顺治十七年庚子七月：

癸未初，固山贝子尚善出师云南，于永昌等府纵兵抢掠良民妇女，上闻之，命刑部尚书能图、内阁学士麻勒吉往按其事，拟罪奏闻。至是，多罗信郡王多尼等旋师，上命宗人府再行质讯，情罪多不相符。命削能图太子太保及拜他喇布勒哈番，解任，籍没家产一半。革麻勒吉职为民，罚银一百两。③

《清史列传》卷十《麻勒吉传》：

麻勒吉，满洲正黄旗人，姓瓜尔佳氏。④

案：《清圣祖实录》述顺治十八年正月初六日"召原任学士麻勒吉、学士王熙至养心殿，令草遗诏"、"麻勒吉、王熙遵旨于乾清门撰拟"，所谓"召原任学士麻勒吉令草遗诏"、"麻勒吉遵旨于乾清门撰拟"，亦是谎言。因为，首先，王熙所述奉召入养心殿起草遗诏过程，叙述甚详，原原本本，只有王熙一人，别无二人，决无麻勒吉。其次，按《清世祖实录》卷一百三十八顺治十七年七月癸未"内阁学士麻勒吉按事拟罪奏闻，情罪多不相符"，"命革麻勒吉职为民，罚银一百两"，顺治不可能在临终前夕起用一个前不久革职为民的前任学士麻勒吉为遗诏草诏人。麻勒吉，满人也。制造麻勒吉参与起草遗诏之谎言，只有一个目的，万一顺治之死真相泄露，在封口、灭口的同时，要麻勒

---

① 《清实录》第 4 册，《圣祖仁皇帝实录（一）》，中华书局，1985 年，第 40 页。

② 蒋良骐《东华录》所载，在此较《清世祖实录》并无不同，系照抄《实录》。录于此，是为材料完整起见。

③ 《清实录》第 3 册，《世祖章皇帝实录》，中华书局，1985 年，第 1070 页。

④ 王锺翰点校：《清史列传》，第 3 册，中华书局，1987 年，第 669 页。

吉说话来加以堵塞。

康熙四十二年（1703）王熙卒后，韩菼撰行状，张玉书撰墓志铭，王士禛撰神道碑，朱彝尊撰传，均述及顺治十八年世祖不豫时王熙奉诏起草遗诏之情况，值得参考。

《王文靖公集》卷二十四韩菼（1637－1704）《皇清予告光禄大夫少傅兼太子太傅保和殿大学士兼礼部尚书加六级谥文靖王公行状》："辛丑，世祖不豫，自元旦至五日，屡入请安榻前，面奉天语，密有奏对。初六日漏三下，召入养心殿，谕曰：'朕势将不起，尔可详听朕言，速撰诏书。'公匍伏饮泣，笔不能下，世祖谕：'抑悲痛，即于榻前起草。'公拭泪吞声，先成第一条以进，恐圣躬过劳，奏移乾清门下西围屏内撰拟，凡三次进览，皆即报可，日入始脱稿，而世祖竟于是夕上宾。公哀恸几绝，感慕终身。始公长直南苑，驾出必从，从必蒙劳问，又每日进讲，嘉谟嘉猷，入告者必多，一时称为'内相'。而至于洮颒凭几之辰，大渐弗悟兴之会，手定诏草，独属之朝夕。左右之儒臣，度必有决大策定大议者，而公出，一不以语子弟，世遂莫得而传。"① 末署："赐进士及第，资政大夫，经筵讲官，礼部尚书，前史官，门下晚生韩菼状"②

《王文靖公集》卷二十四张玉书（1642－1711）《皇清诰授光禄大夫少傅兼太子太傅礼部尚书保和殿大学士谥文靖王公墓志铭》："十八年元日，世祖不豫，公日请安于御榻前。初六日，漏三下，召入养心殿，谕曰：'朕势将不起，尔可详听朕命，撰诏书。'公匍伏饮泣，笔不能下，世祖令抑悲痛，即榻前起草。公拭涕书第一条进，恐圣躬过劳，奏于乾清门外撰拟。凡三次进呈，至初七日薄暮缮毕，而世祖即以是夜上宾。公偕顾命诸大臣入哭，一痛几绝。至于面奉凭几之言，有事关国家大计，与诸大臣再三密议而后决者，公终身不以语人，虽子弟莫得而传也。"③ 题下署："赐进士出身，光禄大夫，户部尚书，文华殿大学士，加四级，总裁《国史》、《典训》、《方略》、《一统志》、《律例》，监修《明史》，京江门下年侄张玉书顿首拜撰文"④

① 清王熙：《王文靖公集》卷二十四，《四库全书存目丛书》集部第214册影印康熙四十六年王克昌刻本，齐鲁书社，1997年，第794－795页。
② 清王熙：《王文靖公集》卷二十四，《四库全书存目丛书》集部第214册影印康熙四十六年王克昌刻本，齐鲁书社，1997年，第804页。
③ 清王熙：《王文靖公集》卷二十四，《四库全书存目丛书》集部第214册影印康熙四十六年王克昌刻本，齐鲁书社，1997年，第806页。
④ 清王熙：《王文靖公集》卷二十四，《四库全书存目丛书》集部第214册影印康熙四十六年王克昌刻本，齐鲁书社，1997年，第805页。

《王文靖公集》卷二十四王士禛（1634－1711）《皇清诰授光禄大夫少傅兼太子太傅礼部尚书保和殿大学士谥文靖王公神道碑》："十八年春正月，世祖不怿，公自元旦屡入问安，面奉天语，秘不得闻。初六日丙夜，独召入养心殿，命撰遗诏，公伏地饮泣，笔不能下。世祖谕勉抑哀痛，即于御榻下，先草第一条进呈，寻奏移乾清门撰拟。进呈者三，皆报可，日入始毕，而世祖以是夕上宾矣。凭几之辰，惟从龙故旧、世族大臣，得入受顾命，而公以文学侍从，独与受遗，在太保芮毕之列。君臣鱼水，至斯而极，百世闻之，犹为感动泣下，而况于躬逢之者乎。宜公之感慕终身，而鞠躬尽瘁也。"① 题下署："赐进士出身，资政大夫，经筵讲官，刑部尚书，前都察院掌院事左都御史，新城宗后学士禛拜撰"②

《王文靖公集》卷二十四朱彝尊（1629－1709）《王文靖公传》："世祖疾大渐，凭玉几，几召至榻前，草遗诏，密有奏对，秘不传也。"③ 末署："原任翰林院检讨，前日讲官起居注，入直南书房，纂修《明史》、《一统志》，三充廷试读卷官，辛酉科江南乡试主考，秀水后学朱彝尊拜撰"④

案：第一，王熙行状、墓志铭、神道碑、传，作者韩菼、张玉书、王士禛、朱彝尊，均为当时朝廷大臣或皇帝近侍，并均有史官经历，故王熙状、志、碑、传，均得为信史。

第二，王熙状、志、碑、传述及世祖不豫时王熙起草遗诏情况，均无一字述及顺治"患痘"、"出痘"情况，可旁证"患痘"、"出痘"确实是掩饰真相之言。

第三，王熙状、志、碑、传，均述及顺治"临终决大策定大议者，而公出，一不以语子弟，世遂莫得而传"，即均暗示顺治之死实有隐情。

顺治临"终"召见王熙的对话，除了假死真出家，可能还谈到传位问题。

［德］魏特《汤若望传》第九章《"尚父"和他的皇帝学子》："顺治对于痘症有一种极大的恐惧，因为这在成人差不多也总是要伤命的……他竟真正传染上了这种病症。……一位继位的皇子尚未诏封，皇太后立促皇帝做这一件事

---

① 清王熙：《王文靖公集》卷二十四，《四库全书存目丛书》集部第 214 册影印康熙四十六年王克昌刻本，齐鲁书社，1997 年，第 812 页。

② 清王熙：《王文靖公集》卷二十四，《四库全书存目丛书》集部第 214 册影印康熙四十六年王克昌刻本，齐鲁书社，1997 年，第 810 页。

③ 清王熙：《王文靖公集》卷二十四，《四库全书存目丛书》集部第 214 册影印康熙四十六年王克昌刻本，齐鲁书社，1997 年，第 819 页。

④ 清王熙：《王文靖公集》卷二十四，《四库全书存目丛书》集部第 214 册影印康熙四十六年王克昌刻本，齐鲁书社，1997 年，第 822 页。

体。皇帝想到了一位从兄弟，但是皇太后和亲王们底见解，都是愿意皇帝由皇子中选择一位继位者。"①

　　高阳《清朝的皇帝》之《世祖——顺治皇帝》："世祖以后是否真能出家，固大成疑问，但此时却已下了决心。"② 又说："世祖既决心行遁，则对皇位不能不有交代。召见王熙所谈的必是两件事：出家与传位。"③

　　严格说，顺治传位已越出本文主题顺治出家的真实性问题，故不须多说。高阳所述，可资参考。

――――――――

　　① ［德］魏特（Alfons Väth S. J.）著，杨丙辰译：《汤若望传》（Johann Adam Schall Von Bell S. J.），商务印书馆，1949 年，第 324－325 页。
　　② 高阳：《清朝的皇帝》第 1 册，上海文艺出版社，2013 年，第 201 页。
　　③ 高阳：《清朝的皇帝》第 1 册，上海文艺出版社，2013 年，第 202 页。

第四章　王熙《世祖皇帝哀诗》"帝乡何处白云翔"：
世祖未死，正游于中国

王熙《世祖皇帝哀诗十首》，其九有"梵宫春掩草霏霏"之句，可知诗作于顺治十八年（1661）春，即顺治皇帝"驾崩"之后不久。此诗为七律连章十首，诗对于顺治感慕之情甚深。此组诗之宝贵史料价值，乃在于其一、其二、其九三首，表达出了顺治之"死"并非真死，和顺治出家五台山佛寺。从来无人论述到此。今逐句、必要时逐字笺证如下。

《王文靖公集》卷六《世祖皇帝哀诗十首》其二：

> 铜龙夜静漏声长，遗诏亲裁罪己章。只有图书陈左右，更无嫔御侍帷房。元勋涕泪臣心切，大渐从容顾命详。御榻尚瞻天表近，帝乡何处白云翔。①

"铜龙夜静漏声长，遗诏亲裁罪己章。"

"铜龙夜漏"：指铜龙形状之夜漏，古代定时器。《初学记》卷二十五："殷夔《漏刻法》曰：为器三重圆，皆径尺，差立于水舆跦蹋之上，为金龙口吐水，转注入跦蹋经纬之中，盖上铸金为司辰，具衣冠，以两手执箭。"徐寅《晓》："水尽铜龙滴渐微，景阳钟动梦魂飞。"

"罪己"：君主公开自责其过失。典出《左传》庄公十一年："禹汤罪己，其兴也悖（勃）焉。"《论语·尧曰》述商汤曰："朕躬有罪，无以万方；万方有罪，罪在朕躬。"又述周武王曰："百姓有过，在予一人。"杜甫《咏怀二首》："先王实罪己，愁痛正为兹。"

此二句，诗言静夜漫长，铜龙漏声滴响；自初六日半夜三鼓起至初七日日入时，漫长的昼夜间，"大渐（病危）"的世祖皇帝亲自修改裁定遗诏，多罪己之言。已是弦外有音。盖历来临终遗诏，多为代笔，所谓患天花病危、弥留之际的皇帝，哪有精力亲自裁定遗诏。

顺治遗诏多罪己之言，诗与史相合。盖顺治出家虽然实现其最大心愿，可是对于清朝终不能无愧，但又决不能语及出家，故对于他事遂尽情自责。

"只有图书陈左右，更无嫔御侍帷房。"

"图书陈左右"：韩愈《送石处士序》："冬一裘，夏一葛，食朝夕，饭一

---

① 清王熙：《王文靖公集》卷六，《四库全书存目丛书》集部第 214 册影印康熙四十六年王克昌刻本，齐鲁书社，1997 年，第 504 页。

盂，蔬一盘。人与之钱，则辞。请与出游，未尝以事辞。劝之仕，不应。坐一室，左右图书。"

"嫔御"：皇帝的妃嫔与宫女。《左传》哀公元年："宿有妃嫱嫔御焉。"杜预注："妃嫱，贵者；嫔御，贱者，皆内官。"徐铉《骑省集》卷二十《贺德音表》："节省服用，去金玉之饰；减放嫔御，屏声色之娱。"

"帷房"：指寝宫，房中饰有帷幕。此指养心殿。《晋书》卷三十一《后妃列传上·谢夫人》："太子尚幼，未知帷房之事，乃遣往东宫侍寝，由是得幸有身。"

此二句，诗言养心殿中，寝兴之所，"临终"之皇帝，身边只有图书，连一个侍疾之妃嫔、宫女也没有，更不用说皇太后、王公大臣来视疾、问疾了。此二句是本诗关键之微言，表示顺治"临终"之际，其实是安然无恙。

> "元勋涕泪臣心切，大渐从容顾命详。"

"元勋"：元勋大臣。典出《汉书》卷一百《叙传下》："太祖元勋，启立辅臣。"《文选》卷十潘岳《西征赋》："建佐命之元勋，振皇纲而更维。"

"臣心切"：《文苑英华》卷六百九唐于邵《为剑南西川崔仆射再请入朝表》："有不可形之翰墨，有不可传之外人，表臣心切，唯天而已。"

"大渐"：病危。典出《尚书·周书·顾命》："王曰：'呜呼！疾大渐，惟几，病日臻。既弥留。"《列子·力命》："季梁得病，七日大渐。"晋张湛注："渐，剧也。"南朝齐王俭《褚渊碑文》："景命不永，大渐弥留。"

"顾命"：天子临终遗命。《尚书·周书·顾命》："成王将崩，命召公、毕公率诸侯相康王，作《顾命》。"孔传："临终之命曰顾命。"孔颖达疏："顾是将去之意，此言临终之命曰顾命，言临将死去回顾而为语也。"

由上二句"只有图书陈左右，更无嫔御侍帷房"，及王熙自撰《年谱》辛丑正月初六日所述顺治"临终"单独召见起草诏书，可知"元勋涕泪"是言宣布"圣驾宾天"之后元勋大臣痛哭流泪之情景，而非顺治"临终"之情形。

此二句，诗言宣布"圣驾宾天"之后元勋大臣痛哭流泪，可是有谁知道，皇帝"临终"之际，只有我一人在皇帝身边起草遗诏，心里之痛切，以及所"切"者何；又有谁知道，皇帝"大渐"之时，从容修改裁定遗诏，三番五次，不厌其详，皇帝其实是安然无恙。

> "御榻尚瞻天表近，帝乡何处白云翔。"

"御榻"：皇帝座位，俗称龙椅。典出《北齐书》卷三十八《赵彦深传》："每有引见，或升御榻，常呼官号而不名也。"杜甫《丹青引赠曹将军霸》："玉花却在御榻上，榻上庭前屹相向。"《自京赴奉先县咏怀五百字》："御榻在嶒嵘。"

"天表"：指天子的仪容。《晋书·裴秀传》："秀后言于文帝曰：'中抚军人望既茂，天表如此，固非人臣之相也。'"明郑若庸《玉玦记·接诏》："龙衮得见天表，辕门又睹旌旄。"《清史稿》卷六《圣祖本纪一》："天表英俊，岳立声洪。"

"帝乡"：例指仙乡、天宫。《庄子·天地》："千岁厌世，去而上仙，乘彼白云，至于帝乡。"陶渊明《归去来兮辞》："富贵非吾愿，帝乡不可期。"《六臣注文选》卷十四鲍照《舞鹤赋》："去帝乡之岑寂，归人寰之喧卑。"唐刘良注："帝乡，天帝之乡也。"亦指皇帝居住的地方。杜甫《承闻河北诸道节度入朝欢喜口号》："衣冠是日朝天子，草奏何时入帝乡。"

"帝乡"，此指中国，意即整个中国皆属于皇帝所有的地方，典出《六臣注文选》卷二十五晋刘琨《答卢谌》："火燎神州，洪流华域。"唐吕延济注："神州、华域，皆帝乡也。"明徐学诗《石龙庵诗草》卷五王崇古《省寮古虞徐子会稽陶子永康徐子奉命录囚两畿鉴川王子偕诸君祖于惠河之水亭酒行歌阕怅然为赋用续骊音采兰曲》："为奉天威剑拂霜，燕冀江淮皆帝乡。"亦是此义。追溯此义之渊源，实为《诗经·小雅·北山》："溥天之下，莫非王土。"

"御榻尚瞻天表近，帝乡何处白云翔"二句，明面是用《庄子》"乘彼白云，至于帝乡"，隐义则是用《文选》吕延济注"神州、华域，皆帝乡也"，诗言就在初七入夜世祖"驾崩"之前一天一夜，我还在皇帝榻前起草诏书，近距离亲眼瞻仰皇帝容颜——并无病容，于今不知皇帝是在中国何处，远方白云之间，自由地飞翔。一言以蔽之，诗表示世祖未死，正游于中国。

康熙四十二年至四十九年之间，康熙御赐白云寺皇帝卤簿仪仗"满朝銮驾"，按清朝皇帝卤簿仪仗中之銮驾卤簿是用于巡幸皇城内，此实际是对在白云寺之父皇顺治表示，父亲虽然身在远方寺庙，但是无异巡幸皇城之内。康熙御赐白云寺皇帝卤簿仪仗"满朝銮驾"，寓意父亲身在远方寺庙，无异巡幸皇城之内，与王熙《世祖皇帝哀诗》"帝乡何处白云翔"，寓意世祖正游于中国，实有异曲同工之妙。

第五章　王熙《世祖皇帝哀诗》"崆峒鹤驾苦难攀"，"梵宫春掩草霏霏"：世祖已出家五台山佛寺

王熙《王文靖公集》卷六《世祖皇帝哀诗十首》其一：

> 王正三日侍龙颜，别殿犹承顾问还。忽睹中宵凭玉几，俄惊春昼泣桥山。凤墀未散炉香细，鸾辂空陈羽仗闲。仍是趋跄陪辇地，崆峒鹤驾苦难攀。①

"王正三日侍龙颜，别殿犹承顾问还。"

"王正"：即王正月，典出《春秋经》鲁隐公元年："春王正月。"指顺治十八年（1661）正月。用典之意有二，一是用周朝天子指清朝天子，以期典雅、贴切。二是表示本诗情事确切时间，表明本诗具有实录性质。

"三日"：指顺治十八年正月初一至初三日。

"龙颜"：天子容颜，指天子。典出《史记·高祖本纪》："高祖为人，隆準而龙颜。"李白《赠张相镐二首》其二："龙颜惠殊宠。"

"别殿"：正殿外之宫殿，此指养心殿，位于北京紫禁城乾清宫西侧。《钦定日下旧闻考》卷三十三《宫室》："乾清宫门后过月华门之西曰遵义门，向南则养心殿。"②《钦定日下旧闻考》卷十七《国朝宫室九》："养心殿为皇上宵旰寝兴之所，凡办理庶政，召对引见，视乾清宫。"③

"顾问"：供帝王咨询。典出《汉书》卷十九上《百官公卿表上》："给事中亦加官，所加或大夫、博士、议郎，掌顾问应对。"《后汉书》卷三《章帝纪第三》："朕思迟直士，侧席异闻，其先至者，各以发愤吐懑，略闻子大夫之志矣，皆欲置于左右，顾问省纳。"

此二句之今典（时事）

王熙《王文靖公集》卷二十四《（自撰）年谱》"辛丑（顺治十八年）三十四岁"：

> 元旦，因不行庆贺礼，黎明入内，恭请圣安。召入养心殿，赐座赐茶而退。

---

① 清王熙：《王文靖公集》卷六，《四库全书存目丛书》集部第214册影印康熙四十六年王克昌刻本，齐鲁书社，1997年，第504页。

② 清于敏中等编纂：《日下旧闻考》，北京古籍出版社，1985年，第505页。

③ 清于敏中等编纂：《日下旧闻考》，北京古籍出版社，1985年，第230页。

翌日，入内请安，晚始出。

初三日，召入养心殿，上坐御榻，命至榻前讲论移时。是日，奉天语面谕者关系重大；并前此屡有面奏；及奉谕询问，密封奏折；俱不敢载。惟自念身系汉官，一介庸愚，荷蒙高厚，任以腹心，虽举家生生世世，竭尽犬马，何以仰答万一？岂敢顾惜身家，不力持正论，以抒诚悃也。吾子吾孙，其世世铭心镂骨，以图报效也。①

此二句诗，自述顺治十八年正月初一至初三日一连三天，召见于别殿养心殿，命至榻前密谈，关系重大，承蒙顾问，至晚才归（"晚始出"）。实指顺治于起草遗诏时，势不可能对草诏之翰林院掌院学士王熙隐瞒真情也。

"忽睹中宵凭玉几，俄惊春昼泣桥山。"

"凭玉几"：凭靠玉几而坐。几，坐具。《说文解字》卷十四："几，踞几也。"徐曰："人所凭坐也。"汉刘歆《西京杂记》："汉制，天子玉几，冬加绨锦其上，谓之绨几。"指天子临终顾命，即天子临终遗命，典出《尚书·周书·顾命》："惟四月，哉生魄，王不怿。甲子，王乃洮颒水。相被冕服，凭玉几。乃同，召太保奭、芮伯、彤伯、毕公、卫侯、毛公、师氏、虎臣、百尹、御事。王曰：'呜呼！疾大渐，惟几，病日臻。既弥留，恐不获誓言嗣，兹予审训命汝。'"李白《鼓吹入朝曲》："天子凭玉几。"

"桥山"：在陕西黄陵县西北，传为黄帝葬处。此指天子崩。典出《史记·五帝本纪》："黄帝崩，葬桥山。"唐郑嵎《津阳门诗》："鼎湖一日失弓剑，桥山烟草俄霏霏。"宋苏轼《赠写御容妙善师》："忆昔射策干先皇，珠帘翠幄分两厢。……三年归来真一梦，桥山松桧凄风霜。"

此二句之今典

《清世祖实录》卷一百四十四顺治十八年辛丑春正月：

辛亥朔（初一日），上不视朝。……壬子（二日），上不豫。……丙辰（六日），……上大渐。……丁巳（七日），夜子刻，上崩于养心殿。②

《王文靖公集》卷二十四《（自撰）年谱》"辛丑（顺治十八年，1661年）三十四岁"：

初六日三鼓，奉召入养心殿，谕："朕患痘，势将不起，尔可详听朕言，速撰诏书，即就榻前书写。"恭聆天语，五内崩摧，泪不能止，奏对

---

① 清王熙：《王文靖公集》卷二十四，《四库全书存目丛书》集部第214册影印康熙四十六年王克昌刻本，齐鲁书社，1997年，第752页。

② 《清实录》第3册，《世祖章皇帝实录》，中华书局，1985年，第1105页。

不成语。蒙谕："朕平日待尔如何优渥，训尔如何详切，今事已至此，皆有定数，君臣遇合，缘尽则离，尔不必如此悲痛。此何时，尚可迁延从事，致误大事！"随勉强拭泪吞声，就御榻前书就诏书首段。随奏明恐过劳圣体，容臣奉过面谕，详细拟就进呈，遂出至乾清门下西围屏内撰拟，凡三次进览，三蒙钦定，日入时始完。至夜，圣驾宾天，血泣哀恸。①

"忽睹中宵凭玉几，俄惊春昼泣桥山"，"忽"、"俄"、"惊"，表示顺治之死是忽然、俄顷之间、令人震惊之事，完全没有丝毫预兆、丝毫症状。此二句，诗言初六日半夜（"中宵"），顺治"忽"然"凭玉几"而"顾命"，命我起草遗诏，至初七日"日入时"，"三次进览，三蒙钦定"，始完成遗诏；"至夜"，"俄"顷之间，宣布"圣驾宾天"，一片哭泣，令人震惊。言外之意，顺治"宾天"，显然是另有文章也。

"凤墀未散炉香细，鸾辂空陈羽仗闲。"

"凤墀"：皇宫之台阶。典出《宋书》卷八十《孝武十四王列传》载："殷淑仪（卒）……上痛爱不已，拟汉武《李夫人赋》，其词曰：'……思玉步于凤墀，想金声于鸾阙。'"清洪昇《长生殿·絮阁》："怎负他凤墀前鹄立群僚。"

"炉香"：典出唐贾至《早朝大明宫呈两省寮友》："剑佩声随玉墀步，衣冠身染御炉香。"明金幼孜《金文靖集》卷三《和胡学士立春日韵》："御炉香细细，玉佩响振振。"

"鸾辂"：天子所乘之车。典出《吕氏春秋·孟春纪》："天子居青阳左个。乘鸾辂，驾苍龙。"高诱注："辂，车也。鸾鸟在衡，和在轼，鸣相应和。后世不能复致，铸铜为之，饰以金，谓之鸾辂也。"晋郭璞《元皇帝哀策文》："感鸾辂之晏驾，哀衮衣之委裓。痛圣躬之遐往，长沦景于太阴。"

"羽仗"：禁军仪仗。唐狄仁杰《奉和圣制夏日游石淙山》："羽仗遥临鸾鹤驾，帷宫直坐凤麟洲。"宋梅尧臣《袷享观礼二十韵》："羽仗天街立，龙笳象魏流。"

此二句，诗言皇宫凤墀玉阶之间，炉香细细未散；皇帝之鸾辂空陈，仪仗闲置不用；皇帝已经不在。

"仍是趋跄陪辇地，崆峒鹤驾苦难攀。"

"趋跄"：形容朝拜、进谒时步趋中节。典出《诗经·齐风·猗嗟》："巧

---

① 清王熙：《王文靖公集》卷二十四，《四库全书存目丛书》集部第 214 册影印康熙四十六年王克昌刻本，齐鲁书社，1997 年，第 752－753 页。

趋跄兮，射则臧兮。"毛传："跄，巧趋貌。"南朝梁沈约《脚下履》："丹墀上飒沓，玉殿下趋跄。"

"陪辇"：侍从皇帝。《宋书》卷七《前废帝本纪》："帝每出，与朝臣常共陪辇。"《新唐书》卷一百三十九《李泌传》："入议国事，出陪舆辇。"

"崆峒"：崆峒山，又作空同山，在甘肃平凉西，传为黄帝求道于广成子之所。典出《庄子·在宥》："黄帝立为天子十九年，令行天下，闻广成子在于空同之山，故往见之，曰：'我闻吾子达于至道，敢问至道之精。吾欲取天地之精，以佐五谷，以养民人。吾又欲官阴阳，以遂群生，为之奈何？'广成子曰：'而所欲问者，物之质也；而所欲官者，物之残也。自而治天下，云气不待族而雨，草木不待黄而落，日月之光益以荒矣。而佞人之心翦翦者，又奚足以语至道？'黄帝退，捐天下，筑特室，席白茅，闲居三月，复往邀之。广成子南首而卧，黄帝顺下风膝行而进，再拜稽首而问曰：'闻吾子达于至道，敢问，治身奈何而可以长久？'广成子蹶然而起，曰：'善哉问乎！来，吾语女（汝）至道。……'黄帝再拜稽首曰：'广成子之谓天矣！'"唐成玄英《疏》："空同山，凉州北界。"

今典

嘉庆九年刊本《西天目祖山志》卷四《敕谕》顺治十五年九月《世祖章皇帝谕玉林禅师敕》：

> 皇帝敕谕：朕惟立纲陈纪，敷政而移风易俗；见性明心，传教以牖民觉世。考其功业，则事有殊途；论厥精微，斯旨归同轨。然遡无生之真谛，不缘意象以求；证般若之妙源，非因文字而显。欲向大千之觉路，先归不二之度门。赖初祖之既来，遂法衣之不绝。……历代知名，何仅千人。……兹闻尔僧通琇……尽扫末世之狂禅，秉如来之正觉，诚超生、融之学，而迥播观、肇之名者也。朕俯询法器，缅想高风。思御宇以来，期沛无为之治；而虚席以待，乐闻无漏之因。用是特遣司吏院掌院官张嘉谟，颁赐玺书，远延幢锡。尔其端驱象驭，早践龙墀。陈密义之慧空，赞皇猷之清净。呜呼，顺风而问，朕将同访道于崆峒；计日以来，尔尚效朝宗之江汉。钦哉。故谕。顺治十五年九月 日①

案：第一，"崆峒鹤驾苦难攀"之"崆峒"，古典出自黄帝求道于崆峒山，其中并无天子之死之情节，只有天子捐弃天子之位、隐居求道之情节。可知诗

---

① 释广宾纂辑，清释际界增订：《西天目祖山志》卷四《敕谕》，杜洁祥主编《中国佛寺史志汇刊》第 1 辑第 33 册影印嘉庆九年刊本，台北明文书局，1980 年，第 217 - 218 页。

用黄帝求道于崆峒山之古典，是暗用黄帝"捐天下，筑特室，席白茅"，隐居于崆峒山，指顺治皇帝出家于五台山。

第二，"崆峒鹤驾苦难攀"之"崆峒"，今典是用顺治十五年九月《世祖章皇帝谕玉林禅师敕》"朕将同访道于崆峒"。王熙自顺治十四年升内翰林弘文院侍讲学士充经筵讲官，顺治十五年九月《世祖章皇帝谕玉林禅师敕》，当即出自王熙奉旨起草。黄帝求道于崆峒山之"崆峒"，在顺治《谕玉林禅师敕》，或系泛指佛教名山胜地；在王熙《世祖皇帝哀诗十首》其一，则是实指佛教圣地五台山。

第三，崆峒山亦有五台峰，明人诗多咏及崆峒山五台峰。明王谟《奉使关西回登崆峒》："途中无个事，带雪陟崆峒。俯仰琼花乱，盘旋鸟道通。洞悬群鹤隐，云卷五台空。"白镪《游崆峒》："昔年览胜慕崆峒，偶尔同游恰御风。一穴深开元鹤洞，五台高建梵王宫。"汪集《崆峒》："揽辔登临兴不穷，还看奇胜在崆峒。五台元室无人到，万迭碧崖有路通。"赵时春《浚谷诗集》卷三《次段义民崆峒述怀韵二十四首》："杖屦寻芳遍五台，为谁长啸为谁哀。"许孚远《平凉诸生从游崆峒山上诗以勖之》："突兀五台峰，中有三天路。"赵承芳《游崆峒二首》："步入危岭石径通，古来胜境说崆峒。间关鸟语笙簧细，烂漫花容锦绣工，万里晴空无俗障，五台瑞气有仙踪。"① 故"崆峒鹤驾苦难攀"之"崆峒"，亦是用明人诗多咏崆峒山五台峰之近典，以崆峒山暗指五台山，

"鹤驾"：驾鹤飞去，此指死亡。典出汉刘向《列仙传·王子乔》："周灵王太子晋也。吹笙作凤鸣，后于缑氏山乘白鹤而去。"《文苑英华》卷八百三十七《后妃哀册文上》唐代宋温璘《哀皇后哀册文》："攀鹤驾于终古。"《元诗选》初集卷三十八张翥《金宣孝太子墨竹》："一朝侍臣抱毂泣，鹤驾不归云路长。"案：诗不言鹤驾上天，而言鹤驾至崆峒，然则鹤驾是虚，至崆峒是实，崆峒暗指五台山。

"苦难攀"：攀，攀毂，指追随大行皇帝。典出《史记·封禅书》："（齐人

---

① 上引诗，除赵时春诗见于明万历八年周鉴刻本《浚谷集·诗集》，其馀见于清嘉庆王肇衍采辑、阎曾履厘定、张伯魁重加纂修《崆峒山志》卷下《诗赋》（中国西北文献丛书编辑委员会编《西北稀见方志文献》第63卷影印，兰州古籍书店，1990年），黄毅、张连举、张怀宁主编《崆峒山新志》第十一章《艺文选粹》（甘肃文化出版社，2008年）。文渊阁《四库全书》本清黄虞稷《千顷堂书目》卷八《地理类》："李应奇《崆峒山志》，万历己丑修，郡人。许登《崆峒山志》。"清永瑢《四库全书总目》卷七十六《史部》三十二《地理类存目五》："《崆峒山志三卷》，江苏周厚堉家藏本，明李应奇撰。"此两种明人编撰《崆峒山志》，当能为王熙所寓目，今佚。

公孙）卿曰：'……黄帝采首山铜，铸鼎于荆山下。鼎既成，有龙垂胡髯下迎黄帝。黄帝上骑，群臣后宫从上者七十馀人，龙乃上去。馀小臣不得上，乃悉持龙髯，龙髯拔，堕，堕黄帝之弓。百姓仰望黄帝既上天，乃抱其弓与胡髯号，故后世因名其处曰鼎湖，其弓曰乌号。'于是天子曰：'嗟乎！吾诚得如黄帝，吾视去妻子如脱屣耳。'乃拜卿为郎，东使候神于太室。上遂郊雍，至陇西，西登崆峒。"唐陈陶《飞龙引》："一旦黄龙下九天，骑龙栩栩升紫烟。万姓攀髯髯堕地，啼呼弓剑飘寒水。"徐铉《骑省集》卷八《祭世宗皇帝文》："恨攀髯而不得，呜呼哀哉。"

"崆峒鹤驾苦难攀"：用黄帝见广成子于崆峒山，"捐天下，筑特室，席白茅"之古典，尤其是用顺治十五年九月《世祖章皇帝谕玉林禅师敕》"朕将同访道于崆峒"之今典，并用明人诗多咏崆峒山五台峰之近典，以崆峒山暗指五台山，以黄帝隐居于崆峒山，指顺治皇帝出家于五台山，包含顺治皇帝"朕将同访道于崆峒"之预言成真之今典。

"仍是趋跄陪辇地，崆峒鹤驾苦难攀"二句，诗言紫禁城中，依然是昔日臣子趋步侍从皇帝之地，可是皇帝已经远行崆峒山亦即出家五台山，臣子苦难追攀。

吴梅村顺治十八年后作《清凉山赞佛诗》其三："八极何茫茫，日往清凉山。"诗言顺治出家五台山（又名清凉山）。又曰："惜哉善财洞，未得夸迎銮。"此反语也，实际是说，善哉善财洞（五台山佛寺），遂得夸迎銮。《清凉山赞佛诗》其四"色空两不住，收拾宗风里"，诗言顺治不住世间（不做皇帝），不住涅槃（不死），然则顺治住在哪里？原来，是收容在宗门里——住在五台山佛寺里。

顾炎武康熙二年（1663）《五台山》："东临真定北云中，盘薄幽并一气通。欲得宝符山上是，不须参礼化人宫。"《吴宓评注顾亭林诗集》："周穆王随西域化人而上天。宓按：此诗可与吴梅村《清凉山赞佛诗》并读。亭林之意，谓我今登此山，为看山川形势，图起兵恢复，非为参拜在此为僧之顺治皇帝也。"①

由王熙、吴梅村、顾炎武诗，可知康熙初，顺治出家五台山佛寺，几乎是公开的秘密。

王熙《世祖皇帝哀诗》其九：

> 尚忆当年侍讲闱，亲聆天语辨危微。鹅湖鹿洞无同异，白社黄冠有是

---

① 明顾炎武著，吴宓评注：《吴宓评注顾亭林诗集》，人民文学出版社，2012 年，第 136 页。

非。书殿昼闲云漠漠，梵宫春掩草霏霏。云程象驭何时返，愿彻无生学息机。①

"尚忆当年侍讲闱，亲聆天语辨危微。"

"讲闱"：亦作讲帷，天子听讲官讲经之处。唐杜甫《夔府书怀二十韵》："凶兵铸农器，讲殿辟书帷。"宋王珪《华阳集》卷三十八《直龙图阁卢士宗可天章阁待制兼侍讲制敕》："朕听政之馀，躬即讲帷，尔尝据经守正，从容为予陈圣贤之论者，固有日矣。"刘敞《公是集》卷二十三《送人赴阙》："师臣固有三公拜，岂独优游奉讲闱。"明王世贞《弇州续稿》卷七十三《陶文僖公（大临）传》："始文僖公之侍讲闱也，天子器重之，数称先生而不名。"

今典

"讲闱"，指清北京紫禁城乾清宫西配殿弘德殿，是顺治十三年以后王熙等翰林日讲官为顺治每日进讲经史之经常处所。顺治驾出，则进讲行帷。王熙《王文靖公集》卷二十四《（自撰）年谱》丙申（顺治十三年，1656 年）二十九岁："（正月）谕开日讲，命选择翰林中品行端方、文学淹博满汉官具题钦点，余不在开列中，蒙恩以原衔克日讲官。……四月……上幸景山臻禄阁，召日讲官五人，各讲经书一篇，余进讲《书经·尧典》。毕，赐坐，赐膳。翌日奉谕：'王熙、曹本荣每日进讲，馀员候旨。自是每早赴乾清门候旨，宣入弘德殿进讲。'又奉旨：'尔等既充讲官，不必立讲，俱赐坐进讲，以为常。'冬，随驾南苑，进讲行围，俱不拘于早晚。"

"天语"：指天子之说话声。唐元稹《元氏长庆集》卷十三《酬乐天待漏入合见赠，时乐天为中书舍人予在翰林学士》："密视枢机草，偷瞻咫尺颜。恩垂天语近，对久漏声闲。"宋苏轼《用定国韵赠二十侄》："朝廷贵二陆，屡闻天语温。"

"危微"：典出《尚书·虞书·大禹谟》述舜言于禹："人心惟危，道心惟微。惟精惟一，允执厥中。"孔传："危则难安，微则难明，故戒以精一，信执其中。"《论语·尧曰》："尧曰：'咨尔舜：天之历数在尔躬，允执其中。四海困穷，天禄永终。'"朱熹《四书章句集注·中庸章句序》："道统之传，有自来矣。其见于经，则'允执厥中'者，尧之所以授舜也。'人心惟危，道心惟微，惟精惟一，允执厥中'者，舜之所以授禹也。……夫尧舜禹，天下之大圣也，以天下相传，天下之大事也，以天下之大圣行天下之大事，而其授受之际丁宁告戒，不过如此，则天下之理岂有以加于此哉。"

---

① 清王熙：《王文靖公集》卷六，《四库全书存目丛书》集部第 214 册影印康熙四十六年王克昌刻本，齐鲁书社，1997 年，第 505 页。

此二句，诗言犹记得当年侍讲，我作为侍讲官，那一天讲的是《尚书·虞书·大禹谟》，亲耳聆听到世祖皇帝的说话声，对"人心惟危，道心惟微"，说出了清晰的辨别。年轻的天子之好学、聪明，作为侍讲官的激赏、敬慰，皆意在言外。

"鹅湖鹿洞无同异，白社黄冠有是非。"

"鹅湖鹿洞"：宋代儒学理学派之朱熹，心学派之陆九渊，曾在江西铅山鹅湖书院论辨学术，颇有不合；后又同到九江白鹿洞书院，熹请九渊讲学，并表示赞赏，双方基本观念毕竟相同。《宋史》卷四百三十四《儒林传四·陆九渊》："初九渊尝与朱熹会鹅湖，论辨所学，多不合。及熹守南康，九渊访之，熹与至白鹿洞，九渊为讲君子小人喻义利一章，听者至有泣下，熹以为切中学者隐微深痼之病。至于无极而太极之辨，则贻书往来，论难不置焉。"宋王懋竑《朱子年谱》卷二淳熙二年乙未："夏四月，东莱吕公伯恭来访……偕东莱吕公至鹅湖，复斋陆子寿、象山陆子静来会。"又淳熙八年辛丑："二月，陆子静来访，请书其兄教授墓志铭，先生率僚友诸生，与俱至白鹿洞书院，请升讲席。子静以君子小人喻义利章发论，先生以为切中学者隐微深痼之病，请书于简，以谂同志。"

"白社"：在西晋洛阳城东建春门，隐士董京（字威辇）居此，指隐士居处。晋葛洪《抱朴子》内篇卷三《杂应》："洛阳有道士董威辇，常止白社中。"《晋书》卷九十四《隐逸传·董京》："被发而行，逍遥吟咏，常宿白社中。"唐王绩《东皋子集》卷中《晚年叙志示翟处士正师》："失路青门隐，藏名白社游。"

白社，又为东晋庐山佛教白莲社之省称，此指佛教。《莲社高贤传》卷五《不入社诸贤传》："谢灵运一见远公，萧然心服，乃即寺筑台，翻《涅盘经》，凿池植白莲。时远公诸贤同修净土之业，因号白莲社。"宋陈师道《后山诗注》卷一《晁无咎张文潜见过》："白社双林去，高轩二妙来。"双林，寺名，见陈徐陵《徐孝穆集》卷五《东阳双林寺傅大士碑》。吴龙翰《古梅遗稿》卷三《古岩寺》："白社开何日，谈经上石坛。"明李梦阳《空同集》卷二十五《晚过序上人》："频来寻白社，不为礼空王。"何景明《大复集》卷十六《游贤隐寺》："自能来白社，不用远公求。"

"黄冠"：指道士、道教。《旧唐书》卷七十九《李淳风传》："弃官而为道士，颇有文学，自号黄冠子。"唐陈子昂《陈拾遗集》卷七《大周受命颂四章并序》："神都耆老，遐荒夷貊，缁衣黄冠。"杜甫《遣兴五首》："贺公雅吴语，在位常清狂。上疏乞骸骨，黄冠归故乡。"

"无同异"、"有是非"："无同异"指没有不同，在此"同异"是偏义复词，重心意义是"异"。"有是非"，有两个意思，第一是有根本不同，第二是引起了争端、冲突。"是非"指争端、冲突，例如《庄子·盗跖》："摇唇鼓舌，擅生是非。"李白《感兴八首》其三："裂素持作书，将寄万里怀。……何如投火中，流落他人开。不惜他人开，但恐生是非。"杜甫《咏怀二首》其一："倏忽向二纪，奸雄多是非。"此对仗句法及所用后三字之词语，出自杜甫《黄草》："秦中驿使无消息，蜀道兵戈有是非。"此对仗句法和所用六个字之词语，出自宋陈师道《后山集》卷五《晦日》："即事无同异，旁观有是非。"陈寅恪《逻娑》："金瓶黄教无兴废，玉斧红尘有是非。"句法亦出自杜工部、陈后山。

"鹅湖"、"鹿洞"指理学、心学，统指儒家；"白社、黄冠"，指释、道。在此，指道教无甚相干意义，因此，"白社黄冠"，是偏义复词，偏义重心是"白社"、佛教，"黄冠"是陪衬。"鹅湖鹿洞"、"白社黄冠"对举，而言"同异""是非"，乃是言儒释道三家之间之同异、是非。儒释道三家之间，无论有多少同异、是非，落实到人生，最大的同异、是非，乃是儒家主张在世间、入世间，佛教、道教主张出世间；佛教、道教（全真派）要出家，儒家反对出家。

此二句之今典

王熙《王文靖公集》卷二十四《（自撰）年谱》"辛丑（顺治十八年，1661 年）　三十四岁"正月：

> 初三日，召入养心殿，上坐御榻，命至榻前讲论移时。是日，奉天语面谕者关系重大，并前此屡有面奏，及奉谕询问密封奏折，俱不敢载。惟自念身系汉官，一介庸愚，荷蒙高厚，任以腹心，虽举家生生世世，竭尽犬马，何以仰答万一？岂敢顾惜身家，不力持正论，以抒诚悃也。吾子吾孙，其世世铭心镂骨，以图报效也。①

由王熙《世祖皇帝哀诗》其九"尚忆当年侍讲闱，亲聆天语辨危微，鹅湖鹿洞无同异，白社黄冠有是非"四句，可知王熙自撰《年谱》辛丑顺治十八年（1661）正月至迟初二日顺治所告诉王熙之"关系重大"之事，王熙不敢"顾惜身家"，冒死多次"面奏"及"密封奏折"所反对之事，是指顺治假死真出家。

"鹅湖鹿洞无同异，白社黄冠有是非"二句，诗言儒释道三家，儒家内部虽有"鹅湖"、"鹿洞"即理学、心学等种种学派之差别，但是在在世间、入

---

① 清王熙：《王文靖公集》卷二十四，《四库全书存目丛书》集部第 214 册影印康熙四十六年王克昌刻本，齐鲁书社，1997 年，第 752 页。

世间这一点上，儒家所有学派皆无不同、皆持肯定态度；然而，"白社、黄冠"即佛教（重心）、道教（陪衬）就有根本的不同了，甚至会有"是非"、有争端。

上承"尚忆当年侍讲闱，亲聆天语辨危微"二句，可知"鹅湖鹿洞无同异，白社黄冠有是非"，有两个言外之意：

第一，在学术思想上，我作为侍讲官，对于所讲之入世儒学，未能战胜出世之佛教，尤其回想起听讲人世祖皇帝当初对儒学之好学、聪明领会，抚昔伤今，心情难过。

第二个言外之意是，在实际争端中，我作为侍讲官，对于所讲之反对出家之儒学，未能战胜主张出家之佛教——听讲人世祖皇帝要出家，岂不痛哉！

"书殿昼闲云漠漠，梵宫春掩草霏霏。"

"书殿"：本来指唐长安大明宫集贤殿书院，学士张说为唐玄宗进讲六经之所。《旧唐书》卷八《玄宗本纪上》开元十三年："夏四月丁巳，改集仙殿为集贤殿，丽正殿书院改集贤殿书院，内五品已上为学士，六品已下为直学士。"唐张说《张燕公集》卷四附明皇御制《送张说集贤上学士》："广学开书殿，崇儒引席珍。"张九龄《集贤殿书院奉敕送学士张说上赐燕序》："集贤殿者，本集仙殿也。上不以惟睿作圣，而犹垂意好学。……中书令燕国公，外弼庶绩，以奉沃心之谋；内讲六经，以成润色之业。故得出入华殿，师长翰林。"

今典

"书殿"即"讲闱"，指乾清宫西配殿弘德殿，是顺治时翰林日讲官为皇帝每日进讲经史之所。

王熙《王文靖公集》卷二十四《（自撰）年谱》丙申（顺治十三年，1656年）二十九岁："四月……奉谕：'王熙、曹本荣每日进讲，馀员候旨。'自是每早赴乾清门候旨，宣入弘德殿进讲。"[1]

《钦定日下旧闻考》卷十四《国朝宫室六》："乾清宫之西为弘德殿。"

《钦定日下旧闻考》卷三十三《宫室·明一》："中则乾清门，上则为乾清宫……西暖阁曰弘德殿。"[2]

《钦定大清会典》卷七十《工部》："乾清门为内宫正门……乾清宫

---

① 清王熙：《王文靖公集》卷二十四，《四库全书存目丛书》集部第 214 册影印康熙四十六年王克昌刻本，齐鲁书社，1997 年，第 748 页。

② 清于敏中等编纂：《日下旧闻考》，北京古籍出版社，1985 年，第 185 页、第 504 页。

……之东为昭仁殿，西为弘德殿，皆南向。"①

案：以今北京故宫实地言之，顺治讲殿弘德殿就在乾清宫西隔壁。

《王文靖公集》卷二十四《（自撰）年谱》辛丑（顺治十八年，1661年）三十四岁："（正月）初八日，同内阁拟上世祖章皇帝谥号，又同拟今上皇帝即位年号，又为辅政大臣撰拟誓文，恭遇今上皇帝登基行礼。……四月，改内阁仍为内三院，罢翰林院，余改为内弘文院学士兼礼部尚书……照旧供职。"

张宸《杂记》辛丑正月："初八日……阅三日……辅臣率文武百官设誓旗下……此时始得入乾清宫门，仰观内殿，盖哭临在宫门外，惟一二品大臣上殿哭，馀皆不能。殿上张素帏，即殡宫所在。……十四日，焚大行所御冠袍器用珍玩于宫门外。时百官哭临未散，遥闻宫中哭声、沸天而出，仰见皇太后黑素袍，御乾清门台基上，南面扶石栏立，哭极哀。诸宫娥数百辈，俱白帕首白衣从哭。百官亦跪哭。"②

案：可知顺治十八年正月初七日顺治皇帝"驾崩"之后，作为翰林院掌院学士兼礼部尚书从一品大臣之王熙，已经多次到乾清宫上殿哭、到乾清门哭临，重到乾清门、乾清宫，得重睹近在咫尺之昔日顺治讲殿弘德殿。然则"书殿昼闲云漠漠"即乾清宫西配殿弘德殿讲所空寂（"闲"）落寞（"漠漠"）之景象，是王熙重到乾清门、乾清宫目击所见，诗是写实。

"梵宫"：原指梵天的宫殿，后通常指佛寺。唐释道宣编《广弘明集》卷二十二隋炀帝《宝台经藏愿文》："京都寺塔，诸方精舍，而梵宫互有小大，僧徒亦各众寡。"王勃《梓州郪县兜率寺浮图碑》："梵宫霞积，香阁星浮。"张说《清远江峡山寺》："流落经荒外，逍遥此梵宫。"冷朝阳《宿柏岩寺》："秋色生苔砌，泉声入梵宫。"白居易《两朱阁·刺佛寺浸多也》："仙去双双作梵宫，渐恐人家尽为寺。"《福先寺雪中饯刘苏州》："送君何处展离筵，大梵王宫大雪天。"朱庆馀《夏日访贞上人院》："流水离经阁，闲云入梵宫。"施肩吾《夏日题方师院》："火天无处买清风，闷发时来入梵宫。"唐彦谦《过清凉寺王导墓下》："江左风流廊庙人，荒坟抛与梵宫邻。"鲍溶《望江中金山寺》："一朵蓬莱在世间，梵宫宫阙翠云闲。"宋杨万里《戊申四月九日得请补外初出国门宿释迦寺》："出却金宫入梵宫，翠微绿雾染衣浓。"明释德清《憨

---

① 《景印文渊阁四库全书》第619册，台湾商务印书馆股份有限公司，1986年，第648页。

② 清张宸：《平圃遗稿》卷十四，《杂记》，《四库未收书辑刊》第五辑二十九册，北京出版社，1997年，第757页。

山老人梦游集》卷三十五《小金山坐月》："藏海浮香刹，华幢涌梵宫。"钱谦益《列朝诗集》甲集卷十五梁寅《登吴山》："吴相忠魂祠宇在，宋皇行殿梵宫开。"清曹溶《静惕堂诗集》卷二十五《云居寺二首》："梵宫围密霭，不道是城中。""梵宫"均指佛寺。"书殿昼闲云漠漠，梵宫春掩草霏霏"是写人间，"梵宫"亦指佛寺。

"草霏霏"：烟草茂密貌。杜甫《宣政殿退朝晚出左掖》："宫草霏霏承委佩，炉烟细细驻游丝。"郑嵎《津阳门诗》："鼎湖一日失弓剑，桥山烟草俄霏霏。"王阳明《来仙洞》："古洞春寒客到稀，绿台荒径草霏霏。"

此二句之今典

《清世祖实录》卷一百四十四顺治十八年辛丑春正月：

> 辛亥朔（初一日），上不视朝。……壬子（初二日），上不豫。……丙辰（初六日），……上大渐。……丁巳（初七日），夜子刻，上崩于养心殿。①

王熙《王文靖公集》卷二十四《（自撰）年谱》"辛丑（顺治十八年，1661 年） 三十四岁"正月：

> 初六日三鼓，奉召入养心殿，谕：朕患痘，势将不起，尔可详听朕言，速撰诏书，即就榻前书写。恭聆天语，五内崩摧，泪不能止，奏对不成语。蒙谕：朕平日待尔如何优渥，训尔如何详切，今事已至此，皆有定数，君臣遇合，缘尽则离，尔不必如此悲痛。此何时，尚可迁延从事，致误大事！随勉强拭泪吞声，就御榻前书就诏书首段。随奏明恐过劳圣体，容臣奉过面谕，详细拟就进呈，遂出至乾清门下西围屏内撰拟，凡三次进览，三蒙钦定，日入时始完。至夜，圣驾宾天，血泣哀恸。②

由王熙《世祖皇帝哀诗》其九"书殿昼闲云漠漠，梵宫春掩草霏霏"二句，可知清廷所宣布，及王熙自撰《年谱》不能不顺之而言之顺治十八年（1661）正月初七世祖之"宾天"，非其真死，顺治"宾天"之日，即其出家之时。

清释胜德编《勅赐圆照茚溪森禅师语录》卷五《机缘》：

> 大清顺治己亥六月朔日，钦差司吏院正堂张嘉谟传旨召师，至景山

---

① 《清实录》第 3 册，《世祖章皇帝实录》，中华书局，1985 年，第 1105 页。
② 清王熙：《王文靖公集》卷二十四，《四库全书存目丛书》集部第 214 册影印康熙四十六年王克昌刻本，齐鲁书社，1997 年，第 752–753 页。

（西苑）万善殿，叙语不录。①

　　师庚子六月八日奉旨游五台。②

　　案：由《勅赐圆照茚溪森禅师语录》"师庚子六月八日奉旨游五台"，与王熙《世祖皇帝哀诗》其九"书殿昼闲云漠漠，梵宫春掩草霏霏"二句，可知顺治十八年正月初七世祖假死之后，出家于顺治十七年六月八日茚溪森奉旨打前站之五台山。下文所述顺治十八年之后吴梅村《清凉山赞佛诗》、顾炎武《五台山》、康熙四十一年御制《菩萨顶》、康熙五十一年御制《五台有怀》诗，亦皆证明此点。

　　"书殿昼闲云漠漠，梵宫春掩草霏霏"二句，诗言当年自己为世祖皇帝进讲的"讲闱""书殿"乾清宫西配殿弘德殿，闲云漠漠，空寂落寞；而远方的"梵宫"佛寺，掩没在春草霏霏之中。直接可得的言外之意，明确无误地是："书殿"弘德殿人去殿空，世祖皇帝已经离去；世祖皇帝今在何处？在远方春草霏霏所掩没的"梵宫"佛寺之中也。所谓"梵宫"，即指五台山佛寺。

　　此二句诗，是顺治十八年翰林院掌院学士王熙有关所谓顺治"驾崩"实即顺治出家之全部原始文献之核心，是顺治出家之确证。

　　"云程象驭何时返，愿彻无生学息机。"

　　"云程"：遥远之路程。《全唐诗》卷二百十皇甫曾《张芬见访郊居作》："寻山莫计白云程。"《苏诗补注》卷十五苏辙《次韵送范景仁游洛中》："云程忽千里。"金元好问《遗山集》卷九《荅石子章因送其行》："燕鸿归处是云程。"

　　"象驭"：皇帝之车驾，指皇帝。《文选》卷八司马长卿《上林赋》："天子校猎，乘镂象，六玉虬。"唐李善注："黄帝驾象车，六蛟龙。"宋岳珂《桯史》卷十五《献陵疏文》："爰竭蚍蜉之诚，仰干龙象之驭。"元柳贯《九月廿八日迎大驾至昌平县》："驼铃远有响，象驭不惊埃。"元杨允孚《滦京杂咏》："鸳鸯坡上是行宫，又喜临岐象驭通。"

　　象驭亦指佛、菩萨、罗汉、高僧。佛教称罗汉为"法门龙象"，故名。宋晁公遡《嵩山集》卷三《望峨嵋山作》："普贤大开士，神足靡不周。世人妄指此，象驭昔所留。"宋释道潜《参寥子诗集》卷七《送文惠师还金华》："终期象驭超三界，不羡鹏程越九天。"元赖良编《大雅集》卷五邵思文《简报国

---

①　清释胜德编：《勅赐圆照茚溪森禅师语录》，卷五，叶1A，康熙刻本，首都图书馆藏，索书号：（丙三）/694。

②　清释胜德编：《勅赐圆照茚溪森禅师语录》，卷五，叶7A，康熙刻本，首都图书馆藏，索书号：（丙三）/694。

寺僧清远》："闻说招提境，空王紫翠中。法王新象驭，天子旧龙宫。"

"无生"：佛教语，谓诸法空相，无生无灭。《圆觉经》："一切众生，于无生中，妄见生灭。"《最胜王经》卷一《如来寿量品》："无生是实，生是虚妄。"《般若波罗蜜多心经》："观自在菩萨，行深般若波罗蜜多时，照见五蕴皆空，度一切苦厄。……是诸法空相，不生不灭。……乃至无老死，亦无老死尽。"唐王维《游感化寺》："誓陪清梵末，端坐学无生。"白居易《赠王山人》："不如学无生，无生即无灭。"释皎然《杼山集》卷四《五言送至洪沙弥游越》："知尔学无生，不应伤此别。"明何景明《近寺》："亦知身是妄，从此学无生。"

"息机"：息灭机心。《楞严经》卷六："息机归寂然，诸幻成无性。"唐王勃《梓州郪县灵瑞寺浮图碑》："息机心于纷扰，置怀抱于真寂。"李白《送贺监归四明应制》："久辞荣禄遂初衣，曾向长生说息机。"杜甫《将赴成都草堂途中有作先寄严郑公》："侧身天地更怀古，回首风尘甘息机。"

"云程象驭何时返，愿彻无生学息机"，"象驭"一语双关，既是指远行的皇帝，亦是指僧人，即已经出家远方（五台山）的世祖皇帝。此二句，诗言出家远行的世祖皇帝若能还俗回宫，我情愿以儒臣之身，彻悟无生之说，学习熄灭机心，遁入空门，替补出家的世祖皇帝。

呈现在言外的，是王熙的中国固有文化之心，和对于顺治皇帝深厚的忠诚与友情。

第六章　《勅赐圆照茚溪
森禅师语录》：世祖假死真出家

茚溪森顺治十七年六月奉旨游五台山为世祖出家打前站；顺治十七年八、九月间多次奉旨为已故董皇后做法事，包括进承乾宫上供、对灵小参、起棺，至景山为董皇后设灵小参、举火、收灵骨上堂，迎神主回宫小参等①；十月十五日前为世祖净发，是世祖受沙弥戒之戒师，亦即剃度本师；顺治十八年四月奉旨为世祖举火；足见茚溪森深得顺治信任，情谊非同寻常。

当我们今日根据河南睢州白云禅寺康熙四十九年九月十九日御制石匾正面铭文大字题词"（先）王宝"，表示先帝神主、章皇神主之意，以及大量原始文献，已知顺治出家真实无疑时，来阅读茚溪森关于顺治之"死"之语录（道白）、偈语（韵文），当可以理解其中一些关键语句之意义。

《大觉普济能仁（玉林）国师年谱》卷下顺治十七年庚子十月：

> 二十八日，茚公奉旨南还。②

《勅赐圆照茚溪森禅师语录》卷六《佛事门》：

> 辛丑（顺治十八年）二月三日，钦差内总督满洲大人通议歌銮仪正堂董定邦奉世祖遗诏到圆照，召师进京举火，即日设世祖升退位。师云："寿椿殿上话别时，言犹在耳：'得大机，显大用，随宜说法。'雷轰电掣，这是皇上生平燥性处。千圣万贤，不能窥于万一。"遂顾左右云："大众，见么？容颜甚奇妙，光明遍十方。即今在你诸人顶门，开无上甚深微妙正法眼藏，汝等勿得错过。将来个个盖天盖地，续佛慧命，受用无尽。"且道："圣恩浩浩如何酬答？"举香云："知恩始解报恩，便烧。"③
>
> 辛丑四月十六日，师到京复命，表贺康熙皇帝，诣世祖金棺前秉炬，

---

① 陈垣《语录与顺治宫廷》二《茚溪语录二部》："（康熙间杭州圆照寺刊本《勅赐圆照茚溪森禅师语录》）卷一为董后薨逝上堂凡八次，十二页，为董后小参七次，二页，……卷六……佛事门有为董后起棺，及为董后世祖举火偈，皆稀有史料，龙藏本全删去。"见《陈垣史学论著选》，上海人民出版社，1981年，第469页。

② 清超琦辑录：《大觉普济能仁国师年谱》，《大觉普济玉林禅师语录》卷十二，蓝吉富主编《大藏经补编》第27册影印康熙刊本，台湾华宇出版公司，1986年，第667－668页。

③ 清释胜德编：《勅赐圆照茚溪森禅师语录》，卷六，叶26A－B，康熙刻本，首都图书馆藏，索书号：（丙三）/694。

云："释迦涅盘，人天齐悟。先帝火化，更进一步。"顾左右云："大众，会么？寿王殿前，官马大路。"遂进苴。①

《勅赐圆照茚溪森禅师语录》卷一《上堂》：

> 今上召师为世祖章皇帝进火讫，奉旨还山上堂，师拈香祝圣毕，卓拄杖曰："大众，弱川无力不胜航。进前也，骑龙难到白云乡。退后也，玉棺琢成已三载，总不恁么也，欲葬神仙归北邙。毕竟作么生？咦，几番秋雨过，桂子发天香。"侍者问："如何是汾阳着力句？"师曰："细雨如膏。"曰："如何是转身句？"师曰："行船走马三分命。'曰："如何是亲切句？"师曰："天门常开。"侍者礼拜，师喝出。②

案：顺治十八年（1661）二月三日钦差奉世祖遗诏到杭州圆照寺召茚溪森进京举火，茚溪森即日设世祖升遐位，茚溪森曰："寿椿殿上话别时，言犹在耳：'得大机，显大用，随宜说法。'雷轰电掣，这是皇上生平燥性处。千圣万贤，不能窥于万一"，当是暗指顺治十七年十月茚溪森在寿椿殿上与顺治话别时，顺治亲口所言将要假死真出家之事（"得大机，显大用，随宜说法"），言犹在耳。尽管茚溪森早已听到顺治亲口所言，可是当茚溪森听到顺治之"死"消息时，还是对顺治假死真出家之雷厉风行（"雷轰电掣"），感到震撼，并表示了崇高之敬意，提出顺治皇帝出家超越了圣贤的崇高评价（"千圣万贤，不能窥于万一"）。对顺治的急性子性格，则是叹与赞，兼而有之（"这是皇上生平燥性处"）。

茚溪森隐藏地赞叹顺治以"皇上"而出家，是为佛教大众"在你诸人顶门，开无上甚深微妙正法眼藏，汝等勿得错过。将来个个盖天盖地，续佛慧命，受用无尽"，此是以顺治皇帝出家是至高无上的行为，作为对佛教大众的至高无上的激励。

茚溪森说："圣恩浩浩如何酬答？"举香云："知恩始解报恩，便烧"，表示自己配合顺治假死真出家，为顺治举火，是对顺治皇帝出家为佛教徒的知恩报恩。

顺治十八年四月十六日，茚溪森到京复命，诣世祖金棺前秉炬，曰："释迦涅盘，人天齐悟。先帝火化，更进一步"，是隐藏地以释迦王子出家，比顺治皇帝出家，并表示中国之皇帝出家比印度之王子出家，乃是"更进一步"。

当茚溪森进京为顺治进火讫，奉旨还山上堂，曰："大众，弱川无力不胜

---

① 清释胜德编：《勅赐圆照茚溪森禅师语录》，卷六，叶 27A，康熙刻本，首都图书馆藏，索书号：（丙三）/694。

② 清释胜德编：《勅赐圆照茚溪森禅师语录》，卷一，叶 15B，康熙刻本，首都图书馆藏，索书号：（丙三）/694。

航。进前也，骑龙难到白云乡"，当是表示出家修行道路之不易。又曰："退后也，玉棺琢成已三载，总不怎么也，欲葬神仙归北邙。"当是表示顺治假死真出家，预备已久。

由上可见，茚溪森不仅是顺治之戒师、剃度本师，亦是顺治假死真出家之知情者、支持者。

《勅赐圆照茚溪森禅师语录》遭到雍正之删削、禁锢之原因，是透露有关董皇后、顺治皇帝真相痕迹较多。《乾隆大藏经》本《明道正觉茚溪森禅师语录》，已将相关文字全部删除。

故宫博物院编《文献丛编》第三辑《清世宗关于佛学之谕旨（一）》："唯有骨岩行峰者，玉林琇之弟子也，曾随本师入京，因作《侍香纪略》一册，以纪恩遇。其中荒唐诞妄之处，不可枚举。如云：'端敬皇后崩，茚溪森于宫中奉旨开堂，且劝朝廷免殉葬多人之死'等语，我朝并无以人殉葬之事，不知此语从何而来。又云：'上郊祀天坛，皇太后、皇后皆同往。'此等皆如梦中呓语，不知为何人所欺诳，而冒昧笔之于书也。"①

《清高宗实录》卷五雍正十三年十月辛巳："又谕：昔我世祖章皇帝，万几馀暇，留心内典，比时玉琳琇国师、木陈忞禅师，并蒙宣召，讲论佛法，此不过偶尔方外之交，无可纪载者。前年我皇考检阅玉琳琇、木陈忞语录，见木陈所著《北游集》六卷，其中乖谬荒诞之处，不可殚述。又玉琳琇之弟子骨岩，作《侍香纪略》一册，以纪恩遇，诞幻支离，竟同梦中呓语。我皇考已降旨中外，将此书悉行查毁。今朕又查出《帝王明道录》一书，系木陈门人纪载者，其荒唐之处，与《侍香纪略》等。盖当日玉琳、木陈，虽并承世祖章皇帝眷注，而二人之优劣，迥乎不同，至于两人之门徒甚众，而天下狂悖无知、行止不端之人，往往藏其中，遂因偶尔之恩遇，矜肆夸张，并造作全无影响之谈，欺世惑众，此亦人心风俗之有关系者。昔我皇考已降查毁之谕旨，朕恐外间奉行不力，可密寄信与各省督抚，凡丛林寺庙中，除敕赐御书扁额、对联、碑文外，若有世祖、圣祖、皇考批谕字迹，及伊等抄录稿本，与僧人所刻语录，如《北游集》、《侍香纪略》、《帝王明道录》等书，干涉时事，捏造言词，夸耀恩遇，有一字关系世祖、圣祖、皇考者，无论刻本、写本，悉行查出，密封送部，请旨销毁，不得私藏片纸。此事奉行，不在各处寺庙贴写告示，以图了事已也，必差员密访，细细搜察，又不可借端生事。若有疏忽遗漏等弊，将来发觉，朕必于乾隆元年、二年之该省督抚是问，不稍宽贷。"②

---

① 故宫博物院编：《文献丛编》第三辑，民国十九年，第二页，江苏广陵古籍刻印社，1991 年影印本。

② 《清实录》第 9 册，《高宗纯皇帝实录（一）》，中华书局，1985 年，第 232－233 页。

由上可见，不仅雍正全部删除《茚溪森禅师语录》有关董皇后、顺治皇帝真相之痕迹，雍、乾二代皇帝查禁木陈忞《北游集》、玉琳琇之弟子骨岩《侍香纪略》等书，亦再接再厉、不遗馀力。究其原因，是对此等书中透露有关董皇后、顺治皇帝真相之痕迹，讳莫如深。

现在，可以回顾顺治之"死"前后玉琳琇在皇城的一系列活动。

玉林通琇禅师（1614－1675），清初禅宗临济宗传人，名通琇，号玉林（雍正帝改写为玉琳），族姓杨氏，常州府江阴县人。十九岁投磬山天隐圆修，受具足戒，为侍者，得传法。后住湖州（今浙江湖州）报恩寺。顺治十五年，奉诏赴阙，十六年至京，顺治命居万善殿，不时临访道要，称"恨相见之晚焉"，赐号"大觉禅师"。顺治十七年秋，复诏至京，进号"大觉普济能仁国师"。顺治"升遐"，玉林领大弟子作佛事七昼夜毕，还山。其生平事迹，见《四库全书存目丛书》第214册影印康熙刻本王熙《王文靖公文集》卷二十一《玉林禅师塔铭》、《大藏经补编》第27册影印康熙刻本《大觉普济玉林禅师语录》卷十二超琦辑录《大觉普济能仁国师年谱》。

《大觉普济能仁（玉林）国师年谱》卷下顺治十七年庚子（1660）：

> 秋七月，世祖马上有省，钦差大臣张嘉谟、刘之武、近侍李国柱，诏召络绎，请师入京证道。……十月十五日，到皇城内西苑万善殿，世祖就见丈室，相视而笑。日穷玄奥。世祖谓师曰：'上古惟释迦如来舍王宫而成正觉，达摩亦舍国位而成禅祖，朕欲效之，何如？'师曰：'若以世法论，皇上宜永居正位，上以安圣母之心，下以乐万民之业；若以出世法论，皇上宜永作国王帝主，外以护诸佛正法之轮，内住一切大权菩萨智所住处。'上意欣然听决。十七日，奉御旨，于景山为孝献皇后陟天道场上堂。……二十八日，茚公奉旨南还。
>
> 十一月初八日，奉旨万善殿结冬①，两堂坐七。庄严孝献皇后仙驭道场，请上堂。……
>
> 十二月初八日，奉旨于慈寿寺为一千五百比邱僧说菩萨戒。……十五日，于万善殿散戒牒一千五百楮。②

《大觉普济能仁（玉林）国师年谱》卷下顺治十八年辛丑（1661）：

---

① 宋吴自牧《梦粱录·僧寺结制》："四月十五日结制，谓之'结夏'。盖天下寺院僧尼庵舍，设斋供僧，自此僧人安居禅教律寺院，不敢起单云游。"结冬略似结夏制度。

② 清超琦辑录：《大觉普济能仁国师年谱》，《大觉普济玉林禅师语录》卷十二，蓝吉富主编《大藏经补编》第27册影印康熙刊本，台湾华宇出版公司，1986年，第667－668页。

元旦，师即万善殿上堂，……今上皇帝现天子身，作大法檀，就座上首。……初二日早刻，佟大人奉旨往杭请苪公为上保母秉炬。初三，中使马公二次奉旨至万善殿云："圣躬少安。"师集众展礼御赐金字《楞严经》，绕持大士名一千，为上保安。初四，李近侍言："圣躬不安之甚。"初七亥刻，驾崩。初八日，皇太后慈旨："请师率众即刻入宫，大行皇帝前说法。"初九寅刻，新天子登位矣。

二月初二，奉旨到景山，为世祖安位。二月初六，重扫笑祖塔，欲南还，礼辞祖翁耳。二月十五日，得旨南还。……师乘御马至景山大行皇帝前，绕持《楞严》诸品神咒，问讯而出。即晚到张家湾。①

案：第一，"世祖马上有省"之"省"，是指顿悟、悟道。"证道"，通常是指悟道。《大正新修大藏经》本释惠能《坛经》记永嘉玄觉禅师证道蒙六祖惠能印可："师曰：'善哉，少留一宿。'时谓'一宿觉'。后著《证道歌》，盛行于世。"五代释延寿《宗镜录》卷六十一："自所得法，即是证道。"儒家亦用"证道"一语，宋陈善《扪虱新话》下集卷三《汉儒误读〈论语〉》："《中庸》者，吾儒证道之书也。""请师入京证道"之"证道"，在此则是指请玉林琇印证、认可顺治之悟道。

第二，由《（玉林）国师年谱》所述顺治十七年"秋七月，世祖马上有省，钦差大臣张嘉谟、刘之武、近侍李国柱，诏召络绎，请师入京证道"，"十月十五日，到皇城内西苑万善殿，世祖就见丈室，相视而笑"，"世祖谓师曰：'上古惟释迦如来舍王宫而成正觉，达摩亦舍国位而成禅祖，朕欲效之，何如？'师曰：'若以世法论，皇上宜永居正位，上以安圣母之心，下以乐万民之业；若以出世法论，皇上宜永作国王帝主，外以护诸佛正法之轮，内住一切大权菩萨智所住处。'上意欣然听决"，可见顺治"马上有省"之顿悟，"请师入京证道"所要印证之悟道，乃是决定舍弃皇帝身份直接出家为僧，并希望得到玉林琇印证与支持，谁知竟遭到玉林琇反对和劝阻（佛教界恐怕承受不起皇帝出家所带来的压力），于是始改变主意，一计不成，又生一计，假死真出家。

第三，根据《（玉林）国师年谱》所述，玉林琇顺治十七年十月十五日到皇城内西苑万善殿，直至顺治十八年二月十五日得旨南还，此四个月期间，经历了顺治之"死"的前前后后，玉林琇奉旨在皇城举行了一系列与顺治及董皇后相关的法事，包括在万善殿结冬，两堂坐七，庄严孝献皇后仙驭道场，在

---

① 清超琦辑录：《大觉普济能仁国师年谱》，《大觉普济玉林禅师语录》卷十二，蓝吉富主编《大藏经补编》第27册影印康熙刊本，台湾华宇出版公司，1986年，第669页。

万善殿散戒牒一千五百楮，在万善殿集众为上保安，入宫于大行皇帝前说法，到景山为世祖安位，南还前至景山大行皇帝前绕持《楞严》诸品神咒，问讯而出。茚溪森之师父玉林琇，当亦是顺治假死真出家之知情者、支持者。

顺治假死真出家最重要之知情者、支持者，是其母亲孝庄太后（1613 - 1688）。

张宸《杂记》：

> 十四日，焚大行所御冠袍、器用、珍玩于宫门外，时百官哭临未散，遥闻宫中哭声沸天而出，仰见皇太后黑素袍，御乾清门台基上，南面，扶石栏立，哭极哀。诸宫娥数辈，俱白帕首、白衣从哭，百官亦跪哭。①

《康熙起居注》康熙二十二年（1683）九月：

> 十一日己卯，上奉太皇太后诣五台山。②

从此等文献片段记载，似可体会到孝庄太后对儿子顺治出家最终之同意、支持与配合，以及二十三年后诣五台山渴望与儿子见面之心情。

---

① 清张宸：《平圃遗稿》卷十四，《杂记》，《四库未收书辑刊》第五辑二十九册，北京出版社，1997年，第757页。
② 中国第一历史档案馆整理：《康熙起居注》第二册，中华书局，1984年，第1069页。

第七章　吴梅村《清凉山赞佛诗》"曰往清凉山"，"收拾宗风里"：顺治出家五台山禅寺

吴梅村《清凉山赞佛诗》四首作于顺治十八年世祖遗诏已颁之后。其一写顺治与董皇后之相遇，其二写董皇后之死，其三主要写所谓顺治之"死"，其四主要写顺治出家。其笔法是基本写实，局部幻想，以迷离怳恍之色彩，掩饰顺治出家之真相，藉以避祸。

兹就《清凉山赞佛诗》其三、其四两首重要部分，逐句、必要时逐字释证如下。

文渊阁《四库全书》本吴伟业《梅村集》卷三《清凉山赞佛诗》其三：

> 八极何茫茫，曰往清凉山。此山蓄灵异，浩气共屈盘。能蓄太古雪，一洗天地颜。日驭有不到，缥缈风云寒。世尊昔示现，说法同阿难。讲树耸千尺，摇落青琅玕。诸天过峰头，绛节乘银鸾。一笑偶下谪，脱却芙蓉冠。游戏登琼楼，窈窕垂云鬟。三世俄去来，任作优昙看。名山初望幸，衔命释道安。预从最高顶，洒扫七佛坛。灵境乃杳绝，扪葛劳跻攀。路尽逢一峰，杰阁围朱阑。中坐一天人，吐气如栴檀。寄语汉皇帝，何苦留人间。烟岚倏灭没，流水空潺湲。回首长安城，缟素惨不欢。房星竟未动，天降白玉棺。惜哉善财洞，未得夸迎銮。惟有大道心，与石永不刊。以此护金轮，法海无波澜。①

其三写顺治遨游八极，是迷离怳恍之想象，其中实写了顺治为出家五台山做准备，及顺治之假死。

> "八极何茫茫，曰往清凉山。"

"清凉山"：即山西五台山。东晋佛驮跋陀罗译《大方广佛华严经》卷四十五《菩萨住处品第二十七》："尔时心王菩萨摩诃萨，复告诸菩萨言：'……东北方有菩萨住处，名清凉山，过去诸菩萨常于中住。彼现有菩萨，名文殊师利，有一万菩萨眷属，常为说法。'"唐释慧祥《古清凉传》卷上《立名标化一》："谨按《华严经·菩萨住处品》云……今山上有清凉寺，山下有五台县清凉府，此实当可为龟鉴矣。一名五台山，其中五山高耸，顶上并不生林木，事同积土，故谓之台也。"唐清凉山大华严寺沙门澄观《大方广佛华严经疏》

---

① 《景印文渊阁四库全书》第1312册，台湾商务印书馆股份有限公司，1986年，第23页。

卷四十七《诸菩萨住处品第三十二初》："清凉山，即代州雁门郡五台山也，于中现有清凉寺。以岁积坚冰，夏仍飞雪，曾无炎暑，故曰清凉。五峰耸出，顶无林木，有如垒土之台，故曰五台。"

诗言顺治眺望八极，茫茫世界，何处是归宿，曰：往清凉山是归宿。

"一笑偶下谪，脱却芙蓉冠。"

古典出自晋佚名《九真中经》卷下《太上郁仪日中五帝讳字服色》："日中黑帝，讳澄增停，字玄录炎，衣玄玉锦帔，黑羽飞华裙，建玄山芙蓉冠。"①今典即顺治曾孙弘旺《松月堂目下旧见》首叶所录世祖章皇帝诗："可喟当年一念差，因何流落帝王家。我本西方一衲子，黄袍换却紫袈裟。"变"西方衲子"为道教日神日中黑帝，变"换却紫袈裟"为"脱却芙蓉冠"，稍加变化而已。

诗言戴芙蓉冠之日神，偶谪下界，隐喻顺治本是西方一衲子，来世间做了皇帝。此是顺治回顾过去。

"名山初望幸，衔命释道安。"

"名山初望幸"："名山"指清凉山，即五台山。"初望幸"之"望"，是期待。"幸"，在此并非指通常皇帝驾到之意，而是指顺治皇帝出家到五台山。

今典即清聂先编撰《续指月录》卷十九《六祖下三十五世·临济宗·湖州报恩玉林通琇禅师》：

再诏入都……师到京，闻森首座为上净发，即命众集薪烧森，上闻，遽许蓄发，乃止。②

《大觉普济能仁（玉林）国师年谱》卷下顺治十七年庚子（1660）：

秋七月，世祖马上有省，钦差大臣张嘉谟、刘之武、近侍李国柱，诏召络绎，请师入京证道。……十月十五日，到皇城内西苑万善殿，世祖就见丈室，相视而笑。日穷玄奥。世祖谓师曰："上古惟释迦如来舍王宫而成正觉，达摩亦舍国位而成禅祖，朕欲效之，何如？师曰："若以世法论，皇上宜永居正位，上以安圣母之心，下以乐万民之业；若以出世法论，皇上宜永作国王帝主，外以护诸佛正法之轮，内住一切大权菩萨智所

---

① 《四部丛刊》景明正统道藏本宋张君房《云笈七签》卷二十三《太上郁仪日中五帝讳字服色》。

② 清聂先编撰，心善整理：《续指月录》，巴蜀书社，2005 年，第 437 页。断句错误已订正。

住处。"上意欣然听决。①

可知顺治十七年庚子（1660）八月董皇后卒后、十月十五日玉林琇面帝之前，顺治已经受剃度本师茚溪森"净发"即受沙弥戒，成为佛弟子沙弥，准备好了舍弃皇帝地位直接出家。因为遭到玉林琇等反对，始改变主意，一计不成，又生一计，假死真出家。

"衔命释道安"：古典出自《高僧传》卷五《义解二·释道安》："南投襄阳，行至新野，谓徒众曰：'今遭凶年，不依国主，则法事难立。'"及"时苻坚素闻安名，每云'襄阳有释道安是神器，方欲致之以辅朕躬。'后遣苻丕南攻襄阳，安与朱序俱获于坚。……会坚出东苑，命安升辇同载。"

今典即清释胜德编《勅赐圆照茚溪森禅师语录》卷五《机缘》：

大清顺治己亥六月朔日，钦差司吏院正堂张嘉谟传旨召师，至景山（西苑）万善殿，叙语不录。

师庚子六月八日奉旨游五台。

可知顺治十七年庚子（1660）六月八日茚溪森奉旨游五台，是在顺治出家五台之前半年。顺治早已决定舍弃皇帝地位直接出家五台山为僧。

梅村诗"衔命释道安"之"衔命"，即《茚溪森禅师语录》"奉旨游五台"之"奉旨"。此二句，诗言五台山期待顺治之到来出家为僧，顺治尊礼茚溪森，茚溪森奉旨前往五台山打前站。

顺治预想舍弃皇帝地位直接出家，而一时出家未遂。

"中坐一天人，吐气如栴檀。寄语汉皇帝，何苦留人间。"

"何苦留人间"：典出《文苑英华》卷七百九十四陈鸿《长恨歌传》："（玉妃）因言：'太上皇亦不久人间，幸惟自安，无自苦耳。'"

诗言有一天人，吐气如兰，寄语奉劝顺治升仙，何苦久留人间，暗示顺治终将会要出家。

后来洪昇所作《长生殿》第五十出《重圆》：

【黄钟过曲·永团圆】神仙本是多情种，蓬山远，有情通。情根历劫无生死，看到底终相共。尘缘倥偬，忉利有天情更永。不比凡间梦，悲欢和哄，恩与爱总成空。跳出痴迷洞，割断相思鞚；金枷脱，玉锁松。笑骑

① 清超琦辑录：《大觉普济能仁国师年谱》，《大觉普济玉林禅师语录》卷十二，蓝吉富主编《大藏经补编》第27册影印康熙刊本，台湾华宇出版公司，1986年，第667－668页。

205

双飞凤，潇洒到天宫。①

以唐明皇升仙暗指顺治帝出家，与吴梅村异曲同工。洪昇《长生殿》此当是受到吴梅村《清凉山赞佛诗》之影响。

"回首长安城，缟素惨不欢。房星竟未动，天降白玉棺。"

"房星"：指皇帝车驾，典出《晋书》卷十一《天文志上》："房四星……亦曰天驷，为天马，主车驾。"

"白玉棺"：指升仙，古典出自汉应劭《风俗通义·正失第二·叶令祠》："俗说孝明帝时，尚书郎河东王乔，迁为叶令。乔有神术，……后天下一玉棺于厅事前，……乔曰：'天帝独欲召我。'沐浴服饰，寝其中，盖便立覆，宿夜葬于城东，土自成坟。"李白《赠王汉阳》："天落白玉棺，王乔辞叶县。"此指顺治之"死"。

按《勅赐圆照茚溪森禅师语录》卷一《上堂》：

今上召师为世祖章皇帝进火讫，奉旨还山，上堂，师拈香祝圣毕，卓拄杖曰："大众，弱川无力不胜航。进前也，骑龙难到白云乡。退后也，玉棺琢成已三载，总不恁么也，欲葬神仙归北邙。毕竟怎么生？咦，几番秋雨过，桂子发天香。"②

茚溪森为顺治"火化"后还山上堂所说"退后也，玉棺琢成已三载"，当是指顺治之"死"早有准备而言，暗示并非真死。吴梅村"天降白玉棺"之句，可能是用茚溪森为顺治"火化"后上堂所说"玉棺琢成已三载"之今典，或系不谋而合，均暗指顺治之"死"，乃是假死。

"回首长安城，缟素惨不欢。房星竟未动，天降白玉棺"四句，诗言回首北京，僧俗一片惨然，顺治皇帝出家为僧尚未起驾动身，竟然传来驾崩——其实，"玉棺琢成已三载"，那是早已准备好之假死。

"惜哉善财洞，未得夸迎銮。"

"善财洞"：五台山寺庙，位于五台山中心台怀镇黛螺顶南峰，清水河东畔，依山面水，绿树掩映。寺分上下两院，上善财洞寺在峰顶，下善财洞寺在山麓，相距百米。

---

① 《续修四库全书》第 1775 册影印清康熙稗畦草堂刻本，上海古籍出版社，1995 年，第 731 页。

② 清释胜德编：《勅赐圆照茚溪森禅师语录》，卷一，叶 15B，康熙刻本，首都图书馆藏，索书号：（丙三）/694。

按今存清凉山传志通行本如唐慧祥《古清凉传》二卷、宋延一《广清凉传》三卷、张商英《续清凉传》二卷，明镇澄《清凉山志》八卷明万历刻本、清顺治时增修本、乾隆时史震林增补刻本，康熙时老藏丹巴《清凉山新志》十卷，皆未述及善财洞；乾隆武英殿刻本《钦定清凉山志》二十二卷本卷十一《寺院下·护国寺》条始述及："寺侧曰善财洞，山门一楹，佛座三楹，配庑僧房十三楹。"嘉庆时三世章嘉门人《圣地清凉山志》第二卷《一、地域灵迹》亦云："善财洞……原寺已毁，后为三世众生怙主金刚持章嘉乳必多吉所修复。"① 虽述及善财洞，但均不说建于何时。钱仲联《吴梅村清凉山赞佛诗笺》："按：《清凉山志》无善财洞名。"② 欠确。侯文正主编《五台山志》卷三《景观》第一节《台怀景区·善财洞》："上善财洞始建于清康熙年间，下善财洞始建于清乾隆年间。"③ 误。

按刘叙杰《脚印履痕足音·中央文物局山西古建考察纪行》二《山西古建筑考察日记》1973 年 8 月 26 日《五台山佛寺中之黄庙文物》：

（4）广仁寺：亦在塔院寺东北里许营坊村。现寺为清代建筑。……

（5）善财洞：在塔院寺东里许营坊村。寺中全部为明、清建筑。

①正殿：面阔三间。内供奉弥勒、文殊铜像（由弥勒殿迁来）。

②善财洞：为一石洞，在正殿南侧。外部砌以砖券。其前部原为弥勒殿，已毁。④

刘叙杰考察认定广仁寺"现寺为清代建筑"，认定善财洞"寺中全部为明、清建筑"，区分清楚，可知善财洞寺至迟始建于明代。证以吴梅村诗"惜哉善财洞，未得夸迎銮"，可知顺治时五台山早已有善财洞寺，并非"始建于清康熙年间"。

由上所述看来，顺康乾时历修之《清凉山志》、《清凉山新志》，只字不提至迟明代所建之善财洞寺，乾隆《钦定清凉山志》、嘉庆时《圣地清凉山志》虽述及善财洞，但均不说建于何时，盖避讳之也。抹掉了明代已建的善财洞

① 《圣地清凉山志》，《五台山研究》1990 年第 2 期，第 11 页。

② 钱仲联：《当代学者自选文库 钱仲联卷》，安徽教育出版社，1999 年，第 269 页。

③ 侯文正主编，山西旅游景区志丛书编委会编：《五台山志》，山西人民出版社，2003 年，第 72 页。

④ 刘叙杰：《脚印履痕足音》（1973 年 8 月 15 日－1973 年 9 月 2 日），天津大学出版社，2009 年，第 94 页。刘叙杰（1932－），著名建筑史学家刘敦桢之子，东南大学古建筑研究所教授、著名建筑史学家、古建园林专家、建筑学家。

寺，也就抹掉了顺治出家于此，以及在此为顺治授比丘戒的依止师的痕迹①。

按曹植《赠白马王彪》：

> 奈何念同生，一往形不归。孤魂翔故域，灵柩寄京师。存者忽复过，亡殁身自衰。

诗言任城王暴死有隐情，是指向真相的微言。其中"亡殁身自衰"，即是用反语修辞法的微言，字面谓任城王之死是身自衰亡；实际是反语：任城王不是自然死亡。②"惜哉善财洞，未得夸迎銮"，与曹植"亡没身自衰"修辞法相同，亦是反语，是微言。

"惜哉善财洞，未得夸迎銮"，紧扣上文"名山初望幸，衔命释道安"，诗言可惜今之释道安——茆溪森——为顺治所准备好出家之善财洞，未得迎来顺治。其实是反语，诗言善哉善财洞，终得夸迎銮——迎来顺治出家为僧。

"惟有大道心，与石永不刊。以此护金轮，法海无波澜。"

"大道心"：求大道之心，典出《妙法莲华经》卷五《从地踊出品第十五》世尊说偈言："是诸大菩萨，从无数劫来，修习佛智慧，悉是我所化，令发大道心。"

"金轮"：此指世界。古代印度之宇宙论认为，在世界最下为虚空，虚空之上有风轮，风轮之上有水轮，水轮之上复有金轮。山、海、岛屿等现实世界，即存立于金轮之上③。苏颂《苏魏公集》卷三十六《仁宗皇帝忌日斋文》："度沙界之群生，护金轮之景祚。"钱谦益《初学集》卷八十一《西方莲社小引》："不独同登宝筏，受佛敕于再来；抑可长护金轮，报国恩于无尽。"

"惟有大道心"四句，诗言顺治虽"死"，求大道之心永不死，保佑此国此世界，平安无事。此是顺上文顺治之"死"而言。其实是言顺治出家，能保佑此国此世界，平安无事。

文渊阁《四库全书》本吴伟业《梅村集》卷三《清凉山赞佛诗》其四：

> 尝闻穆天子，六飞骋万里。仙人觞瑶池，白云出杯底。远驾求长生，

---

① 宋释道诚《释氏要览》卷上《师资·师》："师有二种。一亲教师，即是依之出家，授经剃发之者。《毗奈耶》亦云亲教。二依止师，即是依之禀受三藏学者（但是依学一切事业，乃至一日皆得称师）。"（《大正新修大藏经》，第 54 册，第 265 页。）

② 参阅邓小军：《魏晋宋微言政治抒情诗之演进——以曹植、阮籍、陶渊明为中心》，《中国文化》2010 年第 2 期。

③ 参阅：《长阿含经》卷十八、《大毗婆沙论》卷一三三、《瑜伽师地论》卷二、《俱舍论》卷十一。

逐日过蒙汜。盛姬病不救，挥鞭哭弱水。汉皇好神仙，妻子思脱屣。东巡并西幸，离宫宿罗绮。宠夺长门陈，恩盛倾城李。秾华即修夜，痛入哀蝉诔。苦无不死方，得令昭阳起。晚抱甘泉病，遽下轮台悔。萧萧茂陵树，残碑泣风雨。天地有此山，苍崖阅兴毁。我佛施津梁，层台簇莲蕊。龙象居虚空，下界闻斗蚁。乘时方救物，生民难其已。淡泊心无为，怡神在玉几。长以就业心，了彼清净理。羊车稀复幸，牛山窃所鄙。纵洒苍梧泪，莫卖西陵履。持此礼觉王，贤圣总一轨。道参无生妙，功谢有为耻。色空两不住，收拾宗风里。①

其四写顺治为董皇后之死而出家。从时间上说，与其三写顺治为出家五台山做准备，及顺治之假死，是同一时段。在写法（章法）上，是花开两朵，各表一枝。

"尝闻穆天子"，至"挥鞭哭弱水"八句，述周穆王痛哭淑人盛姬之死，典出《穆天子传》卷六："天子乃命盛姬□之丧，视皇后之葬法"。

"汉皇好神仙"至"残碑泣风雨"十四句，述汉武帝哀痛李夫人之死，因赋《落叶哀蝉》之曲，典出《汉书》卷九十七上《外戚·孝武李夫人传》："及夫人卒，上以后礼葬焉"，以及晋王嘉《拾遗记》卷五《前汉上》："汉武帝思怀往者李夫人，不可复得。……因赋《落叶哀蝉》之曲。"

述周穆王痛哭淑人盛姬之死，汉武帝哀痛李夫人之死，均贴切顺治董皇后生前为皇贵妃、死后封为皇后，喻指顺治对董皇后之死悲痛欲绝，对董皇后之爱生死不渝。

"天地有此山"至"生民难其已"八句，述清凉山之美，顺治之修建五台山道场，以及佛教之救苦救难。其中"我佛施津梁，层台簇莲蕊"二句，指顺治修建五台山道场。康熙时钦命督理五台山番汉寺大喇嘛老藏丹巴《清凉山新志》卷三《帝王崇建·清》："世祖章皇帝于顺治十二年四月发帑金，差内大臣谭泰同大喇嘛底尔登鄂母齐，率领格隆四十员，到山修建护国佑民道场，四十日圆满。阖山僧俗军民人等均沾皇恩。顺治十四年十月，上发帑金，差哈兰兔、金巴马、偏峨三位大人同额木齐喇嘛，率领格隆五十员，到山修建护国佑民道场，一百日圆满。阖山僧俗军民人等均沾皇恩。"②

由"我佛施津梁，层台簇莲蕊"称顺治为"我佛"，可知诗题《清凉山赞

---

① 《景印文渊阁四库全书》第1312册，台湾商务印书馆股份有限公司，1986年，第23－24页。

② 清老藏丹巴纂：《清凉山志》，杜洁祥主编《中国佛寺史志汇刊》第3辑第30册影印康熙四十一年刊本，台北丹青图书公司，1985年，第181页。

佛诗》之"佛",是指顺治。

"淡泊心无为"至"了彼清净理"四句,述董皇后死后,顺治一心向佛,清静无为。

　　　　"羊车稀复幸,牛山窃所鄙。纵洒苍梧泪,莫卖西陵履。"

"羊车":典出《晋书》卷三十一《后妃传上·胡贵嫔》:"(晋武帝)常乘羊车,恣其所之,至便宴寝。宫人乃取竹叶插户,以盐汁洒地,而引帝车。"指皇帝临幸妃嫔。

"牛山":典出《晏子春秋》内篇《谏上·景公登牛山悲去国而死晏子谏》:"景公游于牛山,北临其国城,而流涕曰:'若何滂滂去此而死乎?'"《列子》卷六《力命》:"齐景公游于牛山,北临其国城,而流涕曰:"美哉国乎,郁郁芊芊,若何滴滴去此国而死乎?使古无死者,寡人将去斯而之何?"喻生死之悲。

"苍梧泪":《礼记·檀弓上》:"舜葬于苍梧之野。"《史记》卷一《五帝本纪》:"(舜)南巡狩,崩于苍梧之野,葬于江南九疑,是为零陵。"汉刘向《古列女传》卷一《有虞二妃》:"有虞二妃者,帝尧之二女也,长娥皇,次女英。舜陟方,死于苍梧,号曰重华。二妃死于江湘之间,俗谓之湘君。"《初学记》卷二八引晋张华《博物志》:"舜死,二妃泪下,染竹即斑。妃死为湘水神,故曰湘妃竹。"喻妃嫔生死之恋。

"西陵履":陆机《陆士衡文集》卷九《吊魏武帝文一首并序》:"元康八年,机始以台郎出补著作,游乎秘阁,而见魏武帝《遗令》。……又曰:'吾婕好妓人,皆着铜雀台上,施八尺床,张繐帐,朝晡设脯糒之属,月朝十五日,辄向帐作伎。汝等时时登铜雀台,望吾西陵墓田。'又云:'馀香可分与诸夫人,诸舍中无所为学,作履组卖也。'"喻临死不忘妃嫔。

"羊车稀复幸,牛山窃所鄙。纵洒苍梧泪,莫卖西陵履"四句,诗言董皇后死后,顺治"死"前一段时期,既不复亲近女色,亦无生死之悲,既无妃嫔生死之恋,更无临死不忘妃嫔。

依吴梅村诗,顺治对董皇后之热恋及董皇后之死,是顺治出家之直接原因。在顺治,不复亲近女色,既是热恋董皇后之逻辑结果,亦是一心向佛之逻辑结果。至于无生死之悲,以及无妃嫔生死之恋、无临死不忘妃嫔,原因可以说是因为学佛,也可以说很简单,因为是假死。

顺治十八年翰林院掌院学士兼礼部尚书王熙,在顺治假死真出家之前,与顺治朝夕相处,《王文靖公集》卷六《世祖皇帝哀诗十首》其二"只有图书陈左右,更无嫔御侍帷房",可与吴梅村诗"羊车稀复幸"相互印证。茚溪森顺治十七年十月十五日前为顺治净发时,顺治已受沙弥戒。沙弥戒五支净戒、十支净戒之第三条皆为不淫欲，由王熙、吴梅村诗，可见顺治受沙弥戒后，勤策精进，持戒护戒，如护明珠。

"持此礼觉王，贤圣总一轨。道参无生妙，功谢有为耻。"

此四句，诗言以此清净无欲之心礼佛，便是修行至于佛菩萨之大道；参得不生不灭之妙，从此便舍弃世间事功，而以世间事功为耻。此四句诗，乃是写出顺治决心出家矣。

"色空两不住，收拾宗风里。"

"色空两不住"：典出《大方广佛华严经》卷二十《十行品第二十一之二》："菩萨摩诃萨亦复如是，不住生死，不住涅盘，亦复不住生死中流，而能运度此岸众生，置于彼岸安隐无畏、无忧恼处。"明释通润《述大方广圆觉修多罗了义经近释》卷六："所谓正知见者，谓离凡夫境界心不住色相，离二乘境界心不住空相。既不住色空，即是菩萨根器。"

"收拾"：犹言招纳、收容。例如唐韩愈《太原王公神道碑铭》："元和初，收拾俊贤，征拜吏部员外郎。"刘禹锡《苏州谢上表》："收拾耆旧，尘忝班行。"宋释道元辑《景德传灯录》卷十六《潭州大光山居海禅师》："师又曰：一代时教，只是收拾一代时人。"净善重集《禅林宝训》卷三《草堂善清禅师》："草堂谓空首座曰：自有丛林已来，得人之盛，无如石头、马祖、雪峰、云门。近代唯黄龙、五祖二老，诚能收拾四方英俊衲子。"吴梅村《秣陵春传奇》卷下第二十九出："翰林院不收拾各路人才。"《少保大学士王文通公神道碑铭》："独留蓟督一官以任公，予之以各路零星收拾之罢卒。"

"宗风"：解释"宗风"，须先解释宗门。宗门，禅宗自称，以别于佛教其它宗派。例如北宋睦庵善卿《祖庭事苑》卷八《杂志·宗门》："谓三学者莫不宗于此门，故谓之宗门。《正宗记》略云：'古者谓禅门为宗门。亦龙木祖师之意尔。亦谓吾宗门乃释迦文一佛教之大宗正趣矣。'……乃知古者命吾禅门谓之宗门，而尊于教迹之外，殊是也。"

"宗风"，指禅宗各派之独特风格，例如临济宗风。宋张津《（乾道）四明图经》卷十一黄龟年《天童山交禅师墖铭》："临济宗风本奇特，珍重天童老古锥，声名四海日星垂。"元戴良《九灵山房集》卷十九《觉智圆明述禅师传》赞曰："临济宗风，岂遽寂寥哉。"明瞿汝稷《指月录》卷三十二《六祖下第十六世·临安府径山宗杲大慧普觉禅师语要下》："我见八十四人善知识，惟师继得临济宗风。"

"宗风"，有时亦可代指宗门。例如宋净善《禅林宝训》卷二引归云本和尚《辩佞篇》曰："曲违圣制，大辱宗风。"释道原《景德传灯录》卷十三《前汝州南院和尚法嗣》："问师唱谁家曲，宗风嗣阿谁？"释赞宁《宋高僧传》卷七《义解篇第二之四·唐五台山华严寺志远传》："远识度明敏，孤标卓然，年二十八，辞亲从师，归依荷泽宗风。"明崔世召《秋谷集》卷下《浴佛日社集送博山禅师归共限东韵七言律》："名山到处拜宗风，喝水岩头看日红。"谢肇淛《小草斋集》卷二十《九峰寺二首》："开山尚有宗风在，凄断斋堂五夜钟。"徐𤊱《鳌峰集》卷十八《宿雪峰寺晤盂山上人上人曾识先君常过予家予方稚齿迄今三十馀载矣感而有赠》："义公去后宗风在，弟子谁传旧法衣。"《四部丛刊》景清宣统武进董氏本吴伟业《梅村家藏稿》卷十三《后集》五《过中峰礼苍公塔四首》其三："慧业谁能继，宗风绝可哀。"

"宗风"代指宗门，亦即是代指禅宗寺庙矣。

"色空两不住，收拾宗风里"，诗言顺治不住色空之色，是指不住世间，亦即不做皇帝（真个不做）矣；不住色空之空，是指不住涅槃，亦即不死（那是假死）矣。既然"色空两不住"，然则顺治要住在哪里？原来，是收容在宗门里——住进了五台山禅寺里。此二句诗，乃是写出顺治终于假死真出家。

回顾"惜哉善财洞，未得夸迎銮"，是反语，实际是言，善哉善财洞，遂得夸迎銮。可见顺治初出家时，是住在五台山善财洞寺庙。

茆溪行森禅师是禅宗临济宗传人，顺治作皇帝时，为顺治净发、授沙弥戒，是顺治剃度本师，又为顺治出家五台山打前站，可见顺治出家是作禅宗和尚，住在五台山善财洞，当时之善财洞，当为禅宗之青庙，临济宗之道场①。至于善财洞改为藏传佛教之黄庙，当为后来的事。

姚秦三藏佛陀耶舍共竺佛念译《四分律藏》卷十七《初分之十七》："若比丘年满二十，当受大戒。"

---

① 明万历三十三年六月望日赐进士奉政大夫奉敕分巡兖州等处地方兼曹濮兵备山东提刑按察司佥事云间俞汝为《临济二十七代孙玉峰和尚法嗣西竺上人传衣碑记》："（玉峰和尚）自任上溯临济称二十七代孙，乃于栖贤谷结庵，集缁流修净土行，而五顶禅林共推白眉矣。……时玉峰化缘将尽，觅可嗣法绍祖慧脉者，得西竺，知是法器。一日，以无位真人印证，针芥相投，即提拂子掷之，并出所藏法衣钵囊，授上人曰：'祖祖相传惟此一事，因缘勿令断灭，善自护持此信徵也。'自是，徒众日就恭请而宗风振矣。"（崔正森等著《五台山碑文选注》，北岳文艺出版社，1995年，第285－286页。）金山《佛教四大名山之四——五台山》："五台山佛寺林立，分属于显、密、禅、净各宗。……现在仍有一百多寺，其中十分之七，属临济宗（禅），我出家的尊胜寺和剃度、受具的金阁寺，都属临济宗。"（张曼涛《现代佛教学术丛刊》第六辑九册《中国佛教寺塔史志》，台北大乘文化出版社，1978年，第386页。）可见从明末至民国，五台山遍布禅寺，其中以临济宗为主。

宋契嵩《镡津文集》卷首陈舜俞《镡津明教大师行业记》："师讳契嵩……七岁而出家，十三得度落发，明年受具戒。"

元黄溍《金华黄学士文集》卷四十二《四明乾符寺观主容公塔铭》："祝发于杭之昭庆。明年，受具戒于明之开元。"

弘一法师《蕅益大师年谱》："（明天启）壬戌，二十四岁……乃从雪岭峻师剃度，命名智旭。……癸亥，二十五岁……恳古德贤法师为阿阇梨，向莲池和尚像前，顶受四分戒本。"

案：根据《四分律》"年满二十，当受大戒"之理，以及优秀僧人受沙弥戒之明年受具戒之例，世祖以顺治十七年（1660）受沙弥戒，当在明年顺治十八年出家五台山之当年受具足戒即比丘戒，成为正式僧人，时年二十四岁。

第八章　康熙二年顾炎武《五台山》诗：
顺治出家在五台山佛寺

顾炎武《五台山》：

> 东临真定北云中，盘薄幽并一气通。欲得宝符山上是，不须参礼化
> 人宫。

按《四部丛刊》景清康熙本顾炎武《亭林诗文集》卷四第一题《元旦》
题下注："已下昭阳单阏"，清徐嘉注《顾亭林先生诗笺注》卷十一第一题
《元旦》题下注："已下昭阳单阏，康熙二年癸卯"。《五台山》诗，均在两书
该卷《元旦》起第十题，第六题《又酬傅处士次韵》曰"河山垂泪发春花"，
又曰"老树春深更着花"，可知《五台山》诗作于康熙二年（1663）春或稍
后，时亭林与傅山相会太原后，北至五台山。

"不须参礼化人宫"句，《吴宓评注顾亭林诗集》：

> 周穆王随西域化人而上天。宓按：此诗可与吴梅村《清凉山赞佛诗》
> 并读。亭林（三四句）之意，谓我今登此山，为看山川形势，图起兵恢
> 复，非为参拜在此为僧之顺治皇帝也。①

案：吴宓解释顾亭林《五台山》诗"不须参礼化人宫"，"非为参拜在此
为僧之顺治皇帝也"，精湛无伦。因为此一解释，与诗与史相合，而从来无人
见及于此。

"宝符"：朝廷用作信物的符节。典出《史记》卷四十三《赵世家》："简
子乃告诸子曰：'吾藏宝符于常山上，先得者赏。'诸子驰之常山上，求，无
所得。毋恤还，曰：'已得符矣。'简子曰：'奏之。'毋恤曰：'从常山上临
代，代可取也。'简子于是知毋恤果贤，乃废太子伯鲁，而以毋恤为太子。"
后遂以"宝符"为称美赵之地势的典实。此指一旦从山西反清起兵之兵要地
势。《四部丛刊》景清康熙本顾炎武《亭林诗文集》卷五《五台山记》："四
埵去中台各一百二十里，东埵为赵襄子所登，以临代国。"

"参礼"：参拜。《嘉兴藏》本元宗宝编《六祖大师法宝坛经·行由第一》：
"教便往黄梅，参礼五祖。"宋延一《广清凉传》卷上《释五台诸寺方所七》
"中台北趾及台领南有二伽蓝"："常闻缁素巡台，就而参礼。"

---

① 明顾炎武著，吴宓评注：《吴宓评注顾亭林诗集》，人民文学出版社，2012 年，第
136 页。

"化人"：本指西域幻术人，后来指佛菩萨变形为人，以化度众生者。《列子》卷三《周穆王第三》："周穆王时，西极之国有化人来。"晋张湛注："化，幻人也。"《四部丛刊》景明本唐释道世《法苑珠林》卷二十二《敬佛篇第六·观佛部第三·感应缘·唐故净业等天人感应缘》："至穆王时，文殊、目连来化穆王，从之。即列子所谓化人者是也。"

"化人宫"：本指西域化人来华所居之处，后来指佛寺。《列子》卷三《周穆王第三》："王执化人之祛，腾而上者，中天乃止，暨及化人之宫。化人之宫构以金银，络以珠玉，出云雨之上，而不知下之据，望之若屯云焉。"宋苏过《斜川集》卷三《和新葺南园》："道眼年来等色空，块苏不羡化人宫。"《两宋名贤小集》卷八陈泊《开元寺凌虚阁对雪寄解唐卿》："化人宫好分明在，恨不同君把袂登。"《中州集》丙集卷三金赵秉文《灵感寺》："塔上风烟高鸟路，山头云雨化人宫。"

"化人宫"，语本明高启《高太史大全集》卷十五《孤园寺》："欲问南朝常侍宅，已为西域化人宫。"[1] 借"西域化人宫"，暗指满洲顺治出家为僧之佛寺。当指五台山善财洞寺，位于五台山中心台怀。吴梅村《清凉山赞佛诗》："惜哉善财洞，未得夸迎銮。"实为反语，言五台山善财洞寺迎来顺治皇帝出家为僧。

"东临真定北云中，盘薄幽并一气通。欲得宝符山上是，不须参礼化人宫"，诗言五台山高，东瞰河北重镇正定，北瞰山西重镇大同；气势磅礴，贯通晋冀；要取得一旦从山西反清起兵问鼎北京之兵要地势，只要登临五台山顶就明白了；至于五台山西域化人所居佛寺，则无须参礼。言外之意，满洲顺治虽已出家为僧，就在此山佛寺，但是不须往顾。

顺治十八年（1661）王熙《世祖皇帝哀诗》其九："书殿昼闲云漠漠，梵宫春掩草霏霏。"吴梅村《清凉山赞佛诗》："惜哉善财洞，未得夸迎銮"，"色空两不住，收拾宗风里"。康熙二年顾亭林《五台山》："不须参礼化人宫。"由王熙、吴梅村、顾亭林此三家诗，可知在顺康之际，顺治出家五台山佛寺，几乎是公开的秘密。

---

① 《列朝诗集》甲集卷五下高启《孤园寺》题下原注："在洞庭山，梁散骑常侍吴猛古宅。"清光绪二十三年徐氏味静斋刻本徐嘉注《顾亭林先生诗笺注》卷十一《五台山》，已引高启此诗。

第九章　洪昇《长生殿》的微言：
董小宛入清宫与顺治出家

——参证李天馥、查慎行、赵执信、李孚青诗

考察顺治出家史事，本来不用传奇剧本为证，但是根据毛奇龄所述洪昇是应庄亲王世子之请而作《长生殿》院本这一特殊情况，因此，理应考察《长生殿》剧本及洪昇好友述及《长生殿》之诗文。《长生殿》不仅隐藏地反映了顺治出家，而且隐藏地反映了董小宛入清宫，笔者在《董小宛入清宫考》中没有详细讨论《长生殿》，在此加以集中讨论。

学界考察《长生殿》借古喻今言董小宛入清宫史事者，就笔者所见，惟有高阳一人。高阳《醉蓬莱》卷首《清世祖、董小宛与唐玄宗、杨玉环》："《长生殿》中以古喻今的部分，指陈如下。一、第一出'传概'，满江红词：'万里何愁南与北'，董小宛江南名葩，移植上苑；若杨贵妃则原籍虢州阌乡，已在函谷关西，与'南'字扯不上丝毫关系"，"这都是借地点而别有所指的手法"；"二、第二出'定情'宾白：'昨见宫女杨玉环，德性温和，丰姿秀丽，卜兹吉日，册为贵妃'"，"董小宛先为孝庄太后宫女，李天馥宫词序，所谓'长信宫中，三千第一'者是。顺治十三年封为贤妃，同年冬即进位皇贵妃。故言'宫女'，为借古喻今的确证之一"；"三、第四出'春睡'宾白：'荷蒙圣眷，拔自宫嫔，位列贵妃，礼同皇后'"，"董小宛则在顺治十五年，以继后有违孝道，世祖停其笺奏，命小宛以皇贵妃摄中宫事，与上引宾白相合"，"又'春睡'唱腔：'低蹴半弯凌波'。凌波见'洛神赋'，但'半弯'则只能形容缠足"，"非唐人所有"①；皆极有见地。本文所讨论《长生殿》隐藏地反映董小宛入清宫，除"宫女杨玉环"一节与高阳相合（但是本文有新材料新解释），其馀大部分均为高阳所未涉及。《长生殿》隐藏地反映顺治出家，高阳没有涉及。

一、洪昇应庄亲王世子之请作《长生殿》院本：
意在暗以寿王妃被唐明皇所夺取，指硕塞妻被顺治帝所夺取

清毛奇龄《长生殿院本序》：

> 洪君昉思……相传应庄亲王世子之请，取唐人《长恨歌》事，作

---

① 高阳：《再生香 醉蓬莱》，黄山书社，2008 年，第 187－188 页。

《长生殿》院本，一时勾栏多演之。①

邓之诚《骨董琐记全编·骨董三记》卷六《长生殿》条：

> 硕塞，太宗第五子，顺治元年封承泽郡王，八年以功晋亲王，十一年薨，谥曰裕。博果铎，硕塞第一子，顺治十二年袭亲王，改号曰庄，雍正元年薨，谥曰靖，以圣祖十六子允禄为后。博翁果诺，硕塞第二子，康熙四年封惠郡王，二十三年缘事革爵。西河所谓庄王世子，不知何指，博果铎无子，故以允禄继袭，不得有世子，岂本有世子而先卒欤？抑误博翁果诺为世子，或世子即指博果铎而言，俱不可知。唯昉思《长生殿》出于庄邸之嘱，固可无疑。近人据汤若望纪事，谓董鄂妃夺自满州军人，因附会为襄亲王，不如谓承泽为当，因襄从未领军，且与庄邸嘱撰《长生殿》一事为有关合耳。②

据冒辟疆《影梅庵忆语》、《董氏小宛哀辞》，陈维崧《杂诗寓水绘庵作》、《白秋海棠赋》，《同人集》徐泰时、周士章等人诗，丘石常诗，李天馥《古宫词》，顺治七年（1650）三月末董小宛被掳，归皇父摄政王多尔衮。据《清世祖实录》顺治十六年十月乙卯上谕，顺治七年十二月九日多尔衮死后，诸亲王分取多尔衮家人。董小宛当在此时归和硕承泽亲王硕塞。据吴梅村《清凉山赞佛诗》、李天馥《古宫词》，董白董小宛因入侍孝庄太后而与顺治相遇，为顺治所爱，封为皇贵妃，贵同皇后。据《清世祖实录》，顺治十一年（1654）四月五日孝庄太后命停止命妇入侍皇太后、皇后，十二月五日和硕承泽亲王硕塞暴死，年二十七岁；据汤若望、金汝辉、会同馆馆夫所述，顺治热恋满籍高级军官之妻，夺其妻为贵妃（董贵妃），并杀此满籍高级军官；据《清世祖实录》，顺治十一年十二月五日硕塞死后，顺治未依礼制辍朝、未遣官致祭、未赐谥、未依礼制御制碑文，顺治十二年四月十九日，"遣官祭和硕承泽亲王硕塞侧福金"，四月二十九日始"遣户部尚书觉罗巴哈纳，祭和硕承泽亲王硕塞"——可知侧福晋之死系表示抗议硕塞之暴死，硕塞应是被顺治所杀。吴梅村《七夕即事》其四、李孚青《偶忆洪昉思己巳被斥事即题其集后》之一，均表示硕塞非死于自杀，而是被同父异母弟顺治所杀，并被顺治夺妻，李天馥《古宫词一百二十首集唐》之一百一，指和硕承泽亲王硕塞被顺治夺妻。《爱新觉罗宗谱》硕塞谱所述硕塞第二庶福晋，违例隐去其籍贯、

---

① 清毛奇龄：《西河合集·序》卷二十四，《清代诗文集汇编》第87册影康熙刻本，上海古籍出版社，2010年，第372页。

② 邓之诚：《骨董琐记全编》，生活·读书·新知三联书店，1955年，第624–625页。该书卷首《出版者说明》："《骨董三记》则在一九四一年脱稿付排，但未出版。"

姓氏、父名，讳莫如深，应即是汤若望、金汝辉、会同馆馆夫所述被顺治夺为贵妃（董贵妃）之满籍高级军官之妻，亦即是吴梅村《清凉山赞佛诗》、李天馥《古宫词》所述顺治董皇贵妃董白董小宛。顺治十三年八月二十五日，清廷立所谓内大臣鄂硕之女"董氏"为顺治贤妃。十二月六日，册为皇贵妃。顺治十七年八月十九日，董皇贵妃薨，二十一日追封为皇后。茚溪森禅师奉旨为董皇后一系列丧仪所说之偈语，均不可能属于所谓死于二十二岁的一生一帆风顺的鄂硕之女，而完全切合于死于三十七岁的一生历尽劫难的董小宛。顺治十八正月初七日，清廷宣布世祖之"崩"，实即假死真出家。钱谦益《病榻消寒杂咏》，吴梅村《清凉山赞佛诗》，《同人集》吴绮、周士章、张文峙、谭篆、杜绍凯、王士禄等人诗，李天馥《古宫词》，龚鼎孳绝笔词《贺新郎》，均表示顺治董皇后即董白董小宛，悼董皇后即悼董小宛。

按《清史列传》卷二《和硕承泽亲王硕塞传》：

> 初次袭博果铎，和硕承泽亲王硕塞第一子。顺治十二年六月，袭封和硕亲王，改号曰庄。雍正元年正月薨，年七十有四。谥曰靖。无嗣。二次袭允禄，圣祖仁皇帝第十六子。[1]

《清世宗实录》卷四雍正元年二月庚申：

> 谕总理事务王大臣诸王大臣等："外间匪类，捏造流言，妄生议论，谓朕钟爱十六阿哥，令其承袭庄亲王王爵，承受其家产。朕为君上，多封诸弟数人为亲王，何所不可，而必藉承袭庄亲王以加厚于十六阿哥乎！"[2]

可见顺、康、雍时，庄亲王这一支近亲宗支，颇遭受不公正之待遇，改和硕承泽亲王封号为庄亲王，以康熙第十六子承袭庄亲王王爵、承受其家产，致流言议论不断。

毛奇龄所述"洪君昉思相传应庄亲王世子之请，作《长生殿》院本"，所谓"相传"，故意闪烁其词尔。邓之诚说"西河所谓庄王世子，不知何指"，所谓"庄亲王世子"，当是指硕塞子博果铎。不称承泽亲王而从其后改封之号称庄亲王，忌讳之也。洪昇应庄亲王世子之请，作《长生殿》院本，事在何年？博果铎当时年龄？

按洪昇《长生殿·自序》：

> 苟非怨艾之深，尚何证仙之与有。孔子删《书》而录《秦誓》，嘉其败而能悔，殆若是欤？第曲终难于奏雅，稍借月宫足成之。要之，广寒听

---

[1] 王锺翰点校：《清史列传》，第1册，中华书局，1987年，第57页。

[2] 《清实录》第7册，《世宗宪皇帝实录（一）》，中华书局，1985年，第97页。

曲之时，即游仙上升之日。双星作合，生忉利天，情缘总归虚幻。清夜闻钟，夫亦可以蘧然梦觉矣。康熙己未仲秋稗畦洪昇题于孤屿草堂①

洪昇《长生殿·例言》：

忆与严十定隔坐皋园，谈及开元天宝间事，偶感李白之遇，作《沉香亭》传奇。寻客燕台，亡友毛玉斯谓排场近熟，因去李白，入李泌辅肃宗中兴，更名《舞霓裳》，优伶皆久习之。后又念情之所钟在帝王家罕有，马嵬之变已违夙誓，而唐人有玉妃归蓬莱仙院、明皇游月宫之说，因合用之，专写钗盒情缘，以《长生殿》题名，诸同人颇赏之。乐人请是本演习，遂传于时。盖经十馀年，三易稿而始成，予可谓乐此不疲矣。史载杨妃多污乱事。予撰此剧，止按白居易《长恨歌》、陈鸿《长恨歌传》为之。而中间点染处，多采《天宝遗事》、《杨妃全传》。若一涉秽迹，恐妨风教，绝不阑入，览者有以知予之志也。②

徐麟《长生殿序》：

稗畦洪先生……尝作《舞霓裳》传奇，尽删太真秽事，予爱其深得风人之旨。岁戊辰，先生重取而更定之。③

《爱新觉罗宗谱》甲册"太宗文皇帝位下子孙"：

（硕塞）第一子庄靖亲王博果铎。（一子。）顺治七年庚寅三月二十二日丑时生，生母嫡福晋纳喇氏，议政大臣轻车都尉费扬古之女。顺治十二年六月，袭亲王，改号庄。雍正元年癸卯正月十一日寅时薨，年七十四岁。④

由上可知：第一，洪昇创作《长生殿》，从《沉香亭》到《舞霓裳》到《长生殿》，历时十馀年，三易其稿，第三次修改定稿时间，是在康熙二十七年戊辰（1688）。根据洪昇康熙十八年己未《长生殿·自序》"生忉利天，情缘总归虚幻"，以及《例言》"而唐人有玉妃归蓬莱仙院、明皇游月宫之说，因合用之，专写钗盒情缘，以《长生殿》题名"，可知康熙十八年己未

① 《长生殿传奇》康熙稗畦草堂刻本卷首，《续修四库全书》第1775册影印，上海古籍出版社，1995年，第633页。

② 《长生殿传奇》康熙稗畦草堂刻本卷首，《续修四库全书》第1775册影印，上海古籍出版社，1995年，第633页。

③ 《长生殿传奇》光绪十六年庚寅上海文瑞楼刊本卷首。

④ 《爱新觉罗宗谱》修谱处：《爱新觉罗宗谱》甲册，沈阳，1938年，学苑出版社，2008年影印本，第1942页。

（1679）当已经以《长生殿》题名。

第二，根据洪昇康熙十八年己未（1679）《长生殿·自序》述及"生忉利天，情缘总归虚幻"，此情节实为暗示顺治出家，可知洪昇"应庄亲王世子之请，作《长生殿》院本"，当是在康熙十八年之前。

第三，博果铎（1650－1723），硕塞嫡长子，顺治七年（1650）三月生，康熙十八年（1679）三十岁，早已熟知二十三年前顺治十一年（1654）家难，请洪昇作《长生殿》院本，潜在地以寿王妃被唐明皇所夺取，指硕塞妻被顺治帝所夺取，暗寓隐痛，是自然的事。

二、《长生殿》的微言之一：董小宛入清宫

洪昇《长生殿》传奇的基本内容，是用明白的语言，叙述和歌颂唐明皇杨贵妃悲欢离合、生死不渝之爱情。如《长生殿》第一出《传概》所述："今古情场，问谁个真心到底？""借太真外传谱新词，情而已。"① 这是明面的主题。同时，《长生殿》传奇包含着微言。第五十出《重圆》："【尾声】旧霓裳，新翻弄。唱与知音心自懂。"② "旧""翻新"，暗示《长生殿》含有以古喻今。"知音心自懂"，暗示《长生殿》含有微言。

微言就是隐藏的语言。中国经史子集中的微言作品，起自孔子作《春秋》，历经庄子、《史记》，成为中国诗自曹植、阮籍、陶渊明、庾信、李白、杜甫、辛弃疾到顾炎武、傅山、阎尔梅、《同人集》的一大传统，现在成为戏曲《长生殿》的重要内容。微言作品，是为了避祸，以微言艺术披露被政治压力和谎言所掩盖的现实真相。集部微言作品的主要艺术手段是用典，古典字面、今典实指，包括改变古典之情节，确指今典之真相。

洪昇《长生殿》微言的考察与认定，依据如下证据原则。第一，《长生殿》之细节、情节，为唐明皇杨贵妃古典所无，而为顺治帝董小宛今典所有。第二，《长生殿》之曲辞，系采用李天馥《古宫词》今典，暗指董皇贵妃即董白董小宛。第三，洪昇好友咏《长生殿》诗文有相关旁证。洪昇此诸好友李天馥、查慎行、赵执信、李孚青，均为康熙时翰林官，熟知清廷情况，非等闲人也。

1.《长生殿》创造杨贵妃原为宫女，暗指原为宫女的董皇贵妃

洪昇《长生殿》第二出《定情》：

（生扮唐明皇，引二内侍上）

---

① 《续修四库全书》第 1775 册影印清康熙稗畦草堂刻本，上海古籍出版社，1995年，第 635 页。

② 《续修四库全书》第 1775 册影印清康熙稗畦草堂刻本，上海古籍出版社，1995年，第 731 页。

朕乃大唐天宝皇帝是也。……近来机务馀闲，寄情声色。昨见宫女杨玉环，德性温和，丰姿秀丽，卜兹吉日，册为贵妃。①

关于《长生殿》杨贵妃出身之古典

《旧唐书》卷五十一《后妃列传上·玄宗杨贵妃传》："高祖令本，金州刺史。父玄琰，蜀州司户。妃早孤，养于叔父河南府士曹玄璬。开元……二十四年，惠妃薨，帝悼惜久之，后庭数千，无可意者，或奏玄琰女姿色冠代，宜蒙召见。时妃衣道士服，号曰太真，既进见，玄宗大悦。不期岁，礼遇如惠妃。……天宝初，进册贵妃。"

《新唐书》卷七十六《后妃列传上·玄宗贵妃杨氏传》："隋梁郡通守汪四世孙，徙籍蒲州，遂为永乐人。幼孤，养叔父家。始为寿王妃，开元二十四年武惠妃薨，后廷无当帝意者，或言妃姿质天挺，宜充掖廷，遂召内禁中，异之，即为自出妃意者，丐籍女官，号太真，更为寿王聘韦诏训女，而太真得幸，……仪体与皇后等。天宝初，进册贵妃。"

唐白居易《长恨歌》："汉皇重色思倾国，御宇多年求不得。杨家有女初长成，养在深闺人未识。天生丽质难自弃，一朝选在君王侧。"

陈鸿《长恨歌传》："时每岁十月，驾幸华清宫，内外命妇，熠耀景从，浴日馀波，赐以汤沐。春风灵液，澹荡其间，上心油然若有所遇，顾左右前后，粉色如土。诏高力士潜搜外宫，得弘农杨玄琰女于寿邸。"

宋乐史《杨太真外传》："杨贵妃小字玉环，弘农华阴人也。后徙居蒲州永乐之独头村。高祖令本，金州刺史；父玄琰，蜀州司户。贵妃生于蜀。……妃早孤，养于叔父河南府士曹玄璬家。开元二十三年十一月，归于寿邸。二十八年十月，玄宗幸温泉宫（自天宝六载十月，复改为华清宫），使高力士取杨氏女于寿邸，度为女道士，号太真，住内太真宫。天宝四载七月，册左卫中郎将韦昭训女配寿邸。是月，于凤凰园册太真宫女道士杨氏为贵妃，半后服用。"

元白朴《梧桐雨》第一折："（旦扮贵妃引宫娥上，云）妾身杨氏，弘农人也。父亲杨玄琰，为蜀州司户。开元二十二年，蒙恩选为寿王妃。开元二十八年八月十五日，乃主上圣节，妾身朝贺。圣上见妾貌类嫦娥，令高力士传旨度为女道士，住内太真宫，赐号太真。天宝四年，册封为贵妃，半后服用，宠幸殊甚。"

关于《长生殿》董皇贵妃之今典

顺治《御制（孝献庄和至德宣仁温惠端敬皇后）行状》：

---

① 《续修四库全书》第 1775 册影印清康熙稗畦草堂刻本，上海古籍出版社，1995年，第 635 页。

后董氏，满洲人也，父内大臣鄂硕。……年十八，以德选入掖庭。……于顺治十三年八月，朕恭承懿命，立为贤妃。九月，复进秩，册为皇贵妃。①

金之俊《奉敕撰孝献庄和至德宣仁温惠端敬皇后传有序并附论》：

孝献庄和至德宣仁温惠端敬皇后姓董氏，满洲人也，父内大臣鄂硕……年十八，以德选入掖庭。……于顺治十三年八月内，恭承懿命，立为贤妃。……寻于是年九月，册为皇贵妃。②

案：第一，正史诗歌小说戏剧两《唐书》、白居易《长恨歌》、陈鸿《长恨歌传》、宋乐史《杨太真外传》、元白朴《梧桐雨》，言杨贵妃原为女道士、或寿王妃、或杨家女，均无杨贵妃曾为宫女之情节。

第二，顺治《御制行状》述董皇贵妃"年十八，以德选入掖庭"，即先为宫女。

第三，《长生殿》中唐明皇宾白（道白）"昨见宫女杨玉环"，创造杨贵妃原为宫女之情节，正是暗指原为宫女的董皇贵妃。

2. 《长生殿》创造唐明皇宣称"妃子世胄名家"，掩盖杨贵妃自述"寒门陋质"，暗指清世祖假托董皇贵妃为内大臣鄂硕之女，掩盖其真实出身

洪昇《长生殿》第二出《定情》：

（旦扮杨贵妃上。）

（旦进，拜介）臣妾贵妃杨玉环见驾，愿吾皇万岁！（内侍）平身。（旦）臣妾寒门陋质，充选掖庭，忽闻宠命之加，不胜陨越之惧。（生）妃子世胄名家，德容兼备。取供内职，深惬朕心。③

案：第一，正史诗歌小说戏剧均无杨贵妃自述"臣妾寒门陋质"，唐明皇称之为"妃子世胄名家"之情节。

第二，《长生殿》创造唐明皇宣称"妃子世胄名家"，掩盖杨贵妃自述"寒门陋质"之情节，乃是暗指清世祖假托董皇贵妃为内大臣鄂硕之女，掩盖

---

① 顺治：《御制（孝献庄和至德宣仁温惠端敬皇后）行状》，吴昌绶辑《松邻丛书甲编》，仁和吴氏双照楼丁巳（1917 年）刻本，叶 1A－B，首都师范大学图书馆藏，索书号：PG/083/437。

② 清金之俊：《金文通公集》卷八，《四库全书存目丛书补编》第五六册影康熙刻本，齐鲁书社，2001 年，第 168 页。

③ 《续修四库全书》第 1775 册影印清康熙稗畦草堂刻本，上海古籍出版社，1995 年，第 635－636 页。

其真实出身。

吴梅村《清凉山赞佛诗》其二述顺治董皇贵妃丧仪："只愁许史辈，急泪难时得。"诗言董皇贵妃非鄂硕女，乃是清廷假托董皇贵妃为鄂硕女，故董皇贵妃死，隆重的丧仪上，鄂硕哭不出泪。吴梅村诗"只愁许史辈，急泪难时得"，与《长生殿》"臣妾寒门陋质"，"妃子世胄名家"，是异曲同工。

晚唐李商隐《龙池》诗云："龙池赐酒敞云屏，羯鼓声高众乐停。夜半宴归宫漏永，薛王沉醉寿王醒。"可见唐人熟知杨贵妃曾为寿王妃之经历。

正如唐人熟知唐明皇杨贵妃曾为寿王妃之经历，顺康间人亦熟知清世祖董皇贵妃曾为和硕承泽亲王（其后人改封庄亲王）硕塞（庶）福晋。

李天馥《古宫词一百二十首集唐》，是康熙四年为哀悼顺治董皇后所作。李天馥《古宫词》其一百一"夜半雁归宫漏永"，用李商隐《龙池》"夜半宴归宫漏永，薛王沉醉寿王醒"之上句（仅易一字"宴"为"雁"），乃是用歇后式修辞法，暗用其下句"薛王沉醉寿王醒"，借唐玄宗夺寿王妃杨玉环，指清世祖夺和硕承泽亲王硕塞妻董小宛。由此可见，李天馥《古宫词》早已为《长生殿》导夫先路。

3.《长生殿》用李天馥《古宫词·小引》警句今典，暗示杨贵妃指董皇贵妃

李天馥与洪昇之关系，类似座主与门生，但是感情深厚非同寻常。洪昇《旅次述怀呈学士李容斋先生》："茫茫六合间，睠顾谁知己。朝有贤公卿，合肥李夫子。殷然吐握怀，愿尽天下士。升也入长安，栖遑靡所依。投公一编诗，览罢辗然喜。揄扬多过情，光价顿增美。""情专爱无倦，高馆延我住。出则后车载，食则四簋具。往往坐宵分，篝灯论词赋。恩遇日以深，漂蓬忘流寓。只缘脱略性，苦被时俗妒。赖公砥中流，直道屡周护。""回思谒公时，数语真绸缪。谓子富诗卷，令名足千秋。何须博世荣，区区为身谋。誓当佩明训，努力励前修。三复长叹息，感激涕泗流。"[1] 足见李天馥对洪昇知遇之恩至深，洪昇对李天馥感佩之情亦至深。

洪昇《长生殿》第二出《定情》：

> 【大石过曲·念奴娇序】（生扮唐明皇）寰区万里，遍征求窈窕，谁堪领袖嫔墙？佳丽今朝、天付与，端的绝世无双。思想，擅宠瑶宫，褒封玉册，三千粉黛总甘让。

---

① 清洪昇著，刘辉校笺：《洪昇集》，浙江古籍出版社，1992年，第198页。据章培恒所考，洪昇此诗作于康熙十三年（1674），见章培恒《洪昇年谱》，上海古籍出版社，1979年，第137－140页。

【前腔】（换头）（宫女）欢赏，借问从此宫中，阿谁第一？似赵家飞燕在昭阳。①

李天馥《古宫词一百二十首集唐·小引》：

况昭阳殿里，八百无双；长信宫中，三千第一。

案：《古宫词·小引》此四句乃是警句，含有三点意思：第一，以居昭阳殿之汉成帝皇后赵飞燕，指居承乾宫之顺治董皇后；以居长信宫之汉元帝孝元王皇后即成帝之母，指居慈宁宫之清太宗孝庄文皇后即世祖之母。第二，如赵皇后美貌为汉宫第一，董皇后美貌亦为清宫无双。第三，董皇后与顺治帝之遇合，与孝庄太后有关。

《古宫词·小引》此四句警句，除"长信宫中"一句指董小宛入侍孝庄太后，意较明显而未用外，《长生殿》第二出《定情》【大石过曲·念奴娇序】全用之。《长生殿》"端的绝世无双"，是用《古宫词·小引》"八百无双"；《长生殿》"三千粉黛总甘让"，"借问从此宫中，阿谁第一"，是用《古宫词·小引》"三千第一"；《长生殿》"似赵家飞燕在昭阳"，是用《古宫词·小引》"况昭阳殿里"。洪昇此是告诉知音，《长生殿》此是用《古宫词》之今典，《长生殿》与《古宫词》一样，隐藏的主人公是顺治董皇贵妃。

4.《长生殿》以五出戏用李天馥《古宫词》梨花今典，暗示董皇贵妃即董白董小宛

《长生殿》第二十五出《埋玉》：

（旦看介）唉，罢、罢，这一株梨树，是我杨玉环结果之处了。
（丑扮高力士）今朝命绝梨花，梨花。②

第三十七出《尸解》：

（魂旦上）【玉芙蓉】对着这一株靠檐梨树幽，（坐地泣介）【渔家傲】这是我断香零玉沉埋处。③

第三十八出《弹词》：

---

① 《续修四库全书》第 1775 册影印清康熙稗畦草堂刻本，上海古籍出版社，1995年，第 636 页。

② 《续修四库全书》第 1775 册影印清康熙稗畦草堂刻本，上海古籍出版社，1995年，第 681 页。

③ 《续修四库全书》第 1775 册影印清康熙稗畦草堂刻本，上海古籍出版社，1995年，第 703 页。

（末白须扮李龟年弹唱科）【七转】莽天涯谁吊梨花谢！可怜那抱幽怨的孤魂，只伴着呜咽咽的望帝悲声啼夜月。①

第四十三出《改葬》：

（生引二内侍上）

待朕亲临迁葬，因此驻跸马嵬驿中。（泪介）对着这佛堂梨树，好凄惨人也！

【商调过曲·山坡羊】恨悠悠江山如故，痛生生游魂血污。冷清清佛堂半间，绿阴阴一本梨花树。②

第五十出《重圆》：

（旦扮杨玉妃）【姐姐带五马】【好姐姐】是妾孽深命蹇，遭磨障，累君几不免。梨花玉殒，断魂随杜鹃。③

古典

唐李肇《唐国史补》："玄宗幸蜀，至马嵬驿，命高力士缢贵妃于佛堂前梨树下。"④

白居易《长恨歌》："玉容寂寞泪阑干，梨花一枝春带雨。"

今典

冒辟疆《影梅庵忆语·序》曰："亡妾董氏，原名白，字小宛，复字青莲。"⑤

李天馥《古宫词一百二十首集唐》其五："满地梨花昨夜风。"

其十四："东风满地是梨花。"

其十七："门掩梨花日影长。"

其四十一："梨花满地不开门。"

其七十："雨里梨花寂寞开。"

---

① 《续修四库全书》第 1775 册影印清康熙稗畦草堂刻本，上海古籍出版社，1995 年，第 707 页。

② 《续修四库全书》第 1775 册影印清康熙稗畦草堂刻本，上海古籍出版社，1995 年，第 714 页。

③ 《续修四库全书》第 1775 册影印清康熙稗畦草堂刻本，上海古籍出版社，1995 年，第 730 页。

④ 唐李肇等撰：《唐国史补 因话录》，上海古籍出版社，1979 年，第 19 页。

⑤ 明冒襄辑，明张明弼、杜濬评辑：《朴巢文选》附《影梅庵忆语》，叶 1A，清初刻本，国家图书馆古籍馆善本阅览室藏，索取号：SB01788。

案：梨花色白。南朝陈阴铿名句曰："柳色黄金嫩，梨花白雪香。"① 李白《宫中行乐词八首（奉诏作五言）》之二全用之。冒辟疆《影梅庵忆语·序》："董氏，原名白，字小宛，复字青莲。"《古宫词》"梨花"句凡五见，盖以梨花色白，皆暗指董小宛之名白，本诗主人公顺治董皇后即董白董小宛。

陈寅恪《柳如是别传》："明末人作诗词，往往喜用本人或对方或有关之他人姓氏，明着或暗藏于字句之中。斯殆当时之风气如此，后来不甚多见者也。"② 当清初诗人吴梅村、李天馥作诗述及董小宛入清宫之事时，完整地暗示出主人公小宛之姓名、小字，不仅是当时风气使然，而且是为了指事确切和隐藏避祸。

《长生殿》以五出戏用梨花象征杨贵妃，既是用李肇《唐国史补》"缢贵妃于佛堂前梨树下"，及白居易《长恨歌》"梨花一枝春带雨"之古典；同时，亦是用李天馥《古宫词》五次咏梨花，借梨花色白暗指顺治董皇后之名白，确指顺治董皇后即董白董小宛之今典。洪昇此是告诉知音，《长生殿》与《古宫词》一样，隐藏的主人公董皇贵妃即董白董小宛。

5. 《长生殿》"小步无人见"，暗指董小宛本为小脚

洪昇《长生殿》第三十六出《看袜》：

> （小生扮李謩）【驻云飞】你看薄衬香绵，似一朵仙云轻又软。昔在黄金殿，小步无人见。怜今日酒垆边，等闲携展。③

案："小步"，指小脚女子小步走路，宋元明戏曲常用语。《永乐大典戏文三种·张协状元》第十六出："先来是我脚儿小、步三寸莲。"元施惠《拜月亭记》第十九出《隆遇瑞兰》："（旦）鞋弓袜小步难移。"明张四维《双烈记》第十出《勉承》："（旦上）【鹊桥仙】起来小步立天街。"

《长生殿》第三十六出《看袜》"小步无人见"，与李天馥《古宫词》其六十二"不踏金莲不肯来"，皆暗指董小宛本为小脚，与清宫满洲妇女天脚不同。

高阳已指出，《长生殿》第四出《春睡》唱腔："'低蹴半弯凌波'。凌波

---

① 宋姚宽《西溪丛语》卷下："如'柳色黄金嫩，梨花白雪香'，乃阴铿诗也。"宋王明清《挥麈馀话》卷一："'柳色黄金嫩，梨花白雪香'，阴铿诗也，李太白取用之。"

② 陈寅恪：《柳如是别传》第二章《河东君最初姓氏名字之推测及附带问题》，上册，生活·读书·新知三联书店，2001年，第16页。

③ 《续修四库全书》第1775册影印清康熙稗畦草堂刻本，上海古籍出版社，1995年，第701页。

见'洛神赋',但'半弯'则只能形容缠足","非唐人所有"。①

6. 《长生殿》"死生无见期",用《古宫词》"一世生离恨有馀"今典，暗指董小宛与本夫生离，乃是"绝代佳人绝代冤"、"千秋第一冤祸奇"

洪昇《长生殿》第三十六出《看袜》：

> （小生扮李謩）【驻云飞】你看薄衬香绵，似一朵仙云轻又软。昔在黄金殿，小步无人见。怜今日酒垆边，等闲携展。只见线迹针痕，都砌就伤心怨。可惜了绝代佳人绝代冤，空留得千古芳踪千古传。②

第四十四出《丛合》：

> （小生扮牵牛）【南吕过曲·香遍满】佳人绝世，千秋第一冤祸奇。把无限绸缪轻抛弃，可怜非得已。死生无见期。空留万种悲，枉罚下多情誓。③

李天馥《古宫词》其一百十九：

> 一世生离恨有馀，晨妆独捧紫泥书。岂知为雨为云意，玉案傍边立起居。

案：第一，《古宫词》"一世生离恨有馀"，明言本诗女主人公即董皇后与本夫一世生离死别抱恨无尽，暗指董小宛从家中被清兵抢走。

第二，《长生殿》"死生无见期"，是用《古宫词》"一世生离恨有馀"之今典，暗指董皇贵妃与本夫一辈子生离死别，即暗指董小宛从家中被清兵抢走。

第三，《长生殿》"可惜了绝代佳人绝代冤，空留得千古芳踪千古传"，"佳人绝世，千秋第一冤祸奇，把无限绸缪轻抛弃，可怜非得已。死生无见期"，字面是说杨贵妃马嵬驿之死，实际暗指董小宛被清兵抢走，乃是"绝代佳人绝代冤"、"千秋第一冤祸奇"。

李天馥《古宫词》，是《长生殿》董小宛入清宫微言的重要的今典资源。

三、《长生殿》的微言之二：顺治出家

《长生殿》第二大微言，是以上皇出宫，暗指顺治出家。上皇出宫一大情

---

① 高阳：《再生香 醉蓬莱》，黄山书社，2008 年，第 187－188 页。

② 《续修四库全书》第 1775 册影印清康熙稗畦草堂刻本，上海古籍出版社，1995 年，第 701 页。

③ 《续修四库全书》第 1775 册影印清康熙稗畦草堂刻本，上海古籍出版社，1995 年，第 716 页。

节，为唐明皇杨贵妃古典所没有，是洪昇《长生殿》所创造，这是明明白白的事。

1. 《长生殿》之东华门：点明《长生殿》是写清朝

《长生殿》第四十六出《觅魂》：

> （净扮道士，小生、贴扮道童，执幡引上）
>
> 临邛道士鸿都客，能以精诚致魂魄。为感君王辗转思，便教遍处殷勤觅。贫道杨通幽是也。籍隶丹台，名登紫箓。呼风掣电，御气天门。摄鬼招魂，游神地府。只为太上皇帝思念杨妃，遍访异人召魂相见，俺因此应诏而来，太上皇十分欢喜，诏于东华门内，依科行法，已曾结就法坛，今晚登坛宣召。童儿，随我到坛上去来。（童捧剑、水同行科）①

"太上皇诏于东华门内结就法坛"：

案：据唐代文献以及清徐松《唐两京城坊考》，唐代长安城包括宫城并无东华门。

清于敏中《日下旧闻考》卷十《国朝宫室二》：

> 紫禁城四门，南即午门，北曰神武，东曰东华，西曰西华。②

东华门是清代北京宫城紫禁城东门，今北京故宫东华门仍在。东华门为唐朝长安城包括宫城所无，而为清朝北京紫禁城所有，由此可见，《长生殿》写临邛道士奉诏在东华门内设坛为杨贵妃招魂之情节，乃是点明《长生殿》明写唐朝暗指清朝的一针见血之笔。这正是高阳所说"是借地点而别有所指的手法"③。

李天馥《古宫词一百二十首集唐》，整体是微言诗，但是其中"薄命曾嫌富贵家"、"一世生离恨有馀"等诗句，则是明言。洪昇《长生殿》，整体是微言戏剧，但是其中东华门之地点，则是明言。中国微言作品，虽然整体是微言，但是其中可能包含关键的细节部分的明言，起到画龙点睛或一针见血的作用。

2. 《长生殿》以"上皇出宫"暗指上皇出家

《长生殿·例言》：

> 唐人有玉妃归蓬莱仙院、明皇游月宫之说，因合用之。

---

① 《续修四库全书》第 1775 册影印清康熙稗畦草堂刻本，上海古籍出版社，1995 年，第 720 页。

② 清于敏中等编纂：《日下旧闻考》，北京古籍出版社，1985 年，第 142 页。

③ 高阳：《清世祖、董小宛与唐玄宗、杨玉环》，《再生香 醉蓬莱》，黄山书社，2008 年，第 187 页。

《长生殿》第五十出《重圆》：

（净扮道士上）

贫道杨通幽，前出元神，在于蓬莱。蒙玉妃面嘱，中秋之夕，引上皇到月宫相会。上皇原是孔升真人，今夜八月十五，数合飞升。此时黄昏以后，你看碧天如水，银汉无尘，正好引上皇前去。道犹未了，上皇出宫来也。（生上）……

（净）夜色已深，就请同行。（行介）（净）明月在何许？挥手上青天。（生）不知天上宫阙，今夕是何年？（净）我欲乘风归去，只恐琼楼玉宇，高处不胜寒。（合）起舞弄清影，何似在人间。（生）仙师，天路迢遥，怎生飞渡？（净）上皇，不必忧心。待贫道将手中拂子，掷作仙桥，引到月宫便了。（掷拂子化桥下）（生）你看，一道仙桥从空现出。仙师忽然不见，只得独自上桥而行。①

古典

《太平广记》卷二十二《神仙二十二·罗公远》：

开元中，中秋望夜，时玄宗于宫中玩月。公远奏曰："陛下莫要至月中看否？"乃取拄杖向空掷之，化为大桥，其色如银，请玄宗同登。约行数十里，精光夺目，寒色侵人，遂至大城阙，公远曰："此月宫也。"见仙女数百，皆素练霓衣，舞于广庭，玄宗问曰："此何曲也？"曰："《霓裳羽衣》也。"玄宗密记其声调，遂回，却顾其桥，随步而灭。（出《神仙感遇传》及《仙传拾遗》、《逸史》等书）

《太平广记》卷二十六《神仙二十六·叶法善》：

开元初，正月望夜，玄宗移仗于上阳宫以观灯。尚方匠毛顺心结构彩楼三十馀间，金翠珠玉，间厕其内，楼高百五十尺，微风所触，锵然成韵，以灯为龙凤螭豹腾踯之状，似非人力。玄宗见大悦，促召师观于楼下，人莫知之。师曰："灯火之盛，固无比矣，然西凉府今夕之灯，不亚于此。"玄宗曰："师顷尝游乎？"曰："适自彼来，便蒙急召。"玄宗异其言曰："今欲一往，得乎？"曰："此易耳。"于是令玄宗闭目，约曰："必不得妄视，若误有所视，必有非常惊骇。"如其言，闭目距跃，已在霄汉，俄而足已及地，曰："可以观矣。"既观灯火连亘数十里，车马骈阗，士女纷委，玄宗称其盛者久之，乃请回，复闭目腾空而上，顷之已在楼下。

---

① 《续修四库全书》第 1775 册影印清康熙稗畦草堂刻本，上海古籍出版社，1995年，第 728－730 页。

又尝因八月望夜，师与玄宗游月宫，聆月中天乐，问其曲，名曰《紫云曲》。玄宗素晓音律，默记其声，归传其音，名之曰《霓裳羽衣》。自月宫还过潞州城上，俯视城郭悄然，而月光如昼。（出《集异记》及《仙传拾遗》）

案：第一，《长生殿》结尾临邛道士接引上皇出宫、升月，乃是有关唐明皇杨贵妃故事的史书诗歌小说戏剧从未有过之情节，而为洪昇借鉴唐人小说叙述开元中唐明皇飞升游月宫故事，移植于《长生殿》叙述天宝后唐明皇杨贵妃故事之创造。

第二，唐杜光庭小说《神仙感遇传》及《仙传拾遗》、《逸史》等书，叙述唐玄宗同罗公远游月宫，飞升出发点、回归点均为"宫中"。唐薛用弱小说《集异记》及《仙传拾遗》，叙述唐玄宗与叶法善飞升游西凉府，飞升出发点、回归点均为"上阳宫彩楼下"，叙述唐玄宗与叶法善飞升游月宫，虽然未述及飞升出发点、回归点，但是已可根据前两个故事确定为"宫中"。

第三，《长生殿》"上皇出宫来也"，乃是洪昇匠心独运、画龙点睛之独创。按《长生殿》可以安排临邛道士入宫在东华门内设坛为杨贵妃招魂，安排临邛道士入宫接引上皇升月又有何不可？何必画蛇添足？由此可见，《长生殿》临邛道士接引上皇出宫、升月，意在特地点明"上皇出宫"。

"上皇出宫"：宫，宫阙、宫城，乃是帝王之家。《吕氏春秋·知度》："古之王者……择国之中而立宫。"汉陈琳《为袁绍檄豫州》"宫阙"《六臣注文选》卷四十四唐吕向注："宫阙，天子所居也。"宋杨太后《宫词》："五云深护帝王家。"明金椿《登重华岩》："凤城宫阙帝王家。"周清原《西湖二集·宿宫嫔情殢新人》："帝王家宫阙。"

宫城乃是帝王之家，故"出宫"二字，暗指皇帝出家。

在古今汉语中，出家一词，具有两个意思：

1. 离开家（广义）。《礼记·大学》："故君子不出家而成教于国。"

2. 离开家到寺庙、道观里为僧尼、道士，成为宗教徒（狭义）。晋佛陀跋陀罗共法显译《摩诃僧祇律》卷一："思惟佛法，出家甚为大。"清艾衲居士《豆棚闲话》第十二则《陈斋长论地谈天》："佛经云：西方有净善国，生太子名佛，娶妻耶陀氏，生子摩睺罗，后出家十二年得道成佛。"

在《长生殿》剧本中，"出宫"二字出现五次，其馀四处是：

1. 第八出《献发》：（副净急上）天有不测风云，人有旦夕祸福。下官杨国忠，自从妹子册立贵妃，权势日盛。不想今早忽传贵妃忤旨，被谪出宫。①

2. 第八出《献发》：（旦引梅香上）【中吕引子·行香子】乍出宫门，未定惊魂。②

3. 第三十七出《尸解》：（魂旦上）我杨玉环鬼魂［重游兴庆宫］，……方才门神说，上皇犹在蜀中。不免闪出宫门，到渭桥之上，一望西川则个。③

4. 第三十九出《私祭》：（老旦）吾乃天宝旧宫人永新是也。与念奴妹子，逃难出宫，直至金陵，在女贞观中做了女道士。④

案：《长生殿》剧本"出宫"二字出现五次，以上四例皆用于贵妃、宫女，贵妃、宫女亦以宫为家，故贵妃、宫女"出宫"即是"出家"。其中第八出《献发》（两次）、第三十七折《尸解》用"出宫"，是广义的"出宫"、"出家"。第三十八出《弹词》宫人永新、念奴"逃难出宫""做了女道士"，则是从广义的"出宫"成为了狭义的"出宫"、"出家"，具有诠释本剧"上皇出宫"微言的作用。

由上可知，《长生殿》第五十出《重圆》"上皇出宫来也"，乃是以广义的"出宫"、"出家"，暗指狭义的"出宫"、"出家"，亦即是以唐明皇之出宫，暗示清世祖之出家为僧。

按《清世祖实录》卷一百四十四顺治十八年辛丑春正月："丁巳（初七日），夜子刻，上崩于养心殿。"⑤《清圣祖实录》卷一顺治十八年正月己未（初九日）："上即皇帝位。"⑥ 当顺治十八年正月初七日夜清廷宣布"上崩"，顺治乃是假死，初九日康熙即位，无论顺治出宫往五台山是在何日，自其假死之时起，实即身为上皇矣。

《长生殿》写唐明皇是为了忠于爱情而出宫升月，正暗示清世祖是为了忠于爱情而出家为僧。

---

① 《续修四库全书》第 1775 册影印清康熙稗畦草堂刻本，上海古籍出版社，1995年，第 645 页。

② 《续修四库全书》第 1775 册影印清康熙稗畦草堂刻本，上海古籍出版社，1995年，第 646 页。

③ 《续修四库全书》第 1775 册影印清康熙稗畦草堂刻本，上海古籍出版社，1995年，第 702 页。

④ 《续修四库全书》第 1775 册影印清康熙稗畦草堂刻本，上海古籍出版社，1995年，第 708 – 709 页。

⑤ 《清实录》第 3 册，《世祖章皇帝实录》，中华书局，1985 年，第 1105 页。

⑥ 《清实录》第 4 册，《圣祖仁皇帝实录（一）》，中华书局，1985 年，第 41 页。

毋庸讳言，康熙二十七年（1688）《长生殿》通过唐明皇暗指顺治帝，对顺治帝的态度，是以同情、肯定其忠于爱情和出家为主。此与顺治十八年（1661）后吴梅村《清凉山赞佛诗》相一致。

顺康间士人对多尔衮、顺治劫夺人妻的强烈贬斥的态度，与对顺治帝忠于爱情和出家的同情、肯定的态度，是并存的。究其原因，实际在于从董小宛入清宫，到顺治出家，事情的性质，发生了从违背人类价值观，到符合人类价值观的变化。

3. 《长生殿》以唐明皇居忉利天宫，暗指顺治出家佛寺

《长生殿》第四十七出《补恨》：

> （贴扮织女）我当上奏天庭，使你两人世居忉利天中，永远成双，以补从前离别之恨。①

第五十出《重圆》：

> （贴）"玉帝敕谕：唐皇李隆基、贵妃杨玉环……鉴尔情深，命居忉利天宫，永为夫妇。"②
>
> 【三月海棠】忉利天，看红尘碧海须臾变。③
>
> （贴）送孔升真人同玉妃，到忉利天宫去。
>
> 【黄钟过曲·永团圆】神仙本是多情种，蓬山远，有情通。情根历劫无生死，看到底终相共。尘缘倥偬，忉利有天情更永。④

案：《长生殿》结尾叙述唐明皇杨贵妃重圆居住"忉利天"、"忉利天宫"，亦是唐明皇杨贵妃故事传统所无有的创造。"忉利天"、"忉利天宫"，为佛教所言三十三天。唐于阗国三藏沙门实叉难陀译《地藏菩萨本愿经》卷上《忉利天宫神通品第一》："如是我闻。一时佛在忉利天，为母说法。"⑤

"忉利天"、"忉利天宫"：在中国文学作品中常代指佛寺。《文苑英华》卷

---

① 《续修四库全书》第 1775 册影印清康熙稗畦草堂刻本，上海古籍出版社，1995年，第 725 页。

② 《续修四库全书》第 1775 册影印清康熙稗畦草堂刻本，上海古籍出版社，1995年，第 730 页。

③ 《续修四库全书》第 1775 册影印清康熙稗畦草堂刻本，上海古籍出版社，1995年，第 730 页。

④ 《续修四库全书》第 1775 册影印清康熙稗畦草堂刻本，上海古籍出版社，1995年，第 731 页。

⑤ ［日本］高楠顺次郎等辑：《大正新修大藏经》，第 13 册，东京大正一切经刊行会，大正十三年至昭和九年（1924－1934），第 777 页。

八五五唐李峤《宣州大云寺碑》："茫茫净界，宛如忉利之天。"白居易《夜从法王寺下归岳寺》："似从忉利下，如过剑门中。"明沈德符《万历野获编》卷二七《京师敕建寺》："予再游万寿时，正值寺衲为主上祝厘，其梵呗者几千人，声如海潮音……此身真在忉利天宫也。"《四部丛刊》本嘉庆《大清一统志》卷一五一《代州·寺观·栖贤寺》："在五台县东北东台西南栖贤谷"，"高宗纯皇帝有御制栖贤寺诗，御书额二，曰：'是忉利天'"。

《长生殿》结尾叙述唐明皇杨贵妃重圆居住忉利天、忉利天宫，多达五次，正是使用中国文学忉利天、忉利天宫指佛寺之传统典故，反复暗示顺治出家佛寺。

吴梅村《清凉山赞佛诗》其三：

> 中坐一天人，吐气如栴檀。寄语汉皇帝，何苦留人间。

案：吴梅村《清凉山赞佛诗》"何苦留人间"，典出《文苑英华》卷七百九十四陈鸿《长恨歌传》："（玉妃）因言：'太上皇亦不久人间，幸惟自安，无自苦耳。"《清凉山赞佛诗》此四句，借天人寄语奉劝顺治升仙，暗指顺治将要出家。《长生殿》以唐明皇居住忉利天、暗指顺治出家，可以说是用吴梅村《清凉山赞佛诗》以顺治升仙暗指顺治出家之今典。

4. 《长生殿》用佛教教义叙述唐明皇居忉利天，暗示顺治出家为僧

《长生殿》第五十出《重圆》：

> 【黄钟过曲·永团圆】神仙本是多情种，蓬山远，有情通。情根历劫无生死，看到底终相共。尘缘倥偬，忉利有天情更永。不比凡间梦，悲欢和哄，恩与爱总成空。跳出痴迷洞，割断相思鞚；金枷脱，玉锁松。笑骑双飞凤，潇洒到天宫。①

案：《长生殿》结尾使用佛教教义叙述唐明皇居忉利天，更是唐明皇杨贵妃故事传统所无有的创造。

"痴迷"：佛家语，指痴心迷失于理，执着于烦恼。唐实叉难陀译《大方广佛华严经》卷五十一《如来出现品第三十七之二》："此诸众生，云何具有如来智慧，愚痴迷惑，不知不见？我当教以圣道，令其永离妄想执着，自于身中得见如来广大智慧，与佛无异。"隋释智顗《摩诃止观》卷五上："以痴迷故，法性变作无明，起诸颠倒，善不善等。"《六祖大师法宝坛经·忏悔第六》："既有正见，使般若智打破愚痴迷妄，众生各各自度，邪来正度，迷来

---

① 《续修四库全书》第 1775 册影印清康熙稗畦草堂刻本，上海古籍出版社，1995年，第 731 页。

悟度，愚来智度，恶来善度。"

"跳出"：佛家语，指跳出无明烦恼、跳出红尘。宋释宗晓《乐邦文类》卷五北山法师可旻《讚净土·渔家傲·理性本来长自在》："除贪爱，刹那跳出娑婆界。"明瞿汝稷《指月录》卷十八《六祖下第六世·抚州曹山本寂禅师》："跳出无明三毒，便可以向枯木上生花，寒岩中吹律。"明圆极居顶《续传灯录》卷二十一《大鉴下第十四世·佛印宣明禅师法嗣》："无为无事人，跳出红尘外。"

"割断"：佛家语，指用般若智慧，割断烦恼之束缚。北凉昙无谶译《金光明经》卷一《忏悔品第三》："若诸众生，三有系缚，生死罗网，弥密坚固，愿以智刀，割断破裂，除诸苦恼，早成菩提。"五代释延寿《宗镜录》卷十五："何谓内智，自觉无明，割断烦恼，心意寂静，灭无有馀。"

"金枷"、"玉锁"：佛家语，指世间名利之桎梏。宋释普济《五灯会元》卷十四《青原下十二世·大洪恩禅师法嗣·随州大洪守遂禅师》："争奈有五色丝绦系手脚，三鬛金锁锁咽喉，直饶锤碎金锁，割断丝绦。"元马致远《三度任风子杂剧》第二折："（正末云）儿女是金枷玉锁，欢喜冤家。""（丹阳云）任屠，你坚心要出家么？（正末云）情愿与师父做个徒弟。"明毛晋《六十种曲·狮吼记》第四出《住锡》："外扮佛印禅师持锡上。【甘州歌】只因迷宿本，似飞蛾投焰，自取焚身。杀人鸩毒，最是骷髅红粉。金枷玉锁何时脱，蝇利蜗名镇日奔。"

"痴迷洞"之"洞"，"相思鞚"之"鞚"（马笼头），和"金枷玉锁"一样，均是象喻愚痴迷妄之束缚。

《长生殿》第五十出《重圆》"跳出痴迷洞，割断相思鞚；金枷脱，玉锁松。笑骑双飞凤，潇洒到天宫"，使用佛教教义，表示跳出烦恼、跳出红尘，割断烦恼束缚，解脱世间名利桎梏，实与重圆之爱情主题相脱离，乃是暗示顺治出家为僧。其中"割断相思鞚"一句，贴切顺治出家是为了割断对董皇后回天乏术之相思。虽云暗示，几乎已是明言矣。

洪昇《长生殿·自序》：

> 苟非怨艾之深，尚何证仙之与有。孔子删《书》而录《秦誓》，嘉其败而能悔，殆若是欤？第曲终难于奏雅，稍借月宫足成之。要之广寒听曲之时，即游仙上升之日。双星作合，生忉利天，情缘总归虚幻。清夜闻钟，夫亦可以蘧然梦觉矣。[1]

------

[1] 《长生殿传奇》康熙稗畦草堂刻本卷首，《续修四库全书》第 1775 册影印，上海古籍出版社，1995 年，第 633 页。

"游仙上升"，"生忉利天"，指顺治出家。"嘉其败而能悔"，当是指出顺治出家之动机是由于"悔"。"情缘总归虚幻，清夜闻钟，夫亦可以蘧然梦觉"，则是指出顺治既然出家，则已将从前之情缘归于虚幻矣。佛寺闻钟，已然梦觉。

《长生殿》明言唐明皇生死不渝之爱情，微言顺治皇帝为忠于爱情而出家。唐明皇生死不渝之爱情，与顺治皇帝为忠于爱情而出家，二者具有一致性，因此，《长生殿》的明言与微言水乳交融，几乎无迹可求，达到极高的艺术成就。这是洪昇以传奇戏剧形式，对中国微言文学所作出的重大发展与贡献。

四、李天馥、查慎行、赵执信、李孚青诗：《长生殿》触犯大忌，暗指董小宛入清宫、顺治出家

1. 李天馥诗：演《长生殿》案的祸因，是触犯了康熙皇帝不能明言的大忌

《康熙起居注》康熙二十八年十月初十日癸酉："辰时，上御乾清门听政，部院各衙门官员面奏毕。大学士伊桑阿、阿兰泰、王熙、梁清标、徐元文，学士凯音布、朱都纳、彭孙遹、迈图、郭世隆、西安、顾泗、博济、王国昌以折本请旨：吏部题覆，给事中黄六鸿所参赞善赵执信、候补知府翁世庸等，值皇后之丧未满百日，即在候选县丞洪昇寓所，与书办同席观剧饮酒，大玷官箴，俱应革职。其所参候补侍讲学士朱典常斗马吊，并无实据，应毋庸议。上曰：'赵执信着革职。朱典问伊衙门学士等，据云人品学问俱属平常，着休致回籍。'"①

赵执信《因园集》卷十二雍正九年辛亥（1731）《怀旧诗十首人各一小传以相识之岁月为先后·钱塘洪昇昉思》："不时演唱，观者如云，而言者独劾余。余至考功，一身任之，褫还田里。坐客皆得免，昉思亦被逐归。"②

查慎行《敬业堂诗集》卷十一《竿木集》（题下自注：起己巳十月，尽庚午二月）《送赵秋谷宫坊罢官归益都四首》题下自注："时秋谷与余同被吏议。"③

毛奇龄《长生殿院本序》："暨予出国门，相传应庄亲王世子之请，取唐人《长恨歌》事作《长生殿》院本。一时勾栏多演之。越一年，有言日下新闻者，谓长安邸第，每以演《长生殿》曲，为见者所恶。会国恤止乐，其在京朝官大红小红已浃日，而纤练未除。言官谓遏密读曲大不敬，赖圣明宽之，

---

① 《康熙起居注》第 2 册，中华书局，1984 年，第 1906 页。此条重要文献最先为陈汝洁《从〈康熙起居注〉看"〈长生殿〉案"》所使用。

② 《景印文渊阁四库全书》第 1325 册，台湾商务印书馆股份有限公司，1986 年，第 419 页。

③ 清查慎行：《敬业堂诗集》，上册，上海古籍出版社，1986 年，第 287 页。

第褫其四门之员，而不予以罪。"①

"值皇后之丧未满百日观剧饮酒"，指康熙二十八年己巳（1689）观演《长生殿》戏剧，当事人右春坊右赞善兼翰林院检讨赵执信等被革职，洪昇、查慎行被革去国子监生逐回原籍。此即演《长生殿》案。②

李天馥《容斋千首诗》七言古康熙三十三年（1694）《送洪昉思归里》：

> 无端忽思谱艳异，远过百首唐宫词。斯编那可亵里巷，慎毋浪传君传之。揶揄顿遭白眼斥，狼狈仍走西湖湄。③

"无端忽思谱艳异"：指洪昇是应庄亲王世子之请作《长生殿》院本，曰"无端"，是讳言之也。

"唐宫词"：指李天馥《古宫词集唐一百二十首》。

李天馥诗言，《长生殿》、《古宫词》，皆暗指顺治董皇后，但是《长生殿》院本之风险远超过《古宫词》集句；此院本哪可以搬演于世间，我告诫你慎毋轻易传布之，你竟传布之；果然立即遭到忌恨、革斥，逐回原籍杭州。

李天馥诗表明演《长生殿》案的祸因，是触犯了康熙皇帝不能明言的大忌。值皇后之丧未满百日观剧，犹属其次，或只不过是借口而已。

2. 查慎行诗：《长生殿》以杨贵妃暗指董皇贵妃即董小宛；《长生殿》暗示顺治出家

查慎行《敬业堂诗集》卷三十八《槐簃集下》康熙四十九年庚寅（1710）《燕九日郭于宫范密居招诸子社集演洪稗畦〈长生殿〉传奇余不及赴口占二绝句答之》其二：

> 上客红筵兴自酣，风光重说后三三。老夫别有烧香曲，凭向声闻断处参。④

"上客红筵兴自酣，风光重说后三三。"

"三三"：古典指营妓董九，典出苏轼诗《立春日小集戏李端叔》："须烦

---

① 清毛奇龄：《西河合集·序》卷二十四，《清代诗文集汇编》第 87 册影康熙刻本，上海古籍出版社，2010 年，第 372 页。

② 参阅：叶德均《演〈长生殿〉之祸》（《戏曲论丛》，上海日新出版社，1947 年）；章培恒《演〈长生殿〉之祸考》（《洪昇年谱》附录，上海古籍出版社，1979 年）；赵蔚芝《赵执信和〈长生殿〉案件》（《淄博市文史资料选辑》第二集，淄博市政协文史委员会，1984 年；《赵执信诗集笺注》附录，黄河出版社，2002 年）；尤其陈汝洁《从〈康熙起居注〉看"〈长生殿〉案"》（《赵执信研究丛稿》，中国戏剧出版社，2009 年）。

③ 清李天馥撰，毛奇龄选评：《容斋千首诗》不分卷（以诗体编次），康熙刊本，四周单边，白口，单鱼尾，半叶九行，行十九字，楷体字，国家图书馆藏，索书号：文 282.479。

④ 清查慎行：《敬业堂诗集》下册，上海古籍出版社，1986 年，第 1050 页。

李居士，重说后三三。"李之仪，字端叔，自号姑溪居士，宋元佑初为枢密院编修官，从苏轼于定州幕府，恋营妓董九。《施注苏诗》卷三十四："延一《广清凉传》：'无著禅师游五台山，问一僧云：此处众有几何？答曰：前三三，后三三。'此诗方叙燕游而遽用'后三三'语，读者往往不知所谓，盖端叔在定武幕中，特悦营妓董九者，故用九数以为戏尔。闻其说于强行父云。"

"三三"，今典指董皇贵妃即董小宛，董小宛原为秦淮歌妓。冒辟疆《影梅庵忆语·序》："亡妾董氏，原名白，字小宛，复字青莲。籍秦淮，徙吴门。在风尘虽有艳名，非其本色。"

"上客红筵兴自酣，风光重说后三三"，诗言重演《长生殿》，嘉宾酒筵一片沉醉，重新诉说起董九的往日光景。言外之意，《长生殿》杨贵妃乃是暗指董皇贵妃董小宛。

> "老夫别有烧香曲，凭向声闻断处参。"

"烧香曲"：字面指李商隐《烧香曲》，咏园陵宫嫔为故君烧香。此指钱谦益《和烧香曲》，咏顺治出家。大体如李孟符《春冰室野乘·钱牧斋诗案》所述："惟《有学集》第十三卷中有《和烧香曲》一首，词气惝恍迷离，若有所指，疑当时宫闱中必有一大事，为天下所骇诧者。虽以东涧老人之颜厚言巧，谬托殷顽，亦不敢质言其事，而托之拟耳。义山集中有《烧香曲》，故此以和名。东涧平生不作昌谷、玉溪体，尤见此诗之有为而发也。诗云（略）。按此诗与梅村《清凉山赞佛》诗，似可参观。"[1]

"声闻"：指听闻佛陀声教而证悟之出家。《大乘义章》卷十七："闻佛之声教而悟解得道，称为声闻。""声闻断处"，指断世间种种烦恼之时。《杂阿含经》卷四十七："如是我声闻，断三结，贪、恚、痴薄，得斯陀含。"《妙法莲华经》卷三《授记品第六》："菩萨声闻，断一切有。"

"老夫别有烧香曲，凭向声闻断处参"：诗言我亦另有《烧香曲》，要从闻佛之声教而斩断烦恼出家之时去领会。言外之意，《长生殿》正是暗示顺治出家——通过明皇出宫。

查慎行作此诗时，离康熙二十八年己巳（1689）演《长生殿》案，洪昇、查慎行被革去国子监生逐回原籍，已经二十一年。离康熙四十三年（1704）洪昇之死，已经六年。

3. 赵执信诗：《长生殿》以杨贵妃暗指董皇贵妃，《长生殿》"上皇出宫"是暗示上皇出家

赵执信《因园集》卷十《金鹅馆集》康熙六十一年壬寅（1722）《上元

---

[1] 李孟符著，张继红点校：《春冰室野乘》，山西古籍出版社，1995年，第198页。

观演〈长生殿〉剧十绝句》其二：

> 遥指仙山唤太真，华清一浴斩然新。怪来宇内求难得，元在深闺未识人。①

赵执信《上元观演〈长生殿〉剧》诗"怪来宇内求难得，元在深闺未识人"，指《长生殿》以杨贵妃先选为宫女，然后册为贵妃，暗寓董皇贵妃先选为宫女，然后册封为皇贵妃。赵执信诗曰"斩然新"，指《长生殿》的崭新创造，是改变了杨贵妃未曾为宫女之古典，以暗指曾为宫女之董皇贵妃。

赵执信作此诗时，离康熙二十八年己巳（1689）演《长生殿》案，已经三十三年。离康熙四十三年（1704）洪昇之死，已经十八年。

赵执信《上元观演〈长生殿〉剧十绝句》其九：

> 黄泉碧落事荒哉，差胜楼船去不回。本与求仙情味别，何尝身欲到蓬莱。②

"差胜"：略胜。《晋书》卷九《简文帝纪》："故谢安称为惠帝之流，清谈差胜耳。"

"楼船去不回"：典出汉东方朔《海内十洲记》："祖洲近在东海之中，地方五百里，去西岸七万里，上有不死之草……始皇于是慨然言曰：'可采得否？'乃使使者徐福发童男童女五百人，率摄楼船等入海寻祖洲，遂不返。"

"黄泉碧落事荒哉，差胜楼船去不回"：借《长恨歌》所写临邛道士"上穷碧落下黄泉"、在海上仙山蓬莱寻到杨贵妃，指《长生殿》所写上皇出宫、升月、与杨贵妃重圆，本来就是荒唐之想象，但是比秦始皇发楼船入海寻仙，还算高明一等。

"本与求仙情味别"：诗言《长生殿》第五十出《重圆》上皇出宫、升月、与杨贵妃重圆，本与求仙有别，乃是为了爱情。

"何尝身欲到蓬莱"：诗言上皇何尝欲到仙境、月宫？犹言《长生殿》上皇出宫是真，上皇升月是虚，暗指上皇出宫实际是暗示上皇出家。

《长生殿》上皇出宫系暗示上皇出家，赵执信《上元观演〈长生殿〉剧十绝句》其九，是有力旁证。

赵执信《因园集》卷十二雍正九年辛亥（1731）《怀旧诗十首人各一小传

---

① 《景印文渊阁四库全书》第 1325 册，台湾商务印书馆股份有限公司，1986 年，第 399 页。

② 《景印文渊阁四库全书》第 1325 册，台湾商务印书馆股份有限公司，1986 年，第 400 页。

以相识之岁月为先后》：

> 钱塘洪昇昉思，故名族，遘患难，携家居长安中，殊有学识。其诗引绳切墨，不顺时趋，虽及阮翁之门，而意见多不合。朝贵亦轻之，鲜与往还。才力本弱，篇幅窘狭，斤斤自喜而已。见余诗，大惊服，遂求为友。久之，以填词显，颇依傍前人，其音律谐，适利于歌喉。最后为《长生殿》传奇，甚有名，余实助成之。不时唱演，观者如云，而言者独劾余。余至考功，一身任之，褫还田里，坐客皆得免。昉思亦被逐归。前难旋释，反得安便。余游吴越间，两见之，情好如故。后闻其饮郭外客舟中，醉后失足坠水，溺而死。
>
> 每笑苏子美，终身惟一蹶。永抛梦华尘，长啸沧浪月。千秋觅同调，舍我更何人。高骞云中鹤，俯视爨下薪。当时共造迷，鬼神实假手。委曲以相成，君无道惭负。群儿旁快意，一网尽无馀。借问即陆者，谁能免沦胥。吊君水仙操，置我愚公谷。得失物鸡虫，死生身翻覆。歌场倏已散，此是无色天。翩然成独往，直上三神山。①

案：根据秋谷《怀旧诗·钱塘洪昇昉思》序言"为《长生殿》传奇，甚有名，余实助成之"，诗言"当时共造迷，鬼神实假手。委曲以相成，君无道惭负"，尤其秋谷《上元观演〈长生殿〉剧十绝句》其九诗言"本与求仙情味别，何尝身欲到蓬莱"，独能发明《长生殿》上皇出宫隐喻上皇出家之关键情节，然则，此一关键情节之创造或修订，或系出自秋谷之创意。

4. 李孚青诗：《长生殿》触犯了顺治杀兄夺妻之大忌

李孚青，字丹壑，李天馥之长子，康熙三年（1664）生。康熙十八年十六岁时成进士，选庶吉士，迁翰林院编修。康熙三十八年丁忧归里，遂不复出。康熙五十四年（1715）卒，年五十二岁。性淡薄，不乐仕进。常与赵执信、洪昇、毛奇龄等以诗酬唱。有《野香亭诗集》、《道旁散人集》。王渔洋《野香亭诗集序》云："其旨温以厚，其音和以雅，其辞丽以则。读之者循环反复，不能自休。风骚耆硕，咸相称叹，以为不可及。"②

李天馥对洪昇有知遇之恩，李孚青则是洪昇的知己好友。

李孚青《道旁散人集》卷五康熙五十四年乙未（1715）《偶忆洪昉思己巳被斥事即题其集后》三首：

---

①　《景印文渊阁四库全书》第1325册，台湾商务印书馆股份有限公司，1986年，第419页。

②　清李孚青：《野香亭集》卷首，《清代诗文集汇编》第212册《野香亭集 道旁散人集》影光绪甲辰集虚草堂刊本，上海古籍出版社，2010年，第250页。

奉敕填词岁月多，飘零何处睹黄河。六朝乐府平生熟，不记元嘉■
[原文作墨丁，应作：读] 曲歌。

长生殿比醉蓬莱，桂子飘香是祸胎。即日杭城得归去，保安十载转堪哀。（自注：用钱塘罗长史事，昉思亦杭人。）

捶楚功名已放休，依然扪虱见王侯。网罗才脱蛟龙窟，岂忆西湖是浊流。（自注：昉思与客饮湖上，中秋大醉，堕水死。）①

案：《道旁散人集》卷五卷端第三行低一格题：负瓢集，其下双行小字：起甲午正月迄乙未五月，《偶忆洪昉思己巳被斥事即题其集后》诗后第三题为《五月二十七日同人饮集白菱水阁》，即本卷最后一首诗，可知《偶忆洪昉思己巳被斥事即题其集后》当作于康熙五十四年乙未（1715）。此时离康熙二十八年（1689）演《长生殿》案，洪昇被革去国子监生逐回原籍，已经二十六年。离康熙四十三年（1704）洪昇之死，也已经十一年。

第一首全诗笺释如下。

"奉敕填词岁月多。"

典出宋胡仔《苕溪渔隐丛话前后集》卷三十九："《艺苑雌黄》云：柳三变字景庄，一名永，字耆卿，喜作小词。然薄于操行，当时有荐其才者，上曰：'得非填词柳三变乎？'曰：'然。'上曰：'且去填词。'由是不得志，日与猥子纵游娼馆酒楼间，无复检约，自称云：'奉圣旨填词柳三变'。"

"飘零何处睹黄河。"

典出三国魏李康《运命论》："夫黄河清而圣人生。"钱谦益《列朝诗集》乙集卷一明王璲《述怀二十年作》："未睹黄河清，空歌白石烂。"

以上二句，诗言如奉旨填词柳三变，长期遭到宋仁宗排斥，洪昉思亦长期遭到康熙皇帝排斥，一生飘零，未睹黄河清也。

"六朝乐府平生熟，不记元嘉读曲歌。"

古典

《宋书》卷六十《武三王传》："武帝七男：……胡婕好生文皇帝，王修容生彭城王义康。"

《宋书》卷六八《彭城王义康传》："收付建康狱，赐死。"

《宋书》卷六九《刘湛传》："湛代为领军将军……时义康擅势专朝，威倾

---

① 清李孚青：《道旁散人集》卷五，《清代诗文集汇编》第 212 册《野香亭集 道旁散人集》影光绪甲辰集虚草堂刊本，上海古籍出版社，2010 年，第 454 页。

内外，湛愈推崇之……于狱伏诛。"

《宋书》卷十九《乐志一》："《读曲歌》者，民间为彭城王义康所作也。其歌云：'死罪刘领军，误杀刘第四'是也。"

今典

《爱新觉罗宗谱》甲册："（太宗文皇帝）第五子和硕承泽裕亲王硕塞……母侧妃叶赫纳喇氏。"①

《清世祖实录》卷一："（世祖章皇帝）太宗……文皇帝第九子也，母孝庄……文皇后。"②

邓之诚《清诗纪事初编》卷五李孚青《偶忆洪昉思己巳被斥事即题其集后》诗后注："阙字当是读字，盖用彭城王义康读曲歌事。歌云：'死罪刘领军，误杀刘第四。'此而须讳，则毛奇龄《长生殿序》所谓应庄亲王世子之请而作，为有旁证。董鄂本庄王之妃也。"③

案："六朝乐府平生熟，不记元嘉读曲歌"，诗言洪昉思平时熟悉六朝乐府，可是竟然忘记了宋文帝元嘉时的《读曲歌》，说的是彭城王义康被其兄弟宋文帝所杀。

言外之意一，如彭城王义康是被其兄弟宋文帝所杀，和硕承泽亲王硕塞是被其兄弟顺治帝所杀。

言外之意二，演《长生殿》获罪案之真相，不仅在于《长生殿》潜在地以寿王妃被唐明皇所夺，指硕塞妻被顺治帝所夺，而且事关硕塞是被顺治所杀，触犯了康熙的大忌。

清人微言诗言董小宛入清宫案，以李孚青此诗为最锋利④。

---

① 《爱新觉罗宗谱》修谱处：《爱新觉罗宗谱》甲册，沈阳，1938 年，学苑出版社，2008 年影印本，第 1942–1943 页。

② 《清实录》第 3 册，《世祖章皇帝实录》，中华书局，1985 年，第 27 页。

③ 邓之诚：《清诗纪事初编》，下册，上海古籍出版社，1965 年第 1 版，2012 年第 2 版，第 556 页。

④ 李孚青此诗利如刀锋，而锋芒不露，有此造诣，决非偶然。毛奇龄《西河诗话》卷二："丹壑为夫子大令，名孚青，年十六，与余同入馆，每下笔多惊人句。王弇州作《三述》，谓有明一代十六成进士者，惟王庶子一人，则丹壑可知耳。"（张寅彭主编，吴忱、杨焄点校《清诗话三编》第 2 册，上海古籍出版社，2014 年，第 786 页。）《西河诗话》卷四："同官年卑者，首推李丹壑世兄，入馆五年，才得二十。然真是才士。偶秋节剪新袍成，予邀之同直起居注，适槛前干鹊噪，余戏曰：'絮鹊早催忙入馆'，丹壑临着袍，应声答曰：'臂鹰秋遣窄裁衣。'余不觉折腰曰：'才子，才子！'是时秋风起，丹壑极羡诸旗人臂鹰出城，故云。第其句如许顿挫，能不待安排而出之，真咄咄怪事矣。"（《清诗话三编》第 2 册，第 806 页。）足见李孚青才华非凡。

第二首："长生殿比醉蓬莱，桂子飘香是祸胎，即日杭城得归去，保安十载转堪哀。"自注："用钱塘罗长史事，昉思亦杭人。"诗言洪昇因作《长生殿》遭忌恨而被长期贬谪。章培恒《洪昇年谱》指出："孚青以《长生殿》比（宋柳永）《醉蓬莱》，其剧为康熙帝所恶可知。又，钱塘并无与保安发生关系之'罗长史'，唯明初瞿佑，为周王府长史，永乐时以作诗下诏狱，谪成保安十年。与所谓'保安十载'及称之为'长史'者合。'罗'当作'瞿'，倘非形近而刊误，则当以避忌而故为讹字以掩之。佑固以诗之内容为永乐所恶，孚青以之拟昉思，则《长生殿》以内容而取憎于康熙帝又可知。孚青父子皆与昉思善，且皆仕于朝廷，熟知朝中事，所说当可信。"① 所论甚是。洪昇自康熙二十八年己巳（1689）演《长生殿》案被革斥，至康熙四十三年（1704）洪昇之死，实为十五年。

第三首："捶楚功名已放休，依然扪虱见王侯。网罗才脱蛟龙窟，岂忆西湖是浊流。"自注："昉思与客饮湖上，中秋大醉，堕水死。"诗言康熙四十三年洪昇之死。

"浊流"，典出唐末朱全忠杀清流士大夫于白马驿，投尸于河，史称"白马清流之祸"。《资治通鉴》卷二百六十五唐昭宣帝天佑二年六月："时全忠聚枢等及朝士贬官者三十馀人于白马驿，一夕尽杀之，投尸于河。初，李振屡举进士，竟不中第，故深疾搢绅之士，言于全忠曰：'此辈常自谓清流，宜投之黄河，使为浊流！'全忠笑而从之。"

邓之诚《清诗纪事初编》卷七洪昇条："孚青与昉思交谊极厚，其言当有据。赵执信《怀人诗》亦言饮郭外客舟中醉后失足堕水溺而死，与孚青说同。"②

案：观李孚青诗用白马清流之祸指洪昇之死于西湖堕水，似非漫言，则洪昇之死似不能无疑。

五、康熙对《长生殿》之态度以及洪昇之死

清王应奎（1684－1757）《柳南随笔》卷六："康熙丁卯、戊辰（康熙二十六年丁卯、二十七年戊辰，1687－1688）间，京师梨园子弟以内聚班为第一。时钱塘洪太学昉思昇著《长生殿》传奇初成，授内聚班演之。圣祖览之称善，赐优人白金二十两，且向诸亲王称之。于是诸亲王及阁部大臣，凡有宴会，必演此剧，而缠头之赏，其数悉如御赐，先后所获殆不赀。内聚班优人因

① 章培恒：《洪昇年谱》附录一《演〈长生殿〉之祸考》，上海古籍出版社，1979年，第390页。

② 邓之诚：《清诗纪事初编》，下册，上海古籍出版社，2012年第2版，第809页。

语洪曰：'赖君新制，吾获赏赐多矣。'"①

清梁绍壬（1792 - ?）《两般秋雨庵随笔》卷四《长生殿》："黄六鸿者，康熙中由知县行取给事中入京，以土物并诗稿遍送名士。至宫赞赵秋谷执信，答以柬云：'土物拜登，大稿璧谢。'黄遂衔之刺骨。乃未几而有国丧演剧一事，黄遂据实弹劾。仁庙取《长生殿》院本阅之，以为有心讽刺，大怒，遂罢赵职，而洪昇编管山西。"②

案：康熙对于《长生殿》，怀有矛盾之心态。"宸褒"、"称善"，是喜欢《长生殿》，原因是歌颂了唐明皇——顺治帝忠于爱情；"以为有心讽刺"，则是仇视《长生殿》，原因是触犯了大忌。仇视的态度，究竟是占了上风。

清金埴（1663 - 1740）《巾箱说》："迨甲申春杪，昉思别予游云间、白门，两月而讣至。……昉思之游云间、白门也，提帅张侯云翼降阶延入，开宴于九峰三泖间，选吴优数十人，搬演《长生殿》。军士执殳者，亦许列观堂下。而所部诸将，并得纳交昉思。时督造曹公子清寅，亦即迎致于白门。曹公素有诗才，明声律，乃集江南北名士，为高会，独让昉思居上座，置《长生殿》本于其席，又自置一本于席，每优人演出一折，公与昉思雠对其本以合节奏，凡三昼夜始阕，两公并极尽其兴赏之豪华，以互相引重，且出上币兼金赆行。长安传为盛事，士林荣之。迨归至乌镇，昉思酒后登舟，而竟为汨罗之投矣。伤哉！予为文以诔，有云'陆海潘江，落文星于水府；风魂雪魄，赴曲宴于晶宫'，西河毛先生颇称之。先是，康熙戊辰朝彦诸名流，闻《长生殿》出，各醵金过昉思邸搬演，筵而观。会国服未除才一日，其不与者嫉构难，有翰部名流坐是罢官者。后其本遂经御览被宸褒焉。"③

案：康熙四十三年江南提督张云翼④、江宁织造曹寅⑤，乃是在康熙二十八年演《长生殿》案洪昇被革去国子监生逐回原籍之后，居然敢于隆重地邀请洪昇至南京"开宴""高会""居上座"，公演《长生殿》，此不能无疑之

① 清王应奎撰，王彬、严英俊点校：《柳南随笔 续笔》，中华书局，1983 年，第123 页。

② 清梁绍壬撰，庄葳点校：《两般秋雨庵随笔》，上海古籍出版社，1982 年，第227 页。

③ 清金埴撰，王湜华点校：《不下带编 巾箱说》，中华书局，1982 年，第136 页。

④ 文渊阁《四库全书》本《江南通志》卷一百十一《职官志·武职·江南全省提督军门》："张云翼，陕西人，康熙三十五年任。师懿德，宁夏人，康熙四十八年任。"可知康熙四十三年江南提督为张云翼。

⑤ 文渊阁《四库全书》本《江南通志》卷一百五《职官志·文职七·江宁织造》："曹寅，满洲人，康熙三十一年任。曹颙，满洲人，康熙五十二年任。曹頫，满洲人，康熙五十四年任。"可知康熙四十三年江宁织造为曹寅，以及曹家与康熙关系之紧密。

一。曹寅实为康熙秘密搜集情报之情报人员①，此不能无疑之二。洪昇死于此行归经乌镇或归至杭州"堕水"，李孚青诗曰"网罗才脱蛟龙窟，岂忆西湖是浊流"，此不能无疑之三。洪昇之死，与《长生殿》，与康熙、张云翼、曹寅有无关系耶？

① 参阅：故宫博物院明清档案部编《关于江宁织造曹家档案史料》，中华书局，1975年；中国第一历史档案馆编《康熙朝汉文朱批奏折汇编》，档案出版社，1984年；［美］史景迁《曹寅与康熙》，广西师范大学出版社，2014年。

中篇　康熙二十一年前后：
顺治锡止河南睢州白云寺

第十章　查慎行《佛定语录序》、牟钦元《佛定塔铭》：
康熙二十一年佛定和尚被延请为睢州白云寺方丈

根据已掌握的文献材料可知，康熙二十一年壬戌（1682）前后，已出家的顺治锡止河南省睢州（今河南睢县）白云寺，康熙四十九年（1710），顺治圆寂于睢州白云寺。白云寺位于清河南省睢州尹店集，即今河南省民权县白云寺镇①。顺治安住白云寺，与白云寺住持佛定和尚关系密切。康熙二十一年，佛定被延请为河南睢州白云寺方丈（住持）。康熙六十年（1721），佛定圆寂于睢州白云寺。本书内容，系依文献所见主要史事年代先后为序，依此次序，兹先讨论佛定生平事迹及其锡至睢州白云寺之年代。顺治与佛定之关系，详见后文第十三章第三节《〈玉明族祖碑〉碑文笺证》第2小节《顺治、佛定、玉明之关系》。

清陈廷璋《查他山（慎行）先生年谱》略云：

（康熙）四十一年壬午（一七〇二）先生年五十三　冬十月二十八日，召试南书房，遂奉旨：每日进南书房办事。

四十二年癸未（一七〇三）先生年五十四　成进士，钦授翰林院庶吉士，特免教习。

四十三年甲申（一七〇四）先生年五十五　冬十一月，奉旨特授编修。

五十二年癸巳（一七一三）先生年六十四　在翰林院。秋七月，乞

---

① 按清初述古堂钞本明末清初戴笠《怀陵流寇始终录》卷八崇祯八年乙亥春正月："颍州分枝之贼，由太和至鹿邑焚掠；犯柘城，掠村集；又掠宁陵；至睢州，焚掠李八集、尹店集；走杞县、通许，向密县。"清康熙刻本阎尔梅《白耷山人诗集》卷六下有《过尹店》，题下小字注："杞县城北。"康熙三十二年《睢州志》卷一《道里志·疆域》："尹店集，在州西北，离城五十里。"（《中国地方志集成·河南府县志辑》第31册影印《康熙睢州志·光绪续修睢州志》，上海书店、巴蜀书社、江苏古籍出版社，2013年，第21页。）由此可知，睢州之有尹店集，至迟是在明代，清代仍之。民国十七年（1928）设立民权县，尹店集划属民权县。2010年，民权县撤销尹店乡，设立白云寺镇。

休归里。①

可知查慎行自康熙四十一年（1702）冬至五十二年（1713）夏，入直南书房、授翰林院庶吉士、翰林院编修，每日入直南书房。

《四部备要》据古姚杭氏钞本校刊本查慎行《敬业堂文集》附《敬业堂别集》不分卷《河南睢州白云寺佛定和尚语录序》：

> 河南白云寺佛定大师，慧智凤成，禅关天启。拈花悟道，非有慕于繁华；指月喻空，遂有契于定慧。六亲爱割，挽衫袖而不回；一钵风高，操军持而独往。综其出处，饱历艰辛。托身于羽化之山，初离人境；受戒于清源之郡，遂断知闻。陋北地之嚣氛，就南方而参讲。弹指已过千劫，面壁何止十年。居荫长松，卧依白石。灯影静照，祇闻妙香；鸟语触机，总归禅悦。既已寝空结习，未契真如。居万万恒河之中，转生生世界之内。苟轮回之未达，终烦恼之难除。精进益勤，诚心潜契。梦回脚痛，洞澈古今；到处心安，齐观生死。鼠肝虫臂，任造物而无心；木骨纸皮，纵剜身而罔觉。嗣后肆行兰若，浪迹山林。听鼓投斋，随鸦托宿。苕水名贤之境，飞锡而来游；漆园傲吏之乡，渡杯而忽至。值杰庵之老叟，参曹洞之微言。四十二部之贝叶，昼夜捧持；三十一家之家门，后先了澈。琅函宝轴，非同文字之观；木叶山花，不碍虚灵之性。怨憎调伏，远近归依。长老为之布金，学士因而施带。缁流云集，道侣景从。爰以壬戌之良辰，延入白云之方丈。大师则口餐香积，身挂刍摩。深言不生，妙辨无相。坐卧殿西之一角，苔满禅衣；敷陈卷裹之千言，花平讲席。广长舌吐，满座莲香；清净身闲，一枝藤瘦。琴非弹而长寂，钟待叩而斯鸣。落落圆音，沉沉秘旨。心田驰骤，无假一乘五律之书；眼界虚空，何啻三箧八藏之义。逍遥合掌，岑寂论心。瀚海未尽其深，悬河不穷其蕴。登凡流于彼岸，现白日于幽崖。乃有问义学徒，随行侍者，据所问答，记之简编。既积累而成书，冀流传于奕禩。②

案：查慎行《河南睢州白云寺佛定和尚语录序》，为康熙四十二年至五十二年任翰林院官、入值南书房时所撰，其时间，当在康熙四十二年之后不久。

"清源之郡"，指太原府，借指山西省。隋太原郡清源县（今山西清徐）

---

① 清陈敬璋撰，汪茂和点校：《查慎行年谱》，中华书局，1992年，第24－31页。

② 《四部备要》本查慎行《敬业堂文集》附《敬业堂别集》不分卷，叶8B－9A，上海中华书局据古姚杭氏钞本校刊，民国二十五年聚珍版。按大型古籍丛刊《四部备要》虽多系排印本，且多非依据善本，不比大型古籍善本影印丛刊《四部丛刊》，但是也有保存珍稀善本者，例如查慎行《敬业堂文集》及附《敬业堂别集》。

并入晋阳县（今太原），唐恢复之，历唐、五代、金、元、明、清，清源县均属太原府（路）。《隋书》卷三十《地理志中》："太原郡统县十五：……晋阳。"原注："十六年又置清源县，大业初省入焉。"《旧唐书》卷三十九《地理志二》："北京太原府，隋为太原郡。武德元年……置清源县。"清文渊阁《四库全书》本雍正《山西通志》卷三《沿革一·太原府·清源县》："隋开皇十六年始置清源，县西北有清源水，故名。大业初省入晋阳，……唐武德元年复，隶太原府，……明隶太原府，国朝因之。"

查慎行《河南睢州白云寺佛定和尚语录序》所述佛定"受戒于清源之郡，面壁何止十年，以壬戌之良辰，延入白云方丈"，"壬戌"，为康熙二十一年壬戌（1682）。自壬戌上推十年，为康熙十一年壬子。

康熙六十一年（1722）河南布政使牟钦元作《白云寺佛定大和尚塔铭》，铭石今存河南民权白云寺。

《白云寺佛定大和尚塔铭》铭石后半部分左上角、铭石下端及铭文残损，铭石大部分及铭文无损。铭文十六行，行六十二字，第二行行首"佛定"二字顶格，其馀各行均低一格，落款低二格，行楷。

今根据笔者所摄铭石照片及 1995 年《民权县志》录文①（个别脱讹文字已径改），录文标点横排如下。铭文行末标」，铭石后半部分铭文残损，故未标提行号。

　　白雲寺佛定大和尚塔銘」

　　蓋聞聖賢心，皆具有為理，即於有為中，示諸無為用。故居此大千世界，以夢幻泡影之身，作夢幻泡影之境，有無盡緣而實無無盡緣。余觀」佛定大和尚之今日歸西，益信佛教之妙有空無矣。公為直隸保定人，俗姓王氏，於童稚年，即親敬三寶，泛愛緇流。少長，投清涼庵薙髮為僧。壯則詣清涼普渡律」堂，受信具於太虛禪師。一瓢一衲，飄然行腳，問道參心，幾歷歲日。而後就印證於青霞傑師，得洞宗上乘，由是而皈依者雲集。首創於河北長垣，數遷名剎，九登法」座。於康熙二十六年，眾信徒延請至河南白雲寺。寺去睢州城四十里，荒廢已久。公來駐止，大闡宗風，南臨江漢，北至幽都，求厥道者，殆若蟻附。遠近信善，或奉粟」帛，以充衣食；或負木石，以供修造。公不拒不營，隨緣承受。身有異德，冬夏一衲，當酷暑，營千佛閣，偕大眾運磚瓦，擔薪水，烈日之下，而汗不沾體，即朔雪寒風」中，亦溫然自適。人有急難叩之，公應聲說

---

① 民权县地方史志编纂委员会编：《民权县志》附录三《碑文》（八）《白云寺佛定大和尚塔铭》，中州古籍出版社，1995 年，第 792－793 页。

偈，其人奉持，即能解脫。以是愚夫愚婦，奔走駭汗，厥角稽首者，日不暇給。時歸德太守疑其惑眾，微服往覘，公於眾」中合掌而言曰："此君面有殺氣，將謀不利於老僧。"延至上座。太守悚然稽首皈依焉。辛巳秋，余從京師來汴，晤公於方丈，見公一榻蒲團，半龕佛火，相對達旦。」扣公之學，亹亹數千言，皆平易近人，而無所為矜奇炫異者。嗚呼，公真人傑也哉！趙之佛圖澄，唐之一行，將無同乎。五十八年，公抵嵩陽善會寺。考寺庭基，乃漢明帝時，佛法入中國始創建焉，及今二千年，興廢迭更，公矢志修為。謀之中丞，中丞楊公毅然為建萬壽寶殿，琳宮紺宇，煥然一新。按寺之舊名，即曰萬壽。公之此舉，實有契合。餘工未竟，公即攜大眾遊江淮間，於六十年八月，歸至白雲，具香湯沐浴，趺坐而去。白雲、善會兩地，皆有修為，而工施俱未竟，公其以有盡緣，而示人以無盡緣耶！僧俗臘七十有五。次年五月初一，送歸入塔。其徒請記於余，因為之銘曰：

智珠何轉盤，不定定為母。盤空珠若遺，靜定曾何有。佛性本圓通，而亦無樞紐。不峙不流行，不弛亦不守。或宛在中央，或在前在後。忽然現在身，壯嚴亦偶偶。未了因緣，了卻因緣否。解脫此皮囊，公去何方走。西來大意明，靈光自永久。

康熙六十一年歲次壬寅蒲月吉旦

河南等處承宣布政使司布政使加三級牟欽元拜撰

《清圣祖实录》卷二百八十三康熙五十八年十二月丙午：

以原任湖北布政使牟欽元，为河南布政使司布政使。①

可知康熙六十一年牟钦元作《白云寺佛定大和尚塔铭》时，正是在河南布政使任上。

案：据牟钦元《白云寺佛定大和尚塔铭》所述，佛定圆寂于康熙六十年辛丑（1721），"僧俗腊七十有五"，可知佛定出生于顺治四年丁亥（1647）。

《白云寺佛定大和尚塔铭》所述"壮则诣清凉普渡律堂"之"清凉"，指山西清凉山即五台山。唐清凉山大华严寺沙门澄观《大方广佛华严经疏》卷四十七《诸菩萨住处品第三十二初》："清凉山，即代州雁门郡五台山也，于中现有清凉寺。以岁积坚冰，夏仍飞雪，曾无炎暑，故曰清凉。五峰耸出，顶无林木，有如垒土之台，故曰五台。"

查慎行《河南睢州白云寺佛定和尚语录序》所述佛定"受戒于清源之

---

① 《清实录》第 6 册，《圣祖仁皇帝实录（三）》，中华书局，1985 年，第 756 页。

郡"，与牟钦元《白云寺佛定大和尚塔铭》所述佛定"壮则诣清凉普渡律堂，受信具于太虚禅师"，两家所述相合，可知佛定当于康熙十一年壬子（1672）之前，受具足戒于山西清凉山即五台山之普渡律堂。康熙十一年，佛定二十五岁。

根据查慎行《河南睢州白云寺佛定和尚语录序》所述"值杰庵之老叟，参曹洞之微言。四十二部之贝叶，昼夜捧持；三十一家之家门，后先了澈"，牟钦元《白云寺佛定大和尚塔铭》所述"而后就印证于青霞杰师，得洞宗上乘，由是而皈依者云集"，以及河南省登封会善寺《佛定和尚塔铭》铭文"曹洞正宗三十一世后，开山和尚上佛下定意公之塔，康熙六十一年孟秋立"（详下文），山东省鄄城县郭水坑村郭家祠堂民国八年（1919）《玉明族祖碑》所述"河南省睢县西北四十里，旧有白云禅寺者"，"自前清康熙年代崇兴，有开山第一代佛定意公老和尚。接传嗣法门人有四"，"四玉明"，"惟玉明兴公老和尚，系曹州府菏泽县郭水坑郭氏子也。幼在本县天兴寺出家，至白云寺受具足戒，接法入院"，民国二十年（1931）《玉明族祖像赞并序》所述"溥曹正宗、白云堂上第二册四座玉明族祖，大清康熙敕封借僧复元禅师、恩赐紫绶珠衣、满朝銮驾，幼出天兴寺，远游至豫东白云古刹，得开山第一代佛定光和尚之再传衣钵者也。康熙辛酉岁入院"（俱详第十三章），以及《民权文史资料》第七辑王冠群、崔长庚、黄广文《千年古刹白云禅寺》所述："行兴的字写得很好，在白云寺的大悲楼上，曾有他写的'曹帝高卷'匾额，可惜今已不存"①，可知佛定和尚、玉明（行兴）和尚师弟子系佛教禅宗曹洞宗传人。

根据查慎行《河南睢州白云寺佛定和尚语录序》所述"受戒于清源之郡，遂断知闻。陋北地之嚣氛，就南方而参讲。弹指已过千劫，面壁何止十年"，"嗣后肆行兰若，浪迹山林。听鼓投斋，随鸦托宿。若水名贤之境，飞锡而来游；漆园傲吏之乡，渡杯而忽至。值杰庵之老叟，参曹洞之微言"，"爰以壬戌之良辰，延入白云之方丈"，牟钦元《白云寺佛定大和尚塔铭》所述"壮则诣清凉普渡律堂，受信具于太虚禅师。一瓢一衲，飘然行脚，问道参心，几历岁日。而后就印证于青霞杰师，得洞宗上乘，由是而皈依者云集。首创于河北长垣，数迁名刹，九登法座。于康熙二十六年，众信徒延请至河南白云寺"，可知佛定和尚于康熙十一年壬子（1672）之前受具足戒于山西清凉山即五台山普渡律堂之后，离开五台山，云游南方等地，长达十年。康熙二十一年壬戌（1682），众信徒延请佛定至河南睢州白云寺为方丈（即住持）。

---

① 中国人民政治协商会议河南省民权县委员会学习文史委员会编：《民权文史资料》第七辑，2001年，第162页。

关于佛定锡至河南睢州白云寺为方丈之时间。依查慎行康熙四十二年以后《河南睢州白云寺佛定和尚语录序》"以壬戌之良辰，延入白云方丈"，是在康熙二十一年壬戌（1682）；依牟钦元康熙六十一年《佛定大和尚塔铭》"于康熙二十六年，众信徒延请至河南白云寺"，是在康熙二十六年丁卯（1687）；依山东鄄城县郭水坑村郭氏祠堂民国二十年《玉明族祖像赞并序》"幼出天兴寺，远游至豫东白云古刹，得开山第一代佛定光和尚之再传衣钵者也，康熙辛酉岁入院"，佛定徒弟玉明和尚入院白云寺，是在康熙二十年辛酉（1681），则康熙二十年佛定已至白云寺（详下文）。

按查慎行《河南睢州白云寺佛定和尚语录序》为康熙四十二年以后不久任翰林官、入值南书房时所撰，撰述时间最早，距离佛定至白云寺年代最近，信息闻自来京之白云寺住持、佛定弟子玉明，所知当较为确实，且与《玉明族祖像赞并序》时间相差仅一年，故本文采取查慎行之说，康熙二十一年（1682）佛定锡至河南睢州白云寺为方丈。

根据查慎行康熙四十二年以后撰《河南睢州白云寺佛定和尚语录序》"以壬戌之良辰，延入白云方丈"；康熙三十七年翰林院庶吉士袁锺麟撰文、归德府睢州正堂胡范立石《白云寺公输地租碑记》"自恭请佛定和尚锡至此"（详下文）；牟钦元《白云寺佛定大和尚塔铭》"众信徒延请至河南白云寺"，"于六十年八月归至白云，具香汤沐浴，趺坐而去"，可知佛定康熙二十一年壬戌（1682）锡至河南睢州白云寺，直至康熙六十年（1721）圆寂于白云寺，锡止白云寺时间达三十九年。

按牟钦元《白云寺佛定大和尚塔铭》："（康熙）五十八年，公抵嵩阳善会寺。考寺庭基，乃汉明帝时，佛法入中国始创建焉，及今二千年，兴废迭更，公矢志修为。谋之中丞，中丞杨公毅然为建万寿宝殿，琳宫绀宇，焕然一新。按寺之旧名，即曰万寿。"复按《清圣祖实录》卷二百七十九康熙五十七年五月庚戌："升河南布政使杨宗义为河南巡抚。"[1]可知牟钦元《白云寺佛定大和尚塔铭》所述康熙五十八年（1719），佛定为重修嵩阳善会寺（今作会善寺），谋于时任河南巡抚杨宗义，杨宗义毅然为建该寺万寿宝殿，并使该寺所有建筑焕然一新，亦与史相合。佛定与河南巡抚杨宗义当早已相识。

王雪宝《嵩山、少林寺石刻艺术大全》：

> 佛定和尚塔铭：嵌于会善寺东塔院、佛定意公和尚之琉璃塔上，铭石高约 150 厘米、宽 60 厘米，清康熙六十一年（1722）孟秋刻，竖 3 行铭文为"曹洞正宗三十一世后，开山和尚上佛下定意公之塔，康熙六十一

---

[1] 《清实录》第 6 册，《圣祖仁皇帝实录（三）》，中华书局，1985，第 756 页。

年孟秋立",楷书,字径 4 厘米。①

河南博物院《品鉴 卷 2 中原藏珍》:

> 佛定意公和尚塔,是清康熙六十一年(1722 年)所建的一座六角五层密檐式白色琉璃砖塔。该塔平面为六边角形,通高约 10.6 米。整座塔由基座、塔身、塔刹三部分组成。塔的最下部为面宽 1.8 米的正方形台基。台上为南黄、蓝琉璃砖砌面的束腰须弥座。束腰上部壶门内分别嵌有花卉、瑞兽、狮子、莲花等砖雕图案。塔身共五层,全部用白色釉琉璃砖砌筑而成。一层正面南向嵌石质塔铭,楷书"曹洞正宗三十一世后,开山和尚上佛下定意公之塔,康熙六十一年孟秋立"。背面正中雕四抹隔扇门。第一层塔檐下砌有砖雕斗棋,二层正面有小龛。塔的最上部为砖砌的圆形内收刹座,座上插有金属刹杆。该塔是嵩山地区数百座佛塔中独有的一座琉璃塔。②

会善寺(牟钦元《塔铭》作善会寺),位于河南省登封市城北嵩山南麓积翠峰。

康熙六十一年(1722)孟秋,河南嵩阳善会寺为佛定圆寂建造琉璃砖塔,铭文曰"曹洞正宗三十一世后,开山和尚上佛下定意公之塔,康熙六十一年孟秋立",是为了纪念佛定重修该寺之功德。

综上所述,佛定和尚(1647 – 1721),清前期禅宗曹洞宗传人,直隶保定(今河北保定)人,俗姓王氏,生于顺治四年丁亥(1647),少长,投清凉庵薙发为僧。康熙十一年壬子(1672)之前,在山西清凉山即五台山普渡律堂,受信具于太虚禅师。后云游南方等地,长达十年。就印证于青霞杰师,得曹洞宗上乘。首创于河北长垣(今河北长垣县),数迁名刹,九登法座。康熙二十一年壬戌(1682),众信徒延请至河南睢州白云寺为方丈。康熙四十年辛巳(1701),牟钦元与佛定相识于汴(今河南开封)。康熙四十二年以后不久,翰林院官、入值南书房查慎行为佛定作《河南睢州白云寺佛定和尚语录序》。康熙五十七年(1718),杨宗义任河南巡抚,次年康熙五十八年(1719),牟钦元任河南布政使。杨宗义应佛定之请,重修嵩阳善会寺。康熙六十年(1721)八月,佛定圆寂于睢州白云寺。次年五月初一入塔,牟钦元为作《白云寺佛定大和尚塔铭》。七月,嵩阳善会寺亦为佛定建琉璃砖塔。

---

① 米祯祥主编,王雪宝编著:《嵩山、少林寺石刻艺术大全》,光明日报出版社,2004 年,第 216 页。

② 河南博物院编:《品鉴 卷 2 中原藏珍》,中州古籍出版社,2014 年,第 173 页。

第十一章 康熙三十七年《白云寺公输地租碑记》：
翰林官、知州非常关心白云寺收租

康熙三十七年（1698）《白云寺公输地租碑记》，翰林院庶吉士郡人袁锺麟撰文、翰林院庶吉士盐山赵尔孙篆额、内阁中书郡人吴学颢书丹、归德府睢州正堂胡范立石，原碑今存河南民权白云寺。

《白云寺公输地租碑记》碑额、身、趺座，为三石，今存碑身，有上下榫头。碑身下部自左上方至右下方斜断为两截，宽 73.5 厘米，上半截左边高 80 厘米，右边高 85 厘米，下半截左边高 52 厘米，右边高 19 厘米，厚 13 厘米。上边浮雕八仙朝观音图案，左右边浮雕奇花瑞草及行龙图案。铭文断缺之处残损，个别之处漫漶，大部分尚可辨识。铭文十五行，行六十二字，全文第二行行首"大圣"二字、第六行"佛定"二字及第十一至第十四行落款顶格，其馀各行均低二格，楷书，字径 2 厘米。今根据笔者所摄石碑照片，录文标点横排如下。碑文行末标」，碑断处残缺字数不详标□，漫漶单字标□。

　　白雲寺公輸地租碑記　　恭聞」

　　大聖應化，原是施樂。余自請假還里，時從魏子公璜遊所謂白雲寺者，見其飛甍珊棟，　□於和南教化，」終則唄音喧闐，雨花繽紛，不減鷲嶺祇園矣。雖宗門崇尚寂滅，與吾儒不同，然□苦行以教之，」不惟不見其相悖，而且有難相濟，則佛教得力處，即朝廷省力處，善哉。□忝而為善，有所忌」而不敢為不善。每磬折頂禮之時，儼若有神明臨於其上，而糾於其旁也。則□不廢歟。自恭請」佛定和尚錫至此，戒律精嚴，宗風普揚，方便設教，津航廣度。四方善信皈依者，日□已捆載而至茲。固其」應感之不爽，而期會之有素者也。寺舊有地五頃餘，歲輸地租若干金，仍煩□民百餘曹，發□分輸」之，歲以為常。且力出於眾則易，布義出於公則無累，倘亦恥獨為。君子之□因之而有感矣。今人重貨」財私，蓋藏屬在田產，雖兄弟親戚不肯假貸，至計時日、析秋毫而不以少。□此原籍以破人之慳念耳。」倘能推是心，而於親黨間有無相通，急困相周，患難疾苦相扶持，則比□

　　賜進士出身翰林院庶吉士郡人袁鍾麟撰文」

　　賜同進士出身翰林院庶吉士鹽山趙爾孫篆額」

　　賜進士出身考授內閣中書郡人吳學顥書丹」

　　歸德府睢州正堂加四級胡　範立石」

　　康熙三十七年歲次戊寅十二月上浣之吉　雍丘學忍齋秦□」

《碑记》若干难词、专名词，解释如下。

"公输地租"："公"，共同。《康熙字典》子集下《八部》"公"："又，《礼·礼运》：'大道之行，天下为公。'《注》：'公，犹共也。'""输"，输送。《广韵》卷四："输，送也。"《汉书》卷五十八《倪宽传》："大家牛车，小家担负，输租襁属不绝（络绎不绝）。""地租"，此指白云寺地租，并非指国家赋税或官地租。

"奉公输赋"、"输税"，是清代催交国家赋税之常语。如《世宗宪皇帝御制文集》卷一雍正元年正月初一日谕巡抚："奉公输赋。"《世宗宪皇帝朱批谕旨》卷六十上雍正五年八月湖南巡抚王国栋奏折："急公输税。"

"公输地租"，是指（成组、成对）共同、集体交纳白云寺之寺庙地租。盖公输地租可避免个别拖欠现象。

"应化"：佛教语，应众生之机缘而化现佛身。指向众生说法，利益众生。《大方广佛华严经》卷二十二《升兜率天宫品第二十三》："诸大菩萨，所共钦敬。随所应化，皆令欢喜。"

"施乐"：佛教语，好施乐善。《大般涅盘经》卷十八《梵行品第八之四》："以施乐故，成佛之时，则得安乐。"《佛说首楞严三昧经》："乐种种施，乐一切施。"

"和南教化"：犹言佛教教化。佛门称稽首、敬礼为和南。梁沈约《为文惠太子礼佛愿疏》："皇太子某稽首和南，十方诸佛，一切贤圣。"

"鹫岭祇〔祇〕园"："鹫岭"，即灵鹫山，梵名耆阇崛山。古印度佛寺，位于摩揭陀国国都王舍城东北。山中多鹫，或言山顶似鹫，故名。佛祖释迦牟尼在此说法时间最早、最长。"祇园"，即祇园精舍，祇陀园林须达精舍之省称。古印度佛寺，位于憍萨罗国国都舍卫城，释迦牟尼在此说法二十多年。唐释慧立《三藏法师传》卷六："人愿天从，遂得下雪岫而泛提河，窥鹤林而观鹫岭。祇园之路，髯像犹存；王城之基，坡陀尚在。"

"寺旧有地五顷馀，岁输地租若干金"：《明史》卷七十七《食货志一》："亩百为顷。"清承明制。此五百馀亩地，岁纳地租，可知是指寺庙出租之农地。按孙荣芬、张蕴芬《大觉寺馆藏契约文书述略》："现存的乾隆六十年收地租帐簿中记载了（北京）大觉寺出租的土地就达一千六百馀亩。……大觉寺出租土地时，要与佃户定立租批，在其中讲清所租土地的位置、名称、四至、亩数、租金等，并申明交租日期及罚约。由于商品经济发展的影响，地租是以货币地租为主。"① 比较乾隆北京大觉寺出租土地一千六百馀亩，康熙睢

---

① 孙荣芬、张蕴芬：《大觉寺馆藏契约文书述略》，《北京文博》2002 年第 2 期。

州白云寺五百馀亩出租土地，田产似并不算很大。乾隆北京大觉寺地租是以货币地租为主，康熙睢州白云寺"岁输地租若干金"，则早已实行货币地租（或以货币为计算单位）。

"百馀曹"：百馀组、百馀对。曹，群；对；组。《诗经·大雅·公刘》："既登乃依，乃造其曹。"毛《传》："曹，群也。"《楚辞·招魂》："分曹并进。"汉王逸注："曹，偶也。"《史记》卷三十《平准书》："乃分遣御史、廷尉、正监，分曹往，即治郡国。"唐司马贞《索隐》："如淳云：曹，辈也。谓分曹辈而出为使也。"明胡应麟《少室山房集》卷八十七《中丞滕先生传》："矫矫著称场屋，后先驰骤宦籍，亡虑百馀曹。"

"藏属"：五藏所属，此犹言心肝宝贝。唐湛然述《止观辅行传弘决》卷八之二："此破五戒之病，病属五藏，藏属五根。"元滑寿《难经本义》卷下、明王肯堂《证治准绳》卷三："五藏属阴。""盖藏属在田产，虽兄弟亲戚不肯假贷"，言人们心肝宝贝在田产，不肯借贷，甚至可以因此六亲不认。

"赐进士出身翰林院庶吉士郡人袁锺麟"：袁锺麟，睢州人，康熙三十三年进士，康熙三十七年（1698）立碑时为翰林院庶吉士。文渊阁《四库全书》本鄂尔泰《词林典故》卷八《题名下·皇朝馆选题名》："康熙三十三年甲戌科"："袁锺麟，河南睢州人。"《钦定大清会典》卷三《官制一·吏部·翰林院》："庶吉士，食七品俸。"①

"归德府睢州正堂加四级胡范"：胡范，直隶容城（今河北容城）人，康熙三十七年（1698）立碑时为河南省归德府（今河南省商丘市）睢州（今商丘市睢县）知州。文渊阁《四库全书》本王士俊雍正《河南通志》卷三十七《职官八·归德府属知州知县·睢州》："胡范，直隶容城人，监生。康熙三十五年任。"《钦定大清会典》卷四《官制四·吏部》："知州，从五品。"② 正堂，明清时对府县等地方正印官之称呼。

铭文断缺残损，个别之处漫漶，大部分尚可辨识，内容大体可知。

《白云寺公输地租碑记》以第一位具衔署名人翰林院庶吉士郡人撰文袁锺麟语气行文。碑文大意是说，我请假还乡，游白云寺，雕梁画栋，呗音喧阗，雨花缤纷，盛况非凡。佛教虽与儒家不同，但是并不相悖，不仅有难相济，而且有助于朝廷。佛教常使人为善，不敢为不善。白云寺自从恭请佛定和尚锡至此，戒律精严，弘扬宗风，普度众生。白云寺有地五顷馀，岁输地租若干金，

---

① 《景印文渊阁四库全书》第 619 册，台湾商务印书馆股份有限公司，1986 年，第 48 页。

② 《景印文渊阁四库全书》第 619 册，台湾商务印书馆股份有限公司，1986 年，第 61 页。

采用成组、成对公输（共同、集体交纳）寺庙地租的方式，岁岁以为常。"力出于众则易，布义出于公则无累"，公输地租，不仅保障了寺庙的合法利益，而且可以提高人民的公义心，造成患难相助的优良风气。

案：第一，白云寺地租是寺庙地租，并非国家赋税，康熙三十七年《白云寺公输地租碑记》，由翰林院庶吉士郡人袁锺麟撰文、翰林院庶吉士盐山赵尔孙篆额、内阁中书郡人吴学颢书丹、归德府睢州正堂（知州）胡范立石，劝谕白云寺佃农公输地租，可谓异乎寻常。此不仅越出翰林院官之职责范围，似亦并非地方官府之职责。此是睢州籍翰林院官与睢州知州私下合作之行为，并非睢州府之正式行为。故碑文不曰催租，而美其名曰"公输"；不施加以政府之硬性规定，而出之以优美之教化。但最后一位具衔署名人为归德府睢州正堂胡范，显然增加了劝喻交租的力度。

第二，可见官员们维护白云寺经济利益，如同维护国家经济利益；急白云寺之所急，如同急朝廷之所急。睢州籍翰林院官和睢州知州异乎寻常地关心白云寺地租，其中必有缘故。实情是，康熙三十七年《白云寺公输地租碑记》立碑，是在已出家之顺治康熙二十一年或前后锡止白云寺之后（详见后文《玉明族祖碑》一章之碑文笺证），实与顺治身在白云寺有关。换言之，当康熙三十七年时，睢州籍翰林官及睢州知州，当已知道已出家之顺治安住白云寺。

此时康熙尚并不知情。直至康熙四十一年，圣祖第四次上五台山寻父，仍然为寻不到父皇而心情焦灼，具见于其所作《菩萨顶》诗。康熙四十二年以后不久，由于白云寺住持玉明和尚赴京取经于康熙皇帝，康熙这才知道，已出家之父皇顺治早已是在河南睢州白云寺。

第十二章　康熙四十一年御制《菩萨顶》诗"四十馀年礼世伽，本来面目是天家"：顺治皇帝出家五台山

顺治之子清圣祖康熙四十一年二月御制《菩萨顶》诗、康熙四十九年二月御制《五台有怀》诗、康熙四十九年九月御制河南睢州白云寺"（先）王宝｜当堂常赏"石匾等御匾集群，均为关于顺治出家史事的原始直接证据文献。

一、文献来源

说到康熙《菩萨顶》诗，不能不从康熙《御制诗》、《御制文》说起。

关于康熙诗集编次情况。

《御制诗》初集十卷，起自康熙十七年迄于二十四年；《御制诗》二集十卷，起自二十五年至迄于四十二年。《御制诗》三集八卷（其中卷七、卷八为赋），起自四十二年迄于五十四年。《御制诗》凡二十六卷。

《御制文》初集四十卷总目五卷，起自康熙八年①，迄于康熙二十二年，其中卷三十一至卷四十为《御制诗》初集十卷；二集五十卷总目六卷，迄于三十六年，其中卷四十三至卷五十为《御制诗》二集卷一至卷八；三集五十卷总目六卷，迄于五十年，其中卷四十五至卷四十六为《御制诗》二集卷九至卷十，卷四十七至卷四十八为《御制诗》三集卷一至卷二；卷四十九至卷五十为《御制诗》三集卷三至卷四。《御制文》四集三十六卷总目四卷，起自五十一年迄于六十一年，其中卷三十二至卷三十三为《御制诗》三集卷五至卷六，卷三十四至卷三十六为五十四年至六十一年诗，为《御制诗》以后新增五卷诗。《御制文》含诗凡三十一卷，其中最后五卷为《御制诗》以后新增。

关于康熙诗文集版本情况。《御制诗》初集十卷二集十卷，康熙四十三年江苏巡抚宋荦苏州刻本；《御制诗》三集八卷，康熙五十五年苏州织造李煦苏

---

① 依据《圣祖仁皇帝御制文集总目录》。其中云："臣等谨案：《圣祖仁皇帝御制诗文》自康熙二十二年癸亥以前为初集。"未言起始时间。按《圣祖仁皇帝御制文集》卷一《勅谕》第一篇《谕户部》，末署："康熙八年三月初八日。"第二篇《谕吏兵二部》，末署："康熙八年五月二十五日。"第三篇《谕吏部》，末署："康熙八年五月二十六日。"卷二《勅谕》第一篇《谕吏兵二部》，末署："康熙九年二月二十八日。"以下各卷未见早于康熙八年者。可知康熙《御制文》初集起自康熙八年。

州刻本。今有故宫博物院影印本。①

清圣祖康熙皇帝《御制文》初集四十卷总目五卷，二集五十卷总目六卷，康熙五十年内务府刻本；《御制文》三集五十卷总目六卷，四集三十六卷总目四卷，雍正十年内务府刻本。有故宫博物院影印本。②《四库全书》抄本《圣祖仁皇帝御制文集》初二三四集，乾隆三十九年抄进《四库全书》，《四库全书》乾隆四十六年成书，今有各种影印本。

康熙《菩萨顶》诗，不见于《御制诗》集，亦不见于《御制文》集，从而也就不见于《四库全书》本《圣祖仁皇帝御制文集》。

但是，有三种清朝官修之书包括《钦定四库全书》全文著录了康熙《菩萨顶》诗。

1. 雍正十二年山西巡抚觉罗石麟总裁、原任翰林院庶吉士储大文纂修《山西通志》卷一百八十二《艺文·御制·圣祖仁皇帝御制诗》③。

2. 乾隆四十六年《钦定四库全书》史部地理类雍正《山西通志》卷一百八十二《艺文·御制·圣祖仁皇帝御制诗》④

3. 乾隆四十九年代州知州吴重光纂修《直隶代州志》卷五《艺文志·宸翰·圣祖仁皇帝御制诗》⑤。

---

① 康熙《御制诗》初二三集，见故宫博物院影印《万寿诗 清圣祖御制诗文》第一册，海南出版社，2000 年；康熙《御制诗》刻印者及刻印年代，据翁连溪著《清代内府刻书研究》下册，附录一《清代内府刻书编年目录》，故宫出版社，2013 年，第 381 页。故宫博物院编《故宫珍本丛刊卷首》之《故宫珍本丛刊分册总目录》（海南出版社，2000年，第 88 页）所述，不及翁之著录翔实确切。

② 康熙《御制文》初二三四集，见故宫博物院影印《万寿诗 清圣祖御制诗文》第二至第六册，海南出版社，2000 年；康熙《御制文》刻印者及刻印年代，据翁连溪著《清代内府刻书研究》下册，附录一《清代内府刻书编年目录》，故宫出版社，2013 年，第 391页。故宫博物院编《故宫珍本丛刊卷首》之《故宫珍本丛刊分册总目录》所述康熙《御制文》版本情况（海南出版社，2000 年，第 88 页），不及翁之著录翔实确切。

③ 清雍正十二年（1734）觉罗石麟总裁，储大文纂修：《山西通志》二百三十卷，雍正十二年刻本，国家图书馆藏，索书号：地 160＼33＼。卷首《山西通志序》末云："开雕工竣，恭疏进呈，臣得俟挂名简端。谨序。雍正十二年甲寅三月朔旦，巡抚山西都察院右副都御史臣觉罗石麟谨序。"卷首《山西通志纂修职名》："纂修：原任翰林院庶吉士臣储大文。"

④ 《钦定四库全书》史部地理类雍正《山西通志》卷一百八十二《艺文·御制·圣祖仁皇帝御制诗》，《景印文渊阁四库全书》第 549 册，台湾商务印书馆股份有限公司，1986 年。

⑤ 清乾隆四十九年吴重光纂修：《直隶代州志》六卷，乾隆五十年刻本，国家图书馆藏，索书号：地 160.107。卷首《新修代州志序》末署："乾隆四十九年岁次甲辰仲春代州直隶州知州江都吴重光撰。"

案：由上可知，第一，康熙御制《菩萨顶》诗作于五台山，当时已颁赐或传播于山西省、代州直隶州之当地官员。

第二，康熙年间编刻《御制诗》、《御制文》成书时，是康熙皇帝自己将《菩萨顶》诗删除。其缘故是由于涉及清廷忌讳之事。

第三，雍乾时，山西省、代州直隶州修纂雍正《山西通志》①、乾隆《直隶代州志》，因为山西省、代州直隶州之当地官员奉有康熙《菩萨顶》诗，遂将原诗录入雍正《山西通志》、乾隆《直隶代州志》。

第四，乾隆《四库全书》史部地理类收录雍正《山西通志》，故康熙《菩萨顶》原诗亦录入《四库全书》。

第五，雍正《山西通志》、乾隆《四库全书》本《山西通志》、乾隆《直隶代州志》未能体察康熙之意将此诗删除，其缘故当是由于康熙、雍正、乾隆皇帝之疏忽，以及地方官员之不知情②。毫无疑问，无论山西、代州官员，还是四库馆臣，均不会冒杀头灭族之危险伪造此御制诗。

康熙二十六年（1687）周三进纂修《五台县志》首卷③与乾隆四十五年王秉韬纂修《五台县志》卷一④，《今上宸章》录碑记五首，其后《宸翰》"康熙二十二年秋八月御题台山诸寺匾额"，未录诗。按康熙历次上五台山诗并未刊碑，而县志仅著录已刊碑立匾之宸章、宸翰，并未著录未刊碑之诗。且康熙《菩萨顶》诗当作于康熙四十一年，康熙二十六年《五台县志》自然无从著录。乾隆《五台县志》卷一《今上宸章》及《宸翰》，系照抄康熙二十六年《五台县志》，自然亦就无从著录。

---

① 按《四库全书总目》卷六十八史部地理类一《山西通志》二百三十卷条："其发凡起例者，为原任庶吉士储大文，大文于地理之学颇能研究，所著《存砚楼集》，订正舆记者为多，故此志山川形势，率得其要领。"《钦定四库全书简明目录》卷七《山西通志》二百三十卷条："司其事者为宜兴储大文，大文凤讲地理之学，其发凡起例颇得体要。"《四库全书总目》卷一百七十三集部别集类六《存砚楼文集》十六卷条："《存砚楼文集》十六卷，国朝储大文撰。大文字六雅，宜兴人，康熙辛丑进士，官翰林院编修。"可见四库馆臣对翰林院庶吉士储大文纂修雍正《山西通志》评价颇高，储大文此后官至翰林院编修。

② 清帝出于对清朝隐讳之事讳莫如深之心理，不惜删除、禁毁其本人或列祖列宗所著之书、诗文、题匾。〔清世宗所编《大义觉迷录》，于雍正七年（1729）刊刻颁行天下，清高宗乾隆皇帝即位，下令收毁，列为禁书，是突出例证。〕而雍正、乾隆时，有关五台山之山西省、代州、五台县志品种既多，卷帙亦繁，事涉隐讳，百密一疏，难免漏删。

③ 清康熙二十六年周三进纂修：《五台县志》八卷首卷一卷，存2卷：首卷、卷一，国家图书馆藏，索书号：地160.109。

④ 清乾隆四十五年王秉韬纂修：《五台县志》八卷，国家图书馆藏，索书号：地160.109/34。

乾隆四十五年（1780）雅德纂修《山西志辑要》附《清凉山志辑要》卷上《宸翰·圣祖仁皇帝御制诗》录十二首诗，无此诗①，此当是因为康熙时此诗未收于《御制诗》及《御制文》之中。

康熙《菩萨顶》诗，似未见学术论述作出过讨论，诗歌选本或无注或注释简略，未涉及此诗实质内容。

二、全诗笺证

康熙御制《菩萨顶》诗：

> 四十馀年礼世伽，本来面目是天家。清凉无物何所有，叶斗峰横问法华。②

"菩萨顶"：山西五台山最大的喇嘛寺院，位于五台山台怀镇灵鹫峰上。宋释延一《广清凉传》卷中《安生塑真容菩萨十》："大孚灵鹫寺之北有小峰，顶平无林木，峍然高显，类西域之鹫峰焉。其上祥云屡兴，圣容频现，古谓之化文殊台也。唐景云中，有僧法云者……乃缮治堂宇，募工仪形。有处士安生者……应召，……生谓云曰：'若不目睹真像，终不能无疑。'乃焚香悫启移时，大圣忽现于庭，生乃欣踊躄地，祝曰：'愿留食顷，得尽模相好。'因即塑之。……故以真容目院焉。"明释镇澄《清凉山志》卷五《帝王崇建》："元魏孝文帝再建大孚灵鹫寺。环匝鹫峰，置十二院。（今显通寺，即善住院。菩萨顶，即真容院。馀皆湮没矣。）"雍正《山西通志》卷一百七十一《寺观四·代州·五台县·台怀佛刹》："大文殊寺，在台怀，即菩萨顶真容院。……明永乐初，勅改建大文殊寺……成化十七年，造镀金文殊像，高一丈六尺，遣太监李珍送寺。国朝世祖章皇帝顺治十二年四月，发帑金差内大臣……到山修建祝国佑民道场四十日。十四年十月，发帑金……到山修建祝国佑民道场一百日。十七年，勅喇嘛督理台山。……（康熙二十二年）九月圣驾复幸台山，驻跸菩萨顶……命改覆本寺大殿琉璃黄瓦。……二十三年三月，于菩萨顶前后山门，设官永镇，把总一员，马兵十名，步兵三十名，守护香火供器。……三十年春，命阖寺改覆琉璃黄瓦，给寺僧口粮八十分。"

---

① 清乾隆四十五年雅德纂修：《山西志辑要》十卷卷首一卷附《清凉山志辑要》，国家图书馆藏，索书号：地160＼34＼。

② 雍正《山西通志》卷一百八十二《艺文·御制·圣祖仁皇帝御制诗》，叶12B，国家图书馆藏，索书号：地160＼33＼；《钦定四库全书》史部地理类雍正《山西通志》卷一百八十二《艺文·御制·圣祖仁皇帝御制诗》，《景印文渊阁四库全书》第549册，台湾商务印书馆股份有限公司，1986年，第11页；乾隆《直隶代州志》卷五《艺文志·宸翰·圣祖仁皇帝御制诗》，叶21A，国家图书馆藏，索书号：地160.107。

诗题表示诗作于五台山菩萨顶。据《康熙起居注》及《圣祖实录》所载，康熙二十二年二月、二十二年九月（奉太皇太后即清太宗孝庄文皇后）、三十七年二月、四十一年二月、四十九年二月，康熙皇帝五次上五台山，前四次皆驻跸菩萨顶，唯有第五次驻跸罗睺寺。

"四十餘年礼世伽。"

"礼世伽"：即礼世尊，尊礼世尊释迦牟尼，指出家为僧。是佛教常见之语，亦是佛门早晚功课。刘宋宝云译《佛本行经·度宝称品第十八》："今礼世尊足，身命归于佛。"后秦鸠摩罗什等译《禅秘要法经》卷上："时诸比丘，礼世尊已，各还所安。"赵宋法贤译《佛说大乘无量寿庄严经》卷上："五体投地，礼世尊足。礼已合掌。"

康熙此诗为了押韵，将"世尊"改作"世伽"，指世尊释迦牟尼，此是康熙生造之辞，古汉语及大藏经并无此词。"世尊"者，言佛为世所尊重也，隋慧远《无量寿经义疏》卷上："佛备众德，为世钦仰，故号世尊。"世伽"实为不辞。清帝之诗时有生造之辞，如乾隆《御制诗》五集卷七十二《灵鹫峰文殊寺瞻礼偶效禅语》："金容永永镇华垓"，"华垓"亦为生造之辞，《说文解字》卷十三："垓，兼垓八极地也。"乾隆所谓"华垓"，意谓中华之地。"世伽"、"华垓"，皆《四库全书》独一无二之用词，实生吞活剥之造语。但亦表明此等诗作是其自作，并非代笔。

"本来面目是天家。"

"本来面目"：禅门语，指自己本分、自性。语见宗宝编《六祖大师法宝坛经行由第一》惠能云："不思善，不思恶，正与么时，那个是明上座本来面目。"此指本来身份。

"天家"：此指天子、皇帝。典出蔡邕《独断》卷上："天家，百官小吏之所称，天子无外，以天下为家，故称天家。天子，正号之别名。"徐铉《纳后夕侍宴又三绝》："汉主承乾帝道光，天家花烛燕昭阳。"范仲淹《范文正集》卷四《知府孙学士见示和终南监宫太保道怀五首因以缀篇》诗之二："红霞绿竹忘机地，未免天家下诏求。"康熙《万寿盛典》初集卷二十五《恩赉二·加恩外藩二》："黜陟定于天家，庆让同于内地。"《钦定大清会典则例》卷六十《礼部·仪制清吏司·巡幸一》："《圣祖实录》备载前后南巡，恭侍皇太后鸾舆，群黎扶老携幼，夹道欢迎，交颂天家孝德。"①

---

① 《景印文渊阁四库全书》第 622 册，台湾商务印书馆股份有限公司，1986 年，第 72 页。

"四十餘年礼世伽，本来面目是天家"，诗言有人出家为僧四十餘年，尊礼世尊释迦牟尼，其人现在面目是僧人，无人知道其本来面目是天子、是皇帝。诗题菩萨顶，位于五台山，在台言台，可知"四十餘年礼世伽"之天子僧人、皇帝僧人，是出家在五台山。此"本来面目是天家"之天子僧人、皇帝僧人，只能是指顺治皇帝，因为顺治皇帝是清朝第一位皇帝，也是诗作者康熙皇帝之前的唯一一位清朝皇帝；更不用说，除顺治皇帝以外，清朝不可能有第二位皇帝出家。在整个中国历史上，也没有第二位真正的皇帝真正的出家了。

康熙对父皇①顺治出家所感受到之心灵震撼，意在言外矣。

按《清世祖实录》卷一：

> 世祖体天隆运定统建极英睿钦文显武大德弘功至仁纯孝章皇帝讳（福临），太宗应天兴国弘德彰武宽温仁圣睿孝敬敏昭定隆道显功文皇帝第九子也，母孝庄仁宣诚宪恭懿至德纯徽翼天启圣文皇后，于崇德戊寅正月三十日戌时诞上于盛京。②

《清世祖实录》卷一百四十四顺治十八年正月丁巳（初七日）：

> 夜子刻，上崩于养心殿。③

《清史稿》卷五《世祖本纪二》：

> 十八年春正月壬子，上不豫。丙辰，大渐。赦死罪以下。丁巳，崩于养心殿，年二十四。

《清圣祖实录》卷一：

> 圣祖合天弘运文武睿哲恭俭宽裕孝敬诚信功德大成仁皇帝讳玄烨，世

---

① 清顺康时，皇子对作皇帝之父亲称之为"父皇"，例如《圣祖仁皇帝御制文》第二集卷三十三《恭侍皇太后驾临金山记》："朕日祗聆懿训，所至布德施惠，惟恐一夫不获。圣慈每闻之，必为色喜，顾谓诸子曰：'汝父皇爱民如是，太平可永保矣，老身为加一饭。'"（"圣慈"，指顺治孝惠章皇后，是为康熙嫡母。）又称之为"皇父"，例如《圣祖仁皇帝御制文》第二集卷二十四《谕皇太子》："朕躬安善，皇太子佳否？汝皇父薄德，何意如此福庆，凡所至之地，指画之事无不吻合，此皆天地祖宗之眷佑也。"《圣祖仁皇帝御制文》第三集卷十四《谕宗人府》："惟贝勒允祉特至朕前奏称：'皇父圣容，如此清减，不令医人诊视，进用药饵，徒自勉强耽延，万国何所倚赖？'"在本文题目范围内，顺治康熙二人之间关系，首先还是父子关系。故本文述及康熙对顺治之称呼，采用"父皇"一语。

② 《清实录》第3册，《世祖章皇帝实录》，中华书局，1985年，第27页。

③ 《清实录》第3册，《世祖章皇帝实录》，中华书局，1985年，第1105页。

祖体天隆运定统建极英睿钦文大德弘功至仁纯孝章皇帝第三子也。母孝康慈和庄懿恭惠温穆崇天育圣章皇后佟氏。……年十五，诞上于景仁宫，乃顺治十一年甲午三月十八日巳时也。①

《清圣祖实录》卷一顺治十八年正月己未（初九日）：

> 上即皇帝位。②

综上所述，可知清廷所宣布之顺治十八年（1661）正月丁巳初七日皇帝驾崩养心殿之日，即是顺治皇帝出家五台山之时，亦差不多即是康熙即皇帝位之时。此时，康熙年才八岁。康熙幼年所遭受父皇之"死"之震撼，成人后得知父皇假死真出家之震撼，皆可想而知。

康熙《菩萨顶》诗作于康熙四十一年上五台山

据《康熙起居注》及《清圣祖实录》所载，康熙皇帝五次上五台山，是在康熙二十二年二月十二日至三月初六日、二十二年九月十一日到十月初九日、三十七年正月二十七日至二月二十二日、四十一年正月二十八日至二月二十八日、四十九年二月初二日至三月初四日。时在顺治十八年（1661）天子出家四十年馀年之后者，只有两次，一为康熙四十一年（1702）二月；一为康熙四十九年二月。自顺治十八年至康熙四十一年为四十二年（中国传统计算年数，以第一年当年计为一年），适为四十馀年，康熙《菩萨顶》诗言"四十馀年礼世伽"，可知诗当作于康熙四十一年二月上五台山之时。若在康熙四十九年二月上五台山之时，则自顺治十八年至康熙四十九年适为五十年，诗当曰五十年来礼世伽矣。

《起居注册》所载康熙四十一年上五台山情况

按《清代起居注册》康熙四十一年壬午二月：

> 初八日庚申，上出龙泉关，驻跸山西五台县属之射虎川台麓寺……
> ……是日，山西巡抚噶礼、提督学政翰林院侍读汪灝、大同总兵官俞益谟……等来朝。……
>
> 初九日辛酉，上阅视罗侯寺等庙，驻跸菩萨顶。酉时，上御行宫。……是日，五台县知县方正瑺来朝。
>
> 初十日壬戌，上驻跸菩萨顶。是日，上阅视中台、西台等庙。毕，赏引路兵卒银两。十一日癸亥，上驻跸菩萨顶，往阅清凉石、南台等庙。
>
> 十二日甲子，上驻跸菩萨顶。辰时，上御行宫……是日，上阅视妙德

---

① 《清实录》第4册，《圣祖仁皇帝实录（一）》，中华书局，1985年，第39页。
② 《清实录》第4册，《圣祖仁皇帝实录（一）》，中华书局，1985年，第41页。

庵，又阅视碧山寺。驾出山……是日，扈从大臣、部院衙门大臣、官员，以至兵丁、执事人等俱赐素珠、木碗、香、清凉摄受印绢。赐山西巡抚噶礼御书'能体纯素'四大字、诗二幅，总兵官俞益谟'坤岳虎符'四大字、诗一幅，布政司、按察司、学院、道府、知州、知县等俱各赐诗、字一幅。又恩赐巡抚噶礼食，赐伊母银鼠挂、貂鼠袍，噶礼冠服各一袭。

十三日乙丑，上回銮，于中途阅视广宗寺等庙宇，驻跸射虎川台麓寺……是日，赐厄鲁特察罕拉木扎木巴纳木噶巴尔，及菩萨顶周回住居穷喇嘛白金。

十四日丙寅，上起行，阅视涌泉寺等庙宇。至长城岭下，山西巡抚噶礼率所属文武官员跪送，上赐葛礼貂帽、貂褂，总兵官俞益谟钉孔雀翎貂帽、貂褂。①

由上可知：第一，康熙四十一年二月初九至十三日上五台山，驻跸菩萨顶历时五天。康熙《菩萨顶》诗，当作于此时。

第二，康熙四十一年二月上五台山，赐山西巡抚、大同总兵官、布政司、按察司、学院、道府、知州、知县等诗共计九幅，其中或有此次上五台山所作诗。

《御制诗》、《御制文》集康熙四十一年存诗情况

康熙《御制诗》、《御制文》集，系编年编次。康熙四十一年诗，编次在《御制诗》二集卷九即《御制文》三集卷四十五，其中第十七、第十八、第十九首诗题为：

　　《立春》
　　《咏弹琴》
　　《四十一年除夕书怀》

王双怀、方骏、陈佳荣等编《中华日历通典》清圣祖康熙四十一年正月：

　　初八庚寅（1702年2月4日）立春②

由上可知：第一，康熙《御制诗》、《御制文》集，自康熙四十一年正月初八立春到年底除夕十二月三十日，仅存诗寥寥三首。

第二，康熙四十一年二月上五台山，《御制诗》、《御制文》集中无一首上

① 《清代起居注册·康熙朝》第十七册，台北联经出版公司，2009年据国立故宫博物院藏本影印，第9205－9222页。

② 王双怀、方骏、陈佳荣等编：《中华日历通典》第四册，吉林文史出版社，2006年，第3994页。

五台山诗存。

第三，康熙四十一年上五台山所作诗至少有《菩萨顶》一首，《御制诗》、《御制文》集中已不存。

"清凉无物何所有。"

"清凉"：佛家语，指寂灭烦恼之境界。鸠摩罗什译《妙法莲华经》卷三《药草喻品第五》："尔时世尊欲重宣此义，而说偈言：……譬如大云，起于世间，遍覆一切……地上清凉。……佛亦如是，出现于世，譬如大云，普覆一切。"

"清凉"，此指清凉山即五台山。暗指顺治出家五台山。东晋佛驮跋陀罗译《大方广佛华严经》卷四十五《菩萨住处品第二十七》："尔时心王菩萨摩诃萨，复告诸菩萨言：……东北方有菩萨住处，名清凉山，过去诸菩萨常于中住。彼现有菩萨，名文殊师利，有一万菩萨眷属，常为说法。"唐实叉难陀译《大方广佛华严经》卷四十五《诸菩萨住处品第三十二》："尔时，心王菩萨摩诃萨于众会中，告诸菩萨言：佛子！……东北方有处，名清凉山，从昔已来，诸菩萨众，于中止住。现有菩萨，名文殊师利，与其眷属，诸菩萨众，一万人俱，常在其中，而演说法。"唐菩提流志译《佛说文殊师利法宝藏陀罗尼经》："尔时世尊复告金刚密迹主菩萨言：我灭度后，于此赡部洲东北方，有国名大振那，其国中有山，号曰五顶。文殊师利童子游行居住，为诸众生于中说法。"唐释慧祥《古清凉传》卷上《立名标化一》："谨按《华严经·菩萨住处品》云：'东北方有菩萨住处，名清凉山。过去有菩萨常于中住，彼现有菩萨名文殊师利，有一万菩萨，常为说法。'……今山上有清凉寺，山下有五台县清凉府，此实当可为龟鉴矣。一名五台山，其中五山高耸，顶上并不生林木，事同积土，故谓之台也。"唐清凉山大华严寺沙门澄观《大方广佛华严经疏》卷四十七《诸菩萨住处品第三十二初》："清凉山，即代州雁门郡五台山也，于中现有清凉寺。以岁积坚冰，夏仍飞雪，曾无炎暑，故曰清凉。五峰耸出，顶无林木，有如垒土之台，故曰五台。"明镇澄《清凉山志》卷一《总标化宇》："东震旦国清凉山者，乃曼殊大士之化宇也，亦名五台山。以岁积坚冰，夏仍飞雪，曾无炎暑，故曰清凉。五峰耸出，顶无林木，有如垒土之台，故曰五台。雄剧雁代，盘礴数州，在四关之中，周五百馀里。"

"无物"：无一物，指万法缘起性空，禅宗语。《乾隆大藏经》门人法海等集宋明教大师契嵩撰《六祖大师法宝坛经一卷》："慧能偈曰：菩提本无树，明镜亦非台。本来无一物，何处惹尘埃。"

"无物"是双关语。

"物"：此又指人、人物也。《文选》卷四十三魏嵇康《与山巨源绝交书》：

"是乃君子思济物之意也。"《晋书》卷九十二《李充传》《学箴》："遗己济物，而天下为公。"《文选》卷十九宋谢灵运《述祖德诗》："兼抱济物性。"宋程子《伊川易传》卷一《周易·上经·乾》："圣人作而万物睹本乎。"《传》："物，人也。古语云'人物'、'物论'，谓人也。"文渊阁《四库全书》本康熙《御纂周易折中》卷十六《文言传》："圣人作而万物睹本。"注引程《传》："物，人也。古语云'人物'、'物论'，谓人也。"（此书卷首有《圣祖仁皇帝御制周易折中序》）萨都剌《念奴娇·登石头城》："石头城上，望天低吴楚，眼空无物"，"一江南北，消磨多少豪杰"。眼空无物，即眼空不见人物，盖豪杰消磨已尽。

"何所有"：有何物、有何人。《玉台新咏》卷一《古乐府》："天上何所有，历历种白榆。"王维《过乘如禅师萧居士嵩丘兰若》："深洞长松何所有，俨然天竺古先生。"杜甫《无家别》："四邻何所有，一二老寡妻。"

"何所有"是双关语。

"何所有"：何处有。何所，何处。《史记》卷十二《孝武本纪》："又不知其何所人。"《杂阿含经》卷二："时有众多比丘，诣阿难所，语阿难言：今闻世尊，住在何所？"李白《登黄山陵歊台送族弟溧阳尉济充泛舟赴华阴当涂》："相思在何所？杳在洛阳西。"韩愈《感春》诗其一："我所思兮在何所？情多地遐兮遍处处。"

"叶斗峰横问法华。"

"叶斗峰"：五台山最高峰、华北最高顶，海拔3061米。叶斗峰呈东西走向，菩萨顶位于叶斗峰南，而低于叶斗峰。故康熙诗曰"叶斗峰横"，是写实，写出向北仰望，但见叶斗峰横空而过也。明镇澄《清凉山志》卷二《五峰灵迹》："北台高四十里，顶平广，周四里。亦名叶斗峰。其下仰观，巅摩斗杓，故以为名。风云雷雨，出自半麓。有时下方骤雨，其上曝晴。四方云气，每归朝而宿泊焉。"康熙《圣祖仁皇帝御制文集》卷二十三《北台灵应寺碑文》："清凉山……五峰竦峙，而北台为最高。岁癸亥二月，朕銮辂西巡，登其层巘，云气生舄履之下，开阖万变，时春雪方霁，青霄复绝，天风飒然，所谓身历清净之域，目睇澄鲜之境，心游太古之地，盈缩造化，吐纳颢气，泠然善也，台名叶斗峰。"癸亥，康熙二十二年。

"问法华"：指问能说《法华经》之文殊师利菩萨。典出《妙法莲华经》卷五《安乐行品第十四》："文殊师利，是名菩萨，安住初法，能于后世，说《法华经》。"能说《法华经》者，文殊师利菩萨也，故"问法华"即是问文殊师利菩萨。此是"问法华"之第一个意思。如上所述，佛言五台山乃文殊菩萨常住说法之道场，世传文殊菩萨显灵于五台山之说亦不少。故"问法华"

亦与五台山有关。此是"问法华"之第二个意思。

此并当暗用《法华经》佛难可值遇、难可得见、不为现身之典。《妙法莲华经》卷五《如来寿量品第十六》："（尔时佛告大菩萨众）是故如来以方便说：'比丘当知！诸佛出世，难可值遇。'所以者何？诸薄德人，过无量百千万亿劫，或有见佛，或不见者，以此事故，我作是言：'诸比丘！如来难可得见。'斯众生等闻如是语，必当生于难遭之想，心怀恋慕，渴仰于佛，便种善根。……尔时世尊欲重宣此义，而说偈言：'……我见诸众生，没在于苦恼，故不为现身，令其生渴仰，因其心恋慕，乃出为说法。'"吴梅村《清凉山赞佛诗》之"佛"，即是指顺治。

"清凉无物何所有，叶斗峰横问法华"，字面言清凉世界本无一物，抑或有何物耶？面对横空叶斗峰，我不禁要问能说《法华经》之文殊师利菩萨。清凉山乃文殊菩萨道场，他是知道的人。

言外之意：清凉山究竟无有这个人耶？如果清凉山无有这个人，何处有他、他在何处耶？面对横空叶斗峰，我不禁要问能说《法华经》之文殊师利菩萨。清凉山乃文殊菩萨道场，他是知道的人。上承"四十馀年礼世伽，本来面目是天家"，这个人，是指出家为僧的天子而言。

此二句，当还暗用《法华经》"诸佛出世，难可值遇"、"如来难可得见"、"不为现身"，暗指出家为僧之天子难可值遇、难可得见、不为现身。

此二句，是对未能见到已出家了的父皇、父皇难可得见的甚深感慨。此表明，康熙没有见到出家了的顺治。

实际上，康熙二十二年二月、二十二年九月（奉太皇太后即清太宗孝庄文皇后）、三十七年二月、四十一年二月，康熙此四次上五台山时，顺治早已离开五台山矣（详见后文《玉明族祖碑》一章之碑文笺证）。

三、史料价值与文学价值

史料价值

第一，康熙四十一年御制《菩萨顶》诗，文献来源为三种清朝官修史部地理类之书，雍正《山西通志》、乾隆《四库全书》本《山西通志》、乾隆《直隶代州志》，无一字异文，因此其史源之真实、文字之信实，皆确实无疑。

第二，康熙《菩萨顶》诗内容包含三个意思，首先，康熙对父皇顺治作为天子而出家所感受到的震撼。以致于在顺治出家四十二年以后，同时是在康熙即位四十二年以后，年届半百的康熙，对此仍然心情极不平静。其次，康熙知道，父皇顺治出家是在五台山。再次，对已出家了的父亲难可得见的感慨。这表明康熙没有见到出家了的顺治。

第三，康熙《菩萨顶》诗，表明顺治出家之史事真实无疑，是顺治出家史案之一珍贵史料。此一重要之原始、直接证据文献，不容忽视，必须面对。尤其"四十馀年礼世伽，本来面目是天家"，是直叙，几乎完全明白道出顺治出家之事，无怪乎康熙御制诗文集中不收此诗。

文学价值

第一，内容。诗中写出康熙对父皇顺治出家所感受到的震撼，自己朝台而难可得见父皇的焦灼，以及父皇究竟在哪里的天问般的诘问。此是人类深刻情感心理的真实表现，因此就诗而言，在作为诗的本性的兴发感动上，已获得深度的成功。

第二，艺术。"四十馀年礼世伽，本来面目是天家"二句，是直叙，而心灵震撼见于言外，兴发感动，言之有物。"清凉无物何所有，叶斗峰横问法华"，是诘问，而句法灵活，双管齐下，意在言外，藏而不露，隐义确切。其中"叶斗峰横问法华"，是天问般之意境，叶斗峰横空画面，如在眼前，在诗尤其是绝句应有的意境呈现，及韵味含蓄上，达到很高的成就。可见好诗是逼出来的，不是做出来的，是出自于万不得已的感慨。

第三，不足在于，生造词语"世伽"，稍为生硬；"清凉无物何所有"之"所"字当平而仄，拗而无救（在此亦无法救），失粘。但是瑕不掩瑜。

附录一

真出家人之品格也

根据笔者所见文献，顺治出家以后，未曾与康熙等见面。2015 年 6 月 13 日，笔者赴五台山考察。康熙时，顶增坚错《重修（五台山）太平兴国寺碑记》中有一诗，酷似顺治御制出家诗及康熙《菩萨顶》诗。五台山太平兴国寺（五郎庙）毁于"文革"，其碑石运送至集福寺。15 日早晨，笔者至集福寺访顶增坚错碑，于寺内外遍寻访而未得，欲前往太平兴国寺旧址寻访，在山门外，遇见一位老年比丘尼师父，便向老尼师问路，敬承老尼师主动指路，以免笔者走错路。老尼师带领笔者走了一段陡险山路然后返回，笔者过意不去，送老尼师走回此段路，并问："老人家今年高寿？"孰知老尼师一挥手，说："出家人，不说那些了！"笔者当时心中猛地一震，顿悟顺治出家以后对待世缘，当即是此种态度。此真出家人之品格也。

笔者当时作《五台山绝句十五首》，是写实。其中《集福寺老比丘尼》诗云：

> 老尼引路上嶙峋，松下临歧惭谢申。高寿问师一挥手，不言些事出家人。

附录二

有意思的顶增坚错咏杨五郎诗

康熙五十三年（1714）山西五台山太平兴国寺顶增坚错《重修太平兴国寺碑记》，兹据日本京都大学人文科学研究所所藏石刻拓本资料网站拓片照片，将主要部分标点、分段，录文如下：

> 重修太平興國寺碑記
>
> 樓觀谷西有太平興國寺者，乃宋太宗平晉之所建，即楊招討禮師祝髮之處也，現有祠像存焉。癸巳仲春，見四殿妃頹，承蒙龍主，奉旨來山修建，祈保今上皇帝萬壽無疆。道場普飯番漢諸僧，廣施負餒。路經其寺，見（楊）五郎影，遂援筆題曰：
>
> 棄卻干戈披衲衣，個中爭許幾人窺。只今唯有臺山月，夜夜空臨楊老祠。
>
> 此乃千古之絕詞，而五郎數百年之心跡，卻被此詞道破了也。

末署：

> 敕賜清修禪師提督五臺山番漢扎薩克大喇嘛頂增堅錯謹識
>
> 康熙五十三年中秋日①

康熙五十三年顶增坚错《重修太平兴国寺碑记》五郎诗"弃却干戈披衲衣，个中争许几人窥"，及"五郎数百年之心迹，却被此词道破了也"之自赞语，酷似顺治御制出家诗"我本西方一衲子，黄袍换却紫袈裟"，及康熙《菩萨顶》诗"四十馀年礼世伽，本来面目是天家"。顶增坚错此诗，因联想到五郎与顺治俱出家五台山，而不为人知，而借咏五郎，实寄托感慨顺治之意也。

清赵炳麟《柏岩诗存》卷三《五郎祠吊古》小序："祠为宋杨招讨第五子祝发处，有五郎像及铁棒。圣祖题诗云：'弃却干戈披衲衣，个中争许几人

---

① 京都大学人文科学研究所所藏石刻拓本资料·文字拓本·清，ファイルナンバー：SIN0074X，標題：重修太平興國寺碑記（五臺山五郎廟1），年代：康熙50年（1711）8月，网址：http：//kanji. zinbun. kyoto－u. ac. jp/db－machine/imgsrv/takuhon/type＿a/html/sin0074x. htm

京都大学人文科学研究所著录《重修太平兴国寺碑记》年代作康熙50年（1711）8月，误，应为：康熙53年（1714）8月。

碑文漫漶处脱文，系据崔正森等《五台山碑文选注》（北岳文艺出版社，1995年，第352页），山西教育出版社编《五台山碑文、匾额、楹联、诗赋选》（山西教育出版社，1998年，第66页），张正明、[英]科大卫、王勇红主编《明清山西碑刻资料选 续一》（山西古籍出版社，2007年，第423页）录文拟补。

窥。只今惟有台山月，夜夜空临杨老祠。'"①

炳麟，光绪二十一年进士，授翰林院编修，尚且以此诗为康熙所作，更无论今人矣。

2015 年秋，笔者从日本京都大学人文科学研究所所藏石刻拓本资料网站获得顶增坚错《重修太平兴国寺碑记》拓片照片，谨此志谢。

---

① 清赵炳麟著，余瑾、刘深校注：《赵柏岩诗集校注》，巴蜀书社，2014 年，第 353 页。

第十三章 《玉明族祖碑》载康熙御赐白云寺 "满朝銮驾"，意在向顺治表示父皇仍然是皇帝； 可见顺治就在白云寺

康熙四十二年癸未（1703）之后、四十八年己丑（1709）之前，河南睢州白云禅寺住持玉明和尚，曾受命赴京取经于康熙皇帝。

玉明和尚（1656－1743），清前期禅宗曹洞宗传人，名行兴，字玉明，称玉明兴公和尚，俗姓郭，清代山东省曹州府菏泽县郭水坑村（今山东省菏泽市鄄城县彭楼镇郭水坑村）① 人。幼年在本县天兴寺出家，康熙二十年（或康熙二十一年）至河南睢州白云寺受具足戒（比丘戒），为佛定和尚（1647－1721）之传法弟子。康熙四十二年（1703）之后，玉明受命赴京取经于康熙皇帝，御敕封为复元禅师、弘法沙门、钦命方丈，恩赐紫绶珠衣。《民权文史资料》第七辑王冠群、崔长庚、黄广文《千年古刹白云禅寺》记载："行兴的字写得很好，在白云寺的大悲楼上，曾有他写的'曹帝高卷'匾额，可惜今已不存。"② 郭水坑村村民告诉笔者，他们世世代代至今，每年都要到白云寺去一次，为玉明族祖进香。

一、山东省鄄城县郭水坑村郭氏祠堂《玉明族祖碑》录文

2015 年 6 月 26 日、2016 年 3 月 31 日、2017 年 8 月 8 日、2017 年 9 月 9 日，笔者四次赴山东省鄄城县郭水坑村，考察郭氏祠堂石刻文献及其它实物文献③。

---

① 山东省鄄城县史志编纂委员会编《鄄城县志》第一编《建置》第三章《行政区划》："鄄东南彭楼、郑营、察庄一带，1941 年 2 月属巨荷县，1942 年 12 月属郓鄄巨菏四县边办事处，1943 年 11 月属临泽县，郑营以南一带为其一区，彭楼一带为其二区，察庄、舜城一带为其五区。1948 年 11 月临泽县撤销，上述地区重新划归鄄城县。"（齐鲁书社，1996 年，第 38 页。）山东省荷泽市志编纂委员会编《菏泽市志》第一编《建置》第二章《区划》："（清雍正十三年）菏泽置县后，境域区划和行政区划变动频繁。"（齐鲁书社，1993 年，第 54 页。）据《玉明族祖碑》："曹州府菏泽县郭水坑"，可知郭水坑村清代时属菏泽，1940 年代以后属鄄城。

② 中国人民政治协商会议河南省民权县委员会学习文史委员会编：《民权文史资料》第七辑，2001 年，第 162 页。

③ 笔者获知山东省鄄城县郭水坑村郭氏祠堂《玉明族祖碑》之信息，来自 2009 年中央电视台陈敏编导《走遍中国 古刹迷踪》纪录片的现场报导；此碑系河南民权县县志办潘宇先生听闻香客说及与白云寺有关而前往发现；谨此一并志谢。见陈敏编导《走遍中国 古刹迷踪》，央视网视频 走遍中国，http：//tv.cntv.cn/video/C10352/8fec9301d3a349b44b7cbb9bc2e4c183，2009 年摄制，2010 年播放。

郭氏祠堂前廊并立雕龙抱柱，大门匾额榜书："白云亚主"。堂屋内正上方匾额榜书："玉明族祖"。其下悬挂彩绘玉明和尚坐像，坐像上方楷书民国二十年《玉明族祖像赞并序》，坐像左右联语："受皇封千载圣僧，脱凡体万古神灵"。坐像下供桌上，立有长方形蓝底金字木主，镌书："承恩敕封借僧复元禅师讳玉明族祖神位"。

郭氏祠堂院内所立民国八年玉明族祖碑，碑文是关于顺治锡止睢州白云寺之重要参考文献。《玉明族祖像赞并序》，述及《玉明族祖碑》之文献来源。

《玉明族祖像赞并序》，二十三行，行二十字，楷书。除落款第二十一行行首"民国二十年"低二格、第二十二行行首"重写"低五格、第二十三行行首"今又写于"低六格，其馀各行均顶格。全文录文横排标点如下：

> 玉明族祖像赞並序
> 溥曹正宗、白雲堂上第二冊四座玉明族祖，大清康熙敕封借僧復元禪師、恩賜紫綬珠衣、滿朝鑾駕，幼出天興寺，遠遊至豫東白雲古刹，得開山第一代佛定光和尚之再傳衣鉢者也。康熙辛酉歲入院，傳成，得弟子數百人。銳意重修千佛閣，及兩座樓房舊制。復於地方伸民，隨緣募化，在外顯出諸景奧妙，感化眾生。及入龕之後，普渡兩地，即魯豫也。凡有大劫之數，莫不暗為保佑，逢凶化吉，以至兩處仰其法力於無量。偕由本村合鄰族，感其老和尚爺昊應，雖辭世年深，當日法力猶在，數次保護，免其災害。為此公議，咸豐辛酉歲，建修祠堂。民國己未年，至白雲寺抄來碑文。今又赴白雲請像，以為後裔子孫之鑒耳。
>
> 這個和尚像貌奇，眾人共稱黑臉皮。歷代面黑人不少，自古黑面有奇異。宋朝曾有包文正，東魯遠有孔仲尼。孔夫子天下文官祖，包文正鐵面稱第一。這個和尚面黑如墨染，定必胸中有玄機。羅漢原為菩提本，這和尚前身須菩提。
>
> 戀語：殷因夏而周因殷，損益多寡禮為根。文王大行武周繼，遠源流芳賴子孫。水流千遭歸大海，人走天涯有故心。
> 民國二十年歲次辛未菊月十八日入祠
> 　　　重寫一九六九年十一月二日
> 　　　　今又寫於二零一二年十一月二日

案：由民国二十年辛未（1931）《玉明族祖像赞并序》，可知郭水坑村郭氏祠堂修建于咸丰十一年辛酉（1861），是为玉明族祖而建立。《玉明族祖碑》，是民国八年己未（1919）依据从"白云寺抄来碑文"而刻碑，建立于祠内。玉明坐像，是民国二十年辛未（1931）从白云寺请来入祠。①

郭氏祠堂院内东边，并立两通《玉明族祖碑》，坐东朝西。北侧一碑建立于民国八年己未（1919），碑文漫漶，尚可辨识，拓片则字字清晰。南侧一碑建立于1988年，是民国八年碑之重刻，碑文清晰。两碑碑文正文完全相同，差异仅在于：民国八年碑有额题"流芳无疆"而无首题（碑文标题），1988年碑除依旧有额题外增加首题"承恩敕封借僧复元禅师讳玉明族祖碑"，大字镌于碑文中央；两碑落款"本村"主事人下署名不同，因为两碑已相隔七十年，约三代人之时间。

民国八年《玉明族祖碑》碑，高175厘米，宽57厘米。额题二行，楷书大字。正文十一行，行四十字左右不等，楷书小字，字径2厘米。除第六行行首"玉明和尚"、第十一行行首"民国八年"顶格，落款立碑人"本村"主事人及河南白云寺九代徒孙当座方丈纯心署名一行低六格半，其馀各行均低一格。"圣祖仁皇帝"前空一格。

今依据民国八年《玉明族祖碑》笔者所摄照片及所制拓片，迻录民国八年碑碑文，加标点横排分段如下。碑文行末标」，落款署名照原式横排，不加标点。

流芳」无疆」

河南省睢县西北四十里，旧有」白云禅寺者，始于唐贞观年间创立。自前清康熙年代崇兴，有开山第一代佛（右上小字注：上）定（右上小字注：下）意公老和尚。接传嗣」法门人有四，一实相，二越尘，三开一，四玉明，各传法徒五人，相继主持。

惟玉明和尚赴京取经于　圣」祖仁皇帝，书扇一把见爱，御敕封为复元禅师、弘法沙门、钦命方丈，恩赐紫绶珠衣。又赐藏经五千四」百八十馀卷，敕铸铜钟、铜锅、铁锅，满朝銮驾。当时共计满单僧众一千二百五十馀名，尽是大阿罗汉也。

惟」玉明兴公老和尚，系曹州府菏泽县郭水坑郭氏子也。幼在本县天兴寺出家，至白云寺受具足戒，接法」入院。在寺勤劳操持，恪守律仪，不数年，务将寺之殿阁楼房尽为建修。复立粥厂施放男女，就食者不」啻蜂拥。后于乾隆癸亥年，法腊八十八岁，十一月初六日子时涅盘，

① 2017年8月8日、2017年9月9日，笔者两次采访郭水坑村村民郭心贺先生。郭心贺先生告诉笔者："祖宗与玉明和尚是四兄弟，祖宗是老一，玉明老四。有家谱，还在。玉明像是从白云寺请来，年代久远。玉明像赞原物已朽，还在，近年重新摹绘。"根据《玉明族祖像赞并序》，玉明坐像是民国二十年辛未（1931）从白云寺请来入祠。

口念彌陀，吉祥儼然而逝矣。至成」佛西方人天極樂淨界，不退不轉，深有佛音。嗚呼，白雲繼出活佛者，信不誣焉。是為志。」

儒童　　　鳳池書丹長　七　　懷德」

本村　　九代孫君才　桐次支九代孫冠賢　河南白雲寺九代徒孫當座方丈純心」

理事　　　　　鳳寶三　九　　君臣」

家訓君奉四　十　　傳道」

民國八年歲次己未六月上浣穀旦」

民国八年碑碑阴首题："碑阴题名"，楷书大字左行（从左往右横行书写）。其下镌序，楷书小字左行，录文标点如下：

本村故有龜碑，」因年深日久，龜碑俱為殘損，」字跡不清。全村共議，重建樹碑，□本族」祖，欽哉志誠，示後世孫之道矣。

序文下分别标目世代、村庄，其下镌本村及邻族捐助立碑人姓名，计：十四世二人、十五世八人、十六世二十八人、十七世三十人、郭庄十二人、郭水坑村十八世五人、邻族五人、船郭庄十二人、南郭庄十人、郭老庄四人、郭塘坊三十人姓名。楷书小字左行。人名众多不录。

二、《玉明族祖碑》碑文真实性之三重证据

1. 民国八年郭氏祠堂《玉明族祖碑》是照录清代白云寺玉明和尚碑原文

民国二十年辛未《玉明族祖像赞并序》："咸丰辛酉岁，建修祠堂。民国己未年，至白云寺抄来碑文。今又赴白云请像，以为后裔子孙之鉴耳。"

《玉明族祖碑》："后于乾隆癸亥年，法腊八十八岁，十一月初六日子时涅盘，口念弥陀，吉祥俨然而逝矣。"

牟钦元《白云寺佛定大和尚塔铭》："于六十年八月归至白云，具香汤沐浴，趺坐而去。"落款："康熙六十一年岁次壬寅蒲月吉旦。"

案：据民国二十年辛未（1931）《玉明族祖像赞并序》，《玉明族祖碑》是民国八年己未（1919）依据从"白云寺抄来碑文"，而刻碑建立于郭水坑村郭氏祠堂内。民国八年碑并无首题即标题，1988年重刻碑始增加首题"承恩敕封借僧复元禅师讳玉明族祖碑"。碑文正文除落款立碑人"本村"主事人、以及"河南白云寺九代徒孙当座方丈纯心"署名外，并无一字一句系郭氏本族语气，尤要者，落款立碑人包括"河南白云寺九代徒孙当座方丈纯心"署名，可知此碑正文是系照录白云寺玉明和尚（或玉明禅师）碑原文，仅将原文

"睢州"改为"睢县"①；"大清"二字，改为"前清"。两处各一字之差，只是清代行文和民国行文之别。因此之故，此碑标题即首题应作《玉明和尚（或玉明禅师）碑》。可是，考虑到此碑建立于并仅存于郭水坑村郭氏祠堂内，为尊重郭水坑村世代村民保存文献之事实，本文仍从1988年重刻碑之首题，称之为《玉明族祖碑》。

白云寺玉明和尚（或玉明禅师）碑，直至"文革"始被毁灭，当地老人多知道此碑。②

按《玉明族祖碑》，白云寺玉明和尚圆寂于乾隆八年癸亥（1743）；复按牟钦元《白云寺佛定大和尚塔铭》，白云寺佛定和尚圆寂于康熙六十年，为之建立《塔铭》于第二年康熙六十一年；可知白云寺玉明和尚碑当建立于乾隆九年甲子（1744）。距民国八年己未（1919）从"白云寺抄来碑文"，已经一百七十五年。

民国八年菏泽郭氏祠堂《玉明族祖碑》文，是照录清代睢州白云寺玉明和尚（或玉明禅师）碑（或塔铭）铭文原文，故其信实性已无问题。

2. 翰林官查慎行《河南睢州白云寺佛定和尚语录序》、康熙御制白云寺"（先）王宝｜当堂常赏"石匾，是《玉明族祖碑》碑文真实性之确证

《玉明族祖碑》："（白云禅寺）有开山第一代佛定意公老和尚。接传法门人有四，一实相、二越尘、三开一、四玉明，各传法徒五人，相继主持。"

又曰："惟玉明和尚赴京取经于圣祖仁皇帝。"

《四部备要》据古姚杭氏钞本校刊本查慎行《敬业堂文集》附《敬业堂别集》不分卷《河南睢州白云寺佛定和尚语录序》：

河南白云寺佛定大师……爰以壬戌之良辰，延入白云之方丈。……乃有问义学徒，随行侍者，据所问答，记之简编。既积累而成书，冀流传于奕禩。圆月照海，远近皆明，慧风吹云，碧空长净。象负龙藏之奥，接软语而咸知；腾猿系马之怀，闻法音而顿释。某逃禅未决，学道有心。凤钦击可之递师，非慕珣珉之奉佛。根源不坠，常誓修五愿之文；忠孝未酬，难身许双峰之寺。闻兹妙道，隐触前生。周颙之兴不忘，苏□之斋何日。

---

① 睢县志编纂委员会编《睢县志》第一编《大事记》民国二年（1912）："是年正式改睢州为睢县。"见《睢县志》，中州古籍出版社，1989年，第17页。

② 2015年7月23日，民权县志办潘宇先生电邮回复笔者提问，问："行兴和尚碑文，是民国己未年（1919）从白云寺所抄碑文，白云寺原碑，有没有文献或口述述及？"答："此碑在'文革'中才被毁，白云寺村有文化的人都见过。"

俗尘扑面，安知檐蔔之香；弱雨冲风，可有金刚之性。惟愿慧灯朗照，法指遥传。倘关键之可开，庶筌蹄之尽弃。金篦刮眼，是所望于慈恩；宝牒装珠，是所期于来哲。①

案：第一，查慎行《河南睢州白云寺佛定和尚语录序》述壬戌康熙二十一年（1682）佛定和尚至睢州白云寺之后，《佛定和尚语录》逐渐"积累成书"。

第二，查慎行康熙四十二年至五十二年间入值南书房、任翰林官，查慎行作《河南睢州白云寺佛定和尚语录序》，与《玉明族祖碑》所载河南睢州白云寺住持"玉明和尚赴京取经于圣祖仁皇帝"，事相吻合，可知玉明觐见康熙皇帝，所呈之物当包括《佛定和尚语录》，查慎行《河南睢州白云寺佛定和尚语录序》，当是奉旨所作。

第三，根据查慎行康熙四十二年至五十二年间入值南书房、任翰林官，以及顺治圆寂于康熙四十九年正月（详下文），可知《玉明族祖碑》所载"玉明和尚赴京取经于圣祖仁皇帝"，圣祖仁皇帝命查慎行作《河南睢州白云寺佛定和尚语录序》，是在康熙四十二年癸未（1703）之后，四十八年己丑（1709）之前，当在康熙四十二年以后不久。

第四，康熙命翰林官查慎行为《佛定和尚语录》作序，是为了光大佛定之声价，可见康熙对佛定之尊重与礼遇，非同寻常。

应当说到，康熙御制文多为查慎行代笔，如《敬业堂文集》卷一《恭拟五台广通寺碑记》、《恭拟中台菩萨顶碑记》，题下皆有小字注文："奉旨作"。康熙曾给予查慎行以"烟波钓徒查翰林"之美誉②。

第五，查慎行《河南睢州白云寺佛定和尚语录序》，是《玉明族祖碑》碑文真实性之确证。

康熙御制白云寺"（先）王宝｜当堂常赏"石匾，尤为《玉明族祖碑》碑文真实性之确证。详见下文第十六章讨论康熙御制白云寺"（先）王宝｜当堂常赏"石匾。

---

① 《四部备要》本查慎行《敬业堂文集》附《敬业堂别集》不分卷，叶8B－9A，上海中华书局据古姚杭氏钞本校刊，民国二十五年聚珍版。

② 康熙五十四年刻本刘廷玑《在园杂志》卷二："查编修夏重慎行……又一日入侍，上幸海子，捕鱼赐群臣，命赋谢恩诗，编修结句云：'笠檐簑袂平生梦，臣本烟波一钓徒。'词意称旨。忽奉内传：'烟波钓徒查翰林'，盖同时有声山学士，故以诗分别之，足见圣心嘉尚。一时以为幸，可与'春城无处不飞花韩翃'同一佳话。"据清陈敬璋《查他山先生年谱》，事在康熙四十二年五月。

3.《大清律》相关刑法规定是《玉明族祖碑》碑文真实性之有力旁证

《玉明族祖碑》："（圣祖仁皇帝）御敕封（白云寺主持玉明和尚）为复元禅师、弘法沙门、钦命方丈，恩赐紫绶珠衣，又赐藏经五千四百八十馀卷，勅铸铜钟、铜锅、铁锅，满朝銮驾。"

案：康熙御赐白云寺之銮驾即銮驾卤簿，是皇帝巡幸于皇城内所用之卤簿仪仗。康熙御敕封白云寺主持玉明和尚为复元禅师、弘法沙门、钦命方丈，恩赐紫绶珠衣，均应有制书（敕书）颁下。记载此事之白云寺玉明和尚碑，当建立于乾隆九年甲子（1744）。在此，有必要了解《大清律》关于盗乘舆服御物、凡称乘舆车驾、诈为制书之刑法规定。

顺治四年颁行、雍正三年重颁《大清律集解附例》卷一《名例·十恶》："六曰大不敬。谓盗大祀神御之物、乘舆服御物、盗及伪造御宝。"①

《大清律集解附例》卷一《名例·称乘舆车驾》："凡称乘舆、车驾及御者……并同。"②

《大清律集解附例》卷十八《刑律·贼盗·盗内府财物》："凡盗内府财物者皆斩。"③

《大清律集解附例》卷十八《刑律·贼盗·盗内府财物·条例》："原例一、凡盗内府财物系御宝、乘舆服御物者，仍作实犯死罪。"④

《大清律集解附例》卷二十四《刑律·诈伪·诈为制书》："凡诈为（原无）制书，及增减（原有）者（已施行，不分首从），皆斩。"⑤

乾隆五年《大清律例》相关规定相同。

案：第一，依据《大清律》，凡盗乘舆服御物者、凡称乘舆车驾及御者死罪、诈为制书者斩，由此可见，康熙时决无人敢于伪造圣祖"御敕封（白云寺主持玉明和尚）为复元禅师、弘法沙门、钦命方丈，恩赐紫绶珠衣，又赐

---

① 《四库未收书辑刊》壹辑贰拾陆册影清雍正三年内府刻本，北京出版社，2000年，第47页。

② 《四库未收书辑刊》壹辑贰拾陆册影清雍正三年内府刻本，北京出版社，2000年，第82页。

③ 《四库未收书辑刊》壹辑贰拾陆册影清雍正三年内府刻本，北京出版社，2000年，第281页。

④ 《四库未收书辑刊》壹辑贰拾陆册影清雍正三年内府刻本，北京出版社，2000年，第281页。

⑤ 《四库未收书辑刊》壹辑贰拾陆册影清雍正三年内府刻本，北京出版社，2000年，第393页。

藏经五千四百八十馀卷，勅铸铜钟、铜锅、铁锅，满朝銮驾"。

第二，依据《大清律》，凡盗乘舆服御物者、凡称乘舆车驾及御者死罪、诈为制书者斩，若非康熙"御敕封（白云寺主持玉明和尚）为复元禅师、弘法沙门、钦命方丈，恩赐紫绶珠衣，又赐藏经五千四百八十馀卷，勅铸铜钟、铜锅、铁锅，满朝銮驾"实有其事，乾隆时决无人敢于伪造此事书镌于白云寺玉明和尚碑；更决不可能历乾隆九年（1744）至宣统三年（1911）一百七十六年，而此碑石、白云寺当事人、睢州、归德府、河南省主官俱能安然无事。

第三，《大清律》相关刑法规定，亦是《玉明族祖碑》碑文真实性有力之旁证。

三、《玉明族祖碑》碑文笺证

《玉明族祖碑》："惟玉明和尚赴京取经于圣祖仁皇帝，书扇一把见爱，御敕封为复元禅师、弘法沙门、钦命方丈，恩赐紫绶珠衣。又赐藏经五千四百八十馀卷，勅铸铜钟、铜锅、铁锅，满朝銮驾。"

此一段碑文，包含重要史事，是本文考察重点，逐点考释如下。

1. 白云寺住持玉明赴京取经于康熙，"书扇一把见爱"：书扇当出自顺治

《玉明族祖碑》："惟玉明和尚赴京取经于圣祖仁皇帝，书扇一把见爱。"

玉明和尚赴京取经于圣祖仁皇帝，实际是受其师佛定和尚之命。事在康熙四十二年癸未（1703）之后、四十八年己丑（1709）之前，当在康熙四十二年之后不久。

"书扇"，书写有文字之扇。《世说新语·文学》："羊孚作《雪赞》云：'资清以化，乘气以霏。遇象能鲜，即洁成辉。'桓胤遂以书扇。"

"见爱"，被喜爱。典出《孟子·万章上》："惟顺于父母可以解忧。"汉赵岐注："独见爱于父母，为可以解己之忧。"

案：《玉明族祖碑》"取经于圣祖仁皇帝，书扇一把见爱"，此"书扇一把"，当出自在睢州白云寺之顺治，托白云寺住持玉明送与康熙。"书扇"所书文字，当是父亲顺治对儿子康熙之致意（当是基于出家人立场之心意），亦是玉明赴京取经于康熙之凭据。

碑文此处是灵活用典，借儿子受到父母喜爱之"见爱"一词，表达父亲书扇受到儿子喜爱，以及爱屋及乌地，代送书扇之玉明亦受到康熙喜爱。玉明不仅是代送顺治书扇之人，而且是顺治所在之白云寺之住持。

2. 顺治、佛定、玉明之关系

现有文献包括原始石刻文献，未明白表示顺治（1638－1710）与佛定和

尚（1647－1721）、玉明和尚（1656－1743）之关系。从其中所述史事，可以略知一二。

改革开放以来较早记述当地有关白云寺与佛定、顺治的传说的文史资料，以及述及佛定的地方志①，均未涉及顺治与佛定之关系。较后的文史资料则述及顺治是佛定之弟子的传说②。

康熙三十七年（1698）十二月翰林院庶吉士郡人袁锺麟撰文、翰林院庶吉士盐山赵尔孙篆额、内阁中书郡人吴学颢书丹、归德府睢州正堂胡范立石《白云寺公输地租碑记》（原碑今存河南民权白云寺）：

> 自恭请佛定和尚锡至此，戒律精严，宗风普扬，方便设教，津航广度。

康熙四十二年（1703）以后翰林官、入值南书房查慎行《河南睢州白云寺佛定和尚语录序》：

> 受戒于清源之郡，遂断知闻。陋北地之嚣氛，就南方而参讲。弹指已过千劫，面壁何止十年。
>
> 嗣后肆行兰若，浪迹山林。听鼓投斋，随鸦托宿。苕水名贤之境，飞锡而来游；漆园傲吏之乡，渡杯而忽至。值杰庵之老叟，参曹洞之微言。
>
> 爰以壬戌之良辰，延入白云之方丈。③

康熙六十一年（1722）河南布政使牟钦元《白云寺佛定大和尚塔铭》：

> 壮则诣清凉普渡律堂，受信具于太虚禅师。一瓢一衲，飘然行脚，问道参心，几历岁日。而后就印证于青霞杰师，得洞宗上乘，由是而皈依者云集。首创于河北长垣，数迁名刹，九登法座。于康熙二十六年，众信徒延请至河南白云寺。
>
> 于（康熙）六十年八月归至白云，具香汤沐浴，趺坐而去。……僧

---

① 民权县地方史志编纂委员会：《民权县志》，《人物》一《古代人物·佛定和尚》条，中州古籍出版社，1995年，第640－641页；王冠群、崔长庚、黄广文：《千年古刹白云禅寺》，商丘市政协学习文史委员会《商丘文史资料》第二辑，2001年；政协民权县委员会学习文史委员会：《民权文史资料》第10辑，2007年。

② 周脉红《30集电视连续剧〈神秘古刹白云禅寺〉内容简介》："连顺治帝更是虔诚拜佛定为师。"（政协民权县委员会学习文史委员会《民权文史资料》第10辑，2007年，第78页）；陈敏编导：《走遍中国 古刹迷踪》（央视网视频 走遍中国，2009年摄制，2010年播放）。

③ 《四部备要》本查慎行《敬业堂文集》附《敬业堂别集》不分卷，叶8B－9A，上海中华书局据古姚杭氏钞本校刊，民国二十五年聚珍版。

俗腊七十有五。

山东省鄄城县郭水坑村郭家祠堂民国八年（1919）《玉明族祖碑》：

河南省睢县西北四十里，旧有白云禅寺者，始于唐贞观年间创立。自前清康熙年代崇兴，有开山第一代佛定意公老和尚。接传嗣法门人有四，一实相，二越尘，三开一，四玉明，各传法徒五人，相继主持。

惟玉明和尚赴京取经于　圣祖仁皇帝，书扇一把见爱，御敕封为复元禅师、弘法沙门、钦命方丈，恩赐紫绶珠衣。又赐藏经五千四百八十徐卷，敕铸铜钟、铜锅、铁锅，满朝銮驾。

惟玉明兴公老和尚，系曹州府菏泽县郭水坑郭氏子也。幼在本县天兴寺出家，至白云寺受具足戒，接法入院。

后于乾隆癸亥年，法腊八十八岁，十一月初六日子时涅盘。

山东省鄄城县郭水坑村郭家祠堂民国二十年（1931）《玉明族祖像赞并序》：

溥曹正宗、白云堂上第二册四座玉明族祖，大清康熙敕封僧僧复元禅师、恩赐紫绶珠衣、满朝銮驾，幼出天兴寺，远游至豫东白云古刹，得开山第一代佛定光和尚之再传衣钵者也。康熙辛酉岁入院。

河南睢州白云寺康熙四十九年九月十九日御制"（先）王宝｜当堂常赏"石匾北面铭文：

康熙四十九年　旹，钦赐奉
当堂常赏
御制命，九月十九日敬心建立

南面铭文：

（先）王宝①

案：第一，根据查慎行《河南睢州白云寺佛定和尚语录序》、牟钦元《白云寺佛定大和尚塔铭》，康熙二十一年（1682）② 佛定被延请至河南睢州白云寺（今属河南民权），先为方丈，驻锡则直至康熙六十年（1721）圆寂于白云寺。据《玉明族祖碑》，佛定及其接法门人四人实相、越尘、开一、玉明，以及四人各传法徒五人，相继主持白云寺，可知佛定在世期间始终是白云寺僧团

① 详见下文第十六章《康熙四十九年九月十九日御制睢州白云寺匾额"（先）王宝"：先帝神主、章皇神主；确证顺治去世于并安葬于白云寺》、第十七章《白云寺康熙四十九年御匾集群：纪念安葬于此的父皇顺治》。

② 《塔铭》述为康熙二十六年，似不确。已见上文。

之精神领袖。

第二，根据《玉明族祖碑》并参证查慎行《河南睢州白云寺佛定和尚语录序》，康熙四十二年（1703）之后佛定弟子白云寺住持玉明赴京取经于康熙，"书扇一把见爱"，此书扇当为顺治所书字，致意于康熙；康熙厚赐玉明，厚赐白云寺，其中包括皇帝卤簿仪仗"满朝銮驾"，致意于顺治父皇，表明顺治就在白云寺。康熙厚赐住持玉明和白云寺，显然是为了感谢和奖勉白云寺僧团照料顺治。

康熙四十九年（1710）御制白云寺山门殿石匾"（先）王宝｜当堂常赏"，南面大字铭文"（先）王宝"，表示先帝神主、章皇神主之意，相当于清世祖孝陵隆恩殿神主；北面大字铭文"当堂常赏"，表示"皇帝顺治"墓阙之意，相当于清世祖孝陵崇楼庙号碑；建立于白云寺山门殿后门门额；标志父皇顺治圆寂于并安葬于白云寺。可知佛定主持了顺治安葬于白云寺的丧葬礼仪。

由上可知，康熙四十九年（1710）顺治圆寂于睢州白云寺之前，顺治与佛定长期共同生活于白云寺，顺治与佛定以及佛定弟子玉明有着极为亲切之关系。

第三，关于顺治与佛定、玉明之关系。

顺治出生于崇德三年即崇祯十一年戊寅（1638），受沙弥戒于顺治十七年（1660），时年二十三岁；受具足戒当在顺治十八年（1661），时年二十四岁。

据牟钦元《白云寺佛定大和尚塔铭》，佛定圆寂于康熙六十年辛丑（1721），"僧俗腊七十有五"，可知佛定出生于顺治四年丁亥（1647）。据查慎行《佛定和尚语录序》"受戒于清源之郡，面壁何止十年，以壬戌之良辰，延入白云方丈"，牟钦元《佛定大和尚塔铭》"壮则谐清凉普渡律堂，受信具于太虚禅师"，可知佛定受具足戒当在康熙二十一年壬戌（1682）之前十年左右，即康熙十一年壬子（1672）左右，佛定时年二十五岁左右。

佛教伦理重视僧人之间的尊卑次序，即戒腊先后次序。戒腊（又作法腊、僧腊），指僧人受具足戒（比丘戒）以后之年数，为出家人之年资。《敕修百丈清规》卷八："僧不序齿而序腊，以别俗也。……凡禅、诵、行、坐，依受戒先后为次。"[1] 寺院中僧人之地位和座次，是以戒腊为尊卑次序。佛教徒师弟关系，绝大多数是师父年龄、戒腊均长于弟子，虽有个别师弟年龄相同，甚

---

① 元僧德辉奉敕重编，僧大诉奉敕校正：《敕修百丈清规》，《卍续藏经》，第111册，台北新文丰出版公司，1994年影印京都藏经书院版，第830页。

至弟子年长于师父，那也一定是师父出家早，戒腊长于弟子，弟子出家较晚①。

顺治年长佛定九岁，戒腊比佛定大十一岁左右，因此，顺治不可能是佛定之弟子。顺治的剃度师茚溪森比顺治大二十四岁，顺治的依止师也不会是比茚溪森小三十三岁、比顺治小九岁的佛定。按佛教伦理和惯例，顺治应当是佛定的师父（辈）或师兄（辈）。即使顺治与佛定本来不是师弟子关系，如上所述，在长期的共同生活中，佛定实际上亦当是尊顺治如师。

《勅赐圆照茚溪森禅师语录》卷六《佛事门》载顺治十八年二月三日钦差奉世祖遗诏到杭州圆照寺召茚溪森进京为顺治举火，茚溪森即日设世祖升遐位，暗示佛教大众说，顺治皇帝出家，"千圣万贤，不能窥于万一"，提出顺治皇帝出家超越了圣贤的崇高评价。又说："大众，见么？容颜甚奇妙，光明遍十方。在你诸人顶门，开无上甚深微妙正法眼藏，汝等勿得错过。将来个个盖天盖地，续佛慧命，受用无尽"，以顺治皇帝出家是至高无上的行为，作为对佛教大众的至高无上的激励。茚溪森又说，"圣恩浩浩如何酬答？"举香云："知恩始解报恩，便烧"，是表示自己配合顺治假死真出家，为顺治举火，是对顺治皇帝出家为佛教徒的知恩报恩。四月十六日，茚溪森诣世祖金棺前秉炬，说："释迦涅盘，人天齐悟。先帝火化，更进一步"，提出顺治皇帝出家是比王子释迦出家"更进一步"的崇高评价。应该说，这不仅是茚溪森个人对顺治皇帝出家的崇高评价，而且是当时中国佛教界知情者的共同心声。显然，佛定对顺治是怀着同样崇敬和知恩报恩的心情。

佛定与顺治的缘分，应当起始于康熙二十一年壬戌（1682）以前。

玉明作为佛定的弟子，则是顺治的徒孙（辈）。

第四，如果顺治、佛定是师弟子关系，康熙二十一年（1682）佛定锡至

---

①　例如玉林通琇（1614 – 1675）、茚溪行森（1614 – 1677）师弟，即是同岁。陈垣《汤若望与木陈忞》第一章《雍正谕旨之驳正》云："玉林悟道甚早，故门徒年长者多，茚溪与玉林同岁，顺治十六年，师弟皆四十六。"（《陈垣史学论著选》，上海人民出版社，1981年，第433页。）按《大觉普济能仁（玉林）国师年谱》卷上（明）怀宗崇祯五年壬申："师十九岁，……磬山亲为薙落。"（《大觉普济玉林禅师语录》卷十二，蓝吉富主编《大藏经补编》第27册影印康熙刊本，台湾华宇出版公司，1986年，第6648页。）清释胜德编《勅赐圆照茚溪森禅师语录》卷三罗人琼撰《茚溪森禅师塔铭并序》："师世寿六十有四，僧三十有六。"《卍续藏经》本僧超永编辑《五灯全书》卷八十一《临济宗·南岳下三十五世随法·圆照慈翁茚溪森禅师》："年二十七，病剧，为恶梦感发，藉言秋试入京。路次归宗，投宝公薙落。"可知玉林琇比茚溪森薙发早了八年。

睢州白云寺之日，应即是佛定尊奉①顺治锡至睢州白云寺安住之时。如果顺治、佛定本来不是师弟子关系，则可能是在康熙二十一年前后，顺治云游至白云寺安单②，而与佛定相逢，佛定实际尊顺治如师。康熙二十一年，顺治四十五岁。顺治安住白云寺，直到康熙四十九年（1710）圆寂于此。

第五，据查慎行《佛定和尚语录序》"受戒于清源之郡，遂断知闻。陋北地之嚣氛，就南方而参讲。弹指已过千劫，面壁何止十年"，"嗣后肆行兰若，浪迹山林"，"苕水名贤之境，飞锡而来游；漆园傲吏之乡，渡杯而忽至。值杰庵之老叟，参曹洞之微言"，"爰以壬戌之良辰，延入白云之方丈"，牟钦元《佛定大和尚塔铭》"壮则诣清凉普渡律堂，受信具于太虚禅师。一瓢一衲，飘然行脚，问道参心，几历岁日。而后就印证于青霞杰师，得洞宗上乘，由是而皈依者云集。首创于河北长垣，数迁名刹，九登法座。于康熙二十六年，众信徒延请至河南白云寺"，可知佛定在康熙二十一年壬戌（1682）锡至睢州白云寺之前，曾经自山西五台山云游南方等地十年，期间曾否重返五台山，是从何处锡至睢州白云寺，顺治是否与佛定同此云游，顺治是从何处锡至睢州白云寺，嗣考。

第六，顺治出家为僧时当属临济宗，白云寺属曹洞宗，顺治锡止白云寺前后也许改宗属曹洞，也许并未改宗曹洞，而只是安单于白云寺。

按河南嵩山少林寺《无言道公一系法嗣族谱序》："祖系江西豫章人，祝发于上蓝寺，派本临济，至明万历时依入嵩山少林寺，为第二十六代，传之五世乃入曹洞正宗，迄今十六世矣。……同治四年三月。"③ 无言正道禅师

---

① 《汉语大词典》第2卷"尊奉"词条："尊崇敬仰；尊敬地对待、奉侍。"（汉语大词典出版社，2001年，第1282页。）

② 僧人游方投宿禅寺，住云水堂，称为挂单（即挂搭）；经过一段时间，如果希望长住，禅寺也愿接受，举行安单仪式后，住在禅堂，成为常住僧人、寺院的正式成员，称为安单。

③ 徐长青：《少林寺与中国文化》，十三《少林寺两院传系》（二）《无言道公一系法嗣》，中州古籍出版社，1993年，第294页。徐长青文末说明："此谱为少林寺素喜大师保存的无言正道一系的神轴，也称为少林寺南院的族谱。"（第306页）吕宏军《嵩山少林寺》："今有云道公及门徒为临济宗后人，传五世后方入曹洞，此说有误。查道公碑，上皆云其为'曹洞正宗第二十六世'，可证道公入少林寺后即皈依曹洞，并成为曹洞宗师。又查道公弟子璞公塔上有'曹洞正宗隐光璞公塔'，可见其少林弟子也是曹洞，而非临济宗。道公初祝发于江西上蓝寺时，确实是学的临济，但万历初入少林寺并拜幻休为师后即归入曹洞宗，其少林的门徒当然也是曹洞。所谓传五世而入曹洞，实际上是道公在少林所立的字辈，传了五代后改用裕公七十字辈，而不是五代后方入曹洞。"（河南人民出版社，2002年，第540－541页。）

（1547－1609）出家江西省上蓝寺，原属临济宗，入少林寺后改宗曹洞，可见明后期禅宗僧人由临济改宗曹洞，早有其例。

按河南嵩山少林寺明万历三十年（1602）赐进士奉训大夫礼部祠祭清吏司郎中金简鲁凤仪《敕赐嵩山少林禅法住持曹洞正宗第二十六世嗣祖沙门无言道公雪居禅师行实碑纪》："所举唱机缘，五灯并耀，而不必专于曹洞也。其得法门人，虽原系别宗，而不容不归于曹洞也。"[1] 复按清初朱耷《个山小像轴·自题》（1674）："生在曹洞临济有，穿过临济曹洞有。"[2] 可见明末清初禅师参学诸方，可以不分宗派（"生在曹洞临济有，穿过临济曹洞有"）；安单禅寺，可以不必改宗（"不必专于曹洞"）。

或曰：顺治安住白云寺，何以不作住持？曰：顺治连皇帝之位尚且不要，何况住持乎？此完全符合顺治舍弃皇位出家为僧之性格逻辑。

当康熙四十二年之后玉明赴京取经于康熙时，距康熙二十一年前后顺治锡止白云寺已经二十馀年。顺治生于崇德三年即崇祯十一年（1638），即以康熙四十二年（1703）计，年已六十六岁。

康熙与白云寺建立联系，当在此时。

3. 康熙厚赐玉明和尚、厚赐白云寺，意在照料顺治

《玉明族祖碑》："惟玉明和尚赴京取经于圣祖仁皇帝，书扇一把见爱，御敕封为复元禅师、弘法沙门、钦命方丈，恩赐紫绶珠衣。又赐藏经五千四百八十馀卷，勅铸铜钟、铜锅、铁锅。"

此所述康熙一系列赏赐，对象实有所不同。"御敕封为复元禅师、弘法沙门、钦命方丈，恩赐紫绶珠衣"，是康熙对白云寺方丈玉明和尚个人的赏赐。"又赐藏经五千四百八十馀卷，勅铸铜钟、铜锅、铁锅"，则是康熙对白云寺僧团的赏赐。对白云寺方丈玉明和尚的尊重与礼遇，对白云寺僧团的厚爱与厚赐，皆无以复加矣。其心意实在于感谢和奖勉白云寺住持和僧团照料顺治。

《商丘文史资料》第二辑王冠群、崔长庚、黄广文《千年古刹白云禅寺》："康熙曾否到过白云寺，尚未有发现详实的文字记载。然而，在民间传说中，康熙曾三次来白云寺，前两次均为微服。康熙之所以数次来白云寺，主要目的是为了寻父。……康熙第三次来白云寺，带上了顺治老皇帝的銮驾，以及八柜藏经和铜云牌、翡翠如意钩、御扇等赏赐物品。命礼部尚书写了'庄严清静'

① 陈瑞燕：《少林禅武医》，光明日报出版社，2014年，第45页。
② 清朱耷书：《八大山人书法全集》，江西美术出版社，2010年，第3页。《个山小像轴·自题》："甲寅蒲节后二日，遇老友黄安平，为余写此，时年四十有九。"是《个山小像轴·自题》作于康熙十三年甲寅（1674）。

四个字，加盖康熙御印，制成滚龙金匾，并亲笔题写了'当堂常赏'四个字，四个字的部首均为和尚的'尚'字，体现了康熙褒奖白云寺和尚的良苦用心。这四个字被刻在山门之阴，惜山门毁于'文化大革命'之中，今寺内仅存'当堂常赏'刻石残片。皇上巡幸白云寺，更促进了白云寺建筑规模的扩大和建筑规格的提高。大雄宝殿和千佛阁上采用了青龙滚脊，这是少林寺、相国寺、白马寺等寺院所没有的。白云寺现存的建筑物，大部分是在这一时期修建的。……康熙此行，仍没有见到他的父亲，满腹惆怅地离开了白云禅寺，留下了顺治皇帝的銮驾和金瓜钺斧朝天蹬等皇家仪仗。銮驾和滚龙金匾在'文革'中被毁。八柜藏经中的四柜被冯玉祥部下于1929年拉到省城开封，剩下的四柜藏经在'文革'中散失或被销毁。康熙赏赐的翡翠如意钩也在'文革'中丢失。"[1] 据白云寺资深居士马世忠先生口述，白云寺藏八大柜藏经，系康熙所赐经折装本藏经。[2]

卢桐林主编《河南古树志·各论·珍奇独特的古树》四十二《铁锅槐树》："豫东民权县尹店乡白云寺村的白云寺院内，有1棵生长在大铁锅上的古槐树。槐树胸围2.47米，树高13.7米，冠幅16.7米。老干挺直，枝叶荟萃。树基被一口深埋土中的大铁锅镶嵌着。铁锅口径1.85米，深1.5米，露出地面30厘米。据民权县文物室藏的清康熙26年（公元1687年）《白云寺舍粥济贫图记》载：'有锅一式三口，两铁一铜。铜锅煮茶，供千人饮，铁锅熬粥，一次下米一石二斗（约300公斤），岁次活万灵。'相传于清康熙年间铁锅烧粥炸裂，寺僧佛空（定）和尚置院中培植花草。一日喜鹊衔槐实坠落锅中，破土出苗，苗壮异常，寺僧誉为吉祥征兆，世代相传护理，长成铁锅古槐，群众号称'铁锅槐'。古槐树龄已近300年，至今依然苍劲青翠，荫盖古寺。"[3]

---

① 商丘市政协学习文史委员会：《商丘文史资料》第二辑，2001年，第293－295页。

② 2016年3月笔者在白云寺采访马世忠先生时，马先生所述。马世忠先生是民权县白云寺镇白云村人，幼年出家白云寺，是白云寺"文革"前最后一任住持貌三的弟子，"文革"被迫还俗，改革开放以来，视庙如家，曾任民权县政协委员。《民权文史资料》第七辑《大事记述》一九九五年："11月12日 根据县政协委员马世忠'开放白云寺，利教利民'的提案，经多方努力，白云寺举行开光大典。"（中国人民政治协商会议河南省民权县委员会学习文史委员会，2001年，第224页。）2015年6月、2016年3月，笔者两次在白云寺采访马世忠先生。

③ 卢桐林主编：《河南古树志》，河南科学技术出版社，1988年，第131页。又见杨海蛟《明清时期河南林业》第六章《明清河南林业名人、古树名木》第二节《明清河南的古树名木》三《明清时业已存在于黄淮海平原的古树名木》18《铁锅槐树》，中国农业出版社，2007年，第171－172页。

案：《河南古树志》所引康熙二十六年《白云寺舍粥济贫图记》"有锅一式三口，两铁一铜"，以及所述"相传于清康熙年间铁锅烧粥炸裂"，如果不误，此当是康熙四十二年之后玉明和尚进京时，康熙"勅铸铜锅、铁锅"之原因。然则今白云寺名胜景观之一的铁锅古槐，当是康熙"勅铸铜锅、铁锅"之前白云寺毁损之铁锅，并非康熙勅铸之铁锅。

4. 康熙赐白云寺"满朝銮驾"：意在向顺治表示父皇仍然是皇帝；可见顺治就在白云寺

《玉明族祖碑》："（圣祖仁皇帝）赐……满朝銮驾。"

4.1 "銮驾"：皇帝巡幸于皇城内所用之卤簿仪仗

《清世祖实录》卷二十六顺治三年丙戌五月："壬申。定卤簿仪仗。"①

《钦定大清会典》卷七十七《工部·凡卤簿之制》："皇帝卤簿有四：曰大驾卤簿，曰法驾卤簿，曰銮驾卤簿，曰骑驾卤簿，制均有辩。"②

《清史稿》卷一百五《舆服志四》："顺治三年以后，更定皇帝卤簿，有大驾卤簿、行驾仪仗、行幸仪仗之别。"

《钦定大清会典则例》卷一百六十九《銮仪卫·卤簿》："原定大驾卤簿，朝祭均用；行驾仪仗，于巡幸皇城内用之；行幸仪仗，用以时巡省方。……乾隆……十三年谕：……国朝定制，有大驾卤簿、行驾仪仗、行幸仪仗，……今稍为增益，更定大驾卤簿为法驾卤簿，行驾仪仗为銮驾卤簿，行幸仪仗为骑驾卤簿，合三者为大驾卤簿。"③

《清世祖实录》卷五十三顺治八年二月："初十日卯时，上皇太后尊号。……设皇太后仪仗于宫中内院。……銮驾、大乐全设，……皇上驾诣皇太后宫。"④

《清世祖实录》卷一百二十七顺治十六年七月："庚申朔。享太庙，上亲诣行礼。……丁卯，降銮仪卫銮仪使王鹏冲四级、冠军使参特黑满辟永铠各三级、冠军使刘永灏一级，俱仍留原任，以上祭太庙失备銮驾故也。"⑤

---

① 《清实录》第3册，《世祖章皇帝实录》，中华书局，1985年，第222页。

② 《景印文渊阁四库全书》第619册，台湾商务印书馆股份有限公司，1986年，第701页。

③ 《景印文渊阁四库全书》第625册，台湾商务印书馆股份有限公司，1986年，第400–401页。

④ 《清实录》第3册，《世祖章皇帝实录》，中华书局，1985年，第415页。

⑤ 《清实录》第3册，《世祖章皇帝实录》，中华书局，1985年，第983页。

案：由上可知，第一，清顺治三年以后，定皇帝卤簿仪仗有大驾卤簿、行驾仪仗、行幸仪仗之别，行驾仪仗于巡幸皇城内用之。

第二，根据《大清会典则例》，乾隆十三年更定大驾卤簿为法驾卤簿、行驾仪仗为銮驾卤簿、行幸仪仗为骑驾卤簿，但是根据《清世祖实录》顺治八年二月、十六年七月条，可知顺治时期已将皇帝诣宫城内皇太后宫、诣皇城内太庙之卤簿亦即行驾仪仗称为"銮驾"。

皇城：皇帝之家园。

《钦定大清会典》卷七十《工部·营缮清吏司·宫殿》："国家定鼎燕京，宅中建极，宫殿之制，环以皇城，重以紫禁城，左太庙，右社稷。外朝内宫，别殿翼室，秘省披垣，东西分列，不俭不奢，万年攸宅矣。"①

《钦定大清会典》卷七十一《工部·坛庙》："太庙在阙左，南向。……社稷坛在阙右……北向。"②

乾隆《国朝宫史》卷十一《宫殿一·外朝》："皇城。外围墙三千三百四丈三尺九寸，有天安、东安、西安、地安四门。又天安门外东西南三面围墙四百七十一丈三尺六寸，正南门牓曰大清门，东为长安左门，西为长安右门。"③

案：由上可知，第一，皇城为皇帝所宅，即皇帝家园。

第二，銮驾亦即行驾仪仗，表示皇帝巡幸于皇城内，即巡幸于皇帝家园内。

4.2 "满朝銮驾"：全副銮驾

《清圣祖实录》卷二百九十康熙五十九年十一月辛巳："谕大学士、学士、九卿等……明成化中，乌斯藏大宝法王来朝，辞归时，以半驾卤簿送之，遣内监护行。内监至四川边境，即不能前进而返，留其仪仗于佛庙。至今往来之人，多有见之。此载于《明实录》者。尔等将山川地名详细考明具奏。"④

《虚云和尚自述年谱》光绪二十六年庚子（一九〇〇年）六十一岁："七月联军陷北京。时王公大臣有住龙泉寺者，与予相熟，乃劝予偕伊等

---

① 《景印文渊阁四库全书》第 619 册，台湾商务印书馆股份有限公司，1986 年，第 645 – 646 页。

② 《景印文渊阁四库全书》第 619 册，台湾商务印书馆股份有限公司，1986 年，第 655 – 656 页。

③ 清鄂尔泰等：《国朝宫史》，北京古籍出版社，1994 年，第 178 页。

④ 《清实录》第 6 册，《圣祖仁皇帝实录（三）》，中华书局，1985 年，第 819 – 821 页。

随扈跸西行。在兵荒马乱中，已无所谓'马随春仗识天骄'矣。日夜赶程，艰苦万状。……至西安，帝住抚院。时饥民遍地，有食死尸者，谕禁之。四城设八施饭厂，大小村镇亦然。巡抚岑春煊请予至卧龙寺建息灾法会。"①

《虚云和尚自述年谱》光绪三十二年丙午（一九〇六年）六十七岁："光绪三十二年七月二十日奉上谕：'云南鸡足山钵盂峰迎祥寺，加赠名护国祝圣禅寺，钦赐《龙藏》，銮驾全副。钦命方丈，御赐紫衣钵具，钦赐玉印、锡杖、如意，封赐住持虚云佛慈洪法大师之号，奉旨回山传戒，护国佑民。内务府大臣传知虚云，谨领各件回山，永镇山门，善为布教。地方官民，一体虔奉，加意保护，毋得轻亵。此谕。光绪三十二年七月日给'"②

案：参证《清圣祖实录》康熙五十九年十一月辛巳条"半驾卤簿"之语，以及光绪三十二年七月二十日敕赐云南鸡足山钵盂峰迎祥寺"銮驾全副"之语，可知所谓"满朝銮驾"，实指全副銮驾。后来以讹传讹，遂称之为"满朝銮驾"。

光绪三十二年钦赐云南鸡足山迎祥寺"銮驾全副"，是褒奖迎祥寺住持虚云和尚在光绪二十六年庚子之变八国联军陷北京，两宫西行时，曾不辞艰危，随扈跸西行，"护国佑民"之功德。

4.3 "满朝銮驾"之仪仗器物

《钦定大清会典则例》卷一百三十八《工部·制造库·卤簿》："国初定：皇帝……行驾仪仗：吾仗、立瓜、卧瓜、御仗星、金钺各四五色；销金龙旗十五色；销金龙帜十；黄段双龙扇十；黄绫销金九龙伞十；明轿一乘，贴金雕花番草金髹木座穿藤，轿身阔二尺二寸、深一尺八寸、高三尺三寸，地平阔二尺二寸、深三尺，辕二，各长一丈五尺五寸，大横竿二，各长七尺六寸，小横竿四，各长二尺八寸，肩竿八，各长五尺六寸，撑竿二，各长一尺八寸，抹金铜龙头尾什件，全黄布幪衣、油紬雨衣各一。"③

案：上述仪仗明轿等器物，当为康熙时行驾仪仗即乾隆以后銮驾卤簿之内容。"明轿"，《大清会典》卷七十七《工部·制造库·凡卤簿之制·皇帝卤

① 净慧主编：《虚云和尚全集》第5册《年谱》，中州古籍出版社，2009年，第31页。
② 净慧主编：《虚云和尚全集》第5册《年谱》，中州古籍出版社，2009年，第45页。
③ 《景印文渊阁四库全书》第624册，台湾商务印书馆股份有限公司，1986年，第346页。

簿·銮驾卤簿》称之为"步舆",曰"舁以十六人",即十六人抬轿。

4.4 当地文物志、文史资料关于白云寺"满朝銮驾"之记载

河南省文化厅文物志编辑室编《河南省文物志选稿》第七辑民权县文化馆《民权白云寺》:"传说康熙皇帝南巡路过自云寺,曾亲笔御书'当堂常赏'四个大字,刻于山门之阴。并亲赠半朝銮驾及龙头玉杖和佛经一部。解放前由于兵匪盘踞,破坏严重。解放后得以保护,但在1966-1976年'十年动乱'中又遭破坏。"①

《商丘文史资料》第二辑王冠群、崔长庚、黄广文《千年古刹白云禅寺》:"銮驾和滚龙金匾在'文革'中被毁。"②

1983年《河南省文物志选稿》、2001年《商丘文史资料》均表明,白云寺銮驾直到1966年前犹藏该寺,毁于"文革"。

2009年中央电视台陈敏编导《走遍中国古刹迷踪》纪录片中,记者采访白云寺村六位老人时,老人们纷纷说出白云寺有"满朝銮驾",记者问:"什么样?"幼年出家白云寺的马世忠先生回答:"金瓜、斧钺、龙头、朝天蹬。"③目击者的口述,与《大清会典则例》所载"行驾仪仗"中之立瓜、卧瓜、金钺各四五色什件等仪仗器物,亦相符合。

4.5 康熙赐白云寺"满朝銮驾":意在向顺治表示父皇仍然是皇帝;可见顺治就在睢州白云寺

历代皇帝御赐銮驾,偶或有之。

明嘉靖吴祯纂修《河州志》卷二《典礼志·祠祀》:"弘化寺,州西北百二十里。正统六年奉敕建。规模壮丽,金碧交辉。有僧世袭佛子,常住地百余顷,官兵五十五名守之。内有钦赐銮驾。"④

路秀闽《三孟名胜》二《孟府》:"孟府的初建年代已无文献可查。据院内的古树推断,应为金元时代所建。面积约六十五亩,共七进院落,有楼、堂、祠、厢116间,前两进为官衙,设有大堂,是迎接'圣旨',接待文武官员,传授族规家训的地方,内有暖阁,公案,还有皇帝亲赐銮驾二十四件。"⑤

---

① 河南省文化厅文物志编辑室编:《河南省文物志选稿》第七辑,1983年,第78页。

② 商丘市政协学习文史委员会:《商丘文史资料》第二辑,2001年,第295页。

③ 陈敏编导:《走遍中国 古刹迷踪》,央视网视频 走遍中国,http://tv.cntv.cn/video/C10352/8fec9301d3a349b44b7cbb9bc2e4c183,2009年摄制,2010年播放。

④ 《中国地方志集成·甘肃府县志辑》第40册《嘉靖河州志 康熙河州志 民国和政县志》影印本,凤凰出版社,2008年,第40页。

⑤ 中国人民政治协商会议山东省邹县委员会编:《邹县文史资料》第2辑,1984年,第167页。

孟昭钺《孟府生活回忆·结婚》："我十三岁时，奉命完婚。女方是章丘西关高家，岳父高百贞是前清的武秀才。豪门之女，望族之后，门当户对。女长我五岁，系妙龄女郎。迎亲时，因我年幼尚未捐职，婚礼执事不能用'半朝銮驾'，只好降格。"①

御赐弘化寺銮驾，意在表示优宠；御赐孟府銮驾，意在表示褒奖。

康熙御赐睢州白云寺皇帝卤簿仪仗"满朝銮驾"，似在通常优宠、褒奖之意之外，尚另有用意。

在睢州白云寺，真正当得起这皇帝卤簿仪仗"满朝銮驾"之人，其实正是康熙父皇顺治一人。由此可见，顺治就在睢州白云寺。

根据《清世祖实录》、《大清会典则例》，清朝皇帝卤簿仪仗中之銮驾卤簿用于巡幸皇城内，由此可知，康熙御赐白云寺皇帝巡幸于皇城内所用卤簿仪仗之銮驾卤簿，应当是对在白云寺之父皇顺治表示：父皇虽然出家，但是在儿子心中仍然是皇帝；父皇虽然身在远方寺庙，但是无异巡幸皇城之内。言外之意当为，父皇无论何时回宫，即何时回归皇位。

康熙御赐白云寺皇帝卤簿仪仗"满朝銮驾"，寓意父皇身在远方寺庙，无异巡幸皇城之内，与顺治十八年翰林院掌院学士王熙《世祖皇帝哀诗》"帝乡何处白云翔"，寓意世祖正游于中国，有异曲同工之妙。

---

①　政协章丘县文史资料研究委员会：《文史资料》第 4 辑《章丘卓越军孟》，1987 年，第 159 页。

下篇 康熙四十九年顺治
圆寂于并安葬于睢州白云寺

第十四章 康熙四十九年二月御制《五台有怀》诗：悲悼父皇之死

康熙御制《五台有怀》诗：

> 又到清凉境，巉岩卷复垂。劳心愧自省，瘦骨夕鸣悲。膏雨随春令，寒霜惜大时。文殊色相在，惟愿鬼神知。①

康熙《五台有怀》诗，编次于《圣祖仁皇帝御制文》第三集卷四十九，下一诗题为《大学士张玉书挽诗》。按《清圣祖实录》卷二百四十六康熙五十年辛卯五月："丙午。大学士张玉书故。……丁未。谕大学士等曰：'朕自幼读书，见大臣多不能保其初终，故立志待大臣如手足。……今又有大学士张玉书之事，朕悲悼不已，故援笔作挽诗一首，令尔等知之。'"② 可知《五台有怀》诗至迟作于康熙五十年五月之前。

据《康熙起居注》及《圣祖实录》所载，康熙皇帝五次上五台山，是在康熙二十二年二月十二日至三月初六日、二十二年九月十一日到十月初九日、三十七年正月二十七日至二月二十二日、四十一年正月二十八日至二月二十八日、四十九年二月初二日至三月初四日。按《清圣祖实录》卷二百四十一康熙四十九年庚寅二月："丁酉（初二日）。遣大学士温达祭先师孔子。上幸五台山，命皇太子允礽、皇三子和硕诚亲王允祉、皇八子多罗贝勒允禩、皇十子多罗敦郡王允䄉、皇十三子胤祥、皇十四子固山贝子允禵随驾，自畅春园启行。是日，驻跸房山县。……戊申（十三日）。上出龙泉关，驻跸山西五台县射虎川地方。己酉（十四日）。上驻跸（五台山）罗睺寺。……辛亥（十六日）。上驻跸（五台山）白云寺。壬子（十七日）。上回銮，驻跸射虎川地方。"③ 可知《五台有怀》诗作于康熙四十九年（1710）二月，康熙最后一次

---

① 康熙：《圣祖仁皇帝御制文》第三集卷四十九，《景印文渊阁四库全书》第1299册，台湾商务印书馆股份有限公司，1986年，第367页；乾隆《直隶代州志》卷五，叶23A。
② 《清实录》第6册，《圣祖仁皇帝实录（三）》，中华书局，1985年，第442页。
③ 《清实录》第6册，《圣祖仁皇帝实录（三）》，中华书局，1985年，第396页。

上五台山之时。

康熙四十九年正月，顺治圆寂于睢州白云寺（详见第十六章《康熙四十九年九月十九日御制睢州白云寺匾额"（先）王宝"：先帝神主、章皇神主；确证顺治去世于并安葬于白云寺》）。康熙四十九年二月，康熙皇帝最后一次上五台山，前四次上五台山皆驻跸菩萨顶，唯有第五次驻跸罗睺寺及白云寺。驻跸罗睺寺，自比佛子罗睺罗也；驻跸白云寺，寺与顺治圆寂之睢州白云寺同名也；皆所以寄托孝子哀思。

康熙《五台有怀》诗，哀顺治也。今逐句解释如下。

"又到清凉境，巉岩卷复垂。"

"巉岩"：险峻之山岩，典出《谢宣城诗集》卷四《和徐都曹出新亭渚》附齐刘绘《入琵琶峡望积布矶》："巉岩如刻削，可望不可亲。"此是采取歇后语式修辞法，明用刘绘诗"巉岩如刻削"，暗用其下句"可望不可亲"。

"卷复垂"：垂缩貌，语见齐王融《咏女萝诗》："含烟黄且绿，因风卷复垂。"

诗言我又到五台山清凉国度，巉岩峭壁，若垂复收——若可望不可亲也。

"劳心愧自省，瘦骨夕鸣悲。"

"愧自省"：语见罗大经《鹤林玉露》卷十五《人事天命》："必自反无愧，自省无憾，乃可安之于命。"

"瘦骨"：用梅尧臣《秋怀二首》其二："巉岩想诗老，瘦骨寒愈耸。"

"鸣悲"：典出《战国策·楚策四》："（雁）其飞徐而鸣悲。飞徐者，故疮痛也。鸣悲者，久失群也。故疮未息，而惊心未去也。"以及《文选》卷二十九《古诗十九首》："懔懔岁云暮，蝼蛄多鸣悲。凉风率已厉，游子寒无衣。锦衾遗洛浦，同袍与我违。独宿累长夜，梦想见容辉。"

诗言问心自省，伤愧交集，憔悴之身，不觉长夜痛哭——想见父皇容辉也。此时，某种并非寻常之隐痛，已见于言外。

"膏雨随春令，寒霜惜大时。"

"膏雨"：春雨，典出《左传》襄公十九年："小国之仰大国也，如百谷之仰膏雨焉。若常膏之，其天下辑睦。"

"春令"：春季之节令；宽和之政令，典出《礼记·月令》："行春令，则暖风来至，民气解惰。"《淮南子·时则训》孟春之月："朝于青阳左个以出春令，布德施惠，行庆赏，省徭赋。"

"寒霜"：语见《艺文类聚》卷三十一魏丁廙《蔡伯喈女赋》："美荣曜之

所茂，哀寒霜之已繁。"隐喻凋零。

"大时"：典出《礼记·学记》："大时不齐。"郑玄注："或时以生，或时以死。"孔颖达疏："大时，谓天时也。齐，谓一时同也。天生杀不共在一时，犹春夏，华卉自生，荠麦自死；秋冬，草木自死，而荠麦自生；故云不齐也。不齐为诸齐之本也。""大时不齐"是言生死，在此，生死的重心，实际是指死。

诗言春雨随春令而来——滋长万物，寒霜降下，大时不齐，有生有死，死者的一生，良可珍惜也。

悲悼父皇之死，意在言外。

"文殊色相在，惟愿鬼神知。"

"文殊色相"：指文殊真容、文殊形象，五台山为文殊师利菩萨道场。典出宋释延一《广清凉传》卷中《安生塑真容菩萨十》："大孚灵鹫寺之北，有小峰，顶平无林木，岿然高显，类西域之鹫峰焉。其上，祥云屡兴，（文殊师利）圣容频现，古谓之化文殊台也。唐景云中，有僧法云者……乃缮治堂宇，募工仪形。有处士安生者……应召，……生谓云曰：'若不目睹真像，终不能无疑。'乃焚香恳启移时，大圣忽现于庭，生乃欣踊躄地，祝曰：'愿留食顷，得尽模相好。'因即塑之。……故以真容目院焉。"真容院，即今殊像寺。

"在"：训为存在、所在。《康熙字典》丑集中《土部》"在"："又，存也。《论语》：'父母在。'又，所在也。"

"鬼神知"：典出汉王充《论衡·感虚篇》："圣人修身正行，素祷之日久，天地鬼神知其无罪，故曰祷久矣。"北齐刘昼《刘子·慎独》："暗昧之事，未有幽而不显。昏惑之行，无有隐而不彰。修操于明，行悖于幽，以人不知。若人不知，则鬼神知之。鬼神不知，则己知之。"

"文殊色相在，惟愿鬼神知"，只是借用并非实指文殊师利菩萨，因为五台文殊真容所在，朝台人人可瞻，何得惟有鬼神知？"文殊色相"，借指曾经出家五台之父皇顺治。

诗言好比五台为文殊菩萨真容所在，五台曾为父皇顺治其人所在，却是人人不知，只有自己知之，惟愿鬼神知之。言外之深意，乃是悲悼父皇之死——自父皇其人出家五台，至今父皇之死，人人不知，只有自己知之，惟愿鬼神知之。诗甚为吞吐顿挫，意思却是明白的。康熙（或其侍臣）的诗功，由此可见。无此诗功，身在其中，表达亦难。

御制《五台有怀》诗，作于康熙四十九年（1710）二月初二日至三月初四日，康熙皇帝最后一次上五台山之时。可以判断，康熙已经获悉父皇圆寂于睢州白云寺，其时间当在正月底至二月初一日，但是康熙不能前往，遂前往父皇出家之始的五台山，寄托自己不能公开的哀思。直到本年九月十九日康熙御制"（先）王宝｜当堂常赏"等一系列石匾，建立于睢州白云寺山门殿等主建筑后门门额，已是父皇入塔于白云寺塔林之时，康熙才算正式地、但仍然是相当隐藏地表达了对父皇的悲悼。

顺治圆寂于睢州白云寺，当在康熙四十九年正月。

第十五章　康熙四十九年四月十九日兰阳彭宅统为顺治圆寂所建白云寺尊胜陀罗尼心经幢

康熙四十九年（1710）正月，顺治圆寂于睢州白云寺（今属河南民权），九月十九日入塔（详见下章《康熙四十九年九月十九日御制睢州白云寺匾额"（先）王宝"：先帝神主、章皇神主；确证顺治去世于并安葬于白云寺》、第十七章《白云寺康熙四十九年御匾集群：纪念安葬于此的父皇顺治》）。

康熙四十九年四月十九日，兰阳（今河南兰考）彭宅统建造尊胜陀罗尼心经幢，立于白云寺。

一、白云寺尊胜陀罗尼心经幢及铭文叙录

白云寺尊胜陀罗尼心经幢，又名多宝塔，青石雕刻，高 4 米，六面，十层。从下往上第六层为铭文层，每面高约 30 厘米，宽约 27 厘米，阴刻《尊胜陀罗尼经》真言、《摩诃般若波罗蜜多心经》、建幢题记。其它各层，浮雕众多佛菩萨坐像、佛教人物故事、莲花灵鸟等图画。写绘雕刻，均称精致，全幢鎏金。康熙四十九年（1710）四月十九日兰阳彭宅统建造。今竖立于河南民权县白云寺大雄宝殿北门前①。已加护玻璃亭罩。

第六层铭文，包括南面、西南面、西北面、北面、东北面、东南面六面铭文。南面铭文为第一面，自南面起直行右行（从右往左）镌尊胜陀罗尼启请文、《尊胜真言》（《尊胜陀罗尼经》真言），自南面起直行左行（从左往右）

---

① 河南省文化厅文物志编辑室编《河南省文物志选稿》第 7 辑民权县文化馆《民权白云寺》："经幢，又名多宝塔，在大雄殿后，高 4 米，九级六棱，用青石雕成。塔身上雕刻众僧拜佛图、六僧鼓乐颂经图、《提婆呵》经文、十佛图及日、月、鹤、莲等图案。通体刻工精细，古朴大方。"（河南省文化厅文物志编辑室，1983 年，第 77 页。）

冯先铭《民权白云寺》："经幢立于养心殿之阴，系清康熙四十九年（公元 1710 年）建，由兰阳彭宅统捐修。六棱十级，高 3.96 米。六层阴刻《提萨婆呵》经文一卷，其它各层雕有群仙鼓乐、诵经拜佛，奔马走兽、龙飞凤舞等神仙故事图．"（《中州今古》，1984年第 5 期；孙传贤主编《河南文博考古文献叙录 1913－1985》肆《古建》二《田野调查资料》（一）《寺庙》，河南省博物馆，1987 年，第 235 页。）

老记见证网 2008 年 6 月 13 日聂志义《拜访白云寺 103 岁的老方丈　痛惜古寺佛乐成为绝唱》，记"采访现已 103 岁高龄的老方丈释印法"，其中配图之一是释印法在大雄宝殿北手指尊胜陀罗尼心经幢之照片，图题为："这个佛塔就是原来老方丈从泥坑里挖出来的千年文物。"网址：http：//www. ljjzw. com/Article/ShowArticle. asp? ArticleID=228

由上所述可见，白云寺尊胜陀罗尼心经幢当是"文革"后"从泥坑里挖出来"，建立在大雄宝殿北。其原建立位置嗣考。

镌《摩诃般若波罗蜜多心经》，两经铭文结束于东北面。东北面《尊胜真言》后，镌建幢题记。每面十行，满行十六字，字径约 1.2 厘米，楷书。

铭文录文横排如下，空格为铭文原有，铭文行末标」。

南面铭文：中央镌《心经》图，佛祖坐像最大，居中，左右侍者坐像，佛顶放光，光环（位于上方）中为观自在菩萨（观世音菩萨）左手持净瓶坐像，俱似低眉入定①。佛祖坐像西侧右行（从右往左）铭文第一行题：

尊勝真言」

铭文第二行至第四行镌尊胜陀罗尼启请文：

稽首千葉蓮花藏　金剛座上尊勝王」為滅七反傍生難　灌頂總持妙章句」八十萬億如來傳　願舒金手摩我頂」

西南面铭文第一行续镌启请文：

流通變化濟含生　故我一心常讚頌」

铭文第二行题：

嘉句靈驗佛頂尊勝陀羅尼曰」

自西南面铭文第三行起，历西北面、北面，至东北面铭文第三行止，镌《尊胜陀罗尼经》真言全文。

真言西南面铭文第三至第十行：

南無薄伽哦帝怛啰路枳也　缽啰帝尾」始瑟吒耶沒馱耶婆伽縛帝　怛你也你」他也多戶戶唵　普隆隆尾秋馱耶尾秋」馱耶　娑摩娑摩三滿多哦

---

①　关于此《心经》图所示情景，唐玄奘译《般若波罗蜜多心经》："观自在菩萨行深般若波罗蜜多时，照见五蕴皆空，度一切苦厄。"语焉不详。唐法月译《普遍智藏般若波罗蜜多心经》："一时佛在王舍大城灵鹫山中，与大比丘众满百千人，菩萨摩诃萨七万七千人俱，其名曰观世音菩萨、文殊师利菩萨、弥勒菩萨等，以为上首。皆得三昧总持，住不思议解脱。"唐般若共利言等译《般若波罗蜜多心经》："一时佛在王舍城耆阇崛山中，与大比丘众及菩萨众俱。时佛世尊即入三昧，名广大甚深。尔时众中有菩萨摩诃萨，名观自在。行深般若波罗蜜多时，照见五蕴皆空，离诸苦厄。"唐智慧轮译《般若波罗蜜多心经》："一时薄誐梵住王舍城鹫峰山中，与大苾刍众及大菩萨众俱。尔时，世尊入三摩地，名广大甚深照见。时众中有一菩萨摩诃萨，名观世音自在，行甚深般若波罗蜜多行时，照见五蕴自性皆空。"唐法成译《般若波罗蜜多心经》（敦煌石室本）："一时薄伽梵住王舍城鹫峰山中，与大苾刍众及诸菩萨摩诃萨俱。尔时，世尊等入甚深明了三摩地法之异门。复于尔时，观自在菩萨摩诃萨行深般若波罗蜜多时，观察照见五蕴体性悉皆是空。"可资对照。

婆娑娑婆啰」那诚帝诚啰贺那　娑哦婆哦尾秫睇阿」鼻诜左睹羚　素诚多哦啰哦左那阿密」栗多阿鼻曬该摩訶满怛羅播乃阿贺啰」阿啰贺羅　阿曳散馱啰你秫馱耶秫馱」

真言西北面铭文：

耶　诚诚那尾秫睇烏瑟你沙也尾左耶」尾秫睇也莎訶　娑啰啰舍啰舍名散租」你的哩薩哩诚哦怛他阿诚多哦盧竭你」瑟吒波啰密哩多波利波啰你薩哩哦　」怛他阿诚多訖哩那阿地瑟吒那阿地瑟」止多摩訶母的哩哦左啰伽耶僧贺達那」尾秫帝也薩哩哦　阿哦啰那婆哦納你」演底波利秫帝　缽啰底你哦利多野阿」欲秫帝三摩耶阿地瑟吒那秫帝　摩寧」摩寧摩訶摩寧尾摩寧尾摩寧摩訶尾摩」

真言北面铭文：

寧　啰怛多部多故知波利秫帝尾薩普」吒耶設殿秫帝左耶左耶尾左耶尾左耶」　娑摩啰娑摩啰薩哩诚哦沒馱阿地瑟」吒那秫帝　哦日啰哦日啰诚哩鼻哦日」啰婆哦睇婆哦睇舍利藍薩哩也哦薩多」喃左伽耶波帝秫帝薩哩哦诚帝波帝秫」帝薩哩哦　怛他阿诚多室左铭三摩設」祖演底三摩設祖阿地瑟吒那秫帝　沒」亭沒亭尾沒亭尾沒亭冒馱耶尾冒馱耶」三满多波利秫帝薩哩哦　怛他阿耶多」

真言结尾东北面铭文北起第一、第二、第三行：

迄利那阿地瑟吒那阿地瑟止多（小字注：住）　摩訶」母的哩诚耶莎訶」南無三满多沒馱喃戶唵室利曳利莎訶」

东北面铭文北起第四、第五行，为建幢人题记：

康熙四十九年四月十九日開封府蘭陽」縣彭宅統合家眷屬建多寶塔一座（印章：）桶通（印章：）行派卅（冊）」

第一印章为圆印，铭文："桶通"，篆书，自右至左横行；第二印章方印，铭文："行派卅（冊）"，篆书，直行，第一行二字，第二行一字。与正文底部齐平。每一印章直径，大致与正文字径相等而稍大。

南面铭文：佛祖坐像东侧直行左行（从左往右）铭文第一行题：

心經了義」

铭文第二行题：

摩訶般若波羅蜜多心經」

自南面佛祖坐像东侧铭文第三行起，历东南面，至东北面铭文第五行止，镌《摩诃般若波罗蜜多心经》全文。

《心经》正文开头南面铭文佛祖坐像东侧铭文第三、四行：

> 觀自在菩薩行深般若波羅蜜多時照見」五蘊皆空度一切苦厄舍利子色不異空」

《心经》东南面铭文：

> 空不異色色即是空空即是色受想行識」亦復如是舍利子是諸法空相不生不滅」不垢不淨不增不減是故空中無色無受」想行識無眼耳鼻舌身意無色聲香味觸」法無眼界乃至無意識界無無明亦無無」明盡乃至無老死亦無老死盡無苦集滅」道無智亦無得以無所得故菩提薩埵依」般若波羅蜜多故心無掛礙無掛礙故無」有恐怖遠離顛倒夢想究竟涅槃三世諸」佛依般若波羅蜜多故得阿耨多羅三藐」

《心经》结尾东北面铭文南起第一至第五行：

> 三菩提故知般若波羅蜜多是大神咒是」大明咒是無上咒是無等等咒能除一切」苦真實不虛故說般若波羅蜜多咒即說」咒曰揭諦揭諦波羅揭諦波羅僧揭諦菩」提薩婆訶」

二、尊胜陀罗尼心经幢佛经铭文笺释

1. 尊胜陀罗尼

"尊胜陀罗尼"，是《佛顶尊胜陀罗尼经》中的一段真言。

1.1《佛顶尊胜陀罗尼经》之内容

唐佛陀波利译《佛顶尊胜陀罗尼经》云：

> "善住天子却后七日命将欲尽，命终之后生赡部洲，受七返畜生身，即受地狱苦"，"尔时帝释闻善住天子语已"，"往诣誓多林园于世尊所"，"佛前胡跪而白佛"。①

> "佛便微笑告帝释言：天帝，有陀罗尼，名为如来佛顶尊胜，能净一切恶道，能净除一切生死苦恼，又能净除诸地狱、阎罗王界、畜生之苦。又破一切地狱能回向善道。"②

① ［日本］高楠顺次郎等辑：《大正新修大藏经》，第 19 册，东京大正一切经刊行会，大正十三年至昭和九年（1924－1934），第 350 页。

② ［日本］高楠顺次郎等辑：《大正新修大藏经》，第 19 册，东京大正一切经刊行会，大正十三年至昭和九年（1924－1934），第 350 页。

"佛告天帝：若人能书写此陀罗尼，安高幢上，或安高山，或安楼上，乃至安置窣堵波中"，"其影映身，或风吹陀罗尼上幢等上尘落在身上"，"彼诸众生所有罪业，应堕恶道、地狱、畜生、阎罗王界、饿鬼界、阿修罗身恶道之苦，皆悉不受亦不为罪垢染污"，"此等众生，为一切诸佛之所授记，皆得不退转，于阿耨多罗三藐三菩提"。①

依佛教，《佛顶尊胜陀罗尼经》中那一段陀罗尼真言，以及陀罗尼幢，能救济生灵与亡者。

1.2 陀罗尼

"陀罗尼"，梵语音译，意译总持，总持无量教法义理，无量威力智慧。通常指佛菩萨之咒语即秘密语。

"真言"，梵语曼荼罗，意译为真言，真实之语言，指佛菩萨之咒语，是佛菩萨之总持法门，有无量威力，为凡夫所不能知。汉译佛经对真言不作意译，而用梵语之音译。真言与陀罗尼，是同体异名。

1.3 尊胜真言　即指《佛顶尊胜陀罗尼经》中那一段真言。

2. 尊胜陀罗尼启请文　是佛教徒奉请诵读《尊胜陀罗尼经》真言的行礼韵文。

3. 尊胜陀罗尼经幢之意义

大多数尊胜陀罗尼经幢题记铭文表明是为已故亲人超度亡灵而建幢，亦有少数经幢题记表明是为自己延禄滋福而建幢，若干幢题记铭文并表明是亦为造福众生等建幢。

清王昶《金石萃编》卷六十七《唐二十七·元政经幢》："佛顶尊胜陁罗尼经。开成五年三月三日为亡父母建立石幢子一所，长男元政、元则、元和，孙元行实、元行及、元行谏、元行放。"

《金石萃编》卷六十六《唐二十六·董府君经幢》："佛顶尊胜陁罗尼经。大和六年岁次壬子二月癸卯廿三日丙戌，男瑾为父建立。"王昶按："此幢乃董府君叙卒后，其夫人夏侯氏洎其子瑾痛府君之亡，乃于葬后建此幢。"

《金石萃编》卷六十七《唐二十七·刘氏经幢》："在西安府。佛顶尊胜陁罗尼经。佛弟子彭城郡夫人刘氏为亡夫建造尊胜幢一所，愿福资生界，因睹斯善。"

《金石萃编》卷六十六《唐二十六·康玢书经幢》："顶尊胜陁罗足幢铭。大唐太庙讳六年岁次辛亥十月癸丑朔十四日丙寅建，前潞州黎城县尉曹秀臻为

---

① ［日本］高楠顺次郎等辑：《大正新修大藏经》，第 19 册，东京大正一切经刊行会，大正十三年至昭和九年（1924 – 1934），第 351 页。

亡女京修慈寺尼惠寂及法界苍生敬造。"

以上四座诸陀罗尼经幢，题记分别表明是为亡父母、为亡夫及为父、为亡夫、为亡女而建幢。或同时并表明亦是为生界、为法界苍生等而建幢。

《金石萃编》卷六十六《唐二十六·兴圣寺经幢》："在西安府。兴圣寺尼决定等陀罗尼幢。（前阙）南阎浮提震旦国娑诃世界大唐京兆府长安县兴圣寺尼决定，春秋七十有七；尼普义，春秋七十有五；即已抽舍净财，敬造陀罗尼幢一所。天宝五载九月十五日建立毕功。"

《金石萃编》卷六十六《唐二十六·真空寺经幢》："在终南山。一切如来白伞盖大佛顶陀罗尼咒。大唐真空寺奉为国及法界众生敬修大佛顶陀罗尼石幢纪。"纪云："当寺宿老寺主法号法峻，割净财，洗垢秽，琢石于蓝峰之顶，冥机于青莲之界。……若乃书幡空里，镌雕路隅，治尘者于以福生，休影者于焉罪灭。况能舍施，专精石幢，可以延师之禄，滋师之福，美矣哉。"

以上两座陀罗尼经幢，题记分别表明是为自己延禄滋福而建幢，同时并表明亦是为国及法界众生建幢。

4. 白云寺尊胜陀罗尼心经幢真言及启请文之版本

《佛顶尊胜陀罗尼经》有多种译本。尊胜陀罗尼启请文，亦有多种版本。

白云寺尊胜陀罗尼心经幢真言铭文之版本，与今存唐佛陀波利译《佛顶尊胜陀罗尼经》、唐杜行顗译《佛顶尊胜陀罗尼经》、唐地婆诃罗译《佛顶最胜陀罗尼经》、唐地婆诃罗译《最胜佛顶陀罗尼净除业障咒经》、唐义净译《佛说佛顶尊胜陀罗尼经》、宋法天译《最胜佛顶陀罗尼经》等多种译本，均不相同。

按清光绪刻本潘衍桐《两浙輶轩续录》卷三十八曹籀《陀罗尼经命工拓数纸贻赠同好》诗："齐梁四百八十寺，都在南朝锦绣地。吴越八万四千塔，全仿西竺金银刹。祥符寺中九千九百九十九眼井，祇是禅家一破衲。"又云："我来正遇释迦涅盘日，瞻仰初秭弟一层。我闻国一禅师真身分舍利，石幢高建好安置。八百年来常放光，四面周刻尊胜陀罗尼。不解唵嗜峰，但解读南无薄伽伐帝，准合华严四十二母字。"自注："尊胜咒有两译本，一本'唵嗜峰'三字起首。一本'南无薄伽伐帝'起首。此幢依后译本。"曹籀所述杭州祥符寺唐国一禅师石幢尊胜陀罗尼以"南无薄伽伐帝"起首，与白云寺尊胜陀罗尼心经幢真言版本相同。

道坚法师主编《北韵佛曲》一书，录北京智化寺数百年相传之佛乐，其中《瑜伽焰口施食起止规范》部分，有《尊胜直言》一首。开头"正白"八句，与白云寺经幢尊胜陀罗尼启请文铭文相同；其下"正白""嘉句灵验佛顶尊胜陀罗尼曰"，与白云寺经幢尊胜陀罗尼标题铭文相同；其下"正白"十句及之后配乐谱之唱词，则与白云寺经幢《尊胜陀罗尼经》真言铭文相同，仅有两个同音字异文（经幢"租"、"纳"，《北韵佛曲》作"祖"、"那"）①。

由上所述可知，白云寺尊胜陀罗尼心经幢真言之版本，是一种自唐代以来流传中国南北方之译本，译者名似佚，嗣考。

5. 白云寺尊胜陀罗尼心经幢《心经》意义及其版本述略

《摩诃般若波罗蜜多心经》，又称《般若波罗蜜多心经》，简称《心经》，述观自在菩萨行深般若智慧到彼岸，照见五蕴皆空，度一切苦厄，是大乘佛教哲学之核心，修行之依据。

《尊胜陀罗尼经》所说，在某种程度上是依靠他力获得超度；《心经》所说，则完全是依靠自己觉悟获得超度。

经幢大多数铭文为《尊胜陀罗尼经》真言或《尊胜陀罗尼经》，铭文有《心经》者则为少见。

《心经》有多种译本。白云寺尊胜陀罗尼心经幢《心经》铭文版本，为唐三藏法师玄奘译《般若波罗蜜多心经》。

白云寺尊胜陀罗尼心经幢镌两种经文，铭文第一面南面中央镌《心经》图，而不是《尊胜陀罗尼经》图或其他佛像②，当表示建幢者彭宅统心意，在此更重视《心经》。

三、白云寺尊胜陀罗尼心经幢题记与印文"桶通"、"行派卅"笺证

"兰阳"：清河南省开封府兰阳（今河南兰考）县，睢州白云寺（今属河南民权）邻县，位于白云寺西北。

---

① 道坚法师主编：《北韵佛曲》，宗教文化出版社，2007 年，第 184 – 188 页。

② 洛阳网 2006 年 12 月 31 日《洛阳晚报》报道《一件唐代经幢被发现》：洛阳市瀍河回族区上窑村发现一件经幢，"它由青石刻制而成，外形为八棱柱体，通高 85 厘米，底面直径约 26 厘米。经幢的幢身上密密麻麻刻满了文字，其中，绝大部分为常人难以读懂的《佛顶尊胜陀罗尼经》，其余的则用来记事，讲述了雕刻、建立这件经幢的时间和缘由。有关专家细细阅读后，认定这件经幢刻制于唐文宗大和九年（公元 835 年），是一户人家得子后，为了祈福消灾，由'妻封氏敬造尊胜石幢一所，永为恒记'。尤其珍贵的是，这件经幢的一个侧面上方还雕刻了一幅画像，一尊雍容高贵的大佛盘坐于莲花座上，背后祥云缭绕，栩栩如生。"配经幢拓片照片一帧，佛顶尊胜陀罗尼咒语铭文上方、右方镌一尊佛祖坐像。报道见 http://news.lyd.com.cn/system/2006/12/31/000247316.shtml

又，孔夫子旧书网书店区 2015 年 1 月 26 日标题：超大尺寸经幢拓片：朱墨两色唐代《佛顶尊胜陀罗尼经》/130 * 70cm（已售），详细描述：130 * 70cm/唐至德二年。附拓片照片五幅，中央一幅拓片，上方为一尊佛祖坐像，下方题：佛顶尊胜陀罗尼经。见 http://book.kongfz.com/5184/138047567/

案：以上两例尊胜陀罗尼经幢，铭文开头所镌佛像，均非《心经》图。

"彭宅统"：彭宅统，康熙时兰阳人，当为居士，具有极深的佛学和文学修养。

第一印章铭文"桶通"：意为"桶底脱"、"桶脱"，喻指大彻大悟，明心见性。是禅宗最重要话头。

相关话头是"漆桶"，言闷在黑漆桶中，一团漆黑，喻无明状态。唐末雪峰义存禅师求学于投子大同禅师，投子曾以"漆桶"喝斥雪峰。北宋道元《景德传灯录》卷十五《吉州青原山行思禅师法嗣第四世·前京兆翠微无学禅师法嗣·舒州投子山大同禅师》："一日，雪峰随师访龙眠庵主，雪峰问：'龙眠路向什么处去？'师以拄杖指前面。雪峰曰：'东边去西边去？'师曰：'漆桶。'雪峰异日又问：'一槌便成时如何？'师曰：'不是性懆汉。'雪峰曰：'不假一槌时如何？'师曰：'漆桶。'师一日庵中坐，雪峰问：'和尚此间还有人参否？'师于床下拈钁头抛向面前。雪峰曰：'怎么即当处掘去也？'师曰：'漆桶不快。'"① 北宋圆悟克勤《碧岩录》卷一《第一则·圣谛第一义·评唱》："不妨与他打破漆桶，达磨就中奇特。"②

"桶底脱"，言黑漆桶桶底脱落，一片光明，喻大彻大悟，明心见性。典出雪峰义存禅师自述在德山宣鉴禅师的棒打下省悟，"如桶底脱相似"。北宋圆悟克勤《碧岩录》卷一《第五则·雪峰粟粒·评唱》："（雪峰）问：'从上宗乘中事，学人还有分也无？'德山打一棒，云：'道什么？'因此有省。后在鳌山阻雪，谓岩头云：'我当时在德山棒下如桶底脱相似。'岩头喝云：'你不见道：从门入者，不是家珍。须是自己胸中流出，盖天盖地，方有少分相应。'雪峰忽然大悟，礼拜云：'师兄！今日始是鳌山成道。'"③ 岩头，岩头全豁禅师，雪峰之师兄。雪峰在德山门下，德山一棒而桶底脱，岩头一喝而完成彻悟。雪峰后来成为"唐末最伟大的禅师之一。'北有赵州，南有雪峰'，这响亮的赞誉，是马祖以后未曾有的"④。

"桶底脱"亦省作"桶脱"，明释德清《憨山老人梦游集》卷二十《越州天衣义怀禅师赞》："一出尘网，便登觉地。担折桶脱，虚空粉碎。"

第二印章铭文"行派卌"：意为西天东土历代佛祖世系第四十世。

① 星云大师监修，佛光大藏经编修委员会主编：《佛光大藏经·禅藏·史传部·景德传灯录》第二册，高雄佛光出版社，1994年，第809－810页。又见南宋普济《五灯会元》卷五《青原下四世·翠微学禅师法嗣·投子大同禅师》。

② 《佛光大藏经·禅藏·杂集部·碧岩录外一部》，高雄佛光出版社，1994年，第13页。

③ 《佛光大藏经·禅藏·杂集部·碧岩录外一部》，高雄佛光出版社，1994年，第35页。又见南宋普济《五灯会元》卷七《青原下五世·德山鉴禅师法嗣·雪峰义存禅师》。

④ 冯学成：《云门宗史话》，南方日报出版社，2008年，第7页。

"行派"：此指世系。

"行派"，又作"派行"，多见于家谱、族谱，本指宗族房派行第。宋程大昌《演繁露》卷十二《蹼头垂脚不垂脚》："叙说房派行第。"《曾国藩全集》第八册《奏稿之八》同治三年十一月二十二日《游击彭南封复姓归宗片》："且查张氏家谱，南封系光字行派。"①

"卌"：同"卌"，四十。《玉篇》卷三十《卌部》"卌"："四十也。"《康熙字典》子集下《十部》"卌"："《字汇补》四十并也。与卌同。"

"行派卌"：典出顺治十七年（1660）三月十六日"痴道人"顺治皇帝御书北京香山法海寺《敬佛》榜书碑碑阴《西天东土历代佛祖之图》"三十九世雪峰义存禅师"。

清于敏中《日下旧闻考》卷一百三《郊坰·西十三·增·静宜园之西万安山有法海寺法华寺》："法海、法华二寺，前后互相连属，相传为宏教寺遗址，本朝顺治十七年，修建改今名。前为法海寺，门上有小塔，门内为关帝殿。约半里许为法华寺，……殿内本朝碑二：一为顺治十七年奉旨示禁碑，一恭勒世祖御书'敬佛'二字，乃赐僧慧枢者，碑阴镌《历代佛祖图》。"②

顺治御书北京香山法海寺《敬佛》榜书碑，至今犹立于法海寺内。

今据《北京图书馆藏中国历代石刻拓本汇编》第六一册《清一·敬佛榜书碑》拓片，叙录顺治御书北京香山法海寺《敬佛》榜书碑铭文如下。

碑阳额篆："敕赐法海禅寺"，双行，行三字。碑身中央上方右起大字横行首题："御书"，篆文。其下小字直行题名："痴道人"，楷书。其下钤方印："太和主人"，篆书，回文。其下巨幅榜书："敬佛"，楷书。右上方第一行钤长方印："体元斋"，篆书，直行。第二行小字直行题款："为万安山法海寺慧枢和尚书"，楷书。左上方小字直行落款："顺治庚子三月既望"，楷书。

碑阴额篆："永垂万古"，双行，行二字。碑身上方右起大字横行首题："西天东土历代佛祖之图"，楷书；下列四排历代佛祖题名，小字直行，楷书。

顺治御书《敬佛》榜书碑碑阴《西天东土历代佛祖之图》：

> 娑婆教主释迦文佛。一祖摩诃迦叶尊者。二祖阿难陀尊者。……二十七祖般若多罗尊者。二十八东土初祖达磨尊者。……三十二东土五祖宏忍大满禅师。三十三东土六祖慧能大鉴禅师。……三十八世德山宣鉴禅师。

---

① 曾国藩：《曾国藩全集》第八册，岳麓书社，2011 年，第 133 页。
② 清于敏中等编纂：《日下旧闻考》，北京古籍出版社，1985 年，第 1695 页。

三十九世雪峰义存禅师。四十世云门文偃禅师。四十世玄沙师备禅师。①

顺治十七年御书北京香山法海寺《敬佛》榜书碑与《西天东土历代佛祖之图》，浸透了青年顺治皇帝对西天东土历代佛祖的虔敬和宗教理想。

康熙四十九年四月十九日白云寺尊胜陀罗尼心经幢题记末第二印章铭文"行派卌"，典出顺治十七年御书北京香山法海寺《敬佛》榜书碑与《西天东土历代佛祖之图》。因为第一印章铭文"桶通"，典出雪峰义存禅师之彻悟"如桶底脱"，可知第二印章铭文"行派卌"实际是与《西天东土历代佛祖之图》"三十九世雪峰义存禅师"有关。与《西天东土历代佛祖之图》"四十世云门文偃禅师"、"四十世玄沙师备禅师"，并无关系。

白云寺尊胜陀罗尼心经幢题记末两印章铭文"桶通"、"行派卌"，看似闲章。闲章例为印章作者自述情事，虽非名章，实即自指。第一印章铭文"桶通"，典出雪峰义存禅师。按《四部丛刊》景宋本《景德传灯录》卷十六《吉州清原山行思禅师第五世中·前朗州德山宣鉴禅师法嗣·福州雪峰义存禅师》："泉州南安人也，姓曾氏。"可知第二印章铭文"行派卌"，并非表示建幢人彭宅统为雪峰义存禅师家族后人。仅就此点而言，已可知两印章铭文"桶通"、"行派卌"，并非是彭宅统自指，而是另有所指。

四、白云寺尊胜陀罗尼心经幢是为顺治圆寂而建立

由上所述可知：

第一，尊胜陀罗尼经幢例为亡者所建，大多数陀罗尼经幢题记表明是为已故亲人超度亡灵而建幢，少数表明是为自己延禄滋福而建幢，或同时表明亦是为国及法界众生建幢。康熙四十九年四月十九日兰阳彭宅统所建白云寺尊胜陀罗尼心经幢题记，则无一字明文述及建幢缘起。

第二，大多数经幢铭文为《尊胜陀罗尼经》真言或《尊胜陀罗尼经》，铭文有《心经》者则少见。白云寺尊胜陀罗尼心经幢之尊胜陀罗尼铭文，表达了建幢者通常具有的超度亡灵的善良愿望；《心经》铭文，则表达了建幢者在此特有的对亡灵依靠自己觉悟和修行获得超度的信心。

第三，白云寺尊胜陀罗尼心经幢建立于康熙四十九年四月十九日，正当康熙四十九年正月顺治圆寂于白云寺之后、康熙四十九年九月十九日入塔及康熙

---

① 北京图书馆金石组编：《北京图书馆藏中国历代石刻拓本汇编》第六一册《清一·敬佛榜书碑》，中州古籍出版社，1989 年，第 145 页。《汇编》著录："顺治十七年（1660）三月十六日刻。碑在北京海淀区正红村香山法海寺。拓片阳碑身高 162 厘米，宽 79 厘米，额高 44 厘米，宽 28 厘米；阴碑身高 77 厘米，宽 96 厘米，额高 37 厘米，宽 27 厘米。世祖福临正书，额双勾篆书。碑阴刻西天东土历代佛祖图。"

建立御匾集群于白云寺之前；经幢题记末第一印章铭文"桶通"，是用雪峰义存禅师之彻悟"如桶底脱"之古典，暗指顺治皇帝出家之彻悟，可比雪峰义存禅师之彻悟；第二印章铭文"行派卌"，是用顺治十七年顺治皇帝御书北京香山法海寺《敬佛》碑《西天东土历代佛祖之图》"三十九世雪峰义存禅师"之今典，暗指顺治可以直接继承《西天东土历代佛祖之图》第三十九世雪峰义存禅师，得为《西天东土历代佛祖之图》第四十世；由上所述可知，经幢是为顺治圆寂所建。

简言之，"桶通"印章铭文，是确指顺治，标志经幢是为顺治圆寂所建，"行派卌"印章铭文，是表示对顺治出家为僧的盖棺论定和崇高评价。

顺治尝言："上古惟释迦如来舍王宫而成正觉，达摩亦舍国位而成禅祖。"① 顺治舍皇位而出家，可证其彻悟，此当是无净之事。

顺治是不是唐代高僧雪峰义存弟子，在此毫无关系，在此，用典意义只在于：顺治之彻悟，可比雪峰义存之彻悟；顺治在佛教之地位，可继《西天东土历代佛祖之图》三十九世雪峰义存禅师。

第四，经幢铭文有《心经》，是潜在地表示，顺治皇帝出家，证明其大彻大悟，修行彻底，必能依靠自力到彼岸。白云寺尊胜陀罗尼心经幢铭文第一面南面，中央镌《心经》图，而不是《尊胜陀罗尼经》图，可见建幢者彭宅统心意，在此更重视《心经》，亦足资参证。

第五，经幢题记无一字明文述及建幢缘起，而以印章铭文暗示之，是为了保密。如果顺治出家之秘密公诸于世，岂不惊世骇俗，造成轩然大波？清廷又何以自圆其说？

第六，经幢题记末"桶通"、"行派卌"两枚印章铭文，用佛教禅宗之古典及顺治御碑之今典，确指顺治，并表示对顺治皇帝出家为僧的崇高评价，看似闲章，而画龙点睛，机智、活泼，极具禅宗风格，在文学创造上达到了顶尖的造诣。当然，印章铭文篆书，认字亦有一定的难度。

第七，传统题记格式，文末钤印通常为作者姓名印、闲章印等，石刻题记相同。闲章例为印章作者自述情事，虽非名章，实即自指。白云寺尊胜陀罗尼心经幢题记，文末两枚闲章铭文"桶通"、"行派卌"，并非题记作者即建幢人自指，而是暗指经幢所为之建立之人。此是传统题记格式的突破，亦是传统闲章文体的创新。事实上，康熙四十九年为顺治圆寂所建立的白云寺御匾集群铭文、尊胜陀罗尼心经幢题记铭文，皆充满了非同寻常的创意。

---

① 清超琦辑录：《大觉普济能仁国师年谱》顺治十七年庚子（1660）十月十五日，《大觉普济玉林禅师语录》卷十二，蓝吉富主编《大藏经补编》第27册影印康熙刊本，台湾华宇出版公司，1986年，第667页。

第八，白云寺康熙四十九年四月十九日尊胜陀罗尼心经幢，今建立在大雄宝殿北门前，正对康熙四十九年九月十九日御制"真朴"（真人）匾额，《心经》幢铭文所表达的对顺治自力得度的信心，与真人匾铭文赞美顺治是"代佛出世，惟大弟子"的阿罗汉，具有异曲同工、交相辉映之妙。

第九，康熙四十九年正月顺治圆寂于睢州白云寺，四月十九日兰阳彭宅统为顺治建立尊胜陀罗尼心经幢于白云寺，表明顺治出家及其在睢州白云寺为僧，在当时当地，颇为人知，几乎是公开的秘密。

完整地说，康熙三十七年翰林院庶吉士郡人袁锺麟撰文、翰林院庶吉士赵尔孙篆额、内阁中书郡人吴学颢书丹、归德府睢州正堂胡范立石《白云寺公输地租碑记》、康熙四十九年四月十九日兰阳彭宅统为顺治圆寂所建白云寺尊胜陀罗尼心经幢、康熙四十九年九月十九日白云寺御匾集群、民国八年郭氏祠堂《玉明族祖碑》所照录清代白云寺玉明和尚碑，均证明顺治出家及其在睢州白云寺为僧，在当时当地，颇为人知。

第十，康熙四十九年四月十九日白云寺尊胜陀罗尼心经幢，是顺治出家之一有力证据。

第十六章　康熙四十九年九月十九日
御制睢州白云寺匾额"（先）王宝"：先帝神主、
章皇神主；确证顺治去世于并安葬于白云寺

康熙四十九年九月十九日御制"（先）王宝│当堂常赏"匾额①，石制横匾，两面铭文，包括大字题词、小字上下题款或配联，建立于清河南省睢州尹店集（今河南省民权县白云寺镇）白云禅寺中轴线南起第一座主建筑山门殿外墙北立面砖墙之后门门额②。"文革"中，拆除白云禅寺山门殿，康熙御制石匾摔断为两截，残匾半截今藏白云禅寺③。1986年，依据白云禅寺会计许彝先口述及绘图复原该石刻④，重镌"当堂常赏"一面铭文，建碑亭于白云禅寺天王殿东，复原石刻镶嵌于碑亭壁上，被称为"康熙御碑"。2003年，《翰墨石影　河南省文史研究馆馆藏拓片精选》出版，其中《御书当堂常赏四大字》影印了康熙御匾"当堂常赏"一面铭文清康熙时完整原始拓片，并著录尺寸。原拓与残匾，尺寸相同，铭文略有异文。盖康熙御制石匾当时有两次刻石，《翰墨石影》影印者，系第一次刻石之原拓；今存残匾，系第二次刻石。

清代睢州白云禅寺创立于唐代唐贞观年间，为豫东著名大寺。但是今存清

①　御制，皇帝所作。御制匾额，此指皇帝亲笔题写匾文，上石镌刻而成之匾额。石匾正面铭文、背面铭文之区分，本文用│号标示。

②　康熙御制"一切恭敬"石匾、"朴实"石匾，至今犹镶嵌于白云寺中轴线主体建筑清构观音殿、大雄宝殿外墙北立面砖墙拱券形后门门额，康熙时御制"（先）王宝│当堂常赏"石匾建匾情况当为一致，系镶嵌于白云禅寺山门殿外墙北立面砖墙后门门额。2016年3月30日，笔者在白云寺采访该寺资深居士马世忠先生，笔者问："早年庙里师父管'当堂常赏'叫什么？"马世忠先生答："皇上赠匾。"问："是不是建立在山门背阴门额？"答："在墙上勒住（镶嵌在墙上）。"

③　王冠群、崔长庚、黄广文《千年古刹白云禅寺》："1966年'文化大革命'运动开始。6月6日，寺内明朝所建的东大殿25间被拆除，殿内木雕、药师佛像被毁，拆下的砖瓦木料用于兴建尹店学校。6月12日，红卫兵拉倒寺院内外功德碑，扒掉东廊房80间，祠堂院破房6间，所扒的砖瓦木料全部用于兴建白云学校。'文革'中期，白云学校重建，又扒掉寺内磨房10间、点作寮3间、客房6间、上客房15间、牲口屋10间及大悲楼、山门等。"（商丘市政协学习文史委员会《商丘文史资料》第二辑，2001年，第285页；中国人民政治协商会议河南省民权县委员会学习文史委员会《民权文史资料》第七辑，2001年，第151–152页。）2016年3月30日笔者在白云寺采访马世忠先生，所述一致。

④　2015年7月23日民权县志办潘宇先生电邮回复笔者提问所述。

代历修《睢州志》、《归德府志》四种①，均不记载白云禅寺。二十世纪八十年代以前，康熙御制"（先）王宝｜当堂常赏"匾额，几乎不为学界所知。二十世纪八十年代以后，由于当地文史工作者陆续发表的著录和介绍②，特别是由于 2009 年中央电视台陈敏编导《走遍中国 古刹迷踪》纪录片的现场报导③，"康熙御碑""当堂常赏"一面铭文始逐渐广为人知，但尚未在主流学界引起讨论。2015 年 6 月，笔者赴河南民权白云禅寺考察，目验康熙御匾"当堂常赏"一面铭文，并拍摄照片。同年 12 月，笔者承民权县志办潘宇先生相告，始知"康熙御碑""背面"尚有铭文，2016 年 3 月，笔者重赴白云禅寺考察，在潘宇先生协助下，目验康熙御制"（先）王宝｜当堂常赏"石匾两面铭文，并拍摄照片。

按顺治四年颁行、雍正三年重颁《大清律集解附例》卷二十四《刑律·诈伪·诈为制书》："凡诈为（原无）制书，及增减（原有）者（已施行，不分首从），皆斩。"④依《大清律》，诈为制书者斩，康熙四十九年九月十九日御制"（先）王宝｜当堂常赏"石匾原物，自康熙四十九年至宣统三年（1710 –1911）二百年间，赫然建立于白云寺山门殿，而白云寺、睢州、归德府、河

---

①　清睢州隶属于归德府（今河南商丘）。今存康熙三十二年修七卷本、光绪十八年修十二卷首一卷本《睢州志》卷二《寺观志》，乾隆十九年修、光绪十九年重刻本《归德府志》卷三十三《古迹略下·寺观》睢州部份，均记载佛寺多所，而均不记载白云寺。似集体回避之。

②　河南省文化厅文物志编辑室编《河南省文物志选稿》第 7 辑民权县文化馆《民权白云寺》："传说康熙皇帝南巡路过自云寺，曾亲笔御书'当堂常赏'四个大字，刻于山门之阴。并亲赠半朝銮驾及龙头玉杖和佛经一部。"（河南省文化厅文物志编辑室，1983 年，第 78 页。）傅连举《了解民权，热爱民权，振兴民权》2《民权的名胜古迹·白云寺》："康熙皇帝南巡过此，御书'当堂常赏'四字，刻于山门之阴。"（《民权县志资料》1984 年第 1 期）冯先铭《民权白云寺》："白云寺有禅院、山门，山门背阴有清康熙御书'当堂常赏'四字。"（《中州今古》，1984 年第 5 期；孙传贤主编《河南文博考古文献叙录 1913 –1985》肆《古建》二《田野调查资料》（一）《寺庙》，河南省博物馆，1987 年，第 235 页。）李源河主编《翰墨石影 河南省文史研究馆馆藏拓片精选·御书当堂常赏四大字》，影印了康熙御匾"当堂常赏"一面铭文清康熙时完整原始拓片，见《翰墨石影 河南省文史研究馆馆藏拓片精选》，广陵书社，2003 年，第八册，拓片第 27 页。潘宇主编《千年古刹白云禅寺·白云寺部分残石文物》，刊载了康熙残匾"当堂常赏"一面铭文的照片，见《千年古刹白云禅寺》，民权县地方史志办公室，2003 年，第 35 页。

③　陈敏编导：《走遍中国 古刹迷踪》，央视网视频 走遍中国，http://tv.cntv.cn/video/C10352/8fec9301d3a349b44b7cbb9bc2e4c183，2009 年摄制，2010 年播放。

④　《四库未收书辑刊》壹辑贰拾陆册影清雍正三年内府刻本，北京出版社，2000 年，第 393 页。

南省均能安然无事，并无被问罪诈为御匾之事，即使仅就此点而言，亦可证明康熙御制石匾之真实性毫无疑问。

白云寺康熙四十九年御制"（先）王宝｜当堂常赏"石匾两面铭文，是有关顺治皇帝出家历史公案之珍贵实物文献。

白云寺康熙四十九年御制"（先）王宝｜当堂常赏"石匾，"当堂常赏"一面铭文已经披露并有所讨论，"（先）王宝"一面铭文是在本文第一次披露和讨论。

河南睢州白云禅寺（其地今属民权县），文献称之为白云禅寺或白云寺，实际并无区别，本文随所引用文献之称呼而称呼之。

一、康熙御制"（先）王宝｜当堂常赏"石匾铭文校录

1. 御匾正名

康熙御制"（先）王宝｜当堂常赏"匾额，今称之为"当堂常赏"碑，误。《说文解字》卷二"匾"："署门户之文也。"康熙御匾建立于白云禅寺山门殿北门门额，应称之为匾额。但此匾之性质与作用，并非寻常之匾所能包含。

康熙御制石匾，两面皆有铭文，一面大字铭文为直行魏碑体书"（先）王宝"，一面大字铭文为菱形布局行楷"当堂常赏"，孰为正面，孰为背面？笔者根据康熙御匾铭文内容，以及建立于白云禅寺山门殿后门门额之康熙御匾"当堂常赏"铭文一面朝北，并参照清代陵寝制度文献，确定"（先）王宝"铭文一面为正面即南面，"当堂常赏"一面为背面即北面。

2. 御匾南面铭文录文

2.1 《翰墨石影》无御匾南面铭文拓片

2.2 白云寺今藏康熙御制石匾残片

石材呈淡红色，似为紫砂岩石材。石匾残存南面左半截，上边残宽 25.5 厘米，下边残宽 59 厘米，原宽判断 89 厘米；高 79 厘米；厚 13 厘米。上边、

左边浮雕莲花瑞草图案，下边浮雕海涛图案。匾中阴刻魏碑体铭文①，中央从上往下直行大字题词三字，字径 25 厘米，上下顶格。左方为配联之下联，从上往下直行小字九字，字径 7 厘米。左方小字九字与中央大字三字上下齐平。

南面铭文原式直行，录文横写如下：

□□□□□□□□□

丿（残）王　宝

镇恶退扶凡斸邪魔离

上款（上联）小字铭文已全缺，残缺字位根据下款文字系联语而拟补，标□。中央大字铭文第一字残存左下笔划一撇之尖，当系"先"字（详下文"铭文校录"），第二字"王"字保存将近一半，存左半笔划三横及当中一竖，第三字"宝"字几乎完全保存，仅缺"宀"之最后一点。下款（下联）小字铭文完全无损。

康熙御制石匾南面"（先）王宝"等铭文，是何人所书？因系魏碑体，而今存康熙御书魏碑体似为罕见，因此，此是康熙亲笔，还是他人书写，不妨存疑。按清朝已故皇帝神主书文之汉字部分，例由翰林官书写；但是亦有皇帝亲笔书写者，如雍正所书"圣祖仁皇大成功德佛"神主（俱详下文）。康熙御制石匾南面"（先）王宝"等铭文，如果为康熙亲笔，是开雍正书"圣祖仁皇大

---

① "魏碑体"三字一词，虽然形成于清后期，但是宋代人早已识别魏碑体书法，在与隶书、楷书并称时，称之为"魏碑"、"魏体"。宋姚宽《西溪丛语》卷上："又晋石经，隶书。至东魏孝静迁于邺，世所传一字石经，即晋隶书，又非魏碑也。"宋姜夔《绛帖平》卷一《史籀书》："自汉以后，楷既自成一家，南北分裂，隶又分为二体。……尔后北人多用魏体，南人多用吴体，皆有碑可证。"宋陈振孙《直斋书录解题》卷三："《汉隶字源》六卷，娄机撰，以世所存汉碑三百有九，韵类其字，魏碑附（写）焉者。"（脱文据《文献通考》卷一百九十《经籍考》十七《经小学》补。）康熙时，魏碑体书法已为人注重。华人德《论魏碑体》："魏碑体的概念形成于清末，是指北魏碑刻中以斜画紧结、点画方峻为特征的楷书书体。……清初，顾炎武对古代金石之文旁搜博讨，'夜以继日，遂乃剔抉史传，发挥经典'，并作《金石文字记》六卷。黄宗羲则从碑刻中研究文史义例，著有《金石要例》一卷。顾、黄二人对有清一代学术影响至巨，学者始搜罗碑刻以为证经订史的第一手资料。北朝碑志原以为猥拙而旋出旋弃，由于碑志搜访的收集，其法书亦渐为人们所重视。康熙十八年北魏《崔敬邕墓志》，在河北安平出土，其书即为世人所重。当时学者何焯曾评论曰：'入目初似丑拙，然不衫不履，意象开阔，唐人终莫能及，未可概以北体少之也。六朝长处在落落自得，不为法度拘局。'……由此可见康、雍学间者文人已注重魏碑体书法。逐渐北魏碑志造像记为金石家搜罗的热门。"（《中国书法》2000 年第 6 期）康熙四十九年御制匾额魏碑体书法"（先）王宝"，是得风气之先。

成功德佛”神主之先。① 既然北面铭文“钦赐奉”、“御制命”是康熙御笔，已表示此匾是以康熙圣旨（制敕）所颁发之御制匾额，即使康熙御制石匾南面“（先）王宝”等铭文并非出自康熙亲笔，亦可以称之为康熙御笔。

2.3 白云寺复原康熙御制石匾

据告并无“背面”（南面）铭文。

3. 御匾北面铭文录文

3.1 《翰墨石影》卷八《御书当堂常赏四大字》拓片

四周浮雕行龙图案。铭文阴刻，中央菱形布局行楷大字题词四字，右方上款直行楷书小字第一行低一格起七字，第二行低一格起二字，上方中央楷书小字顶格一字，左方下款楷书小字第一行低一格起二字，第二行低一格起九字。

北面铭文原式，大字菱形布局，小字直行，录文横写如下：

康熙四十九年　旹

钦赐

　　　　常

上　当　　堂

　　　赏

御製

九月十九日敬心建立②

《翰墨石影》书末卷八《释文》：“御书当堂常赏四大字 康熙四十九年（一七一零）九月十九日。高七五厘米、广八五厘米，楷书。《存目》卷八载：石存‘睢县’。释文 康熙四十九年旹/钦赐/上当堂常赏/御制/九月十九日敬心建立③。按拓片周边行龙图案仅拓出其将近半宽，残匾周边行龙图案宽7厘米。

《翰墨石影》卷八《御书当堂常赏四大字》拓片铭文，据“御制”二字及

---

① 徐广源《浅谈景陵对后世清陵的影响》：“景陵首创了陵寝碑、匾上的文字由嗣皇帝书写并钤用宝文的制度。……孝陵和孝东陵（孝惠章皇后之陵）碑匾上的文字不是由嗣皇帝书写，碑、匾上也不钤用宝文。……景陵神道碑、朱砂碑以及三块斗匾上的字皆为世宗御笔，而且落款处皆有‘雍正尊亲之宝’的宝文。自景陵以后，大部分帝、后陵碑、匾上的字皆由嗣皇帝亲笔书写，并钤用宝文，成为定制。”（清代宫史研究会编《清代皇宫陵寝》，紫禁城出版社，1995年，第81－82页。）

② 李源河主编：《翰墨石影 河南省文史研究馆馆藏拓片精选》，广陵书社，2003年，第八册，拓片第27页。

③ 李源河主编：《翰墨石影 河南省文史研究馆馆藏拓片精选》，广陵书社，2003年，第八册，释文第21－22页。

书法风格，系出自康熙亲笔。

宫大中《〈河南石刻拓片存目〉与清末民初拓本研究》："河南省文史研究馆馆藏民国年间河南通志馆搜集的河南全省并周边河北、陕西与山东碑志拓本上万份，几乎将当时这一范围内已知碑铭墓志与摩崖石刻全部收罗。碑重旧拓，省文史馆馆藏的现有7000份旧拓，已逾百年。原通志馆编次的《河南石刻拓片存目》8卷。……《翰墨石影 河南省文史研究馆馆藏拓本精选》8卷从《河南石刻拓片存目》8卷中遴选……碑石原藏地仍依《河南石刻拓片存目》所载地名，以便于读者了解碑石近百年的历史变迁。"① 民国河南省通志馆《河南石刻拓片存目》卷八载："（石存）睢县"。1995年《民权县志》卷首《大事记·中华民国》民国17年（1928）3月8日："设立民权县。"②由此可知，此拓片系睢县原石原拓，拓制时间是白云禅寺地属睢县时，至迟民国十七年以前。实际上，此当是清康熙时第一次刻石之拓片（详下文）。"当堂常赏"一面铭文康熙时完整原始拓片，递藏于民国河南通志馆、今河南省文史研究馆。

3.2 白云寺今藏康熙御制石匾残片

石匾残存北面右半截，上边残宽25.5厘米，下边残宽59厘米，判断原宽89厘米；高79厘米；厚13厘米。四周浮雕行龙图案。匾中阴刻铭文，中央菱形布局行楷大字题词四字，字径25厘米，右方上款楷书小字第一行顶格起七字，第二行顶格起三字，字径4－6厘米。铭文大字笔道中呈细麻点，小字笔划中锋棱突起。观摩此匾，的是皇家气象。

北面铭文原式，大字菱形布局，小字直行，录文横写如下：

康熙四十九年　　岂
钦赐奉

常

堂

上款楷书小字第一行"康熙四十九年"后、"岂"字前空一格。

以上系北面铭文上半幅，下半幅已缺。

康熙御制石匾北面铭文，据"御制"二字及书法风格，系出自康熙亲笔；并与《翰墨石影》卷八《御书当堂常赏四大字》拓片铭文笔划完全一致。

3.3 白云寺复原康熙御制石匾

① 韦娜主编，洛阳历史文物考古研究所编：《河洛文化论丛》第3辑，中州古籍出版社，2006年，第378－379页。
② 民权县地方史志编纂委员会编：《民权县志》，中州古籍出版社，1995年，第13页。

复原石刻放大尺寸，大于残匾。四周浮雕行龙图案。匾中阴刻铭文，中央菱形布局行楷大字题词四字，右方上款楷书小字第一行顶格起七字，第二行顶格起三字，左方下款楷书小字低三格起三字，其下钤印。

铭文原式，大字菱形布局，小字直行，录文横写如下：

康熙四十九年　　岂

钦賜奉

常

當　　堂

賞

御制命　　（印玺：）今上皇帝之寶

印玺为方印，小篆陰文，直行三行，行二字。

4. 原拓与残匾尺寸比较及异文校勘

4.1 原拓与残匾尺寸比较

《翰墨石影》著录原拓拓片高 75 厘米、广 85 厘米，加周边图案未拓出之宽度约 4 厘米，拓片原石当为高 79 厘米、广 89 厘米；今存石匾残片高 79 厘米，最长残宽 59 厘米（下边），以"堂"字中轴线至右边 44.5 厘米为石匾半宽计，石匾全宽当为 89 厘米；拓片原石尺寸与今存残匾之完整尺寸相同。

4.2 原拓、残匾及复原石刻北面铭文异文校勘

《翰墨石影》拓片、石匾残片、复原石刻大字题词"当堂常赏"，及上款小字第一行"康熙四十九年岂"，均完全一致。

《翰墨石影》拓片上款小字第二行："钦賜"；石匾残片及复原石刻作："钦賜奉"。

《翰墨石影》拓片大字题词"当堂常赏"正中"当"字上镌有小字："上"；石匾残片"当"字残缺，原石"当"字上有无小字"上"不详；复原石刻"当"字上无小字"上"。

《翰墨石影》拓片下款小字第一行："御制"，无御宝；石匾残片此部分残缺；复原石刻作："御制命"，下钤"今上皇帝之宝"。

《翰墨石影》拓片下款小字第二行："九月十九日敬心建立"；石匾残片此部分残缺；复原石刻无此行字。

《翰墨石影》无南面铭文拓片，复原石刻无南面铭文，仅石匾残片有南面铭文。

根据异文校勘及尺寸比较，判断如下：

第一，康熙御制"（先）王宝｜当堂常赏"石匾，曾经有两次刻石。《翰

墨》拓片所拓，当为第一次刻石。今存御制石匾残片，当为第二次刻石。

第二，第一次刻石与第二次刻石，尺寸相同。

第三，第二次刻石，铭文略有修订，此当是第二次刻石之原因。北面铭文上款小字第二行"钦赐"下补刻"奉"字，当已取代第一次刻石大字"当"字上之小字"上"，文意同而书写格式更加合理，使"当堂常赏"之"当"字完全顶格（"当堂常赏"隐文"皇帝顺治"，详下文）。第二次刻石并可能在第一次刻石下款第一行"御制"下增刻"命"字（依据白云禅寺会计许彝先口述及绘图复原石刻），而与上款第一行对称。

第四，《翰墨石影》拓片下款小字第一行："御制"，无御宝；石匾残片北面此部分残缺，未知有无御宝。复原石刻下款"御制命"，下钤"今上皇帝之宝"。

第五，上述北面铭文异文，并不影响对铭文大字"当堂常赏"及御匾石刻类型的解读。

第六，第二次刻石南面铭文，当与第一次刻石相同。

第七，第二次刻石之时间，当在第一次刻石之后不久；两次刻石，均出自康熙御笔。

第八，《翰墨石影》影印康熙四十九年九月十九日御制石匾"当堂常赏"铭文拓片，系第一次刻石之后不久、第二次刻石之前之原始拓片，即清康熙时原拓。按顺治四年颁行、雍正三年重颁《大清律集解附例》卷二十四《刑律·诈伪·诈为制书》："凡诈为（原无）制书，及增减（原有）者（已施行，不分首从），皆斩。"[1] 假如说今存康熙御制石匾也许会有人质疑是清亡后所伪造，则康熙四十九年九月十九日御制石匾"当堂常赏"铭文原始拓片，乃是康熙御制石匾真实性之确证。

第九，康熙御制"（先）王宝｜当堂常赏"石匾，当属史无先例之举，故修订铭文，第二次刻石，不足为奇。在清室，因为死者身份之变化，改作神主，亦是常有之事。

5. 御匾铭文校录

康熙御制石匾第二次刻石南面铭文，录文校补如下：

□□□□□□□□□

（先） 王 宝

镇恶退扶凡断邪魔離

拟补中央大字铭文第一残字为"先"，依据有三条：

---

① 《四库未收书辑刊》壹辑贰拾陆册影清雍正三年内府刻本，北京出版社，2000 年，第 393 页。

第一，此字残存左下笔划一撇之尖，与"先"字笔划相符。

第二，"先王"一词，所指确切、恰当；"先王宝"一语，与全部南面铭文、北面铭文文意相合；与白云寺相关史事背景相合。如果"先"字换成任何其它左下笔划为一撇之字，如"人"、"大"、"天"、"太"等字，与"王"字连成一词，均不如"先王"一词恰当。

第三，康熙《御制文》，言必称"先王"。例如《圣祖仁皇帝御制文集》卷十七《学校论》："后世学校寝广，博士之途寝繁，所以立教之方，失先王之遗意。"同书卷二十一《佛牙说》："佛则不然，离俗以为高，矫情以绝物，悖先王之教，而创为苦空之说。"同书卷二十七《讲筵绪论》："朕常思先王以孝治天下。"《圣祖仁皇帝御制文》第二集卷三十一《经筵讲章序》："夫人君为学，必稽古考宪；人臣劝学于其君，必援古昔称先王。"同书第三集卷二十《全唐诗录序》："先王以诗为教。"同书第三集卷二十二《咏物诗选序》："昔者子夏序《诗》，谓正得失，动天地，感鬼神，莫近于《诗》。先王以是经夫妇，成孝敬，厚人伦，美教化，移风俗。"同书第三集卷二十七《杂著·古文评论·国语·穆王将征犬戎》："布令修德，不勤兵于远，自是先王抚驭荒服之要道。"又《左传·宣公十五年·初税亩》："先王之良法美意。"同书第三集卷四十三《井牧说》："熟于《周官》，推见先王经世深心。"同书第四集卷二十一《朱子全书序》："非先王之法不可用，非先王之道不可为。"可知"先王"二字正是康熙常用语。

康熙御制石匾第二次刻石北面铭文，录文校录如下：

> 康熙四十九年　岁
>
> 钦赐奉
>
> 当堂常赏
>
> 御製命
>
> 九月十九日敬心建立

二、康熙御制石匾南面铭文笺证

1. 康熙御制石匾南面大字铭文"（先）王宝"：先帝神主、章皇神主

康熙御制"（先）王宝｜当堂常赏"石匾南面铭文：

> □□□，□□□，□□□；
>
> （先）　王　　宝
>
> 镇恶退，扶凡断，邪魔离。

"（先）王宝"：康熙御制石匾南面大字铭文。

"先"：1. 对死者之尊称，犹先君、"先灵"① 之"先"。《康熙字典》子集下《儿字部》"先"字引明张自烈《正字通》卷一："祖、父已殁曰先。" 2. 早先、本来。《康熙字典》"先"字："《韵会》：凡在前者谓之先。"

"王"：此指君王、帝王、天子。《康熙字典》午集上《玉字部》"王"："《正韵》：凡有天下者，人称之曰王。"《诗经·小雅·斯干》："朱芾斯皇，室家君王。"《汉书·古今人表》："唐虞以上，帝王有号谥。"

"先王"：佛家语，指已故之君王。典出北凉昙无谶译《金光明经》卷二《四天王品》："是金光明微妙经典，于未来世，在所流布……若诸国王，以天律治世，复能恭敬至心，听受是妙经典……是故我等，及无量鬼神……亦当护念听是经典诸国王等，及其人民，除其患难，悉令安隐。他方怨贼，亦使退散。"隋天台智者大师《金光明经文句》卷五《释四天王品》："王身无先王之德行，臣民不从；口无先王之法言，邻国不咏。"《金光明经》卷三《正论品》："过去有王，名力尊相，其王有子，名曰信相。不久当受灌顶之位，统领国土。尔时父王告其大子信相，世有正论，善治国土。我于昔时，曾为大子，不久亦当绍父王位，尔时父王持是正论，亦为我说。"《金光明经文句》卷六《释正论品》："此品是先王旧法，世世相传。"

"先王"，儒家语，犹言先帝，此指去世不久之君王。《尚书·商书·伊训》："惟元祀，十有二月，乙丑，伊尹祠于先王。"孔传："此汤崩，逾月太甲即位，奠殡而告。"《汉书》卷九《元帝纪》："初元元年春正月辛丑，孝宣皇帝葬杜陵……夏四月，诏曰：'朕承先帝之圣绪，获奉宗庙。'"

康熙谕旨、御制文，常称父皇顺治为"先帝"。例如《清圣祖实录》卷一顺治十八年正月庚午："仰报先帝厚恩，匡辅朕躬不逮。"②《清圣祖实录》卷二十六康熙七年八月辛巳："荷先帝恤小之仁。"③《清圣祖实录》卷二十九康熙八年五月庚申："先帝重托。"④《圣祖仁皇帝御制文》第二集卷三十二《南巡诗序》："先帝开基，富有四海，而朕守成教育，率土清宁，无惭付托。"当时人亦称顺治皇帝为"先帝"。《敕赐圆照茚溪森禅师语录》卷六《佛事门》：

---

① 参阅清刘宝楠《汉石例》卷四《墓阙例·称先灵例》："王稚子阙铭：汉故先灵侍御史河内县令王君稚子阙。"同书卷一《墓碑例·称灵表例》："《大戴礼记·曾子篇》：'阳之精气曰神，阴之精气曰灵。神灵者品物之本也。'……灵表者，以兆域为神所依，故表其神灵。王稚子阙铭称'先灵'是也。"所述中国传统关于先人、灵魂之观念，皆可资读康熙御制"（先）王宝"石匾之参考。

② 《清实录》第 4 册，《圣祖仁皇帝实录（一）》，中华书局，1985 年，第 44 页。

③ 《清实录》第 4 册，《圣祖仁皇帝实录（一）》，中华书局，1985 年，第 368 页。

④ 《清实录》第 4 册，《圣祖仁皇帝实录（一）》，中华书局，1985 年，第 397 页。

"辛丑四月十六日（顺治十八年），师到京复命，表贺康熙皇帝，诣世祖金棺前秉炬，云：'释迦涅盘，人天齐悟。先帝火化，更进一步。'"

康熙御匾"先王"二字，指去世不久之先帝顺治；同时包含其早先是帝王、本来是帝王，后来为僧人之意。康熙四十一年御制诗《菩萨顶》"四十餘年礼世伽，本来面目是天家"，表示有人出家为僧四十餘年，尊礼世尊释迦牟尼，其本来面目是天子。康熙诗"本来面目是天家"与御匾"先王"二字，是同一意思。

作儿子之康熙，为亡父顺治立神主，不称父亲为僧之法号，而称父亲为先王，意在表示儿子永远以父亲为皇帝。康熙四十二年之后、四十九年之前曾御赐白云禅寺满朝銮驾，清皇帝卤簿仪仗中之銮驾卤簿用于巡幸皇城内，康熙此举意在对白云寺之父皇顺治表示，父皇虽然出家，但是在儿子心中仍然是皇帝，虽然身在远方寺庙，无异巡幸皇城之内。康熙御赐白云禅寺满朝銮驾与御匾"先王"二字，是同一意思。

"宝"：本指陵寝、宗庙藏神主之石匣，即神龛，此指神主，又称神位、神牌、灵牌，为已死君主所制作之牌位，用木或石制成，书（刻）庙号谥号，后缀"神位"二字。《左传》昭公十八年："使祝史徙主祏于周庙。"《康熙字典》寅集上《宀字部》"宝"："《说文》：'宗庙宝祏也。从宀，主声。'徐曰：'以石为藏主之椟也。一曰神主。'"《康熙字典》子集上《丶字部》"主"："又，神主，宗庙立以栖神，用栗木为之。"在古今汉语中，"宝"字绝无与神主无关之任何义项。

明徐一夔《始丰稿》卷五《追远亭记》："盖自天子诸侯以及大夫士，莫不有庙，有庙必有宝。故既葬也，则作宝，而奉宝以归于庙。"《始丰稿》卷七《永思斋记》："古者亲之终也，既窆而为宝，使魂有所依。"清康熙刻本顾景星《白茅堂集》卷二十二《野烧》："谁拨北邙灰，往认石宝主。"自注："宝音主，藏神主石室也。大夫以石为主。今王墓云石宝者，墓上石室也。"清乾隆刻本汪惟宪《积山先生遗集》卷四《元儒倪道川先生祠堂碑》："方将制宝以式，致祭以时。"皆明清人称神主为"宝"之例。

宝，通常称为神主、木主。《左传》僖公三十三年："凡君薨，卒哭而祔，祔而作主，特祀于主。"晋杜预注："孝子思慕，故造木主，立几筵焉。"《太平御览》卷五百三十一《礼仪部十·神主》："《礼记外传》曰：人君既葬之后，日中虞祭，即作木主以存神。"

宝，清室通常称为神牌、神主、神位。文渊阁《四库全书》本《钦定大清会典》卷二《内阁》："凡坛庙陵寝神牌，由工部送内阁中书敬书清文，翰林官敬书汉文。"① 《钦定大清会典》卷四十二《礼部·祠祭清吏司·陵寝》："隆恩殿，各设龙凤宝座、几案……以奉神主。"② 《钦定大清会典》卷五十一《礼部·祠祭清吏司·丧礼一》："恭请神位升祔太庙。"③

"（先）王宝"：先帝神主。康熙之先帝，即世祖章皇帝，亦即顺治皇帝④。"（先）王宝"，即章皇宝、章皇神主。康熙御制石匮南面大字铭文"（先）王宝"，系神牌书文，表示康熙御制石匮为世祖章皇帝神主。

康熙御制石匮南面铭文"（先）王宝"，原文直行，符合神主书文直行格式。

佛寺供奉佛菩萨与祖师，除非出家之顺治，康熙与佛寺均不会在寺庙为任何其它先王建立神主。

神主称"章皇"二字而非称"章皇帝"三字，清朝有无其类例？有之。清世宗御书父皇圣祖神牌"圣祖仁皇大成功德佛"，正是书"仁皇"二字而不书"仁皇帝"三字。盖神主字数例须为单数之故也。

清于敏中等编纂《日下旧闻考》卷四十一《皇城三·增·福佑寺在西华门北街东》："福佑寺，雍正元年建，正殿恭奉'圣祖仁皇帝大成功德佛'牌，东案陈设御制文集，西设宝座。殿额曰'慈容俨在'。前殿额曰'慧灯朗照'。大门外有东西二坊，东曰'佛光普照'，曰'圣德永垂'，西曰'泽流九有'，曰'慈育群生'。皆世宗御书。"⑤

清英和《恩福堂笔记》卷上《福佑寺》："西华门外福佑寺，后殿供奉神牌，书'圣祖仁皇大成功德佛'九字，背面书圣制五律一首。地为龙潜旧邸，后改梵宇。"⑥

《紫禁城》1991年第4期罗文华《康熙神牌》一文，述及清宫于"宣统十六年"（1924）从福佑寺请回"圣祖仁皇大成功德佛"神牌，供奉于故宫雨

---

① 《景印文渊阁四库全书》第619册，台湾商务印书馆股份有限公司，1986年，第41页。

② 《景印文渊阁四库全书》第619册，台湾商务印书馆股份有限公司，1986年，第339页。

③ 《景印文渊阁四库全书》第619册，台湾商务印书馆股份有限公司，1986年，第451－452页。

④ 顺康间天下皆称顺治皇帝。文渊阁《四库全书》本官修《蒙古源流》卷八《额讷特珂克土伯特蒙古汗等源流》："岁次甲申，满洲顺治皇帝取其统绪。顺治皇帝戊寅年降生，岁次甲申年七岁，坐大明汗之金床，天下咸称为顺治皇帝。"清谈迁《北游录·纪闻下·清朝宗系》："顺治皇帝。"

⑤ 清于敏中等编纂：《日下旧闻考》，北京古籍出版社，1985年，第641页。

⑥ 清英和：《恩福堂笔记 诗钞 年谱》，北京古籍出版社，1991年，第34页。

花阁二层普明圆觉佛龛前。文中配有"圣祖仁皇大成功德佛"神牌正面、背面两幅照片。①

案：根据实物照片，康熙神牌正面书"圣祖仁皇大成功德佛"，楷书。可知《日下旧闻考》所述"圣祖仁皇帝大成功德佛"牌，其中"帝"字系衍文，误。《恩福堂笔记》所述"神牌书'圣祖仁皇大成功德佛'九字"，为不误。

《清世祖实录》卷一："世祖体天隆运定统建极英睿钦文显武大德弘功至仁纯孝章皇帝讳，太宗应天兴国弘德彰武宽温仁圣睿孝敬敏昭定隆道显功文皇帝第九子也，母孝庄仁宣诚宪恭懿至德纯徽翼天启圣文皇后，于崇德戊寅正月三十日戌时诞上于盛京。"②《清世祖实录》卷一百四十四顺治十八年辛丑春正月："丁巳（初七日），夜子刻，上崩于养心殿。"③

康熙四十九年九月十九日御制"（先）王宝"——先帝神主、章皇神主石匾，建立于河南睢州白云禅寺山门殿，确证其父顺治以康熙四十九年去世于并安葬于河南睢州白云禅寺，并确证顺治十八年世祖章皇帝之死，是其假死，直隶（今河北）遵化清世祖孝陵，乃是衣冠冢。

顺治皇帝爱新觉罗·福临生于崇德三年戊寅（明崇祯十一年，1638），卒于康熙四十九年庚寅（1710），僧俗腊七十有三，即享年七十三岁。

"镇恶退，扶凡断，邪魔离"：康熙御制石匾南面大字铭文"（先）王宝"配联之下联。

"镇恶退"：谓神主能镇压诸恶，恶退善进，满足人心所求。语本《乾隆大藏经》第 0960 部唐三藏沙门大广智不空译《仁王护国般若波罗蜜多经》卷下《仁王护国般若波罗蜜多经奉持品第七》："般若波罗蜜多，能出生一切诸佛法、一切菩萨解脱法、一切国王无上法、一切有情出离法，如摩尼宝体具众德，能镇毒龙诸恶鬼神，能遂人心所求满足，能应轮王名如意珠，能令难陀、跋难陀等诸大龙王降霍甘雨润泽草木，若于闇夜置高幢上，光照天地明如日出。"以及《乾隆大藏经》第 0139 部吴天竺三藏法师康僧会译《六度集经》卷七《禅度无极第五》："第一之禅，善恶诤已。以善消恶，恶退善进。"以及《乾隆大藏经》第 0540－04 部《杂阿含经》卷三十三："彼圣弟子，诸恶退减不增长，消灭不起，离尘垢，不增尘垢，舍离不取。不取故不着，以不取着故，缘自涅盘。我生已尽，梵行已立，所作已作，自知不受后有。"

"扶凡断"：谓神主能扶助凡断枯复起，即扶助一切受伤害者复苏。典出

① 罗文华：《康熙神牌》，《紫禁城》1991 年第 4 期。文中配图"圣祖仁皇大成功德佛"神牌正面、背面两幅照片，马晓旋摄影。

② 《清实录》第 3 册，《世祖章皇帝实录》，中华书局，1985 年，第 27 页。

③ 《清实录》第 3 册，《世祖章皇帝实录》，中华书局，1985 年，第 1105 页。

《乾隆大藏经》第 1532-04 部《法苑珠林》卷六十三《种子部第五感应缘》："汉建昭五年，兖州刺史浩赏禁民私所立社。山阳橐乡社有大槐树，吏伐断之，其夜树复立故处。说曰：凡断枯复起，皆废而复兴之象也，是世祖之应耳。"暗以汉世祖光武帝刘秀，指清世祖顺治。对联使用此典故，最贴切，匠心独运。

"邪魔离"：谓神主能使邪魔远离，是归佛出家，功德圆满。典出《乾隆大藏经》第 0778 部宋天息灾译《分别善恶报应经》卷下："若复有人归佛出家，功德有十。云何为十？一远离妻室，二染欲不贪，三爱乐寂静，四诸佛欢喜，五远离邪魔，六近佛听法，七远离三恶，八诸天爱敬，九命终生天，十速证圆寂。如是十种功德，归佛出家，获如斯报。"

"镇恶退，扶凡断，邪魔离"，用《金光明经》先王保佑后王"及其人民，除其患难，悉令安隐"、《仁王护国般若波罗蜜多经》"能镇毒龙诸恶鬼神"、《法苑珠林》"凡断枯复起，皆废而复兴之象"等佛教经典之义，祈祷顺治皇帝在天之灵镇压诸恶，恶退善进，扶助一切受伤害者复苏，使邪魔远离，保佑大清中国。

最后当说，神主左右两边配以对联之形制，清廷有无其类似之例？清鄂尔泰等编纂《国朝宫史》卷十二《宫殿二·日精门》："再南一室，奉至圣先师及先贤先儒神位，御笔扁曰：'与天地参'，联曰：'开洙泗心传，圣由天纵；集唐虞道统，德合时中'。"①孔子神位在室中，楹联在门前左右，与顺治皇帝神主左右两边配以对联，约略相似。康熙御制石匾，一匾容纳了神位与楹联。此是神位及其配联形制之创意。

2. 白云寺"（先）王宝"石匾相当于清世祖孝陵享殿神主

清帝神主，供奉于陵寝、太庙、奉先殿等处。白云禅寺康熙御制"（先）王宝"石匾作为顺治皇帝神主，相当于何处之神主？

《钦定大清会典》卷二《内阁》："凡坛庙、陵寝神牌，由工部送内阁中书敬书清文，翰林官敬书汉文。命大学士行礼。"②

《钦定大清会典》卷四十一《礼部·祠祭清吏司》："凡升祔之礼，山陵礼成，皇帝恭奉神主还京师，升祔太庙。"③

①　清鄂尔泰等：《国朝宫史》，北京古籍出版社，1994 年，第 210 页。

②　《景印文渊阁四库全书》第 619 册，台湾商务印书馆股份有限公司，1986 年，第 41 页。

③　《景印文渊阁四库全书》第 619 册，台湾商务印书馆股份有限公司，1986 年，第 331 页。

《钦定大清会典》卷五十一《礼部·祠祭清吏司·丧礼一》："恭移龙轜自隧道入地宫，安奉宝床，设香册宝于左右几，遂掩闭元宫。皇帝于方城前举哀祭酒，行礼毕，卒哭，出至幄次，易吉服，王公百官咸采服，礼部堂官奏请皇帝诣隆恩殿行题主礼。銮仪卫官豫设黄舆于殿外阶下，执事官设神主宝座于殿内正中，南向设题主案于东旁，西向设奉安主椟案于宝座旁，南向设皇帝拜位于殿门内正中北向，赞引太常卿二人恭导皇帝入殿左门就拜位立。鸿胪寺官引王公于阶上，文五品以上、武四品以上官于阶下东西上北面序立。大臣一人启椟，奉神主设于题主案，大学士二人朝服诣案东，行一跪三叩礼，兴，就位西向，恭题神主毕，大臣奉主安于宝座，三叩，退，乃行虞祭礼。皇帝就拜位，王公百官各就拜位，上香奠帛读祝，三献爵，送燎，均如仪，礼成。銮仪卫堂官率校尉异黄舆设阶上，正中南向，太常卿跪奏，恭请神位升祔太庙，皇帝诣寶座前，行一跪三拜礼，恭奉神主，大学士前引，由殿中门出，奉安黄舆内，行一跪三拜礼，兴。校尉异舆，前列御仗黄盖，内大臣十人、大学士、礼部堂官导引启行，皇帝率王以下各官于大门外跪候过，先诣涂次，黄幄祇竢，恭理丧仪及执事诸臣随行，沿涂朝夕奠，皇帝亲诣上香，行三跪九拜礼（王公百官不随行礼）。还京，升祔太庙。"①

案：由上可知，第一，清代大行皇帝神主，是在山陵礼（帝王葬礼）成之后，于方城前享殿隆恩殿行题主礼，奉主安于宝座，行虞祭礼，然后恭请（第二份）神位升祔太庙。

第二，顺治圆寂后，葬于白云禅寺；康熙御制匾额"（先）王宝"，相当于章皇神主；"（先）王宝"石匾，建立于白云禅寺山门殿；因此，"（先）王宝"石匾，相当于顺治衣冠冢河北遵化清世祖孝陵方城前享殿隆恩殿神主。

第三，孝陵享殿神主，当是以满、汉文两种文字，书顺治庙号谥号全称并缀以神位二字②，即应是书：世祖体天隆运定统建极英睿钦文显武大德弘功至仁纯孝章皇帝神位；白云禅寺康熙御制石匾南面仅汉字铭文三字"（先）王

---

① 《景印文渊阁四库全书》第 619 册，台湾商务印书馆股份有限公司，1986 年，第 451－452 页。

② 方国华《清代陵寝神牌》："清东陵文物管理处现藏有穆宗、孝仪、孝贞、孝钦、孝哲等帝后的神牌，其形制、大小完全相同。神牌全为木质……牌看面墨书满、汉文两种字体，左满右汉，满、汉对译，满文两行，汉文一行，共三竖行。汉字为楷书，内容系主人的庙号、谥号全称（皇后无庙号，只是谥号），后缀'神位'二字，如'穆宗继天开运受中居正保大定功圣智诚孝信敬恭宽明肃毅皇帝神位'。"（政协遵化市委员会编《清东陵论文选》，2010 年，第 266 页。）可资参考。

宝"，即相当于书：章皇（帝）神主。文字繁简不同，表意同样准确。

第四，康熙四十九年御制石匾"（先）王宝"铭文，纯用汉字，彻底放弃了早年庙号碑之满文以及蒙文（详见下文）。

现在当说，何以称康熙御制石匾"（先）王宝"铭文一面为正面？

第一，康熙御制石匾一面大字铭文为"（先）王宝"，相当于神主牌位，一面大字铭文为"当堂常赏"，双重地表示父皇顺治之意（见下文），相当于庙号碑。参照遵化清世祖孝陵建置，神主安于享殿隆恩殿，位于方城庙号碑之前，亦即享殿神主在前（南），庙号碑在后（北）；康熙御制石匾大字铭文"（先）王宝"一面，相当于神主，亦应当在前（南），故应系康熙御制石匾正面；"当堂常赏"铭文一面，相当于庙号碑，亦应当在后（北），故应系康熙御制石匾北面。

第二，白云禅寺坐北朝南①，康熙御制石匾建立于白云禅寺山门殿后门门额，"当堂常赏"铭文一面朝北，"（先）王宝"铭文一面朝南，亦即"（先）王宝"铭文一面在前，"当堂常赏"铭文一面在后，故"（先）王宝"铭文一面应为正面即南面，"当堂常赏"铭文一面应为背面即北面。

康熙时，御制匾额镶嵌于山门殿外墙北立面的后门门额，"当堂常赏"铭文一面朝北，即朝外开放，人人可见，正面"（先）王宝"铭文一面朝南，系贴墙镶嵌，隐藏起来。如康熙四十九年二月御制《五台有怀》诗所说："惟愿鬼神知。"

三、康熙御制石匾北面铭文笺证

1. 康熙御制石匾北面铭文词语注释

康熙御制"（先）王宝｜当堂常赏"石匾北面铭文：

> 康熙四十九年旹
>
> 钦赐奉
>
> 当堂常赏
>
> 御制命
>
> 九月十九日，敬心建立

"旹"："旹"字之讹。《康熙字典》寅集中《山字部》"旹"："《正字通》：旹字之讹。""旹"，"时"的古字。按《说文解字》卷七《日部》："时，四时也。从日寺声。旹，古文时。"《楚辞·九章·思美人》："聊假日以须

---

① 河南省古代建筑保护研究所《民权白云寺勘察简报》一《白云寺整体建筑布局》："白云寺坐北朝南，整体南偏西5°。"（执笔：甄学军；勘测：牛宁、高中明、郭绍卿、李社兴、张建伟、秦飒英、孙致云、甄学军，《中原文物》2004年第4期。）

甾。"宋洪兴祖《补注》："甾，古时字。"

"钦"：敬；对皇帝所行之事的专用冠词。明张自烈《正字通》卷五《欠部》"钦"："御音曰钦敕，御使曰钦命，俗曰钦差，皆取敬意。"

"钦赐"：皇帝所赐与。宋陈敬《陈氏香谱》卷四《赐香》："玄宗夜宴，以琉璃器盛龙脑香数斤赐群臣……尚馀其半，（冯谧）乃捧拜曰：'钦赐录事冯谧。'玄宗笑许之。"明吕毖《明宫史》卷二《答应长随》："钦赐大臣银两。"

"奉"：献。《康熙字典》丑集下《大部》"奉"："又，与也，献也。"

"钦赐奉"：意为：皇帝赐给（白云禅寺），奉献于（"当堂常赏"）。"钦赐"之宾语及"奉"之主语，是白云寺僧团。"奉"之宾语，是"当堂常赏"（皇帝顺治）。

"当"：在也，介词。《左传》襄公九年："当今吾不能与晋争。"

"堂"：堂屋，殿堂。《说文解字》卷十三《土部》："堂，殿也。"《康熙字典》丑集中《土字部》"堂"："又，堂室。《尔雅·释宫》：古者有堂，自半已前虚之，谓之堂，半已后实之，谓之室。"

"当堂"：在殿堂上；同时亦有当场之意。

"当堂"，常用于长辈晚辈、父母子女、老师学生聚集一堂之场合。

宋李昉《太平广记》卷四百七十《水族》七《谢二》：

> 见姥充壮，当堂坐，谓士人曰："儿子书劳君送，令付钱三百千，今不违其意。"及人出，已见三百千在岸。

明东鲁古狂生《醉醒石》第三回：

> 只求老父母，当堂把冯氏着汤小春领回成亲。

清乾隆十九年刻本刘埥《片刻馀闲集》卷一：

> 予年十五，应童子试，蒙夫子当堂取阅试卷，以予年尚幼弱，文颇畅达，垂问殷殷，面取入庠。知己之感，数十年如一日。

> 弟豫之，新郑人也，昔康熙戊子应童子科试于许昌，时年十五，蒙老夫子大人当堂阅卷，谬加称赏，遂取入泮。

案：由上可见，自宋至清，"当堂"，常常用于长辈晚辈、父母子女、老师学生聚集一堂，以及长辈当堂奖赏晚辈、父母当堂奖赏子女、老师当堂奖赏学生之场合。

"御"：对皇帝所作所为及所用物的敬称。如御赐、御览、御用。

"御制"：皇帝所作，通常指皇帝所作诗文等集部作品，圅文包括题词、联语以及上下题款，亦属集部。宋高承《事物纪原》卷四《经籍艺文部·御制》："《家语》：'舜作《南风》之诗'，此则御制之始也。"《清圣祖实录》卷七十六康熙十七年九月丙戌："以《御制诗集》赐讲官陈廷敬、叶方蔼、王士正、张英、高士奇同观。谕曰：'朕万几之暇，偶有吟咏，因尔等在内编纂，屡次请观，故出以示尔等。中有宜更定者，明言之毋隐。'"①

"命"：诏命，皇帝之命令。汉蔡邕《独断》卷上："命，出君下臣名曰命。"

"御制命"：皇帝所作御匾，命（白云禅寺敬心建立）。

"敬心"：以尊敬之心行于葬礼，指尊敬死者，典出《礼记·檀弓下》："弁绖葛而葬，与神交之道，有敬心焉。"佛家亦用"敬心"，指尊敬师尊。《法苑珠林》卷十五《千佛篇第五之三·侍养部·述意业因》："把金散浮图，香油涂佛塔，施以华香乐，敬心供养师。""敬心"之主语是康熙自己，以及白云寺僧团。

"敬心建立"：以尊敬之心建立（御匾）。建匾之日，当即是入塔之时。

据上款楷书小字第一行"康熙四十九年"后、"甞"字前空一格；又按文意语气，上款"时"字，与下款月日连属；全文当读为：

> 康熙四十九年，时九月十九日，钦赐奉：甞堂常赏。御制命敬心建立。

分为上下款书写，是为了布局平衡美观。

白云寺康熙御制"（先）王宝｜甞堂常赏"石匾北面铭文"甞堂常赏"上下题款楷书小字："康熙四十九年　甞，钦赐奉"，"御制命，九月十九日敬心建立"，系康熙皇帝颁发给白云寺之圣旨（制敕）②。意为：皇帝钦赐（白云寺），奉献于"甞堂常赏"即（先）皇帝顺治（灵前），皇帝御制匾额，敕命白云寺敬心建立。康熙四十九年，时九月十九日。

上述"甞堂常赏"之意，仅是字面意思。陈寅恪先生说："诗若不是有两个意思，便不是好诗。"③石刻铭文，亦往往如是。近年康熙御制"甞堂常赏"石匾广为传播以来，解释者见仁见智。其中潘宇之解释（2009年），符合"甞堂常赏"字面之意，并包含隐藏之意；李林忠之解释（2012年），

---

① 《清实录》第4册，《圣祖仁皇帝实录（一）》，中华书局，1985年，第973页。

② 顺治四年颁行、雍正三年重颁《大清律集解附例》卷三《吏律·公式·出使不复命》："圣旨（制敕）"。《四库未收书辑刊》壹辑贰拾陆册影清雍正三年内府刻本，北京出版社，2000年，第113页。

③ 黄萱：《怀念陈寅恪教授——在十四年工作中的点滴回忆》，《陈寅恪印象》，学林出版社，1997年，第178－179页。

则揭示出"当堂常赏"之隐藏文字。今略述两家解释之要义，并进一步以相关文献支持之。

2. "当堂常赏"：康熙对父子欢聚一堂之终生梦想，暗指父皇顺治——对潘宇之说的文献支持

中国传统石刻铭文，无论有无隐藏意思、隐藏文字，字面必须意思完整，文从字顺。

潘宇说："堂，当堂，只有父母才能称当堂。"① 潘宇之说，符合实际。今进一步解释之。

《清圣祖实录》卷二百九十康熙五十九年庚子十二月甲辰：

> 诸王、贝勒、贝子、公、满汉文武大臣等谨奏："皇上御极六十年，普天大庆，恭请行庆贺典礼"。上谕大学士等曰："朕素性不喜行庆贺礼，是以元旦日，惟照例行礼，停止筵宴。虽万寿日，亦久不行庆贺礼。今王大臣等为朕御极六十年，奏请庆贺行礼。钦惟世祖章皇帝，因朕幼年时，未经出痘，令保母护视于紫禁城外。父母膝下，未得一日承欢，此朕六十年来抱歉之处。正月初七日，世祖章皇帝忌辰。二月十一日，孝康章皇后忌辰。朕何敢于正月初七、二月十一日以前行庆贺礼。……此所奏，不准行。"②

案：第一，由康熙五十九年庚子十二月甲辰谕大学士等"钦惟世祖章皇帝，因朕幼年时，未经出痘，令保母护视于紫禁城外。父母膝下，未得一日承欢，此朕六十年来抱歉之处"，可知康熙自幼乃至终生未得一次与父亲顺治承欢膝下、欢聚一堂，是其一辈子之遗憾。因此，康熙御制白云禅寺"当堂常赏"石匾铭文，在字面意思上，乃是含蓄地表达了对承欢父皇顺治膝下、常常受到父亲当堂奖赏的童年梦想，以及对父皇顺治终生的孺慕之情。言外之意，乃是暗指父亲顺治皇帝名号。

第二，康熙御制"当堂常赏"石匾铭文，实为父亲顺治皇帝而作。

---

① 陈敏编导：《走遍中国古刹迷踪》上下集，央视网视频 走遍中国，http：//tv. cntv. cn/video/C10352/8fec9301d3a349b44b7cbb9bc2e4c183，2009 年摄制，2010 年播放。

② 《清实录》第 6 册，《圣祖仁皇帝实录（三）》，中华书局，1985 年，第 822 – 823 页。清俞正燮《癸巳存稿》卷九《查痘章京》："伏读《圣祖仁皇帝御制文集》，康熙六十年谕：'今王大臣等为朕御极六十年，奏请庆贺行礼。钦惟世祖章皇帝，因朕幼年时未经出痘，令保母护视于紫禁城外，父母膝下未得一日承欢，此朕六十年来抱歉之处。'《孝陵告祭文》云：'伏念臣昔在冲龄时，防出痘，遂依保姆居于禁外。父母膝下未承一日之欢，此臣六十年来深疚负歉者也。故正月初七日、二月十一日，因念忌辰之前，庆贺皆不敢受'。"足资参考。

3. "当堂常赏"：对李林忠摘字解释为"皇帝顺治"之文献支持

李林忠《解康熙御碑，破顺治谜案》：

> "当"（當）……去掉当字上半部"尚"字的头"小"字，只留下"宝字盖"和"口"字，两者结合恰巧成一个"白"字。而"尚"字下面的"田"字，将其左右两竖笔去掉，岂不是一个"王"字。上"白"下"王"，一个"皇帝"的"皇"字跃然纸上。

> "堂"字……去掉宝字盖的横笔左边多一半，即可看到左面的"三点水"和右面的"台"字头的"三角形"形状。再加上"堂"字中间的"口"字，即为一个"治"字。

> "常"字破解重在破解它"尚"字宝盖以上的部位。……把它和预期的"帝"字头一比较，就不难发现它真是长了个"帝王头"。再给它下面扎上一条高档丝"巾"，就见到"帝"字了。

> "赏"……"顺"字左边的"川"字在"赏"字的"宝"字盖以上一眼就能找出来；而右边的"页"字，只要把中间"口"字的"上折"笔划与下面完整的"贝"字一靠拢就成。"顺"字现身，"皇帝顺治"四个隐藏至深的密文终于揭开了！①

李林忠揭示出"当堂常赏"四字各字之部首、笔划，隐藏"皇帝顺治"四字，可以从中摘取。（其中"常"字，是去除"口"，而将上面左右两点行草连属为一横笔，而成"帝"字。）此说法亦符合摘字法理论。摘字法属于传统之测字文化，兹提供文献依据。

周亮工《字触》是测字文化理论代表性著作之一，卷首有方文序，末署"康熙六年丁未初秋"，徐芳序，末署"康熙六年丁未岁次孟春之吉"，可知《字触》刊于康熙六年或之后不久。程省《测字秘牒》亦是测字文化理论代表性著作之一，此书通常认为成书于清初。此二书所总结之测字法，则在中国历史上源远流长。康熙四十九年御制白云禅寺"当堂常赏"铭文时，完全可能熟悉传统测字法。

清咸丰间《粤雅堂丛书》本周亮工《字触》卷首《凡例·外部》：

> 外之为义，与触无殊。因一字而离合，连数字为引申，全编大旨，似此为归。宜名之内，曷云外焉。然假借起于无端，会意半由旁见。按之六书，不协正义，唯取天机之妙合，兼因时会以变通。庖牺画像，于此可该；公明前知，未之或越。则内无可称，而外或可名也。

---

① 李林忠：《解康熙御碑，破顺治谜案》，《科学中国人》2010 年 5 月号。

《字触》卷二《外部》：

> 有以"耕"字问行人，（汪）龙曰："已来乡井矣。"又以"耘"字问之，曰："相去咫尺，在田间与人相谈也。"少顷其人归，问之，曰："适在井字亭，与人闲话片时耳。"

清道光四年百二汉镜斋刻本程省《测字秘牒》卷一《测字十法》：

> 其九曰摘字测法。凡事之机到，虽旁人言语、万物影响，皆可以借来应用，况字中笔画乎？故或遇指点刻划处，不妨摘字中一二些小笔画以断之，无不奇中。
>
> 哉（土、戈）殿（共）调（吉、司）鞠（米、采、十）
> 曜（佳、士、纟）谋（小、口）广（共、由）

案：周亮工《字触·凡例》所述"因一字而离合"，以及"会意半由旁见"，即指摘取原文字中部首而成字；《字触·凡例》所述"连数字为引申"，即指将多个摘字组成为符合背景、语境之话语。摘字是隐藏在原文字之中。《字触·外部》所举"耕耘"二字，语境为"行人"，摘取其部首"井"、"云"，表示行人已来乡井，在井字亭与人闲话片时，即是摘字法理论之实例。

程省《测字秘牒·测字十法》其九摘字测法，所述"摘字中一二些小笔画以断之，无不奇中"，与周亮工《字触》所述"因一字而离合"之摘字法基本一致，但是在周亮工《字触》摘取部首之外，补充了摘取笔划。

如李林忠所揭示，康熙御书"当堂常赏"四字各字之部首、笔划，隐藏"皇帝顺治"四字，此正是周亮工《字触》、程省《测字秘牒》所述摘字法。因此，李林忠解释"当堂常赏"隐文"皇帝顺治"，是符合白云禅寺清前期历史背景和传统测字文化之重要发现。

康熙御制白云禅寺"当堂常赏"石匾铭文，文从字顺，字面意思表达了儿子对父亲之终生梦想和孺慕之情，包含暗指父皇顺治之隐藏意思；并且隐藏摘字"皇帝顺治"四个字。

4. "当堂常赏"铭文及"皇帝顺治"隐文，字序均符合传统书法之格式

"当堂常赏"原文文字与隐文字序并不一致，在书法格式上是否合理合法？

康熙御制"当堂常赏"石匾铭文原文：

> 当
> 赏　常
> 堂

顺治、康熙时"顺治通宝"、"康熙通宝"钱文格式：

> 顺
> 宝　通
> 　治

> 康
> 宝　通
> 　熙

按康熙御制"当堂常赏"石匾铭文原文，为菱形排列，字序为上、下、右、左。此正是顺治康熙时"顺治通宝"、"康熙通宝"钱文字序，亦是自古以来钱币通常钱文字序。可见，康熙御匾原文字序符合传统书法此一格式。

康熙御制"当堂常赏"石匾铭文隐文：

> 皇
> 顺　帝
> 　治

康熙御制"当堂常赏"石匾铭文隐文"皇帝顺治"，字序变化为上、右、左、下。此仍然于古有征。上海博物馆青铜器研究部编《上海博物馆藏钱币 秦汉钱币》第1189号大泉五十，钱文格式如下：

> 大
> 五　泉
> 　十①

李宪章、李润波《京郊平谷发现辽千秋万岁大钱》报道，1990年秋北京平谷三泉寺古刹窖藏出土，发现1枚辽代千秋万岁大钱，钱文格式如下：

> 千
> 万　秋
> 　岁②

上海博物馆藏秦汉钱币第1189号大泉五十，1990年北京平谷三泉寺古刹发现辽代千秋万岁大钱，钱文字序皆为上、右、左、下，可说是传统书法之一种特殊格式。由此可见，康熙御制"当堂常赏"铭文隐文"皇帝顺治"，字序

---

① 上海博物馆青铜器研究部编：《上海博物馆藏钱币 秦汉钱币》，上海书画出版社，1994年，第300页。

② 李宪章、李润波：《京郊平谷发现辽千秋万岁大钱》，《中国钱币》1996年第1期。

为上、右、左、下，亦符合传统书法此种特殊格式。

5. "当堂常赏"石匾："皇帝顺治"墓阙

康熙御制石匾南面大字铭文"（先）王宝"，表示康熙御匾南面为顺治皇帝神主；康熙御制石匾北面大字铭文"当堂常赏"，表达孺慕父亲之意，亦即含蓄地表示了父皇名号，并隐文"皇帝顺治"四字；上下款书"康熙四十九年"、"时七月十九日"。

按中国传统陵墓石刻铭文形制，墓阙高标①墓前，墓表、墓碑立于墓前地上，墓志埋于地下墓穴。康熙御制石匾北面"当堂常赏"铭文，建立于白云禅寺山门殿外墙北立面后门门额，表示皇帝顺治名号，在传统陵墓铭文石刻形制中，相当于什么类型？显然，此石匾并非墓表、墓碑，更非墓志。

汉刘熙《释名》卷五《释宫室》：

> 阙在门两旁，中央阙然为道也。

清叶昌炽《语石》卷五"一曰石阙"：

> 有庙门之阙，有墓门之阙。统而言之，皆神道之阙也。……建陵太祖文皇帝两阙，萧绩、萧正各两阙，萧映一阙，又一残阙仅存故散二字，与萧景阙皆反刻。凡两阙相对者，其西阙之文皆左行。屈指海内贞石遗文，惟阙多古刻。断自萧梁为止，隋唐以下盖阙如也。②

柯昌泗《语石异同评》卷五"一曰石阙"：

> 石阙大较两式：有为柱形而直书之者，蜀中汉阙也。有石形正方而分行书之者，金陵梁阙也。……降至魏晋石阙，式皆方石。其式上下当有柱以贯之，即古恒表之制。……然出土者，往往仅有方石，上下无连缀之迹。……据知凡石阙上下无连缀之石，盖皆别有石柱以承之也。……唐宋以后易阙为碑，此类石刻遂不复有。③

宋洪适《隶释》卷十三《高直阙》：

> "汉故高君讳直字文玉"。右高直阙九字。今在蜀中，字画甚不工。汉人题墓，有云神道者，有云墓道者，有云阙者，惟高颐及高直但书姓名

---

① 高标：高耸，矗立。唐李白《蜀道难》诗："上有六龙回日之高标，下有冲波逆折之回川。"清王琦注："高标，是指蜀山之最高而为一方之标识者言也。"杜甫《同诸公登慈恩寺塔》："高标跨苍穹，烈风无时休。"

② 叶昌炽撰，柯昌泗评：《语石·语石异同评》，中华书局，1994年，第345页。

③ 叶昌炽撰，柯昌泗评：《语石·语石异同评》，中华书局，1994年，第346-347页。

字尔。

《隶释》卷十三《处士金恭阙》：

"处士金恭字子（下阙一字）"。右处士金恭阙。子下一字，惟存一笔，以墓碣及金广延毋碑参之，知其字子肃也。此石圭首甚锐，其上刻三足乌，其次横刻此数字，其下有一人执扇而乘马，两旁有螭衔环。近岁出于云安军土中。

宋卢宪嘉定《镇江志》卷十一《古迹·丹阳县》：

梁文帝顺之建陵，在县东北二十五里，武帝父也……碑曰："太祖文皇帝之神道"。

宋陈思《宝刻丛编》卷十四《润州·宋文帝神道碑》：

"太祖文皇帝之神道"。凡八大字，而别无文辞，惟以此为表识尔。古人刻碑，正当如此。

《北京图书馆中国历代石刻拓本汇编》第二册《三国两晋南北朝一·梁·梁太祖建陵东西阙》（两阙铭文同）：

太祖文皇帝之神道①

清王芑孙《碑版文广例》卷六《汉·石阙石坛神道墓道括例》：

今墓制皆为门，横书某氏或某官某公墓道。汉例不为门，有称阙者，有称坛坛者，有称神道、墓道者。或双峙而两书之，或一阙而背面遍书之。或悉书勋阀，或只题姓氏，皆唐人所谓坟前石表也。②

《碑版文广例》卷六《汉·题双阙例》：

会稽东部都尉路君阙。永平八年四月十四日庚申造。③

《碑版文广例》卷六《汉·题阙书官书姓不书名字例》：

---

① 北京图书馆金石组编：《北京图书馆中国历代石刻拓本汇编》第二册，中州古籍出版社，1989 年，第 141 页。《汇编原注》："南朝梁天监元年（502）刻于丹阳，拓片高 69 厘米，宽 133 厘米。"梁太祖建陵东西阙铭石，为长方形石制。

② 清朱记荣辑：《金石全例》下册，中国书店，2008 年影道光二十一年长洲王氏刻本，第 309 页。

③ 清朱记荣辑：《金石全例》下册，中国书店，2008 年影道光二十一年长洲王氏刻本，第 311 页。

巨鹿太守金君阙

汉故赵国相雝府君之阙

汉故不其令董君鹊

案：此皆一阙孤峙，不题名字，或本两阙，而年久隳废，仅存其一，未可知也。①

《碑版文广例》卷六汉《题阙祇书名字例》：

汉故高君讳直字丈玉②

案：由上可知，第一，墓阙是汉魏时期陵墓前的高标石制铭文建筑，标志墓主身份姓名。汉阙多为双阙，但是亦有单阙例；魏晋墓阙，其形制皆正方形石，梁阙（实为表柱）则为长方形石，凡石阙下无连缀之石，别有石柱以承之；汉阙有题阙书年月日例；汉阙有题阙书身份书名字例，梁阙（实为表柱）有书皇帝庙号例；汉阙有题阙不书"阙"字例；汉阙有阙文四周雕刻符合墓主身份图案例。

第二，康熙御制"当堂常赏"石匾高标于白云禅寺山门殿外墙北立面后门门额，符合墓阙是汉魏时期陵墓前的高标石制铭文建筑；"当堂常赏"石匾为长方形单石（接近正方形），符合汉阙有单阙例及梁阙长方形石形制；"当堂常赏"石匾题年月日，符合汉阙有题阙书年月日例；"当堂常赏"石匾隐藏"皇帝顺治"四字（以顺治年号代世祖庙号），符合汉阙有题阙书身份书名字例、梁阙题阙有书皇帝庙号例；"当堂常赏"石匾无"阙"字，符合汉阙题阙有不书"阙"字例；"当堂常赏"石匾四周有浮雕行龙图案，符合汉阙有阙文四周雕刻符合墓主身份图案例。由康熙御制"当堂常赏"石匾铭文与汉梁墓阙此六点相同，可知康熙御制白云禅寺山门殿外墙北立面后门门额"当堂常赏"石匾，实为隐文"皇帝顺治"神道阙即墓道阙，可简称之为墓阙。

第三，康熙御制"当堂常赏"隐文"皇帝顺治"石阙，是在"唐宋以后易阙为碑，此类石刻遂不复有"的情况下，书式采用传统书法之特殊格式，形制融合汉阙、梁阙之例，制成墓阙方石，立于白云禅寺山门殿后门，貌似匾额，实际上是以白云禅寺山门为顺治神道阙，表示白云禅寺即顺治陵墓。

6. "皇帝顺治"墓阙相当于孝陵庙号碑

直隶（今河北）遵化清世祖孝陵，有三通碑，自北而南，为：庙号碑、

---

① 清朱记荣辑：《金石全例》下册，中国书店，2008年影道光二十一年长洲王氏刻本，第311页。

② 清朱记荣辑：《金石全例》下册，中国书店，2008年影道光二十一年长洲王氏刻本，第312页。

神道碑、圣德神功碑。河南睢州白云禅寺（其地今属民权县）康熙御制"当堂常赏"隐文"皇帝顺治"墓阙之作用，相当于清世祖孝陵哪一通碑？

　　《钦定大清会典》卷七十六《工部·屯田清吏司·山陵》："孝陵在遵化州昌瑞山，距京师二百四十里。"①

　　又曰："凡山陵规制，甃石为地宫，筑以黄土，环以宝城。前起方城，覆以崇楼，上题陵名，内碑一，镌庙号。方城阶下设祭台，……又前琉璃花门三，为陵寝门。前为隆恩殿，……前为隆恩门，……前为神道碑，备镌尊、谥、庙号，覆以亭。……亭前石桥三，桥左右下马石牌各一……桥前圣德神功碑，覆以崇楼。"②

　　案：《清会典》所述清世祖孝陵"方城崇楼（明楼）内碑镌庙号"，即庙号碑，碑身涂以朱砂，又称朱砂碑，碑身铭文："世祖章皇帝之陵"③。并列三种文字，满文居中，蒙文在东，汉文在西，满字最大，蒙文次之，汉文最小。④

　　所述清世祖孝陵"神道碑备镌尊谥庙号，覆以亭（小碑楼）"，即神道碑，碑额铭文："大清"，碑身铭文："世祖体天隆运英睿钦文大德弘功至仁纯孝章

---

　　① 《景印文渊阁四库全书》第 619 册，台湾商务印书馆股份有限公司，1986 年，第 692 页。

　　② 《景印文渊阁四库全书》第 619 册，台湾商务印书馆股份有限公司，1986 年，第 692－693 页。

　　③ 于善浦《清东陵大观·顺治皇帝的孝陵》："明楼内……正中竖一统'朱砂碑'，……石碑用朱砂涂面，碑顶雕有蟠龙。碑身正面朝南，上刻三种文字，右边为'世祖章皇帝之陵'七个汉字，中间是满文，左边为蒙古文；这些字上都贴着光辉耀眼的叶子金。"（河北人民出版社，1985 年，第 40－41 页。）

　　④ ［美］阿兰·理查德·斯维顿《清朝的墓碑：从墓葬结构、雕刻品和碑铭谈对满洲统治的新认识》："进入孝陵（现在是整个清东陵）的大门，第一座重要建筑就是神功圣德碑。该碑建于 1668 年。碑的南面（正面）是以满文（左）和汉字（右）分别在西东两边铭刻的双语碑文。……孝陵的另一座石碑位于通往墓宫的入口前，……在其正面用三种文字刻着顺治的庙号和（完整的）谥号。满文刻在中央，不过字体比其东边的蒙古文和西边的汉字要大些。……在墓宫北墙的顶上还有一座石碑。整个建筑高高耸立，护卫着墓碑，或称为朱砂碑（因为石碑是涂上了皇家的红色），石碑俯瞰整个墓地并且和南边的主山脉并行。碑文三种语言字体的大小一致并且遵循了神道碑的风格。碑文使用的是他的庙号和（简称的）谥号，表明这是顺治皇帝的陵墓。其功能和重要性和神道碑上的一样。"（中国紫禁城学会编《中国紫禁城学会论文集》第 5 辑，下册，紫禁城出版社，2007 年，第 827 页。）

皇帝之陵"，并列满蒙汉三种文字，情况同于庙号碑①。

所述清世祖孝陵"圣德神功碑，覆以崇楼（大碑楼）"，即神功圣德碑。碑额铭文："大清孝陵神功圣德碑"，碑文长不录。俱为两种文字，汉文在东，满文在西，字形同大。立于康熙七年②。

试以白云禅寺康熙御制"当堂常赏"隐文"皇帝顺治"墓阙，比较清世祖孝陵庙号碑、神道碑、神功圣德碑，显然"当堂常赏"墓阙近似于庙号碑。

白云禅寺康熙御制"当堂常赏"隐文"皇帝顺治"墓阙与顺治孝陵庙号碑相同点，主要有二：

第一，双方性质相同，皆题名碑，并且皆取顺治名号简称。神道碑虽亦为题名碑，但谥号完整冗长，神功圣德碑则非题名碑，有长篇碑文。

第二，庙号碑与"当堂常赏"墓阙石材颜色基本相似，庙号碑涂以朱砂，称朱砂碑，"当堂常赏"墓阙石材呈淡红色，似为紫砂岩石材。

白云禅寺康熙御制"当堂常赏"隐文"皇帝顺治"墓阙与顺治孝陵庙号碑不同点，主要有四：

第一，"当堂常赏"墓阙高置于山门殿后门门额，庙号碑立于地表。

第二，庙号碑铭文是显性语言，"当堂常赏"墓阙铭文是微言、隐文。

第三，庙号碑铭文取名庙号及谥号简称"世祖章皇帝"，缀以"之陵"二字；"当堂常赏"石阙隐文则取年号"顺治"，冠以"皇帝"二字。

第四，康熙四十九年"当堂常赏"墓阙铭文纯用汉字，彻底放弃了早年庙号碑之满文以及蒙文。

白云禅寺康熙御制"当堂常赏"隐文"皇帝顺治"墓阙，相当于清世祖孝陵之庙号碑。

康熙御制"当堂常赏"《翰墨石影》拓片无御宝；复原石刻下款"御制命"下钤"今上皇帝之宝"。石匾残片此部分残缺，今未知有无御宝。无论有无御宝，均不影响康熙御制"当堂常赏"石匾实为隐文"皇帝顺治"墓阙之判断，因为：第一，清世祖孝陵之庙号碑并无用御宝，故如果康熙御制"当堂常赏"隐文"皇帝顺治"墓阙无用御宝，是自然的事。第二，如果康熙御

---

① 于善浦、张玉洁《清东陵拾遗·顺治皇帝的孝陵》："小碑楼……碑额刻'大清'字样，碑身刻着三种文字，满文居中，蒙古文居左，右边为十九个汉字，顺治皇帝庙号和谥号为：'世祖体天隆运英睿钦文显武大德弘功至仁纯孝章皇帝'。"（天津古籍出版社，2012年，第28页。）

② 于善浦、张玉洁《清东陵拾遗·顺治皇帝的孝陵》："石碑顶端雕着蟠龙，正中刻有'大清孝陵神功圣德碑'的字样。背身正面阴刻着满汉两种文字，记录着帝王一生的业绩。"（天津古籍出版社，2012年，第20页。）

制"当堂常赏"隐文"皇帝顺治"墓阙有用御宝，亦是合理的事，开雍正时陵寝碑匾由嗣皇帝书写并钤用御宝之先。①

康熙御制石匾铭文"（先）王宝"表示先帝神主、章皇神主，相当于清世祖孝陵享殿神主，自然不会钤用御宝，因为神主均只有书（刻）字，不会用印。

7. "当堂常赏"石匾全部铭文：康熙钦赐白云寺御制匾额敕谕

白云寺康熙御制"（先）王宝｜当堂常赏"石匾北面全部铭文，中央行楷大字题词"当堂常赏"，上下题款楷书小字"康熙四十九年　呰，钦赐奉"，"御制命，九月十九日敬心建立"，系康熙钦赐白云寺御制匾额之圣旨（制敕）。

清康熙时，皇帝文书圣旨（制敕），包括制、诏、诰、敕等类。文渊阁《四库全书》本《钦定大清会典》卷二《内阁》："凡朝廷德福音下逮，宣示百官曰制，布告天下曰诏，昭垂训行曰诰，申明职守曰敕。"② 敕，即敕书，包括敕命、敕谕两种。康熙钦赐白云寺御制匾额之圣旨（制敕）种类，当是敕谕。

清初敕谕格式要素。抬头语："皇帝敕谕"；正文；正文末用语："钦哉。故谕"（或"特谕"）；落款：年月日。③ 例如清释际界增订《西天目祖山志》卷四《敕谕》，录世祖章皇帝三道敕谕全文。《世祖章皇帝谕玉林禅师敕》抬头："皇帝敕谕"，正文末与落款："钦哉。故谕。｜顺治十五年九月　日｜"

---

① 《清世宗实录》卷十雍正元年八月丁巳："谕曰：'景陵碑匾，事关重大。诚亲王、淳亲王素工书法，朕已令其恭写。翰林中善书者，亦令其恭写。朕早蒙皇考庭训，仿学御书，常荷嘉奖，今景陵碑匾，朕亦敬谨书写。非欲自耀已长，但以大礼所在，不亲写于心不安。尔诸臣可公同细看，不必定用朕书。须择书法极好者用之，方惬朕心。'诸臣奏曰：'御笔之妙，天矩自然，而仁孝诚敬之意，流溢于楮墨之间，正与陵寝大事相称。圣祖仁皇帝在天之灵，实为欣慰。"徐广源《浅谈景陵对后世清陵的影响》："景陵首创了陵寝碑、匾上的文字由嗣皇帝书写并钤用宝文的制度。……孝陵和孝东陵（孝惠章皇后之陵）碑匾上的文字不是由嗣皇帝书写，碑、匾上也不钤用宝文。……景陵神道碑、朱砂碑以及三块斗匾上的字皆为世宗御笔，而且落款处皆有'雍正尊亲之宝'的宝文。自景陵以后，大部分帝、后陵碑、匾上的字皆由嗣皇帝亲笔书写，并钤用宝文，成为定制。"（清代宫史研究会编《清代皇宫陵寝》，紫禁城出版社，1995年，第81-82页。）

② 《景印文渊阁四库全书》第619册，台湾商务印书馆股份有限公司，1986年，第37页。

③ 此处参考了中国第一历史档案馆编著、秦国经主编《清代文书档案图鉴》第二章《皇帝诏令文书》第一节《仪制性文书：制书/制辞、诏书、诰命/诰书、敕、册书、祝文/碑文/谕祭文》之"敕书亦称'敕谕'"条，岳麓书社，2004年，第58-59页。

《敕封大觉禅师谕》抬头："皇帝敕谕"，正文末与落款："钦哉。」顺治十六年四月 日」"《加封大觉普济禅师谕》抬头："皇帝敕谕"，正文末与落款："钦哉。故谕。」顺治十六年十月 日」"①

白云寺康熙四十九年九月十九日御制"当堂常赏"石匾铭文，具备敕谕格式要素：

抬头语："钦赐"（白云寺），相当于"皇帝敕谕"；

正文："奉""当堂常赏"（皇帝顺治），"御制"匾额，"命"（白云寺）"敬心建立"；

正文末用语："御制命"之"命"，即敕命，相当于"故谕"或"特谕"。

落款："康熙四十九年，时九月十九日"。年号年份与月日分开书写于上下款，以及增加一"时"字书于上款，是为了匾额书法布局之对称、美观。

敕谕未书出受谕人白云寺，是由于敕谕以匾额建立于白云寺山门殿，因此受谕人为白云寺，已不言而喻，可以省略。

白云寺康熙四十九年九月十九日御制"当堂常赏"匾额全部铭文，作为敕谕，意为：皇帝钦赐（白云寺），奉献于"当堂常赏"即（先）皇帝顺治（灵前），皇帝御制匾额，敕命白云寺敬心建立。康熙四十九年，时九月十九日。

康熙御制"当堂常赏"匾铭文作为敕谕，内容关系重大、相当隐晦，文字非常简练，格式兼顾匾额，因此其文体格式可能既不完全同于通常之敕谕，亦不完全同于通常之上谕匾②，似可以称之为一种特殊之敕谕。但是其作为康熙皇帝圣旨（敕谕），则毫无疑义。

按《清圣祖实录》卷一百九十九康熙三十九年五月己酉："湖广总督郭琇条奏：'楚省陋弊，胪列八款。……宜禁。请旨勒石，永为定例。'得旨：'……俱著照该督所请行。'"③

① 释广宾纂辑，清释际界增订：《西天目祖山志》，杜洁祥主编《中国佛寺史志汇刊》第1辑第33册影印嘉庆九年刊本，台北明文书局，1980年，第217—220页。

② 上谕匾之名称，清代有之。明马麟修、清杜琳等重修、清李如枚等续修《续纂淮关统志》卷九《公署·新建》："大堂三间，上谕匾曰：'厘革宿弊'、'廉谨自持'。"（《续纂淮关统志》，荀德麟等点校，方志出版社，2006年，第297页。）清室善后委员会编《故宫物品点查报告》第六编第二册卷一《实录库东库》："一六七五、道光二十二年三月十二日上谕匾一块。一六七六、嘉庆御制内阁箴匾一块。一六七七、咸丰上谕匾一块。一六七八、嘉庆上谕匾一块。一六七九、乾隆上谕匾一块。一六八〇至一六八一、咸丰上谕匾。一六八二、道光上谕匾。"（清室善后委员会编《故宫物品点查报告》第10册，民国十四年，线装书局，2004年影印，第317页。）

③ 《清实录》第6册，《圣祖仁皇帝实录（三）》，中华书局，1985年，第22—23页。

《清圣祖实录》卷一百九十九康熙三十九年六月辛卯："河道总督张鹏翮条奏河工九款：'……以上各条，仰请天语申饬，勒石河上，永远遵守。'"①

《清圣祖实录》卷二百八康熙四十一年六月戊午："御制《训饬士子文》，颁发礼部，命勒石太学。其文曰：'……子衿佻达，自昔所讥，苟行止有亏，虽读书何益。若夫宅心弗淑，行己多愆，或蜚语流言，胁制官长；或隐粮包讼，出入公门；或唆拨奸猾，欺孤凌弱；……种种弊情，深可痛恨。……若仍视为具文，玩愒勿儆，毁方跃冶，暴弃自甘，则是尔等冥顽无知，终不能率教也。既负栽培，复干咎戾，王章具在，朕亦不能为尔等宽矣。'"②

由上可知，在清代，皇帝圣旨（制敕）即是法令，圣旨（制敕）勒石，法律效力等同于圣旨（制敕）原件。

白云寺"当堂常赏"匾额铭文，表示此匾包括两面铭文系康熙皇帝御制命白云寺敬心建立于山门殿后门门额，实际亦就表示，建立在此匾以北白云寺中轴线诸主建筑后门门额上之诸匾，均系康熙皇帝御制命白云寺敬心建立。

康熙御制"当堂常赏"匾额下款铭文"钦赐奉"之"奉"字，表示白云寺中轴线诸主建筑后门门额上所建立之康熙御制诸匾铭文，均为康熙皇帝奉献给父皇顺治的心里话。

四、结语

第一，白云禅寺康熙御制"（先）王宝｜当堂常赏"石匾北面铭文中央大字题词"当堂常赏"，上下题款小字："康熙四十九年　岢，钦赐奉"，"御制命，九月十九日敬心建立"，系康熙皇帝颁发给白云禅寺之敕谕，命白云禅寺敬心建立此御匾。

第二，白云禅寺康熙四十九年九月十九日御制"（先）王宝｜当堂常赏"石匾，南面大字铭文："（先）王宝"，表示先帝神主、章皇神主之意，相当于清世祖孝陵隆恩殿神主；北面大字铭文："当堂常赏"，表示"皇帝顺治"墓阙之意，相当于清世祖孝陵崇楼庙号碑；建立于白云禅寺山门殿后门门额，标志父皇顺治去世于并安葬于白云禅寺；确证了顺治出家为僧以及圆寂于并安葬于白云禅寺的历史事实。

第三，康熙御制"（先）王宝｜当堂常赏"石匾，是以敕谕形式颁发给白云禅寺之御制匾额，兼具敕谕、先帝神主、"皇帝顺治"墓阙之性质。南面铭文系显性文字，但是贴墙不与人见，隐藏起来，北面铭文开放，但是文意隐晦。铭文隐藏、隐晦，是因为顺治出家不便公开。

---

① 《清实录》第6册，《圣祖仁皇帝实录（三）》，中华书局，1985年，第30–31页。
② 《清实录》第6册，《圣祖仁皇帝实录（三）》，中华书局，1985年，第116页。

第四，根据顺治四年颁行、雍正三年重颁《大清律集解附例》卷二十四《刑律·诈伪·诈为制书》："凡诈为（原无）制书，及增减（原有）者（已施行，不分首从），皆斩"①之刑法，以及自康熙四十九年至宣统三年（1710－1911）二百年间白云寺康熙御匾集群赫然存在，而白云寺、睢州、归德府、河南省于此安然无事之事实，可知白云寺康熙御匾集群之真实性，绝无可疑。

第五，按康熙三十七年（1698），翰林院庶吉士郡人袁锺麟撰文、翰林院庶吉士盐山赵尔孙篆额、内阁中书郡人吴学颢书丹、归德府睢州正堂胡范立石《白云寺公输地租碑记》，述及"余自请假还里，时从魏子公璜游所谓白云寺"；康熙六十一年河南司布政使牟钦元《白云寺佛定大和尚塔铭》述及归德太守曾经"微服往觇"佛定于白云寺，"太守悚然稽首皈依焉"；"辛巳（康熙四十年，1701）秋，余从京师来汴，晤公于方丈"，"相对达旦"；康熙五十八年，佛定"抵嵩阳善会寺"，"中丞杨公（河南巡抚杨宗义）毅然为建万寿宝殿"；康熙六十年八月，佛定圆寂于白云寺，次年五月初一，牟钦元为撰《塔铭》；可见康熙时，从朝廷官员至河南省、归德府、睢州长官，关心白云寺、往游白云寺、与白云寺住持交往者多矣。白云寺康熙御匾集群如非真品，而是"诈为制书"，这些官员岂能视若无睹、充耳不闻，让此等"诈为制书"石匾集群高悬于白云寺？由此亦可知白云寺康熙御匾集群之真实性，绝无可疑。

第六，考察顺治出家史事，康熙四十九年九月十九日御制白云寺"（先）王宝｜当堂常赏"匾铭文，是一宗具备原始性、确实性、高度证明力的最宝贵的证据文献。在清代，皇帝的圣旨（制敕）即是法令，敕谕勒石，其法律效力等同于敕谕原件。因此，就史料的原始性而言，其史料价值高于记录性的起居注，更别谈第二手性质的实录。

第七，关于顺治去世时间。白云禅寺康熙御制"（先）王宝｜当堂常赏"匾额上下款题："康熙四十九年，时九月十九日。"按《礼记·王制》："天子七日殡，七月而葬。"②复按河南布政使牟钦元《白云寺佛定大和尚塔铭》："于六十年八月归至白云，具香汤沐浴，趺坐而去"，"次年五月初一，送归入塔"，佛定和尚圆寂八月之后而入塔。参照佛定以圆寂八月而入塔计，顺治当

---

① 《四库未收书辑刊》壹辑贰拾陆册影清雍正三年内府刻本，北京出版社，2000年，第393页。

② 《清世祖实录》卷一百四十四顺治十八年正月："丁巳，夜子刻，上崩于养心殿，……寿二十四。……康熙二年六月壬寅，葬孝陵。"《清史稿》卷八《圣祖本纪三》："（康熙六十一年十一月）甲午，……上崩，年六十九。……雍正元年……九月丁丑，葬景陵。"《清史稿》卷九《世宗本纪》："（雍正十三年八月）己丑，上崩，年五十八。……乾隆二年三月，葬泰陵。"顺治在昔两年馀而葬，康熙九月馀而葬，雍正一年半而葬，可参考。

以康熙四十九年（1710）正月圆寂于睢州白云寺，九月十九日入塔于白云寺塔林①，并建立康熙御制石匾于白云寺山门殿。康熙四十九年二月清圣祖最后一次上五台山，作《五台有怀》诗痛悼父亲，亦可以作为顺治圆寂于康熙四十九年（1710）正月之旁证。

第八，顺治十八年世祖之死，乃其假死。直隶（今河北）遵化州昌瑞山顺治孝陵，是衣冠冢。

顺治皇帝爱新觉罗·福临，生于崇德三年戊寅（明崇祯十一年，1638），卒于康熙四十九年庚寅（1710），僧俗腊七十有三，即享年七十三岁。

---

① 白云寺旧藏抄本《白云寺志》，马世忠先生曾亲见之，已毁于"文革"。今日可见关于民权白云禅寺塔林之文献记载，录如下，仅供参考。《河南省文物志选稿》第7辑民权县文化馆供稿《民权白云寺》："和尚墓塔林遗址，在寺外东侧耕地内，发现有许多石刻墓塔铭和砖券空洞，洞中放有葬骨灰寿缸。寿缸通体施金黄釉，刻云鹤纹，盖上绘大'寿'字，缸内装烧骨一束。此处当为和尚墓塔林遗址。"（《河南省文物志选稿》第7辑，1983年，第78页。）张久德、黄广文《千年古刹白云禅寺》："在寺外东侧耕地内，发现有许多清顺治、康熙年间的石刻和尚墓志铭和砖券灵窟，以及藏和尚骨灰的陶制寿缸。寿缸一般通体施金黄釉，饰云鹤纹，盖上绘一个大'寿'字。据考证，这里为白云禅寺和尚墓塔林遗址。"（商丘市政协学习文史委员会《商丘文史资料》第二辑，2001年，第88页。）张驭寰《中国佛教寺院建筑讲座》第十一章《寺院的塔林》九《民权县白云寺塔林》："笔者到民权县白云寺，……在白云寺山门外的小山山脊上有十数座墓塔，据当地僧人讲，这就是当年白云寺的塔林，在最多的时候有40多座，陆陆续续被当地农民拆除，到今天已经留存不多了。"（《中国佛教寺院建筑讲座》，当代中国出版社，2008年，第210页。）潘宇《千年古刹白云禅寺·古刹迷踪考·行痴道人塔》："行痴道人塔位于白云禅寺塔林，在60年代被红卫兵扒毁。该塔密檐砖砌，塔基一丈多深，扒出的砖用作它途。行痴道人塔和行兴和尚塔挨着，众多的塔都被扒毁。现在白云寺村的老人都知道这件事的经过。"（《千年古刹白云禅寺》，民权县地方史志办公室，2003年，第100页。）

第十七章　白云寺康熙四十九年御匾集群：
纪念安葬于此的父皇顺治

　　河南睢州白云寺（今属河南民权县）康熙四十九年九月十九日御制匾额，并非只有前文所述"（先）王宝｜当堂常赏"一匾两面铭文而已，而是共有五块御匾已见八面铭文。五块御匾，均为石制横匾，建立于康熙时白云寺中轴线五座主建筑外墙北立面砖墙后门之门额。"（先）王宝｜当堂常赏"御匾原建立于山门殿后门门额，双面铭文，包括大字题词、小字上下题款或配联，为康熙时白云寺中轴线主建筑南起第一匾。山门殿拆毁于"文革"，该匾残存半截，今存白云寺。该匾尺寸最大，以后四匾尺寸较小。"一切恭敬"、"朴实"（實朴）两块御匾，至今犹建立在白云寺清构观音殿、清构大雄宝殿外墙北立面砖墙拱券形后门门额，为康熙时白云寺中轴线主建筑南起第二、第三匾。该二匾均完好无损，朝北开放一面铭文人人可见，朝南贴墙一面有无铭文未见。"照泉｜朕脈"、"然永｜时旼"两块御匾，双面铭文，皆有大字题词、小字上下配联，原应建立于千佛阁、藏经楼后门门额，为康熙时白云寺中轴线主建筑南起第四、第五匾。千佛阁、藏经楼毁于咸丰捻军兵燹，该二匾均完好无损，今存白云寺。此五块御匾八面铭文，铭文清晰。"一切恭敬"、"朴实"（實朴）二匾，按例亦当均有南面铭文。如果有之，则白云寺康熙四十九年御匾，共有五块御匾十面铭文。

　　最南第一匾北面铭文"当堂常赏"上下题款"康熙四十九年　昚，钦赐奉"，"御制命，九月十九日敬心建立"，系康熙皇帝颁发给白云寺之圣旨（敕谕），表示该匾包括两面铭文系康熙皇帝御制命白云寺敬心建立。换言之，白云寺康熙四十九年九月十九日御匾，是以圣旨形式所颁发之御制匾额。此圣旨实际并表示，建立在此匾以北白云寺中轴线诸主建筑后门门额上之诸匾，均系康熙皇帝御制命白云寺敬心建立。

　　中国传统石质匾额，镶嵌于殿宇砖墙门额的石匾，通常只有一面铭文，铭文一面朝外开放，无铭文一面朝内贴墙。镶嵌于石牌坊额枋间的石匾，则往往有两面铭文，两面铭文均朝外开放。白云寺中轴线五座主建筑外墙北立面砖墙后门门额的康熙御匾，全部或大部分均有两面铭文，朝北一面铭文开放，朝南一面贴墙，南面铭文隐藏起来，建立时不与人见。

　　潘宇主编《千年古刹白云禅寺·白云寺部分残石文物》，刊载了康熙御制石匾"然永"、"朕脈"、"照泉"、"时旼"、"当堂常赏"五个匾面的照片，无

"（先）王宝"、"一切恭敬"、"朴真"（眞朴）三个匾面的照片①。

白云寺康熙御匾五块御匾八面铭文，除"当堂常赏"一面铭文有所讨论外，尚未被任何文献完整著录及讨论过。

2015 年 6 月 25 – 26 日、2016 年 3 月 30 日，笔者两赴白云寺考察，拍摄诸碑匾照片，对"（先）王宝｜当堂常赏"大匾之外（以北）的中轴线主建筑诸小匾，尚未引起高度重视。2017 年 8 月，笔者在按照工作程序逐字逐句笔注诸匾文时，认定白云寺中轴线五座主建筑后门门额石匾均系康熙御制题匾，匾文内容统一，意义非同寻常，2017 年 8 月 7 日、20 日、9 月 16 – 19 日，又三次赴白云寺考察全部康熙御匾并拍摄照片。

一、康熙时白云寺中轴线主建筑群

《商丘市非物质文化遗产名录图典（第一批）》之《白云寺的传说》：

> 康熙二十六年（1687 年）河北保定高僧佛定大和尚来白云寺主持寺务。佛定一生致力于寺院的复兴，对白云寺进行了大规模的扩建，白云寺面貌有很大的改观，殿、堂、阁、楼、轩、寮、塔、碑、坛等建造齐全。正门面南，由前门向北为中轴线，依次排列有山门殿、过殿、观音殿、大雄宝殿、千佛阁、藏经楼等主体建筑。②

河南省古代建筑保护研究所《民权白云寺勘察简报》：

> 现存白云寺的建筑大部分是清康熙、咸丰间存留物……沿中轴线自南而北依次排列：天王殿、观音殿、大雄宝殿三座建筑。……（大雄宝殿）正脊高 71 厘米，南面雕刻行龙图案，正脊中央现有 1.5 米长脊刹，其上方为宝瓶，并有"康熙三十一年十三日"刻铭文。③

王冠群、崔长庚、黄广文《千年古刹白云禅寺》：

> 清咸丰三年（1853）五月，太平军万馀骑破归德，下睢州，白云寺千佛阁、东西廊房在战火中焚毁。④

案：由上可知，第一，康熙时白云寺中轴线主建筑共计六座，由南而北依次为：山门殿、过殿（天王殿）、观音殿、大雄宝殿、千佛阁、藏经楼。其中

---

①　潘宇主编：《千年古刹白云禅寺》，民权县地方史志办公室，2003 年，第 34 – 35 页。

②　王纲主编，施展慧、李月英、刘明元副主编：《千年遗韵 商丘市非物质文化遗产名录图典（第一批）》，河南人民出版社，2010 年，第 118 页。案：康熙二十六年之说，误。

③　河南省古代建筑保护研究所：《民权白云寺勘察简报》，执笔：甄学军；勘测：牛宁、高中明、郭绍卿、李社兴、张建伟、秦飒英、孙致云、甄学军，《中原文物》2004 年第 4 期。

④　商丘市政协学习文史委员会：《商丘文史资料》第二辑，2001 年，第 284 页。

大雄宝殿正脊铭文"康熙三十一年十三日"至今犹存，可知建于康熙三十一年。中轴线其它主建筑，当亦建于康熙三十一年前后不久。

第二，千佛阁毁于咸丰三年太平军兵燹，藏经楼当亦毁于此时。

第三，今白云寺中轴线清构主建筑共计三座殿宇，由南而北依次为：天王殿、观音殿、大雄宝殿。笔者至白云寺考察，实际情况与上述文献相符。

今白云寺清构天王殿外墙北立面砖墙后门系木结构门窗，无匾额。

二、白云寺今存康熙御匾集群铭文及建立位置

康熙四十九年御制睢州白云寺题匾，包括匾额五块，已见铭文八面，均系石制横匾，建立（镶嵌）于白云寺中轴线五座主建筑外墙北立面砖墙后门门额。凡已见双面铭文之匾，朝南一面贴墙，位置在前，故笔者称之为匾之正面，铭文不能看见；朝北一面开放，位置在后，故笔者称之为匾之背面，铭文可以看见。

康熙御制白云寺石匾铭文、建立位置、今存情况，叙录如下。为读者便于比较，前文已述之"（先）王宝｜当堂常赏"匾，在此亦加以略述。

1. "（先）王宝｜当堂常赏"石匾

似紫砂岩石材，石匾残存南面左半截即北面右半截，上边残宽 59 厘米，下边残宽 25.5 厘米，原宽判断 89 厘米，高 79 厘米，厚 13 厘米。原建立于白云寺外墙北立面砖墙后门门额，为白云寺康熙御匾集群之南起第一匾。山门殿于"文革"时拆毁，石匾半截今存白云寺。

1.1 南面铭文

上边、左边浮雕莲花瑞草图案，下边浮雕海涛图案。匾中阴刻魏碑体铭文。中央从上往下直行大字题词三字，字径 25 厘米，第一字残存左下笔划一撇之尖，第二字"王"字保存将近一半，存左半笔划三横及当中一竖，第三字"宝"字几乎完全保存，仅缺"宀"之最后一点。左方为配联之下联，从上往下直行小字九字，上下顶格，字径 7 厘米。左方小字九字与中央大字三字上下齐平。铭文录文校补横写标点如下：

　　□□□，□□□，□□□；
　　（先）　　王　　　宝
　　鎮惡退，扶凡斷，邪魔離。

1.2 北面铭文

四周浮雕行龙图案，铭文阴刻。中央菱形布局行楷大字题词四字，残存"堂常"二字，字径 25 厘米。右方上款直行楷书小字第一行顶格起七字，第二行顶格起三字，字径 4－6 厘米。参照河南省文史研究馆馆藏"当堂常赏"

一面铭文康熙时完整原始拓片，铭文校录横写如下：

> 康熙四十九年岜
>
> 钦赐奉
>
> **当堂常赏**
>
> 御製命
>
> 九月十九日敬心建立

2. "一切恭敬"石匾

今仍建立于白云寺清构观音殿外墙北立面砖墙拱券形后门门额①，为白云寺康熙御匾集群之南起第二匾。

宽约 115 厘米，高约 48 厘米。北面铭文楷书阳文，中央从右到左横行大字题词四字，录文按今式从左至右横写如下：

一切恭敬

字径约 25 厘米。

朝南贴墙一面有无铭文未知。

3. "夶寘"（寘夶）石匾

今仍建立于白云寺清构大雄宝殿外墙北立面砖墙拱券形后门门额，为白云寺康熙御匾集群之南起第三匾。大雄宝殿建于康熙三十一年②。

宽约 88 厘米，高约 64 厘米。北面铭文楷书阳文，中央从右到左横行大字题词二字，录文按今式从左至右横写如下：

夶寘（寘夶）

字径约 30 厘米。

朝南贴墙一面有无铭文未知。

---

① 河南省古代建筑保护研究所《民权白云寺勘察简报》："现存白云寺的建筑大部分是清康熙、咸丰年间存留之物。为对寺院开展保护工作，河南省古代建筑保护研究所对白云寺进行了勘测，现将勘察结果简报如下：……沿中轴线自南而北依次排列：天王殿、观音殿、大雄宝殿三座建筑。"（执笔：甄学军；勘测：牛宁、高中明、郭绍卿、李社兴、张建伟、秦飒英、孙致云、甄学军，《中原文物》2004 年第 4 期。）

② 河南省古代建筑保护研究所《民权白云寺勘察简报》二《单体建筑形制》（二）《大雄宝殿》："正脊高 71 厘米，南面雕刻行龙图案，正脊中央现有 1.5 米长脊刹，其上方为宝瓶，并有'康熙三十一年十三日'刻铭文。两端龙吻，通高 1.7 米。垂脊高 38 厘米，垂兽高 33 厘米，均浮雕牡丹、瑞草等。该建筑气势宏大，做工较精良，为清代早期遗物中之颇有价值者。"（《中原文物》2004 年第 4 期）

4. "照泉｜腆脼"石匾

青石材质，宽 80 厘米，高 45 厘米，厚 8 厘米；两面四周雕刻奇花瑞草图案。

4.1 南面铭文

中央从上到下直行大字题词二字，上下顶格，行楷阴文，字径 20 厘米。左右直行小字上下联各九字，上下顶格，行楷阴文，字径约 3.5 厘米。

铭文录文横写标点如下：

天雨川流，因沿留世界；

照泉

地生卉稼，果业架乾坤。

4.2 北面铭文

中央从右到左横行大字题词二字，楷书阳文，字径 32 厘米，录文如下：

腆脼

石匾今存白云寺。

5. "然永｜时旽"石匾

青石材质，宽 80 厘米，高 45 厘米，厚 8 厘米；两面四周雕刻奇花瑞草图案。

5.1 南面铭文

中央从上到下直行大字题词二字，上下顶格，行楷阴文，字径 20 厘米。左右直行小字上下联各九字，上下顶格，行楷阴文，字径约 3.5 厘米。

铭文录文横写标点如下：

日月亮通，丙丁谅旺神；

然永

明光长久，星炙常兴代。

5.2 北面铭文

中央从右到左横行大字题词二字，楷书阳文，字径 32 厘米，录文如下：

时旽

石匾今存白云寺。

6. 康熙时白云寺"照泉｜腆脼"、"然永｜时旽"二匾之建立位置

潘宇《千年古刹白云禅寺·千佛阁》：

现存《皇清·白云禅寺全图》仅能显示这座千佛阁的轮廓，只能辨视出下层的两个拱形券门，上层的十孔阁窗。阁楼房面较阔，造势端庄古雅。据传此阁为砖木结构，下层青砖砌壁。①

潘宇《千年古刹白云禅寺·藏经楼》：

《皇清·白云禅寺全图》上模糊不清。只能看出大致情况。据传藏经楼中收藏经卷多达数万册，经律论三藏皆备，各类佛学经典齐全，有八柜藏经是康熙所赐。②

案：第一，根据康熙时白云寺中轴线主建筑共计六座，由南而北依次为：山门殿、过殿（天王殿）、观音殿、大雄宝殿、千佛阁、藏经楼；今白云寺存康熙御制题门额石匾五块，已知"（先）王宝｜当堂常赏"匾原建立于山门殿外墙北立面砖墙后门门额，"一切恭敬"匾、"朴真"（真朴）匾今仍建立于清构观音殿、大雄宝殿外墙北立面砖墙拱券形后门门额，今清构天王殿外墙北立面砖墙木结构门窗后门门额无匾额；可知"照泉｜膜胝"、"然永｜时旼"二匾建立于中轴线最北两座建筑千佛阁、藏经楼。

第二，根据白云寺清构山门殿、天王殿、观音殿、大雄宝殿外墙北立面均为砖墙，各有门洞一道，及潘宇所述《皇清白云禅寺全图》"千佛阁下层两个拱形券门"，"据传此阁为砖木结构"，可知千佛阁、藏经楼下层外墙北立面亦均为砖墙，各有拱形券门门洞一道（或一道以上）。

第三，由上可知，白云寺今存康熙御制"照泉｜膜胝"、"然永｜时旼"二匾，康熙时，"照泉｜膜胝"匾，应建立于千佛阁下层外墙北立面砖墙后门门额，为白云寺康熙御匾集群之南起第四匾；"然永｜时旼"匾，应建立于藏经楼下层外墙北立面砖墙后门门额，为白云寺康熙御匾集群之南起第五匾。

第四，千佛阁毁于咸丰三年太平军兵燹，藏经楼当亦毁于此时，其后门门额"照泉｜膜胝"、"然永｜时旼"二匾，则被寺僧保存下来，并保存至今。

7. 小结

康熙时睢州白云寺中轴线五座主建筑山门殿、观音殿、大雄宝殿、千佛阁、藏经楼，外墙北立面砖墙后门门额均建立御制石匾一块，共计石匾五块，已见铭文八面；石匾铭文内容统一，主题均为纪念圆寂于并安葬于此的顺治皇帝；书法风格一致，均出自康熙亲笔；最南第一匾北面铭文"当堂常赏"上下题款"康熙四十九年　旹，钦赐奉"，"御制命，九月十九日敬心建立"，系

---

① 潘宇主编：《千年古刹白云禅寺》，民权县地方志办公室，2003年，第14页。
② 潘宇主编：《千年古刹白云禅寺》，民权县地方志办公室，2003年，第20页。

康熙皇帝颁发给白云寺之圣旨（敕谕），命白云寺敬心建立该御匾及以北诸御匾。由此可知，白云寺中轴线五座主建筑石制匾额全部出自康熙御笔，是康熙康熙四十九年九月十九日敕赐白云寺同时建立，可称之为白云寺康熙御制题匾集群。康熙御匾集群，指集合康熙御制匾文包括题词、上下题款及所配联语多首而为一个整体，从各个方面来表达同一个主题。

白云寺康熙御制题匾集群，石材、书法、雕刻，皆足称精致，气象端庄宏丽，不愧皇家风格。

三、白云寺康熙御匾集群铭文笺证

1. "（先）王宝｜当堂常赏"石匾：标志先帝神主、皇帝顺治墓阙

康熙御制白云寺山门殿后门"（先）王宝｜当堂常赏"匾，为白云寺康熙御匾集群之南起第一匾。此仅必要地复述前文笺证结论。

1.1 南面铭文

> □□□，□□□，□□□；
>
> （先）　王　宝
>
> 镇恶退，扶凡断，邪魔离。

中央从上往下直行大字题词三字"（先）王宝"，即神牌书文①，明白表示先帝神主、章皇神主之意。相当于遵化清世祖孝陵隆恩殿神主。

"镇恶退，扶凡断，邪魔离"，用《金光明经》先王保佑后王"及其人民，除其患难，悉令安隐"、《仁王护国般若波罗蜜多经》"能镇毒龙诸恶鬼神"、《法苑珠林》"凡断枯复起，皆废而复兴之象"等佛教经典之义，祈祷顺治皇帝在天之灵保佑清朝中国。

1.2 北面铭文

> 康熙四十九年　皆
>
> 钦赐奉
>
> 当堂常赏
>
> 御制命
>
> 九月十九日敬心建立

"当堂常赏"，有两个意思：1. 表示对父子欢聚一堂，常承父皇当堂奖赏之梦想。2. 隐文"皇帝顺治"。如李林忠所揭示，用摘字法，摘取偏旁部首及

---

① 神牌书文，语见文渊阁《四库全书》本《钦定大清会典》卷二《内阁》："凡坛庙陵寝神牌，由工部送内阁中书敬心清文，翰林官敬书汉文。"

笔划，并改变原菱形排列上、下、右、左字序"当堂常赏"，为上、右、左、下字序"当""常""赏""堂"，隐文表示"皇帝顺治"。此四字铭文实为墓阙铭文，相当于孝陵崇楼庙号碑。

"康熙四十九年　旹，钦赐奉"，"御制命，九月十九日敬心建立"，系康熙皇帝颁发给白云寺之圣旨（敕谕）。意为：皇帝钦赐（白云寺），奉献于"当堂常赏"即（先）皇帝顺治（灵前），皇帝御制匾额，敕命白云寺敬心建立。康熙四十九年，时九月十九日。

此是以康熙圣旨形式所颁发之御制匾额。此圣旨实际并表示，建立在此匾以北白云寺中轴线诸主建筑后门门额之诸匾，均系康熙皇帝御制命白云寺敬心建立。

"钦赐奉"之"奉"字，表示白云寺中轴线诸主建筑外墙北立面后门门额上所建立之康熙御匾集群之铭文，均为康熙皇帝奉献给父皇顺治的心里话。

白云寺康熙御匾集群南起第一匾"（先）王宝｜当堂常赏"匾，南面大字铭文："（先）王宝"，表示先帝神主、章皇神主之意，相当于清世祖孝陵隆恩殿神主；北面大字铭文："当堂常赏"，表示"皇帝顺治"墓阙之意，相当于清世祖孝陵崇楼庙号碑；表示父皇顺治去世于并安葬于白云禅寺，具有开宗明义之性质，起到统领白云寺康熙御匾集群之作用。

"（先）王宝"是显性文字、用典，"当堂常赏"是隐文。

2. "一切恭敬"石匾：一切人到此均须恭敬顺治皇帝

康熙御制白云寺观音殿"一切恭敬"匾，为白云寺康熙御匾集群之南起第二匾。

"一切恭敬"：佛家语，指恭敬佛法僧三宝。南北朝求那跋陀罗译《杂阿含经》卷四十四："一切恭敬法，依正法而住；如是恭敬者，是则诸佛法。"唐实叉难陀译《大方广佛华严经》卷三十六《十地品第二十六之三》："一切恭敬喜充满，瞻仰如来默然住。"唐释道世《法苑珠林》卷二十《致敬篇第九·名号部第四》："述曰：今创发起一切恭敬者，一者谓普及为言，切者谓尽际为语，恭谓束身翘仰，敬谓心无异念。若不唱此，恐心驰散。故勤情恭敬，正观现前也。敬礼常住三宝者（下略）。"

亦指恭敬一切众生。后秦鸠摩罗什译《梵网经》卷下《四十八轻戒·第二十不行放救戒》："一切男子是我父，一切女人是我母。"北凉昙无谶译《大般涅盘经》卷八《如来性品第十二》："一切众生悉有佛性。"《大般涅盘经》卷十《大众所问品第十七》："如来视一切，犹如罗睺罗。"后秦鸠摩罗什译《妙法莲华经》卷六《常不轻菩萨品》："我不敢轻于汝等，汝等皆当作佛。"

儒家"毋不敬"之义，与佛家"一切恭敬"之义相通。《礼记·曲礼第一》：“曲礼曰：毋不敬。”《礼记·哀公问第二十七》：“孔子遂言曰：“昔三代明王之政，必敬其妻、子也，有道。妻也者，亲之主也，敢不敬与？子也者，亲之后也，敢不敬与？君子无不敬也，敬身为大。身也者，亲之枝也，敢不敬与？不能敬其身，是伤其亲。伤其亲，是伤其本。伤其本，枝从而亡。三者，百姓之象也。身以及身，子以及子，妃以及妃。君行此三者，则忾乎天下矣，大王之道也。如此，国家顺矣。”《孟子·离娄下》：“敬人爱人者人恒爱之，敬人者人恒敬之。”

“一切恭敬”匾，字面指恭敬佛法僧三宝，恭敬一切众生，并含有儒家“毋不敬”之义。“一切恭敬”匾作为白云寺康熙御匾集群南起第二匾，仅次于“（先）王宝｜当堂常赏”匾，实际是指一切人到此均须恭敬顺治皇帝。按《钦定大清会典》卷七十六《工部·屯田清吏司·山陵》：“神道碑，备镌尊、谥、庙号，覆以亭。……亭前石桥三，桥左右下马石牌各一。”① 由此可知，白云寺康熙御匾集群南起第二匾“一切恭敬”石匾，实相当于清世祖孝陵神道碑亭下马石牌。

“一切恭敬”，是显性文字、用典，有特殊含义。

3. “寊朳”石匾：“代佛出世”的真人阿罗汉——对顺治皇帝的宗教评价

康熙御制白云寺大雄宝殿“朳寊”（寊朳）匾，从右到左横行大字楷书阳文题词二字。为白云寺康熙御匾集群之南起第三匾。因建立于白云寺核心建筑大雄宝殿，因此当表示重大意义。

“寊”：同置，安排，放置。《说文解字》卷七《宀部》“寊”：“置也。从宀寊声。”

“朳”：屋上间木。《玉篇》卷十二《木部》“朳”：“如神切。屋上间朳也。”《康熙字典》辰集中《木部》“朳”：“《玉篇》：屋上间也。《字林》：屋间木。”

“寊朳”：字面意思为安放屋上间木，指建房时安放屋上间木结构。但此并非其真意。

3.1 “朳寊”字序实为“寊朳”

中国书法行与行之间及匾额大字字与字排列之走向，通常为右行即从右往左书写，但是亦有例外。按康熙御制“当堂常赏”石匾铭文原文，为菱形排列，字序为上、下、右、左。康熙御制“当堂常赏”石匾铭文隐文“皇帝顺治”，字序变化为上、右、左、下。此种特殊书法格式于古有征，上海博物馆

① 《景印文渊阁四库全书》第 619 册，台湾商务印书馆股份有限公司，1986 年，第 692–693 页。

青铜器研究部编《上海博物馆藏钱币 秦汉钱币》第 1189 号"大泉五十"，1990 年秋北京平谷三泉寺古刹窖藏出土辽代大钱"千秋万岁"，钱文格式均为上、右、左、下字序。由此可知，康熙御匾排字走向，必要时变化灵活。

按清王昶《金石萃编》卷九十六《唐碑五十六·大唐中兴颂》条："摩崖，高一丈二尺五寸，广一丈二尺七寸，二十一行，行二十字，左行，正书。在祁阳县石崖。"颜真卿左行正书《大唐中兴颂》，乃是采取《说文》"子，人所生也，男左行三十，立于巳"之义，即采取左行者子道也之义，以象征为人子者应行子道之义；采取楷书此一端正字体，以端严宣示孝道之义，以配合《大唐中兴颂》贬天子（唐肃宗）之不孝（唐玄宗）。[①] 由此可知，中国书法行左行即从左往右书写，古已有之。

"朲眞"字序，实为左行，即从左往右，读为"眞朲"。何以故？取决于铭文字义。

3.2 "眞朲"用摘字法表示"真人"

按清周亮工《字触·凡例》"因一字而离合"，"会意半由旁见"，指摘取原文字中部首而成字；《字触·凡例》"连数字为引申"，指将多个摘字组成为符合背景、语境之话语。程省《测字秘牒·测字十法》其九摘字测法，"摘字中一二些小笔画以断之，无不奇中"，指摘取笔划。如李林忠所揭示，康熙御书"当堂常赏"四字各字之部首、笔划，隐藏"皇帝顺治"四字，此正是周亮工《字触》、程省《测字秘牒》所述摘字法。

白云寺康熙御匾集群南起第三匾"眞朲"二字，乃是继第一匾"当堂常赏"使用摘字法表示"皇帝顺治"之后，再次使用摘字法，即摘取"眞"字部首"真"字、"朲"字部首"人"字，连成隐文"真人"一语。

3.3 "真人"表示得道之人、阿罗汉

"真人"：在古汉语中，最早出自道家指修真得道的人，后来佛教用指阿罗汉。

《庄子·大宗师》：

> 其嗜欲深者其天机浅。古之真人，不知悦生，不知恶死。其出不䜣（欣），其入不距，翛（萧）然而往，翛然而来而已矣。不忘其所始，不求其所终，受而喜之，忘而复之，是之谓不以心捐道，不以人助天，是之谓真人。

《庄子·刻意》：

① 邓小军：《元结撰、颜真卿书〈大唐中兴颂〉考释》三《颜真卿左行正书〈大唐中兴颂〉：象征为人子者应行孝道》，《晋阳学刊》2012 年第 2 期。

故素也者，谓其无所与杂也；纯也者，谓其不亏其神也。能体纯素，谓之真人。

三国吴月支优婆塞支谦译《太子瑞应本起经》卷上：

佛言：吾自念宿命，无数劫时，本为凡人。初求佛道以来……承事诸佛，别觉真人。功勋累积，不可得记。①

唐玄应《一切经音义》卷八：

真人，此即阿罗汉也。②

《大智度论》卷三《释初品中共摩诃比丘僧》：

【经】皆是阿罗汉。【论】云何名阿罗汉？阿罗名贼，汉名破，一切烦恼贼破，是名阿罗汉。复次，阿罗汉一切漏尽，故应得一切世间诸天人供养。复次，阿名不，罗汉名生，后世中更不生，是名阿罗汉。③

宋苏轼《苏文忠公全集·东坡后集》卷二十《十八大阿罗汉颂·第一尊者（宾头罗）》：

颂曰：月明星稀，孰在孰亡？煌煌东方，惟有启明。咨尔上座，及阿阇梨。代佛出世，惟大弟子。

案：由上可知，第一，在中国固有文化，真人最早为道家指修真得道能体纯素之人。

第二，在佛教，真人是指一切烦恼贼破、一切漏尽，得一切世间诸天人供养的阿罗汉，是"代佛出世，惟大弟子"的佛祖大弟子。

第三，康熙御制白云寺大雄宝殿"眞朴"匾隐文"真人"，乃是继第一匾"（先）王宝｜当堂常赏"匾，表示顺治皇帝是修真得道能体纯素之真人，是"代佛出世"之真人阿罗汉。

按康熙御制白云寺大雄宝殿"眞朴"匾隐文"真人"，制作于康熙四十九年；查慎行康熙四十二年至五十二年期间任翰林编修、入直南书房，奉旨撰《河南睢州白云寺佛定和尚语录序》，是相当程度地参与了白云寺之事；查慎行是苏轼专家，撰有《补注东坡编年诗》五十卷，自熟悉东坡《十八大阿罗

---

① 《太子瑞应本起经》，《永乐北藏》第62册，线装书局，2000年影印，第473页。

② 唐玄应：《一切经音义》，《续修四库全书》第198册影清海山仙馆丛书本，上海古籍出版社，1996年，第92页。

③ ［印］龙树菩萨著，鸠摩罗什译，弘学校勘：《大智度论校勘》上册，社会科学文献出版社，2014年，第38页。

汉颂》；由此可见，康熙御匾"眞朼"隐文"真人"阿罗汉，用东坡《十八大阿罗汉颂》"代佛出世，惟大弟子"之典以指顺治，或系出自查慎行。

《勅赐圆照茚溪森禅师语录》卷六《佛事门》：

> 辛丑（顺治十八年）二月三日……设世祖升退位。师云："寿椿殿上话别时，言犹在耳：'得大机，显大用，随宜说法'。雷轰电掣，这是皇上生平燥性处。千圣万贤，不能窥于万一。"遂顾左右云："大众，见么？容颜甚奇妙，光明遍十方。即今在你诸人顶门，开无上甚深微妙正法眼藏，汝等勿得错过。将来个个盖天盖地，续佛慧命，受用无尽。且道：圣恩浩浩如何酬答？"①

茚溪森隐藏地赞叹顺治以"皇上"而出家，是"千圣万贤，不能窥于万一"，是为佛教大众"在你诸人顶门，开无上甚深微妙正法眼藏，汝等勿得错过。将来个个盖天盖地，续佛慧命"。康熙御匾"眞朼"隐文"真人"，表示顺治是"代佛出世"之真人阿罗汉，意义相近。都是很有分寸的崇高评价。

"朼眞"（眞朼），是右行书法、隐文、用典。隐文"真人"，则变为左行。

白云寺康熙御匾集群南起第四匾大雄宝殿"眞朼"匾隐文"真人"，是康熙对顺治皇帝出家为僧的评价，对顺治的佛教方面的评价。

根据白云寺康熙御匾五块，其中"（先）王宝｜当堂常赏"、"照泉｜朕眹"、"然永｜时旼"三匾均为两面铭文，可知"一切恭敬"、"朼眞"（眞朼）二匾，朝南贴墙一面应当亦有铭文，不知何时能见天日。

4."照泉｜朕眹"石匾：正大光明照亮人间泉下；太平时代，夜明如昼——对顺治皇帝的政治评价

康熙御制白云寺千佛阁"照泉｜朕眹"匾，为白云寺康熙御匾集群之南起第四匾。

4.1 南面铭文

> 天雨川流，因沿留世界；
>
> 照泉
>
> 地生卉稼，果业架乾坤。

"泉"：黄泉、泉下，指阴间。此与其说是佛教的观念，不如说是中国传统的民间信仰。《左传》隐公元年："不及黄泉，无相见也。"晋潘岳《悼亡诗》："之子归穷泉，重壤永幽隔。"唐白居易《十年三月三十日别微之于澧

---

① 清释胜德编：《勅赐圆照茚溪森禅师语录》，卷六，叶26A－B，康熙刻本，首都图书馆藏，索号：（丙三）/694。

上》："往事渺茫都似梦，旧游零落半归泉。"宋欧阳修《祭王深甫文》："念昔居颖，我壮而子方少年，今我老矣，来归而送子于泉。"明李昌祺《剪灯馀话·月夜弹琴记》："魂归冥漠魄归泉。"

"照泉"：字面意义为光照泉下。语见宋释文珦《哀梅麓楼寺丞》："知心千古月，耿耿照泉关。"明倪宗正《倪小野先生全集》卷三《刘封君挽歌》："南游虽乐不可复，白日不照泉下屋。"孙继皋《宗伯集》卷七《周母赵太夫人行状》："惟文恪公名德亮节，幸已垂琬琰照泉壤。"

"照泉"所省略的主语，是光明。

浙江图书馆藏清钞本顺治曾孙弘旺《松月堂目下旧见》顺治朝卷端第一、二行：

世祖章皇帝御书乾清宫额曰

正大光明（原明崇祯皇帝御书额曰敬天法祖四字）①

案：可知"照泉"一语，乃是暗用顺治御书乾清宫匾额"正大光明"之今典。"正大光明"古典，出自宋朱熹《晦庵先生朱文公文集》卷三十三《答吕伯恭》："大抵圣贤之心，正大光明，洞然四达，故能春生秋杀，过化存神，而莫知为之者。学者须识得此气象而求之，庶无差失。"

"天雨川流"：语见昙无谶译《大般涅盘经》卷九《如来性品第四之六》："善男子，譬如大海，一切天雨，百川众流，皆悉投注，而彼大海，未曾满足。"在此，"雨"作动词，犹言下雨。言天雨注满百川，百川长流。

"因"：因袭、继承。《康熙字典》丑集上《口部》"因"："又，仍也，袭也。《论语》：'殷因于夏礼。'"

"沿"：继承；发展。《康熙字典》巳集上《水部》"沿"："《说文》：'沿，缘水而下也。'《书·禹贡》：'沿于江海。'《传》：'顺流而下曰沿。'又，循也。《礼·乐记》：'礼乐之情同，故明王以相沿也。'《注》：'沿犹因述也。'《疏》：'谓因而更改也。'"

"因沿"：在此上承"天雨川流"，字面指百川之源与流；实际指事业之继承与发展。语见《论语·为政》"子曰：'殷因于夏礼，所损益可知也。'"宋邢昺疏："此章明创制革命、因沿损益之礼。"

---

① 清弘旺《松月堂目下旧见》不分卷，清钞本，四周双边，白口，版心上方单鱼尾，下方页数，半叶十一行，行二十八字左右不等。封面书签，长方形，四周双边，中书：松月堂目下旧见，其下钤印：松月堂，小篆阳文。制版、书字，精美至极，真皇家气象，或系弘旺亲笔稿本。浙江图书馆藏，书号1332。北京全国图书馆文献缩微中心，馆藏号S1410＼，国图古籍馆普通古籍阅览室缩微制品。

"果业"："果"，草木农作物所结果实。"果业"，佛家语，此指善果，典出唐释道宣《广弘明集》卷第二十八上梁简文帝《四月八日度人出家愿文》："所有果业，皆悉胜出，受持法藏，为佛真子。"唐代有寺名果业，见《全唐文》卷七百十七元杰《滇阳果业寺开东岭洞谷铭并序》）。

"果业架乾坤"："架"，支撑，悬挂。《康熙字典》辰集中《木字部》"架"："《类篇》：'与椵同。亦作枷。杙也，所以举物。'又，《韵会》：'棚也。'又，以架架物。"明杜应芳《补续全蜀艺文志》卷五十五《岩字石刻谱》"鄞都笔架石"："昔人镌其壁云：'架乾坤之大笔，写江海之雄词。'"

"天雨川流，因沿留世界；地生卉稼，果业架乾坤"：联语，取义《周易·益卦·彖辞》："天施地生，其益无方，凡益之道，与时偕行。"《论语·阳货》："子曰：'天何言哉，四时行焉，百物生焉，天何言哉。'"《礼记·中庸》："辟如天地之无不持载，无不覆帱，辟如四时之错行，如日月之代明，万物并育而不相害，道并行而不相悖。小德川流，大德敦化，此天地之所以为大也。圣人制作，其德配天地如此。"字面言天雨注满百川，源远流长，长留世间；大地长满草木庄稼，果实累累，架满天地之间。象喻顺治皇帝开创清朝，源远流长，长存世上；顺治皇帝的功德，果实累累，遍布天地之间。

"照泉"：联额（横批），用顺治御书乾清宫额"正大光明"之今典，言顺治皇帝之正大光明，照亮了人间与泉下。

"照泉"及其联语，是显性文字，但是出之以喻象、用典，优美含蓄。果实"架乾坤"，"架"字生动传神，尤具创意。

4.2 北面铭文

膜朖

"膜"：月色。《康熙字典》辰集上《月部》"膜"："《玉篇》于京切，音英。月色也。"

"朖"："朗"的古字，明亮。《说文解字》卷七《月部》"朖"："明也。从月良声。卢党切。"段玉裁《说文解字注》："今字作朗。"

"膜朖"：月朗，月色清明。语见《世说新语·赏誉第八》："许掾尝诣简文，尔夜风恬月朗，乃共作曲室中语。"释僧佑《出三藏记集》卷十二《十诵律义记目录序第九》："大律师颍上，积道河西，振德江东，综学月朗，砥行冰洁。"杜甫《舟月对驿近寺》："更深不假烛，月朗自明船。"

"膜朖"：取义《周易·离卦·彖辞》："日月丽乎天。"《礼记·乐记》"清明象天"章，东汉郑玄注："日月昼夜不失正也。"字面言月色清明，象喻太平时代，夜明如昼，没有黑暗。

白云寺康熙御匾集群南起第四匾两面铭文"照泉｜膜朖"及其联语，是康熙对顺治皇帝的政治评价。

"胅朘",是显性文字,但采取古字;语意明白,但取义甚广,包含象征意义。

"胅朘"两字偏旁部首均为"月"字,与后一匾康熙御匾集群南起第五匾"时旼"两字偏旁部首均为"日"字,在书法艺术上具有对称之美,具见巧思。

5. "然永｜时旼"石匾:即使国家遭遇丙丁厄运,谅能渡过难关——对父皇顺治关于大清国运的政治报告

康熙御制白云寺藏经楼"然永｜时旼"匾,两面铭文。为白云寺康熙御匾集群之南起第五匾,即最后一匾。

5.1 南面铭文

> 日月亮通,丙丁谅旺神;
>
> # 然永
>
> 明光长久,星燊常兴代。

"然":"燃"的本字。《说文解字》卷十《火部》"然":"烧也。"注:"臣铉等曰:今俗别作燃,盖后人增加。"

"然永":典出《孟子·公孙丑上》:"恻隐之心,仁之端也;羞恶之心,义之端也;辞让之心,礼之端也;是非之心,智之端也。人之有是四端也,犹其有四体也。有是四端而自谓不能者,自贼者也;谓其君不能者,贼其君者也。凡有四端于我者,知皆扩而充之矣,若火之始然,泉之始达。苟能充之,足以保四海。"此取《孟子》语义,仅易其一字,易"始然"为"永然"。

"亮":1. 光明。2. 同谅,料想、想来。谅是推想之词,迥非必定之语。《康熙字典》子集上《亠字部》"亮":"与谅同。……《古诗十九首》:'君亮执高节,贱妾亦奚为。'又,明也。"《宋书》卷二十二《乐志四》录《汉鼓吹铙歌十八曲·战城南曲》:"野死谅不葬,腐肉安能去子逃?"唐司空图《华帅许国公德政碑(奉敕撰)》:"宰臣亦佥谓,近镇大臣,谅能推心及物。"明徐阶《世经堂集》卷二十五《送沈进士子善尹鄱阳》:"沈生起巍科,探讨遍六籍。况复有家教,兹义谅能识。"清初曾王孙《清风堂文集》卷十一《答徐生》:"此不佞重视足下之文之意,谅能鉴之。"此处用意是双管齐下,兼有两个意思,但重心是谅,谅能。

"日月亮通":1.(德政)光明通于日月。汉佚名《太平经》卷一百一十四《君太上亲诀第一百九十三》:"三明者,心也。主正明堂,通日月之光,名三明成道。"《世说新语·文学第四》"宣武集诸名胜讲易"章刘孝标注引《易·乾凿度》:"其德也,光明四通,日月星辰布,八卦序,四时和也。"明刘基《太师诚意伯刘文成公集》卷十六《用前喜雨韵寄呈石末元帅时戍卒有不轨谋蓄而未发公治之以意卒遂返正故发之以言且并志祈雨有应也》："但觉诚心通日月，不知生意在风雷。"2.（德政光明）谅能通于日月。

"丙丁"：阴阳五行之语，指国家遭遇事变、灾难之厄运，典出宋柴望《丙丁龟鉴》一书。《丙丁龟鉴序》："遍搜诸史，窃以为是岁为厄，从古而然。帝王之世，史籍略而不书。今自秦汉而下，数之至于五代，为丙午、丁未者凡二十有一，上下通一千二百六十载，灾异、变故，不可枚举。"清永瑢《四库全书总目》卷一百十一《子部》二十一《术数类存目二·阴阳五行之属》"《丙丁龟鉴》五卷续录二卷"条："是书大旨，以丙午、丁未为国家厄会，因历摭秦庄襄王以后至晋天福十二年，凡值丙午、丁未者，二十有一，皆有事变应之。而归本于修省戒惧，以人胜天。"

"旺神"：阴阳五行之语，此指国家运势之兴旺。明万民英《三命通会》卷十安东杜谦著《玉井奥诀》："旺神挺立，物莫当前。"注："如一位之干，有天时至旺之气，卓然柱中擅权，馀无牵绊者。其被克之神，何敢现露，纵使藏伏，亦莫敢执事也。"

《四库全书总目》卷一百九《子部》十九《术数类二·命书相书之属》"《三命通会》十二卷"条："自明以来，谈星命者，皆以此本为总汇，几于家有其书。中间所载仕宦八字，往往及明季之人，盖后来坊刻所搀入，已非其旧。然其阐发子平之遗法，于官印财禄食伤之名义，用神之轻重，诸神煞所系之吉凶，皆能采撮群言，得其精要，故为术家所恒用，要有未可遽废者。"由上可知，清廷对于阴阳五行、命书相书之说，固亦不能不信也。

"明光长久"：指日月光明长久，是天道之体现，为君子所效法。《周易·离卦·象辞》："日月丽乎天。"《周易·系辞上》："悬象著明，莫大乎日月。"《周易·恒卦·象辞》："天地之道，恒久而不已也。""日月得天而能久照。"唐孔颖达疏："天地之道恒久而不已也，故日月得天所以亦能久照。"《周易·乾卦·文言》："夫大人者与天地合其德，与日月合其明。"

"星炅"：星光照耀。"炅"，"焕"的古字。《康熙字典》巳集中《火部》"炅"："火光明也。又《古文奇字》：'焕，古作炅。'"《康熙字典》巳集中《火部》"焕"："《说文》：'火光也。'又《玉篇》：'明也。'""星炅"，通常指福星照耀。《全唐文》卷六百九十九李德裕《赐石雄诏意》："福星焕乎龙庭。"《赐王宰诏意》："福星焕耀。"《四部丛刊》景明正统道藏本宋张君房《云笈七签》卷二十《三洞经教部·太上飞行九神玉经》："天清地静则九星焕明，天激地否则九星翳昏。"查慎行《将出都门感怀述事上泽州冢宰陈公一百韵》："九列让委蛇，共指文星焕。"

福星呈现为照耀，灾星或星变亦呈现为照耀。《全唐文》卷一千崔仁浣《新罗国故两朝国师教谥朗空大师白月栖云之塔碑铭》："时当厄运，世属屯蒙，灾星长照于三韩。"元王伯成《天宝遗事诸宫调·哭杨妃·满庭芳》："吾当命里，值灾星照耀。"明万民英《星学大成》卷七《总论诸限·疾厄七岁》："吉曜六旬添喜庆，灾星照着有灾殃。"《星学大成》卷七《总论诸限·百六吉凶歌》："限逢恶曜两相见，为灾至甚定难移。"注："一限之中见两灾星临照，则灾重，虽遇善曜，亦不能救。"

顺治、康熙皆重视星变。《清世祖实录》卷六十八顺治九年九月戊戌："大学士洪承畴、陈之遴奏言：'臣等阅钦天监奏云：昨太白星与日争光，流星入紫微宫。……且今年南方苦旱，北方苦涝，岁饥寇警，处处入告。宗社重大，非圣躬远幸之时，……乘舆将驾，而星变适彰，此诚上苍仁爱陛下之意，不可不深思而省戒也。'疏入，得旨：'此奏甚是，朕行即停止。'"①《清圣祖实录》卷九十六康熙二十年五月癸亥："得旨：'近如地震星变，朕心存敬畏，无不力行修省，以弭天灾。'"②《清圣祖实录》卷一百四十二康熙二十八年九月壬子："大学士伊桑阿等进纂辑《政治典训》式样。得旨：'朕御极三十年来，惟兢兢祗畏，常存始勤终怠之虞；孜孜不已，每思满损谦益之戒。今阅此书，增愧于怀。况比年不登，民生未遂。地震星变，往往频仍。正当君臣上下协心同虑，抚绥万邦，夙夜黾勉，尚且不暇。岂容自矜自伐，以重己过；违道取誉，以务虚名。欲将此书停止编摩，卿等其议之。'"③

"兴代"：1. 指新旧朝代之交替。汉班固《平阳侯曹参铭》："临危处险，安而匡倾。兴代之际，济主立名。"上联"丙丁"，典出南宋柴望《丙丁龟鉴》。清知不足斋钞本《柴氏四隐集》卷二柴望《进丙丁龟鉴表》："匪明气数之兴亡，曷示始终之劝戒。"柴望《丙丁龟鉴序》："人主任社稷之重寄，系亿兆之休戚，其于历代之盛衰尤当究心者。"又曰："见前代兴亡，心知忧惧。"《柴氏四隐集》卷一柴望《越王句践墓》："今人不见亡吴事。"《戒珠寺右军宅》："兴亡前事独徘徊。"《即事》："为酹兴亡终古灵。"《昭阳殿》："祸水流来汉火亡。"《柴氏四隐集》卷三柴随亨（望从弟）《忆昔》："古来社稷有兴亡，岂识于今不平事。"柴望所频繁使用的"兴亡"二字，正是"兴代"之意。2. 指盛世。《明史》卷二百六十五《范景文倪元璐等传·赞》："景文等树义烈于千秋，荷褒扬于兴代，名与日月争光。"此处用意是双管齐下，兼有两个意思，但重心是指盛世。

---

① 《清实录》第3册，《世祖章皇帝实录》，中华书局，1985年，第540页。
② 《清实录》第4册，《圣祖仁皇帝实录（一）》，中华书局，1985年，第1208页。
③ 《清实录》第5册，《圣祖仁皇帝实录（二）》，中华书局，1985年，第560页。

"日月亮通，丙丁谅旺神；明光长久，星炱常兴代"：联语，言大清德政光明，谅能通于日月，即使国家遭遇丙丁厄运，谅能运势兴旺，渡过难关；日月光明长久，是天道之体现，为君子所效法，星光照耀，常有新旧朝代之交替，但是也有达致盛世。

"然永"：联额（横批），取《孟子》"若火之始然，泉之始达，苟能充之，足以保四海"之义，言大清之德政若火之永然，足以保有天下。其所依据的思想资源，是政治有道则具有合法性、政权可以存在下去的儒家政治思想。

由"然永"横批及其联语"日月亮通，丙丁谅旺神；明光长久，星炱常兴代"，可见康熙四十九年的圣祖，充满政权合法性的忧患意识，希望大清政权长久的莫大愿念。承认"星炱常兴代"之模棱两可语，尤其是"丙丁谅旺神"之承认大清可能遭遇丙丁厄运，可见康熙皇帝对于大清国运之理性客观之态度。两用"谅"字，可见其此刻只有戒惧敬畏之心，而无刚愎自用之意。

上联"日月亮通，丙丁谅旺神"之"亮"（谅）、"谅"，是同音、同义词，而字不同；下联"明光长久，星炱常兴代"之"长"、"常"，是同音、几乎同义词，而字不同；遣字、对仗，具见匠心。

"然永"及其联语，是显性文字，但是出之以用典、象喻，造语警策，含蕴不尽。

5.2 北面铭文

时旼

"时"：岁月、时代。《楚辞·离骚》："及年岁之未晏兮，时亦犹其未央。"《吕氏春秋·察今》："世易时移。"陶渊明《桃花源记》："自云先世避秦时乱。"

"旼"：和，和睦、和谐。《玉篇》卷二十《日部第三百四》"旼"："莫贫切，和也。"

"时旼"：时和岁丰，指太平时代。典出卜商《诗序》卷下《华黍》："时和岁丰，宜黍稷也。"《文中子中说》卷三《事君篇》："愿君侯正身以统天下，时和岁丰，则通也受赐多矣，不愿仕也。"言太平时代，时和岁丰。

白云寺康熙御匾集群南起第五匾两面铭文"然永｜时旼"及其联语，是康熙对父皇顺治关于大清国运的政治报告。

"时旼"，是显性文字，但采取古字；语意明白，但包含象征意义。

四、判断"照泉｜朕䁱"、"然永｜时旼"二匾
先后次序、建立位置、双面朝向之根据

1. 根据对联格律确定二匾之先后次序、建立位置

"照泉｜朕䁱"、"然永｜时旼"二匾，为一幅联语：

照泉，膜朏；

然永，时旼。

"然"对"照"，近义词动词对。"永"对"泉"，时间词对空间词。"时"对"膜"，近义词名词对。"旼"对"朏"，近义词动词对。对仗工稳，妙于变化。

对联字声格律，须讲究上下联同位关键字字声平仄相反相对，在此四字联语中，关键字为第二、第四字；通常，又须讲究上联末字必用仄声，下联末字必用平声与之对仗。此联之上联"照泉，膜朏"，关键字"泉"字平起，"朏"字仄收；下联"然永，时旼"，同位关键字"永"字仄起，"旼"字平收，字声对仗一丝不苟，完全合律。由此可知，"照泉｜膜朏"匾为上联，位置在前，建立于康熙时白云寺中轴线南起第五座主建筑千佛阁外墙北立面砖墙后门门额；"然永｜时旼"匾为下联，位置在后，建立于康熙时白云寺中轴线南起第六座主建筑藏经楼外墙北立面砖墙后门门额。

如果改变此二匾之先后次序，则将在总体布局上不合对联基本格律。

2. 根据匾文内容确定二匾双面铭文之朝向

白云寺康熙御匾集群已见双面铭文之三匾，"（先）王宝｜当堂常赏"匾之"（先）王宝"一面铭文，为确指顺治皇帝之显性文字，不能面世，故朝南贴墙，隐而不见。"照泉｜膜朏"匾"照泉"配联"天雨川流，因沿留世界；地生卉稼，果业架乾坤"一面铭文，"然永｜时旼"匾"然永"配联"日月亮通，丙丁谅旺神；明光长久，星炙常兴代"一面铭文，为确指顺治皇帝及告语顺治皇帝之显性文字，不宜面世，故亦当朝南贴墙，隐而不见。由此可知，建立于康熙时白云寺千佛阁、藏经楼墙北立面砖墙后门门额的"照泉｜膜朏"、"然永｜时旼"二匾，"照泉"一面铭文、"然永"一面铭文，朝南贴墙；"膜朏"一面铭文、"时旼"一面铭文，朝北开放。

如果改变此二匾双面铭文之朝向，则将使确指及告语顺治皇帝之敏感文字大白于天下。

康熙四十九年九月御制睢州白云寺题匾集群，足见康熙心情矛盾。一方面，既想将父皇顺治出家为僧之非凡事迹，告诉天下后世；另一方面，又不能公开，至少不能过早公开，以致天下哗然。于是采用题匾集群双面铭文之方式，将确指顺治皇帝之显性文字，铭刻于朝南贴墙一面，隐而不见，"惟愿鬼神知"（康熙四十九年二月御制《五台有怀》诗，悲悼父皇之死），也许还有惟愿后世知的潜意识。而将隐文难解之"当堂常赏"、"真朴"，古字费解之"膜朏"、"时旼"，以及不涉敏感内容之显性文字"一切恭敬"，铭刻于朝北开放一面，任人瞻看，似懂非懂，正禅宗灯录所谓"鸳鸯绣出从君看，莫把金针度与人"。但是归根到底，康熙毕竟是将全部隐秘之言铭之于贞石。"星炙常兴代"铭文当表明，康熙知道，大清不会永远。康熙可能知道，后世陵谷沧桑，御匾贴墙一面见天之日，亦就是隐秘之言公诸于世之时。毕竟，依中国传统价值观，顺治皇帝出家为僧，其行为之本身，是个善。

五、白云寺康熙御匾集群之文艺价值

白云寺康熙御匾集群，儒道释思想以及中国民间信仰，融为一体。其中最重要者，是孝子感情，因为第一匾南面铭文"（先）王宝"，是为父皇志墓；第一匾北面铭文"当堂常赏"，是表达与父皇欢聚一堂的终身梦想。最知心的话，则是康熙作为皇帝要告诉父皇顺治的政治担心，因为最后一匾南面铭文"日月亮通，丙丁谅旺神；明光长久，星焱常兴代"，是对大清国运安危的担心（此等思想情感，属于儒家的范围）。所有这一切，都是假不来的。

白云寺康熙御匾集群之匾文，包括题词与联语，述难言之事，含不尽之意，具见小学、经史、文学之精深功底，奇光异彩，精炼优美，警策隽永，堪称一流文学作品。

御匾集群，匠心独运。御匾集群为一整体，正如所依托之白云寺中轴线建筑群为一整体。神游其间，瞻前顾后，如闻乐章，起伏潆洄，如瞻星宿，交相辉映。

白云寺康熙御匾集群书法，具见匠心与功力。"（先）王宝"为父皇志墓，采取魏碑体大字，古朴厚重，肃穆庄严。"当堂常赏"表达与父皇欢聚一堂的数十年终身梦想，采用行楷大字，庄重而带活泼，隐然而有龙飞凤舞之姿，神似孩儿在父母面前翩跹起舞，情感注于笔端，天机所到，笔与神会，洵为书法艺术之杰作。其馀楷书大字、小字，行楷大字、小字等，无不因地制宜，百花齐放。

从康熙四十九年正月得到顺治圆寂讣闻之后，到九月十九日建立白云寺御匾集群之前，康熙有八个月的时间来精心创制纪念父皇的白云寺御匾集群①。

---

① 乾隆五十二年御赐厦门港天妃庙（朝宗宫）匾额之制作过程，文献具在，足资参考。清道光《厦门志》卷一《绘图·御赐匾额》："乾隆五十三年御赐朝宗宫匾额：恬澜贻贶。"乾隆五十二年十月十五日《着两广总督李侍尧查明天妃庙需修缮处及匾额联对尺寸事上谕》："着交李侍尧查明附近海口，向于何处建有庙宇，最为显应之处。如稍有倾圮，即另行修葺完整，以肃观瞻。并将该处匾额联对，开明尺寸奏闻，候朕亲书颁发悬挂，用昭虔敬。钦此。"乾隆五十二年十一月十二日《军机处录闽浙总督李侍尧为天妃庙修缮及进呈匾对尺寸事奏摺天妃庙修缮及进呈匾额联对尺寸事奏折》，题头注："李侍尧，天妃庙请匾对。尺寸单一。图。"李侍尧奏折曰："除择日兴工外，谨绘图并将匾对尺寸，另开清单进呈，伏乞皇上睿鉴。谨奏。"（蒋维、杨永占主编《清代妈祖档案史料汇编》，中国档案出版社，2003年，第96—99页。）李侍尧所进呈《福建泉州同安县厦门港天妃庙图》，系立体平面图，今存中国第一历史档案馆（照片见《清代妈祖档案史料汇编》第113页）。睢州白云寺康熙御匾集群之制作，当亦经过了查明白云寺悬挂匾额之处和进呈白云寺图及匾额尺寸之作业。

这一充满创发性的文学、书法、建筑艺术之创制，或有翰林院官奉旨参与其中，如前所述之查慎行。

白云寺康熙御匾集群，是具有很高水平的文学、书法艺术、建筑艺术作品，但更是具有重大史料价值的石刻历史文献。本文重心在于此。

六、白云寺康熙御匾集群之重大史料价值

第一，睢州白云寺康熙四十九年九月十九日御制石匾五块，已见铭文八面，是以圣旨（敕谕）形式所颁发之御制匾额，建立于白云寺中轴线五座主建筑山门殿、观音殿、大雄宝殿、千佛阁、藏经楼外墙北立面砖墙后门门额。可称之为白云寺康熙御制题匾集群。

第二，康熙四十九年九月十九日白云寺御匾集群铭文，"（先）王宝｜当堂常赏"匾标志先帝神主、皇帝顺治墓阙；"一切恭敬"匾，表示一切人到此均须恭敬顺治皇帝；"真杁"匾，表示顺治是"代佛出世"之真人阿罗汉，是对顺治皇帝的宗教评价；"照泉｜朕腴"匾，表示正大光明照亮人间泉下，太平时代，月明如昼，是对顺治皇帝的政治评价；"然永｜时旼"匾、联，表示大清之德政若火之永然，足以保有天下，太平时代，时和岁丰；即使国家遭遇"丙丁"厄运，谅能渡过难关，是对父皇顺治关于大清国运的政治报告。应有尽有。白云寺康熙御匾集群全部匾文包括题词、上下题款、联语，主题均为纪念安葬于此的父皇顺治，是顺治皇帝出家为僧以及圆寂于并安葬于白云寺的历史事实的原始确证证据群。

就史料的原始性而言，康熙四十九年九月十九日白云寺御匾集群之史料价值，高于记录性的起居注，更别谈第二手性质的实录。

第三，根据顺治四年颁行、雍正三年重颁《大清律集解附例》卷二十四《刑律·诈伪·诈为制书》"凡诈为（原无）制书，及增减（原有）者（已施行，不分首从），皆斩"[1] 之刑法，以及自康熙四十九年至宣统三年（1710 – 1911）二百年间白云寺康熙御匾集群赫然存在，而白云寺、睢州、归德府、河南省俱能安然无事之事实，可知白云寺康熙御匾集群之真实性，绝无可疑。

第四，本书下部第二章提出的那个问题：顺治曾孙弘旺在《松月堂目下旧见》顺治朝卷卷端世祖皇帝御制诏诗匾额，所录顺治御制出家诗"可唱当年一念差，因何流落帝王家。我本西方一衲子，黄袍换却紫袈裟"，是否仅因为顺治有出家之心而出家未遂，而著录此诗？现在已有明确答案：是因为顺治确实出家为僧，长达半个世纪，一去不回头，所以顺治后人要著录顺治御制出家诗，永志不忘。

---

① 《四库未收书辑刊》壹辑贰拾陆册影清雍正三年内府刻本，北京出版社，2000 年，第 393 页。

附图

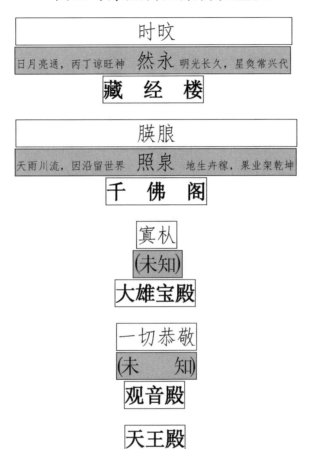

白云寺康熙御匾集群位置图

地图定向：上北下南

殿名、匾文、联语：均改为从左往右横写

上下并列匾面：均为一匾之两面，带底纹匾面朝南贴墙；无底纹匾面朝北开放

顺治出家年表

　　顺治皇帝与和尚交往频繁，仅择要述及。除与性在、憨璞聪交往注明出处外，与玉林琇、木陈忞、**茚溪森**之交往，原始文献《大觉普济能仁（玉林）国师年谱》、《弘觉忞禅师北游集》、《勅赐圆照**茚溪森**禅师语录》等，本书已多引用，不再一一注明出处。

清太宗崇德三年戊寅（明崇祯十一年，1638）

正月三十日，清太宗皇太极第九子爱新觉罗·福临生于盛京（今沈阳），母孝庄文皇后。

清世祖顺治元年甲申（明崇祯十七年，1644）

十月初一日，福临即皇帝位于燕京（今北京）紫禁城，时年七岁。是为顺治皇帝。

顺治四年丁亥（1647）

顺治十岁。

佛定和尚生，直隶保定人，俗姓王氏。

　　河南布政使牟钦元牟钦元《佛定大和尚塔铭》。原石今存河南民权县白云寺。

顺治七年庚寅（1650）

董小宛二十七岁，为冒辟疆侧室。三月末，自江南省如皋县（今江苏如皋）家中被清军入室掳至北京，归皇父摄政王多尔衮。

　　文献依据见《董小宛入清宫年表》顺治七年表。

顺治十三岁。

十二月初九日，多尔衮死，诸亲王分取多尔衮家人，董小宛归和硕承泽亲王硕塞，为第二庶福晋。

　　文献依据见《董小宛入清宫年表》顺治七年、顺治十二年表。

顺治八年辛卯（1651）

顺治十四岁。

正月十二日，顺治亲政。

十一月，出狩蓟东，登永平府（今河北卢龙）迁安县（今河北迁安）景忠山（今属河北迁西），别山性在和尚由山洞出谒，别山在此居住修静已九载，其艰苦修行之品格，引起顺治之震撼。此当为顺治与和尚交往之始。

《清初内国史院满文档案译编》顺治八年十一月："初八日，驻跸高家庄。是日，上幸娘娘庙，赏和尚海寿银一千两，赏小和尚银三百八十两。"①

《清初内国史院满文档案译编》顺治八年十二月："初一日，回銮。初二日，驻跸三屯营。初三日，歇息。是日，上幸娘娘庙，赐京宗山（景忠山）北洞道士李寿孝银一百两。初四日，驻跸遵化。是日，赏娘娘庙和尚海寿银五百两，南洞之和尚伯三（别山）银一百两。"②

景忠山石刻顺治九年五月《敕景忠山住持僧海寿谕》："敕景忠山住持僧海寿知道：别山法师在尔山洞居住修静已经九载，朕今降诏，请入京师。尔山洞内居住年深，供养久远，朕不胜嘉悦，赐尔银五百两，故此降敕。敕命。顺治九年五月 日。"③

木陈道忞《布水台集》卷四《奉旨还山留别别山普应禅师有序》（顺治十七年，1660）："禅师之遇主于巷也，会上出狩冀北，登景忠山之石室，时禅师在焉，因命陛见，爱其住山枯槁，嘉叹之久。"④

---

① 中国第一历史档案馆编：《清初内国史院满文档案译编》下册（顺治朝），光明日报出版社，1989年，第255页。

② 中国第一历史档案馆编：《清初内国史院满文档案译编》下册（顺治朝），光明日报出版社，1989年，第256页。晏子友《福临何时开始接触禅宗》最先使用《清初内国史院满文档案译编》此二条重要材料，并与景忠山诸相关石刻相印证，提出"清世祖福临接触禅宗的开始时间是在顺治八年"召见别山禅师（王树卿主编《清代宫史丛谈》，紫禁城出版社，1996年，第496页），实际驳否了陈垣所说"顺治之知有佛法，自憨璞聪始"（《汤若望与木陈忞》，《陈垣史学论著选》，上海人民出版社，1981年，第443页。）

③ 敕文录自韩怀成《景忠山南天门两统嵌壁碑》，孟庆海主编《唐山碑刻选介》第1辑，河北省唐山市政协文史资料委员会，2003年，第162页；并参考王书珍主编《迁西石刻》之《顺治皇帝敕景忠山住持御旨帖石》，百花文艺出版社，2007年，第173页。《迁西石刻》并云："此帖石现嵌于景忠山朝仙门内。"（第172页）敕文并见于光绪五年《永平府志》卷首《敕谕·顺治九年五月 日》，《光绪永平府志（一）》，《中国地方志集成·河北府县志辑》第18册，上海书店出版社，2006年，第19页。

④ 住明州天童寺匡庐黄岩沙门道忞著：《布水台集》卷四，明复法师主编《禅门逸书初编》第10册影清初《嘉兴藏》刊本，台北明文书局，1981年，第37–38页。景忠山石刻题："庚子仲夏奉旨还山留别别山慧善普应禅师"，署："天童恋山翁具草"。石刻录文参阅韩怀成《景忠山南天门两统嵌壁碑》，孟庆海主编《唐山碑刻选介》第1辑，河北省唐山市政协文史资料委员会，2003年，第162–163页；王书珍主编《迁西石刻》之《天童恋山翁留别慧善普应禅师诗帖石》，百花文艺出版社，2007年，第174–175页。《迁西石刻》并云："景忠山朝仙门内，同《顺治皇帝敕景忠山住持御旨》帖石并嵌的，还有一遍《天童恋山翁庚子仲夏奉旨还山留别慧善普应禅师诗》帖石。"（第174页）"别山"二字，韩怀成文、《迁西石刻》录文均脱，据《迁西石刻》所附拓片补。"遇主"之"主"字，韩怀成文、《迁西石刻》录文均作"王"，误。

景忠山康熙三年（1664）曹洞宗第二十八代嗣祖沙门性在（别山性在）《记录景忠山修建始末垂诫后祀碑》："八年辛卯，先皇出狩蓟东，以景忠在指，因而登焉。新雨初霁，看晓山如画，苍翠欲滴。赏叹久之，赐银千两。网绝卢龙，再探幽隐，余由石室出谒，对诏称旨，□□□□，数为动容。龙章两下，请入椒园万善殿供养。仍降住持玺书一道，谕旨殷殷，特加恩赐……余于康熙元年春奉 旨还，主 持以师事。余与住持字域辉同邑，溇阳人也……时康熙三年岁次甲辰七月□□□□禅师传曹洞正宗第二十八代嗣祖沙门性在录。"①

文渊阁《四库全书》本雍正《畿辅通志》卷八十五《仙释·永平府·本朝》："性在居迁安县景忠山知止洞，顺治十年，世祖章皇帝手札召入万善殿，未几，乞还山，赐号慧善普应禅师。康熙十六年，圣祖东巡，驻跸山寺，御题其洞曰'苦行'。"②

景忠山康熙三十五年（1696）协镇直隶三屯副总兵陈世琳《景忠山修整盘路碑记》："我朝世祖尝幸临此山，重别山师之道行，诏入大内供养，敕封曰慧善普应禅师。……时康熙三十五年岁次丙子孟秋榖旦之吉协镇直隶三屯、统辖中路各营等处地方、都督同知、管副总兵事、世袭精奇尼哈番陈世琳顿首拜撰；景忠山正殿住持僧寂住，徒照恒、照耀、照印、照丛、照朗，徒孙普观、普嘉、普瑞、普贵、普存、普荣"③

清吴长元《宸垣识略》卷四《皇城二》："西苑门循东岸而北，为蕉园，松桧苍翠，果树分罗。中有前明崇智殿旧址，南即万善门，内为万善殿……明时崇智殿后药阑花圃，有牡丹数十株，又名椒园……本朝顺治间，改万善殿，供佛像，选老成内监披剃焚修。木陈、玉林二衲，奉召至京，曾居于此。"

----

① 碑文录自王书珍主编《迁西石刻》之《记录景忠山修建始末垂诫后祀碑》，百花文艺出版社，2007年，第179-180页。《迁西石刻》并云："（原碑）现存景忠山南天门内。"（第179页）录文并参考韩怀成《景忠山修建始末垂诫后祀碑》，孟庆海主编《唐山碑刻选介》第1辑，河北省唐山市政协文史资料委员会，2003年，第165页。阙文"奉□□，□持以师事"，《迁西石刻》云："缺字疑为：'旨还，住'"（第180页），拟补为是，今从之。韩怀成录文虽未拟补阙文，但其"参考译文"曰："我于康熙元年春，奉旨还山，主持以师待我。"（第167页）已得其实，且韩文年代在先，功不可没。

② 《景印文渊阁四库全书》第505册，台湾商务印书馆股份有限公司，1986年，第935页。所述"顺治十年"，应为顺治九年。

③ 碑文录自王书珍主编《迁西石刻》之《景忠山修整盘路碑记》，百花文艺出版社，2007年，第182-183页。

案：《记录景忠山修建始末垂诫后祀碑》落款"□□□□禅师"，当为顺治勅赐封号：慧善普应禅师。"性在"，是其僧名。"别山"，则是其号。

"浭阳"，清初直隶省顺天府蓟州丰润县（今河北唐山丰润）。光绪《丰润县志》卷四《文苑上》元张昺《创建两庑碑铭序》："浭阳丰润县，古号名郡。"乾隆刻本厉荃《事物异名录》卷四《郡邑部上·直隶·滦川（滦川郡遵化州）》："丰润，一曰浭阳。"雍正《畿辅通志》卷二十一《山川·川·顺天府》："浭水在丰润县，北俗名还乡河。"

别山性在禅师，清初禅宗曹洞宗传人，直隶丰润（今河北唐山丰润）人，顺治敕封为慧善普应禅师。

案：由顺治九年五月《敕景忠山住持僧海寿谕》"别山法师在尔山洞居住修静已经九载"，顺治十七年木陈忞《留别别山普应禅师》序"上出狩冀北，登景忠山之石室，时禅师在焉，因命陛见，爱其住山枯槁，嘉叹之久"，康熙三年别山性在《记录景忠山修建始末垂诫后祀碑》"余由石室出谒，对诏称旨，□□□□，数为动容"，以及康熙十六年圣祖题别山法师所住山洞知止洞曰"苦行"，陈世琳《景忠山修整盘路碑记》"我朝世祖尝幸临此山，重别山师之道行"，可知别山法师住景忠山山洞修静九年，其艰苦修行之品格，引起顺治之震撼。

顺治九年壬辰（1652）

顺治十五岁。

五月，顺治请别山性在入住皇城内西苑万善殿供养，敕赐封为慧善普应禅师，别山掩关不出，其淡泊名利之品格，深受顺治敬仰。

木陈道忞《布水台集》卷四《题别山普应禅师所画白菜》："何意呈身在玉堂，凌秋几度傲冰霜。自怜碧藻堪同洁，未肯时馐远逊香。澹泊能明君子志，粗疏不入贵人肠。平怀一种天然趣，细嚼方知道味长。"[1]

木陈道忞《布水台集》卷四《奉旨还山留别别山普应禅师有序》（顺治十七年，1660）："（接上引文）后上改万善为禅室，特自景忠起。师至，即抗疏还山，上益嘉叹，与假一月，旋命内臣窦从芳，赍诏召师住万善禅室。当是时，上于学佛之徒甚生敬信，而学佛者日开奔竞之端，上由是厌之。独师晏坐万善八载，至再锡师名，顾无所觊觎其间，上始知学佛之徒有高世独立者。（景忠山石刻此处有：故征书之四出也，亦自禅师始。）岁在己亥，凉秋九月，予奉诏来京，住万善方丈八阅月，于禅师行

---

[1] 住明州天童寺匡庐黄岩沙门道忞著：《布水台集》卷四，明复法师主编《禅门逸书初编》第10册影清初《嘉兴藏》刊本，台北明文书局，1981年，第36页。

藏至悉也。今庚子夏五，得请还山，念世无知禅师者，为制七言二律，聊述其概，兼志留别之意焉。

再四陛辞俞复留，吐残榴火上官舟。不堪回首君恩重，难割永怀道谊绸。归意盛长方似夏，离情黪黯早如秋。愿言保爱珍明德，日对尧眉逾赵州。

越鸟翩翩向故山，归飞独恨睟宸颜。固惭八载葵倾日，尚羡严城昼掩关。多嗜利名丛物议，谁膺宠锡等云闲。回天不藉挥戈力，法社殷忧未可删。"①

木陈道忞《弘觉忞禅师北游集》卷五《敕赐别山慧善普应禅师真赞》："百城罢访入烟萝，宗说滔滔似决河。钵洗禁池倾白月，经翻古洞涌金波。饮人以德同慈妪，荷法唯公绝比阿。道影师名重叠赐，袈裟沐尽御香多。"②

案：由木陈忞《留别别山普应禅师》序"后上改万善为禅室，特自景忠起。师至，即抗疏还山，上益嘉叹，与假一月，旋命内臣窦从芳，赍诏召师住万善禅室"，"上始知学佛之徒有高世独立者"，《题别山普应禅师所画白菜》"何意呈身在玉堂"，"澹泊能明君子志"，《留别别山普应禅师》诗"固惭八载葵倾日，尚羡严城昼掩关"，可知顺治为别山法师改皇城内西苑万善殿为禅室，别山至即抗疏还山，顺治与假一月旋又召回，别山于万善殿掩关不出八年，其淡泊名利之品格，深受顺治之敬仰，和不能忘怀、不能舍弃。

顺治皇帝所交往之佛教禅师，别山性在更能体现印度佛教艰苦修行之品格；憨璞聪、玉林琇、木陈忞、茚溪森，则更能体现中国禅宗明心见性之智慧。顺治出家之前之觉悟，以憨璞聪、玉林琇、木陈忞、茚溪森之影

① 住明州天童寺匡庐黄岩沙门道忞著：《布水台集》卷四，明复法师主编《禅门逸书初编》第10册影清初《嘉兴藏》刊本，台北明文书局，1981年，第37-38页。《布水台集》本《庚子仲夏奉旨还山留别别山慧善普应禅师》序"万善"四次，景忠山石刻作"椒园"。"厌之"，景忠山石刻作"澹澹"。《庚子仲夏奉旨还山留别别山慧善普应禅师》诗其二，韩怀成文、《迁西石刻》录文作："先业难忘忆故山，龙钟犹自惜衰颜。渐将八月愧未经，载葵立时鹄立班。多嗜利名真欲醉，谁膺宠锡只如闲。全因道力坚神圣，法社殷忧尚可删。"异文原因，在于木陈忞自己修改石本原诗，但录文似亦有误，如第三、四句，字声多不合律。《迁西石刻》所附拓片太小，铭文模糊，此处难以辨识。但此异文，在此并不重要。

② 门人真朴编次：《弘觉忞禅师北游集》卷五，明复法师主编《禅门逸书续编》弟10册影民国罗香林藏钞本，台北汉声出版社，1987年，第131页。《嘉兴藏》刊本《布水台集》卷二十一《赞》，题为《别山慧善普应禅师》。

响，更为直接而强烈。顺治出家以后五十年无声无息之品格，则与别山性在淡泊名利、艰苦修行之品格更为相似，可见别山性在对顺治实具有更为深沉而长远之影响。

顺治十一年甲午（1654）

董小宛三十一岁。

硕塞二十七岁。

顺治十七岁。

三月戊申，顺治第三子玄烨生于紫禁城景仁宫，母孝康章皇后佟佳氏。

四月五日之前，董小宛以入侍太后，与顺治相遇，为顺治所爱。

> 文献依据见《董小宛入清宫年表》顺治十一年表。

十二月五日，顺治杀硕塞。

> 文献依据见《董小宛入清宫年表》顺治十二年表。

硕塞死后，董小宛当入慈宁宫侍孝庄太后。

顺治十三年丙申（1656）

顺治十九岁。

八月二十五日，董小宛立为顺治贤妃，十二月六日，董小宛册为皇贵妃，时年三十三。居承乾宫。

玉明和尚生于山东鄄城县郭水坑村。

> 山东省鄄城县彭楼镇郭水坑村郭氏祠堂民国八年《玉明族祖碑》。此碑碑文系照录清白云寺玉明和尚碑文。此碑及 1988 年复制碑今仍建立在山东鄄城郭水坑村郭氏祠堂。

顺治十四年丁酉（1657）

顺治二十岁。

秋，驾幸南海子，时性聪憨璞和尚住城南海会寺，顺治道出海会寺前，止辇，命近侍延出，和尚出山门傍立，顺治出辇，顾视久之，颇有怡色。暨回舆，连遣官致问者三。次日，驾幸海会寺。顺治深入佛理，当自礼遇憨璞聪始。

> 《嘉兴藏》本嗣法居士海眼编《明觉聪禅师语录》卷二十通议大夫、吏部左侍郎、前经筵讲官、内翰林秘书院侍读学士冯溥《明觉聪禅师塔铭并序》："师讳性聪，字憨璞，闽人也，俗连姓，母章氏。……年十有五岁出家天王寺……参绍兴东山尔密和尚（曹洞宗尔迷明渡禅师），蓦然有省，晚诣方丈，白其所得，密颔之……拟往金粟，至杭州，闻百痴和尚

365

（临济宗百痴行元禅师）住黄冈太平寺，道迈诸方，特往见……遂命掌书记……丁亥冬，百和尚受金粟请，留师住长庆。戊子夏，付师拂子……庚寅夏，入金粟祝百和尚再为首座，百题《自像赞》，有'一肩重担足千钧，分付锦山聪长老'之句，极付法衣源流。盖自是师嗣百和尚，出世振临济宗矣……憨翁和尚名重金门，都人绅士削牍礼请。丙申渡江，住都城南海会禅寺。盖而师之道法，传闻帝庭矣。先是，丁酉秋，师感异梦。迟明，世祖皇帝驾幸南海子，道出寺前，止辇，命近侍延师出，师云：'山僧疏野愚昧，曷以仰瞻天表。'近侍云：'皇上为国为民，深重佛法，向和尚久矣。'师即便祇出山门傍立，上出辇，顾视久之，颇有怡色，命归方丈。暨回舆，即命近侍问师俗家址藉，几岁出家，年若干岁，何缘挂锡海会，师具书委悉回旨。连遣官致问者三。次日，驾幸海会寺方丈，师立门左，上喜，逾时而去。"

《嘉兴藏》本嗣法居士海眼编《明觉聪禅师语录》卷十九《纪梦》："师住燕之海会时，夜寝，恍入藏殿，见座上有释迦文佛，观音、文殊列坐两傍，师礼拜竟。傍有一僧，身着青衣，眉目秀丽，相貌端严，向师作礼云：'大师礼佛？'师云：'是。'僧云：'大师礼佛，当发愿生他化天，说法度生。'师云：'随处好说法度生，为甚教吾发愿生彼？'僧云：'师因缘将至，毕竟发愿到彼天。'大师便合掌，发愿竟，其僧不见。归，乃觉是梦。"

案：性聪憨璞禅师（1611－1667），清初禅宗临济宗传人，福建延平顺昌（今福建顺昌）人。顺治己亥春，赐银印敕书，封明觉师号。

侍读学士冯溥《明觉聪禅师塔铭并序》书顺治十四年丁酉秋，世祖皇帝驾幸南海子，道出海会寺前，止辇，命近侍延师出，师便祇出山门傍立，上出辇，顾视久之，颇有怡色，与唐传奇白行简《李娃传》书荣阳公子"尝游东市还，自平康东门入，将访友于西南。至鸣珂曲，见一宅，门庭不甚广，而室宇严邃，阖一扉。有娃方凭一双鬟青衣立，妖姿要妙，绝代未有。生忽见之，不觉停骖久之，徘徊不能去"，以及元稹《李娃行》"髻鬟峨峨高一尺，门前立地看春风"，传神之笔，有神似焉。冯溥所书，是历史之关键，亦是文学之逸品，亦是宗教之瑰宝也。

顺治望见憨璞聪之前夜，憨璞聪所感之异梦，心有灵犀一点通，此之谓也。

十月初四日，顺治请憨璞聪入皇城内西苑万善殿安单，驾到不用和尚接送，不行拜礼。问答经旬。憨璞聪时年四十七。

冯溥《明觉聪禅师塔铭并序》："十月初四日，僧录司传旨，延师入万善殿。命内院大人看方丈安单。别山禅师偕僧官陪候。次晨，驾至，安慰至再至三，夜漏五下，近侍传云：驾到不用和尚接送，不行拜礼。上至方丈，赐坐，问佛法公案，师应机酬对，上喜，赐紫衣。问答经句，文长载《语录》中。师知上意欲留久住禁庭，奏云：臣'僧愧领众匪徒，海会衲子望臣久矣。'上鉴师愿力真切，遂送回寺。"

初七日，董皇贵妃生皇四子。

顺治十五年戊戌（1658）

顺治二十一岁。

正月廿四日，皇四子卒，三月廿七日追封皇四子为和硕荣亲王。

九月十八日，顺治驾临延寿寺，请憨璞聪住万善殿。

《嘉兴藏》本嗣法门人方醒编《明觉聪禅师语录》卷二《北京皇城内万善殿语录》："顺治十五年，师在延寿寺应禅期，于九月十八日蒙圣驾临寺，延师住万善殿。十月初一日入内，奉旨于十五日启期结制。是日御驾亲临，命钦差官李昌祚同僧录司执香迎请。"

九月，召玉林通琇和尚于湖州报恩寺。顺治之知有玉林琇、木陈忞，由憨璞聪奏。

冯溥《明觉聪禅师塔铭并序》："上又问南方尊宿师，单名奏起，复有大觉、弘觉之封。"大觉，玉林琇；弘觉，木陈忞。

顺治十六年己亥（1659）

顺治二十二岁。

三月十五日，玉林琇至京面帝，住万善殿。玉林琇时年四十六。

闰三月，召木陈道忞和尚于宁波天童寺。

四月十六日，玉林琇出京，召茆溪行森和尚随舟入京。

六月初一日，玉林琇归至湖州。

七月中，茆溪森至京，住万善殿。茆溪森时年四十六。

九月廿二日，木陈忞至京面帝，住万善殿。木陈忞时年六十四。

顺治十七年庚子（1660）

顺治二十三岁。

三月十六日，"痴道人"顺治皇帝御书北京香山法海寺《敬佛》榜书碑。碑阴《西天东土历代佛祖之图》，其中有"三十九世雪峰义存禅师"。

顺治御书《敬佛》榜书碑，今存北京香山法海寺。

五月十五日，木陈忞出京。

六月八日，茆溪森奉旨游五台山，当是为顺治出家打前站。

秋七月，顺治马上有省，请玉林琇入京证道。顺治决定舍弃皇帝身份直接出家为僧，当在此时。

八月十九日，董皇贵妃卒，清廷称年二十二，实三十七岁。二十一日追封为皇后。顺治为董皇贵妃之死痛不欲生，几乎自杀。

廿三日，召茆溪森进承乾宫为董皇后上堂，此后并为董皇后丧仪做一系列法事。

八月，憨璞聪屡次疏请南还，奉旨准行。

> 冯溥《明觉聪禅师塔铭并序》："八月，奉俞旨准行。辛丑入闽。"

茆溪森为顺治净发，顺治受沙弥戒，是在董皇贵妃卒之后。茆溪森为顺治之戒师，即剃度本师。

十月十五日，玉林琇再到京，在万善殿劝阻顺治舍弃皇帝身份直接出家为僧。顺治决心假死真出家，当在此时。

玉林琇因茆溪森为上净发，即命众集薪烧森，上闻，遽许蓄发，乃止。

> 清聂先编辑《续指月录》卷十九《六祖下三十五世·临济宗·湖州报恩玉林通琇禅师》。

廿八日，茆溪森南还。

十二月初八日，玉林琇为一千五百僧人受大戒。

顺治十八辛丑（1661）

顺治二十四岁。

正月初二日，再召茆溪森入京，为保母秉炬。

初七日，清廷称帝崩于养心殿，顺治实假死，真出家五台山。

> 顺治御制出家诗，见顺治曾孙弘旺《松月堂目下旧见》。
> 本年翰林院掌院学士王熙《世祖皇帝哀诗》、稍后吴梅村《清凉山赞佛诗》、康熙二年顾炎武《五台山》诗等，均述及顺治出家五台山。

顺治出家至山西五台山善财洞寺，受具足戒即比丘戒，成为正式僧人。

初九日，顺治第三子玄烨即皇帝位，时年八岁，是为康熙皇帝。

二月二日，顺治梓宫移景山。

三日，钦差奉顺治遗诏到杭州圆照寺，召茆溪森进京为顺治梓宫举火。

十五日，玉林琇南还。

四月十五日，玉林琇回至湖州报恩寺。

十六日，茆溪森到京，十七日，为顺治梓宫举火。

清圣祖康熙元年壬寅（1662）

顺治二十五岁。

康熙十一年壬子（1672）

顺治三十五岁。

佛定二十六岁，受戒当在本年前后。

> 查慎行《河南睢州白云寺佛定和尚语录序》："河南白云寺佛定大师，……托身于羽化之山，初离人境；受戒于清源之郡，遂断知闻。陋北地之嚣氛，就南方而参讲。弹指已过千劫，面壁何止十年。……以壬戌之良辰，延入白云方丈。"

> 牟钦元《白云寺佛定大和尚塔铭》："壮则诣清凉普渡律堂，受信具于太虚禅师。"

康熙十六年丁巳（1677）

六月二十七日，茚溪森圆寂于杭州圆照寺，僧俗腊（享年）六十四岁。

> 《勅赐圆照茚溪森禅师语录》卷三罗人琮撰《茚溪森禅师塔铭并序》。

康熙十八年戊午（1679）

洪昇应硕塞之子所请，作《长生殿》，隐喻董小宛入清宫和顺治出家。

> 毛奇龄《长生殿院本序》："洪君昉思……相传应庄亲王世子之请，取唐人《长恨歌》事，作《长生殿》院本，一时勾栏多演之。"

康熙二十一年壬戌（1682）

顺治四十五岁。

佛定三十六岁。

佛定被延请为河南睢州白云寺（今属河南民权县）方丈。

> 系年依据查慎行《河南睢州白云寺佛定和尚语录序》，因其作年最早。《佛定大和尚塔铭》云在康熙二十六年丁卯（1687），《玉明族祖像赞并序》云在康熙二十年辛酉（1681）。俟考。

康熙二十一年佛定锡至睢州白云寺之日，应即是佛定尊奉顺治锡至睢州白云寺安住之时（即顺治是佛定之师父）。或顺治本来不是佛定之师父，康熙二十一年前后，顺治云游至白云寺安单，而与佛定相逢，佛定实尊之如师。

> 康熙四十二年以后，佛定派弟子、白云寺住持玉明赴京取经于康熙；康熙四十九年顺治圆寂于并安葬于白云寺，佛定主持丧仪，包括建立康熙御匾集群。

康熙二十二年癸亥（1683）

二月，康熙一上五台山。时顺治当已离五台山至河南睢州白云寺。

九月，康熙二上五台山。

康熙三十七年戊寅（1698）

二月，康熙三上五台山。

十二月，翰林院庶吉士郡人袁锺麟撰文、翰林院庶吉士赵尔孙篆额、内阁中书郡人吴学颢书丹、归德府睢州正堂胡范立石《白云寺公输地租碑记》，劝勉白云寺佃农积极交纳地租。

原碑今存民权白云寺。

康熙四十一年壬午（1702）

二月，康熙四上五台山，御制《菩萨顶》诗，明言表达寻父不见之焦虑心情。可见康熙至此尚不知顺治已离五台至河南白云寺。

诗见于雍正《山西通志》卷一百八十二《艺文·御制·圣祖仁皇帝御制诗》、乾隆《四库全书》雍正《山西通志》、乾隆《直隶代州志》卷五《艺文志·宸翰·圣祖仁皇帝御制诗》，未录入康熙《御制诗》集、《御制文》集、《圣祖仁皇帝御制文集》。

康熙四十二年癸未（1703）之后、四十八年己丑（1709）之前

玉明赴京取经于康熙，因书扇一把见爱，并呈《佛定和尚语录》，御敕封为复元禅师、弘法沙门、钦命方丈，恩赐紫绶珠衣，又赐藏经五千四百八十馀卷，勅铸铜钟、铜锅、铁锅，满朝銮驾。命入直南书房、翰林院编修查慎行作《河南睢州白云寺佛定和尚语录序》。康熙与白云寺建立联系，当在此时。

山东省鄄城县郭水坑村郭家祠堂《玉明族祖碑》。参证查慎行《河南睢州白云寺佛定和尚语录序》。

自康熙四十二年至五十年，查慎行任翰林官入值内廷；康熙四十九年正月，顺治圆寂于白云寺；玉明赴京取经于康熙之时间，由此可证。

康熙赐白云寺满朝銮驾，其实只有顺治一人当得起，可见顺治就在白云寺。康熙御赐白云寺皇帝巡幸于皇城内所用卤簿仪仗之銮驾卤簿，应当是对在白云寺之父皇顺治表示：父皇虽然出家，但是在儿子心中仍然是皇帝，父皇虽然身在远方寺庙，但是无异巡幸皇城之内。言外之意，父皇无论何时回宫，即何时回归皇位。

康熙四十九年庚寅（1710）

正月，顺治圆寂于白云寺，僧俗腊（享年）七十三岁。

二月，康熙闻讣告，第五次上五台山，御制《五台有怀》诗，微言哀悼父亡。康熙五上五台山，前四次为寻父，第五次为悼父亡。

诗见于《圣祖仁皇帝御制文》第三集卷四十九。

四月十九日，兰阳（今河南兰考）居士彭宅统为顺治之圆寂在睢州白云寺建立尊胜陀罗尼心经幢。经幢题记末两印章铭文："桶通"、"行派卅"。"桶通"，是用雪峰义存禅师之彻悟"如桶底脱"之古典，指顺治皇帝出家，是一旦彻悟、"如桶底脱"，可比雪峰义存禅师之一旦彻悟、"如桶底脱"；"行派卅"，用顺治十七年顺治皇帝御书北京香山法海寺《敬佛》碑《西天东土历代佛祖之图》"三十九世雪峰义存禅师"之今典，暗指顺治可以直接继承《西天东土历代佛祖之图》第三十九世雪峰义存禅师，得为《西天东土历代佛祖之图》第四十世嗣祖。"桶通"、"行派卅"，标志经幢是为顺治圆寂所建，并对顺治皇帝出家作出崇高评价。

尊胜陀罗尼心经幢，今建立于民权白云寺大雄宝殿北。

九月十九日，顺治入塔于白云寺，康熙御制白云寺题匾集群，共计石匾五块，已见铭文八面，均为标志、评价、纪念安葬于此之父皇顺治，建立于康熙时白云寺中轴线五座主建筑外墙北立面砖墙后门之门额。

1. "（先）王宝｜当堂常赏"石匾。原建立于白云寺外墙北立面砖墙后门门额，为白云寺康熙御匾集群之南起第一匾。山门殿于"文革"时拆毁，石匾半截今存白云寺。"当堂常赏"一面铭文康熙时原始拓片，今存河南省文史馆。

南面铭文：

　　　□□□，□□□，□□□；

　　　（先）　　　王　　　宝

镇恶退，扶凡断，邪魔离。

北面铭文：

　　　康熙四十九年　岢

　　　钦赐奉

　　　当堂常赏

　　　御制命

　　　九月十九日敬心建立

"（先）王宝"，表示先帝神主、章皇神主之意，相当于清世祖孝陵隆

371

恩殿神主；北面大字题词铭文："当堂常赏"，隐文表示"皇帝顺治"墓阙之意，相当于清世祖孝陵崇楼庙号碑。康熙四十九年九月十九日御制"（先）王宝｜当堂常赏"石匾，表示父皇顺治去世于并安葬于白云禅寺。确证顺治去世于并安葬于白云禅寺。

2. "一切恭敬"石匾。今仍建立于白云寺清构观音殿外墙北立面砖墙拱券形后门门额①，为白云寺康熙御匾集群之南起第二匾。

　　"一切恭敬"，指一切人到此均须恭敬顺治皇帝，相当于清世祖孝陵神道碑亭下马石牌。

3. "朳真"（真朳）石匾。今仍建立于白云寺清构大雄宝殿外墙北立面砖墙拱券形后门门额，为白云寺康熙御匾集群之南起第三匾。

　　"真朳"，隐文"真人"，表示顺治是"代佛出世"之真人阿罗汉。是康熙对顺治皇帝出家为僧的评价，对顺治的佛教方面的评价。

4. "照泉｜朕朖"石匾。原建立于白云寺千佛阁下层外墙北立面砖墙后门门额，为白云寺康熙御匾集群之南起第四匾。千佛阁毁于咸丰三年太平军兵燹，石匾今存白云寺。

南面铭文：

　　天雨川流，因沿留世界；

　　照泉

　　地生卉稼，果业架乾坤。

北面铭文：

　　朕朖

　　"照泉｜朕朖"及其联语，是康熙对顺治皇帝的政治评价。

5. "然永｜时旼"石匾。原建立于藏经楼下层外墙北立面砖墙后门门额，为白云寺康熙御匾集群之南起第五匾。咸丰三年太平军兵燹，藏经楼当亦毁于此时，石匾今存白云寺。

南面铭文：

---

① 河南省古代建筑保护研究所《民权白云寺勘察简报》："现存白云寺的建筑大部分是清康熙、咸丰年间存留之物。为对寺院开展保护工作，河南省古代建筑保护研究所对白云寺进行了勘测，现将勘察结果简报如下：……沿中轴线自南而北依次排列：天王殿、观音殿、大雄宝殿三座建筑。"（执笔：甄学军；勘测：勘测：牛宁、高中明、郭绍卿、李社兴、张建伟、秦飒英、孙致云、甄学军，《中原文物》2004 年第 4 期。）

日月亮通，丙丁谅旺神；

然永

明光长久，星炙常兴代。

北面铭文：

时旼

"然永｜时旼"及其联语，是康熙对父皇顺治关于大清国运的政治报告。

康熙五十九年庚子（1720）

十二月甲辰，康熙谕大学士等："朕素性不喜行庆贺礼……今王大臣等为朕御极六十年，奏请庆贺行礼。钦惟世祖章皇帝，因朕幼年时，未经出痘，令保母护视于紫禁城外。父母膝下，未得一日承欢，此朕六十年来抱歉之处。正月初七日，世祖章皇帝忌辰。二月十一日，孝康章皇后忌辰。朕何敢于正月初七、二月十一日以前行庆贺礼。……此所奏，不准行。"

《清圣祖实录》卷二百九十康熙五十九年庚子十二月甲辰。

案："父母膝下，未得一日承欢，此朕六十年来抱歉之处"，是康熙内心隐曲之真实流露，亦是康熙四十九年九月十九日御制白云寺"当堂常赏"石匾四个大字题词之最佳解释。

康熙六十年辛丑（1721）

八月，佛定圆寂于睢州白云寺，僧俗腊七十五岁，康熙六十一年五月初一入塔。河南布政使牟钦元作《佛定大和尚塔铭》。

康熙六十一年壬寅（1722）

十一月甲午，康熙崩于北京畅春园寝宫，享年六十九岁。

清高宗乾隆八年癸亥（1743）

一月初六日，玉明圆寂于睢州白云寺，僧俗腊八十八岁。

全书结论

1. 董小宛被掳后归多尔衮、硕塞、顺治之经历及文献证据简述

顺治七年（1650）三月末，董小宛在如皋家中被清兵入室劫至北京，归皇父摄政王多尔衮。见冒辟疆《影梅庵忆语·纪谶》，《同人集》吴绮《悼董宛君》八首序，陈维崧《杂诗寓水绘庵作》、《白秋海棠赋》，徐泰时《春日题跋辟疆年盟兄哀董少君十纪》之十，周士章《悼董婉君》，顺治十五年至十八年翰林院庶吉士、检讨李天馥《古宫词一百二十首集唐并引》。

顺治七年十二月九日多尔衮之死前后，冒辟疆进京索还董小宛未果。见丘石常《有感》，陈维崧《杂诗寓水绘庵作》，李天馥《行路难》、《月》，吴绮《悼董宛君》八首之五。

顺治七年十二月九日多尔衮死后，诸亲王分取多尔衮家人，董小宛归和硕承泽亲王硕塞，为硕塞第二庶福晋。

顺治十一年（1654）四月五日之前，董白董小宛因入侍孝庄太后而与顺治相遇，为顺治所爱。（见秘书院侍讲、国子监祭酒吴梅村《清凉山赞佛诗》，李天馥《古宫词》。）此引起硕塞愤怒。顺治十一年四月五日甲子，孝庄太后命入侍皇太后之命妇由皇太后自定、入侍皇后之命妇停止，以杜绝嫌疑。但此举并未能阻止硕塞之死。顺治十一年十二月五日辛酉，硕塞暴死，年二十七，未依礼制辍朝、未遣官致祭、未赐谥号、未御制碑文（见《清世祖实录》），足见顺治敌视硕塞。顺治十二年（1655）四月十九日癸酉遣官祭硕塞侧福晋，四月二十九日癸未遣官祭硕塞（见《清世祖实录》）。侧福晋之死系表示抗议硕塞之暴死，因此之故，硕塞之死四个多月之后、侧福晋之死十天之后，顺治始不得不遣官祭硕塞，对硕塞之死及未遣官致祭表示追补抚慰。通常遣官致祭亲王之死，是在三天之内，而此时遣官祭硕塞，是在将近五个月之后，无乃太晚。

朝鲜使节李浤《燕途纪行》记清主亲兵哨官金汝辉所述，宫中贵妃曾是军官之妻，因庆吊出入禁闼，帝频私之，其夫则构罪杀之，勒令入宫，年将三十；朝鲜使节尹绛《燕途纪行》记会同馆馆夫所述，董贵妃初为皇帝虾之妻，杀其夫，夺入宫中；汤若望所述，顺治皇帝对一位满籍军人之夫人起了一种火热爱恋，军人于是乃因怨愤致死，或许竟是自杀而死，皇帝遂即将这位军人的未亡人收入宫中，封为贵妃。金汝辉、会同馆馆夫、汤若望所述被顺治所杀并被夺妻之满籍高级军官，应即是硕塞。

《爱新觉罗宗谱》硕塞谱所述硕塞第二庶福晋，违例隐去其籍贯、姓氏、

父名，讳莫如深，应即是金汝辉、会同馆馆夫、汤若望所述被顺治夺为贵妃（董贵妃）之满籍高级军官之妻，亦即是吴梅村《清凉山赞佛诗》、李天馥《古宫词》微言所述顺治董皇后董白董小宛。

吴梅村诗《七夕即事四首》其四，以微言述和硕承泽亲王硕塞非死于自杀，而是被同父异母弟顺治所杀，并被顺治夺妻。

康熙时，李天馥《古宫词》、查慎行咏《长生殿》、李孚青《忆洪昉思》诗均述及，如唐玄宗夺寿王妃杨玉环，清世祖夺和硕承泽亲王硕塞妻董小宛；如彭城王义康是被其兄弟宋文帝所杀，硕塞是被其兄弟顺治帝所杀。此三人皆康熙时翰林官。

顺治没有赐硕塞谥号。顺治十二年六月己卯二十六日，硕塞子改封庄亲王（见《清世祖实录》），意在抹去和硕承泽亲王硕塞之痕迹。康熙十年（1671），追谥硕塞曰裕（见《清通志》卷五十《谥略三·追封》）。康熙十一年，补撰御制硕塞碑文（见康熙《和硕承泽亲王谥裕硕塞碑文》）。康熙十八年（1679），硕塞子请洪昇作《长生殿》院本（见毛奇龄《长生殿院本序》），以唐明皇夺寿王妃，暗指顺治夺硕塞妻。

顺治十一年十二月硕塞死后，董白董小宛入慈宁宫侍太后。顺治十三年（1656）八月二十五日，立为顺治贤妃，十二月六日，册为皇贵妃。参见吴梅村《清凉山赞佛诗》、李天馥《古宫词》、骨岩行峰《侍香纪略》、陈维崧《杂诗寓水绘庵作》、杜茶村《吊宛君》。

顺治十七年（1660）八月十九日，董皇贵妃薨，二十一日，追封为皇后。茚溪森奉顺治之旨，为董皇后一系列丧仪说偈："举步涉千岐，孤坐又成迷"、"念念观自在，处处是家山"、"出门须审细，不比在家时"、"左金乌，右玉兔，皇后光明深且固。铁眼铜睛不敢窥，百万人天常守护"、"因一事，长一智"、"乾清宫上好消息，圣明天子是知音"，贴切一生历尽劫难的董小宛。见《勅赐圆照茚溪森禅师语录》。和尚为端敬皇后丧仪说偈，需要经过皇帝下旨、和尚接旨、撰稿进呈、皇帝及翰林院审阅、皇帝批准之程序；禅宗和尚为人丧仪所说之偈，往往贴切其人生平事迹与品格。

顺治十七年董皇后之死，康熙二年（1663）六月董皇后宝宫送入遵化顺治陵墓孝陵地宫，均对江南士人产生强烈的刺激。钱谦益《病榻消寒杂咏》之三十七，吴梅村《清凉山赞佛诗》、《题冒辟疆名姬董白小像八首》，李天馥《古宫词一百二十首集唐》，《同人集》众多诗人哀悼董皇后即董小宛之诗，多产生于此数年间。诸家诗大意略述如下。钱谦益、李天馥：顺治八年小宛之死乃其假死，顺治十七年董皇贵妃之死即小宛之死；吴梅村《清凉山赞佛诗》：董皇后并非鄂硕女；《题冒辟疆名姬董白小像》之八：如望帝杜宇淫鳖灵之妻，"帝惭化为子规"，顺治霸占冒辟疆姬董小宛，帝惭遂"死"，冒辟疆与董小宛生前已被侯门（多尔衮、硕塞之王府大门，顺治之皇宫大门）所阻绝，小宛死后，更被清世祖孝陵大门所阻绝，何从吊墓耶？张文峙：董小宛是借葬于昌瑞山孝陵，那里并非董小宛本夫之墓；杜绍凯：吾人对于清朝皇帝视如寇雠；吴绮：董小宛入清宫后音尘断绝，在清宫中被夺去了性命；周士章：悼顺治董皇后就是悼董小宛；谭篆：不能原谅霸占董小宛的清朝皇帝顺治；王士禄：顺治董皇后就是董小宛，董小宛比王昭君还要悲惨。康熙九年龚鼎孳绝笔《贺新郎·影梅庵忆语》亦表示：董小宛落入顺治手中，冒辟疆不得破镜重圆。

四种顺治时期原始文献朝鲜使节尹绛等《燕中闻见》记会同馆馆夫称"董家女册封贵妃"、"董氏"；顺治《御制行状》、金之俊《端敬皇后传》称"后董氏"、"皇后姓董氏"；康熙本《茚溪森禅师语录》记顺治十七年世祖至少十四次命宫官李国柱、李世昌、张嘉谟等传旨，请茚溪森禅师为董皇后一系列丧仪做法事，均称"董皇后"，此乃是顺治皇帝亲口说出的称呼。可知顺治时虽宣称董皇贵妃是鄂硕女，但是在宫中生活中和正式文书中则是习称"董家女"、"董（皇）贵妃"、"后董氏"、"皇后姓董氏"、"董皇后"。"董"，是汉族姓氏。"董鄂氏"，是满族姓氏。顺治皇帝至少十四次下旨均口称"董皇后"三字、金之俊奉敕撰《端敬皇后传》亦称"姓董"二字，均是地地道道的汉族称姓的习惯说法。若非事实如此，称呼怎能如此地地道道？

2. 顺治出家以后主要经历、相关史事、文献证据简述

顺治十八年（1661）正月初三日，世祖假死并出家山西五台山佛寺，时年二十四岁。见顺治十八年翰林院掌院学士王熙《世祖皇帝哀诗》、奉旨为顺治火化举火之茚溪森《语录》、吴梅村《清凉山赞佛诗》、康熙二年顾炎武《五台山》诗。

康熙二十一年（1682），佛定和尚被延请为河南睢州白云寺（今属河南民权）方丈。见翰林院编修查慎行《河南睢州白云寺佛定和尚语录序》（《敬业堂别集》）、河南布政使牟钦元《白云寺佛定大和尚塔铭》（今存白云寺）。康熙二十一年或在此前后，顺治锡止河南睢州白云寺，顺治应为佛定之师，或佛定尊奉顺治如师（参证《玉明族祖碑》）。康熙二十一年，顺治四十五岁。

康熙二十二年二月，顺治之子清圣祖一上五台山，时康熙三十岁。九月，康熙二上五台山。

康熙三十七年（1698）二月，圣祖三上五台山，时康熙四十五岁。十二月，翰林院庶吉士袁锺麟撰文、翰林院庶吉士赵尔孙篆额、内阁中书吴学颢书丹、归德府睢州正堂胡范立石《白云寺公输地租碑记》，为白云寺催租，维护

白云寺经济利益。碑今存白云寺，

康熙四十一年（1702）二月，圣祖四上五台山，作《菩萨顶》诗，述世祖皇帝出家，及自己寻父不见之惆怅心情。时康熙四十九岁。诗见雍正《山西通志》卷一百八十二《艺文·御制·圣祖仁皇帝御制诗》、乾隆《四库全书》雍正《山西通志》、乾隆《直隶代州志》卷五《艺文志·宸翰·圣祖仁皇帝御制诗》。

康熙四十二年之后，白云寺住持、佛定徒弟玉明和尚赴京取经于康熙皇帝，呈书扇一把见爱，并呈《佛定和尚语录》，御勅封为复元禅师、弘法沙门、钦命方丈，恩赐紫绶珠衣，又赐白云寺藏经五千四百八十馀卷，勅铸铜钟、铜锅、铁锅，满朝銮驾。康熙御赐白云寺满朝銮驾，其意是向顺治表示父皇仍然是皇帝。见山东鄄城郭水坑村郭氏祠堂民国八年《玉明族祖碑》、《玉明族祖像赞并序》。《玉明族祖碑》碑文，系照录清代白云寺玉明和尚碑文。

玉明和尚赴京时，康熙命翰林院编修查慎行作《河南睢州白云寺佛定和尚语录序》。

康熙四十九年（1710）正月，顺治圆寂于河南睢州白云寺（今属河南民权），享年七十三岁。

二月，康熙五上五台山，作《五台有怀》诗，痛悼父亡。时康熙五十七岁。

四月十九日，兰阳彭宅统为顺治圆寂而建立尊胜陀罗尼心经幢于白云寺。经幢题记两印章铭文"桶通"，乃是指顺治皇帝出家，是一旦彻悟、"如桶底脱"，可比雪峰义存禅师之一旦彻悟、"如桶底脱"；"行派卌"，乃是指顺治可以直接继承《西天东土历代佛祖之图》第三十九世雪峰义存禅师，得为《西天东土历代佛祖之图》第四十世；标志经幢是为顺治所建。

九月十九日，康熙御制白云寺题匾集群，均系石制横匾，包括匾额五块，已见铭文八面，建立于白云寺中轴线五座主建筑外墙北立面砖墙后门门额。其中南起第一匾"（先）王宝｜当堂常赏"石匾北面铭文"当堂常赏"上下题款楷书小字："康熙四十九年　旹，钦赐奉"，"御制命，九月十九日敬心建立"，系康熙皇帝颁发给白云寺之圣旨（制敕）。意为：皇帝钦赐（白云寺），奉献于"当堂常赏"即皇帝顺治（灵前），皇帝御制匾额，敕命白云寺敬心建立。康熙四十九年，时九月十九日。此是以康熙圣旨形式所颁发之御制匾额。南面铭文"（先）王宝"，北面铭文"当堂常赏"（隐文"皇帝顺治"），实代为章皇帝神主及庙号碑，建立于白云寺山门殿后门门额。原石半截今存白云寺，北面铭文"当堂常赏"康熙时原始拓片递藏于民国河南通志馆、今河南省文史研究馆。观音殿"一切恭敬"匾，表示恭敬顺治皇帝；大雄宝殿"真杦"匾，表示顺治是"代佛出世"之真人阿罗汉，是对顺治皇帝的宗教评价；千佛阁"照泉｜膜腺"匾及其联语，表示顺治皇帝之正大光明照亮人间泉下，太平时代，月明如昼，是对顺治皇帝的政治评价；藏经楼"然永｜时旼"匾及其联语，表示大清之德政若火之永然，足以保有天下；太平时代，时和岁丰；即使国家遭遇丙丁厄运，谅能渡过难关，是对父皇顺治关于大清国运的政治报告。"一切恭敬"匾、"寘杋"匾，今仍建立在白云寺清构观音殿、清构大雄宝殿后门门额。千佛阁、藏经楼毁于咸丰捻军兵燹，"照泉｜膜腺"匾、"然永｜时旼"匾完好幸存，今藏白云寺。

白云寺康熙御匾集群全部匾文包括题词、上下题款、联语，主题均为纪念安葬于此的父皇顺治，是顺治皇帝出家为僧以及圆寂于并安葬于白云寺的历史事实的原始确证证据群。在清代，皇帝的圣旨（制敕）即是法令，圣旨勒石，其法律效力等同于圣旨原件。就史料的原始性而言，康熙四十九年九月十九日御制白云寺"（先）王宝｜当堂常赏"匾铭文的史料价值高于记录性的起居注，更别谈第二手性质的实录，是一宗具备原始性、确实性、高度证明力的最宝贵的证据文献。

顺治皇帝出家为僧的历史事实，是董小宛入清宫真实性的强有力的证据。

顺康间述及顺治出家或顺治出家五台山之诗文戏剧有：顺治曾孙弘旺《松月堂目下旧见》录顺治出家诗，顺治十八年王熙《世祖皇帝哀诗》、吴梅村《清凉山赞佛诗》、康熙二年顾炎武《五台山》诗、康熙十八年洪昇应和硕承泽亲王硕塞世子博果铎之请所作《长生殿》传奇、康熙四十九年查慎行《燕九日郭于宫范密居招诸子社集演洪稗畦〈长生殿〉传奇余不及赴口占二绝句答之》、康熙六十一年赵执信《上元观演〈长生殿〉剧十绝句》。

康熙时述及《长生殿》以杨贵妃暗指董皇贵妃之诗有：康熙四十九年查慎行《燕九日郭于宫范密居招诸子社集演洪稗畦〈长生殿〉传奇余不及赴口占二绝句答之》、康熙五十四年李孚青《偶忆洪昉思己巳被斥事即题其集后》、康熙六十一年赵执信《上元观演〈长生殿〉剧十绝句》等。其中李孚青诗，表示《长生殿》触犯了顺治杀兄夺妻之大忌。

顺治出家以后，未曾与康熙见面。自康熙二十二年二月至康熙四十一年二月圣祖四上五台山，固不知顺治已锡至河南睢州白云寺。康熙四十二年之后，白云寺住持玉明和尚赴京取经于康熙皇帝，呈书扇一把，顺治当书字于扇，致其出家人之意矣。康熙赐白云寺满朝銮驾，意在是向顺治表示父皇仍然是皇帝。康熙四十九年正月顺治圆寂于白云寺，二月，康熙五上五台山，作《五台有怀》诗，痛悼父皇。九月十九日，康熙御制白云寺题匾集群，其中第一匾为"（先）王宝｜当堂常赏"石匾，正式地、但仍然是隐藏地表达对父皇的哀悼。康熙五十九年自述："父母膝下，未得一日承欢，此朕六十年来抱歉之处。"康熙平生从未能与父见面。

3. 本书结论

董小宛入清宫、顺治皇帝出家，均为真实之历史事实。

馀论

本书旨在考察董小宛入清宫与顺治出家是否真实之史事，不作褒贬，不作理论分析。全书既竟，在此馀论中，对于清军入民家掳走董小宛，顺治出家之原因包括与董小宛之关系，以及顺治出家之评价，略述己见，仅供参考而已。

1. 顺治七年皇父摄政王多尔衮派清朝军队强入民家掳走董小宛，按中国传统法律是犯下死刑罪。

> 按《周礼·秋官·朝士》："凡盗贼军，乡邑及家人，杀之无罪。"
>
> 汉郑玄注："郑司农（郑众）云：谓盗贼群辈若军，共攻盗乡邑及家人者，杀之无罪。若今时：'无故入人室宅庐舍、上人车船牵引人，欲犯法者，其时格杀之无罪。'"
>
> 《史记》卷五十七《陈丞相世家》："（陈平曾孙献侯陈何）坐略人妻，弃市，国除。"
>
> 《魏书》卷一百一十一《刑罚志》："谨详《盗律》：'掠人、掠卖人为奴婢者，皆死。'"
>
> 《唐律疏议》卷十八《贼盗·夜无故入人家》："诸夜无故入人家者，笞四十；主人登时杀者，勿论。"①
>
> 《宋刑统》卷十八《贼盗律·夜入人家》："诸夜无故入人家者，笞四十；主人登时杀者，勿论。"②
>
> 《大明律》卷十八《刑律一·贼盗·夜无故入人家》："凡夜无故入人家内者，杖八十；主家登时杀死者，勿论。"③
>
> 明应槚《大明律释义》同卷同条："遇夜无故入人家，非奸即盗，登时杀死者，出于仓卒，故勿论。"④

由上可知，按中国历代刑法规定和司法判例，盗贼侵犯民家及家人，杀之无罪；掳掠人妻者，死刑。多尔衮派清朝军队强入民家掳走董小宛，按中国传统法律，多尔衮、清军是犯下死刑罪。

按《清初内国史院满文档案译编》顺治二年十一月十五日："和硕德豫亲

---

① 《唐律疏议》，刘俊文点校，法律出版社，1999年，第374页。
② 《宋刑统》，薛梅卿点校，法律出版社，1999年，第331页。
③ 《大明律》，怀效锋点校，法律出版社，1999年，第146页。
④ 明应槚：《大明律释义》，《续修四库全书》第863册影明刊本，上海古籍出版社，1996年，第144页。

王（多铎）出兵江南……获才貌超群汉女人一百零三，将此呈送皇上十，呈皇叔父摄政王三（下略）"①；复按钱实甫《清代职官年表》第二册《总督年表》，顺治七年江南江西总督马国柱②；同书同册《巡抚年表》，顺治七年江宁巡抚土国宝③；同书第三册《驻防大臣年表》，顺治七年江宁驻防大臣（总管江宁驻防满洲兵）巴山、（提督江南总兵官）张大猷④；然则顺治七年三月末清军在江南省如皋县强入民宅冒辟疆家劫走董小宛归多尔衮一事，当与此四人中之一人或数人有关。元凶首恶，是皇父摄政王多尔衮。

清赵烈文《能静居日记》同治六年（1867）六月二十日记赵烈文对曾国藩说："土崩瓦解之局"，"殆不出五十年矣"，"国初创业太易，诛戮太重，所以有天下者太巧，天道难知，善恶不相掩，后君之德泽，未足恃也"。⑤ 清朝国初之罪行，是注定其最终土崩瓦解、灰飞烟灭的重要原因。

2. 顺治出家的原因。世祖接受中国文化和闻说佛教，始于顺治八年（1651）亲政及从曹化淳发奋读书。向往佛教，始于同年与景忠山别山性在和尚接触和交往。时世祖十四岁。世祖热恋董小宛，始于十一年。世祖十七岁。尔后二事齐头并进。十三年，董小宛立为贤妃、皇贵妃。世祖十九岁。世祖归心佛教，始于十四年召对憨璞聪和尚。世祖二十岁。佛学精进，始于十六年召对玉林琇、木陈忞、茚溪森和尚。世祖二十二岁。十七年八月，董小宛去世，世祖痛不欲生，从茚溪森净发受沙弥戒。世祖二十三岁。十八年正月，世祖假死真出家。二十四岁。承受佛教之感召，是顺治出家之根本原因，对董小宛之生死恋及小宛之死，是顺治出家之促进原因、直接原因。

谢正光《新君旧主与遗臣——读木陈道忞〈北游集〉》摘要："据木陈道

---

① 中国第一历史档案馆编：《清初内国史院满文档案译编》中册（顺治朝），光明日报出版社，1989年，第197页。

② 钱实甫：《清代职官年表》第二册，中华书局，1980年，第1345页。马国柱顺治四年七月任江南江西河南总督，见《清史列传》卷五《马国柱传》，中华书局，1987年，第302页。文渊阁《四库全书》本《大清文献通考》卷一百八十五《兵考七·直省兵·江南江西八旗驻防》："顺治二年，设江南江西河南总督，驻江宁府。五年，改为江南江西总督，停辖河南。"

③ 钱实甫：《清代职官年表》第二册，中华书局，1980年，第1522页。土国宝时任江宁巡抚，见《清史列传》卷七十九《土国宝传》，中华书局，1987年，第6568页。

④ 钱实甫：《清代职官年表》第二册，中华书局，1980年，第2221页。巴山时任总管江宁驻防满洲兵、张大猷时任提督江南总兵官，见《清史列传》卷六《巴山传》、卷四《张大猷传》，中华书局，1987年，第341页、第233页。

⑤ 清赵烈文：《能静居日记》，第二册，廖承良标点整理，岳麓书社，2013年，第1068页。

恣《北游集》及相关诗文史料，可知曹（化淳）氏自万历末年入宫后，始终秉承当时宦官'多学能书'及'宛然有儒风'之传统，深得崇祯之倚重。及清人入关，曹氏倡议为崇祯帝后营葬筑陵，历三载而事成。迨顺治以少年天子亲政，曹氏被委为'帝师'，授顺治以汉土典籍及天竺佛法；暇时教以书画怡情，复为历数先朝旧事。故顺治对崇祯之遭际深表同情，至引以为异代知己。"论文第三节《"闲谈思庙长挥涕"——顺治对崇祯之怀思》，列举木陈《世祖章皇帝哀词》第三首："闲谈思庙长挥涕。"《北游集》记顺治帝曰："宫城之北有山，明称煤山。朕今改之，所谓景山也。煤山即崇祯投缳之所。语毕潸然。"又记："上笑曰：'朕字何足尚？崇祯帝字乃佳耳。'命侍臣一并将来，约有八九十幅。上一一亲展示。师时觉上容惨戚，默然不语。师观毕，上乃涕洟曰：'如此明君，身婴巨祸，使人不觉酸楚耳。"《世祖实录》顺治十六年十一月壬申："上驻跸昌平。是日，驾过明崇祯帝陵。凄然泣下，酹酒于陵前。"王熙《思陵纪事二首》题下注："明庄烈愍皇帝陵也。（顺治命金之俊撰）御制碑文在焉。大驾经过，焚楮拜奠，且为下泣，感而纪之。"第二首："翠华凭吊处，也为一潸然。"明遗民王弘《山志》："予尝至昌平，守陵人为言章皇帝哭烈皇帝状甚悉。"李清《三垣笔记》："［顺治帝］又尝登上（崇祯）陵，失声而泣，呼曰：'大哥大哥，我与若皆有君无臣。'"宋琬《世祖章皇帝挽诗十首》其二："方闻凤辇回中禁，何意龙髯去不还。"（"谓顺治祭思陵后不久即'龙驭上宾'也。"）以及木陈问顺治曰："先帝何修得我皇为异世知己哉？"提出："大矣哉！木陈此问。苟扬弃释家修为一事，则木陈所问亦可转语为：'皇上何故引崇祯为异世知己呢？'"论文《结语》："顺治帝至迟自十四岁起即向往于中原文化，又岂与曹氏之影响无关？"①

顺治皇帝所交往之佛教禅师，别山性在更能体现印度佛教艰苦修行之品格；憨璞性聪、玉林通琇、木陈道忞、茚溪行森，则更能体现中国禅宗明心见性之智慧。顺治出家之前之觉悟，以憨璞聪、玉林琇、木陈忞、茚溪森之影响，更为直接而强烈。顺治出家以后五十年无声无息之品格，则与别山性在淡泊名利、艰苦修行之品格更为相似，可见别山性在对顺治实具有更为深沉而长远之影响。总而言之，承受佛教之感召，是顺治出家之根本原因。

按《汤若望传》第九章《"尚父"和他的皇帝学子》："这位贵妃于1660年产生一子，是皇帝要规定他为将来的皇太子的。但是数星期后，这位皇子竟而去世，而其母于其后不久亦薨逝。皇帝陛为哀痛所攻，竟致寻死觅活，不顾

———————

① 谢正光：《新君旧主与遗臣——读木陈道忞〈北游集〉》，《中国社会科学》2009年第3期。

一切。人们不得不昼夜看守着他，使他不得自杀。"① 可见，顺治对董小宛之生死恋及董小宛之死，是顺治出家之促进原因、直接原因。

按顺治《御制（孝献庄和至德宣仁温惠端敬皇后）行状》："朕每省封事抵夜分，后未尝不侍侧。诸曹章有但循往例待报者，朕寓目已置之，后辄曰：'此讵非几务，陛下遽置之耶？'朕曰：'无庸，故事耳。'后复谏曰：'此虽奉行成法，顾安知无时变，需更张，或且有他故，宜洞瞩者，陛下奈何忽之？祖宗贻业良重，即身虽劳，恐未可已也。'及朕令后同阅，即复起，谢曰：'妾闻妇无外事，岂敢以女子干国政？惟陛下裁察耶。'固辞不可。一日，朕览廷谳疏，至应决者，握笔犹豫未忍下，后起，问曰：'是疏安所云，致轸陛下心乃尔？'朕谕之曰：'此秋决疏中十馀人，俟朕报可，即置法矣。'后闻之泣下，曰：'诸辟皆愚无知，且非陛下一一亲谳者。妾度陛下心，即亲谳，犹以不得情是惧，矧但所司审虑，岂竟无冤耶？陛下宜敬慎，求可矜宥者全活之，以称好生之仁耳。'自是，于刑曹爰书，朕一经详览竟，后必勉朕再阅。曰：'民命至重，死不可复生，陛下幸留意参稽之，不然彼将奚赖耶？'且每曰：'与其失入，毋宁失出。'以宽大谏朕如朕心，故重辟获全，大狱末减者甚众。或有更令覆谳者，亦多出后规劝之力。"

又曰："后每当朕日讲后，必询所讲，且曰：'幸为妾言之。'朕与言章词大义，后辄喜；间有遗忘不能悉，后辄谏曰：'妾闻圣贤之道，备于载籍，陛下服膺默识之，始有裨政治，否则讲习奚益焉。'"

又曰："后素不信佛，朕时以内典禅宗谕之，且为解《心经》奥义，由是崇敬三宝，栖心禅学。参'一口气不来，向何处安身立命'语，每见朕，即举之，朕笑而不答。后以久抱疾，参究未能纯一。后又举前语，朕一语答之，遂有省。自婴疾后，但凭几倚榻，未曾偃卧。及疾渐危，犹究前语，不废提持。故崩时，言动不乱，端坐呼佛号，嘘气而化。崩后数日，颜貌安整，俨如平时。呜呼！此足以见后信佛法，究心禅教之诚也。"②

由顺治《御制行状》可见，当董小宛顺治十三年（1656）立为贤妃、册为皇贵妃之后，顺治与董小宛朝夕相处，董小宛深厚的儒家文化教养，对顺治的生活包括政治方面，发生了深刻的儒家价值观之影响，面对董小宛，顺治似不能无自卑感。如果不算外在皇权，只凭内在价值，顺治唯一可以自信的是信

---

① ［德］魏特（Alfons Väth S. J.）著，杨丙辰译：《汤若望传》（Johann Adam Schall Von Bell S. J.），商务印书馆，1949 年，第 323 页。

② 顺治：《御制（孝献庄和至德宣仁温惠端敬皇后）行状》，吴昌绶辑《松邻丛书甲编》，仁和吴氏双照楼丁巳（1917 年）刻本，叶 2B‒6B，首都师范大学图书馆藏，索书号：PG/083/437。

佛，唯一可以引为自豪的是，"素不信佛"的董小宛，在顺治影响之下而诚信佛法。可见，董小宛的信佛增强了顺治对佛教的信心，促进了顺治对佛教的皈依。顺治出家的两大原因，信佛与对董小宛的生死恋，已经融为一体，而不可分。

3. 顺治对于清朝军队掳走董小宛一事之看法，见于顺治十七年八月十九日董皇后死后，茚溪森奉旨为董皇后一系列丧仪所说偈语，其中表示董皇后一生历尽艰难曲折，曾遭强人侵犯，后为顺治所保护。此应与董小宛生前对顺治所自述被清朝军队入室掳走之经历有关。然则顺治出家之原因，有可能亦与董小宛生前对顺治所自述被清朝军队入室掳走之经历有关。

4. 顺治十一年十二月五日和硕承泽亲王硕塞之暴死，是死于顺治所杀。硕塞死后，未依礼制辍朝、未遣官致祭、未赐谥号、未御制碑文，足见顺治对硕塞之敌视。按《清世祖实录》卷九十一顺治十二年夏四月癸酉（十九日）："遣官祭和硕承泽亲王硕塞侧福金。"《清世祖实录》卷九十一顺治十二年夏四月癸未（二十九日）："遣户部尚书觉罗巴哈纳，祭和硕承泽亲王硕塞。"顺治十二年四月十九日硕塞侧福晋科尔沁博尔济吉特氏之死，系表示抗议硕塞之暴死，因此之故，当硕塞之死四个多月之后、侧福晋之死十天之后，顺治始不得不遣官祭硕塞，对硕塞之死以及未遣官致祭表示追补抚慰之意。亲王之死，本应三天之内遣官致祭。时隔四个多月之后始不得不遣官祭硕塞，只能是侧福晋以死抗争，震撼了顺治和清廷的结果。顺治《御制（孝献庄和至德宣仁温惠端敬皇后）行状》："后尝育承泽王女二人、安王女一人于宫中，朝夕鞠抚，慈爱不啻所生。兹三公主，擗踊哀毁，人皆不忍闻见。"[1] 董皇后鞠抚承泽王女二人，是因为承泽王硕塞死于非命，可见董皇后之仁慈，但此亦是取得了顺治之同意。由上所述可见，顺治杀害同父异母兄硕塞，事后当有悔意。此亦有可能是顺治出家之原因之一。

朝鲜王朝孝宗七年（清顺治十三年，1656）丙申八月陈奏正使麟坪大君李㴭《燕途纪行》下丙申十月初七日辛巳："金汝辉来谒，赠礼物，详问阙中事情。渠云：儿皇力学中华文字，稍解文理，听政之际，语多惊人，气象桀骜，专厌胡俗，慕效华制，暗造法服，时或着御，而畏群下不从，不敢发说。"[2] 可见，顺治虽然逐渐汉化即接受中国文化，但是身为清朝皇帝，也不能不畏群下不从，不敢发说。假如顺治对清朝军队入民家掳走董小宛、对自己

---

① 吴昌绶辑《松邻丛书甲编》，仁和吴氏双照楼丁巳（1917 年）刻本，叶 8B，首都师范大学图书馆藏，索书号：PG/083/437。

② ［朝鲜王朝］麟坪大君李㴭（1622－1658）：《松溪集》卷五，［韩国］林基中编《燕行录全集》，韩国东国大学校出版部，2001 年，第 22 册，第 155－156 页。

杀害同父异母兄硕塞有所痛恨、悔恨，对顺治来说，出家为僧，或许也是对这些事最好的了断。

文献不足征考，故以上两点所述，皆有节制而不多言，结语皆冠以"有可能"、"或许"这样的限定语。

5. 从当事人冒辟疆之诗文，冒辟疆众友人《同人集》吴梅村、陈维崧、吴绮、徐泰时、周士章、杜茶村、张文峙、杜绍凯、谭篆、王士禄等之诗文，《同人集》之外之钱谦益、丘石常、李天馥、查慎行、赵执信、李孚青、龚鼎孳等之诗文词，以及李天馥《古宫词》、洪昇《长生殿》来看，清朝军队入民家掳走董小宛一事，始终没有得到顺康间士人丝毫之原谅。同时，从吴梅村《清凉山赞佛诗》、洪昇《长生殿》等诗文戏剧来看，顺治对董小宛之生死恋以及为之而出家为僧，则可以说是得到了顺康间士人的同情、肯定与赞扬。

6. 中国文化传统崇尚淡泊寡欲①，认为是消除人间灾难之根本②，故特别尊重隐士③，尊重出家人④。从这个角度说，顺治以皇帝出家为僧一去不返，能永远舍弃拥有最高权力之皇位，在中国历史上是独一无二之举，此举乃成为体现中国文化价值观之一典范，并当具有超越当时历史之意义。

此举无疑是为清朝之合法性赢得了一分，但并不一定等于为清朝赢得了足够之合法性。清朝的合法性，当取决于清朝从多尔衮直至慈禧太后及光绪皇帝的整个历史时期的政治行为。

---

① 中国文化崇尚淡泊寡欲。《老子》第七章："天长地久。天地所以能长且久者，以其不自生，故能长久。"《论语·颜渊》："己所不欲，勿施于人。"

② 中国文化认为私欲（伤害他人的欲望）是人间灾难之根源，克制和泯灭私欲是消除人间灾难之根本。《老子》第四十六章："罪莫大于可欲，祸莫大于不知足，咎莫大于欲得。"第三十七章："道常无为而无不为。侯王若能守之，万物将自化。"《论语·颜渊》："克己复礼为仁。一日克己复礼，天下归仁焉。为仁由己，而由人乎哉？"《大学》："自天子以至于庶人，壹是皆以修身为本。"《庄子·人间世》："夫徇耳目内通而外于心知，鬼神将来舍，而况人乎！是万物之化也，禹舜之所纽也，伏戏、几蘧之所行终，而况散焉者乎！"《大学》、《庄子》，在此意同。

③ 中国文化特别尊重隐士。汉司马迁著《史记》，以《伯夷传》为列传第一，《传》云："尧让天下于许由，许由不受，耻之逃隐。"南朝宋范晔《后汉书》，正式创立《逸民列传》。南朝齐沈约《宋书》继之，命名为《隐逸列传》。中国历代正史皆继承之。

④ 中国文化传统尊重出家人，顺治皇帝之尊礼别山性在、憨璞聪、玉林琇、木陈忞、茚溪森，即是此传统之体现。

鸣　谢

2001 年，承蒙中国科学院文献情报中心惠予复制康熙四年刻本李天馥《古宫词一百二十首集唐并引》书影，谨此志谢。

2015 年，承蒙首都图书馆古籍部惠予复制康熙刻本《勅赐圆照茚溪森禅师语录》书影，谨此志谢。

2015 年，承蒙国家图书馆惠予复制《翰墨石影》睢州白云寺康熙四十九年御制"当堂常赏"石匾原始拓片，谨此志谢。

2015 年 6 月 25 - 26 日、2016 年 3 月 30 日、2017 年 8 月 7 日、2017 年 8 月 20 日、2017 年 9 月 16 - 19 日，笔者五次赴河南民权白云寺，考察康熙三十七年《白云寺公输地租碑记》、康熙四十九年四月十九日兰阳彭宅统建经幢、康熙四十九年九月十九日御制石匾集群、康熙六十一年《白云寺佛定大和尚塔铭》，采访相关口传史料，承蒙白云寺历任住持、僧尼、白云寺资深居士马世忠先生惠予大力支持，谨此志谢。

2015 年 6 月 26 日、2016 年 3 月 31 日、2017 年 8 月 8 日、2017 年 9 月 9 日，笔者四次赴山东鄄城郭水坑村郭氏祠堂考察民国八年《玉明族祖碑》及 1988 年重刻碑、民国二十年《玉明族祖像赞并序》，采访相关口传史料，承蒙郭水坑村众乡亲惠予大力支持，谨此志谢。

2016 年 3 月 30 日至 31 日，笔者第二次赴河南民权白云寺、山东鄄城郭水坑村考察，2017 年 8 月 9 日，笔者第三次赴河南民权白云寺考察，承蒙河南省民权县白云寺镇政府盖伟书记、民权县志办潘宇先生惠予大力支持，盖伟书记两次派出工作人员协助考察，惠予提供食宿、车辆；潘宇先生两次协助考察，前后提供有关白云寺情况甚多，惠予所著《千年古刹白云禅寺》，谨此志谢。

2017 年 8 月 25 日，承蒙浙江图书馆古籍部研究馆员张群先生大力支持，惠予提供清钞本顺治曾孙弘旺《松月堂目下旧见》顺治御制出家诗书影，谨此志谢。

2017 年 9 月 9 日，笔者承蒙至圣孔子基金会济宁友人李冠云先生推荐并陪同，聘请曲阜拓碑师傅刘学朋先生，由泗水尼山书院胡俊先生驾车，自济宁赴鄄城郭水坑村拓制《玉明族祖碑》拓片，刘学朋师傅妙手回春，漫漶碑文，拓片每字清晰。谨此一并志谢。

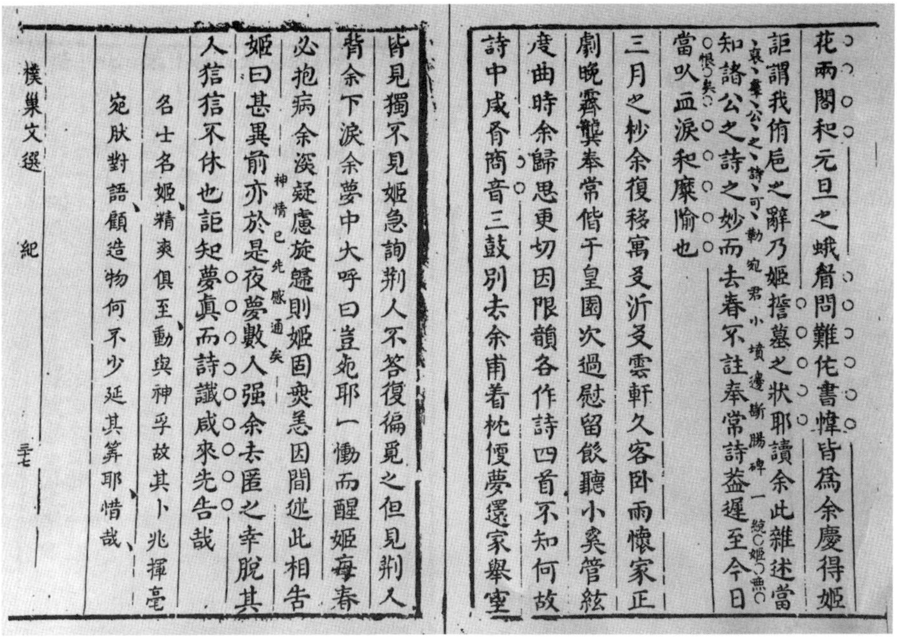

花雨閣和元旦之蛾眉問難佗書悼皆為余慶得姬詎謂我侑危之辭乃姬揞墓之狀耶讀余此雜述當知諸公之詩之妙而去春不註奉常詩盎遲至今日當以血淚和糜愉也（哀艷華公之詩可動宛君小墳邊斷腸碑一絕姬無恨矣）三月之杪余復移寓叐沂叐雲軒久客卧雨懷家正劇晚霽龔奉常偕于皇園次過慰留飲聽小奚管絃度曲時余歸思更切因限韻各作詩四首不知何故詩中咸脊商音三鼓別去余甫着枕便夢還家舉室皆見獨不見姬急詢荆人不答復徧覓之但見荆人背余下淚余夢中大呼曰豈死耶一慟而醒姬每春必抱病余深疑慮旋歸則姬固無恙因間述此相告姬曰甚異前亦於是夜夢數人强余去匿之幸脫其人詬詬不休也（神情已先感通矣）詎知夢真而詩讖咸來先告哉

名士名姬精爽俱至動與神孚故其卜兆揮毫宛肰對語顧造物何不少延其筭耶惜哉

樸巢文選　紀　二七

图版1　国家图书馆藏清初刻本冒襄撰，张明弼、杜濬评辑《朴巢文选》附《影梅庵忆语·纪谶》：“夜梦数人强余去”，“讵知梦真”

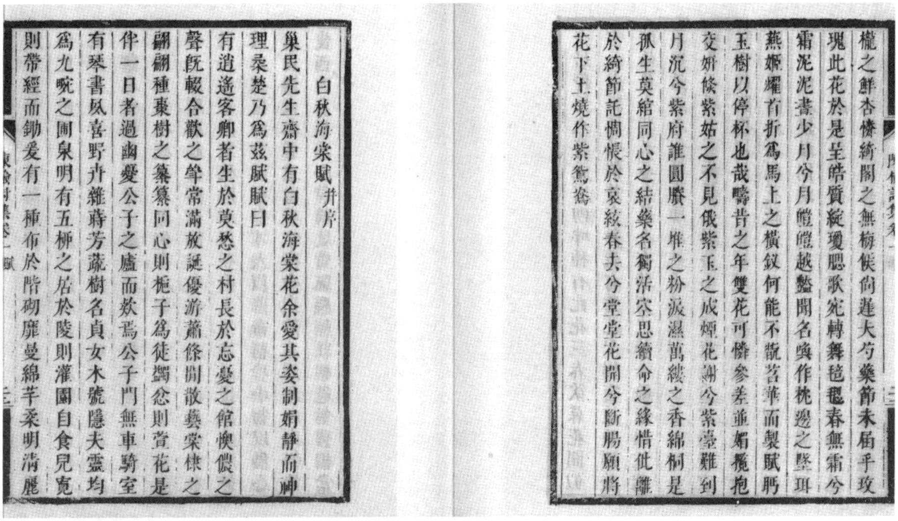

白秋海棠賦并序

巢民先生齋中有白秋海棠花余愛其姿制娟靜而神理悽楚乃為茲賦賦曰

有逍遙客卿者生於莫愁之村長於忘憂之館懊儂之聲既翻合歡之聲常滿放誕優游蕭條閒散藥棠棣之翩翩種棗樹之纂纂同心則梔子為徒獨忿則萱花是伴一日者過幽夔公子之廬而荻焉公子門無車騎室有琴書夙喜野卉雜蒔芳叢樹名貞女木號隱夫靈均為九畹之圃泉明有五柳之居於陵則灌園自食兒寬則帶經而鋤爰有一種布於階砌靡曼綿芊柔明清麗

陳檢討集卷二　賦　三

櫳之鮮杏憐綺閣之無梅候倘遲夫芍藥節未屆乎玫瑰此花於是呈皓質綻瓊腮歌宛轉舞毰毸春無霜兮霜泥泥晝少月兮月皚皚越盤開名奐作桃邊之壁珥燕姬耀首折為馬上之橫釵何能不說茗華而製賦將玉樹以停杯也哉疇昔之年雙花可憐參差並媚孳抱交妍倏紫姑之不見俄紫玉之成煙花謝兮紫臺難到月沉兮紫府誰圓擲一堆之粉淚濕萬縷之香綿桐是孤生莫綰同心之結藥名獨活空思續命之緣惜仳離於綺節託惆悵於哀絃春去兮堂堂花開兮斷腸願將花下土燒作紫鴛鴦

图版2　《中华再造善本》影康熙天藜阁刻本陈维崧《陈检讨文集》卷二《白秋海棠赋》：“巢民先生斋中有白秋海棠花”

图版 3　《中华再造善本》影康熙天藜阁刻本陈维崧《陈检讨文集》卷二《白秋海棠赋》："刭夫白者，迥出寻常。亭亭别馆，泫泫廻廊。南朝妙伎，西曲名倡。""颜如虢国，色配何郎"；"至于蔡琰无家，王嫱作客，永诀京华，长依蛮貊。寄血泪于琵琶，写哀情于笳拍。紫台则山河俱（缟，青海则关城尽白。）"

图版 4　《中华再造善本》影康熙天藜阁刻本陈维崧《陈检讨文集》卷二《白秋海棠赋》："（紫台则山河俱）缟，青海则关城尽白。"

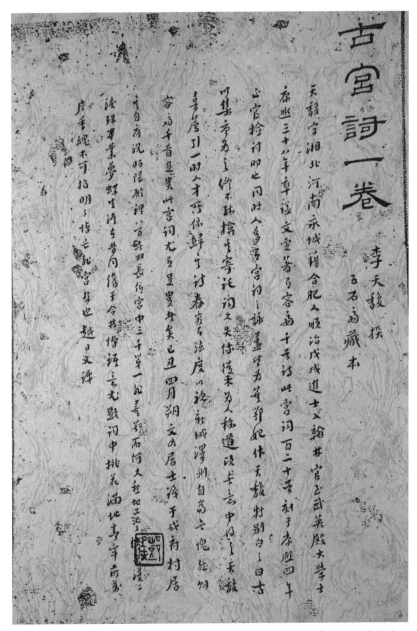

图版5　中国科学院文献情报中心藏康熙四年原刻本李天馥《古宫词一百二十首集唐》封面，邓之诚题记

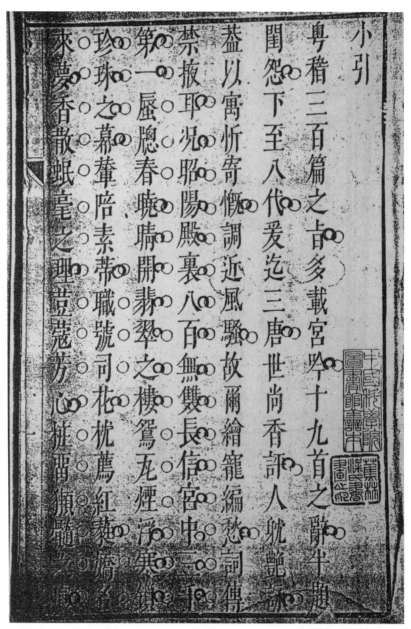

图版6　中国科学院文献情报中心藏康熙四年原刻本李天馥《古宫词一百
二十首集唐·小引》："世尚香评，人耽艳咏。盖以寓忻寄慨，调近风骚；故
尔绘宠编愁，词传禁掖耳。况昭阳殿里，八百无双；长信宫中，三千第一。"

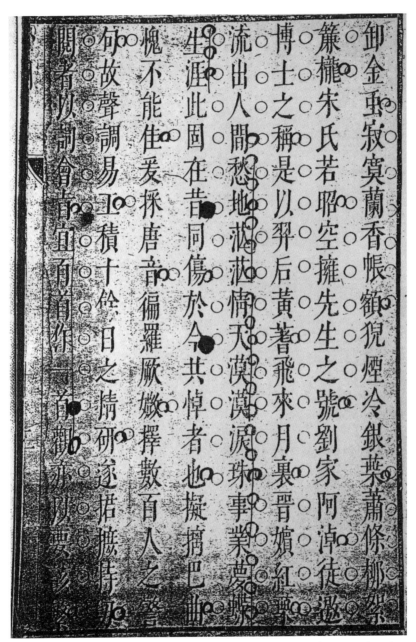

图版 7　中国科学院文献情报中心藏康熙四年原刻本李天馥《古宫词一百二十首集唐·小引》："是以羿后黄蓍，飞来月里；晋嫔红叶，流出人间。愁地茫茫，情天漠漠，泪珠事业，梦蝶生涯。此固在昔同伤，于今共悼者也。"

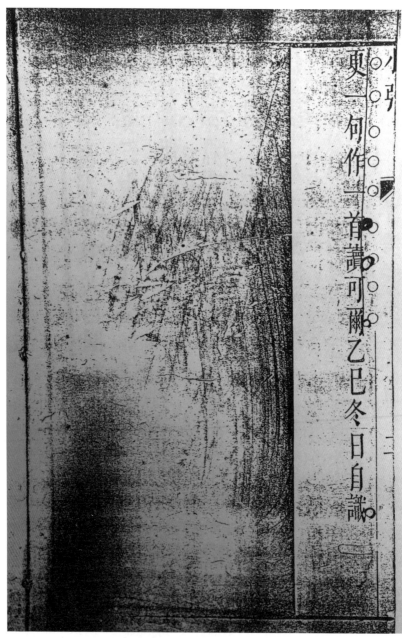

图版8　中国科学院文献情报中心藏康熙四年原刻本李天馥《古宫词一百二十首集唐·小引》："乙巳冬日自识"

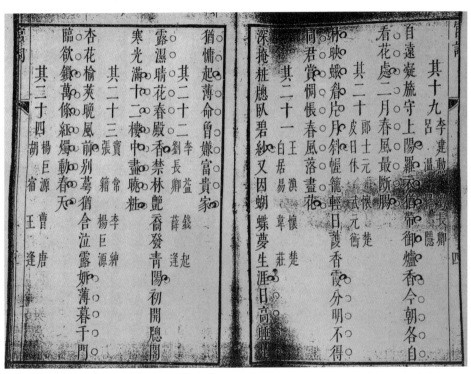

图版9　中国科学院文献情报中心藏康熙四年原刻本李天馥《古宫词一百二十首集唐》其二十一："薄命曾嫌富贵家"

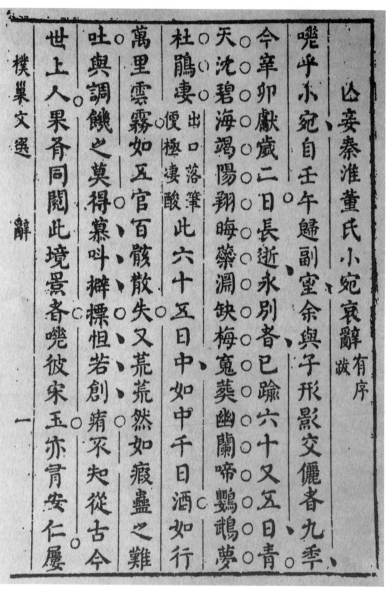

图版10　国家图书馆藏清初刻本冒襄撰，张明弼、杜濬评辑《朴巢文选》附《亡妾秦淮董氏小宛哀辞》序："青天沉，碧海竭。阳翔晦，蕊渊缺。梅魂葬，幽兰啼。鹦鹉梦，杜鹃凄。此六十五日中，如中千日酒，如行万里云雾，如五官百骸散失，又荒荒然如瘕蛊之难吐，与调饥之莫得。慕叫掰摽，怛若创痏，不知从古今世上人果有同阅此境景者？"

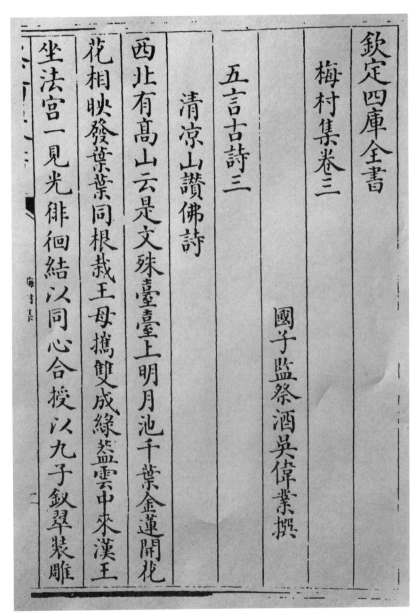

钦定四库全书

梅村集卷三

　　　　　　　　國子監祭酒吳偉業撰

五言古詩三

清凉山讚佛詩

西北有髙山云是文殊臺臺上明月池千葉金蓮開花
花相映發葉葉同根栽王母攜雙成綠葢雲中來漢王
坐法宫一見光徘徊結以同心合授以九子釵翠裝雕

图版11　文渊阁《四库全书》本吴伟业《梅村集》卷三《清凉山赞佛诗》四首之一："王母携双成，绿盖云中来。汉王坐法宫，一见光徘徊。结以同心合，授以九子钗。"

395

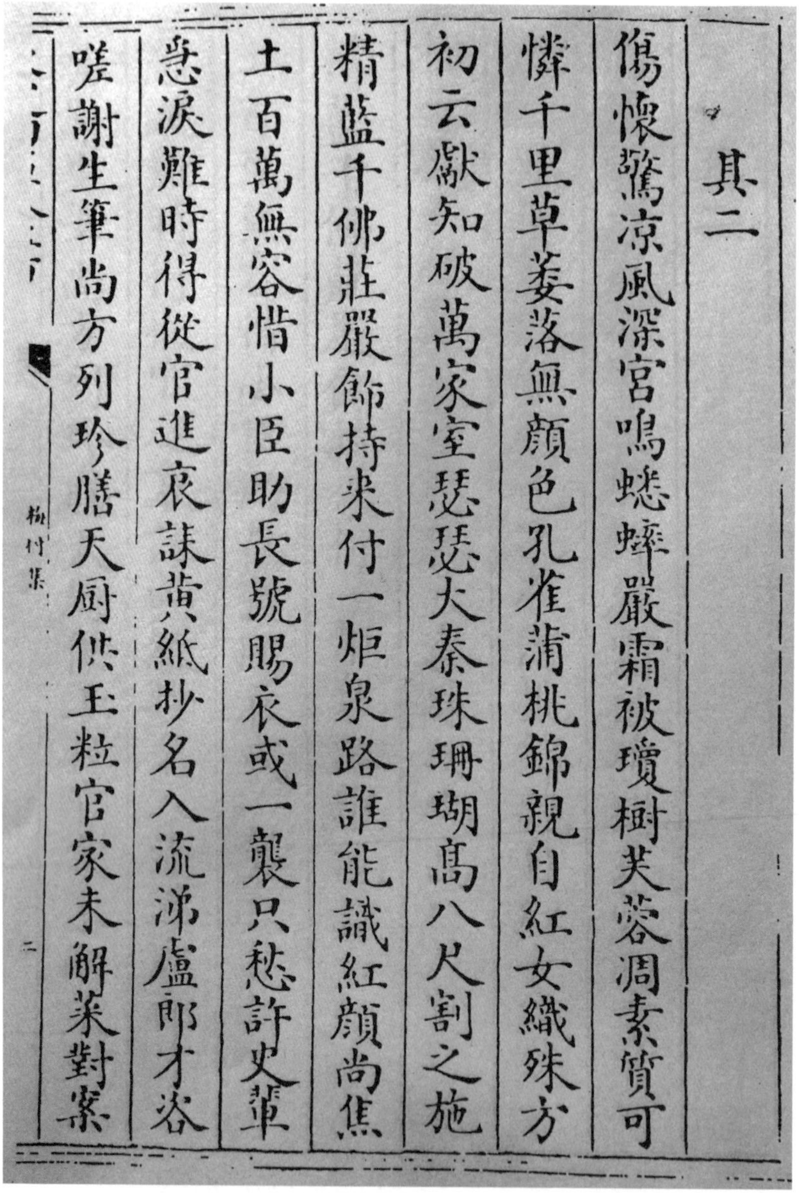

其二

傷懷驚涼風深宮鳴蟋蟀嚴霜被瓊樹芙蓉凋素質可
憐千里草萎落無顏色孔雀蒲桃錦親自紅女織殊方
初云獻知破萬家室瑟瑟大秦珠珊瑚高八尺割之施
精藍千佛莊嚴飾持來付一炬泉路誰能識紅顏尚焦
土百萬無容惜小臣助長號賜衣或一襲只愁許史革
懸淚難時得從官進衣謀黃紙抄名入流涕盧郎才谷
嗟謝生筆尚方列珍膳天廚供玉粒官家未解菜對案

楳村集

二

图版12　文渊阁《四库全书》本吴伟业《梅村集》卷三《清凉山赞佛诗》四首之二："伤怀惊凉风，深宫鸣蟋蟀。严霜被琼树，芙蓉凋素质。可怜千里草，萎落无颜色。"

396

王等議八旗漢軍兵丁因差往各處駐防以致兵力單弱請
敕直隸山西陝西山東河南及各督撫遍拾勇壯有産業者
咨送前來以補缺額各省提督員缺以後應不分滿洲蒙古
漢軍漢人選有才幹者補授餘款仍照部議可也得旨漢軍
牛彔內儘可增添披甲各省如有強壯之人聽入綠旗披甲
不便編入漢軍牛彔下綠旗兵之勇壯非關滿洲蒙古之故
但能善撫士卒加意勸懲兵自強勇提督員缺原係於漢軍
中選擇有才者補授不必除授滿洲蒙古聽用各官不必限
定省分陞轉各省或聽用千把兵丁俱着選擇保舉補授餘
依議　甲寅削柰曼部落達爾漢郡王阿漢王爵為庶人並
奪其所屬人役以其隱匿綽爾濟恐所屬翁俄拜首告逃抄
投翁俄拜全家也　乙卯先是
上諭議政王大臣等巽王滿達海端重王博洛敬謹王尼堪諂
媚抗朕之睿王及睿王死分取其人口財貨諸物夫睿王與
朕抗衡與伊等並無嫌隙伊等反貪取其財物且伊等俱係
親王朕之兄弟行也乃諂事逆朕之譚泰此等情事朕意諸
王大臣必將舉發是以姑為容忍乃王及諸臣至今並不舉
發朕故宣示其罪議政王大臣六部尚書侍郎其會議以聞
至是王等遵旨會議巽王敬謹王端重王此三王從前諂媚
睿王及睿王死分取其人口財貨諸物又諂事譚泰臣等意

實錄卷一百二十九　八

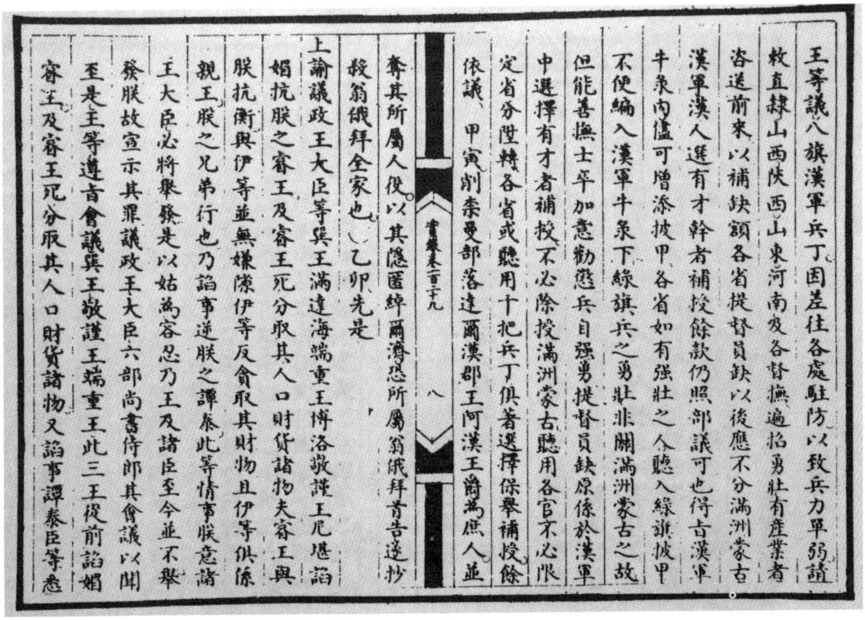

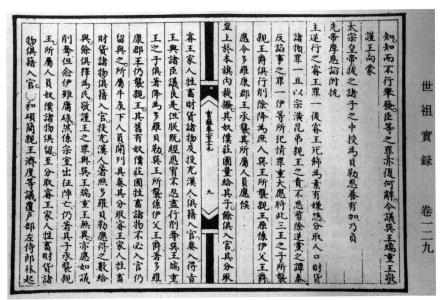

图版 13　《清世祖实录》卷一百二十九顺治十六年冬十月乙卯："巽王满达海、端重王博洛、敬谨王尼堪，谄媚抗朕之睿王；及睿王死，分取其人口、财货诸物。"

世祖實録　卷一二九

知知而不行舉發臣等之罪亦復何辭今議巽王端重王敬
謹王尚蒙
太宗皇帝拔之諸子之中授為貝勒恩養有加乃負
先帝厚恩諂附抗
主逆行之睿王罪一後睿王死飾為素有嫌怨分取人口財貨
諸物罪一且以宗滿昆弟親王之貴不思剪除逆黨之譚泰
反諂事之罪一伊等所犯情罪重大應將此三王之子所襲
親王爵俱行削除降為庶人巽王所襲親王原係伊父王爵
應令多羅康郡王承襲其所屬人員應候
皇上於本旗內裁撥其奴僕莊園量給其子餘俱入官其分取
睿王家人牲畜財貨諸物及投充漢人俱籍入官奏入得旨
王與諸臣議良是但朕既經恩宥不忍盡行削奪巽王端重
王之子俱着降為多羅貝勒巽王所襲係伊父王爵着多羅
康郡王仍襲親王其舊有奴僕莊園牲畜諸物不必入官仍
留與之所屬牛彔下人員開列具奏其分取睿王家人牲畜
財貨諸物俱籍入官投充漢人着照多羅貝勒應得之數給
與餘俱釋為民敬謹王之罪與巽王端重王無異亦應如議
削奪但念伊雖庸碌然係宗室出征陣亡仍着其子承襲親
王所屬人員奴僕諸物俱留至分取睿王家人牲畜財貨諸
物俱籍入官　和碩簡親王濟度等議覆戶部左侍郎林起

實錄卷一百二十九　九

图版 14　《清世祖实录》卷一百二十九顺治十六年冬十月乙卯："其分取睿王家人"，"至分取睿王家人"

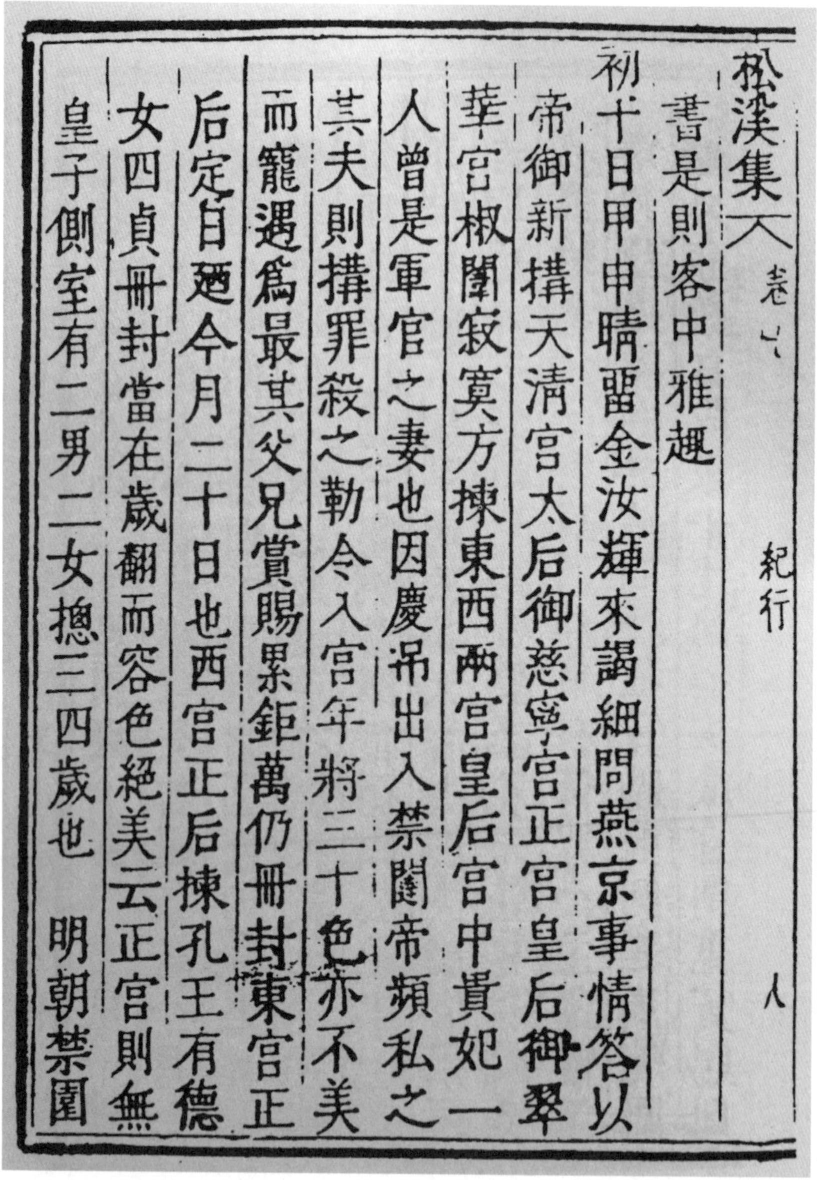
松溪集天 卷七 紀行 人

書是則客中雅趣

初十日甲申晴留金汝輝來謁細問燕京事情答以

帝御新搆天清宮太后御慈寧宮正宮皇后御翠

華宮椒闈寂寞方揀東西兩宮皇后宮中貴妃一

人曾是軍官之妻也因慶吊出入禁闥帝頻私之

其夫則搆罪殺之勒令入宮年將三十色亦不美

而寵遇爲最其父兄賞賜累鉅萬仍冊封東宮正

后定日廼今月二十日也西宮正后揀孔王有德

女四貞冊封當在歲翻而容色絕美云正宮則無

皇子側室有二男二女摠三四歲也 明朝禁園

图版 15 [韩国]林基中编《燕行录全集》第 22 册影原刻本[朝鲜王朝]麟坪大君李㴭《松溪集》卷七朝鲜王朝孝宗七年丙申（清顺治十三年，1656）八月陈奏正使麟坪大君李㴭《燕途纪行下》丙申十月初十日记清主亲兵哨官金汝辉述：“宫中贵妃一人，曾是军官之妻也，因庆吊出入禁闼，帝频私之，其夫则构罪杀之，勒令入宫，年将三十。”

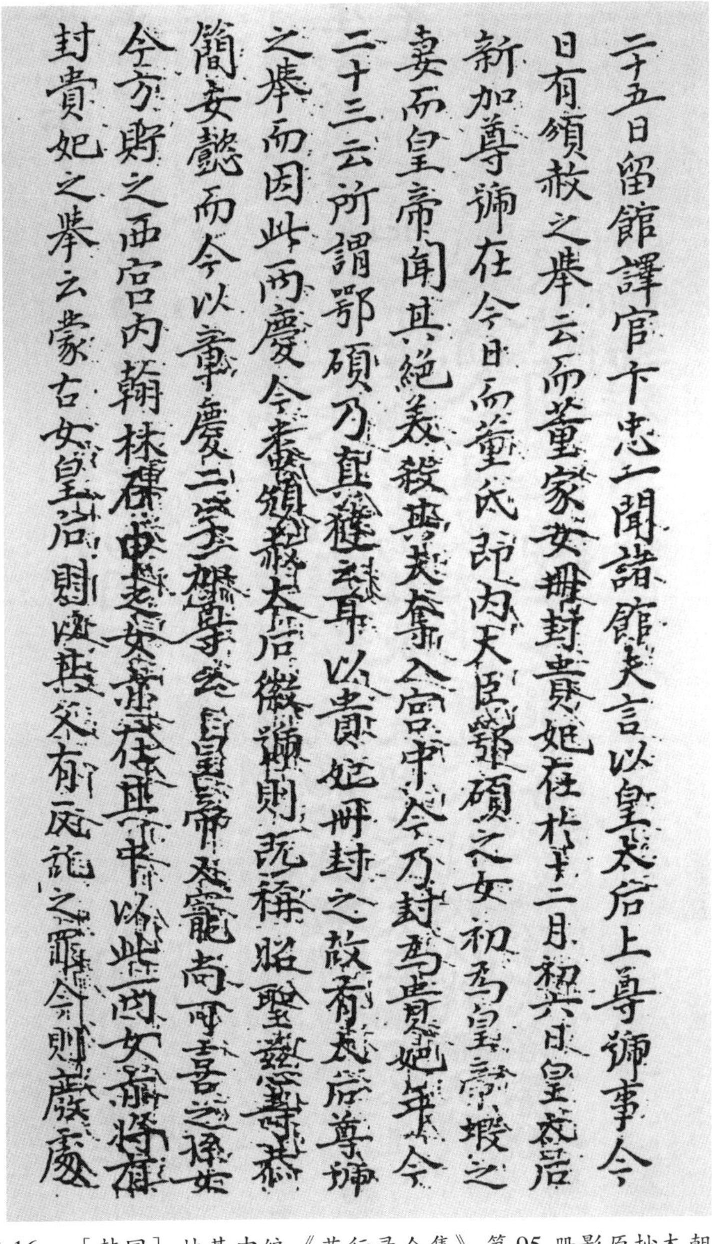

二十五日留館譯官卞忠一聞諸館夫言以皇太后上尊號事今
日有頒赦之舉云而董家女冊封貴妃在於十二月初六日皇太后
新加尊號在今日而董氏即內大臣鄂碩之女初為皇帝蝦之
妻而皇帝聞其絕美殺其夫奪入宮中今乃封為貴妃年今
二十三云所謂鄂碩乃直韃子以貴妃冊封之故有太后尊號
之舉而因此兩慶今番頒赦太后徽號則既稱昭聖慈壽恭
簡安懿而今以

图版 16　［韩国］林基中编《燕行录全集》第 95 册影原抄本朝鲜王朝丁酉（丙申；清顺治十三年，1656）十月冬至正使尹绛、副使李晢、书状官郭齐华《燕中闻见》丙申十二月十五日记会同馆馆夫言：“董家女册封贵妃，在于十二月初六日。皇太后新加尊号，在今日。而董氏即内大臣鄂硕之女，初为皇帝虾之妻，而皇帝闻其绝美，杀其夫，夺入宫中，今乃封为贵妃。”

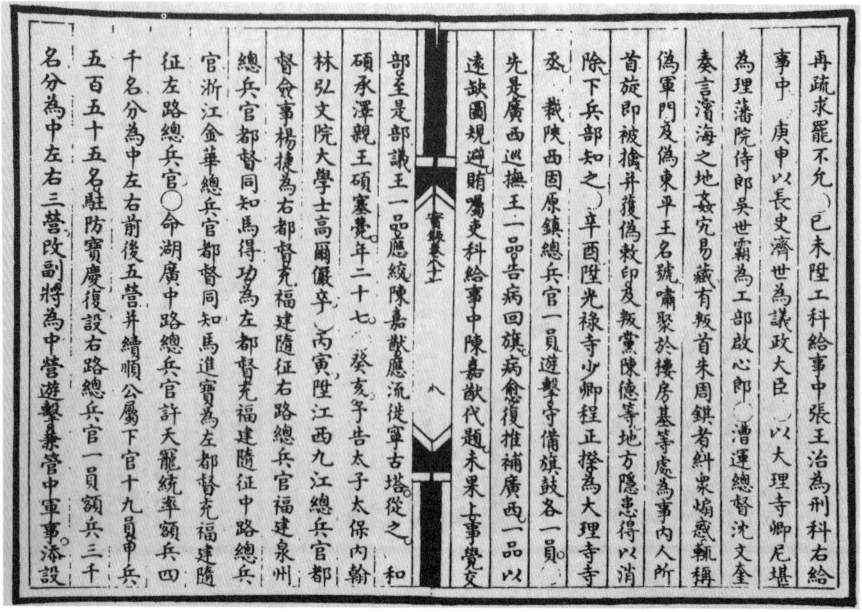

再疏求罷不允。己未陞工科給事中張王治為刑科右給
事中。庚申以長史濟世為議政大臣。以大理寺卿尼堪
為理藩院侍郎吳世霸為工部啟心郎。漕運總督沈文奎
奏言濱海之地姦宄易藏有叛首朱周鎮者糾衆煽惑輒稱
偽軍門及偽東平王名號嘯聚於摟房基等處為事內人所
首旋即被擒并獲偽敕印及叛黨陳德等地方隱患得以消
除下兵部知之。辛酉陞光祿寺少卿程正揆為大理寺寺
丞。裁陝西固原鎮總兵官一員遊擊守備旗鼓各一員。
先是廣西巡撫王一品告病回旗病愈復推補廣西一品以
遠缺圖規避賄囑吏科給事中陳嘉猷代題未果上事覺交
實錄卷八十七 八
部至是部議王一品應絞陳嘉猷應流徙寧古塔從之。和
碩承澤親王碩塞薨年二十七。癸亥予告太子太保內翰
林弘文院大學士高爾儼卒。丙寅陞江西九江總兵官都
督僉事楊捷為右都督充福建隨征右路總兵官福建泉州
總兵官都督同知馬得功為左都督充福建隨征中路總兵
官浙江金華總兵官都督同知馬進寶為左都督充福建隨
征左路總兵官。命湖廣中路總兵官許天寵統率額兵四
千名分為中左右前後五營并續順公屬下官十九員甲兵
五百五十五名駐防寶慶復設右路總兵官一員額兵三千
名分為中左右三營改副將為中營遊擊兼管中軍事添設

图版 17 《清世祖实录》卷八十七顺治十一年十二月辛酉（五日）：“和硕承泽亲王硕塞薨。年二十七。”

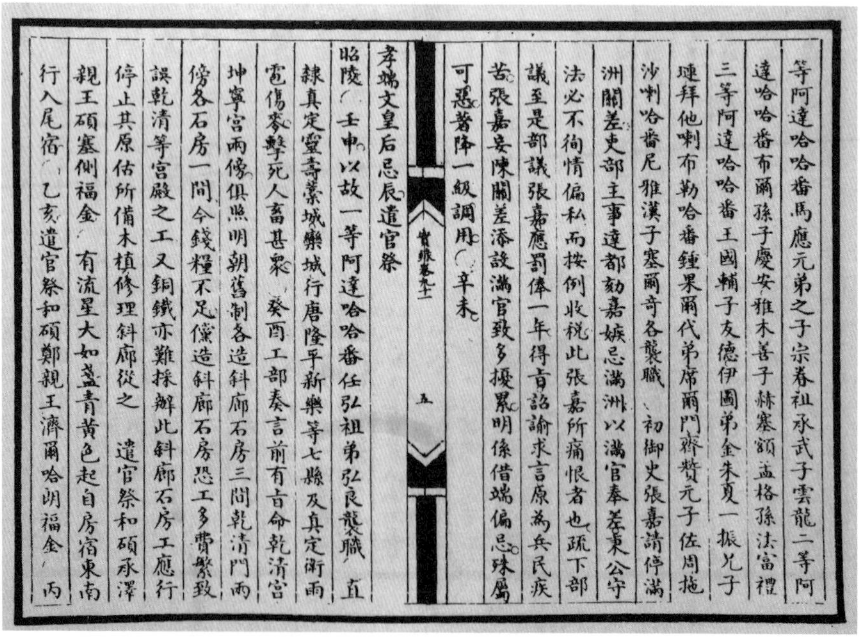

等阿達哈哈番馬應元弟之子宗春祖承武子雲龍二等阿
達哈哈番布爾孫子慶安雅木善子赫塞額孟格孫法富禮
三等阿達哈哈番王國輔子友德伊圖弟金朱夏一振兄子
璉拜他喇布勒哈番鍾果爾代弟席爾門齊贊元子佐周拖
沙喇哈番尼雅漢子塞爾奇各襲職。初御史張嘉請停滿
洲關差吏部主事達都劾嘉嫉忌滿洲以滿官奉差秉公守
法必不徇情偏私而按例收稅此張嘉所痛恨者也疏下部
議至是部議張嘉應罰俸一年得旨詔諭求言原為兵民疾
苦張嘉妄陳關差添設滿官致多擾累明係借端偏忌殊屬
可惡著降一級調用。辛未
實錄卷九十一 五
孝端文皇后忌辰遣官祭
昭陵。壬申以故一等阿達哈哈番任弘祖弟弘良襲職。直
隸真定靈壽藁城欒城行唐隆平新樂等七縣及真定衛雨
雹傷麥擊死人畜甚衆。癸酉工部奏言前有旨命乾清宮
坤寧宮兩傍俱照明朝舊制各造斜廊石房三間乾清門兩
傍各石房一間今錢糧不足儻造斜廊石房恐工多費繁致
誤乾清等宮殿之工又銅鐵亦難採辦此斜廊石房工應行
停止其原估所備木植修理斜廊從之。遣官祭和碩承澤
親王碩塞側福金。有流星大如盞青黃色起自房宿東南
行入尾宿。乙亥遣官祭和碩鄭親王濟爾哈朗福金。丙

图版 18 《清世祖实录》卷九十一顺治十二年夏四月癸酉（十九日）：“遣官祭和硕承泽亲王硕塞侧福金。”

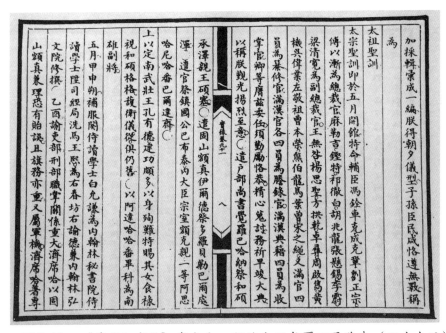

图版19　《清世祖实录》卷九十一顺治十二年夏四月癸未（二十九日）："遣户部尚书觉罗巴哈纳，祭和硕承泽亲王硕塞。"

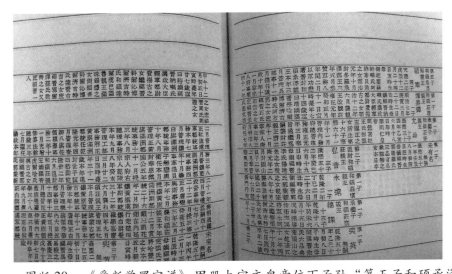

图版20　《爱新觉罗宗谱》甲册太宗文皇帝位下子孙"第五子和硕承泽裕亲王硕塞"谱文，述硕塞嫡、继、侧、庶福晋四人，例皆备述其姓氏与其父官爵、名字（满族），或其籍贯、姓氏与其父官爵、名字（蒙古族），唯独述及此"又庶福晋一人"，违例全部隐去其籍贯、姓氏与其父官爵、名字

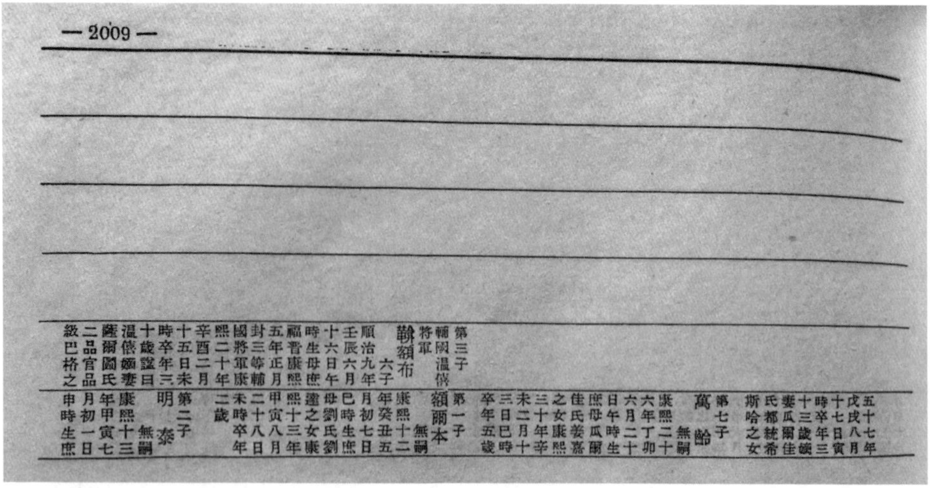

图版21　《爱新觉罗宗谱》甲册太宗文皇帝位下子孙硕塞"第三子辅国温僖将军鞥额布"谱文，述鞥额布"生母庶福晋"，亦违例不书其生母庶福晋姓氏

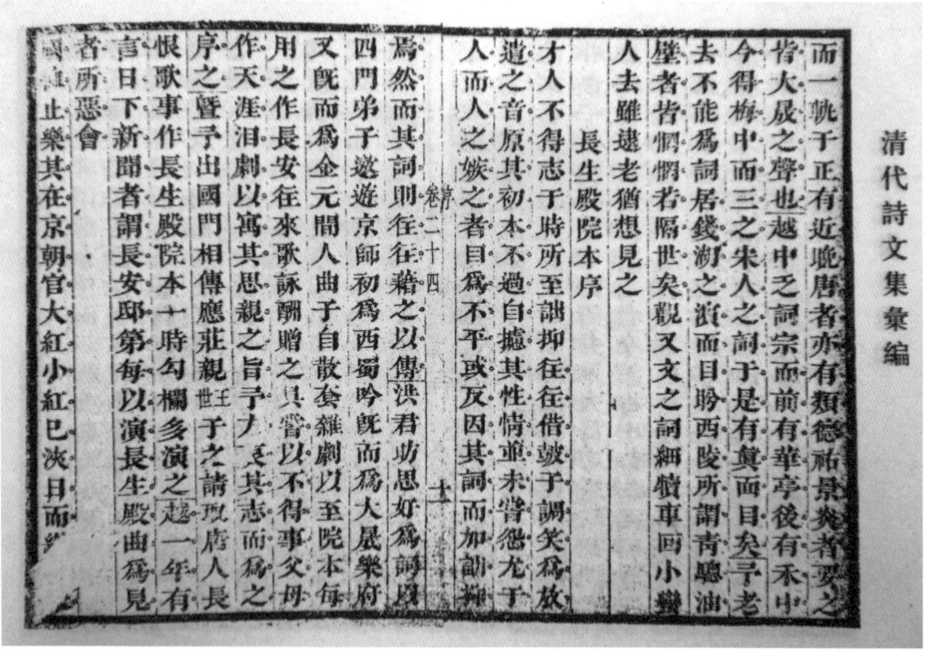

图版22　《清代诗文集汇编》第87册影康熙刻本毛奇龄《西河合集·序》卷二十四《长生殿院本序》："洪君昉思……应庄亲王世子之请，取唐人《长恨歌》事，作《长生殿》院本。"

和梅村夫子吊宛君十絕

　　　　　　　　　　　黄岡杜濬茶村

南國春深人少年，喬車淺草綠芊芊，螺眉蟬鬢知多少，惟有

雙成是女仙

玉映珠明絕點瑕，誰將少婦數盧家，才郎不射城頭雁，慙愧女

知慙學上花

留仙昔日那無襪，客訪城西李少君，洗鉢池邊明月夜，香寬

常面化爲雲

三匝金山競渡舟，萬人爭看比驊騮，繁華江左銷沈後，誰見

伊人秋水眸

真書曾學郗誠懸，秀句斯吟孟浩然，拚册佳人來研北，掃眉

才子立花前

　　　　　　　　　　　　　　　影梅菴題詠　卷之六

同人集

　　　　　　　　　　　　　　　　羊　水繪菴

洞房將夕起雲波，香柏依俙不歌，夫婿近來安樂少委身

遽爾亂離多

朝烟暮靄鎖空樓，溝水何曾怨白頭，若使琵琶傳此恨，青衫

淚不濕江州

梨花慘墓門

隋苑東風天水村友雲甃裏曾傷見青簪桃葉人何在寒食

楚江巫峽繪成詩飾日銷颯過去思總有白頭王建在難摹

扶病起來時

微之自作會真編記是貞元第幾年滄海桑田同一烱綯憶

惟有月仍圓

巢民先生出吳梅村祭酒吊董少君十絕索和熟成應

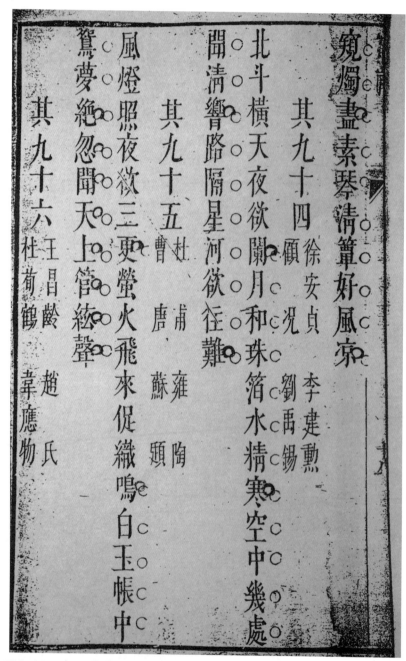

圖版 24　中国科学院文献情报中心藏康熙四年原刻本李天馥《古宫词一百二十首集唐》之九十四："路隔星河欲往难"

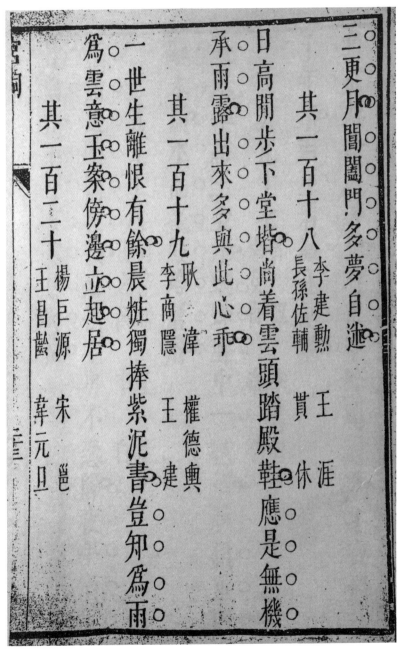

三更月聞閣門多夢自逃

其一百十八　李建勳　　　　王涯

日高閒步下堂皆尚着雲頭踏殿鞋應是無機

承雨露出來多與此心乖　　　　長孫佐輔　　貫休

其一百十九　李商隱　　　　耿湋　　　權德輿

一世生離恨有餘晨粧獨捧紫泥書豈知爲雨

爲雲意玉案傍邊立起居　　　　王建

其一百二十　王昌齡　　　楊巨源　宋邕

　　　　　　　　　　韋元旦

图版25　中国科学院文献情报中心藏康熙四年原刻本李天馥《古宫词一
百二十首集唐》之一百十九："一世生离恨有余"

405

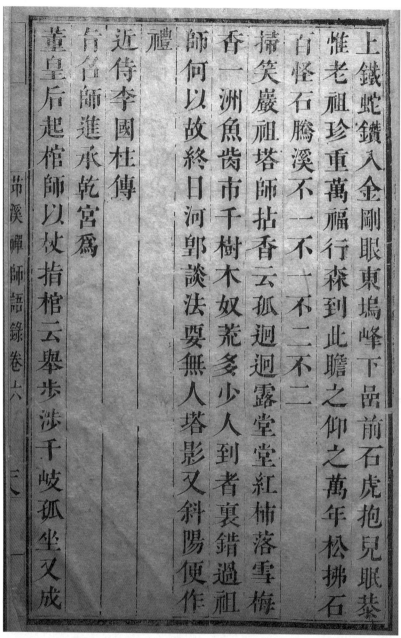

上铁蛇钻入金刚眼东坞峰下邑前石虎抱儿眠蓁

惟老祖珍重万福行森到此瞻之仰之万年松拂石

白怪石腾溪不一不一不二不二

扫笑巖祖塔师拈香云孤迴迴露堂堂红柿落雪梅

香一洲鱼齿市千树木奴荒多少人到者裏错过祖

师何以故终日河邸谈法要无人塔影又斜阳便作

礼

近侍李国柱传

有名师进承乾宫为

董皇后起棺师以杖指棺云举步涉千岐孤坐又成

苕溪禅师语录卷六 (三)

图版26 首都图书馆藏康熙原刻本《勅赐圆照苕溪森禅师语录》卷六苕溪
森进承乾宫为董皇后起棺说偈:"举步涉千岐,孤坐又成(迷)。"

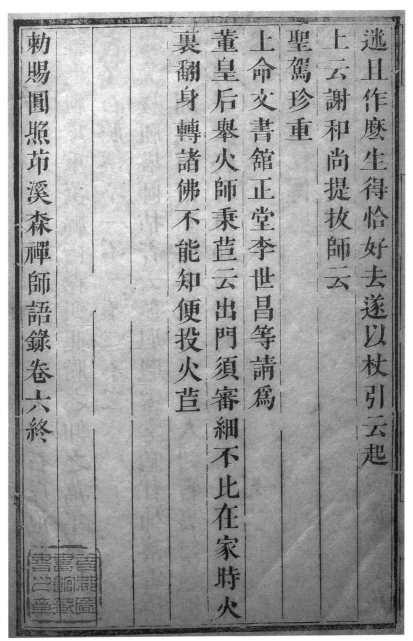

逃且作麼生得恰好去遂以杖引云起

上云謝和尚提拔師云

聖駕珍重

上命文書舘正堂李世昌等請爲

董皇后舉火師秉苣云出門須審細不比在家時火

裏翻身轉諸佛不能知便投火苣

勅賜圓照茚溪森禪師語錄卷六終

图版27　首都图书馆藏康熙原刻本《勅赐圆照茚溪森禅师语录》卷六茚溪森进承乾宫为董皇后起棺说偈："（举步涉千岐，孤坐又成）迷。"

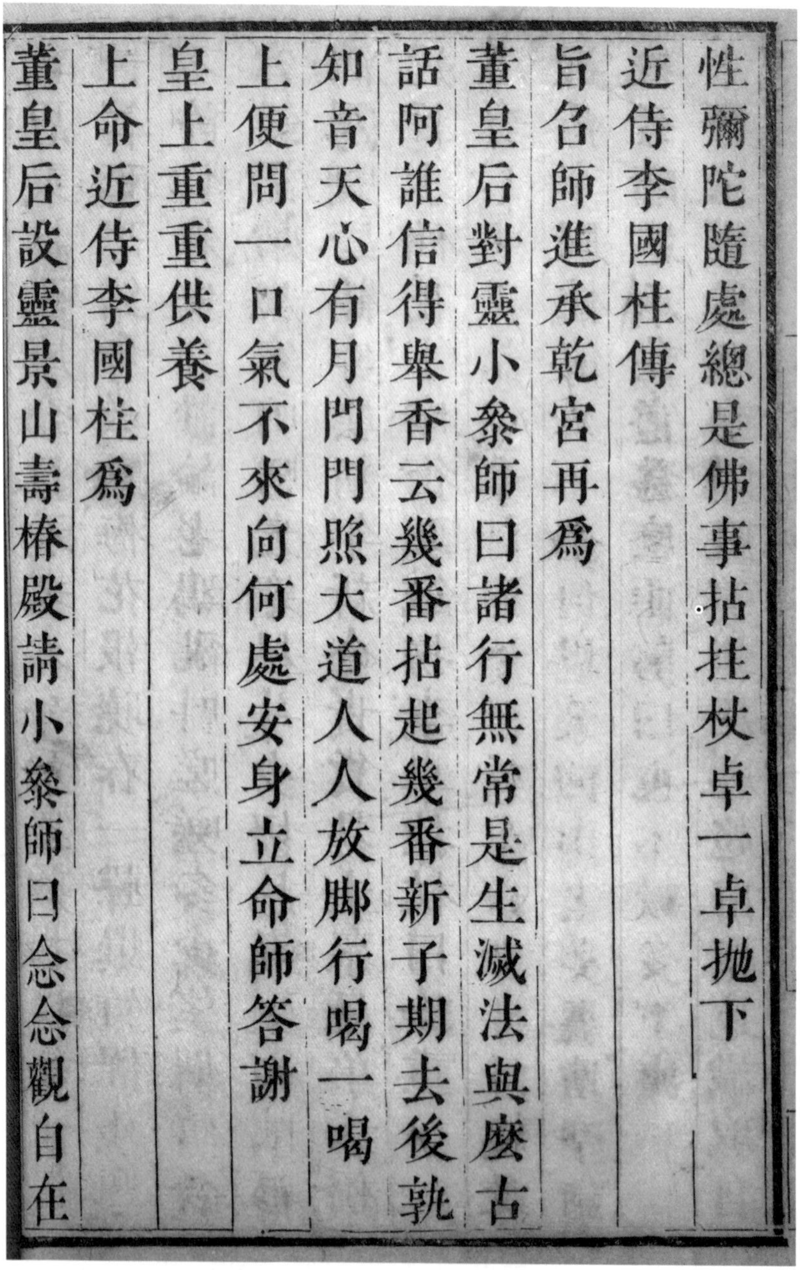

性彌陀隨處總是佛事拈拄杖卓一卓拋下

近侍李國柱傳

旨名師進承乾宮再爲

董皇后對靈小豙師曰諸行無常是生滅法與麼古

話阿誰信得舉香云幾番拈起幾番新子期去後鞕

知音天心有月門門照大道人人放脚行喝一喝

上便問一口氣不來向何處安身立命師答謝

皇上重重供養

上命近侍李國柱爲

董皇后設靈景山壽椿殿請小豙師曰念念觀自在

图版 28　首都图书馆藏康熙原刻本《勅賜圓照茚溪森禅师语录》卷一茚溪
森为董皇后设灵景山寿椿殿小参："念念观自在，（处处是家山。）"

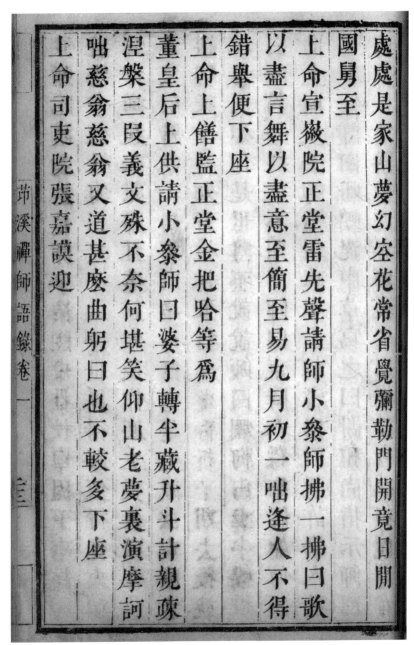

处处是家山梦幻空花常省觉弥勒门开竟日开

国舅至

上命宣徽院正堂雷先声请师小叅师拂一拂曰歌

以尽言舞以尽意至简至易九月初一咄逢人不得

错举便下座

上命上僭监正堂金把哈等为

董皇后上供请小叅师曰婆子转半藏升斗计亲疏

涅槃三段义文殊不奈何堪笑仰山老梦里演摩诃

咄慈翁慈翁又道甚么曲躬曰也不较多下座

上命司吏院张嘉谟迎

茚溪禅师语录卷一

〔二三〕

图版 29　首都图书馆藏康熙原刻本《勅赐圆照茚溪森禅师语录》卷一茚溪森为董皇后设灵景山寿椿殿小参："（念念观自在，）处处是家山。"

409

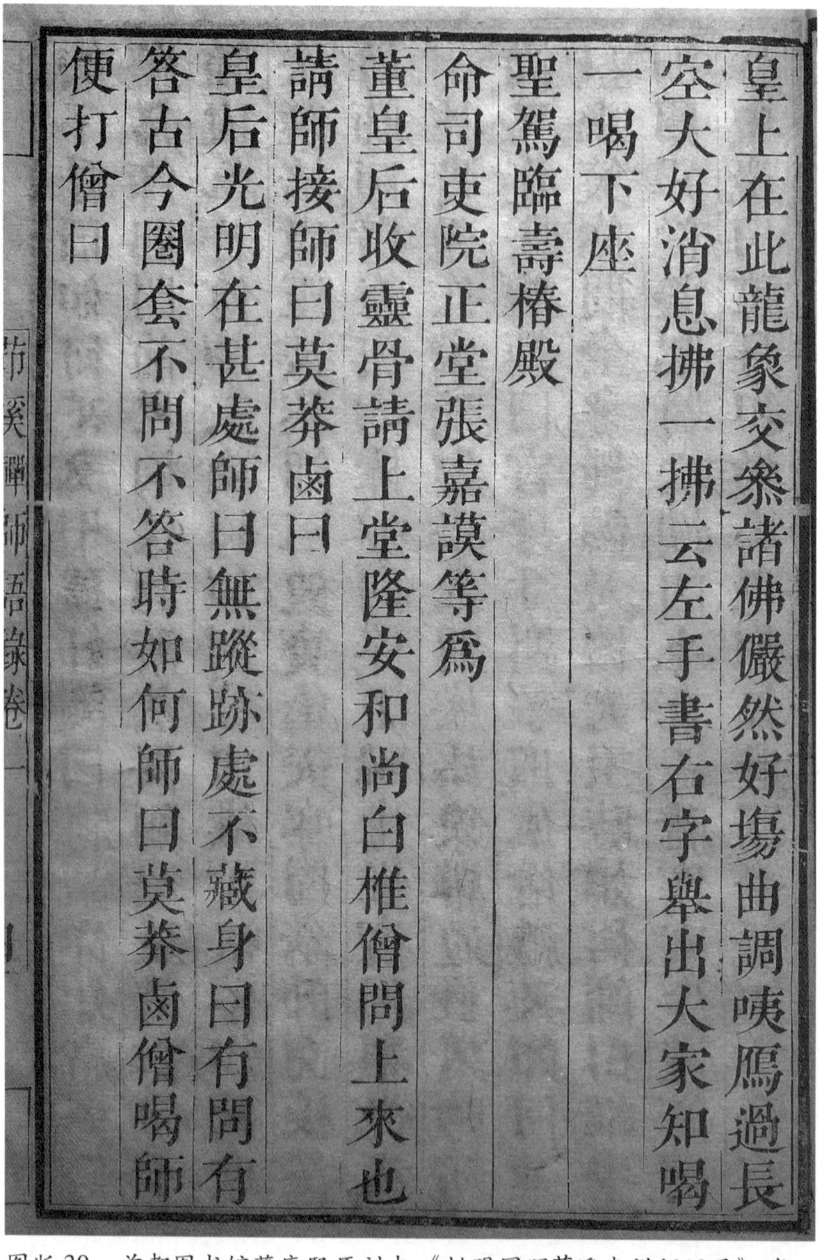

皇上在此龍象交叅諸佛儼然好塲曲調咦鵰過長
空大好消息拂一拂云左手書右字舉出大家知喝
一喝下座
聖駕臨壽椿殿
命司吏院正堂張嘉謨等爲
董皇后收靈骨請上堂隆安和尚白椎僧問上來也
請師接師曰莫莽鹵曰
皇后光明在甚處師曰無蹤跡處不藏身曰有問有
答古今圈套不問不答時如何師曰莫莽鹵僧喝師
便打僧曰

图版30　首都图书馆藏康熙原刻本《勅赐圆照茚溪森禅师语录》卷一茚溪森为董皇后收灵骨上堂

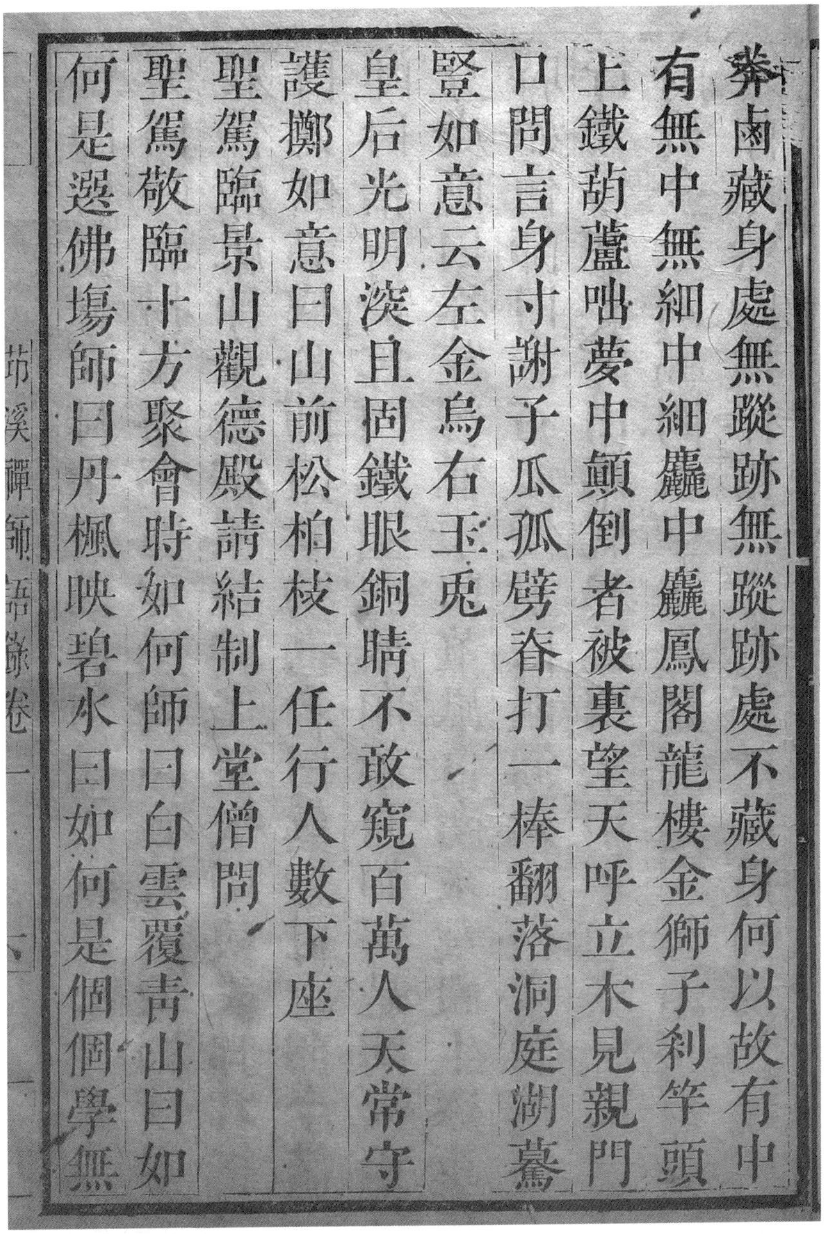

劈鹵藏身處無蹤跡無蹤跡處不藏身何以故有中
有無中無細中麤中麤鳳閣龍樓金獅子刹竿頭
上鐵葫蘆咄夢中顛倒者被裏堂天呼立木見親門
口問言身寸謝子瓜孤劈脊打一棒翻落洞庭湖蠶
皇后光明深且固鐵眼銅睛不敢窺百萬人天常守
豎如意云左金烏右玉兎
護擲如意曰山前松柏枝一任行人數下座
聖駕臨景山觀德殿請結制上堂僧問
聖駕敬臨十方聚會時如何師曰白雲覆青山曰如
何是選佛塲師曰丹楓映碧水曰如何是個個學無

苕溪禪師語錄卷一

图版 31　首都图书馆藏康熙原刻本《勅赐圆照苕溪森禅师语录》卷一苕溪森为董皇后收灵骨上堂："左金乌，右玉兔，皇后光明深且固。铁眼铜睛不敢窥，百万人天常守护。"

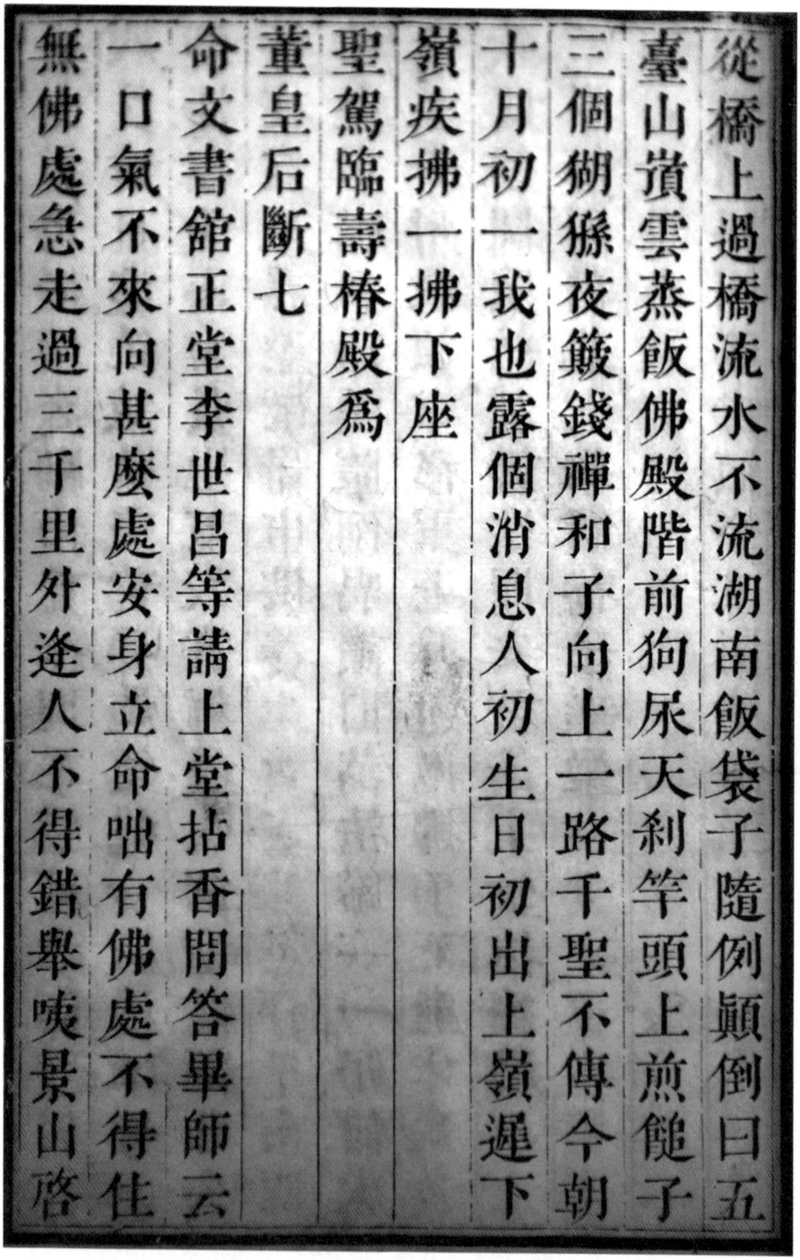

從橋上過橋流水不流湖南飯袋子隨例顛倒曰五
臺山賞雲蒸飯佛殿階前狗尿天刹竿頭上煎餶子
三個猢猻夜簸錢禪和子向上一路千聖不傳今朝
十月初一我也露個消息人初生日初出上嶺遲下
嶺疾拂一拂下座
聖駕臨壽椿殿爲
董皇后斷七
命文書舘正堂李世昌等請上堂拈香間答畢師云
一口氣不來向甚麼處安身立命咄有佛處不得住
無佛處急走過三千里外逢人不得錯舉唉景山啓

图版32　首都图书馆藏康熙原刻本《勅赐圆照茚溪森禅师语录》卷一茚溪
森为董皇后断七上堂："三千里外逢人不得错举。"

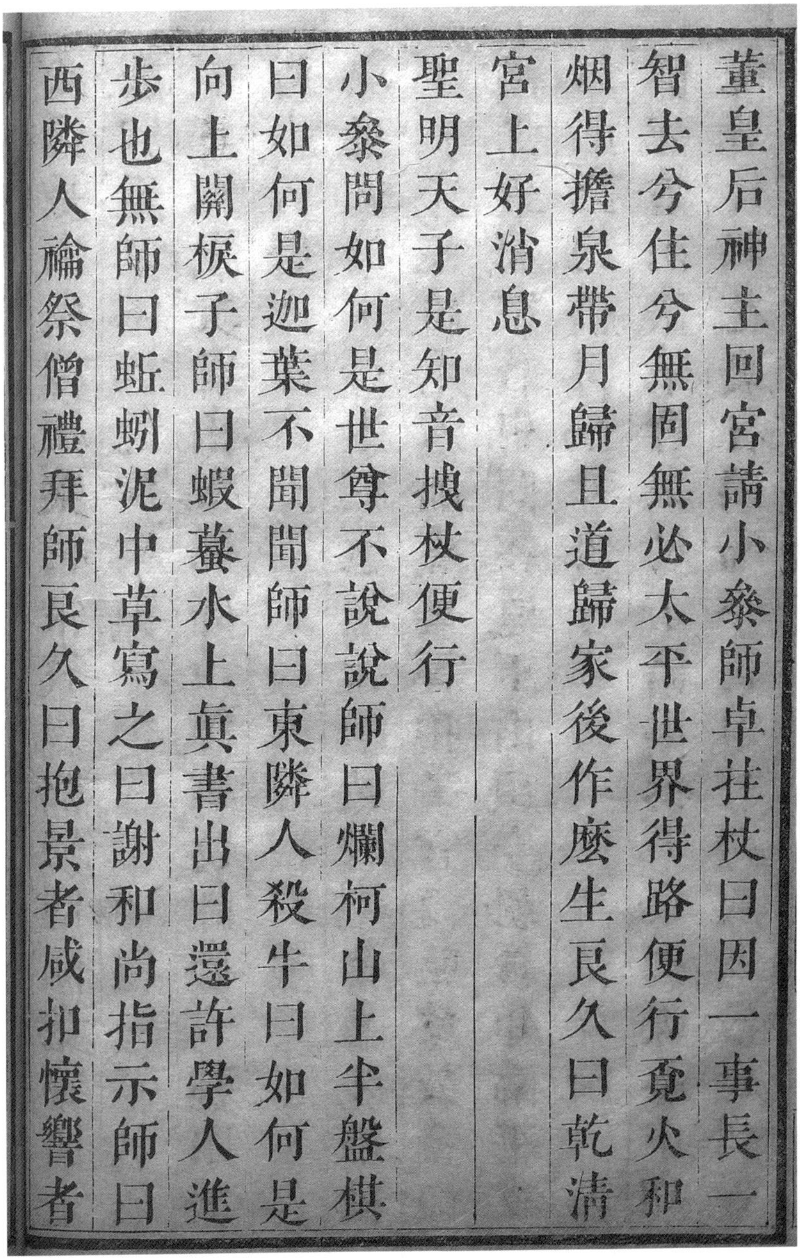

董皇后神主回宮請小參師卓拄杖曰因一事長一
智去分住分無固無必太平世界得路便行覔火和
烟得擔泉帶月歸且道歸家後作麼生良久曰乾清
宮上好消息
聖明天子是知音攙杖便行
小參問如何是世尊不說師曰爛柯山上半盤棋
曰如何是迦葉不聞聞師曰東隣人殺牛曰如何是
向上關棙子師曰蝦蟇水上真書出曰還許學人進
步也無師曰蚯蚓泥中草寫之曰謝和尚指示師曰
西隣人㑨祭僧禮拜師良久曰抱景者咸扣懷響者

图版33　首都图书馆藏康熙原刻本《勅赐圆照茚溪森禅师语录》卷一茚溪森为迎董皇后神主回宫小参："因一事，长一智"；"乾清宫上好消息，圣明天子是知音"

413

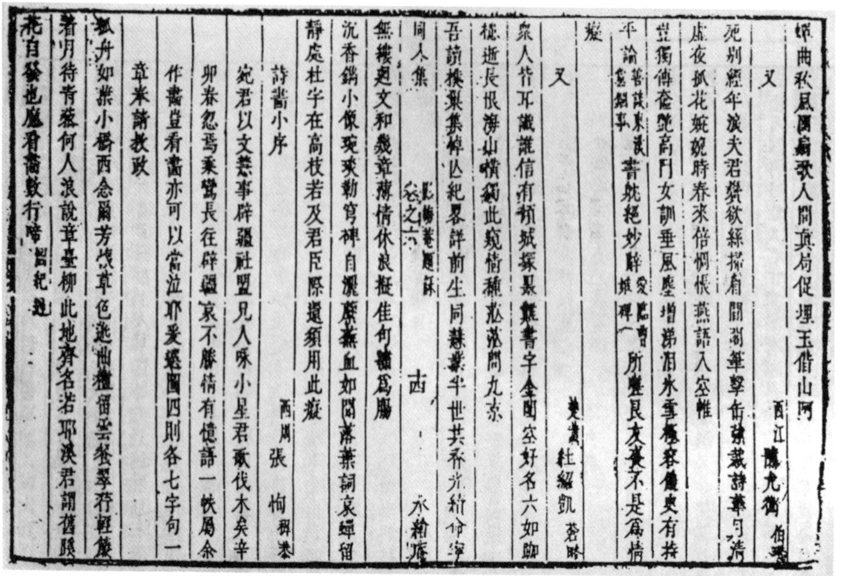

悼曲秋風團扇歌人間真局促埋玉借山阿
又　西江 陳允衡 伯璣
死別經年淚夫君發欲縣揚看關澗華擘餘裁詩華句清
虛夜抓花婉娩時春來倍惆悵燕語入空帷
豈獨傳奇艷高門女訓垂風塵增涕泪冰雪擁容儀更有持
平論著甚來哉 青姚絕妙辭愛聞曹 所塑艮友美不是為情
癡
又　楚黃 杜紹凱 蒼略
衆人皆耳識誰信有頻城塚畏難書字金閨空好名六如迦
悵逝長恨海山嶺獨此窺情種悠悠問九京
吾讀樸巢集悼亡紀憂詳前生同慧業半世共香光綺分字
同人集　影梅菴題詠　卷之六　　水繪庵
無緣題文和幾章薄情休浪擬佳句斷為腸
沉香鎖小像突爽勒穹碑自灑摩蘿血如聞落葉詞哀蟬留
靜處杜宇在高枝若及君臣際還須用此癡
詩畫小序　西周 張 恂 稚恭
宛君以文慧事辟疆社盟見人咏小星君敢伐木矣辛
卯春忽焉乘鸞長在辟疆哀不勝情有憶語一帙屬余
作畫豈看畫亦可以當泣耶爰繪圖四則各七字句一
章兼請教政
孤舟如葉小橋西念爾芳魂草色迷幽樹留雲餐翠符輕簾
着月待青蕪何人浪說章臺柳此地齊名若耶溪君謂舊賤
花自發也應看畫數行啼　留紀逝

图版 34　《四库全书存目丛书》集部第 385 册影康熙冒氏水绘园刻本《同人集》卷六《影梅庵悼亡题咏》杜绍凯《影梅庵词为辟疆先生悼小宛少君》三首之三：“哀蝉留静处，杜宇在高枝。若及君臣际，还须用此痴。”

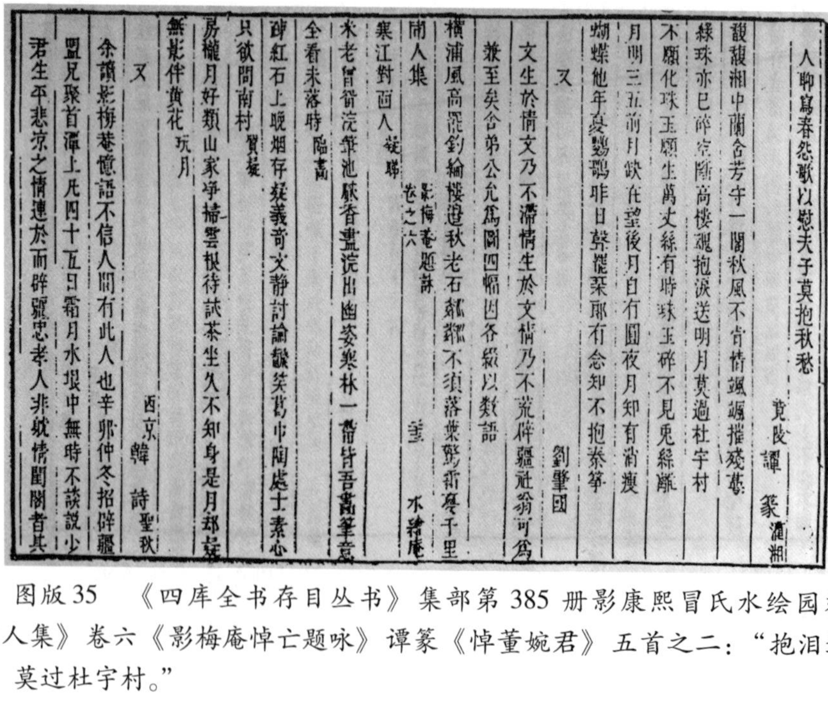

人聊寫春怨歌以慰夫子莫抱秋愁
竟陵 譚 篆 瀟湘
馥馥湘中蘭含芳守一闇秋風不肯情颯颯摧殘甚
綠珠亦已碎空隨高樓魂抱淚送明月莫過杜宇村
不願化珠玉願生萬丈絲有時珠玉碎不見兎絲斷
月明三五前月缺在望後月自有圓夜月知有消瘦
蝴蝶他年夢鸚鵡非日聲罷棄耶有念知不抱秦箏
又　劉肇國
文生於情文乃不滯情生於文情乃不荒辟疆社翁可為
兼至矣合弟公允為圖四幅因各綴以數語
橫浦風高罷釣綸樓邊秋老石粼粼不須落葉驚衙裏千里
同人集　影梅菴題詠　卷之六　　水繪庵
寒江對西人 疑勝
來老皆猶浣華池蘇香畫浣出幽姿寒林一帶皆吾畫筆意
全看未落時 臨畫
碑紅石上晚烟存疑義奇文靜討論纔笑葛巾陶處士素心
只欲問南村 賞疑
房櫳月好類山家淨掃雲根待試茶坐久不知身是月都疑
無影伴黃花 玩月
又　西京 韓 詩 聖秋
余讀影梅菴憶語不信人間有此人也辛卯仲冬招辟疆
盟兄聚首潭上凡四十五日霜月水堠中無時不談說少
君生平悲涼之情連於而辟疆忠孝人非纔情閨閣者其

图版 35　《四库全书存目丛书》集部第 385 册影康熙冒氏水绘园刻本《同人集》卷六《影梅庵悼亡题咏》谭篆《悼董婉君》五首之二：“抱泪送明月，莫过杜宇村。”

御製行狀

聖母皇太后所嘉奧於順治拾叁年八月朕恭承

入掖庭覘靜循禮聲譽日聞爲

餽進止有序有母儀之度姻黨稱之年十八以德選

贈侯爵諡剛毅后幼穎慧過人及長嫻女工修謹自

后董氏滿洲人也父內大臣鄂碩以積勳封至伯歿

朕爲表著曷由知之是用彙其生平懿行次之爲狀

痛無窮惟后制行純備足垂範後世顧壼儀邃密非

端敬皇后崩嗚呼內治虛賢贊襄失助永言淑德推

順治拾有柒年捌月壬寅孝獻莊和至德宣仁溫惠

図版36　首都师范大学图书馆藏仁和吴氏双照楼丁巳（1917 年）刻本吴昌绶辑《松邻丛书甲编》御制《（孝献庄和至德宣仁温惠端敬皇后）行状》："后董氏"

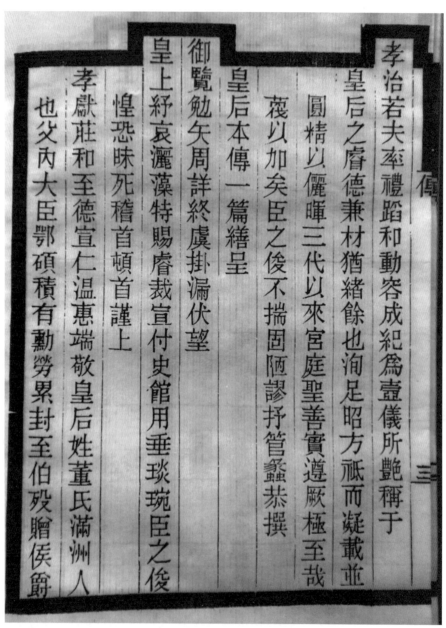

孝治若夫率禮蹈和勲容成紀爲壹儀所艶稱于

皇后之睿德兼材猶緒餘也洵足昭方祗而凝載並

圓精以儷暉三代以來宮庭聖善實遵厥極至哉

蓑以加矣臣之俊不揣固陋謬抒管蠡恭撰

皇后本傳一篇繕呈

御覽勉矢周詳終虞掛漏伏懇

皇上紓哀灑藻特賜睿裁宣付史館用垂琰琬臣之俊

惶恐昧死稽首頓首謹上

孝獻莊和至德宣仁温惠端敬皇后姓董氏滿洲人

也父內大臣鄂碩積有勲勞累封至伯殁贈侯爵

傳

三

图版37　首都师范大学图书馆藏仁和吴氏双照楼丁巳（1917 年）刻本吴
昌绶辑《松邻丛书甲编》金之俊《奉敕撰孝献庄和至德宣仁温惠端敬皇后
传》："姓董氏"

416

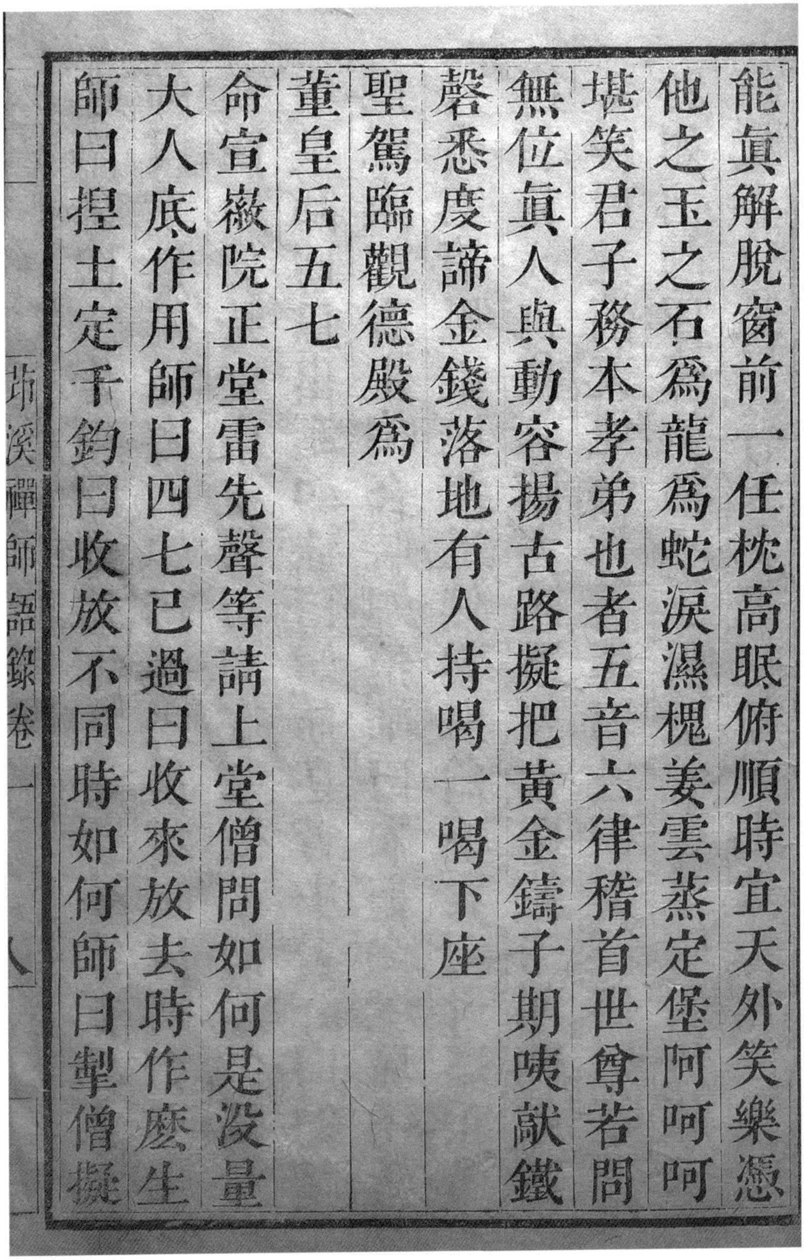

能眞解脫窻前一任枕高眠俯順時宜天外笑樂憑

他之玉之石爲龍爲蛇淚濕槐姜雲蒸定堡阿呵呵

堪笑君子務本孝弟也者五音六律稽首世尊若問

無位眞人與動容揚古路擬把黃金鑄子期咦獻鐡

磬悉虔諦金錢落地有人持喝一喝下座

聖駕臨觀德殿爲

董皇后五七

命宣徽院正堂雷先聲等請上堂僧問如何是没量

大人底作用師曰四七已過日收來放去時作麽生

師曰捏土定干鈞曰收放不同時如何師曰掣僧擬

茆溪禪師語錄卷一

图版38　首都图书馆藏康熙原刻本《勅賜圓照茆溪森禅师语录》卷一："圣驾临观德殿，为董皇后五七，命宣徽院正堂雷先声等请上堂。"

417

图版39　首都图书馆藏康熙原刻本《勅赐圆照茚溪森禅师语录》卷一：
"顺治庚子年八月廿三日，近侍李国柱传旨，召师进承乾宫上堂。"

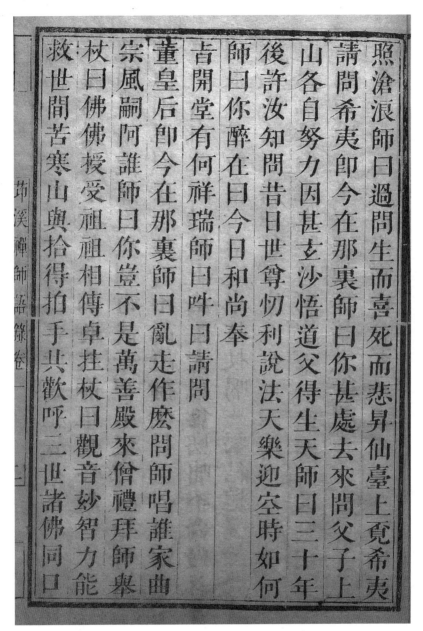

照沧浪师曰過問生而喜死而悲昇仙臺上覓希夷

請問希夷即今在那裏師曰你甚處去來問父子上

山各自努力因甚玄沙悟道父得生天師曰三十年

後許汝知問昔日世尊刢利說法天樂迎空時如何

師曰你醉在日今日和尚奉

旨開堂有何祥瑞師曰吥曰請問

董皇后即今在那裏師曰亂走作麼問師唱誰家曲

宗風嗣阿誰師曰你豈不是萬善殿來僧禮拜師舉

杖曰佛佛授受祖祖相傳卓拄杖曰觀音妙智力能

救世間苦寒山與拾得拍手共歡呼三世諸佛同口

（右侧书名）茚溪禪師語錄卷一

图版40　首都图书馆藏康熙原刻本《勅赐圆照茚溪森禅师语录》卷一：（顺治庚子年八月廿三日，近侍李国柱传旨，召师进承乾宫上堂。善果和尚白槌）曰："请问董皇后即今在哪里？"

419

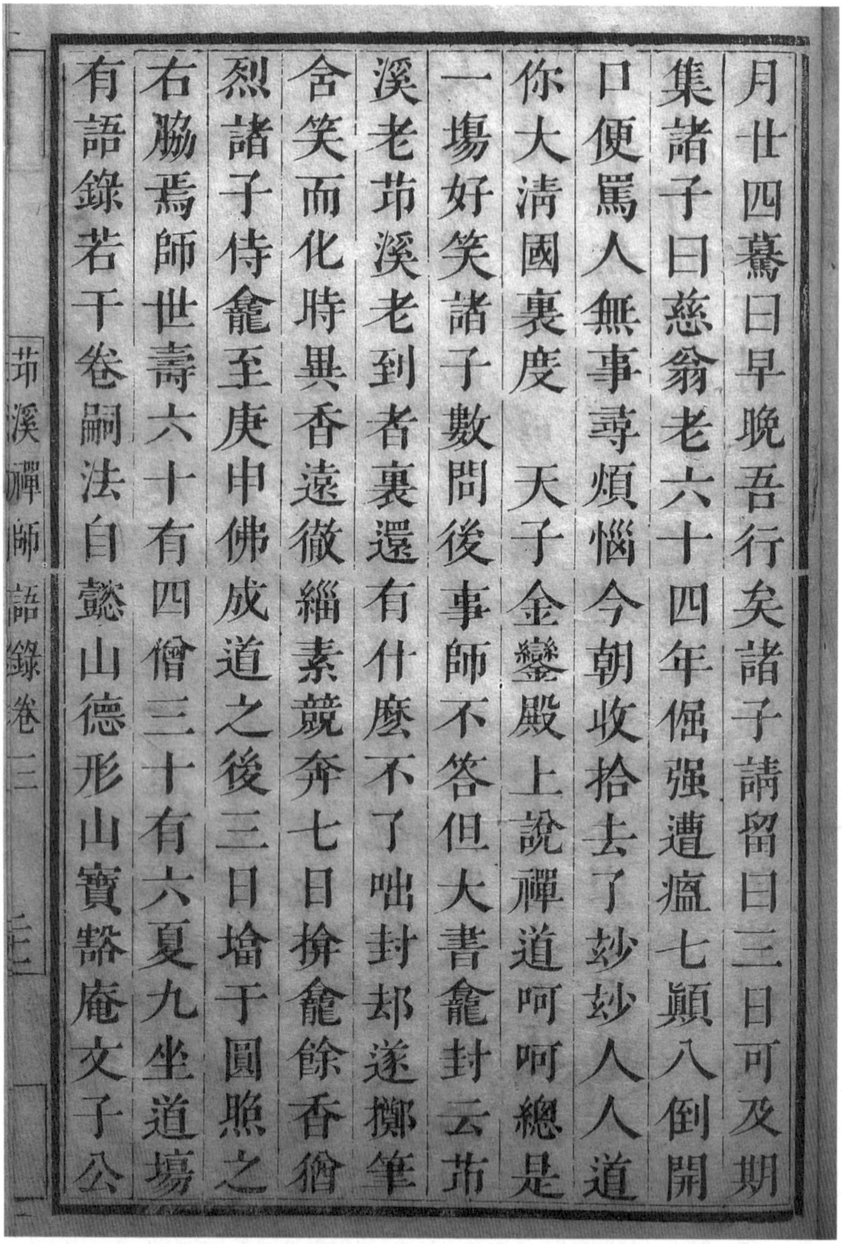

月廿四驀日早晚吾行矣諸子請留曰三日可及期
集諸子曰慈翁老六十四年偈強遭瘟七顛八倒開
口便罵人無事尋煩惱今朝收拾去了紗紗人人道
你大清國裏度天子金鑾殿上說禪道呵呵總是
一場好笑諸子數問後事師不答但大書龕封云茚
溪老茚溪老到者裏還有什麼不了咄封卻遂擲筆
笑而化時異香遠徹緇素競奔七日揜龕餘香猶
烈諸子侍龕至庚申佛成道之後三日墖于圓照之
右脇焉師世壽六十有四僧三十有六夏九坐道塲
有語錄若干卷嗣法自懿山德形山寶豁庵文子公

茚溪禪師語錄卷三

图版41　首都图书馆藏康熙原刻本《勅賜圓照茚溪森禪師語錄》卷三茚溪森禅师临终偈："人人道你大清国里度天子。"

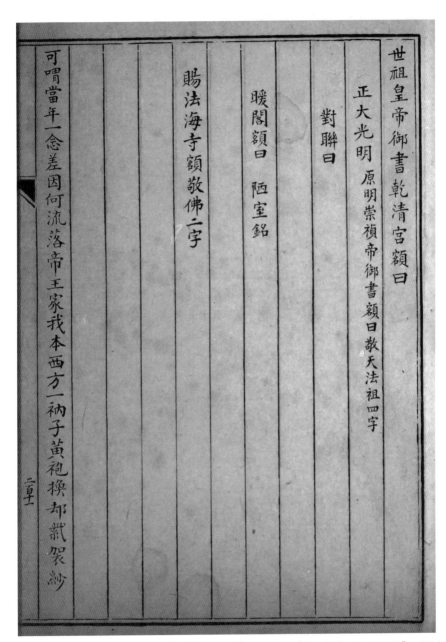

世祖皇帝御書乾清宮額曰

正大光明　原明崇禎帝御書額曰敬天法祖四字

對聯曰

暖閣額曰　陋室銘

賜法海寺額敬佛二字

可喟當年一念差因何流落帝王家我本西方一衲子黃袍換却紫袈裟

圖版42　浙江图书馆藏清钞本顺治曾孙弘旺《松月堂目下旧见》顺治朝卷端世祖御制出家诗："可喟当年一念差，因何流落帝王家。我本西方一衲子，黄袍换却紫袈纱（裟）。"

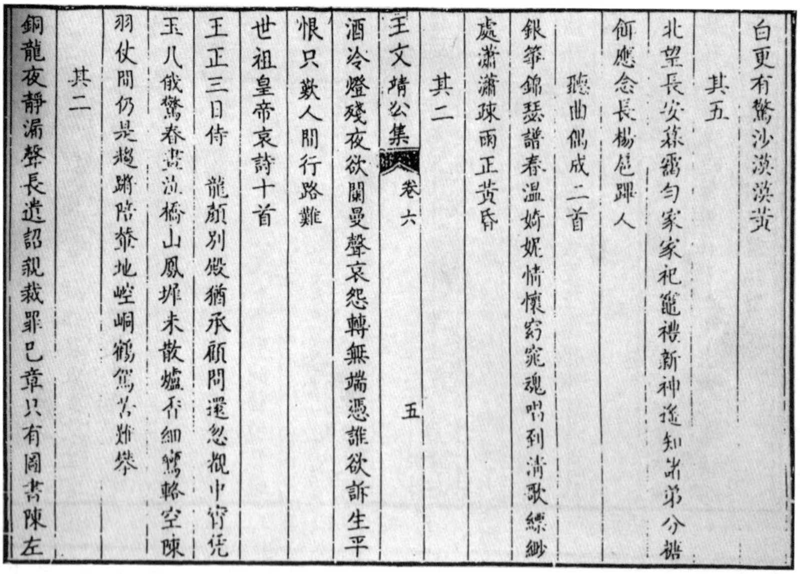

图版43 《四库全书存目丛书》集部第 214 册影康熙四十六年王克昌刻本王熙《王文靖公集》卷六《世祖皇帝哀诗》其一："崆峒鹤驾苦难攀"

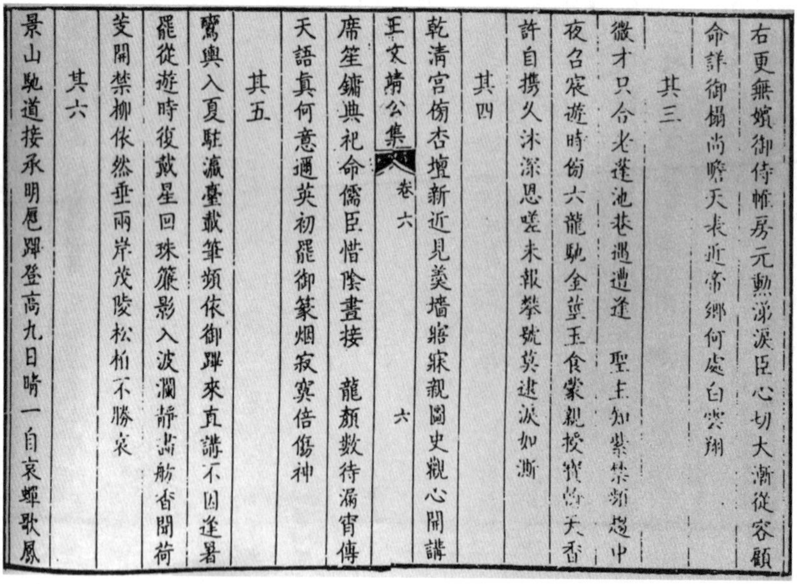

图版44 《四库全书存目丛书》集部第 214 册影康熙四十六年王克昌刻本王熙《王文靖公集》卷六《世祖皇帝哀诗》其二："更无嫔御侍帷房"；"帝乡何处白云翔"

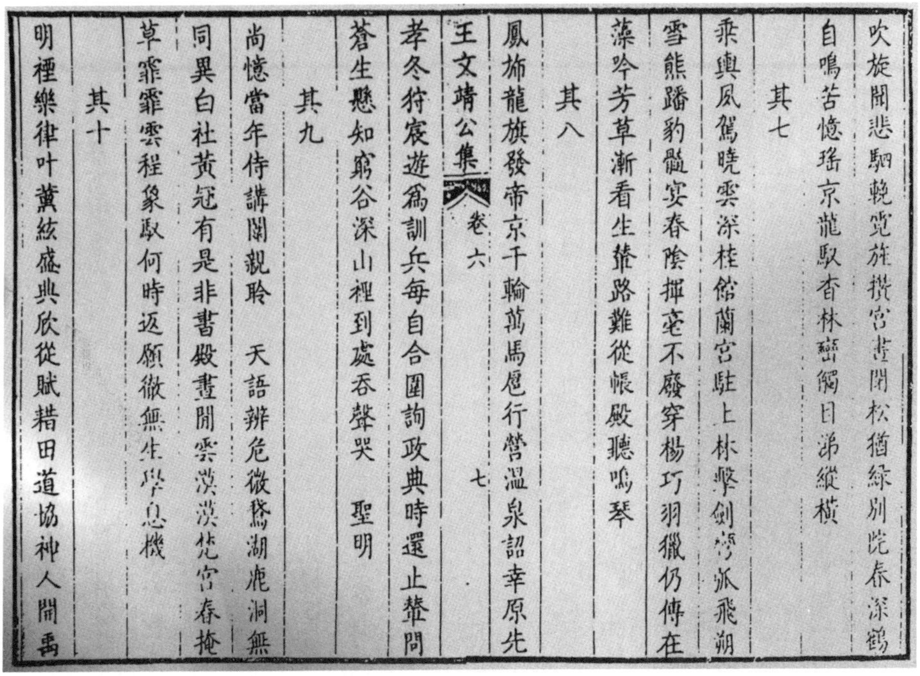

吹旋聞悲馹輓覽旌攢宮晝閉松猶綠別院春深鶴
自鳴苦憶瑤京龍馭杳林巒觸目涕縱橫
其七
乘輿鳳駕曉雲深桂館蘭宮駐上林擊劍彎弧飛翮
雪熊蹯豹髓宴春陰揮毫不廢穿楊巧羽獵仍傳在
藻吟芳草漸看生輦路難從帳殿聽鳴琴
其八
鳳旆龍旗發帝京千輪萬馬扈行營溫泉詔幸原先
王文靖公集　卷六　七
孝冬狩寢遊爲訓兵每自合圍詢政典時還止輦問
蒼生懸知窮谷深山裡到處吞聲哭　聖明
其九
尚憶當年侍講閒親聆　天語辨危微鵞湖鹿洞無
同異白社黃冠有是非書殿晝閒雲漠漠梵宮春掩
草霏霏雲程象馭何時返願徹無生學息機
其十
明禋樂律叶簧紘盛典欣從賦耤田道協神人開禹

图版45　《四库全书存目丛书》集部第214册影康熙四十六年王克昌刻本王熙《王文靖公集》卷六《世祖皇帝哀诗》其九：“书殿昼闲云漠漠，梵宫春掩草霏霏。”

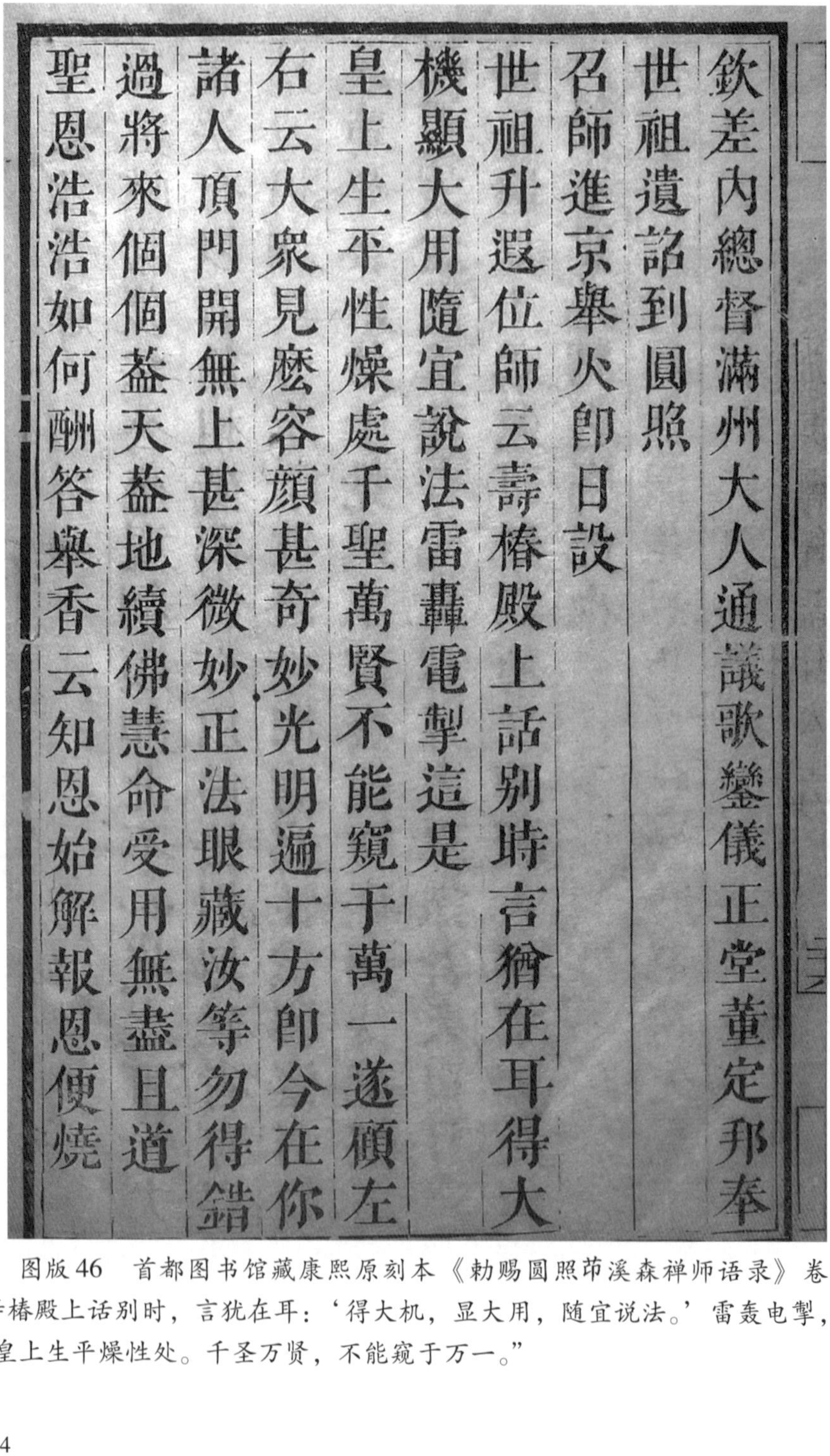

欽差內總督滿州大人通議歌鑾儀正堂董定邦奉
世祖遺詔到圓照
召師進京舉火卽日設
世祖升退位師云壽椿殿上話別時言猶在耳得大
機顯大用隨宜說法雷轟電掣這是
皇上生平性燥處千聖萬賢不能窺于萬一遂顧左
右云大衆見麼容顏甚奇妙光明遍十方卽今在你
諸人頂門開無上甚深微妙正法眼藏汝等勿得錯
過將來個個葢天葢地續佛慧命受用無盡且道
聖恩浩浩如何酬答舉香云知恩始解報恩便燒

图版46　首都图书馆藏康熙原刻本《勅赐圆照茚溪森禅师语录》卷六：
"寿椿殿上话别时，言犹在耳：'得大机，显大用，随宜说法。'雷轰电掣，这
是皇上生平燥性处。千圣万贤，不能窥于万一。"

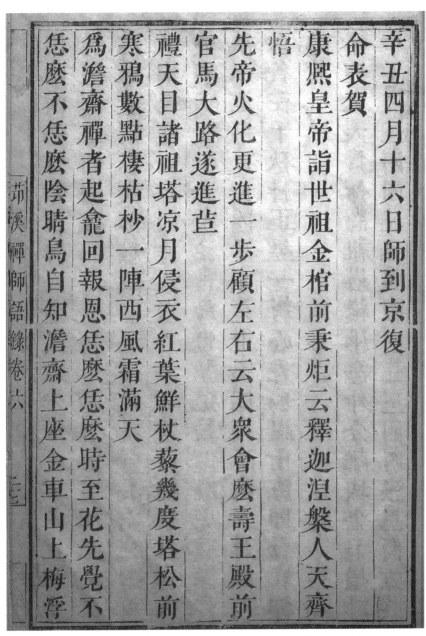

辛丑四月十六日師到京復

命表賀

康熙皇帝詣世祖金棺前秉炬云釋迦涅槃人天齊

悟

先帝火化更進一步顧左右云大眾會麼壽王殿前

官馬大路遂進苴

禮天目諸祖塔凉月侵衣紅葉鮮杖藜幾度塔松前

寒鴉數點樓枯抄一陣西風霜滿天

爲澹齋禪者起龕回報恩憑麼憑麼峕至花先覺不

憑麼不憑麼陰晴鳥自知澹齋上座金車山上梅浮

茚溪禪師語綠卷六　　三三

图版47　首都图书馆藏康熙原刻本《勅賜圓照茚溪森禅师语录》卷六："诣世祖金棺前秉炬，云：'释迦涅盘，人天齐悟。先帝火化，更进一步。'"

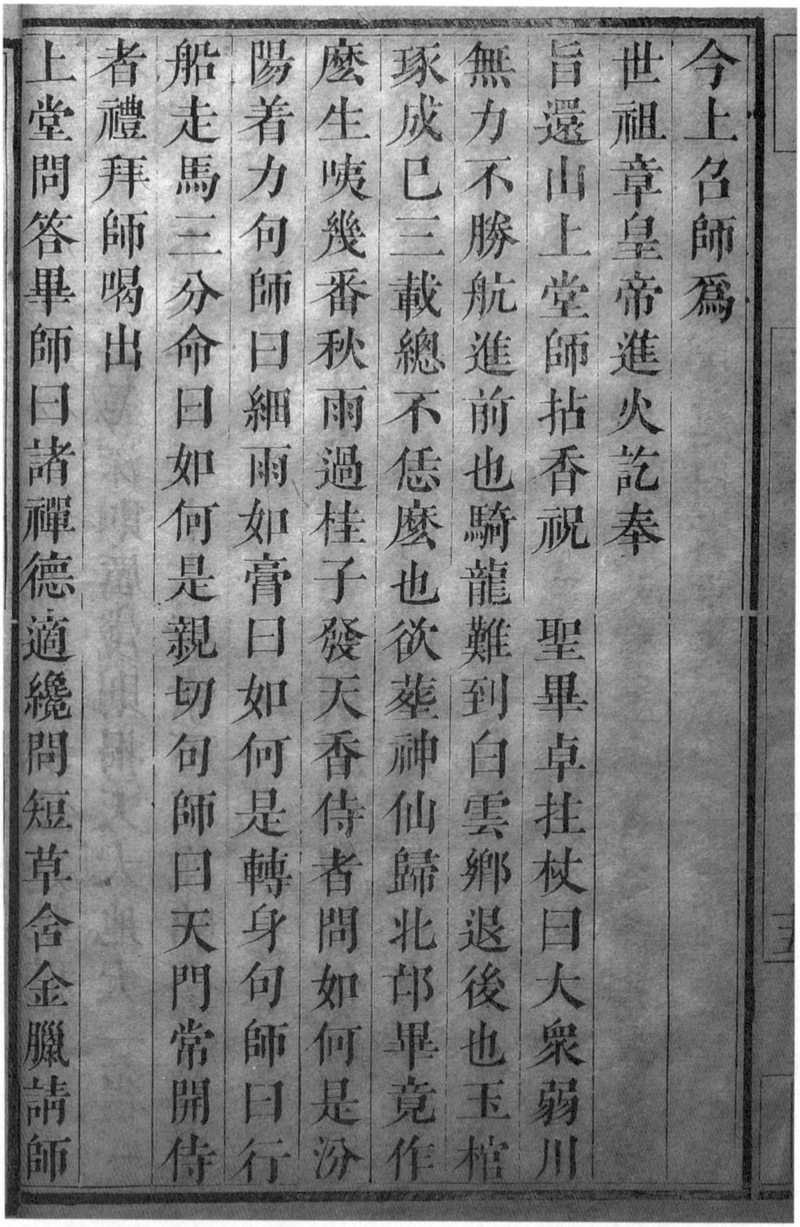

今上名師為
世祖章皇帝進火訖奉
旨還山上堂師拈香祝
聖畢卓拄杖曰大眾弱川
無力不勝航進前也騎龍難到白雲鄉退後也玉棺
琢成已三載總不恁麼也欲葬神仙歸北邙畢竟作
麼生咦幾番秋雨過桂子發天香侍者問如何是汾
陽著力句師曰細雨如膏曰如何是轉身句師曰行
船走馬三分命曰如何是親切句師曰天門常開侍
者禮拜師喝出
上堂問答畢師曰諸禪德邐繞問短草舍金膿請師

图版48　首都图书馆藏康熙原刻本《勅赐圆照茚溪森禅师语录》卷六："弱川无力不胜航。进前也，骑龙难到白云乡。退后也，玉棺琢成已三载，总不恁么也，欲葬神仙归北邙。"

图版49　五台山善财洞，峰顶植被所露建筑为上善财洞寺，下为下善财洞寺

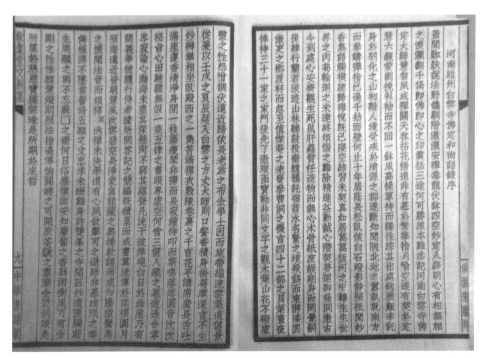

图版50　《四部备要》据古姚杭氏钞本查慎行《敬业堂别集》不分卷《河南睢州白云寺佛定和尚语录序》："受戒于清源之郡"，"面壁何止十年"，"爰以壬戌之良辰，延入白云之方丈"

图版51　河南省民权县白云寺藏康熙六十一年河南布政使牟钦元白云寺
《佛定大和尚塔铭》

图版 52　河南省民权县白云寺藏康熙三十七年翰林院庶吉士郡人袁锺麟撰文、翰林院庶吉士盐山赵尔孙篆额、内阁中书郡人吴学颢书丹、归德府睢州正堂胡范立石《白云寺公输地租碑记》

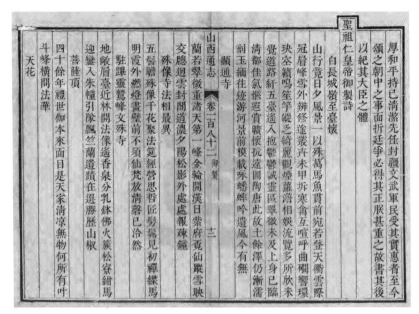

图版53　国家图书馆藏雍正十二年刻本《山西通志》卷一百八十二康熙御制《菩萨顶》诗："四十餘年礼世伽，本来面目是天家。清凉无物何所有，叶斗峰横问法华。"

图版54　国家图书馆藏乾隆五十年刻本《直隶代州志》卷五康熙御制《菩萨顶》诗

图版 55 五台山菩萨顶望叶斗峰

图版56　山东省鄄城县彭楼镇郭水坑村郭氏祠堂民国二十年《玉明族祖像赞并序》

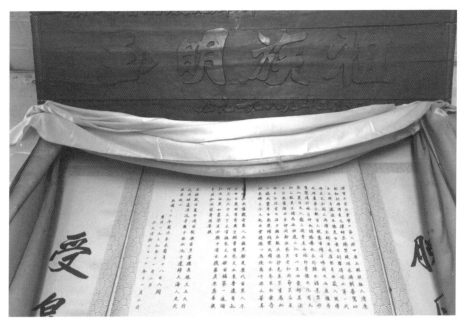

图版 57　山东省鄄城县彭楼镇郭水坑村郭氏祠堂《玉明族祖像赞并序》局部

图版 58　山东省鄄城县彭楼镇郭水坑村郭氏祠堂民国八年《玉明族祖碑》、1988 年重刻碑

图版 59　山东省鄄城县彭楼镇郭水坑村郭氏祠堂民国八年《玉明族祖碑》

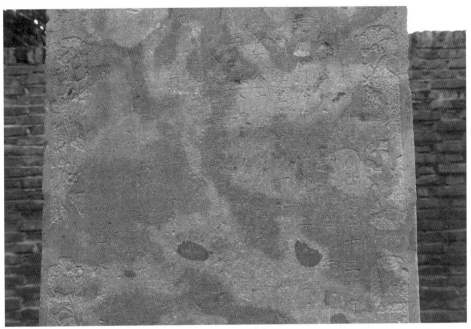

图版60 山东省鄄城县彭楼镇郭水坑村郭氏祠堂民国八年《玉明族祖碑》局部

图版61　山东省鄄城县彭楼镇郭水坑村郭氏祠堂民国八年《玉明族祖碑》拓片

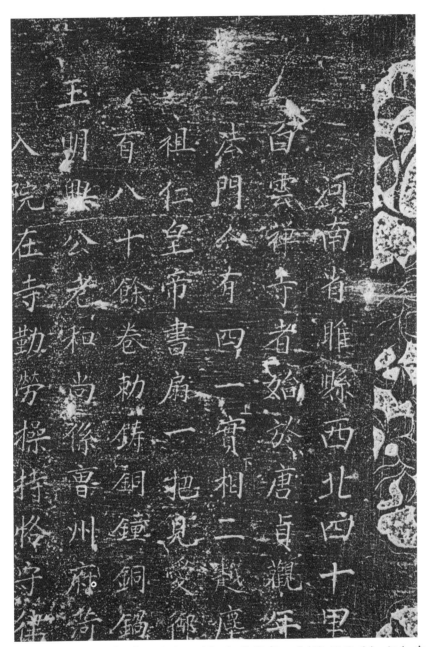

图版62　民国八年《玉明族祖碑》拓片局部："（取经于圣）祖仁皇帝，书扇一把见爱"

图版63　民国八年《玉明族祖碑》拓片局部："（书扇一把见爱）御勅封为复元禅师、弘法（沙门、钦命方丈，恩赐紫绶珠衣。又赐藏经五千四百八十馀卷，勅铸铜钟、铜锅、铁）锅，满朝銮驾。"

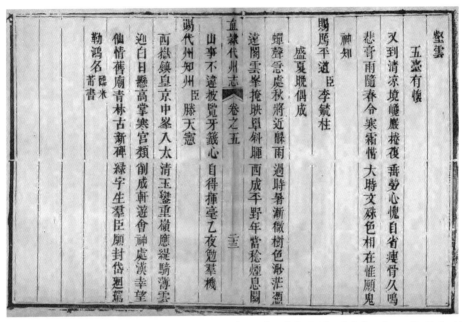

图版64　国家图书馆藏乾隆五十年刻本《直隶代州志》卷五康熙御制
《五台有怀》诗："又到清凉境，巉岩卷复垂。劳心愧自省，瘦骨夕鸣悲。膏
雨随春令，寒霜惜大时。文殊色相在，惟愿鬼神知。"

图版65　河南省民权县白云寺康熙四十九年四月十九日尊胜陀罗尼心经幢

图版66　河南省民权县白云寺康熙四十九年四月十九日尊胜陀罗尼心经
幢第六层铭文南起第一面

图版67　河南省民权县白云寺康熙四十九年四月十九日尊胜陀罗尼心经幢鎏金痕迹

图版 68　河南省民权县白云寺康熙四十九年四月十九日尊胜陀罗尼心经幢题记两印章"桶通"、"行派卌"

敬佛榜書碑　　京 6163

清順治十七年(1660)三月
十六日刻。碑在北京海淀區正
紅村香山法海寺。拓片陽碑身
高 162 厘米, 寬 79 厘米, 額高
44 厘米, 寬 28 厘米; 陰碑身高
77 厘米, 寬 96 厘米, 額高 37
厘米, 寬 27 厘米。世祖福臨正
書, 額雙勾篆書。陰刻西天東
土歷代佛祖圖。

陽

图版 69　《北京图书馆藏中国历代石刻拓本汇编》顺治十七年（1660）
三月十六日"痴道人"顺治皇帝御书北京香山法海寺《敬佛》榜书碑碑阳
拓片

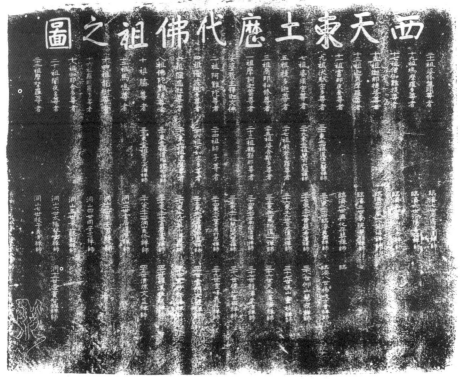

陰

图版70　《北京图书馆藏中国历代石刻拓本汇编》顺治十七年（1660）
三月十六日"痴道人"顺治皇帝御书北京香山法海寺《敬佛》榜书碑碑阴拓
片《西天东土历代佛祖之图》"三十九世雪峰义存禅师"

图版71　河南省文史馆《翰墨石影　河南省文史研究馆馆藏拓片精选》影康熙四十九年九月十九日御制"当堂常赏"石匾第一次刻石原始拓片

图版72　河南省民权县白云寺藏康熙四十九年九月十九日御制"(先)王宝｜当堂常赏"石匾第二次刻石残匾南面铭文大字题词："(先)王宝"，配联下联："镇恶退，扶凡断，邪魔离"

447

图版73　河南省民权县白云寺藏康熙四十九年九月十九日御制"（先）王宝｜当堂常赏"石匾第二次刻石残匾南面侧面

图版74　河南省民权县白云寺藏康熙四十九年九月十九日御制"（先）王宝｜当堂常赏"石匾第二次刻石残匾北面铭文菱形布局大字题词："（当）堂常（赏）"，上款："康熙四十九年　旹，钦赐奉"

图版75　河南省民权县白云寺藏康熙四十九年九月十九日御制"（先）王宝｜当堂常赏"石匾第二次刻石残匾北面局部

图版76　河南省民权县白云寺藏康熙四十九年九月十九日御制"（先）王宝｜当堂常赏"石匾第二次刻石残匾北面侧面

图版77　河南省民权县白云寺1986年复原重刻"当堂常赏"石匾

图版78　今日河南省民权县白云寺山门，右为清构天王殿

图版79　河南省民权县白云寺清构天王殿外墙北立面砖墙木结构门窗后门

图版80　河南省民权县白云寺清构观音殿

图版81 河南省民权县白云寺清构观音殿外墙北立面砖墙拱券形后门

图版82 河南省民权县白云寺清构观音殿外墙北立面砖墙拱券形后门门额康熙御制"一切恭敬"石匾

图版 83　河南省民权县白云寺清构大雄宝殿

图版 84　河南省民权县白云寺清构大雄宝殿外墙北立面砖墙拱券形后门，
尊胜陀罗尼心经幢

图版85　河南省民权县白云寺清构大雄宝殿外墙北立面砖墙拱券形后门门额康熙御制"寘朴"石匾

图版86　河南省民权县白云寺清构大雄宝殿外墙北立面砖墙拱券形后门门额康熙御制"寘朴"石匾大图

图版87　河南省民权县白云寺藏康熙御制“照泉｜脁脁”石匾南面铭文大字题词：“照泉”

图版88　河南省民权县白云寺藏康熙御制“照泉｜脁脁”石匾北面铭文大字题词：“脁脁”

图版89　河南省民权县白云寺藏康熙御制"然永｜时旼"石匾南面铭文大字题词："然永"，配联上联："日月亮通，丙丁谅旺神"

图版90　河南省民权县白云寺藏康熙御制"然永｜时旼"石匾北面铭文大字题词："时旼"